Georg Baudler · TÖTEN ODER LIEBEN

Georg Baudler

Töten oder Lieben

Gewalt und Gewaltlosigkeit
in Religion und Christentum

Kösel

ISBN 3-466-36397-7

Druck und Bindung: Kösel, Kempten
Umschlag: Elisabeth Petersen, Glonn
Umschlagmotiv: Ausschnitt aus Sandro Botticelli,
Beweinung Christi (um 1490-1492). Bayerische
Staatsgemäldesammlung München, Alte Pinakothek
Umschlagfoto: Artothek, Peissenberg

1 2 3 4 5 · 98 97 96 95 94

*Gedruckt auf umweltfreundlich hergestelltem Werkdruckpapier
(säurefrei und chlorfrei gebleicht)*

So spricht Jahwe:

»Liebe will ich, nicht Opfer.«

Spruch des Propheten Hosea
um 750 v.Chr. (Hos 6,6)

Inhalt

Vorwort

Das Problem der *Gewalt* entpuppt sich mehr und mehr als das Schlüssel-
problem für das Leben und Überleben der Menschen auf unserem Planeten. Die Verknüpfung von nationalistischen und religiösen Elementen in
den gegenwärtigen Kriegen in Europa und die Wirksamkeit religiös-fun-
damentalistischer Strömungen sowie ein einfacher Blick auf die Kriege
und blutigen Verfolgungen in der Menschheitsgeschichte machen überdeutlich, daß zwischen Religion und Gewalt eine enge und urtümliche
Beziehung besteht.

Wer dieser Beziehung nachzugehen sucht, stößt schon bei den ersten
Schritten auf das Phänomen des *Opfers*. Dieser religiöse Begriff um-
schließt sowohl die blutige und grausame Tötung von Menschen und
Tieren als auch die zum Selbstopfer bereite Hingabe in Taten der Nächstenliebe. Hier, im Phänomen und Begriff des Opfers, liegt deshalb der
Schlüssel für die Erforschung und mögliche Entflechtung der unheilvollen
Verbindung von Religion und Gewalt. Jede Religion, die verantwortlich
etwas zur Zukunft dieser Erde und der auf ihr lebenden Menschen beitra-
gen will, muß an dieser Entflechtung arbeiten und plausibel aufzeigen,
daß sie von ihrem *Kern* her auf Überwindung der Gewalt (im Sinne von
violence, Verletzungsgewalt) hingerichtet ist.

Der biblisch-christliche Glaube hat diese Aufgabe noch nicht hinreichend
gelöst. Die gewalthaften Züge Gottes im Alten Testament (z.B. in der
Forderung zur Opfertötung Isaaks, Gen 22,2, oder in den furchtbaren
prophetischen Gerichtsdrohungen), im Neuen Testament die Drohung mit
ewiger grausamer Höllenstrafe und die Deutung des Todes Jesu als eines
blutigen Sühneopfers, in der Kirchengeschichte die blutig-grausamen Ket-
zer- und Hexenverfolgungen und Missionskriege sind zwar als Einzelphä-
nomene verschiedentlich untersucht und aufgehellt worden. Sie sind aber
bisher noch nicht – wie das Opfer als religiöser Schlüsselbegriff dies
ermöglicht – in ihrem inneren Zusammenhang beschrieben und zum Christusereignis als dem Fundament des christlichen Glaubens in Beziehung
gesetzt worden. Erst auf diesem Wege aber ist es möglich, den biblisch-
christlichen Glauben von seinem Ursprung und seinem Zentrum her konsequent aus seiner Verflechtung mit der religionsgeschichtlichen Gewalt-

faszination herauszulösen und in seiner befreienden Kraft – seinem Lebenswert – sichtbar zu machen.

Eine Schwäche der bisherigen Lösungsversuche liegt auch darin, daß in ihnen die Phänomene der Gewalt und des Opfers entweder nicht (oder zu wenig) von ihrer verhaltensbiologischen und vorgeschichtlichen Verwurzelung her gesehen werden oder die biblische Tradition zu vorschnell und zu apodiktisch als die einzige religiöse Tradition behauptet wird, in der das Problem der Gewalt in seiner ganzen Tiefe erkannt und aufgearbeitet ist; in dieser Behauptung liegt selbst ein Element von Gewalt. Nur im konstruktiven und zugewandten Dialog mit anderen religiösen und philosophischen Traditionen, die ganz offensichtlich von ihrem zentralen Selbstverständnis her an der Überwindung der Gewalt arbeiten (z.B. Buddhismus und Taoismus), kann glaubhaft und menschheitsgeschichtlich heilsam innerhalb der biblisch-christlichen Tradition an der Entflechtung von Gewalt und Liebe – die unheilvoll im Phänomen des Opfers verknotet sind – gearbeitet werden.

Dieser Versuch erfordert deshalb ein breites Arbeitsspektrum. Moderne Wissenschaft tendiert heute jedoch umgekehrt zu Spezialisierung. Ina Willi-Plein bezeichnet im Vorwort ihre jüngst erschienene (Stuttgart 1993) Arbeit über »Opfer und Kult im alttestamentlichen Israel« (die ich leider nicht mehr auswerten konnte, weil das vorliegende Manuskript schon abgeschlossen war, als ich das Buch in die Hand bekam) als »tollkühn, ...wegen der Fülle des Materials und der jeweils zu Einzelfragen vorliegenden Sekundärliteratur« (ebd. 7). Wie soll da ein Unternehmen gekennzeichnet werden, das nicht nur ein Thema innerhalb eines abgegrenzten theologischen Fachgebiets bearbeitet, sondern gleichermaßen die alt- und neutestamentliche Wissenschaft, die frühe Kirchengeschichte, praktische und systematische theologische Fragestellungen wie auch – über die Theologie hinausgehend – Verhaltensbiologie, Vorgeschichte, Kulturanthropologie, Philosophie und Religionsgeschichte mit einbeziehen muß? Man ist vielleicht schnell geneigt, ein solches Projekt als »unwissenschaftlich« zu disqualifizieren. Wenn jedoch Wissenschaft das angestrengte geistige Bemühen bezeichnet, einer notwendigen und menschlich hilfreichen Fragestellung sachadäquat so gründlich wie möglich und methodisch reflektiert nachzugehen, wäre es umgekehrt unwissenschaftlich, aus Angst, etwas zu übersehen, die von der Situation her aufgegebene Fragestellung unsachgemäß zu verkürzen und notwendige Aspekte auszublenden.

Es geht in der vorliegenden Arbeit ja auch nicht darum, neue unfehlbare Wahrheiten zu verkünden, sondern die heute notwendige *Suche* nach einem gewaltfreien Christentum auf – im oben genannten Sinne – wissenschaftliche Weise zu unterstützen. Niemand kann heute verantwortlich einer Religionsgemeinschaft angehören – oder gar beruflich in ihr und für sie tätig sein –, ohne sich Rechenschaft darüber zu geben, wie diese Religion mit dem Problem der Gewalt umgeht. Auf verantwortete Weise hinsichtlich des biblisch-christlichen Glaubens diese Rechenschaft zu leisten, ist das Ziel der vorliegenden Arbeit.

Sie wäre jedoch in der vorliegenden Form nicht möglich gewesen ohne das Entgegenkommen und die Hilfe meiner Kollegen und Mitarbeiter an der Aachener Universität. Wie schon bei meinen früheren Büchern fand ich wieder in Herrn Dr. Skrzipek, der vorwiegend im Bereich der Evolutions- und Verhaltensbiologie arbeitet, einen kritischen, aber im Anliegen mir verbundenen Gesprächspartner. Mein alttestamentlicher Fachkollege Prof. Dr. Dr. Johannes Floß gab mir wertvolle Anregungen und Hinweise zum alttestamentlichen Teil (Kap. 3). Meinem Kollegen aus der systematischen Theologie, Prof. Dr. Dr. Heino Sonnemans, verdanke ich mehrere wertvolle Literaturhinweise. Besonders hilfreich waren für mich die Literaturhinweise und kritischen Bemerkungen meines Fachkollegen Doz. Dr. Georg Schöllgen als eines Fachmannes für die frühe Kirchengeschichte (zu Kap. 5). In der Suche nach Quellentexten und Spezialliteratur, aber auch durch viele sachliche Hinweise (besonders auf philosophischem Gebiet) war mir mein Wissenschaftlicher Mitarbeiter Dipl.-Theol. Karl Haaß eine unentbehrliche Hilfe. Ursula Höppe stand mir als Studentische Hilfskraft zur Seite und hat sehr genau Korrektur gelesen. Nicht zuletzt hat auch wieder Frau Angelika Weingärtner, unsere Seminarsekretärin, durch ihre zuverlässige Arbeit zum Gelingen der Arbeit beigetragen. Ihnen allen wie auch den hier ungenannten Gesprächspartnerinnen und Gesprächspartnern gilt mein Dank.

Aachen, Spätsommer 1993   *Georg Baudler*

1. Die Ausgangssituation: Zur ursprünglichen Verbindung von Opfer und Gewalt

1.1 Die Auskunft der Sprache: Rinnendes Blut, aufwirbelnder Staub, zermalmender Stein

1.11 Zur Aussagekraft ursprünglicher Worte

Die unmittelbaren menschheitsgeschichtlichen Erfahrungs- und Ausdrucksweisen haben ihren Abdruck in der Sprache hinterlassen. Im Ursprung ist Sprache Tanz, Gestik und rhythmische Lautbildung; erst daraus entwickelt sich Sprache als mehr oder weniger abstraktes Zeichen- und Verständigungssystem. Im ursprünglichen Wesen von Sprache – in Tanz, Gestik und rhythmischer Lautbildung – antwortet das Lebewesen Mensch auf die Wahrnehmung und den Anspruch eines Heiligen und Göttlichen, das aus seiner Welt und seinem Leben zu ihm spricht. Als Mensch ist er ja das Lebewesen, das infolge seines Gehirnwachstums – also der wachsenden Vielfalt und Organisationsstruktur seiner Nervenzellen, d.h. seiner gesteigerten Sensibilität – zur Symbolwahrnehmung fähig ist: zur Wahrnehmung einer unterfangenden und übersteigenden Dimension, einer symbolischen Botschaft, die aus Baum und Sonne, aus Sturm und Gewitter, aus dem Raubtiergeschehen in der Natur, besonders aber aus dem ihm nahestehenden Mitlebewesen zu ihm spricht. Die Sprache des Menschen ist in ihrem Wesen die Antwort auf diesen Anspruch des Göttlichen in der ihn umgebenden Welt. In ihr bildet sich die Art und Weise ab, wie der Mensch auf dieses ihm in der Symbolwahrnehmung begegnende Heilige reagiert.

Deshalb benennen im Ursprung der Sprache alle Worte etwas Heilig-Göttliches. Erst in der späteren Lebens- und Sprachentfaltung konzentriert sich dieses Heilige auf bestimmte, dann durch Tradition vorgegebene Bereiche, während andere sich als »profan« davon abgrenzen. Dies gilt auch für den Spracherwerb kleiner Kinder: Das erste »Mama-Papa«, »Wau-Wau« oder »heiß«, vom Kleinkind in höchster Anstrengung, gleichsam im Kampf mit der noch ungeübten Zunge, stammelnd artikuliert und ängstlich zögernd in seine Welt hinausgesandt, ist ein Gebet: Das Kind reagiert, angeregt durch die Eltern, die ihm das Wort vorsagen, in dieser Anstrengung des Ausdrucksvermögens auf einen signifikanten Anspruch, auf eine das Gegenständliche übersteigende, durch es hindurch *sprechende* Dimension des jeweiligen Menschen, Lebewesens, Gegenstandes oder Vorgangs. Erst später begegnet einiges in größerer, anderes in geringerer »Dichte«, manches nur noch gegenständlich, und die religiöse Tradition, in der das Kind steht, sagt ihm, wo es das Göttlich-Heilige als solches zu suchen hat.

Worte haben eine Geschichte. Ihre Bedeutung und ihr Klang kann sich im Laufe der Zeit erheblich verändern. *Wol dir wip, wia reine ein nam* (»Wohl dir ›Weib‹, welch erhabenes Wort«), dichtete noch im Mittelalter Walther von der Vogelweide; heute ist »Weib« eher ein Schimpfwort. Dennoch haben Worte einen letzten, in begrifflicher Sprache kaum mehr beschreibbaren Kern an Klang und Bedeutung, der im Laufe der Wortgeschichte unveränderlich bleibt. »Weib« wird immer im Bedeutungsfeld des Fraulichen verbleiben und niemals »Mann« bedeuten. Bezeichne ich einen Mann als »Weib« oder »weibisch« bzw. »weiblich« oder »fraulich«, dann kann dies je nach der Einstellung des Sprechers entweder ein Lob oder ein Tadel sein. Doch »Weib« kann niemals das bezeichnen, was ursprünglich »Mann« heißt, und »Mann« kann nicht das bezeichnen, was ursprünglich »Weib« heißt. Das, was den ersten Sprecher anrührte, als Atmosphärisch-Göttliches zu ihm sprach, als er das Wort »Weib« (bzw. das zugrunde liegende Urwort) sprach, war eben etwas anderes als das, was ihn ansprach, wenn er »Mann« sagte oder hörte. Von ihrem Ursprung her haben Worte, wenn es sich um symbolhaltige Urworte einer Sprache handelt, ein unveräußerliches atmosphärisches Bedeutungsfeld, und alles, was ich in dieses Feld hineinnehme, bekommt diese Atmosphäre und diesen Klang. Dies gilt sowohl für den Mann, der in das Bedeutungsfeld »Weib«, »Frau« hineingenommen wird, als auch für die Frau, die in das Bedeutungsfeld »Mann« eingegliedert wird. Zwar können sich die Bedeutungsfelder überschneiden – beide, Mann wie Frau, sind ja ein Mensch –, aber die *Kerne* der beiden Felder bleiben unvermischt und strahlen eine jeweils andere Atmosphäre aus.

Auch das Wort »Opfer« ist ein Urwort in den verschiedenen Sprachen. Es hat ein sehr weites Bedeutungsfeld und kann eine Fülle verschiedener konkreter Wirklichkeiten bezeichnen. Doch es hat auch einen unverwech-

18

selbaren und unveräußerlichen Kern und von ihm her eine Atmosphäre, die alles, was mit dem Wort (oder seinen Ableitungen) benannt wird, in eine bestimmte »Welt«, eine bestimmte Art des Denkens und Fühlens, hineinzieht und in diesem Lichte erscheinen läßt.

»Liebe will ich, nicht Schlachtopfer, Gotteserkenntnis statt Brandopfer«, sagt Jahwe in der Predigt des Propheten Hosea (Hos 6,6; Einheitsübersetzung). Diese Aussage läßt vermuten, daß die beiden Worte »Opfer« und »Liebe« unterschiedliche, einander ausgrenzende Bedeutungskerne haben, wie die Worte »Frau« und »Mann«. Es ist sehr wichtig, dieser Vermutung nachzugehen und sie zu prüfen. Denn wenn nach christlichem Glauben Liebe das Zauberwort ist, das im Himmel wie auf Erden eine letzte Seligkeit für den Menschen erschließt, wenn Gott im Letzten Liebe ist (1 Joh 4,16), dann ist es von entscheidender Bedeutung für das menschliche Leben und die menschliche Lebensgestaltung, den Klang dieses Wortes nicht zu verfälschen. Die entscheidende Frage ist dann, ob dieses Wort und alles, was mit ihm bezeichnet, gedacht und gefühlt wird, sich nicht in seinem Charakter, seinem Klang und seiner Atmosphäre, in dem Befreienden, das in ihm liegt, verändert und verdunkelt, wenn man es in das Bedeutungsfeld des Wortes »Opfer« hineinnimmt. Was geschieht mit dem Zauberwort »Liebe«, wenn ich von »Opfern der Liebe« spreche und von dem Opfer, das Jesus, der Gottessohn, in seiner unermeßlichen Liebe für uns dargebracht hat. Wenn das Wort »Opfer« einen anderen, vielleicht gegensätzlichen oder doch vom Wesen dessen, was »Liebe« ursprünglich meint, wegführenden Bedeutungskern hat, dann wird durch solche Rede die Offenbarung Gottes als Liebe, wie sie sich in Jesus ereignet hat, wieder verdunkelt und die christlichen Heilsgeheimnisse werden zu Irrlichtern, die den Menschen immer wieder dorthin zurücklocken, wovon sie ihn ihrem eigentlichen Wesen nach befreien und erlösen wollen. Im folgenden soll deshalb dem Bedeutungskern des Wortes »Opfer« in den theologisch relevanten Sprachen, besonders im Hebräischen und im Griechischen, aber auch im Lateinischen und Deutschen, nachgegangen werden.

1.12   Das Wort »opfern« im Hebräischen

Es gibt im Hebräischen viele Worte, die jeweils eine verschiedene Form des Opfers bezeichnen. Da ist die Rede von *sebach* (Opfer/Schlachtopfer), vom *schelamim* (Heilsopfer/Gemeinschaftsopfer), von der *ola* (Brandopfer), von *mincha* (Speiseopfer) und *nesek* (Trankopfer), von *chattat* (Sündopfer) und *ascham* (Schuldopfer), ohne daß es für all diese Worte einen einheitlichen Oberbegriff gäbe (F.-E. Wilms, Freude vor Gott. Kult und Fest in Israel, Regensburg 1981, 177). Diese Beobachtung ist aufschlußreich. Sie zeigt, daß sich der Mensch der hebräischen Bibel so stark in einer Opferreligion bewegt, daß er zwar verschiedene Formen, Aspekte und Funktionen im Opfervorgang unterscheiden kann, jedoch keinen Punkt in seiner Religiosität kennt, von dem aus er den vielfältigen Opferhandlungen aus einer so großen Distanz gegenüberstünde, daß er einen gemeinsamen Ausdruck für all diese Formen finden könnte. Er bewegt sich innerhalb des Waldes und kann einzelne Bäume unterscheiden, aber nicht den Wald als Ganzes überblicken und benennen.

Versucht er es dennoch, muß er einzelnes, das besonders hervorsticht, für das Ganze nehmen. So bezeichnen mehrfach *sebach* und *mincha* als Doppelbegriff den gesamten Opferkult (z.B. 1 Sam 2,29; Jes 19,21; Am 5,25). Hier hat man offenbar die tierischen (*sebach*) und die pflanzlichen (*mincha*) Opfer als die am stärksten voneinander unterschiedenen Opferformen herausgegriffen und zusammen für das Ganze gesetzt. Bisweilen können die Worte *mincha* und *sebach* auch für sich allein die Opfer im allgemeinen bedeuten (wobei *mincha* dann auch Tieropfer einschließt; z.B. in Jes 66,3). Häufig (besonders in den prophetischen Texten) stehen »«*olot* und *sebachim*« (Pluralformen für *ola* und *sebach*) als Zusammenfassung der gesamten Opferpraxis (vgl. z.B. Dtn 12,6; 1 Sam 15,22; Jes 1,11; Jer 6,20).

sebach

Auch in dem oben zitierten Jahwe-Spruch des Propheten Hosea stehen *sebachim* und *olot* nebeneinander: «Liebe (hebr. *chesed*, d.h. Bundestreue, wie sie sich in Liebe und Barmherzigkeit ausdrückt) will ich, nicht *sebachim*, Gotteserkenntnis statt *olot*« (Hos 6,6). Um der Frage nachzugehen, ob die Religiosität des Opfers (vom Bedeutungskern des Wortes »Opfer« her) auch Liebe und Barmherzigkeit mitbeinhalten kann oder, nimmt man sie zusammen, letztere in ihrem eigentlichen Charakter verfälscht, gilt es im Hebräischen also besonders das ursprüngliche Bedeutungsfeld der Worte *sebach* und *ola* zu untersuchen. Während die *ola* wahrscheinlich aus dem kanaanitischen Kult in den Jahwe-Kult übernommen wurde, scheint der *sebach* schon das eigentliche Opfer der Väterzeit gewesen zu sein (vgl. Wilms 139; L. Rost, Studien zum Opfer im Alten Israel, Stuttgart u.a. 1981, 82, spricht vom »Kleinviehnomaden-*sebach*« und setzt diese Opferform damit auch schon für die nomadische Frühzeit Israels an). Die Wurzel des Wortes *sebach* findet sich in allen semitischen Sprachen. (vgl. zum folgenden: J. Bergman und B. Lang, Artikel *sabach, sebach*, in: G.J.

Botterweck/H. Ringgren [Hg.],Theologisches Wörterbuch zum Alten Testament Bd.II, Stuttgart u.a. 1977, Sp. 509-531). Die Grundbedeutung des Wortes ist »schlachten«. Es kann in dieser Bedeutung sowohl das Tun des Metzgers beinhalten als auch das Tun dessen, der innerhalb des religiösen Opferrituals ein Tier tötet. Ebenso kann es den Menschenmord (1 Kön 13,2; 2 Kön 23,20) und das Menschenopfer (Ez 16,20; Ps 106,37f.) bezeichnen. Der Wortstamm weist also auf einen Bedeutungsgehalt, dessen Kern ganz undifferenziert das Schlachten und Töten und damit verbunden das rinnende Blut bezeichnet.

Zu Anfang des Buches Samuel wird, wenn auch ungenau, der Hergang einer *sebach* erzählt (vgl. 1 Sam 1,1-20): Elkana, der Vater Samuels, bereitet sich und seine Familie durch nicht näher genannte Riten vor: (vgl. 1Sam 16,5: »Heiligt euch und kommt mit mir zum Opfer!«); wahrscheinlich gehören dazu Fasten und sexuelle Enthaltsamkeit. Dann zieht Elkana mit seiner ganzen Familie eine Tagereise weit zum Kultort Silo. Sie führen ein dreijähriges Rind mit sich, dazu einen Schlauch Wein und einen Sack Mehl (1Sam 1,24). In Silo schlachtet Elkana das Rind und schüttet das Blut an den im Freien stehenden Altar. Diener am Heiligtum helfen ihm, bestimmte Fetteile aus dem Körper des getöteten Tieres herauszutrennen und auf dem Altar zu verbrennen. Es wird angenommen, daß dieser Kern des *sebach*-Rituals je nach Anlaß und Öffentlichkeitscharakter noch durch zusätzliche Riten umgeben war: Räucherwerk, Speise- und Trankopfer, Gebete, Segnungen, Lieder und Musik. *Der eigentlich Kern des sebach-Ritus besteht jedoch im Weggießen des Blutes auf den Altar* (vgl.B. Lang a.a.O., 52 f.). Auch beim späteren großen Versöhnungsopfer am Jom-Kippur bestand der zentrale Ritus darin, daß der Hohepriester mit dem Blut des von ihm geschlachteten Stieres in das Allerheiligste trat und dort die *kapporet*, die Versöhnungsplatte, mit Blut besprengte.

Dieser ursprünglich im *sebach*-Ritual beheimatete Blutritus ist für den israelitischen Opferkult wesentlich. Das Blut galt als Sitz und Symbol des Lebens. Es gehört ausschließlich Jahwe und ist für den Menschen tabu. Bei jeder, auch der profanen Schlachtung galt das Gebot, das Tier zu schächten, d. h. sein Blut aus dem Körper abfließen zu lassen und es wegzugießen (Dt 12,15 f.). Als später nach dem Ausweis der Priesterschrift das *sebach*-Ritual weiter entfaltet wurde und eine Rollenverteilung zwischen Laien und Priestern stattfand, wurde das eigentliche *Blutvergießen*, das Besprengen des Altares mit dem Blut des Opfertieres, die spezifische Aufgabe des Priesters (Lang 525). Das Verbrennen von Fettstücken auf dem Altar weist schon auf die *ola* (als Brandopfer) hin. Spezifisch für den *sebach* aber ist die gemeinsame Opfermahlzeit. In dieser kommt der festliche und Gemeinschaft stiftende Charakter des *sebach* zum Ausdruck. Vor allem ist es Gott selbst, der, indem er das Opfer annimmt, in die Gemeinschaft der Menschen hineingeholt wird. »Wer das in ›heiligen‹ Gefäßen (Sach 14,21) gekochte heilige (konsekrierte) Fleisch (Jer 11,15; Hag 2,12) ißt, hat Gemeinschaft mit Jahwe« (Lang 528).

Der *sebach* bewirkt die Gegenwart Jahwes. Deshalb wird das Opferritual auch durchgeführt, wenn Verträge geschlossen werden, um dadurch Jahwe zum Zeugen der Vereinbarung zu machen und dem Vertrag einen religiösen Ernst und einen religiös verpflichtenden Hintergrund zu verleihen (vgl. Gen 31,54 den Vertragsabschluß zwischen Jakob und seinem Schwiegervater Laban). Die Gegenwart Jahwes bedeutet grundsätzlich Furcht und Schrecken. Mose, der Jahwe bittet, ihn seine *kabod*, seine »Herrlichkeit«, sehen zu lassen, erhält die Antwort: »… kein Mensch kann mich sehen und am Leben bleiben« (Ex 30,20); und Jakobs Freude über seinen bestandenen Kampf mit Gott am Flußübergang drückt sich in dem Satz aus: »Ich habe Gott von Angesicht zu Angesicht gesehen und bin doch mit dem Leben davongekommen« (Gen 32,31).

Die »Freude vor Gott« (so der Titel des oben zitierten Buches von F.-E. Wilms), die der Mensch beim Opferfest und bei der Opfermahlzeit in der Gegenwart Jahwes empfindet, gleicht dieser Freude Jakobs. Bei allen Tieropfern (mit Ausnahme des *ascham*; vgl. Wilms 155) werden ja dem Tier, bevor es getötet wird, die Hände aufgestemmt, so daß der Opfernde seine Sünden auf das Opfertier abläudt (nicht nur das Sünd- und Schuldopfer, sondern jedes Opfer im israelitischen Kult hat »Sühnewert, insofern es gute Beziehungen zwischen der Gottheit und dem Opfernden herstellt«: Wilms 180). Von daher ist es verständlich, daß *nach* vollzogenem Opfer, nach der Tötung des Opfertieres und der Ausgießung seines Blutes, die Opfernden voll Freude das gemeinsame Mahl verzehren, dazu Wein trinken und Danklieder singen (vgl. Dtn 12,7; 1 Sam 1,9 u.a.). Wie Jakob gehören sie ja zu denjenigen, die im Tötungsakt und im Vergießen des Blutes die Gegenwart der in ihrer Heiligkeit tödlichen Jahwe-Macht erfahren haben und doch selber am Leben geblieben sind. Die Freude der Opfernden ist die Freude der Überlebenden, die im Schauder des rinnenden Blutes des Opfertieres die eigene Ohnmacht und Todverfallenheit angesichts des heiligen Gottes erfahren haben und dennoch von diesem Gott verschont wurden.

Wie sehr die eigentliche Opferhandlung des *sebach* Gewalt und Schrecken beinhaltet, zeigen auf bestürzende Weise prophetische Texte, in denen Jahwe selbst einen *sebach* veranstaltet. Dies ist dann nämlich eine furchtbare Drohung gegen das untreue Israel:

Am Himmel erscheint das Schwert Jahwes
Seht her, es fährt auf Edom herab,
auf das Volk, das der Herr im Gericht dem Untergang weiht.
Das Schwert Jahwes ist voll Blut,
es trieft von Fett,
vom Blut der Lämmer und Böcke,
vom Nierenfett der Widder;
denn Jahwe hält in Bozra einen »sebach« ab,
ein großes Schlachtfest im Edom.
Da fallen die Büffel und Kälber,
die Stiere und Ochsen.
Ihr Land wird betrunken vom Blut,
ihr Erdreich ist getränkt von Fett.
Denn Jahwe hat einen Tag der Rache bestimmt,
ein Jahr der Vergeltung für den Streit um Zion.

(Jes 34,5-8)

Sebach, Opferfest, ist in der hier praktizierten Verwendung des Wortes alles andere als eine erhebende Feier, die den Menschen mit seinem Gott und die Menschen untereinander verbindet. Vielmehr wird das Wort in einer geradezu zynischen Weise als Ausdruck für die schrecklich-blutige Vernichtung der Menschen durch Gott verwendet. Eine solche Verwendung des Wortes ist nur möglich, wenn seine Grundbedeutung eben nicht primär im gemeinschaftsstiftenden Fest, sondern im schreckenerregenden Vergießen des Blutes liegt; erst sekundär kann sich dann, wenn der Zorn Jahwes verraucht ist, im übriggebliebenen Rest des Volkes wieder Friede und Gemeinschaft und die Freude des Überlebens einstellen. Dem ensspricht auch, daß der Prophet Jeremia das Verbum *sabach*, »opfern« (von dem *sebach* abgeleitet ist), zusammen mit dem gleichbedeutenden Ausdruck *tabach* für die restlose Ausrottung von Menschem im Krieg nach der Praxis des Banns verwendet (Jer 25,9; 50,21.26; 51,3). Die Grundbedeutung des Wortes heißt ja auch »schlachten«.

ola

In späterer Zeit ist die *ola* das im israelitischen Kult am häufigsten praktizierte Opfer geworden. Während die *sebach* ursprünglich auch vom einzelnen dargebracht wurde (vgl. den zitierten Bericht über Elkana in 1 Sam 1,1-20), ist die *ola*, bei der das ganze Tier verbrannt wird, ein öffentliches Opfer. *Olot* sind die Opfer, die an Festtagen vom ganzen Volk

23

dargebracht wurden. Gleichzeitig bilden sie die Königsopfer (vgl. 1 Kön 9,25). Nach der Zentralisierung des Opferkults in Jerusalem in der Kultreform des Königs Joschija (vgl. 2 Kön 22,1-23,30) werden im Tempel zu Jerusalem täglich Brandopfer dargebracht. So erscheint in einigen Überlieferungen die *ola* als das eigentliche Jahwe-Opfer (vgl. 1 Kön 18,30-40 die Auseinandersetzung zwischen Elija und den Baals-Propheten).

Dennoch ist diese Opferform nicht in der Frühzeit Israels verankert. Israel hat sie von den Kanaanäern übernommen, doch wahrscheinlich ist das Wort *ola* und die damit bezeichnete Opferform gar nicht ursprünglich semitisch. Vielmehr entstammt das Ritual wahrscheinlich einer ganz alten, südlich des Taurus beheimateten Bevölkerungsschicht, die später von Semiten und Griechen verdrängt wurde, wobei beide Eroberervölker diese Opferform in ihre Religion übernahmen (die Griechen als *sphagia*, d.h. als chtonisches Vernichtungsopfer: vgl. das folgende Kapitel 1.13). Da wir die Sprache dieses verdrängten und wohl ausgerotteten Taurus-Volkes nicht kennen, ist es auch nicht möglich, den Bedeutungskern des Wortes *ola* auszumachen. Es wird jedoch angenommen, daß der kanaanitisch-ugaritische Opferbegriff *schrp* mit dem israelitischen Wort *ola* korrespondiert. Von Kanaan wurde wahrscheinlich ja auch diese Opferform übernommen. *Schrp* aber bedeutet »Verbrennen«, was genau der Opferform des Brandopfers entspricht (vgl. D. Kellermann, Art. *ola*; in: H.-J. Fabry/H. Ringgren [Hg.], Theologisches Wörterbuch zum AT, Bd. VI, Stuttgart u.a. 1989, 105-124; hier 106 f.).

»Das besondere Merkmal der *ola* ist, daß das ganze Tier verbrannt wird und weder für den Opferherren noch für den Priester irgendwelche Teile zurückbleiben« (Kellermann 108). Bei dieser Opferform steht also in besonderer Weise die Geste der Zerstörung und Vernichtung des Opfers im Mittelpunkt. Ausdrücklich heißt es in den Opfervorschriften des Buches Leviticus, der Priester soll das Ganze, einschließlich der Eingeweide und der Gebeine »auf dem Altar in Rauch aufgehen lassen« (Lev 1,9). In der frühen, vorisraelitischen Zeit – das Brandopfer reicht ja, wie oben ausgeführt, in vorgeschichtliche Zeiträume zurück – gleicht sich in dieser Zerstörungs- und Vernichtungsgeste der Mensch der höchsten Gottheit, dem Sturm-, Wildnis- und Gewittergott an und kommt in einer Art vorauseilendem Gehorsam dem blinden Wüten der Gottheit in Sturm- und Wasserfluten oder tödlicher Dürre und Trockenheit zuvor. Er vollbringt an einem ausgewählten Opfer selbst die Tat, die sonst die Gottheit als Unheil über die gesamte Gemeinschaft kommen läßt.

In ältester Zeit bestand dieses chtonische Vernichtungsopfer, wie besonders die Geschichte des griechischen Opferkults ausweist (vgl. W. Burkert, Homo Necans. Interpretationen altgriechischer Opferriten und Mythen, Berlin-New York 1972, 98-101, 104 f., 133 u.ö.), zweifellos in einem Menschenopfer. In der altsteinzeitlichen Höhle von Cougnac findet sich die Abbildung eines Menschen, der, in eine Tierhaut gehüllt, von allen Seiten mit Speeren durchbohrt ist. Dies ist nur ein Beispiel; »das Material für rituelle Menschentötung im Paläolithikum ist überwältigend« (Burkert, Homo 54, Anm. 26).

Auch noch im Alten Testament kann *ola* das Menschenopfer bezeichnen. Die Tötung des Erstgeborenen, wie Gott sie von Abraham fordert, soll in Form einer *ola* geschehen (Gen 22,2, dazu Kap. 3.2). Der Feldherr Jiftach opfert, um ein entsprechendes Gelübde zu erfüllen, seine Tochter in Form einer *ola* (vgl. Ri 11,30-40). In äußerster Bedrängnis tötet der König von Moab »seinen erstgeborenen Sohn, der nach ihm König werden sollte, und brachte ihn auf der Stadtmauer als *ola* dar« (2 Kön 3,27). Der Prophet Jeremia spricht von Kinderopfern als *olot* für Baal (Jer 19,5; Näheres zum Kinder- und Menschenopfer im AT in Kap. 3.24). In diesem Punkt zeigt sich in besonderer Weise der archaisch-gewalttätige Charakter der *ola*. Vom Bedeutungskern dieses Wortes her gibt es kaum eine Verbindung zu Liebe und Barmherzigkeit, wie Jahwe sie nach den Worten des Propheten Hosea anstelle der Opfer will (Hos 6,6). Es ist bestürzend zu sehen, daß in der Spätzeit Israels gerade die *ola* »das entscheidende Opfer ist, dessen Darbringung den Opferkult insgesamt repräsentieren kann« (Kellermann 116).

Sünd-, Schuld- und Heilsopfer nennen nur besondere Intentionen der Opferhandlung, sind aber in ihrem Ritus und ihrem Ausdrucksgehalt nur unwesentlich von der *ola* und dem *sebach* unterschieden. Sünd- und Schuldopfer gehören mehr zur *ola*, während das Heilsopfer besonders in der Spätzeit mit der *sebach* zu einem einheitlichen Ritus, dem *sebach-schelamim*, dem »Heilsmahlopfer«, verschmilzt. Auch diesen Opferformen eignet deshalb der gewalttätig-aggressive Charakter, wie er dem *sebach* und vor allem der *ola* zugrunde liegt; auch sie leben vom rinnenden Blut des getöteten Tieres und von der auflodernden Feuerflamme, die das Tier, besonders seine Fett-Teile, verzehrt. Ihr Bedeutungskern hat keine Beziehung zu Liebe und Barmherzigkeit.

mincha

So bleibt nur noch die Bedeutung des Wortes *mincha* zu untersuchen. Zumeist bezeichnet die *mincha* ein Speiseopfer, das aus Feinmehl und Öl zu einem ungesäuerten Brot gebacken ist und als Zusatzopfer bei den Tieropfern verwendet wird. Es kann jedoch auch »als Bezeichnung für ›Opfer‹ im allgemeinen gebraucht werden und dabei tierische und vegetabilische Opfer umgreifen« (R. Rendtorff, Studien zur Geschichte des Opfers im alten Israel, Neukirchen-Vluyn 1967, 195). In der Priestertheologie konnte sich die *mincha* neben *ola* und *sebach* nicht als eigenes, selbständiges Opfer etablieren (Wilms 147).

Mincha bezeichnet das Opfer vom Aspekt der Gabe her. Es ist wahrscheinlich verwandt mit dem arabischen Wort *manacha*, »geben«, »leihen«, und mit dem kanaanitisch-ugaritischen Wort *mnch*, »aushändigen«. Als Hauptwort heißt ugaritisch *mnch* Geschenk, Tribut. Im Zusammenhang des Götterstreites zwischen Baal und dem Meergott Jamm soll Baal durch Zahlung einer *mnch*, also einer Tributleistung an Jamm, seine Unterlegenheit anerkennen (vgl. H.-J. Fabry/M. Weinfeld, Art. *mincha*; in: G. J. Botterweck/H. Ringgren/H.-J. Fabry [Hg.], Theologisches Wörterbuch zum Alten Testament, Bd. IV, Stuttgart u.a. 1984, 987-1001, hier: Fabry 987 f.). *Mincha* ist die »Gabe an einen Höhergestellten« (ebd. 991). Es wird – in seiner Bedeutung »Geschenk« – »nie ganz ohne Absicht überreicht« (ebd. 995). So suchen z.B. die Söhne Jakobs die Gunst des Josef für sich zu gewinnen, indem sie ihm eine reiche *mincha* aus Balsam, Honig, Tragakanth, Ladanum, Pistazien und Mandeln überbringen (vgl. Gen 43,11.15.25.26). »Eine solche *mincha* an das Landesoberhaupt ist üblich, um sich seine Gunst zu sichern« (ebd.).

So schält sich als Grundbedeutung des Wortes *mincha* »Tribut« heraus (so auch Wilms 151). Das ganze alttestamentliche Hebräisch kennt keinen Begriff für »Tribut« außer *mincha* (Fabry 996). Die *mincha* als Speiseopfer ist also eine Tributzahlung an Gott. Durch solche Tributzahlungen wird der Empfänger der Gabe besänftigt und beruhigt; er wird davon abgehalten, das unterworfene Land mit Krieg zu überziehen und zu verheeren. Tatsächlich heißt es von der *mincha* des öfteren im Alten Testament, daß es, wenn es in Rauch aufgeht, als »beruhigender Duft für den Herrn« wirke (vgl. z.B. Lev 2,2). Anderseits zog im alten Orient jede Unregelmäßigkeit in der Tributzahlung unabänderlich eine Kriegserklärung nach sich, die meistens mit einer Vernichtung des unterlegenen Landes endete (vgl. 2 Kön 17,4-6). So steht also auch *mincha* von seinem Bedeutungskern her in einem gewalttätigen Zusammenhang. Als Tributzahlung ist *mincha* nicht eine Gabe der Liebe, sondern der Angst.

1.13   Das Wort »opfern« im Griechischen

Ganz ähnlich ist der sprachliche Befund, der sich im Griechischen, der Sprache des Neuen Testamentes, findet. Das im Griechischen hauptsächlich verwendete Wort für »opfern« heißt *thyein*. Von seiner indogermanischen Sprachwurzel her bedeutet das Wort »brausen«, »aufwirbeln«, »erregen«, auch »anstürmen«, »wüten«, »toben«, »rasen«. Es ist an den aufwirbelnden Staub und Rauch bei Kampf und Schlacht und an die damit verbundene Erregung zu denken (vgl. J. Behm, Art. *thyo, thysia, thysiasterion,* in: G. Kittel [Hg.], Theologisches Wörterbuch zum Neuen Testament, Bd. 3, Stuttgart 2. Aufl. 1950, 180 f., Anm. 1). Wenn diese indogermanische Wortwurzel im Griechischen die Hauptbedeutung »opfern« (zuerst für das Rauchopfer) annimmt, tauchen als Urszene des Opfers Kampf, Agonie und Aggression auf. Tatsächlich kann das Wort im Griechischen auch die Bedeutungen »schlachten«, »abschlachten«, »morden« und »niedermetzeln« annehmen. Im 1. Buch der Makkabäer wird erzählt, daß der Feldherr Bakchides die zu ihm übergelaufenen israelitischen Männer an der großen Zisterne »niedermetzeln« ließ; dabei wird das Wort *thyein* verwendet (1 Makk 7,19).

Dabei ist in der griechischen Antike schon früh ein Bemühen spürbar, das blutig-gewalthafte Element im Opfer zurückzudrängen. Schon Homer unterscheidet zwischen *thysia* und *sphagion*. Unter ersterem versteht er das olympische Speiseopfer, bei dem das Tier getötet und zu einer Opfermahlzeit zubereitet wird. Letzteres, *sphagion*, dagegen bezeichnet das sogenannte »chthonische Vernichtungsopfer«; in ihm wird in einer Art Zerstörungsorgie Mensch oder Tier radikal vernichtet. Es hat eine ähnliche Bedeutung wie die hebr. *ola*, das »Brandopfer«, während die *thysia* dem alttestamentlichen *sebach* entspricht. Während sich für *thyein* die Bedeutung »opfern« als Hauptbedeutung herausgebildet hat und »brausen«, »toben« oder »schlachten« nur noch als Nebenbedeutung erscheinen – manchmal wird sogar in Frage gestellt, ob es sich beide Male um dasselbe Wort handelt –, bedeuten *sphage* (verbal) und *sphagion* (nominal) unmittelbar und in erster Linie das Schlachten. Es steht für das wütende Niedermetzeln, die rasende Mordtat, den tödlichen Rachestreich, das Erlegen des gejagten Tiers. Auch Todeswunde und Opferblut kann es benennen. Es bezeichnet die Tat des trojanischen Kriegshelden Aias, der, in Wahnsinn gefallen, sinnlos Schafe und Ziegen hinmordete.

Daß aber das schreckenerregende Vernichtungsgeschehen der ursprüngliche Sinn *auch* von griechisch *thyein* (opfern) bzw. *thysia* (Opfer) ist, zeigt die Verarbeitung des mythischen Erzählstoffes von der Opfertötung

Iphigeniens in der griechischen Tragödie. Sie wird als *thysia* bezeichnet. Dabei ist in der ältesten Fassung des Stoffes, im »Agamemnon« der Orestie des Aischylos, dieses Opfergeschehen als das gewaltsame Hinmorden eines wild gegen ihr Sterben sich aufbäumenden Mädchens geschildert: Ihr jungfräuliches Alter beschwörend ruft, fleht und flucht Iphigenie zu ihrem Vater und ihrer Sippe; doch der Vater befiehlt »nach dem Gebet«, sie in Tücher gehüllt »vornübergebeugt, der Ziege gleich«, auf den Schlachtaltar zu heben und den »Laut des Fluches« auf ihren Lippen zu ersticken (vgl. Aischylos, Die Orestie. Agamemnon, Stuttgart 1987, 11).

Bei alledem aber bleibt Agamemnon der tragische Held, der dieses Opfer zum Wohle seines Volkes darbringen *muß*. Diese Notwendigkeit des Opfers wird auch in späteren Fassungen des Stoffes nie bezweifelt. Die Tendenz zur »Humanisierung« des Opfergeschehens besteht vielmehr darin, daß in den späteren Verarbeitungen Iphigenie die tragische Notwendigkeit ihres Sterbens einsieht und sich als willige Opfergabe dem Vater hingibt. Schon in Euripides's »Iphigenie in Aulis« ringt sie sich am Ende zu dieser Einsicht durch, und zahlreiche Nachdichtungen des Stoffes (von Seneca über Racine bis hin zu Gerhard Hauptmann) sehen darin ihre tragische Größe; bei Goethe wird sie durch ihren freiwilligen Opfertod zu einer Christus-ähnlichen Welterlöserin. Die Göttin Artemis belohnt ihren Opfermut, indem sie Iphigenie auf einer Wolke zu den wilden Taurern entführt (wo sie als Priesterin dann aber selbst Menschenopfer darbringen muß) und sich in Aulis mit einem Tieropfer begnügt. So bleibt auch in dieser späteren »Humanisierung« des Stoffes dennoch der blutig-gewaltsame Hintergrund des Geschehens erhalten. Das Opfer als blutiger Tötungsakt und seine Notwendigkeit, von der Göttin zum Wohle der Menschen gefordert, bleiben als Kern des Opfergeschehens bestehen.

Dieser schreckenerregend-gewaltsame Kern auch des olympischen Speiseopfers (der *thysia*) wird ebenso deutlich, wenn man den Ablauf dieses Opfers verfolgt, wie ihn Walter Burkert herausgearbeitet hat (Burkert, Homo, 10-14): Durch Baden, Anlegen besonders wertvoller Kleider und Schmuck, bisweilen auch durch sexuelle Enthaltsamkeit, bereiten sich die Menschen auf das Opferfest vor. In einer Prozession, in deren Mitte das geschmückte Opfertier geführt wird, wandern sie dann zum »Opferstein«, dem Altar, der meistens im Freien errichtet ist. Musik, meist Flötenspiel, begleitet die Prozession. An ihrer Spitze geht eine Jungfrau mit einem zugedeckten Korb; auch ein Wasserbehälter wird mitgeführt. An der Kultstätte wird ein Kreis gezogen, der das Heilige vom Profanen trennt. Dann waschen sich die Kultteilnehmer die Hände und besprengen das

Opfertier mit Wasser. Dabei schüttelt sich das Tier und bewegt den Kopf, was von den Kultteilnehmern als die Zustimmung des Tieres zu seiner Opferschlachtung interpretiert wird. Dann wird der verdeckte Korb, den das noch unberührte Mädchen getragen hat, aufgedeckt. Ungeschrotete Gerstenkörner, in älteren Ritualen auch Steine, bilden oberflächlich gesehen den Inhalt des Korbes. Diese Aufdeckung begleitet ein erschrockenes Innehalten (das sogenannte *euphemein*). Ein lauter Gebetsruf löst die Lähmung, und die Kultteilnehmer greifen in den Korb und schleudern die Gerstenkörner (ursprünglich die Steine) auf das Opfertier, auf den Altar und auf die Erde: Ein erster aggressiver Gestus (der schon an das im *thyein* enthaltene »Aufwirbeln«, »Erregen«, denken läßt) bricht sich Bahn. Unter den Körnern aber ist das Opfermesser verborgen, das mehr noch als Steine oder Gerstenkörner den Tod des Tieres herbeiführen soll. Nachdem es im Korb sichtbar geworden ist, ergreift es der Priester, trennt damit in raschem Schnitt dem Tier einige Stirnhaare ab und wirft sie ins Feuer. Nach dieser ersten, noch unblutigen Aggression fährt das Messer in den Leib des Tieres. Ein schriller Schrei der Frauen und das Todesröcheln des Tieres begleiten den Vorgang. Das Blut wird in einer Schale aufgefangen und auf den Opferaltar gegossen, bis er vom Blute trieft. Nach diesem Kern der Opferhandlung wird das getötete Tier zerlegt; die nicht eßbaren Teile werden auf dem Altar verbrannt und das übrige als Festmahlzeit zugerichtet und von den Kultteilnehmern verzehrt. Der Ablauf des Ritus erinnert in vielen Zügen an die Schilderung des *sebach*, wie es von Elkana, dem Vater Samuels (wie oben dargestellt), erzählt wird. Deutlich steht auch hier im Zentrum die mit dem Todesstoß und dem rinnenden Blut verbundene Aggression und Erregung.

Thysia ist das Wort für Opfer im Neuen Testament. Es bezeichnet dort zunächst das Opfer im jüdischen Kultus: Bei der Darbringung und Namengebung des acht Tage alten Jesus bringen dessen Eltern im Tempel eine *thysia* dar (Lk 2,24). Von Pilatus wird erzählt, daß er Galiläer beim Opfern umbringen ließ, so daß sich ihr Blut mit dem ihrer Opfertiere vermischte (Lk 13,1). Dieser Zusammenfall von der Hinschlachtung der Opfertiere und der Hinmordnung von Menschen, so daß Tier- und Menschenblut sich vermischen, ist das Schreckenerregend-Bewegende; er legt den aus dunkler Vorzeit stammenden Kern des Opfergeschehens frei und motiviert zu immer neuem Erzählen.

Dabei findet sich aber auch im Neuen Testament prophetische Opferkritik: Gott mit ganzer Kraft zu lieben und den Nächsten wie sich selbst, »ist weit mehr als alle Brandopfer und alle anderen Opfer« (Mk 12,32 f.). Vernichtungsopfer und Mahlopfer werden also in gleicher Weise relativiert. Mehrfach erscheint auch im Munde Jesu das Motiv aus Hosea: »Barmherzigkeit will ich, nicht Opfer (*thysia*)« (Mt 9,13; 12,7). Auch hier werden nicht nur die Brand- und Vernichtungsopfer, sondern auch die *thysiai* von Jahwe und dem Abba Jesu abgelehnt: In der großen Rede, die Stephanus vor seiner Steinigung an den Hohen Rat richtet, erzählt er vom Standbild des Kalbes, dem die Israeliten Opfer (*thysiai*) darbrachten und verurteilt dieses ihr Tun mit dem öfter wiederkehrenden Motiv der prophetischen Opferkritik (vgl. Kap. 3.3), daß Israel in seiner ideal gedachten Urzeit in der Wüste weder Schlachtopfer noch Gaben dargebracht hat (Apg 7,41 f.).

Andererseits aber wird die Opferterminologie im Neuen Testament auch auf den Tod Jesu angewandt. In den Abendmahlserzählungen wird Jesus in Parallele zu Mose gesetzt, der in der Szene des Bundesschlusses am Berg Sinai junge Stiere als Heilsopfer schlachtete, mit ihrem Blut das Volk besprengte und sagte: »Das ist das Blut des Bundes, den der Herr aufgrund all dieser Worte mit euch geschlossen hat« (Ex 24,8): In den neutestamentlichen Abendmahlsberichten erscheint der Becher mit Wein, den Jesus vor seiner bevorstehenden Hinrichtung seinen Freunden zum Abschied reicht, als gefüllt mit dem »Blut des Neuen Bundes«, das Jesus in seinem Leiden für die Menschen vergießt (vgl. Mk 14,24; Mt 26,28; Lk 22,20; 1 Kor 11,25; Hebr 10,29; 13,20). In Anlehnung an das Blut, das der Hohepriester am großen Versöhnungsfest im Allerheiligsten des Tempels auf die Versöhnungsplatte sprengt, spricht der Hebräerbrief vom Blut Jesu als dem »Blut der Besprengung, das mächtiger ruft als das Blut Abels« (Hebr 12,24; ähnlich 1 Petr 1,2). Jesus ist auf Erden erschienen, um durch sein Opfer (*thysia*) die Sünden der Menschen zu tilgen (Hebr 9,26). Er ist das Opferlamm und Opferschaf (Joh 1,29.36; 1 Petr 1,19; Apg 8,32; Apk 5,6.8 f.12; 13,8).

In der Erzählung von der Bekehrung und Taufe des äthiophischen Kämmerers durch Philippus wird sogar das Wort *sphagion* (also der Ausdruck für das Vernichtungsopfer) auf Jesus angewandt, indem Philippus Verse des Liedes vom leidenden Gottesknecht auf Jesus bezieht: »Wie ein Schaf wurde er zum Schlachten (*sphage*) geführt« (Apg 8,32 nach Jes 53,7). In der sogenannten »Septuaginta«, der noch in vorneutestamentlicher Zeit erfolgenden Übersetzung der hebräischen Bibel in das Griechische, wird jedoch das Wort *sphagion* nicht zur Übersetzung von *ola* herangezogen. *Ola* wird stattdessen mit *holokautoma,* »das, was ganz verbrannt wird«, mit *holokautosis,* »vollständige Verbrennung« oder mit ähnlichen Wortbildungen umschrieben. Dennoch zeigt sich gerade auch darin der Gewaltcharakter der *ola.* So konnte das Wort »Holocaust« in der Gegenwart ja auch zum Ausdruck für die schreckliche Judenvernichtung in der Nazizeit werden.

Es werden auch noch eine Reihe anderer, stärker abgeleiteter Termini aus dem Umkreis des antiken Opferwesens auf den Tod Jesu bezogen (loskaufen, versöhnen, geben, sich hingeben, für uns gestorben u.ä.). Es geht hier nur darum, den sprachlichen Befund festzustellen; erst in den späteren Kapiteln über Jesus als den Ort der spezifisch neutestamentlichen Gotteserfahrung und die Deutung seines Todes soll dieser Befund dann interpretiert werden (bes. in Kap. 4.32). Dennoch gilt es schon hier festzuhalten, daß es rein sprachlich befremdend wirkt, wenn das Leiden und Sterben Jesu, das Gott als gewaltlose Liebe zur Erscheinung bringt, mit Worten benannt wird, die ursprünglich das chthonische Vernichtungsopfer und die aggressiv-gewalttätige Hinschlachtung von Tieren und Menschen bezeichnen. Diese Benennung läßt das Geschehen des Todes Jesu eigentlich nur aus der Perspektive der römischen Besatzungsmacht sehen. Denn diese reagierte auf Aufrührer, d.h. auf Menschen, die mit der Macht des römischen Gottkaisers in Konkurrenz traten, mit jener schreckenerregenden, den Menschen total, auch in seinem Ansehen vernichtenden Hinrichtung, wie die Kreuzigung sie darstellt. In der Hinschlachtung des Gegners soll die Gottesmacht Roms und des Kaisers in neuem Glanze aufstrahlen.

In diesem Zusammenhang ist bemerkenswert, daß es im Griechischen noch ein anderes Wort für »opfern« gibt, das aber im Neuen Testament (im Unterschied zu *thyein*, ja sogar zu *sphazein*) *nicht* aufgegriffen, also auch nicht zur Bezeichnung des Jesusgeschehens verwendet wird: nämlich das Wort *hiereuein*. Auch es kann »opfern« im Sinne von »schlachten« bezeichnen, hat aber vom Ursprung her mehr die Bedeutung von »weihen«. Das Wort hängt zusammen mit *hieros*, »kräftig«, »stark«, »heilig« (dies wohl die Urbedeutung); *hiereus* bezeichnet den Priester, der vom Ursprung her immer Opferpriester ist. Die Grundbedeutung von *hiereuein* ist: Heiliges, Göttlich-Starkes machen und herstellen. Dieser Aspekt von Opfer bezeichnet den zentralen Punkt der prophetischen Opferkritik: Im Opfern verfügt der Mensch über Gott. Er usurpiert das, was Gott in seiner Liebe dem Menschen gibt und bäumt sich in dessen Vernichtung, im Töten des Lebens und der Lebensmöglichkeiten, selbst zu göttlicher Größe auf, zu einem Wesen, das sich einbildet, Gott etwas geben zu können, was diesem nicht schon immer gehört. Dadurch schafft er in seinem eigenen Lebensbereich Heilig-Starkes, er vergöttlicht sich und sein Leben. Dieser Begriff (*hiereuein*) ist jedoch (anders als besonders *thysia*) von den Christen als ungeeignet für eine Bezeichnung des Jesusgeschehens erkannt worden.

1.14 Das Wort »opfern« im Lateinischen
(und, davon abgeleitet, im Deutschen)

Der Aspekt von »opfern« im Sinne von »Heiliges erzeugen« tritt jedoch im Lateinischen, das ja für Jahrhunderte die Sprache der Kirche war, stark hervor: Das Grundwort für Opfer, das in lateinischen Meßtexten Verwendung findet, heißt *sacrificium*. Das Wort ist zusammengesetzt aus *sacrum* und *facere*. *Sacer* hat die Grundbedeutung »mit göttlicher Kraft aufgeladen«, was im allgemeinen (weil mit positiv empfundenen göttlichen Mächten verbunden) »heilig« bedeutet, aber auch (wenn mit chthonischen Gottheiten assoziiert) »verwünscht«, »verflucht«, bedeuten kann. *Facere* hat die Grundbedeutung »tun«, »machen«. Je nach der Art dieses »Machens« und »Tuns« ergibt sich dabei ein breites Bedeutungsspektrum. Wenn jemand beispielsweise ein künstlerisches Werk hervorbringt – *ars* heißt Kunst – dann entsteht ein *arti-ficium*, ein »Kunstwerk«; wenn jemand ein Haus (*aedes*) errichtet, entsteht ein *aedi-ficium*, ein »Gebäude«; und wenn jemand das Heilige, das Göttlich-Starke und -Mächtige macht und herstellt, entsteht das *sacri-ficium*.

Daß es sich für den Lateiner bei dieser Art des Machens, Tuns und Herstellens um das entscheidende, wichtigste, ja das eigentliche Tun und Machen des Menschen handelt, ergibt sich aus der Tatsache, daß *facere* auch allein »opfern«, »die Opferhandlung vornehmen«, bedeuten kann. Opfern erscheint hier als *das* Tun des Menschen schlechthin. Umgekehrt ist das Heilige so stark mit dem Opfervorgang verbunden, daß *sacrum* (das entsprechende Substantiv zum Adjektiv *sacer*) für sich allein auch »Opfer« bedeuten kann. Das Heilige erscheint hier ausschließlich als das, was im Opfer hergestellt wird, und das Opfer dient so ausschließlich der Herstellung des Heiligen, daß beides miteinander verschmilzt. Auch das in seiner Bedeutung mit *facere* verwandte Wort *operari*, »arbeiten«, »mit etwas beschäftigt sein«, kann »opfern«, »ein Opfer verrichten«, bedeuten; opfern ist offenbar die grundlegende, das Menschsein als solches konstituierende Beschäftigung, die als Struktur und Sinngehalt in alles andere Tun und Arbeiten einfließt.

Im Opfervorgang wird das Heilige, Göttlich-Starke, hergestellt. Auf welche Art und Weise dies geschieht, sagt ein anderes lateinisches Wort für »opfern«, nämlich *immolare*. Das Wort ist zusammengesetzt aus *in*, »in«, und *mola*, »Mühlstein«. *Immolare* heißt also »jemanden oder etwas unter den Mühlstein bringen und zermahlen«; d.h. es ist ein bildhafter Ausdruck für die völlige Vernichtung einer Sache oder eines Lebewesens, für seine »Zermalmung«. Entsprechend bedeutet *immolare* profan verwendet auch

»töten«. Im kirchlichen Latein wird das Wort in der Osterpräfation verwendet: *... cum Pascha nostrum immolatus est Christus*, »... weil Christus als unser Opferlamm geopfert ist«.

In den gewöhnlichen Meßtexten wird das Wort *immolare* weitgehend durch das Wort *offerre* ersetzt. Dieses Wort heißt »entgegenbringen«, »darbieten«, auch »preisgeben« und »aussetzen«; es hat aber im Lateinischen nicht die Bedeutung »opfern«. Hier zeigt sich also ähnlich wie bei der Vermeidung des Wortes *hiereuein* bei den griechisch sprechenden Christen ein sprachkritisches Bewußtsein. Dabei ist im lateinischen Sprachraum dieses kritische Bewußtsein stärker gegen den Gewaltaspekt gerichtet (*immolare* als »zermalmen«), während es sich im Griechischen vor allem gegen den Aspekt richtet, daß der Mensch durch sein Tun von sich aus das »Heilig- Starke« *herstellt*.

Das deutsche Wort »Opfer«, »opfern«, ist aus dem Lateinischen entlehnt; es ist entweder von *operari* oder von *offerre* abgeleitet. Die in der germanischen Religion gebrauchten Worte für Opfer bzw. opfern, nämlich (gotisch und angelsächsisch) *blotan*, (altnordisch) *blota*, (althochdeutsch) *bluazan, blozan*, die wohl »anzünden«, »verbrennen«, »vernichten« bedeuten (vgl. J. u. W. Grimm, Deutsches Wörterbuch, Leipzig 1889, Sp. 1305; wahrscheinlich hängen sie auch mit althochdeutsch *bluat*, »Blut«, zusammen), wurden als »heidnische« Ausdrücke von den Missionaren nicht in das Christliche übernommen. In dieser Praxis der Eindeutschung des christlichen Glaubens zeigt sich ein bemerkenswertes Gespür dafür, daß das, was religionsgeschichtlich »Opfer« bedeutet, nichts mit dem zu tun hat, was in diesem Glauben gelehrt und gelebt wird. Freilich verfiel man dabei einer Art Sprachmagie: Man glaubte, das grundsätzlich Neue und Andere würde durch die fremde und andere Sprache in ihrer Verkündigung Raum gewinnen. Man sah nicht, daß das Opfer auch in der römischen Religion – ebenso wie in der heimischen germanischen und keltischen – ein Akt der schreckenerregenden Gewalt und der Zerstörung von Leben war.

Eine Eigenart der deutschen Sprache besteht darin, daß in ihr ein- und dasselbe Wort, nämlich »Opfer«, sowohl das zu Opfernde, also die Opfergabe, als auch die Opferhandlung bezeichnen kann: Wir sprechen von Verkehrsopfern und meinen damit die Verkehrstoten und vom »Heiligen Meßopfer«, wobei wir an die rituelle Opferhandlung denken. Andere Sprachen unterscheiden hier. Im Lateinischen z.B. bezeichnet *victima* (englisch *victim*) das zu Opfernde oder Geopferte und *sacrificium* oder *immolatio* die Opferhandlung. Diese Ungenauigkeit der deutschen Sprache begünstigt eine gewisse Ungenauigkeit im Denken und Reden hin-

sichtlich einer Theologie des Opfers: Zweifellos ist Jesus ein »Opfer« der
religiösen und politischen Verhältnisse seiner Zeit, eines der vielen Opfer
der römischen Gewaltherrschaft; aber er ist damit nicht auch schon die in
einem religiösen Akt an den jüdisch-christlichen Gott hingegebene Opfergabe (wie freilich schon früh neutestamentliche Texte interpretieren;
näheres dazu in Kap. 4.3).

1.15 Zusammenfassung

Zusammenfassend ergeben die sprachlichen Zeugnisse: Von seinem ur-
sprünglichen Bedeutungskern her hat (in den theologisch bedeutsamen
Sprachen) das Opfer mit Gewalt, Zerstören und Töten zu tun. Im Lichte
seiner ältesten sprachlichen Bedeutung treten das Verbrennen und Vernich-
ten von Mensch und Tier, das Schlachten und das rinnende Blut, die
Tributzahlung und der im Tötungsgeschehen aufwirbelnde Staub, der vom
Aufschrei der Opfernden begleitete Todesstoß und die Zermalmung des
Opfers in das Feld der Wahrnehmung. Von diesen Vorgängen strahlt das
Heilig-Göttliche, die übersteigende Dimension, aus, die in den erörterten
Sprachen zur jeweiligen Wortbildung drängte. In einigen sprachlichen
Ausdrücken sind Versuche greifbar, dieses vom Ursprung her gegebene
Gewalttätig-Wilde des Opfers zurückzudrängen und aus ihm eine ehr-
furchtsvoll dargebrachte Gabe an die Gottheit zu machen. Dieses Bemühen
findet seine innere Grenze darin, daß der Mensch, um etwas Gott darbringen
zu können, dieses Etwas zuerst *haben* muß. Er muß in die eigene Verfügungsgewalt nehmen, was ursprünglich der Gottheit gehört und ihm von
dieser in freier Zuneigung geschenkt wird. Er reißt dieses Geschenk des
Schöpfers an sich, um die Gabe im Zerstörungsakt an die Gottheit zurückzugeben. Im faktischen Opferkult bleibt deshalb das Element der Gewalt,
des Tötens, der Schauder des rinnenden Blutes, ob realiter vorgeführt oder
(wie noch heute in den Passionsliedern) bloß gedanklich vorgestellt, erhalten. Außerdem zeigen einige sprachliche Ausdrücke (besonders griechisch
hiereuein und lateinisch *sacrificare, sacrificium*), daß die Gottesmacht, die
der Mensch im Opfer als gegenwärtig erfährt, von ihm »gemacht« und
»hergestellt« wird: Er, der Mensch, erzeugt durch sein gewaltsames Tun
den Schauder des rinnenden Blutes und den Schock zerstörten Lebens oder
zerstörter Lebensmöglichkeiten und läßt darin die Gottes- und Schicksalsmacht aufscheinen.
Die anzutreffenden sprachlichen Versuche, das Opfer von diesem ursprünglich gegebenen gewalttätig-usurpatorischen Element zu befreien,

34

also etwa Lobpreis und Dank als »Opfer« zu interpretieren (vgl. Ps 50,14 und die darauf aufbauende Tradition: Hebr 13,15; 1 Petr 2,5), schaffen einen letztlichen Widerspruch, der weder gedanklich noch gefühlsmäßig auflösbar ist. Denn »Opfer« meint von seiner ältesten sprachlichen Wurzel her niemals nur das Aufsteigen des köstlichen Fleischgeruchs beim Braten und Kochen, so daß an die Stelle des brutzelnden Fleisches das gesprochene Lob- und Dankeswort treten könnte. Zum Kern des Opferbegriffs gehört vielmehr die *Herstellung* dieser wohlriechenden Gabe im Akt gewaltsamen Tötens und Vernichtens. Die Alternative der prophetischen Opferkritik »Liebe will ich, nicht Opfer« läßt sich nicht auflösen in die Forderung, Gott »Opfer der Liebe« zu geben. »Opfer«, »opfern«, kann – allein vom Sprachlichen her – nicht wirklich gewaltfrei gedacht werden. Es beinhaltet immer Gewalt gegen andere oder gegen sich selbst.

Der Versuch, die prophetische Opferkritik (vgl. Kap. 3.3) in solcher Weise aufzulösen, ist freilich naheliegend, weil Wort und Phänomen des Opfers ursprünglich und konstitutiv in der Religionsgeschichte der Menschheit verankert sind. Die Opferszene erscheint als *die* religiöse Urszene, und was sich nicht in diese einfügt, scheint nicht wirklich heilig, »göttlich-stark«, zu sein. Ein christlicher Glaube ohne den Opfer fordernden gewaltigen Gott erscheint vielen als »unreligiös«, als »verflacht« zu einem »bloßen« Humanismus. Deshalb gilt es, der im Opfer aufscheinenden religiösen Urszene nachzuforschen und zu fragen, ob sich im Dunkel der Vorzeit, in dem diese Szene spielt, nicht vielleicht, von ihr verdeckt, noch eine andere Art religiösen Urerlebens, eine andere religiöse Urszene, verbirgt, eine Szene, die der prophetische Spruch ahnt und anzielt, wenn er sagt: »Liebe will ich, nicht Opfer«, *chesed*, nicht *sebachim*.

Chesed ist »einer der inhaltsreichsten Begriffe des hebräischen Sitten- und Religionsvokabulars« (A. Sand, Das Evangelium nach Matthäus. [Regensburger Neues Testament], Regensburg 1986, 197). Er bedeutet ähnlich wie *rachamim*, mit dem das Wort häufig zusammen verwendet wird, »Güte«, »Liebe«, unerschütterliche (weil aus dem grundsätzlichen Bund Gottes mit den Menschen stammende) »Zuneigung«, »Freundlichkeit« und »Barmherzigkeit«. »Trotz inhaltlicher Berührung mit *rachamim*« - das von *rechem*, »Mutterschoß«, abgeleitet ist –, »ist indessen *chesed* darin von jenem getrennt, daß *chesed* nicht nur in einer Richtung (vom Höherstehenden zum Schwächeren/Kind/Sünder), sondern in Gegenseitigkeit geschieht, so daß sogar in gewissen, freilich theologisch sehr profilierten Aussagen der Mensch *chesed* gegen Gott erweisen kann« (H. J. Stoebe, Art. *chesed, Güte*, in: E. Jenni/C. Westermann [Hg.], Theologisches Handwörterbuch zum AT, Bd. I, München-Zürich 1971, 602).

Eine solche alle und alles umfassende gegenseitige Liebe, Güte und Freundlichkeit, dieser »Bundessinn« (wie H. W. Wolff das Wort in Hosea 6,6 übersetzt: M. Noth/H. W. Wolff, Biblischer Kommentar AT, Bd. XIV/1, Neukirchen-Vluyn 2. Aufl. 1965, 132) ist unvereinbar mit einem *sebach* (oder einer *ola*), wo Leben oder Lebensmöglichkeiten in großartiger Geste zerstört und vernichtet werden. Wenn *chesed wie sebach* ein Grundwort religiösen Seins und Verhaltens ist, muß sich hinter dem Wort *chesed* eine *andere*, vom Opfer verschiedene religiöse Urszene verbergen (dazu das Kap. 1.32).

1.2 Die Auskunft der Opfertheorien: Gabe an Gott, Gott essen und Gott speisen

1.21 Zur Schwierigkeit einer umfassenden Opfertheorie

Die Opfertheorien, wie sie in der Religionswissenschaft, Religionsgeschichte, Religionssoziologie, Religionsethnologie und Kulturanthropologie entwickelt wurden, gehen kaum irgendwo von sprachlichen Überlegungen aus. Ihr Ausgangspunkt ist vielmehr die Vielfalt der Opferphänomene, Opferriten und Opferideologien, wie sie in Mythen, alten religiösen Schrifttraditionen, alter Geschichtsschreibung, archäologischen Funden und Beobachtungen bei Naturvölkern zu gewinnen sind. Dabei erscheinen von diesem bloßen Beobachtungsstandpunkt aus die Phänomene so vielfältig, daß manche Forscher bezweifelten, ob sie überhaupt mit einem einheitlichen Wort - eben dem Wort »Opfer« – bezeichnet werden können (vgl. J. Z. Smith, The Domestication of Sacrifice, in: G. Hamerton-Kelly [Hg.], Violent Origins, Stanford 1987, 191-235; die These von der Einheit aller Riten hat jedoch der englische Ethnologe A. M. Hocart anhand einer reichen Feldforschung sehr überzeugend herausgearbeitet: vgl. ders., The Life giving Myth, London 1952 sowie Social Origins, London 1954 und Kings and Councillors, Chicago 1970).

Hier wird die enorme Schwierigkeit einer jeden Opfertheorie deutlich: Denn in der jüdischen und christlichen Welt, aber auch in der hinduistischen *Bhakti*-Frömmigkeit, werden Phänomene als »Opfer« bezeichnet, die ihrer Erscheinungsform nach nichts mit Gewalt und Töten zu tun haben, sondern im Gegenteil Frieden und Humanität zur Erscheinung bringen. So streuen im Hinduismus Frauen und Kinder Blumen auf den Altar, um dadurch ihrer Liebe zum Gott *Vishnu*, dem Gott des Lebens und der Liebe, Ausdruck zu geben und bezeichnen dies als (Blumen-) Opfer. Der alttestamentliche Psalmsänger lehnt die blutigen Tieropfer ab und fordert dazu auf, Gott ein »Opfer des Lobes« darzubringen (Ps 50,14); er bezeichnet also den Lobpreis des himmlischen Schöpfers als »Opfer«. In ähnlichem Sinne wird in der katholischen Tradition auch die *Eucharistie*, d.h. die »Danksagung« der feiernden Gemeinde für die erlösende, im Tode Jesu geschehene und in der gemeinsamen Feier erinnerte und neu vergegenwärtigte Gotteserfahrung, als »Opfer« bezeichnet. Nicht nur in katholischer, sondern in allgemein christlicher Tradition wird der Tod Jesu als »Opfer« interpretiert. Dabei meint man aber nicht, wie sich von den bisher erörterten sprachlichen Befunden her nahelegen würde, die grausame Tötung Jesu durch römische Soldaten, die eine wirkliche *immolatio*, eine Zermalmung des ausgelieferten Opfers, darstellt, sondern man versteht darunter umgekehrt die Gewaltfreiheit Jesu, in der er den bewaffneten Widerstand gegen seine Verhaftung ablehnt und sich an seine Gegner ausliefern läßt. Man spricht von liebender Selbsthingabe und bezeichnet diese als »Opfer«.

Der in Rom lehrende Jesuit und Archäologe Robert North wendet sich von solchen Phänomenen her gezielt gegen eine konstitutive Verbindung von Opfer und Gewalt. Für ihn bedeutet Opfer »sich selbst ein wertvolles Gut entziehen um eines höheren Zieles willen«, was nichts mit Gewalt zu tun hat: …»Und ich bin immer noch der Meinung, daß wenigstens auf englisch und in den lateinischen Sprachen (*sacrifice, sacrificium*) der Ausdruck ›ein Opfer bringen‹ so viel bedeutet wie ›etwas Erstrebenswertes entbehren‹, ohne daß dabei von Gewalt oder Grausamkeit einem Zielobjekt gegenüber (*victima*) die Rede ist« (ders., Lohfinks Empfehlung für Girard; in: J. Niewiadomski/W. Palaver [Hg.], Dramatische Erlösungslehre. Ein Symposion, Innsbruck-Wien 1992, 85-95; hier 91). Das Heilige wird bei ihm also dadurch realisiert (*sacrum-facere*), daß jemand »Verzicht auf Wertvolles um eines höheren Gutes willen« leistet, »zum Beispiel um die Oberhoheit Gottes anzuerkennen« (ebd. 94). Dabei denkt North ausdrücklich an jenen Gott, von dem der 1. Johannesbrief sagt, daß er »Liebe ist« (1 Joh 4,16), so daß ein ihm zu Ehren geleisteter Verzicht wesentlich ein Verzicht auf Gewalt, Verletzen und Töten sein muß. Hier werden Liebe und Gewaltfreiheit mit dem Wort »Opfer« bezeichnet, das, wie aufgezeigt, zumindest in den theologisch relevanten Sprachen von seinem ursprünglichen Bedeutungskern her gerade das Gegenteil meint.

In einer christlichen Theologie des Opfers wird dieser Sachverhalt auch deutlich gesehen. Bernd Jochen Hilberath und Theodor Schneider sprechen im *Neuen Handbuch theologischer Grundbegriffe* (hg. v. P. Eicher,

Bd. 3, München 1985) gleich zu Anfang ihres Artikels über den Begriff des Opfers (ebd. 287-298) nachdrücklich von der Notwendigkeit, vom Neuen Testament her »eine grundlegende Umprägung des Opferbegriffs« vorzunehmen. »Opfer«, *thysia*, im Sinne des Neuen Testamentes ist nicht das, was in der antiken griechischen Religiosität, in der das Wort geprägt wurde, damit bezeichnet wurde. Doch warum *muß* der religionsgeschichtlich so belastete und von seiner sprachlichen Bedeutung zur Gewalt hin tendierende Begriff des Opfers verwendet und »umgeprägt« werden, um die sinnvolle Verehrung Jahwes und das erlösende Sterben Jesu zu bezeichnen? Etwa nur deshalb, weil die Jesus-Verehrer in neutestamentlicher Zeit noch so stark von der antiken Opferreligiosität geprägt waren, daß sie Religion und Gottesverehrung noch nicht ohne Opfer denken konnten und deshalb mit Opferkategorien an das Jesusgeschehen herangehen, obwohl zu sehen ist, wie sie selber (wie z.B. der Verfasser des Hebräerbriefes) deutlich auch schon spüren, daß diese Kategorien letztlich nicht zu dem Geschehen passen, weil durch dieses die alte Opferreligiosität grundsätzlich überwunden ist?

Was geschieht, wenn ich – aus vermeintlicher Treue zu den neutestamentlichen Autoren – noch heute, da mir die eine Menschheits- und Religionsgeschichte und alle ihre Implikationen ganz anders vor Augen liegen als dies bei diesen Autoren der Fall sein konnte, dennoch weiter an der Opferterminologie in der Interpretation des Jesus-Ereignisses festhalte? Besteht dann nicht die Gefahr, daß ich dieses genuin christliche Glaubensfundament immer neu in die Denk- und Fühlweise der von Gewaltfaszination geprägten archaischen Religiosität zurückbiege und mich dadurch auch in meinem Verhalten nicht wirklich aus dieser befreien kann? Bekommt der »Verzicht auf Wertvolles um eines höheren Gutes willen« (R. North) im Kontext der Opferterminologie nicht den Charakter eines »Kraftaktes«, der Gewalt gegen mich selbst beinhaltet? Ist es etwa für die Mutter in der biblischen Erzählung vom Salomonischen Urteil (1 Kön 3,16-28) ein »Opfer«, wenn sie den Vorschlag des Richters, das lebende Kind in zwei Hälften zu schneiden und jeder der beiden um das Kind streitenden Frauen eine Hälfte zu geben, zutiefst erschrocken abwehrt und lieber mit beiden Händen auf ihren berechtigten Anspruch auf das Kind verzichtet, als es töten zu lassen? Wird durch eine Bezeichnung des Tuns der Frau als Opfer (im Sinne eines großherzigen Verzichts) nicht deren spontane Liebe zu ihrem Kind, die sie in ihrer Sorge um dessen Leben alles andere vergessen läßt, entscheidend geschmälert, ja in ihrem Wesen verfälscht und desavoiert? Und gerät nicht das frei-spontane Lob des Schöpfers, der mir alle guten Gaben des Lebens schenkt, in die Nähe einer bloß erzwungenen Handlung, nämlich einer Tributzahlung, wenn ich dieses Lob mit dem Psalmisten als *mincha* bezeichne?

Die Fragen müssen hier offenbleiben. Sie werden in der Erörterung des Jesusereignisses (in Kap. 4.3) wieder aufgegriffen und weiter vertieft werden. Hier geht es nur darum, zu zeigen, wie schwierig, ja unmöglich es ist, einen Begriff und eine entsprechende Theorie des Opfers zu entwerfen, die ohne gewaltsame Dehnung und »Umprägung« alles das, was in der Religionsgeschichte religiös praktizierende Menschen als »Opfer« verstanden haben, in sich stimmig zusammenfaßt. Die Vielzahl der vorhandenen Theorien läßt auch darauf schließen, daß – ähnlich wie beim Begriff »Religion« oder »Liebe« – auch mit dem Wort »Opfer« eine für menschliches Leben, Sein und Denken so grundlegende Wirklichkeit angesprochen ist, daß sie sich zwar im Nach-Denken der sprachlichen Bedeutungen in ihrem Wesen zeigen, aber nicht mit wissenschaftlich exakten Umschreibungen und Theoriebildungen eingefangen werden kann.

Dies ist, wie schon erwähnt, heute im allgemeinen auch die Auffassung der Ethnologie. Man fürchtet die Vielfalt der Formen und Ideen einzuebnen und zu zerstören, wenn man das Opfer in den verschiedensten Religionen und Kulturen auf eine einheitliche Idee und Grundgestalt zurückführt (vgl. J. F. Thiel, Religionsethnologie, Berlin 1984, 125, vgl. dagegen oben Hocart). So bedenkenswert dieser Grundsatz ist, so bedeutet er, radikal angewandt, doch auch den Verzicht auf ein grundlegendes Verstehen der verschiedenen religiösen Phänomene. Denn Verstehen heißt, die vielfältigen Erscheinungen, denen ich als zunächst fremden begegne, in einen Dialog zu bringen mit dem, was mir aufgrund meiner bisherigen Erfahrung und meines bisherigen Nachdenkens schon vertraut ist und dadurch meinen Denk- und Verstehenshorizont so auszuweiten, daß auch die zunächst völlig fremden Phänomene in ihm Platz finden und mir mehr oder weniger verständlich und vertraut erscheinen können. Notwendig ist dazu freilich nicht ein genau definierter Begriff, auch keine in mathematischer Logik widerspruchsfrei durchkonstruierte Theorie, sondern ein Nach-Denken der Bilder, wie die Sprache sie beinhaltet und der Versuch, in einer intuitiven Zusammenschau der verschiedenen Phänomene ein typologisches Bild des Ursprungs von dem zu finden, was »Opfer« (und in Abgrenzung dazu »Liebe«) in ihrem Wesen ist.

39

1.22 Opfertheorien, in denen die Gewaltaspekte ausgeblendet sind

Opfer als Austausch von Gaben

Die wohl älteste »Opfertheorie« dieser Art ist der Gedanke, daß sich im Opfer ein Austausch von Gaben zwischen den Menschen und Gott vollzieht. Schon in der römischen Antike hat man das auf die Formel gebracht: *do ut des*, »ich gebe, damit du gibst«. Auch die vedische Opferreligion formulierte schon diesen Gedanken: »Hier ist die Butter – wo sind deine Gaben?« (vgl. G. van der Leeuw, Phänomenologie der Religion, 3. Aufl. Tübingen 1970, 394). Es ist hier jedoch wichtig zu bedenken, daß Opfer und Opfern Phänomene sind, die so weit in die Geschichte der Religion und der Menschheit zurückreichen, daß sie in den verschiedenen konkreten Religionen immer schon praktiziert wurden, ehe man sich eine Theorie über Sinn und Funktion dieses Tuns nachträglich zurechtlegte. Jede Beschreibung der Funktion und des Sinns des Opfers, so alt sie auch ist, ist immer nachträglich einer schon vorhandenen Praxis aufgesetzt. Israel hat weitgehend überhaupt auf eine solche Ideologie seiner Opferpraxis verzichtet. Es spricht nur in einer vagen, von den umliegenden Opferreligonen her übernommenen Bildhaftigkeit von der besänftigenden Wirkung des Opfers, das als »beruhigender Wohlgeruch« zu Gott aufsteigt (vgl. Gen 8,21; Lev 6,8 u.ö.), ihn versöhnt und den Menschen entsühnt.

Auch die Interpretation des Opfers als Tauschgeschäft ist zunächst sehr vordergründig. Freilich erschließen sich wichtige ursprüngliche Aspekte des Opfers, wenn ich mit van der Leeuw (ebd. 394-406) das Geben und Nehmen der Gabe in seiner archaischen Bedeutung zu verstehen suche. Dann ist nämlich die Gabe immer ein Teil meines Selbst, so daß ich mich selbst in dieser Gabe dem anderen erschließe und mitteile. Indem der andere diese Gabe, die ich (zumindest teilweise) selbst bin, annimmt, läßt er mich in seinen Lebensbereich und Lebensrhythmus eindringen, gibt mir Anteil an seinem Leben. Dadurch entsteht ein Strom von mir zum Empfänger hin, der, soll er den Empfänger nicht überfluten, von ihm auch wieder zu mir zurückfließen muß: »Geben fordert Gabe, aber nicht im Sinne eines kommerziellen Rationalismus, sondern weil die Gabe einen Strom entspringen läßt, der vom Augenblick der Gabe an unaufhaltsam vom Geber zum Empfänger, vom Empfänger zum Geber fließt« (ebd. 395).

Angewandt auf das Opfer bedeutet dies: Der Mensch versucht durch die Opfergabe, die er in Rauch aufgehen läßt, sich einen Zugang zum Bereich des Göttlichen, zu der übersteigenden und unterfangenden Dimension der ihm begegnenden Wirklichkeit, zu erschließen, er sucht Gemeinschaft mit dem Göttlichen. Kommt von seiten Gottes nichts zu ihm zurück (Regen, Fruchtbarkeit der Felder, Wärme und Wachstumskraft der Sonne, Jagderfolg oder auch nur ein erhebendes Gefühl, das ich als Nähe der Gottheit interpretieren kann), dann hat, wie das die biblische Urgeschichte vom Städtegründer und Ackerbauern Kain erzählt, »Gott nicht auf mein Opfer geschaut« (Gen 4,5), d.h. er hat mein Opfer nicht angenommen. Dies stürzt den Menschen in tiefe Niedergeschlagenheit: »Da überlief es Kain ganz heiß, und sein Blick senkte sich« (ebd.). Der Mensch sucht dann nach Gründen für diese Zurückweisung der Opfergabe durch Gott. Es ist kennzeichnend für das biblische Denken, diese Gründe in einem falschen Verhalten und einer falschen inneren Einstellung im Herzen dessen, der opfert, zu suchen. In anderen religiösen Traditionen neigt man eher dazu, die Ursache für das Mißglücken des Opfers darin zu suchen, daß der vorgeschriebene Ritus nicht genau eingehalten oder eine zu geringe Opfergabe ausgewählt wurde; vielleicht auch, daß sich in der Gemeinschaft der Opfernden ein Übeltäter verbirgt, der gefunden und ausgestoßen werden muß.

So erklären sich tatsächlich viele Phänomene des Opfers: die peinliche Genauigkeit, ja der »sakrale Schrecken« (vgl. R. Schwager, Jesus im Heilsdrama. Entwurf einer biblischen Erlösungslehre, Innsbruck-Wien 1990, 222), mit der die einzelnen Elemente des Rituals vollzogen werden, die Forderung nach der Makellosigkeit, Schönheit und Jugendlichkeit des zu opfernden Menschen oder Tiers, ja die Forderung, gerade das Liebste, das eigene Kind, zu opfern (vgl. die Aufforderung Gottes an Abraham Gen 22,2: »Nimm deinen Sohn, deinen einzigen, den du liebhast, Isaak…«; dazu Kap. 3.2), und auch das überall feststellbare Bemühen der Opfernden, sich durch Fasten, sexuelle Enthaltsamkeit, Reinigungsbad und festliche Kleidung auf den Vollzug des Opferritus in der richtigen Weise vorzubereiten. Auch der bei vielen Völkern erkennbare Versuch, Opfergabe und Opferritus dem Charakter der zu verehrenden Gottheit anzugleichen, könnte hier seine Begründung finden: Die Gottheit wird in dem ihr eigenen Lebensbereich angesprochen in der Hoffnung, daß sie sich dann leichter für die Gabe öffnet.

Die Theorie gibt auch Spielraum für eine Spiritualisierung des Opfers: Die Menschentötung, im Extremfall die Tötung des eigenen geliebten Kindes oder die blutig-grausame Selbsttötung, wie der König sie in manchen afrikanischen Königreichen nach Ablauf seiner Regierungszeit vollzog, ist in einem grob-materiellen Sinn die höchste Gott darzubringende Gabe. Von diesem grob-materiellen Denken aus öffnet sich der Weg, der zu einer immer stärkeren *geistigen* Selbsthingabe des Menschen an die

Gottheit führt, die dann etwa darin bestehen kann, daß der Mensch sein eigenes Sein und Wünschen ganz zurückstellt und in völligem Gehorsam nur von den Gottesgeboten, etwa der Tora, her lebt.

An zwei einander entgegengesetzten Punkten freilich versagt dieses Verstehensmodell des Opfers. Einmal ist dies die schon am Zeugnis der Sprache abzulesende konstitutive Bedeutung der Gewalt und des Schreckens in vielen gerade ursprünglichen Opferriten: Warum muß bei den Azteken im Opfer für *Huitzilopochtli*, dem Gott der Sonne, des Frühlings und des Krieges, den gefangenen Kriegern das Herz *bei lebendigem Leibe*, noch zuckend, aus der Brust gerissen werden und warum werden die Leichen der Geopferten auf schaudererregende Weise die Stufen des Tempelturms hinabgestürzt, so daß sie »klappern, gleich Kürbissen herabkugeln, aufschlagen, sich um und um wälzen, bis sie unten auf der Vorterrasse am Fuß der Stufenpyramide ankommen« (nach einem Bericht des P. Sahagun, vgl. G. Becker, Die Ursymbole in den Religionen, Graz-Wien-Köln 1987, 122)? Warum wird, wie es im altarabischen Märchen *Die beiden Leoparden Kolbi und Fuadi und das Pferd Geierschnapper* (in: W. Daum [Hg.], Märchen aus dem Jemen, Köln 1983, 73-83) anschaulich erzählt wird, das am Oberlauf des Wadi in der Wildnis zu opfernde Mädchen gepackt und *lebendig* in das Grab geworfen und mit Erde zugeschaufelt? Warum wird im Dionysoskult das Opfer bei lebendigem Leibe in Stücke zerrissen (vgl. diese Darstellung des Kultes in dem Drama *Die Bacchen* von Euripides, 406 v. Chr.)? Warum wird in vielen Mythen das Opfer von einem hohen Felsen herabgestürzt und grausig zerschmettert? Warum ist die Opferung eine *immolatio*, eine »Zermalmung« des Opfers? Warum wird im beschriebenen (vgl. Kap. 1.1) griechischen Opferritus systematisch eine Aggression der Kultteilnehmer gegen das Opfertier inszeniert: vom Bewerfen mit Körnern über das Abschneiden von Haaren bis hin zum tödlichen Messerstich, der von einem hysterischen Aufschrei der Frauen begleitet ist? Warum muß im alttestamentlichen Opferritus das noch warme Blut des geopferten Tieres zur Reinigung und Sühne über den Altar und auf die Versöhnungsplatte im Allerheiligsten des Tempels gegossen werden? (Walter Burkert bemerkt dazu mit Recht: »I see a problem in purifying with blood, because it really makes a stain, it does not make things clean, it makes them dirty« – Das Blut reinigt die Dinge nicht, es macht sie schmutzig, in: Hamerton-Kelly, 137 [Diskussionsbeitrag]).

Diese grausigen, gezielt Schauder erregenden Züge gerade sehr altertümlicher Opferrituale werden durch eine Theorie des Opfers, die vom gegenseitigen Geben und Nehmen ausgeht, nicht erklärt. Auf der anderen

Seite fügt sich auch das christliche Opferverständnis nicht in diese Theorie ein. Denn das Spezifische des christlichen Opferbegriffs liegt, wie zuerst J. Ratzinger ausführte (und Hilberath/Schneider in dem schon erwähnten Handbuch-Artikel zum Begriff »Opfer« übernehmen, darin, daß die Bewegung, die zur Gemeinschaft des Menschen mit Gott führt, hier allein von *Gott* ausgeht: »Nicht der Mensch ist es, der zu Gott geht und ihm eine ausgleichende Gabe bringt, sondern Gott kommt zum Menschen, um ihm zu geben« [J. Ratzinger, Einführung in das Christentum, München 1968, 232]). Wenn aber *alles*, worüber der Mensch verfügt, eine von Gott ihm geschenkte Gabe ist, dann verfügt er auch über nichts eigenes, das er als *seine* Gabe an Gott zurückgeben könnte, um den Strom des Gebens und Nehmens, der hier von Gott ausgeht, in Fluß zu halten (vgl. Ps 50,9-13). Denn dem Geber sein eigenes Geschenk wieder zurückzugeben, wäre eine Beleidigung. Von sich aus aber verfügt der Mensch über nichts, auch sein nacktes Leben ist immer schon die Gabe seines Gottes. Es bleibt ihm nur »das Opfer des Lobes« (Ps 50,14), der Dank und Lobpreis an den, der aus überströmender Liebe gibt, ohne vom Empfänger der Gabe etwas Entsprechendes zurückzuerhalten, so daß von einem gegenseitigen Geben und Nehmen, einem Hin- und Herströmen der »Macht« (van der Leeuw, 397), also von einem »Opfer« im Sinne dieser Theorie, hier nicht gesprochen werden kann.

Andere den Gewaltaspekt ausblendende Opfertheorien und ihre Kritik

Diese grundlegende Theorie vom Opfer als einem gegenseitigen Geben und Nehmen ist in der Religionswissenschaft durch andere Theorien vielfach ergänzt und variiert worden (vgl. zum folgenden den Überblick über Opfertheorien bei J. F. Thiel, 123-126 sowie bei J. G. Williams, The Bible, Violence and the Sacred. Liberation from the Myth of Sancioned Violence, San Francisco 1991, 14-20).

William Robertson Smith geht von alttestamentlichen Opferbräuchen aus und setzt die *Opfermahlzeit* in den Mittelpunkt seiner Opfertheorie. Ursprünglich vollzieht sich diese in der Schlachtung und dem Verzehr des normalerweise streng tabuisierten, aber bei besonderen Anlässen dennoch geschlachteten und verzehrten Totem-Tieres. In dieser heiligen Mahlzeit gewinnt der Mensch Anteil am Göttlichen. *James Frazer* stellt in den Mittelpunkt seiner Opfertheorie das sakrale Königtum. In diesem wird der König nach einer bestimmten Zeitspanne oder wenn seine Kraft, sein Mana, seine Ausstrahlung, schwindet, durch eine rituelle Tötung beseitigt, damit ein jüngerer Nachfolger an seine Stelle treten und dem Volk wieder die volle Gotteskraft vermitteln kann. Das Opfer dient also allgemein einer Verjüngung der Lebenskraft des einzelnen wie des Volkes. *Marcel Mauss* und *Henri Hubert* sehen im Mittelpunkt des Opfergeschehens die Transformation des opfernden Menschen in einen höheren, vom Göttlichen angereicherten Seinszustand. Während bei Smith das Opfertier von vornherein ein »theanthropic animal«, ein gottmenschliches, sakrales Wesen, eben das Totem-Tier, ist, durch dessen Verzehr der Mensch Gemeinschaft mit dem Göttlichen findet, wird für Mauss und Hubert die Opfergabe erst durch den Ritus geheiligt und dadurch zum Mittler zwischen Gott und den Menschen *gemacht*. Erst durch diese »rituelle Transformation« der Opfergabe zu etwas Sakralem öffnet sich der Strom des Gebens und Nehmens, der nach der ältesten Opfertheorie das Wesen des Opfers ausmacht. Nach dieser Theorie liegt also der zentrale Aspekt des Opfers im Ritus. Mauss und Hubert sind in ihrer Theorie von der soziologischen Erklärung des Phänomens der Religion durch *Emile Dürkheim* beeinflußt. Nach Dürkheim sind Gottheiten Verkörperungen verschiedener Aspekte der Gemeinschaft, in der der einzelne Mensch lebt. Durch das Opfer wird der Mensch aus einem Individuum zu einem integralen Element der Gemeinschaft. Er fügt sich in die soziale Ordnung ein, deren symbolischer Ausdruck die Götter sind.

Bei *E. E. Evans-Pritchard* besteht der wesentliche Aspekt des Opfers in der Sühne und Reinigung des Menschen. Im Unterschied zu Mauss, Hubert und Smith geht es in seiner Theorie beim Opfer nicht darum, eine Gemeinschaft zwischen Mensch und Gott herzustellen, sondern umgekehrt darum, eine reinigende Abgrenzung zwischen beiden zu erreichen, so daß jeder in seiner Sphäre bleiben kann und die beiden Sphären sich nicht unheilvoll vermischen. Im Opfer anerkennt der Mensch die Grenze, die ihn vom Göttlichen trennt.

Marcel Detienne und *Jean Pierre Vernant* sehen ähnlich wie Smith in der *Opfermahlzeit* das Zentrum des Opfergeschehens. Durch das rituelle Essen des gekochten oder gebratenen Fleisches des Opfertieres realisiert der Mensch seinen ihm eigenen Status zwischen dem wilden Tier und Gott. Er steht »genau in der richtigen Entfernung von der Wildheit der Tiere, die sich gegenseitig roh auffressen, und der unverwechselbaren Glückseligkeit Gottes, der Hunger, Müdigkeit und Tod ignoriert, indem er sich von Tau und Nektar ernährt« (nach Williams 16). Nicht das Töten des Opfertieres, sondern das Braten und Kochen seines Fleisches war der gleichzeitig religiöse und politische Akt; und im Austeilen der Fleischportionen konstituierte sich die soziale Ordnung und Abstufung der Gemeinschaft. North sieht in dieser Opfertheorie eine Möglichkeit, das christliche Opferverständnis zu integrieren, sofern hier der blutige Akt des Tötens nur als nebensächliches Element des Opferns erscheint: »Der Opfernde ist ein *mageiros* (Koch), antiseptisch sauber wie der Chefkoch in seiner weißen Schürze« (North 94). Detienne und Vernant sind in ihrer Opfertheorie vom Strukturalismus beeinflußt, dem es weniger um die Phänomene als solche, sondern um die Erforschung der strukturellen Verknüpfung der einzelnen Elemente eines Phänomens geht.

Bei dieser letzten Theorie zeigt sich wieder in besonderer Weise die Schwierigkeit, so weit auseinanderliegende Phänomene wie die Kommunion der Gläubigen zur Erinnerung und Vergegenwärtigung der in Jesus geschehenen Offenbarung eines gewaltlos liebenden Gottes und die grausam-brutale Tötung von Menschen und Kindern in *einem* System und *einem* Begriff zusammenzufassen. Dies gilt auch für die anderen der hier angesprochenen Theorien. Mauss und Hubert (und ihnen voraus Dürkheim) gehen der Schwierigkeit etwas aus dem Weg, indem sie der Frage, welche *Elemente des Ritus* die Transformation des Opfers (und mit ihm der Opfernden) vom profanen in den sakralen Zustand bewirken und auf welche Weise diese Wirkung zustande kommt, nicht näher nachgehen. Insgesamt ist bei den genannten Opfertheorien die Tendenz feststellbar, die gewalthaften, grausig-abschreckenden Züge des Phänomens des Opfers außer acht zu lassen oder zumindest unterzubewerten.

Eine Rechtfertigung für diese Betrachtungsweise sieht Thiel (ders., 113-125; bes. 113, 120, 125) darin, daß – seiner Meinung nach – blutige Opfer erst seit der Seßhaftwerdung des Menschen, also erst in Pflanzer- und Ackerbaukulturen sowie in den späteren archaischen Hochkulturen, in größerem Stil nachweisbar sind, während sie ihm bei den Sammler- und Jägervölkern zu fehlen scheinen. Dabei geht er aber nur ganz am Rande auf die besonders von Walter Burkert sehr sorgfältig ausgearbeitete These ein, daß die Jagd und das blutige Opfer in einer Linie zu sehen sind (vgl. Burkert, Homo, 8-96). Auch René Girard, der von der Interpretation der griechischen Tragödie und mythischer Texte her die blutige Gewalttat im Zentrum des Opfers sieht, wird von Thiel nur am Rande erwähnt. Beiden gegenüber setzt er sich auf das hohe Roß des ethnologischen Fachwissenschaftlers und bezeichnet von da aus Burkerts Werk, nachdem er einige Thesen referiert hat, ganz unvermittelt und unbegründet als »reinen Dilettantismus«; und mit Girard, sagt er, könne man nicht in eine »Fachdiskussion« eintreten, weil er das ethnologische Material, das er verwende, zu wenig »nuanciere« (Thiel, 121 bzw. 125). Auf Werner Daum, der noch vor einigen Jahrzehnten als deutscher Botschafter im inneren Hadramut im Jemen eine rituelle Steinbockjagd beobachten konnte (vgl. W. Daum,

Ursemitische Religion, Stuttgart 1985, 67 ff.), kommt er überhaupt nicht zu sprechen. Dabei ist überall in der Religionsgeschichte, wo man die Entwicklung des Opferkults innerhalb einer bestimmten Tradition ein Stück weit verfolgen kann, ganz deutlich zu sehen, daß diese Entwicklung immer von einer stärker grob-materiellen, blutigen zu einer spiritualisierten, unblutigen Form des Opfers verläuft. Ganz deutlich zeigt dies eine brahmanische Erzählung aus dem älteren Hinduismus: Nach ihr ist das zuerst als Opfer getötete Wesen der Mann (dies überliefert ja auch der alte Mythos von der Opfertötung des *Purusha*, aus dessen Leichenteilen der Kosmos entsteht). Das »Mark« (*medha*, d.h. das eigentlich Wertvolle, die Substanz) des getöteten Mannes ist zuerst in ein Pferd entwichen (im alten indischen Königsopfer war noch ein Pferd das Opfertier), dann der Reihe nach in einen Ochsen, ein Schaf und eine Ziege. »Das Mark der Ziege verbarg sich jedoch in der Erde und verwandelte sich in Reis. Daher ist der Opferkuchen, der auch bei einem Tieropfer dargebracht werden konnte, das Tier, die Halme des Reises sind seine Haare usw. Obwohl für außerordentliche Fälle (Hochzeit, Empfang von Gästen, Kult der Vorväter) sich das Tieropfer länger erhalten hat, bestanden die Opfer (in späterer Zeit) doch zumeist in einem Mus aus Reis oder Gerste« (J. Gonda, Die Religionen Indiens Bd. I. Veda und älterer Hinduismus, Stuttgart u.a. 1960, 147).

So ist das unblutige brahmanische Speiseopfer seiner Intention nach doch eigentlich ein Menschenopfer. Daß die Entwicklung umgekehrt laufen würde, ist kaum vorstellbar. Wenn Menschen- und Tieropfer also die ältesten Opfer sind, müßte in der Religiosität des noch nicht seßhaft gewordenen Sammlers und Jägers nach Thiel das Opfer überhaupt fehlen. Tatsächlich meint Thiel, der wandernde Wildbeuter sei ein von Grund auf friedlicher Mensch gewesen, »der sich sträubte, zu töten, jedenfalls niemals mehr als unbedingt nötig ist, und Menschen überhaupt nicht« (Thiel 120). Wie wenig durch diese Kennzeichnung die Mentalität des altsteinzeitlichen Sammlers und Jägers getroffen ist, zeigt eine überwältigende Fülle archäologischer Zeugnisse, die Thiel offenbar nicht zur Kenntnis nimmt. So bezeugen Knochenfunde in Nordspanien, daß der altsteinzeitliche Jäger – völlig unabhängig von seinem momentanen Nahrungsbedarf – ganze Bisonherden in Sumpfgebiete hineintrieb, wo die Tiere steckenblieben und jämmerlich verendeten, sofern er sie nicht mit seiner Lanze zu Tode stieß. Was hätte er – ohne riesige Kühlhäuser – mit den so gewonnenen Fleischmassen anfangen sollen? Es ging ihm um das Töten als solches. In der Höhle von Lascaux zeigt eine Felszeichnung, deren

Realismus durch Knochenfunde bestätigt wurde, daß er Herden von Wildpferden über einen Felsabhang jagte, so daß sich die Tiere zu Hunderten zu Tode stürzten. Eine einzige Fundstätte von Torralba in Spanien zählte mehr als 30 Elefanten, 26 Pferde, 25 Hirsche, 10 Rinder, 6 Nashörner, also rund 300 Tonnen Fleisch. Auch wenn wir nicht wissen, wie lange diese Stätten besucht wurden und wie groß die Zahl der Jäger war, ist doch kaum anzunehmen, daß hier nur für den unmittelbaren Nahrungsbedarf, »niemals mehr als unbedingt nötig«, gejagt wurde (vgl. L.-R. Nougier, Die Welt der Höhlenmenschen, Zürich-München 1989 [Originalausgabe: »Premiers éveils de l' homme«, Paris 1984], 215 f.). In Ambroziewskaia nahe dem Asowschen Meer fand man die Knochen von über 1000 Wisenten (vgl. H. Müller-Karpe, Handbuch der Vorgeschichte, 1. Band, Altsteinzeit, München 1966, 225).

Thiel scheint auch nichts davon zu wissen, daß die über 500.000 Jahre alten in Chou-Kou-Tien bei Peking in einer Höhle bestatteten Menschenschädel (vielleicht überhaupt der älteste spezifische Menschenfund) Hiebspuren aufwiesen, die auf eine gewaltsame Tötung hinwiesen und außerdem das Hinterhauptloch künstlich erweitert war, was auf Kannibalismus schließen läßt. In der Ofnet-Höhle bei Nördlingen, wo man ebenfalls, auf zwei Gruben verteilt, bestattete Schädel entdeckte, machte man dieselbe Feststellung, hier auch bei Schädeln von Kindern. In der Guattari-Höhle bei Monte Circeo in Italien fand man einen Menschenschädel sorgfältig innerhalb eines Steinkreises aufgestellt mit in die Augenhöhlen eingesetzten Muscheln und einer ebenfalls klar erkennbaren tödlichen Schädelverletzung. Angesichts dieser und anderer Funde spricht der bekannte Vorgeschichtsforscher Müller-Karpe von der »gesicherten Tatsache von Ritualtötungen« in der Altsteinzeit (Müller-Karpe, 240). In den Höhlen von Pech-Merle und Cougnac finden sich Höhlenzeichnungen von menschlichen Gestalten, die, in Tierhäute gehüllt, von allen Seiten her von Speeren durchbohrt sind (vgl. die Abbildungen in G. Baudler, Gott und Frau. Die Geschichte von Gewalt, Sexualität und Religion, München 1991, 19). Angesichts dieser Fundlage aus der Altsteinzeit, also aus der Zeit des Jäger- und Sammlerdaseins der Menschheit, davon zu sprechen, daß man in Jägerkulturen Menschen »überhaupt nicht« tötete, kann nicht mehr nur als Ignoranz erklärt werden; hier scheint sich vielmehr noch einmal, auch in der ethnologischen Wissenschaft, jener Akt der Verdrängung menschlicher Gewaltverhaftetheit zu wiederholen, der nach Girard in den Mythen und in anderen literarischen Traditionen – ausgenommen nur die biblischen Schriften – zu finden ist.

Was liegt dagegen näher, als anzunehmen, daß die religiös motivierte

Hinwendung des Menschen zur Gewalt und zum Töten ein ganz frühes, mit dem Übergang zur Großwildjagd gegebenes Datum der Menschheits- und Religionsgeschichte ist? In den Jahrmillionen seiner altsteinzeitlichen Existenz als Jäger und Sammler hat der Mensch diese Faszination der Tötungsmacht vornehmlich in der Jagd auf große und mächtige Tiere, aber auch in der Tötung von Menschen, ausagiert. Nach der Seßhaftwerdung tritt anstelle der Jagdtötung die Tötung der von ihm domestizierten Tiere (noch im Alten Testament hat jede Schlachtung den Charakter einer Opfertötung, wie ihn auch die Jagd ursprünglich hatte). Hier und in den beschriebenen Menschenopfern setzt sich dieser Kult der Gewalt und des Tötens fort, und erst allmählich, im Laufe vieler Jahrtausende und beeinflußt durch unterschiedliche Faktoren, erfolgt eine Humanisierung und Spiritualisierung dieser Opfertraditionen. Vom Geschichtlichen her gesehen erscheint dies jedenfalls als die einzig mögliche Entwicklungslinie. Mögen es auch vom Strukturalismus her kommende Opfertheorien (vgl. oben Etienne und Vernant) anders sehen: Der Opferpriester war und ist niemals ein »Chefkoch in weißer Schürze« (R. North). Sein Kleid ist immer blutbefleckt. Eindringlich zeigt dies ja auch das (in Kap. 1.1 beschriebene) Zeugnis der Sprache: Nicht eine köstliche Speise, sondern das rinnende Blut, der brennende Leib, der im Todeskampf aufwirbelnde Staub und die Zermalmung des lebenden Wesens waren bevorzugt jene Eindrücke, aus denen sich ursprünglich die Worte für das Phänomen des Opfers formten.

1.23 Opfertheorien, die den Gewaltaspekt berücksichtigen

Gott töten und essen

Von daher verdienen jene Opfertheorien, die im gewaltsamen Töten den ältesten und ursprünglichen Kern der Opferhandlung sehen, besondere Beachtung. Dies ist besonders der Fall bei *Adolf Ellegard Jensen*. Jensen arbeitet das Töten und Einverleiben der Gottheit als das gemeinsame Wesen des Opfers heraus (A. E. Jensen, Die getötete Gottheit. Weltbild einer frühen Kultur, Stuttgart u.a. 1966). Dabei verfolgt er dies allerdings nur in Pflanzerkulturen und sieht in ihnen jene »frühe Kultur«, aus der heraus sich das Opferwesen entwickelt hat. Von den Perspektiven her, wie sie oben in Auseinandersetzung mit Thiel für die altsteinzeitliche Existenz des Menschen gewonnenen wurden, ist jedoch zu fragen, ob dieses Modell in modifizierter Form nicht auch schon hier, in der Altsteinzeit, Anwendung finden kann. Denn *immer* ist ja das, was der Mensch im Opfer tötet (und sich meistens dann auch wenigstens teilweise essend einverleibt) ein Heilig-Göttliches, sei es, daß es diese Qualität schon von sich aus mitbringt, oder sei es, daß es durch den rituellen Akt, insbesondere durch die Tötung, in diese Sphäre hineingetaucht wird.

Für den altsteinzeitlichen Menschen besaß das große, vital-mächtige Tier, das ihm als Element der ihn umgebenden wilden Natur begegnete, sicher bereits diese Qualität eines Gottessymbols. In ihm verdichtete sich die Allgewalt der Natur, wie er sie auch in Gewitter, Stürmen, Feuersbränden, darüber hinaus auch in der Kraft und Wärme der Sonne und im Fließen der großen Ströme erfuhr. Das große Tier war für ihn Inbegriff jener Kraft, von der her er lebte und die er auch in sich selbst spürte. In einer noch den heutigen Betrachter tief beeindruckenden künstlerischen Gestaltungskraft malte er deshalb diese Wesen an die Wände jener eiszeitlichen Höhlen, die ihm, wie heute allgemein angenommen wird, nicht als Wohn-, sondern als Kultstätte dienten (vgl. J. Herbig, Die Magie der Bilder und Zeichen; in: Bild der Wissenschaft 22 [1985], 108-120, der hier von den »Kathedralen der Eiszeit« spricht). Überwiegend ist es das Bison, das Wildpferd oder das riesige Mammut, dessen Bild ihn zur künstlerischen Gestaltung gedrängt hat, wogegen etwa das Rentier, das Knochenfunden nach zu schließen seine hauptsächliche Jagdbeute bildete, nur in ganz geringer Zahl erscheint. Nicht die Nahrung also, sondern die gewaltige Kraft hat ihn fasziniert, und von der Opfertötung des kraftgeladenen Tiers fand er zur Jagd auf leichter erbeutbare Tiere zum Zwecke des Nahrungserwerbs.

In fast allen Darstellungen sind den mächtigen Tierleibern tiefe, durch rote Ockerfarbe hervorgehobene Stichwunden eingezeichnet; oft stecken auch Pfeile oder Lanzen im Leib der Tiere. So entsteht schon im frühesten Kunstschaffen der Menschheit das Bild der »getöteten Gottheit«, deren Fleisch der Mensch, vom großen Jäger, dem ersten Opferpriester, ausgeteilt, mit heiligem Schauder ißt, um sich diese Gotteskraft einzuverleiben. In den späteren Pflanzerkulturen, wo der Mensch von den Knollen und Früchten seines Pflanzenanbaues lebt, führt er diese Tradition fort, indem er das Blut des getöteten Opfers auf seine Felder gießt oder die Leichenteile in der Erde vergräbt – in der Hoffnung, daß auf diese Weise das Wachstum seiner Pflanzen besonders gedeiht und er durch deren Verzehr ebenfalls die göttlichen Kräfte in sich aufnimmt.

Gewiß besteht, was Jensen stark betont (ders. 120 f.), ein Unterschied in der Einstellung zum Töten beim Jäger und beim Pflanzer. Bei aller Faszination der Tötungsmacht hat der Jäger, wenn er tötet, dabei doch ein schlechtes Gewissen. Von der Evolution her ist er ja kein Raubtier. Bei ihm hat sich das Töten aus der innerartlichen Aggression entwickelt, und das zu tötende Tier ist für ihn fast eine Art Sozialpartner (genauer dazu unten in Kap. 1.31, Abschnitt. »Wie kommt der Mensch zum töten?«). Daraus entsteht der sogenannte »Jägerskrupulantismus«, wie er vielfach beschrieben wurde (vgl. E. Drewermann, Strukturen des Bösen, Bd. 2, Paderborn 4. Aufl. 1983, 199 ff.; nach J. G. Frazer, Der goldene Zweig, London 3. Aufl. 1911; Burkert, Homo, 89 u.a.); oft bittet der Jäger das Tier um Vergebung, ehe er es tötet; bisweilen versucht er den Tötungsakt vor sich und anderen zu verschleiern; ein anderes Mal bemüht er sich, sorgfältig alle Knochen aufzubewahren, das getötete Tier in einem kultischen Akt wiederherzustellen und der Natur zurückzugeben. Der tötende Jäger fühlt sich also schuldig gegenüber der Natur und dem Tier.

Beim Pflanzer fehlt dagegen dieses Schuldbewußtsein, wenn er tötet. Für ihn gehört das Töten »zu den stolzesten Taten des Mannes, die durch allerlei Abzeichen zum Ausdruck gebracht werden – Abzeichen, die vor allem für die Totenreise von Wichtigkeit sind und der Totengottheit als Ausweis vorgewiesen werden müssen« (Jensen 121). Dies hängt sicher damit zusammen, daß der Pflanzer den Kreislauf der Natur und des Wachstums erkannt hat, auf den er, seßhaft geworden, sein Leben gründet. Er weiß, daß alles Leben notwendig im Tod mündet und daß der Tod die Voraussetzung für neues Leben schafft. Nur wenn er im Herbst von den verdorrenden Pflanzen die Knollen abschneidet und sie im Frühjahr in die Erde senkt, kann daraus neue Nahrung für ihn erwachsen. Durch Töten fügt er sich ein in den ewigen Kreislauf des »Stirb und Werde«, von dem her er lebt. Töten ist für ihn von vorneherein ein positiver religiöser Akt. Ohne Skrupel erzählt der schon erwähnte, für den älteren Hinduismus grundlegende Mythos vom Urmenschen *Purusha* (Rigveda X, 90; dieser Mythos fehlt in der Zusammenstellung bei Jensen), daß dieses göttliche Wesen von den *Sadhyas*, den »himmlischen Urwesen«, und den *Rishis*, den »Sehern der Vorzeit«, als Opfer getötet und zerstückelt wird und auf diese Weise die Welt entsteht: Aus den Augen *Purushas* wurden Sonne und Mond, aus seinem Mund der Götterkönig Indra und die Brahmanen; aus seinem Atem entstand der Wind, der über die Erde hinweht, aus seinem Kopf der Himmel und aus seinen Füßen die Erde. Der Opfertod der Gottheit ist also die Grundlage für alles Sein und Leben in der menschlichen Welt.

Ähnliches geschieht in der althinduistischen (vedischen) Religiosität mit *Soma*, dem Gott des zeugenden und nährenden Lebens. Er ist besonders mit allen Naturvorgängen verbunden, in denen das Leben als flüssiges Element spürbar wird: Im Regen, der den Pflanzenwuchs bewirkt, im Saft der Pflanzen, im zeugenden Samen der männlichen Tiere und Menschen, in der nährenden Milch weiblicher Lebewesen und im Mond, in dessen Schale er sich in der zunehmenden Mondphase sammelt, um den anderen Göttern als Unsterblichkeitstrank zu dienen. Aus den Schößlingen einer Pflanze, die *Soma* genannt wird, wird ein heiliger Rauschtrank gewonnen, der denselben Namen trägt. Das Zerschlagen und Keltern dieser Schößlinge wird dabei als Tötung der Gottheit interpretiert, und wenn der Mensch beim Opferfest den heiligen Rauschtrank trinkt, nimmt er die Gottheit, ihre Kraft und Lebensfülle, in sich auf und gewinnt dadurch Unsterblichkeit in einem künftigen Dasein (vgl. Jensen 98 f.).

Bekannt ist auch der Mythos von *Hainuwele*, der sich auf der Insel Ceram bei den Wemale findet. Hainuwele ist das vom Himmel zu den Menschen geschickte göttliche Mädchen, das alle durch ihre Schönheit und Anmut bezaubert und den Menschen Schmuck und andere göttliche Geschenke bringt. Bei einem nächtlichen Tanz wird in der Mitte des Tanzplatzes eine Grube ausgegraben, und Hainuwele wird durch spiralförmige Tanzfiguren zur Grube gedrängt, hineingestoßen, rasch wird Erde auf sie geschüttet und mit Tanzschritten festgestampft. Später wird der Leichnam ausgegraben, zerstückelt, seine Leichenteile werden auf den Feldern vergraben und aus ihnen wachsen die Früchte und alle Nahrung, wie die Menschen sie essen. Essen ist deshalb für sie grundsätzlich nicht bloß der biologische Vorgang notwendiger Nahrungsaufnahme, sondern ein Essen der vom Himmel zu ihnen herabgekommenen Gottheit.

Jensen spricht hier von *Dema*-Gottheiten und weist deren Kult in vielen über die ganze Erde verstreuten archaischen Kulturen nach (von Ozeanien über Amerika bis nach Afrika; vgl. Jensen 27-86). Auch in frühen Hochkulturen, wie etwa in den Eleusinischen Mysterien, wirkt dieser Mythos fort. So ist z.B. Persephone, die Tochter Demeters aus der griechischen Mythologie, eine relativ deutliche Parallele: Persephone, auch *Kore*, »Mädchen«, genannt, wird von Hades geraubt und in die Unterwelt entführt (also wie Hainuwele unter die Erde gebracht). Ihre Mutter Demeter sucht sie, und erst nachdem sie mit Hades eine Übereinkunft getroffen hat, nach der Persephone jeweils ein halbes Jahr auf der Erde leben darf, sich dann aber das nächste halbe Jahr wieder zu ihrem Gatten Hades in die Unterwelt begeben muß, beginnt die Vegetation auf der Erde wieder zu wachsen und den Menschen Nahrung zu geben. Im sumerischen Mythos geraten – analog zu unserem Märchen von *Hänsel und Gretel* – zuerst die Liebes- und Fruchtbarkeitsgöttin Innana und dann durch Austausch Innanas früherer Geliebter, der göttliche Buhlknabe Dumuzzi, in die Gewalt der Unterweltsgöttin Ereschkigal, die, durch dieses Opfer besänftigt und erfreut, die Pflanzen wieder wachsen und die Saaten sprießen läßt.

An diesem Punkt zeigt sich eine Variante des weltweit verbreiteten Mythos, der Jensen nicht genauer nachgegangen ist: Zwar ist das Opfer, das getötet wird, ein vom Himmel herabgekommenes gottmenschliches Wesen (von *Purusha* über die *Soma*-Pflanze bis zu Hainuwele, Persephone, Innana und Dumuzzi), aber in vielen Mythen wird durch die Opfertötung dieser (zumeist jungen und überirdisch schönen) Gottheit eine ältere und wilde Gottheit (*Hades, Ereschkigal*) versöhnt und besänftigt. Vielleicht liegt gerade in diesem Zug, mehr noch als im Töten der Gottheit, die für den seßhaft gewordenen Menschen kennzeichnende Variante des Opfers. Werner Daum hat in seiner auf archäologischen Funden und jemenitischen Märchen und Volksbräuchen aufbauenden Rekonstruktion einer »ursemitischen Religion« das Kinderopfer als den ursprünglichen Kern des religiösen Kults der im Vorderen Orient seßhaft gewordenen Menschen herausgearbeitet: Zu Beginn der Regenzeit wurde am Oberlauf des Wadi die Tochter des Dorfoberhauptes lebendig begraben oder in wilder Berggegend ausgesetzt, um den Regensturmgott so zu beeinflussen, daß er zwar die Wadis mit dem lebensnotwendigen Wasser füllte, dabei aber nicht in wilder Überschwemmung die Siedlung überflutete und zerstörte. In den altarabischen Märchen taucht dann diese wilde Gottheit als *Afrit*, als »Menschenfresser« (analog zu unserer Hexe in Hänsel und Gretel), auf und verlangt durch Menschen, besonders durch Kinder, gespeist zu werden. In seinem Aufsatz *A Pre-Islamic Rite in South Arabia* (in: Journal of the Royal Asiatic Society, Heft 1/1987, 5-13) hat Daum in konkreter Lokalisierung und in sorgfältiger Befragung jemenitischer Dorfbewohner diesen vorislamischen Ritus der Speisung einer Regen- und Wildnisgottheit durch das Opfer eines Kindes exemplarisch herausgearbeitet.

Es ist gleichzeitig erstaunlich und erschreckend zu sehen, wie genau in diesem Ritus (und dem ihm entsprechenden Mythos) die konkrete menschliche Erfahrung nachgestaltet wird: Überall ist es ja das Kind, in patriarchalen Kulturen stärker der Sohn, in matrifokalen die heiratsfähige Tochter, die in besonders dichter Weise eine übersteigende Dimension, eine göttliche Verheißung, ausstrahlen und dem Menschen als ein vom Himmel herabgekommenes göttliches Wesen erscheinen. Gerade dieses Wesen jedoch, das noch nicht voll ausgereifte Kind, ist in vielfältiger Weise bedroht. Wesentlich mehr als Erwachsene wird es von Krankheiten (es gab ja damals kaum Medikamente gegen Kinderkrankheiten) und Naturkatastrophen hinweggerafft. Die ersten menschlichen Siedlungen in den Hochebenen des fruchtbaren Halbmonds waren zu Beginn der Regenzeit häufig ein Opfer der vom Gebirge her kommenden Wasserfluten, die sich zu Beginn der Regenzeit in den (im Sommer ausgetrockneten) Wadis sammelten und diese zu reißenden Strömen machten. Hatte sich dann das Wasser wieder verlaufen, waren es besonders die Kinder, die, von den Fluten erfaßt und fortgeschwemmt, nun unter dem Schlamm und Geröll im Wadi begraben lagen. Wenn sich zu Beginn der Regenzeit die Opferprozession formierte und das auserwählte göttliche Kind an den Oberlauf des Wadi brachte, um es dort auszusetzen oder lebendig zu begraben, dann gab der Mensch, von tödlicher Angst getrieben, in einer Art »vorauseilendem Gehorsam« dasjenige Lebewesen an die Gottheit (als der übersteigenden Dimension der hereinbrechenden Naturgewalten) hin, das, weil selber göttlich, den Wildnis- und Regensturmgott am ehesten würde besänftigen können. Indem man das Kind in die Grube stieß und mit Erde zudeckte, glich man sich in der Wildheit und Grausamkeit dieses Tuns der Wildnisgottheit an, wurde ihr ähnlich und konnte hoffen, diese werde, gesättigt durch das Opfer des göttlichen Kindes, die Gemeinschaft der übrigen ihm ähnlichen Menschen verschonen. Noch bis ins 18. und 19. Jahrhundert hinein werden in Skandinavien Geschichten überliefert, wonach bei Naturkatastrophen, besonders bei drohenden Dammbrüchen, Kinder lebendig begraben wurden. Theodor Storm erzählt in seiner bekannten Novelle »Der Schimmelreiter«, wie die Dammbauer verlangen, daß »was Lebiges«, am besten ein Kind, ersatzweise aber auch ein Hündlein, in den Damm eingegraben wird; anders könne er nicht halten.

Bei den Azteken muß die Sonnenkraft, von der das Wachstum der Pflanzen und damit das Wohl und Gedeihen des Volkes abhängt, durch das aus dem lebendigen Körper herausgerissene Herz des göttlich-tapferen Kriegers genährt und gestärkt werden. Die Menschen erfahren ja, wie die Sonnenwärme und die Dauer der täglichen Sonneneinstrahlung im Laufe des Jahres bis hin zur Wintersonnenwende kontinuierlich abnimmt, um sich dann wieder zu steigern. Ja, an jedem Abend erleben sie, wie sich diese Einstrahlung reduziert und schließlich die Sonne am rotgefärbten Himmel untergeht, um der Nacht zu weichen. Der im Horizont der Symbolik der Gewalt, des Kämpfens und des Tötens stehende Mensch – die Azteken waren ein besonders kriegerisches Volk – interpretiert auch dieses Geschehen als Kampf: Die Rotfärbung des Horizonts beim Untergang der Sonne ist Blut; die Sonne muß in der Unterwelt, in die sie hinabtaucht, mit vielen starken Kriegern kämpfen, die sie angreifen und verwunden. Es wurde jeden Morgen neu als Wunder empfunden und freudig begrüßt, daß die Sonne, wenn auch noch blaß und geschwächt von ihrem unterirdischen Kampf, wieder am Horizont emporstieg. Am Tag des Sonnenopfers erwartete der Inka in Begleitung seiner gesamten Verwandtschaft auf dem Hauptplatz der Stadt im Morgengrauen das Aufgehen der Sonne, und sobald sie am Horizont erschien, knieten alle nieder, um dieses Wunder anzubeten (Becker 125). Es war Aufgabe der Menschen, die Sonne für diesen ihren schweren Weg zu stärken, sie zu nähren, mit Helfern und kriegerischen Gefolgsleuten zu umgeben. Deshalb wurde das Herz des Kriegers, das Organ, in dem sich, wie man glaubte, sein Mut, seine Tapferkeit und seine Kampfeswut konzentrierten, aus dem Leib herausgerissen und als kostbarer und strahlender Edelstein (»Türkisprinz«) in die Adlerschale, die Schale des Sonnenvogels, gelegt. (Die hier zu verfolgende nahtlose Einfügung der altmexikanischen Opferreligion in die religiöse Menschheitsgeschichte zeigt, daß zwar die spanischen Eroberer bei ihren Berichten über die vorgefundene Religion gewiß deren grausame Züge übertrieben, aber doch nicht einfach das Blaue vom Himmel herunter erzählt haben: vgl. P. Hassler, Menschenopfer bei den Azteken? Eine quellen- und ideologiekritisiche Studie, Bern 1992; ob die Menschenopfer bei Azteken, Inkas und Mayas zur Zeit der spanischen Eroberung nur noch Mythos, nicht aber mehr praktizierter Ritus waren, ist in unserem Zusammenhang unwichtig.)

In den Veden, den ältesten Schriften des Hinduismus und vielleicht überhaupt der ältesten »Heiligen Schrift« der Menschheit, ist eine ähnliche Haltung gegenüber der Sonne zu finden. Auch dort muß die Sonnenkraft durch Opfer gestärkt werden. Es gibt die Überzeugung, daß die Sonne am Morgen nicht aufgeht, wenn nicht die Brahmanen vor Sonnenaufgang das vorgeschriebene Morgenopfer in genau vorgeschriebenem Ritus darbringen. Zwar bestehen die Praktiken der vedischen Opferreligion fast ausschließlich in Speiseopfern, aber die oben zitierte brahmanische Erzählung, wonach in den geopferten Reiskörnern das »Mark« des göttlichen Urmenschen *Purusha* enthalten ist, zeigt, daß auch hier die Natur- und Sonnenkraft, von der das Leben des Menschen abhängt, eigentlich durch das »Mark« des Mannes (näherhin des Gottmenschen *Purusha*) gespeist werden muß.

Eine Speisung, Stärkung und Besänftigung der Gottheit geschieht auch im Toten- und Ahnenopfer. Dabei geht es darum, das Mana, die Ausstrahlungskraft, den göttlichen Glanz, der besonders beim Tod eines Menschen als dessen übersteigende Dimension ins Bewußtsein tritt, zu stärken und über seinen Tod hinaus fortbestehen zu lassen. Bekannt sind die 16 Königsgräber, die Sir Wooley in Ur in Chaldäa ausgegraben hat; in mehreren von ihnen ist der ganze Hofstaat, vom Pferdeknecht über die königlichen Berater bis hin zu seinem Harem, getötet und mit dem König in das Grab gegeben worden. Ähnliche Funde machte man in China. In afrikanischen Königtümern, besonders in Dahome, fanden beim Tode eines Königs ausgedehnte Menschenopfer-Rituale statt, die an Grausamkeit den Berichten über aztekische Menschenopfer in keiner Weise nachstehen (vgl. N. Davies, Opfertod und Menschenopfer. Glaube, Liebe und Verzweiflung in der Geschichte der Menschheit, Düsseldorf-Wien 1981, 167-178). Auch die besonders in Indien verbreitete Witwen-Verbrennung stärkt das Mana des verstorbenen Mannes. Im Ahnenopfer wird die Ehre, das Andenken, die Bedeutung und die Macht, eben die übersteigende Dimension, die Heiligkeit und Göttlichkeit des Toten, die gleichzeitig verehrt und gefürchtet wird, genährt, gestärkt und besänftigt. In China, wo der Ahnenkult am ausgeprägtesten ist, sind dabei für die älteste Zeit – ausschließlich für diesen Kult – noch Menschenopfer belegt (vgl. Kap. 2.31).

Die Wirklichkeit, in der mir Göttliches begegnet, in einem sich aufbäumenden, aggressiven Imponiergehabe zu töten und mir seine Kraft und Göttlichkeit essend einzuverleiben, gleichzeitig aber auch diese Speise einer noch größeren und älteren Gottheit anzubieten, um sie durch dieses Opfer zu besänftigen und zu versöhnen: dies ist wahrscheinlich das älteste und menschheitsgeschichtlich am weitesten verbreitete Denk- und Gefühlsmuster einer jeden Opferreligiosität. Da aber die faktische Menschheits- und Religionsgeschichte von ihrer tiefsten Wurzel her durch diese Opferreligiosität geprägt ist, wäre die Bibel, gerade auch das Neue Testament, nicht, wie das II. Vatikanum sagt, Gotteswort in Menschenwort (vgl. die Dogmatische Konstitution über die göttliche Offenbarung, bes. Art. 12; in: K. Rahner/H. Vorgrimler, Kleines Konzilskompendium, Freiburg-Basel-Wien 16. Aufl. 1982, 374 f.), könnte sie in ihrer Interpretation des Jesus-Geschehens dieses uralte menschheitsgeschichtliche Denk- und Gefühlsmuster ausschalten. Gerade wenn in Jesus, besonders in seiner Hinrichtung, den Menschen Gott in größtmöglicher Dichte aufgeht, werden dadurch auch diese archaischen religiösen Denkmuster in ihm wachgerufen, und es entsteht ein starker Sog, die neue religiöse Erfahrung in diesen Denkmustern zu interpretieren. Das Neue dieser in Jesus geschehenden Gottesoffenbarung drückt sich dabei darin aus, daß die Tötung des Gottmenschen einerseits als die Tat des Menschen Ausdruck von dessen abgrundtiefer Sündigkeit und Todverfallenheit ist, andererseits aber Gott im vollen »Vorauswissen« (Apg 2,23) dieses Menschencharakters und der daraus folgenden furchtbaren Tat seinen geliebten Sohn zu den Menschen schickt, ihn also dem Tode ausliefert, »damit die Menschen das Leben haben, und es in Fülle haben« (Joh 10,10). Der getötete Gottessohn ist »das lebendige Brot, das vom Himmel herabgekommen ist.

Das Brot, das ich geben werde, ist mein Fleisch, ich gebe es hin für das Leben der Welt« (Joh 6,51). Dies ist die Opferreligiosität der ältesten Pflanzerkulturen, wie es im Mythos von Kore-Persephone zum Ausdruck kommt und als hellenistisches Gedankengut vor allem in das Johannesevangelium eingeflossen ist: »Wenn das Weizenkorn nicht in die Erde fällt und stirbt, bleibt es allein; wenn es aber stirbt, bringt es reiche Frucht« (Joh 12,24).

Über das Alte Testament dringt der Gedanke ein, daß durch das Opfer des Sohnes eine ältere, größere Gottheit besänftigt und versöhnt wird. Dabei bleibt aber der Widerspruch bestehen, daß dieser Gott, weil er Liebe ist, das Opfer, das ihn versöhnt, gleichsam selber bringt, sofern er seinen Sohn in die Hände der gewaltverfallenen Menschen gibt, die ihn töten. Gerade in solchen Widersprüchen wird deutlich, wie der neutestamentliche Mensch darum ringt, in den religiösen Bildern und Denkmustern, die ihm vorgegeben sind und denen er nicht entrinnen kann, doch das Neue und andere der in Jesus geschehenen Gottesoffenbarung auszusagen. Heute freilich, wo wir in einem noch vor 100 Jahren nicht denkbaren Ausmaß das Ganze der Menschheits- und Religionsgeschichte überblicken können, kann und muß der Versuch unternommen werden, diese uralten Denkmuster als solche zu erfassen und das Neue und andere des Jesusgeschehens von ihnen abzuheben (vgl. dazu bes. das Kap. 4).

1.3 Auf der Suche nach der religiösen Urszene: (Tötungs-) Imponierverhalten (Opfern) und Mutter-Kind-Beziehung (Gebet und Bestattung)

1.31 »Heiliges« Töten als religiöse Urszene (Walter Burkert, René Girard)

Das typologische Bild des Anfangs: Der »Gründungsmord« (Girard)

Die Ausweitung der Opfertheorie von A. E. Jensen auch auf das altsteinzeitliche Jäger- und Sammlerdasein integriert bereits in gewisser Weise die Auffassungen vom Wesen des Opfers, wie sie *Walter Burkert* und *René Girard* entwickeln (zu Burkert vgl. neben dem schon angeführten grundlegenden Werk *Homo Necans* auch: ders., Anthropologie des religiösen Opfers. Die Sakralisierung der Gewalt, München 1983; sowie ders., Wilder Ursprung. Opferritual und Mythos bei den Griechen, Berlin 1991 und ders., The Problem of Ritual Killing, in: Hamerton-Kelly [Hg.], 150-176 mit anschließender Diskussion unter anderem mit Girard, 177-188; zu *René Girard* vgl. dessen Hauptwerk: ders., Das Heilige und die Gewalt, Zürich 1987 [Originalausgabe: La Violence et le sacré, Paris 1972]; sowie bes. theologisch bedeutsam: ders., Das Ende der Gewalt. Analyse des Menschheitsverhängnisses, Freiburg-Basel-Wien 1983 [Originalausgabe: Des choses cachées depuis la fondation du monde, Paris 1978] und ders., Der Sündenbock, Zürich 1988 [Originalausgabe: Le Bouc emmissaire, Paris 1982]). Auf diese beiden einander sehr nahestehenden Auffassungen von der Entstehung und dem Wesen des Opfers soll im folgenden Kapitel näher eingegangen werden. Dabei handelt es sich allerdings nicht mehr nur um eine Theorie des Opfers, sondern um die Suche nach einem typologischen Bild des Anfangs der Menschheitsgeschichte, von dem diese in allen ihren Äußerungen (bis heute) geprägt ist. In Auseinandersetzung mit diesen Auffassungen gilt es nach der »original scene« (W. Burkert, Ritual Killing, 163, 171 u.ö.), der gleichzeitig menschheitlichen und religiösen »Urszene«, zu suchen, einer Szene, die nicht nur dem Opfer zugrunde liegt, sondern insgesamt das (bis heute gültige) Grundmuster von Religion, Kultur und Gesellschaft bildet.

Walter Burkert sieht in der Jagd die erste und grundlegende Manifestation der menschlichen Aggressivität und Gewalttätigkeit. Das Töten in der Jagd ist für ihn das Grunderlebnis des »Heiligen«; in ihm wird der Mensch sich seines Menschseins bewußt: »Der homo religiosus agiert und wird sich seiner selbst bewußt als homo necans« (Burkert, Homo, 9). In seinen neueren Arbeiten (Burkert, Ritual Killing 151 ff.) verarbeitet Burkert dazu auch die Erkenntnisse der neueren Verhaltensbiologie, wonach Jagd und Töten auch schon bei Schimpansen in Erscheinung treten; er betont den fließenden Übergang vom Tier- zum Menschsein: »The term ›animal‹ containes a terrible simplification: a schimpanzee is closer to man than to a snail on practically all counts« (ebd. 151: »Das Wort ›Tier‹ enthält eine schreckliche Vereinfachung: Ein Schimpanse steht dem Menschen in praktisch allen Punkten näher als einer Schnecke«). So wächst in seiner Theorie dem Menschen das Tötungsverhalten aus der Evolution her zu, und indem er darin »Heiliges« erfährt, prägt dieses Verhalten seine gesamte Art zu leben, besonders im sozialen Bereich. Burkert sieht im Töten die »original scene«, die grundlegend wird für die menschliche Gesellschaft und »durch die Schleier der Religion hindurch« ihren Einfluß bis heute geltend macht. Von dieser Urszene her entsteht eine Art Grundmuster (»blueprint«) der gesamten menschlichen Gesellschaft. Dabei ist sich Burkert zwar bewußt, daß man sich vor der Gefahr zu hüten hat, nur einbahnige Entwicklungen anzunehmen und plädiert für ein mehrliniges Entwicklungsmodell – allerdings ohne dann auch konkret nach noch anderen Urerfahrungen zu suchen, aus denen ebenfalls (und vielleicht noch grundlegender) Religion und damit Menschsein herauswächst.

Das Opfer entwickelt sich für Burkert aus der Jagd. Einerseits sieht er dabei Elemente der späteren Opferszene schon im Jagdverhalten vorgebildet: durch Vermeidung von Geschlechtsverkehr und andere Reinigungsriten bereitet sich der Jäger auf die Jagd vor, nach der vollzogenen Tötung sucht er die Tat zu kompensieren durch den Ausdruck von Schuldbewußtsein und Trauer oder durch die sogenannte »Unschuldskomödie«, worin der Jäger seine angebliche Unschuld am Tode des gejagten Tiers zum Ausdruck bringt (vgl. Burkert, Homo, 159). Andererseits – und darauf liegt bei Burkert der Hauptakzent – finden sich in den ausgeprägten Opferriten der späteren Hochkulturen immer noch Elemente des früheren Jagdverhaltens: So wird manchmal das zu opfernde Haustier vor seiner Opferung scheinbar freigelassen, um es dann wieder einzufangen und als Opfer zu töten; insbesondere ist der Ritus in der Analyse Burkerts auf den Tötungsakt als auf seinen Höhepunkt hin durchgestaltet. In den Kulträumen von Catal Hüyük, einer in Anatolien teilweise ausgegrabenen neolithischen Stadt (deren älteste Schichten bis 7500 v. Chr. zurückgehen), findet er Übergänge von der Jagd zum Opfer. Das Jagen des Wildstiers war in seiner Deutung der Mittelpunkt der religiösen Aktivität und Einbildungskraft, der sich in den Gestaltungen dieser Kulträume ausdrückt. Auf der neuen Ebene des seßhaft gewordenen Menschen ändert sich allerdings die Gestalt des Opfers. Sie ist nicht mehr eine Aneignung des Kraftvoll-Göttlichen, wie es im Tier begegnet, sondern eine Gabe an die Götter; doch der Akt der Übergabe an diese besteht immer noch in der Zerstörung und Vernichtung des Opfergegenstandes. Nichts scheint die Linie, die von der Jagd zum Opfer führt, wirklich zu unterbrechen. Von daher besteht der Kern des Opfergeschehens in der Tötung und Zerstörung der Opfergabe. Dieser besteht in archaischer Zeit im grob-gewalttätigen Tötungsakt und kann sich sublimieren bis zur »aufopfernden« Hingabe des Lebens an eine Aufgabe, die mit göttlichem Anspruch auf den Menschen zukommt.

René Girard hat nicht explizit eine Opfertheorie entworfen. Bei seinen literarischen Forschungsarbeiten hat er vielmehr in allen Texten, mit denen er zu tun hatte – mit Ausnahme der jüdisch-christlichen Schriften – als zumeist unbewußten und tief verborgenen Impuls ein Grundmuster menschlichen Verhaltens entdeckt, das er *scapegoating*, in Gang setzen eines Sündenbockmechanismus, nennt. Mythen und dichterische Texte der Weltliteratur lassen ein Grundmuster erkennen, wonach jede menschliche Gemeinschaft, alles Gedeihen und aller Friede unter den Menschen, sich vor dem dunklen Hintergrund von Zwietracht, Mord, Eifersucht, Unglück und tragischem Tod erheben: Erst nachdem Ödipus geblendet aus Theben vertrieben ist, verschwindet die Pest aus der Stadt und die Menschen können wieder leben und atmen. Hainuwele, das göttliche Mädchen, wird im nächtlichen Tanz zu Tode gestampft, damit aus ihren zerstückelten Körperteilen die Knollenfrüchte wachsen und die Menschen Nahrung haben. Der Urmensch Purusha im vedischen Mythos muß getötet und zerstückelt werden, damit aus seinem Leib der Kosmos gebildet werden kann. Remus muß durch die Hand seines Bruders Romulus sterben, damit sich die *lex romana*, die weltumspannende Satzung Roms, Rom und sein riesiges Reich, auf dem Grunde dieses Todes aufrichten und ausbreiten können. In Shakespeares Tragödie *König Lear* hat das Land nach der Zerrüttung der Menschenschicksale und des ganzen Reiches, wie König Lear sie mehr oder weniger unbewußt durch die Blindheit seiner Vaterliebe heraufbeschworen hat, erst wieder Friede, nachdem in einer Orgie des Wahnsinns und des Tötens fast alle Handlungsträger verblutet sind. Die indianischen Ojibwa-Clans können sich erst gründen und entfalten, nachdem ihre Gründungsahnen einen aus ihrer Mitte, der den »starken Blick« hatte, wieder auf den Grund des Ozeans zurückgeschickt haben, aus dem sie zuerst alle gemeinsam heraufgestiegen sind (vgl. Girard, Ende, 105).

Die Liste dieser und ähnlicher Texte ließe sich schier endlos verlängern. Girards ganzes Interesse gilt diesem dunklen Hintergrund, dem »*dark event*« (Girards Diskussionsbeitrag in: Hamerton-Kelly [Hg.], 138), der in den Texten seltsam verschleiert, oftmals beschönigt, immer aber als tragische Notwendigkeit dargestellt ist. Eine Ausnahme bilden die biblischen Texte. Sie beschönigen dieses dunkle Ereignis *nicht*, sie stellen es dar als das, was es ist: als den aus Mißgunst und Neid erwachsenden Brudermord Kains, als die haltlose Verleumdung des Hausklaven Josef durch seine Herrin Potiphar, die diesen ins Gefängnis bringt, als den brutalen Justizmord, wie Jesu Hinrichtung ihn darstellt. Angeleitet durch solche Texte mißtraut Girard den Verschleierungen und Beschönigungen in den anderen Texttraditionen und erkennt als Grundmuster der in ihnen erzählten Ereignisse das *scapegoating* und seine Verschleierung: Menschen laden ihre aus Frustration und Rivalität erwachsene aggressive Gewalt auf ein oder mehrere Opfer ab und finden, indem sie dieses Opfer in einem gemeinsamen aggressiven Akt töten oder vertreiben, zu innerem und äußerem Frieden.

Mit Hilfe der Verhaltensforschung und der Religionsgeschichte denkt Girard dieses Ereignis zurück in den Anfang menschlichen Lebens und menschlicher Geschichte. Er stellt fest, daß sensible soziale Lebewesen, wie etwa auch schon die Schimpansen, nicht nur wegen eines bestimmten Gegenstandes in Konkurrenz und Streit geraten, sondern sich auch in ihrem *Wünschen und Verlangen* (*desire*) gegenseitig nachahmen: Zwei Schimpansen, die nebeneinander in einer Bananenstaude sitzen, die voller Früchte hängt, greifen, wenn einer anfängt, sich Nahrung zu angeln, beide zunächst nach der gleichen Banane. Kinder, die in einem Kinderzimmer sitzen, das voll schönen Spielzeugs ist, wollen alle mit dem einen vielleicht sehr unansehnlichen Spielzeug spielen, nach dem zuerst einer gegriffen hat. Girard bringt ein Beispiel aus Shakespeares Mittsommernachtstraum: Die zwei jungen Männer verlieben sich in verschiedene Mädchen zu verschiedenen Zeiten, aber zu jeder gegebenen Zeit sind sie stets in dasselbe Mädchen verliebt, und deshalb sind sie immer Rivalen (Girard, Generative Scapegoating 122). Dadurch, daß einer zuerst eines der Mädchen begehrt, wird es wertvoller als das andere und wird deshalb auch vom zweiten Mann begehrt. Sie können sich die Mädchen nicht »aufteilen«; denn »they copy each other's desires«, sie ahmen sich in ihrem Begehren nach (ebd.). Girard nennt dies das *mimetische Begehren* bzw. *Rivalisieren* (*mimesis* heißt Nachahmung) und sieht in ihm den tiefsten Grund für die Gewaltverfallenheit des Menschen.

Durch diese *Mimesis* im Begehren sind Rivalitätskonflikte nicht mehr rational lösbar. Der in Primatengruppen übliche Mechanismus zum Aufbau einer stabilen Rangordnung funktioniert nicht mehr. Denn sobald einer der Rivalen nachgibt und sich einem anderen als dem gemeinsam begehrten Objekt zuwendet, gibt sich der Sieger nicht zufrieden, sondern begehrt nun *auch* das neue Objekt, während ihn das alte, weil es vom Rivalen nicht mehr begehrt wird, auch nicht mehr interessiert. Er begehrt ja das Objekt nicht um seiner selbst willen, sondern weil es begehrt wird. So finden die Sozialpartner aus ihrer rivalisierenden Umklammerung nicht mehr heraus.

Diese Situation verlegt Girard nun zurück in die Anfänge des Menschseins. Dabei ist zu denken an eine Gruppe von Lebewesen, deren Zusammenleben einerseits nicht mehr durch angeborene Instinktmechanismen zureichend festgelegt ist, die aber andererseits auch noch nicht über tradierte, von Generation zu Generation weiterzugebende Gebote und Verbote und eine entsprechende Richter- und Strafinstanz verfügt. In einer solchen Gruppe von Lebewesen muß aufgrund des mimetischen Begehrens ein ungeheures Aggressionspotential entstehen und das Zusammenleben der Gruppe vollkommen lähmen. Jeder fühlt sich vom anderen in seinem innersten Wesen, nämlich in seinem Wünschen und Begehren, imitiert und dadurch okkupiert und an der Erfüllung seiner Wünsche gehindert. Jeder ist zum tödlichen Rivalen des anderen geworden und lebt einerseits im Wunsch, ihn zu beseitigen, und andererseits in der Angst, von ihm beseitigt zu werden. Es herrscht jener mörderische (wenn auch »kalte«) »Krieg aller gegen alle«, wie schon Thomas Hobbes ihn als den Urzustand des Menschen beschrieben hat (Th. Hobbes, Vom Bürger I, 12, in: G. Gawlick [Hg.], Elemente der Philosophie III, Hamburg, Nachdr. d. 2. Aufl. 1977, 83). Jeder ist gleichzeitig potentieller Gewalttäter und potentielles Opfer.

Aus dieser Situation kann die Gruppe nicht, wie Hobbes in seinem aufklärerischen Glauben an die Allmacht menschlicher Rationalität noch annahm, dadurch herausfinden, daß er Verträge schließt und seine Ansprüche den Gegebenheiten entsprechend reduziert. Das Begehren richtet sich ja nicht auf Objekte, die aufgeteilt werden könnten, sondern auf das *Sein* des anderen, wie es sich gerade in dessen Begehren ausdrückt. Der gordische Knoten des mimetischen Rivalisierens kann nur gewaltsam durchschlagen werden, indem die Mitglieder der Gruppe, ihre Angst und Lähmung nicht mehr ertragend, spontan und relativ willkürlich ein Mitglied der Gruppe auswählen und auf dieses alle Frustrationen und Aggressionen abladen: Es kommt zum Lynchmord. Indem das Opfer gesteinigt, mit Speeren durchbohrt, den Abhang hinuntergestoßen oder zu Tode getrampelt wird, entlädt sich die angestaute Aggressivität. Gleichzeitig blickt jeder in einer Art heiligem Schauder auf das getötete Opfer, seine verzerrten Gliedmaßen, das rinnende Blut, und spürt zutiefst, daß ebensogut er selbst dieses Opfer hätte sein können. Beides zusammen, die abreagierten Aggressionen und die aus dem heiligen Schauder aufwachsende Freude darüber, nicht selbst das Opfer zu sein, sondern zu den Überlebenden zu gehören, lassen ganz plötzlich die Situation und Stimmung der Gruppe umschlagen: Es entsteht ein euphorisches Gefühl des Friedens und der gegenseitigen Verbrüderung. Was geschehen ist, darf nicht noch einmal geschehen und deshalb bemüht sich nun jeder, dem anderen entgegenzukommen und nicht mehr mit ihm zu rivalisieren.

Mehr oder weniger unbewußt gibt sich die Gruppe auf diese Weise auch ihre ersten Gebote und Verbote. Wahrscheinlich ist das fast bei allen Naturvölkern verbreitete Gebot der Exogamie so entstanden: Die Frauen der eigenen Gruppe sind tabu, die Männer müssen sich Frauen aus anderen Gruppen nehmen. Aber auch die ersten Eigentumsregeln und andere das Rivalisieren zurückdrängende Tabuisierungen entstehen auf diese Weise. Diese Gebote und Regeln sind geheiligt durch den Schauder des rinnenden

61

Blutes und den Schreckensanblick des getöteten Opfers. Aus beidem, aus der kollektiven Gewalt, die das Opfer zermalmte, und aus dem Leiden und dem Tod, den das Opfer erlitt, entsteht die neue, als Wunder erfahrene Situation des Friedens. Beides, die kollektive Gewalt und das Opfer - einmal mehr das eine, einmal mehr das andere – werden rückblickend als etwas Heilig-Heilendes erfahren, in einen göttlichen Bereich hineingehoben, von beiden geht gleichzeitig die Faszination und der Schrecken aus, der zum Einhalten der Gebote und Verbote bewegt (vgl. die bekannte Kennzeichnung des Heiligen durch Rudolf Otto als *fascinosum et tremendum*).

Durch den Lynchmord und den Anblick des schrecklich zugerichteten Opfers entstehen aber auch Schuldgefühle. Einerseits »mußte« die Tat getan werden: Nur durch sie konnte die Gruppe überleben und zu einem Zustand des Friedens finden. Andererseits aber bestand sie in einem schrecklichen Lynchmord an einem unschuldigen Opfer, der niemals hätte geschehen dürfen. Aus dieser Spannung entsteht der Impuls zur Bildung von Mythen und literarischen Texten. Es wird im Opfer nach einer Eigenschaft gesucht, die es doch nicht als ganz unschuldig erscheinen läßt, sondern seinen Tod als gerechte Strafe oder als notwendige Folge begründet: Hainuwele gab nicht die erwarteten, sondern andere, fremd anmutende Geschenke, und sie machte durch ihr Verhalten und ihre Schönheit die Menschen auf sich neidisch und eifersüchtig. Der Stammesgründer der Ojibwa-Indianer, der auf den Grund des Meeres zurückkehren mußte, hatte einen so starken Blick, daß jeder, den er ansah, sofort starb. Ödipus hatte, wenn auch unbewußt, seinen Vater getötet und mit seiner Mutter Inzest begangen. Der oder die Getötete hatte in irgendeiner Weise einen zerstörerischen Einfluß auf die Gruppe und *mußte* deshalb beseitigt werden. So folgt auf den Lynchmord die Lüge, die Beschönigung und Verschleierung der Gewalttat in den mythischen und literarischen Texten.

Girard versteht die Schilderung dieser gleichzeitig religiösen und gesellschaftlichen Urszene, den sogenannten *Gründungslynchmord*, nicht als die historische Rekonstruktion eines faktischen Ereignisses, das so und nicht anders stattgefunden hätte. Was Girard schildert, ist vielmehr der »Entwurf eines typologischen Bildes vom Anfang« (R. Schwager, Rückblick auf das Symposium, in: J. Niewiadomski/W. Palaver [Hg.], 365), das ein in mythologischen und literarischen Texten entdecktes Wirkprinzip menschlichen Zusammenlebens in seiner frühest denkbaren Form vor Augen stellt. Dabei wird freilich dieses Wirkprinzip, also das im Gründungslynchmord sich ereignende *scapegoating*, ausgeweitet zu einem allgemeinen *generative principle* (Girard, Generative Scapegoating, 89),

Scapegoating = Inszenierung des [...] [unleserlich]

einem generativen Prinzip, einer <u>Verhaltensdynamik</u>, die gründend und alle weitere Entwicklung prägend und vorantreibend am Anfang menschlicher Gesellschaften steht und bis heute in ihnen fortwirkt.

Auf vielfache Weise zeigt Girard auf, wie etwa dieses *scapegoating*, dieses Suchen und Hinschlachten eines Sündenbocks, <u>zu allen Zeiten</u> <u>wirksam</u> ist: Im Mittelalter, wenn bei Pestepidemien die Juden beschuldigt wurden, die Brunnen vergiftet zu haben, und dann zu Hunderten gelyncht wurden, im Spätmittelalter, wo versucht wurde, den Zusammenbruch des einheitlichen Weltbildes durch die Hinschlachtung von Ketzern und Hexen aufzuhalten; im Holocaust der Nazizeit, wo wiederum die Juden zum Sündenbock erkoren wurden. Auch im einzelnen Menschenleben wirkt diese Verhaltensdynamik. Hier wie in der Gesellschaft ist dabei stets dieselbe Tendenz zur Beschönigung und Verschleierung am Werk, wie sie oben für die Urszene beschrieben wurde. Sie bewirkt, daß wir uns niemals selbst beim *scapegoating* wahrnehmen (vgl. Girard, ebd. 78: »We never catch ourself in the act of scapegoating«) und daß wir statt dessen stets geneigt sind, andere des *scapegoatings* zu bezichtigen – und sie dadurch unsererseits zu Sündenböcken zu machen.

Wie entwickelt sich aus dem geschilderten »Gründungslynchmord« als dem typologischen Bild des Anfangs das religiöse Opfer?

Mit der Zeit verwischt sich der Eindruck der gemeinsam vollbrachten Tat. Zuerst unbemerkt, von kleinen, leicht übersehbaren Anfängen aus (beginnend mit der Lüge der Beschönigung und Verschleierung), schleicht sich erneut ein nachahmendes Wünschen und Rivalisieren in das Zusammenleben der Menschen ein und treibt dieses wiederum in den Zustand der Lähmung und der angestauten Aggressionen hinein. Dies aber bedeutet: <u>der Gründungslynchmord muß immer wieder erneuert werden</u>. So entstand die Einrichtung einer in regelmäßigen Zeitabständen (zumeist am Ende bzw. am Beginn eines neuen Jahres oder Vegetationszyklus) oder bei besonderen Krisenzeiten zu vollziehenden Opfertötung. Am deutlichsten spiegelt sich diese Situation in der weit verbreiteten, ethnologisch vielfach belegten Einrichtung des sogenannten »Saison-Königtums«, das wohl überall am Anfang einer monarchischen Staatenbildung stand: Der König als Garant der Fruchtbarkeit und des Gedeihens der Siedlung wurde mit Beginn des Vegetationszyklus im Ritus der Heiligen Hochzeit von der Priesterin als Stellvertreterin der Liebes- und Muttergottheit auserwählt und durch den kultischen Geschlechtsakt als König eingesetzt; mit dem Ende des Vegetationszyklus mußte er zusammen mit der Vegetation, die er verkörperte und die er mit seiner Kraft, seiner Ausstrahlung, in Gang hielt, von der Erdoberfläche verschwinden, d.h. den Opfertod ster-

Lynchmord + Lüge = ursächlich verbunden! [...] [unleserliche handschriftliche Notiz]

ben. Hier ist die Opfertheorie von James Frazer beinahe nahtlos in das übergreifende Konzept Girards eingefügt (vgl. oben das Kap. 1.22; dazu das grundlegende Werk: ders., The Golden Bough, 12 Bde., 9. Aufl. London 1949; gekürzte deutsche Ausgabe zuletzt Frankfurt a.M. 1977). Dabei ist natürlich zu beachten, daß es sich bei Gesellschaften mit einem sakralen Königtum und Vegetationsgottheiten um eine recht späte Entwicklungsstufe der Menschheit handelt, die vor allem schon den einschneidenden Vorgang der Seßhaftwerdung voraussetzt. Aber in diesen religiös und sozial schon mehr oder weniger etablierten und hierarchisch strukturierten Gesellschaften kann sich das von Girard beschriebene Wirkprinzip erst zu einem expliziten und genau festgelegten Ritus entwickeln. Dies besagt jedoch nicht, daß die in den Jahrmillionen vorher praktizierte Tötung des großen, in seiner Kraft und Vitalität bewunderten Tieres oder die rituelle Tötung von Menschen, wie sie die oben (S. 46 f.) angeführten Funde ebenfalls für die Altsteinzeit belegen, nicht dieselbe Struktur und Wirkdynamik beinhalten und diese Ereignisse also nicht auch als Opfer anzusprechen sind. Hier wie dort besteht ja die Struktur des Geschehens darin, daß durch Töten die Gemeinschaft stabilisiert wird, eine durch göttliche Mächte begründete Stabilität, die im gemeinsamen Essen und Trinken freudig gefeiert wird.

Zwischen Burkert und Girard besteht eine kleine Kontroverse in der Frage, ob das Töten des Tieres in der Jagd oder das Töten des Mitmenschen in einer Art Lynchmord am Anfang stand und damit das menschliche Wesen als *homo necans* erstehen ließ. Burkert plädiert für die Jagd-, Girard für die Lynchmord-Szene (vgl. die Vorträge von Girard und Burkert und die jeweils anschließende Diskussion in: Hamerton-Kelly [Hg.], 73 ff. bzw. 149 ff., bes. den Wortwechsel 178 f. und 183). Für Girard ist dabei die Frage zweitrangig, ob das erste Opfer, das getötet wurde, ein Tier war oder ein Mensch, entscheidend ist für ihn nur, daß auch im ersteren Falle das Tier nicht nur die Rolle eines Nahrungslieferanten, sondern in erster Linie die Rolle eines Sündenbocks spielte. Burkert hält dies wegen der Ähnlichkeit zwischen dem Tier und dem Menschen grundsätzlich für möglich. So besteht zwischen Burkert und Girard letztlich kein Widerspruch; ihre Auffassungen vom Ursprung des Opfers ergänzen und durchdringen einander.

Wie kommt der Mensch zum Töten?

Zwei miteinander verbundene und für die Problematik des Opfers besonders wichtige Fragen sind jedoch in beiden Positionen zuwenig deutlich herausgearbeitet und erörtert: die Frage nach dem Ursprung menschlichen Tötungsverhaltens und die Frage nach dem Wesen des Heiligen, das im und nach dem Tötungsakt erfahren wird.

Bei Burkert erscheint die Entwicklung des Jagdverhaltens beim Menschen als natürliches Ergebnis der Evolution. Das Töten von Tieren zur Nahrungsgewinnung erscheint ihm als der zentrale, praktische und notwendige Akt solch hoch entwickelter Lebewesen (Hammerton-Kelly [Hg.] 164). Höhere Primaten entwickeln sich in dieser Sicht mehr oder wenig geradlinig, also die Evolution fortsetzend, zu einer Art von künstlichen – nicht mit Klauen und Reißzähnen, sondern mit handsamen Speeren und Faustkeilen ausgestatteten, d.h. bewaffneten – Raubtieren. Dies ist auch die Sicht der Soziobiologie: »Ihnen [den Hominiden] war damit wohl der geniale Trick gelungen, ihre Konkurrenz [nämlich die Raubtiere] zu überholen, ohne sie erst mühsam und langwierig durch genetische Anpassung einholen zu müssen, was wohl gar nicht möglich gewesen wäre« (Ch. Vogel, Vom Töten zum Mord. Das wirkliche Böse in der Evolutionsgeschichte, München-Wien 1989, 71).

Neue Möglichkeiten des Nahrungserwerbs (insbesondere der wertvollen Eiweißnahrung) zu gewinnen, ist eine sehr natürliche und leicht verständliche Sache und hat als solche nichts mit Opfer und Religion zu tun. Hier insistiert Girard gegenüber Burkert mit Recht darauf, daß die Tötung eines Tieres nur dann zu Religion und Opfer in Beziehung gesetzt werden könne, wenn dabei das Tier nicht primär als Nahrungsmittel, sondern als artverwandtes Wesen und damit als möglicher Sündenbock getötet wird. Auch diesem Aspekt gibt die Soziobiologie recht (ohne dabei allerdings die Differenz zu reflektieren, die biologisch zwischen der Nahrungssuche und der innerartlichen Aggression besteht): Für Christian Vogel handelt es sich beim Übergang höherer Primaten und insbesondere der Hominiden zur Jagd um einen »Transfer« von kognitiv-intellektuellen Fähigkeiten, wie sie der Mensch im sozialen Feld, also im Zusammenleben der Gruppe, gelernt hat, auf das nicht-soziale Feld des Nahrungserwerbs (Vogel 69 f.). Auch der bekannte Verhaltensforscher Irenäus Eibl-Eibesfeldt bestätigt diese Sicht: »Seiner Motivation nach ist das Beutefangverhalten der Schimpansen wahrscheinlich von der innerartlichen Aggression abgeleitet worden« (ders., Krieg und Frieden aus der Sicht der Verhaltensforschung, München 1975, 90). Innerartliche Aggression aber hat mit Rivalität und Kampf der Artgenossen untereinander zu tun, weniger mit Nahrungssuche.

Die Arten können jedoch nur überleben, wenn sich bei diesen Rivalenkämpfen zwischen männlichen Säugetieren ein Verhalten einspielt, wonach – von einzelnen sogenannten »Beschädigungskämpfern« abgesehen – sich dabei die kämpfenden Tiere nicht töten. Dies ist nicht eine moralisch zu wertende »natürliche Tötungshemmung«, sondern ein Verhalten, das der sogenannten »Gesamtfitness«, d.h. der bestmöglichen Erhaltung und Weitergabe der Gene, dient. Bei Schimpansen gilt, wie noch zu zeigen sein wird, dieses Verhalten auch nur innerhalb der eigenen Gruppe. Wird nun das zu jagende Tier als ein Wesen wahrgenommen, das der eigenen Art und Lebensweise nahesteht – ist es, wie Vogel sagt, ein »Fast-Sozialpartner« (Vogel 70) –, kann sich die innerartliche Aggression voll auf ihn richten. Da er aber andererseits eben doch nur ein *Fast*-Sozialpartner ist und nicht ein wirkliches Mitglied der eigenen Art und Gruppe, kann der Jäger hier die Aggression voll ausleben und das gejagte Tier töten. Der Anreiz dazu ist besonders stark, wenn dieser »Fast-Sozialpartner« (wie ein Wildpferd oder Bison) den Jäger einerseits durch seine überlegene Stärke und Kraft fasziniert, andererseits aber als Pflanzenfresser und Fluchttier (im Unterschied zum Raubtier) doch relativ gefahrlos von ihm erlegt werden kann. Danach kann also in einer Situation gesteigerter Aggressivität innerhalb der Gruppe, wie sie durch das nachahmende Begehren entsteht, durchaus auch durch das Töten eines Jagdtieres – besonders wenn es sich um ein kraftvolles, imponierend-männliches Säugetier handelt – die angestaute Aggressivität der Gruppe abreagiert werden. Auf diese Weise entsteht dann auch jener heilsame Schock, jener heilige Schauder, der den sozialen Frieden herbeiführt und ihn – für einige Zeit – sichert.

Hier liegt vielleicht auch die Begründung dafür, daß als Opfertiere in der Regel gutaussehende männliche Tiere ausgewählt werden, also Tiere, die gefallen und als »Rivale« akzeptiert werden können. In diesem Punkt unterscheidet sich das *scapegoating* zentral von den sogenannten »Ausstoß-Reaktionen«, wie sie in Tiergesellschaften, auch unter Schimpansen (vgl. Jane Goodall, Wilde Schimpansen, Hamburg 1971, 279 ff.), beobachtet werden. Letztere richten sich gegen einen Artgenossen mit besonders auffälligen Merkmalen. Bemalt man etwa in einem Hühnerhof einer Henne den roten Kamm mit auffallend grüner Farbe, dann stürzen sich die anderen Hennen auf dieses eine Huhn und suchen es zu vertreiben oder, wenn dies nicht gelingt, auch zu töten. Diese Reaktion dient dazu, erbkranken Nachwuchs zu vermeiden. Sicher spielen unterschwellig im *scapegoating* auch solche Verhaltensprägungen mit. Sie sind ja auch dort mit am Werk, wo Fremdenhaß und Ausländerfeindlichkeit auftreten. Und häufig ist ja auch der Sündenbock ein Fremder: Hainuwele kommt von den Sternen zu den Menschen, Ödipus wird als Fremder zum König von

Theben. Aber kennzeichnend ist hier, daß der Fremde zunächst irgendwie die Menschen fasziniert, diese eine übersteigende Dimension, eine spezifisch faszinierende Ausstrahlung, an ihm wahrnehmen, also ein Sog entsteht, sich mit ihm, mit diesem seinem Personkern, seinem Wünschen und Fühlen, zu identifizieren. So überkreuzt sich an ihm das mimetische Begehren, und er wird als Sündenbock geopfert und ausgestoßen.

Frieden durch Gewalttat?

Wenn auf diese Weise aufgezeigt werden kann, wie tief menschliches Töten schon in vormenschlichen Verhaltensprägungen verankert ist, stellt sich mit noch größerer Eindringlichkeit die Frage: Woher kommt in diesem Geschehen die Erfahrung des Heiligen? Was macht einen Lynchmord oder das Töten eines Tieres bei der Jagd zu einem religiösen Opfergeschehen? Bedeutet die Einbeziehung verhaltensbiologischer Erkenntnisse zur Erklärung des religiösen Opfers nicht eine biologistische Weltsicht, in der kein Platz ist für eine Wirklichkeit, die das gegenständlich Gegebene qualitativ übersteigt, bzw. sie unterfängt und umgreift: für eine das sinnlich Wahrnehmbare transzendierende Dimension des Lebens und der Welt?

Bei Burkert erscheint das Heilig-Göttliche im Augenblick des Tötungsaktes. Der schrille Aufschrei der Frauen im griechischen Opferritual, wenn die Klinge in der Hand des Priesters aufblitzt und in den Hals des Tieres fährt, gibt dem Erscheinen des Göttlichen Ausdruck. Doch wieso wird hier Göttliches erfahren? Handelt es sich nicht bloß um ein Arrangement vormenschlicher Verhaltensweisen, durch das ein Nicht-Raubtier dennoch ein Raubtierverhalten, nämlich das Töten und Essen von Mitlebewesen, praktiziert? Wie kommt hier »Gott« ins Spiel? Gewiß hat das Niedersausen der Opferklinge eine gewisse Ähnlichkeit mit den Blitzen, die in den alten Mythen Zeus, Donar, Indra oder Shiva auf die Menschen herabschleudern. Aber ist das nicht alles Illusion und Projektion? Entsteht das alles nicht bloß aus der Angst, die ihrerseits wieder aus der Identifikation des Teilnehmers am Tötungsgeschehen mit dem zu tötenden Menschen oder Tier erwächst, also aus dem Gefühl, daß er selber das Opfer hätte sein können, gerechterweise sogar vielleicht hätte sein müssen? Ist es diese Angst, welche die erlebte Tötungsgewalt – die geballte Faust, die das Messer führt, die dahinterstehende Aggression, das Zusammenbrechen des Tieres und das rinnende Blut – als unheimliche und dunkle Macht, als »Gottheit«, erscheinen läßt, vor der Mensch in Furcht und Zittern steht?

Andererseits jedoch spendet diese »Gottheit« auch die Besänftigung der Gemüter, den als Gnadengeschenk erlebten Frieden der Gemeinschaft, die Freude des Überlebens und das gemeinsame schmackhafte Mahl. Girard betont stärker als Burkert auch diesen zweiten Aspekt der Entstehung des Heiligen. Besonders auch Raymund Schwager arbeitet in seiner theologischen Verteidigung und Rechtfertigung Girards diesen Aspekt heraus: »Kollektive Gewalt kann Menschen zwar teilweise stark faszinieren; für sich allein vermag sie aber nie die seltsame Macht des Sakralen zu erklären. Das zutiefst Faszinierende und das eigentliche ›Wunder‹, das als Erscheinen einer sakralen Macht wahrgenommen wird, ist nach Girard das plötzliche Auftauchen eines Raumes des Friedens mitten aus dem Chaos von zerstörerischer Aggression« (Schwager, Rückblick, 362).

Doch ist dies wirklich ein möglicher Weg, dem christlichen Gott – oder überhaupt einer als Wirklichkeit anzusprechenden Gottheit – auf die Spur zu kommen? Kann aus der Gewalttat wirklich echter »Friede« entstehen, vielleicht gar jener Friede, den der Epheserbrief mit dem Messias Jesus identifiziert: »Er ist unser Friede« (Eph 2,14)? Ist dieser Friede nicht vielmehr ebenso eine Illusion wie die durch Angst zu einem göttlichen Wesen aufgeblähte Tötungsgewalt? Läßt sich denn der Teufel wirklich durch Beelzebul austreiben? Zeigt nicht die Notwendigkeit, die Opfertötung (und damit den Lynchmord) in regelmäßigen Abständen und in besonderen Krisenzeiten immer wieder zu erneuern und auszuweiten, wie brüchig der »Friede« ist, der sich als Folge der Gewalttat einstellt? Zwar sucht das Religiöse, wie Girard feststellt und Schwager hervorhebt, »unablässig… die Gewalt zu besänftigen und deren Entfesselung zu verhindern« (vgl. Girard, Das Heilige, 35 f. sowie Schwager, Rückblick, 362), aber es gelingt ihm eben deshalb nicht, weil es den Frieden mit Mitteln der Gewalt sucht.

Diese Kritik kann freilich nicht die kulturanthropologische Bedeutung der Girard'schen (bzw. Burkert'schen) Entdeckung schmälern. Denn auch eine Gottheit, die aus Projektion und Illusion entsteht, kann gewaltige gesellschaftliche Wirkungen ausüben. Doch Girard spricht von einem wirklichen Gott. Er schreibt ein Buch über Hiob (ders., Hiob. Ein Weg aus der Gewalt, Zürich 1990 [Originalausgabe Paris 1985]) und sucht darin die Wirklichkeit des Gottes Hiobs, »des Gottes des Verfolgten« im Gegensatz zum »Gott der Verfolger«, herauszuarbeiten; und schon in seinem Buch *Das Ende der Gewalt* spricht er vom christlichen Gott als von der »gewaltlosen Gottheit«, die sich nur dadurch in ihrem Wesen dem Menschen zeigen und offenbaren kann, »daß sie sich durch Gewalt vertreiben läßt« (ebd. 227). Doch wird dieser wahre rettende Gott, diese gewaltlose Gottheit als der Gott des Verfolgten, dieser göttliche Helfer und Beistand aller Opfer der Menschheitsgeschichte (vgl. das Kapitel »Der Paraklet in der Geschichte« in Girard, Sündenbock, 281-299), im Gründungsgeschehen des Lynchmordes, jenem typologischen Bild des Anfangs, wirklich sichtbar? Welcher Aspekt dieser Szene könnte ihn zeigen? Um dieser Frage nachzugehen, gilt es noch einmal, diesmal unter stärker theologisch-religionsphilosophischem Aspekt, der Entstehung der religiösen Urszene, wie Girard sie sieht, nachzugehen.

Gewittergottheiten und »Regentanz« der Schimpansen

Primaten fechten ihre Rivalenkämpfe in sogenannten *Imponierveranstaltungen* aus: Diese bestehen in einer Demonstration von Kraft und Stärke. Der Schimpanse beginnt, sich von einem Fuß auf den anderen zu wiegen, richtet sich immer höher auf, die Haare seines Felles beginnen sich aufzustellen, er stößt drohende Laute aus, trommelt mit den Fäusten an seine Brust, reißt Äste ab und schlägt – Staub aufwirbelnd – damit um sich und schleudert Steine durch die Gegend. Was er auf diese Weise demonstriert, ist Stärke, Kraft, Leben. Dieses Leben und diese Kraft sind wertvoll. Sie sind es wert, durch Zeugung an weitere Generationen vererbt zu werden, und sie befähigen das Individuum dazu, als ranghöchstes Männchen die Gruppe zu beschützen und auf ihren Wanderungen zu führen. Diese so verstandene Lebenskraft ist freilich nicht materiell in der Imponierveranstaltung zu greifen. Sie drückt sich aber in dieser symbolisch aus. Sie ist die symbolische Botschaft, die der ins Imponierverhalten verfallende Schimpanse aussendet.

Daß Schimpansen zur Symbolwahrnehmung fähig sind, zeigen viele Beobachtungen (auch an anderen Menschenaffen, im einzelnen ausgeführt bei Baudler, Gott, 36-42). Am eindrucksvollsten sind die Versuche, Schimpansen eine Handzeichensprache ähnlich der Taubstummensprache beizubringen. Besonders dem Ehepaar Gardner sowie F. G. Peterson ist es auf diese Weise gelungen, einen wirklichen sprachlichen Austausch mit diesen dem Menschen so verwandten Lebewesen durchzuführen (vgl. Eibl-Eibesfeldt, Grundriß der vergleichenden Verhaltensforschung, München-Zürich 7. überarb. und erw. Aufl. 1987, 216-235). Unmittelbar in den religiösen Phänomenbereich führt eine Beobachtung, die Jane Goodall während der 20 Jahre, in denen sie in Tansania unter wilden Schimpansen lebte, mehrfach gemacht hat (Goodall 48 ff.): Eine Schimpansenhorde gerät in ein Tropengewitter. Es gießt in Strömen, stürmt, blitzt und donnert. Bei einem besonders schweren Donnerschlag beginnt zuerst eines der Männchen sich aufzurichten, sich hin- und her zu wiegen, Drohlaute auszustoßen und allmählich in ein wütendes Imponiergehabe zu verfallen. Die anderen Männchen folgen seinem Beispiel. Gemeinsam beginnen sie ein wildes Rasen, bei dem sie Äste abreißen, durch die Luft schwenken und vor sich herschleudern und mit ihren Drohrufen Donner und Regensturm zu übertönen versuchen. Teilweise dauerte dieses Schauspiel bis zu 20 Minuten. Dann trollten sie sich mit ihrer Gruppe davon.

Die Imponierveranstaltung eines Schimpansen ist im allgemeinen gegen die übrigen männlichen Gruppenmitglieder (besonders gegen dasjenige, mit dem ein Rangkampf auszufechten ist) gerichtet. Meist wird sie durch das Imponierverhalten desjenigen Männchens ausgelöst, mit dem der Schimpanse an Rang konkurriert. Offenbar haben die von Goodall beobachteten männlichen Schimpansen das Tropengewitter, den Regensturm, den Blitz und den Donner als das Imponieren eines »Rivalen« verstanden, das sie zu eigenem, gemeinschaftlichem Gegenimponieren herausforderte. Regensturm, Blitz und Donner erschienen ihnen als Ausdruck einer männlich-vitalen Macht, die ihre entsprechende Reaktion auslöste.

Je höher ein Lebewesen sich entwickelt, je mehr sich seine Nervenzellen spezialisieren (was im allgemeinen auch mit einem Anwachsen des Gehirnvolumens verbunden ist), desto sensibler und wahrnehmungsfähiger wird dieses Wesen. Dabei geht es nicht darum, ein einzelnes Wahrnehmungsorgan zu spezialisieren und überdimensional auszubilden – wie etwa bei Wölfen den Geruchsinn oder bei einem Adler oder Falken das Auge. Vielmehr geht es um eine *ganzheitliche* Wahrnehmung, genauer: um die Fähigkeit einer *Zusammenschau* der einzeln wahrgenommenen Phänomene zu einer symbolischen Botschaft, die aus ihnen spricht. Die von Jane Goodall beobachteten Schimpansen konnten Blitz, Donner und Regensturm als zusammengehöriges Phänomen wahrnehmen und so darin die Äußerung der imponierenden Kraft und Stärke eines Wesens erblikken, das als solches für sie unsichtbar blieb, sich aber in den Naturelementen ausdrückte.

Dieses Vermögen, etwas hinter, über oder unter den sinnlich greifbaren Phänomenen – z.B. eben eine sozialpartnerähnliche Macht hinter Blitz, Sturm und Donner – wahrzunehmen, ist die Grundvoraussetzung für Religion. Hermann Müller-Karpe wendet sich in seinem »Handbuch der Vorgeschichte« (1. Bd., Altsteinzeit) gegen den Versuch Schmidts und seiner Schule, als älteste menschliche Religiosität den Glauben an einen großen Jagdgott, also eine Art »Urmonotheismus«, zu rekonstruieren, und schreibt: »Die Transzendenz dürfte in dieser Frühzeit von den natürlichen Gegenständlichkeiten und den sinnlich wahrnehmbaren Kräften der Natur nicht so weitgehend abstrahiert, sondern eher als *eine das Gegenständliche übersteigende Dimension* in den natürlich erfahrenen Dingen erlebt und gewertet worden sein« (ebd. 228, Hervorhebung von mir). »Gott« ist in diesen Anfängen, d.h. grundlegend und vom Ursprung her, nicht eine Instanz irgendwo jenseits der Welt und des Menschen, sondern eine übersinnliche, symbolhafte Qualität der sinnlich-gegenständlich begegnenden Wirklichkeiten. Das dafür notwendige Wahrnehmungsorgan ist nicht ein bestimmter Nervenkomplex (Auge, Ohr, Tastsinn usw.), sondern ein Zusammenspiel all dieser Wahrnehmungsfähigkeiten, das bei einem bestimmten Komplexitätsgrad der im Gehirn zusammengeschalteten Nervenbahnen (also bei einer entsprechenden Gehirnstruktur) möglich ist. Antoine de Saint-Exupéry nennt diese Kraft mit der Bibel »Herz«. »Man sieht nur mit dem Herzen gut«, sagt der *kleine Prinz* (Exupéry, Der kleine Prinz, Düsseldorf 47. Aufl. 1993, 72). »Gut« heißt hier: so, daß ich auch das an einer Wirklichkeit, die mir begegnet, wahrnehme, wofür ich kein einzelnes, spezialisiertes Wahrnehmungsorgan habe und was in diesem Sinne das sinnlich Wahrnehmbare übersteigt, sich also als »Transzendenz in Immanenz« (Paul Tillich), als »Gott in Welt« (Karl Rahner), manifestiert.

In fast allen Kulturen gelten Blitz, Donner und Regensturm als Manifestationen eines höheren Wesens (und zwar meistens eines Hochgottes). Dies gilt in gleicher Weise für die Buschmänner Afrikas und ihren Gott *Mungu* wie für die germanischen Götter *Wotan* und *Donar*, die indischen Gottheiten *Indra*, *Rudra* und (später) *Shiva*, die sumerischen Gottheiten *An* und *Enlil*, deren Symboltier der brüllend am Firmament dahinjagende Himmelsstier ist, wie auch für den auf dem Olymp thronenden Götterkönig *Zeus*, der von dort aus seine Blitze schleudert; ja es gilt (in begrenzter Weise) *auch* für den alttestamentlichen Gott *Jahwe*, der dem Mose am Berg Sinai »im Donner antwortete« (Ex 19,19), der im Donner von seiner heiligen Wohnung aus seine Stimme erschallen läßt (Jer 25,30) und mit dieser seiner Donnerstimme die Zedern des Libanon zerschmettert (Ps 29,5; der gesamte Psalm 29 schildert eine Gewitterhierophanie).

Eine solche Gotteserfahrung wird nicht in ihrem eigentlichen Wesen verstanden, wo sie bloß als das emotionale Erleben noch unwissender Kreaturen betrachtet wird. Auch eine naturwissenschaftliche Aufklärung darüber, wie Blitz, Donner und Regensturm zustandekommen, befreit nicht von der *Möglichkeit*, in diesen Naturphänomenen den Ausdruck einer vital-starken Lebensmacht – man würde heute sagen: die Lebenskraft der Natur – wahrzunehmen. Auch der heutige, naturwissenschaftlich noch so hoch gebildete Mensch kann im hoch aufragenden Berg, in der Unendlichkeit des gleißend daliegenden Meeres, in der untergehenden

Sonne, im Antlitz eines Kindes oder eines geliebten Menschen (und eben auch in Regensturm und Gewitter) eine Dimension wahrnehmen, die das gegenständlich Gegebene, naturwissenschaftlich Erklärbare, übersteigt und unterfängt, eine Dimension, die in dieser ihrer nicht-gegenständlichen Qualität der wahre Ausdruck einer transzendenten, göttlichen Wirklichkeit ist.

Das in der Evolution seit 180-190 Millionen Jahren vom Rivalenkampf und Imponierverhalten her geprägte männliche Lebewesen ist dabei in besonderer Weise sensibel für die Wahrnehmung einer übersteigenden Dimension, wie sie in der *Vitalität* und *Kraft* der Naturgewalten ihren symbolischen Ausdruck findet. So ist auch das große und mächtige Tier – Stier, Mammut, Nashorn, Bär und Panther – für den frühen Menschen ein ähnliches Gottessymbol wie Blitz, Donner und Regensturm; die Felszeichnungen der eiszeitlichen Höhlen geben davon ein beredtes Zeugnis. Die männliche Schimpansengruppe, wie Jane Goodall sie beschrieb, fand noch keine wirklich *dialogische* Antwort auf die – offenbar auch hier schon dunkel gegebene – Wahrnehmung dieser übersteigenden Dimension. Ihr »Regentanz« war nur das »Abspulen« eines vorgeprägten Verhaltensprogramms, das durch Blitz und Donner ausgelöst wurde; er war keine wirkliche Antwort auf die Wahrnehmung der übersteigenden Dimension *als solcher*. Entsprechend lief dieses Verhalten auch ins Leere: Nachdem die Männchen vier- bis fünfmal in der beschriebenen Weise den Hang hintergestürmt waren, hatten sie sich gleichsam ausgetobt, und die Gruppe trollte sich von dannen, obwohl das Gewitter noch weiterging.

Eine wirklich dialogische Antwort wäre auf zwei Weisen denkbar: Einmal kann ein Lebewesen (dessen Sensibilität und ganzheitliche Wahrnehmungsfähigkeit die des Schimpansen noch um einige Stufen übersteigt) die *absolute* Überlegenheit des in seinen Symbolen wahrgenommenen »Rivalen« *anerkennen* und versuchen, sich ihm unterzuordnen und in seinem Verhalten sich an ihm zu orientieren; in Gesten des Niederbeugens und kindlichen Flehens könnte es diese seine Haltung – in einem rudimentären Ritus - ausdrücken. In gewisser Weise ist dies die Grundhaltung der (monotheistischen) Abrahamsreligionen (Judentum, Christentum und Islam) gegenüber der einzigen, alles und alle überragenden Gottheit. Zum anderen kann dieses zu einer expliziten Gotteswahrnehmung fähige Lebewesen auch versuchen, nicht nur gemeinschaftlich in den Formen eines biologisch vorgeprägten Verhaltens gegen den unsichtbaren »Rivalen« anzuimponieren, sondern dieses sein Imponierverhalten qualitativ zu steigern, also eine Art transzendierendes Element in es hineinzubringen, um dadurch doch vor diesem übermächtigen »Rivalen« bestehen zu können, ihm also gleich zu sein. Sein zu wollen wie Gott ist ja biblisch die Ursünde des Menschen (vgl. Gen 3,5).

Imponieren durch Töten – »power« und »violence«

Diesen letztgenannten Weg ist der Mensch in der von Burkert und Girard ausgearbeiteten religiösen Urszene (d.h. in der Opfertötung) gegangen. Er hat das biologisch vorgeprägte männliche Imponierverhalten transzendiert, indem er die in dieses Verhalten eingeprägte Komment-Regel, die Regel, im Rivalenkampf den Gegner nicht zu töten oder ernsthaft zu verletzen, durchbrach und sich im Zu-Tode-Stoßen des Mitlebewesens, dem dadurch erzeugten Todeskampf und dem rinnenden Blut, selbst zu göttlicher Größe und Schrecklichkeit erhob. Blitze können ja töten, der Sturm kann mächtige Bäume zum Umstürzen bringen und in der Regenflut können Mensch und Tier ertrinken. Dies bewirkt den möglichen transzendenten Schrecken dieser Phänomene, den der Mensch nun auch für sich beanspruchte und in sein Imponierverhalten einbaute.

Dabei gilt es jedoch zu sehen: Vom Ursprung her geht es in diesem Verhalten nicht um die Demonstration von Tötungsmacht, sondern um die Darstellung von Vitalität und Lebenskraft. Das, was das zu umwerbende Weibchen fasziniert, ihre Bereitschaft zum Begattungsakt weckt und den Rivalen möglicherweise zum Aufgeben bewegt, ist – vom Ursprung her – nicht die Faszination der Tötungsgewalt, sondern die Faszination des Lebens und seiner Kraft. Die Imponierveranstaltung des männlichen Säugetiers will dieses Leben zum Ausdruck bringen. Wird dabei eine Gottheit wahrgenommen, dann ist dies die übersteigende und unterfangende Dimension (der Gott) des Lebens. Die Perversion und der Widerspruch bestand darin, daß der Ausdruck von Lebendigkeit und Lebenskraft durch *Töten*, durch die schreckenerregende Tötungsgebärde, ins Transzendente, ins »Göttliche«, gesteigert werden sollte. Um göttliches Leben, göttliche Lebendigkeit und Kraft an sich zu reißen, wurde der Mensch zum *homo necans.*

Nur so wird die von Girard ausgearbeitete religiöse Urszene erst wirklich verständlich: Das mimetische Begehren steigert die Rivalität in einer Weise, daß sie durch den natürlichen Rivalenkampf nicht mehr geregelt werden kann. Zwei Männchen rivalisieren normalerweise um bestimmte Objekte, besonders um den Zugang zu den Weibchen und zu Nahrungsquellen; dem Ranghöheren gebürt der Vorrang (unabhängig davon, ob er von seinem Recht Gebrauch macht oder nicht). Der Rivalenkampf ist beendet, sobald die Demonstration von Vitalität, Kraft und Stärke – also von Leben – bei einem der Männchen so stark ist, daß der andere nicht mehr mithalten kann und aufgibt. Wird jedoch das *Begehren* nachgeahmt, funktioniert, wie oben gezeigt, dieses Spiel nicht mehr und der Rivalenkampf kommt an kein Ende. Dies ist die Situation der Lähmung der Gruppe durch das mimetische Begehren. Sie besteht in einem Kreislauf des immer neuen Begehrens und immer neuen Rivalisierens aller mit allen.

Warum aber wird diese ins Unerträgliche gesteigerte innerartliche (genauer: innersoziale) Aggression und die dadurch bedingte Lähmung durch *scapegoating*, durch einen Lynchmord, aufgelöst? Wie kommen die Menschen zu dieser »Lösung«? Diese Frage, die Girard nicht stellt, findet ihre Klärung in der oben beschriebenen neuen Wahrnehmungsfähigkeit des Hominiden (die, wie im nächsten Kapitel zu zeigen sein wird, auch das mimetische Rivalisieren erst ermöglicht): Er sieht in Blitz, Donner, Regensturm, Steppenbrand sowie besonders auch im Raubtiergeschehen der ihn umgebenden Natur einen übermächtigen, »göttlichen« Rivalen. Was liegt näher, als daß er, um aus seiner Situation herauszukommen, diesen göttlichen Rivalen nachahmt, d.h. dessen schreckenerregendes Töten in sein Imponierverhalten einbaut, wobei alle (männlichen) Mitglieder der Gruppe wiederum einander nachahmen und also alle gemeinsam sich auf ein (mehr oder weniger) beliebig ausgewähltes Opfer stürzen, um es zu lynchen? Der »Gründungslynchmord« ist eine gemeinschaftliche *Tötungs-Imponierveranstaltung* gegen einen aus der Gruppe.

Jetzt erst wird auch verständlich, warum in dieser Veranstaltung eine wirkliche *Gottheit* als gegenwärtig erfahren wird und welchen Charakter sie trägt: Als übersteigende Dimension dessen, was das männliche Säugetier in seiner Imponierveranstaltung (d.h. im Rivalenkampf) zum Ausdruck bringt, ist diese Gottheit die unterfangende und übersteigende Dimension des Lebens und der Lebenskraft. Es ist Gott als Inbegriff und symbolische Botschaft des Lebens und der Lebensdynamik, die das Fortpflanzungsgeschehen und das Leben der Gruppe trägt. Ihr ordnen sich die Gruppenmitglieder unter. Doch indem als transzendierendes Element das Töten und Zerstören in diese Imponierveranstaltung eingefügt wird, bekommt dieser Gott *auch* die Züge des Schrecklichen, Furchterregenden und Tödlichen. Er ist – vom Menschen her unentwirrbar – Gott und Dämon zugleich. In jeder Opfertötung wird er neu aufgerichtet, genährt, gestärkt – und gleichzeitig auch verfügbar gemacht, angeeignet, im Essen des Opferfleisches einverleibt. Deshalb sind Opferpriester entsprechend der Terminologie der Azteken immer gleichzeitig *tlamacazqui*, Menschen, die Gott nähren und speisen (abgeleitet von *tlamaca*, »speisen«, »nähren«), und *teohua*, Menschen, die über Gott verfügen, ihn, nachdem er getötet ist, den Menschen

74

als göttliche Speise geben (*teohua* ist zusammengesetzt aus *teotl*, »Gottheit«, und *hua*, »innehaben«, »besitzen«).

Im Opferkult ist eine (vom christlichen wie vom humanen Standpunkt aus gesehen) mißglückte und *fehlgeleitete* Religiosität geschichtlich wirksam geworden. Der Frühmensch verwechselte die Lebenskraft, die *power* (*of life*), mit der *violence*, der Verletzungs- und Tötungsmacht. Die ihn umgebenden Naturgewalten – die biblische Sündenfallgeschichte vergegenwärtigt diese im Symbol der Schlange – verführten ihn dazu, in der von ihnen zur Schau gestellten *violence* eine übersteigende, göttliche Dimension der *power of life* zu sehen, die ihr Leben trägt, und – entgegen ihrer evolutiven Prägung – durch die Übernahme dieser *violence* in ihr Imponierverhalten die göttliche Lebenskraft gewaltsam an sich zu reißen.

In den archaischen Opferkulten kommt diese Haltung deutlich zum Ausdruck. Sie spiegelt sich auch in den Mythen der Völker, wobei deutlich wird, daß gerade im zornigen Durchbrechen des evolutiv erworbenen Verhaltens (nämlich Sozialpartner aus der eigenen Gruppe im Rivalenkampf nicht zu töten) die stärkste, die am meisten göttlich-imponierende Kraft, *power* als *violence*, erlebt und bestaunt wurde: Immer wieder tötet in den Mythen der Vater den Sohn, der Sohn den Vater oder der Bruder den Bruder. Im griechischen Raum verschlingt Kronos seine Kinder und kastriert seinen Vater, Zeus schleudert seinen Vater in die Unterwelt, Ödipus wird von seinem Vater ausgesetzt und tötet später ihn selbst; in der germanischen Heldensage erschlägt Hildebrand seinen Sohn im Zweikampf, in der Bibel tötet Kain seinen Bruder Abel, im altägyptischen Mythos Seth seinen Bruder Osiris, und Romulus erschlägt den Remus bei der Gründung der Stadt Rom; die Liste ließe sich noch vielfach fortsetzen. Je mehr gegen das übliche, vorgegebene Verhalten gerichtet, desto imponierender, »tragischer« und beeindruckender ist die jeweils erzählte Gewalttat.

Schon innerhalb der archaischen Religionen sind jedoch starke Kräfte und Anstrengungen spürbar, diese gewalttätigen Aspekte der Religiosität zurückzudrängen. Das »Mark« des – eigentlich zu opfernden – göttlichen Mannes *Purusha* ist in das Pferd, das Rind, die Ziege und zuletzt in die Reiskörner entwichen, so daß es genügt, diese ins Opferfeuer zu werfen (vgl. oben S. 46). Diese Reduzierung der – grundsätzlich jedoch immer als notwendig erachteten – Gewalt wird geschichtlich wirksam als Spiritualisierung, Sublimierung und Humanisierung einer Frömmigkeit, die letztlich aber doch Opferfrömmigkeit ist und bleibt. Auch noch wenn ich von der »Opfergabe (*mincha*) des Lobes« (Ps 50,14) und des Toragehorsams spreche oder in der liebenden Lebenshingabe des Gottessohnes das einzig wahre Opfer sehe, schwingt darin ein Stück Opferstolz, ein Stück (mehr oder weniger) gewaltsamer Selbstüberwindung und selbstmächtiger Preisgabe von Leben, d.h. ein Stück *violence*. Die Mutter, die in der Geschichte vom Salomonischen Urteil im Rechtsstreit ihr Kind der Rivalin überläßt, weil sie es liebt und sein Leben schützen will, handelt nicht in Selbstüberwindung, Verzicht und Opfer. Sie gibt nichts preis: Das tote Kind einerseits und das lebende Kind in der Hand der Rivalin andererseits sind für sie keine alternativen Möglichkeiten. Sie, die ihr Kind liebt, hat nichts zu wählen, nichts zu verlieren, nichts preiszugeben, nichts zu opfern. Sie tut nur, was sie tun muß. Sie kann nicht anders. Solche »Liebe will ich«, sagt Jahwe, euere Opfer kann ich »nicht riechen« (Hos 6,6; Am 5,21).

Auch wenn ich – von der Tiefenpsychologie C. G. Jungs herkommend – den »Schatten«, das Dunkle und Gewaltverhaftete, als notwendiges Element der Gottheit denke, bin ich noch in der Opferfrömmigkeit befangen. Auch in dieser Sicht ist Gewalt etwas Göttliches und muß deshalb unter bestimmten Umständen mit tragischer Notwendigkeit auftreten. Der Mensch ist damit entschuldigt und von seiner Verantwortung entlastet, die Gewalttat erneut beschönigt.

Jagd-, Kriegs- und Opfertötung als relativ »spätes« und als spezifisch männliches Menschenverhalten (Die Begrenztheit der gewaltverhafteten Gotteserfahrung)

Die aufgezeigte Tendenz zur Gewaltüberwindung im religiösen Leben und Denken aller Völker aller Zeiten ist nur möglich, wenn und weil das eigentlich Heilig-Göttliche nicht erst im monströsen Tötungsakt entsteht. Der Mensch macht in diesem nur den Versuch, sich selbst als »Faszinosum« und »Tremendum« aufzurichten und den heilig-göttlichen Bereich für sich zu usurpieren, aber es ist dies nur der Versuch, den *vorher* schon als die übersteigende Dimension des Lebens und der Lebenskraft wahrgenommenen göttlichen »Rivalen« im eigenen natur-transzendierenden Imponiergehabe nachzuahmen und sich ihm als gleichrangig zur Seite zu stellen. Gott und Religion gab es schon *vor* dem Gründungs-Lynchmord; dieser setzt jene voraus.

In diesem Zusammenhang ist es wichtig zu sehen – was weder Burkert noch Girard thematisieren –, daß die in der Opfertötung erfolgende Antwort des Menschen auf den Anspruch des Göttlichen zwar grundlegend wurde für die weitere Entwicklung aller Religionen und der Kulturen, aber eben doch nicht seine *erste*, also auch nicht seine *einzige* geschicht-

liche Antwort auf die Wahrnehmung Gottes darstellt. In der Vorgeschichtsforschung wird nämlich heute allgemein angenommen (vgl. Müller-Karpe, 147 f.), daß die frühesten Menschenarten Sammler und Aasesser
waren. Sicher nahmen sie auch, ähnlich wie Schimpansen, kleinere
Tiere als (gleichsam ebenfalls »gefundene«) Nahrung; gelegentlich jagten
sie (wie ebenfalls Schimpansen) auch gezielt nach dieser Fleischnahrung.
Bei all dem aber fehlt das, was Girard den erstaunlichen »Impuls« nennt,
»der die Menschen dazu veranlaßt haben mag, die massigsten und
schrecklichsten Tiere zu verfolgen, wozu der Organisationstyp geschaffen
wurde, den die prähistorischen Jagden benötigten« (Girard, Ende, 73).
Tatsächlich gibt es Funde, wonach ein altsteinzeitlicher Jäger einen Elefanten mit einem Eibenholzspeer getötet hat (in Lehringen in Niedersach-
sen, vgl. Müller-Karpe, 147 f.). Welche Anstrengung und welche Gefahr
hat hier der Mensch auf sich genommen? Der Impuls dazu ist tatsächlich,
wie Girard meint, aus dem Charakter dieser Großwildjagd als »Opfertätigkeit« zu erklären. Aber *diese* Art von Jagd – das ist heute die allgemeine
Überzeugung – entwickelte erst der *homo erectus.* Sie ist etwa 1,7 Millionen Jahre alt.

Eine vom *Centre de Recherches en Paléoanthropologie et Préhistoire* in
Brüssel veranstaltete Ausstellung über die Vorgeschichte des Menschen
trug den Titel *5 Miljoen Jaar menselijk Avontuur* (sie war zu sehen vom
14. 9. bis 30. 12. 1990, vgl. den zugehörigen Katalog). Demnach hat der
Mensch schon jahrmillionenlang als Sammler und Aasesser gelebt, ehe
er zum imponierenden Großwildjäger (und damit zum *homo necans* und
Opferpriester) wurde. Diese vor dem *homo erectus* lebenden Wesen wären
jedoch nicht als Menschen anzusprechen, ja sie stünden unter der religi-
ös-geistigen Wahrnehmungsfähigkeit von Schimpansen, hätten sie nicht
bereits Gott als unterfangende und übersteigende Dimension in den Wirklichkeiten wahrgenommen, die ihnen begegneten. Dabei haben diese Men-
schenwesen offenbar zunächst in anderer Weise als durch Ausbildung
eines Tötungs-Imponierverhaltens auf diese Wahrnehmung reagiert. In
ihrer Lebensweise als Sammler und Aasesser haben sie sich vielmehr
offensichtlich jener Gottheit *eingefügt*, die ihnen als unterfangende und
übersteigende Dimension der Natur, als der Gott des Lebens und der
Lebenskraft, begegnete: Sie bewohnten jene reichlich ausgestatte Nische
der Natur, die diese den klugen, mit Steinwerkzeugen versehenen Lebewesen bereitstellte. Von dieser Lebensweise her ist anzunehmen, daß diese
frühesten Menschen ihrem Gott nicht in einem Tötungs-Imponiergehabe,
sondern in Gesten der Anbetung und Verehrung entgegentraten. Auch
diese älteren Verhaltensweisen aber prägen menschliches Leben; in ihnen

bildeten sich Felder des Fühlens, Denkens und Handelns aus, die grundlegender sind als das Tötungs-Imponiergebaren des späteren Großwildjägers und Opferpriesters, auch wenn sie bis heute von diesem überdeckt und zugeschüttet sind.

Vor allem handelt es sich bei Großwildjagd, *scapegoating* und Lynchmord um ein einseitig *männlich* geprägtes Verhalten. Es erwächst aus der innerartlichen Aggression, wie sie besonders im männlichen Rivalenkampf und seinem Imponiergebaren zum Ausdruck kommt. Dies wird eindeutig durch die Beobachtung bestätigt, daß sowohl beim Menschen als auch bei (in Vorstufen schon ähnlich handelnden) Schimpansen in der Regel nur die *männlichen* Individuen jagen und töten, während bei evolutiv entstandenen, mit Klauen und Reißzähnen ausgestatteten Raubtieren umgekehrt meist die Weibchen (wie z.B. die Löwinnen) auf Beute ausgehen. Diesen geht es eben um Nahrungssuche für sich und ihren Nachwuchs, jenen aber um ein naturtranszendierendes, einen göttlichen »Rivalen« nachahmendes Tötungsimponiergehabe.

Zu diesem Aspekt paßt sehr genau die vieldiskutierte Beobachtung, daß Schimpansen, die ein Tier gejagt, erbeutet und getötet haben, *dieses* unabhängig von ihrer Ranghöhe als ihr Eigentum betrachten und verzehren dürfen (vgl. Goodall 259 ff.). Selbst ranghöchste Tiere verlegen sich gegenüber einem rangniederen Sozialpartner auf ein demütiges Betteln, wenn dieser Fleisch erbeutet hat und sie etwas davon abbekommen wollen (würde es sich um Bananen handeln, würde ein ranghöheres Männchen das rangniedrigere sofort aggressiv vertreiben). Offenbar haftet dem erfolgreichen Jäger, der soeben ein Mitlebewesen, einen »Fast-Sozialpartner« (Vogel 70), erbeutet und getötet hat, eine Aura des Schreckens an, die für den Moment, d.h. für die Situation der Jagd und des Verzehrens der Jagdbeute, die anderen – oft in jahrelangen Kämpfen ausgefochtenen – Rangstrukturen außer Kraft setzt. Dem Tötungsimponiergebaren kann kein normales Imponieren entgegengesetzt werden.

Zweifellos liegt dieses Verhalten auch dem Töten im Krieg zugrunde. Jane Goodall hat zwischen rivalisierenden Schimpansengruppen ein Verhalten beobachtet, das man kaum anders denn als Ausrottungs-Krieg bezeichnen kann (so auch Vogel 120). Dabei war das Töten (ebenso wie das gezielte Jagen) so gut wie ausschließlich Sache der Männer. »Gelegentlich sind einzelne erwachsene östrische [d.h. brünstige] Weibchen dabei, die sich jedoch kaum an den eigentlichen Kampfhandlungen beteiligen« (ebd. 118). Sie scheinen eher durch ihre Gegenwart die Situation des Rivalenkampfes noch sinnenfälliger zu machen und dadurch die Aggressivität der kämpfenden Männer zu steigern. Ähnliche Phänomene

78

werden vielfach auch von Naturvölkern berichtet, ja sogar durch archäologische Zeugnisse erhärtet (vgl. Baudler, Gott, 61 f.). Das Verletzen und Töten des Artgenossen der gegnerischen Gruppe geschah dabei auf unglaublich brutal-aggressive Art und Weise. Darauf ist im nächsten Kapitel (vgl. S. 84) näher einzugehen. Hier ist nur wichtig, daß offenbar auch die Tötung von Artgenossen einer gegnerischen Gruppe aus Rivalenkampf und innerartlicher Aggression abgeleitet ist (vgl. ebd. 120, dazu bes. das Zitat Goodalls und Kortlandts) und also ein spezifisch männliches Verhalten darstellt.

Über das Rivalisieren hinaus ist dieses Verhalten auch unmittelbar mit dem männlichen Sexualverhalten als solchem verknüpft. Bei männlichen Säugetieren ist eine aggressive Komponente ihres Paarungs- und Sexualverhaltens vielfach belegt. Das lateinische Wort *ag-gredi*, von dem die Begriffe »Aggression« und »aggressiv« abgeleitet sind, heißt wörtlich »heran-gehen«. Dieses aber ist bei einem Lebewesen, das zur Weitergabe seiner Gene Rivalen ausschalten und in den Leib des Partners eindringen, also die bei allen höheren Lebewesen gegebene Individualdistanz überwinden muß, zum Überleben seiner Art notwendig. Eibl-Eibesfeldt hat beobachtet, daß bei Wölfen, Hausmäusen, Pavianen und Rhesusaffen Männchen in besonders aggressiven Rangkämpfen auf Artgenossen des eigenen Geschlechts aufreiten. Auch sogenannte »Wutkopulationen« wurden beschrieben, bei denen die aggressiv Erregten im Verlauf einer Auseinandersetzung auf einen unbeteiligten Dritten aufreiten und ihre Wut auf diese Weise an ihm (schon als an einer Art »Sündenbock«) abreagieren. »Aufreiten«, sagt Eibl-Eibesfeldt, »ist bei vielen Primaten, den Menschen möglicherweise eingeschlossen, eine Rangdemonstration aggressiven Charakters« (Eibl-Eibesfeldt, Grundriß, 724-726, hier 726; vgl. zum Ganzen ausführlicher Baudler, Gott, 57-64). Das menschliche Töten ist also verhaltensbiologisch aus der männlichen Rivalität und Sexualität abgeleitet. Dies geht so weit, daß schon Sigmund Freud aufgrund vieler Traumanalysen zu der Überzeugung kam, länglich geformte Waffen wie Messer, Schwerter, Gewehre, auch Revolver, fungierten in der Regel als Phallussymbole. Dieser Zusammenhang ist auch archäologisch und ethnologisch zu belegen (vgl. ebd., 58 f.). Die Frau ist in dieses Verhalten eingebunden, sofern sich die männliche Sexualität an der Frau entzündet, also von ihr gleichsam genährt und gespeist wird. Das Tötungs-Imponierverhalten hätte sich nicht entwickeln können, wenn es nicht von der Frau als wirklich »imponierend« anerkannt und mit auch sexueller Zuwendung belohnt worden wäre (vgl. ebd. 60-64, bes. auch die Abb. 4).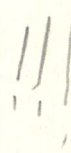
Dennoch ist das Tötungsimponiergebaren ein spezifisch männliches Ver-

halten. Es ist ganz offensichtlich, daß, bei aller Vielfalt der geschichtlich gewachsenen Gesellschaften und Kulturen, überall und immer (wie aufgezeigt bis in vormenschliches Verhalten zurückreichend) das Töten auf der Jagd, im Krieg und beim Opfern Sache des Mannes ist. Berichte von Amazonenvölkern sind, ähnlich wie Erzählungen von Centauren und Satyrn, ein Produkt menschlicher Phantasie (H. J. Rose, Griechische Mythologie, München 6. Aufl. 1982, 212, spricht von Amazonen als »Bewohnern eines Märchenlandes«), und wenn doch irgendwo historisch zuverlässig von auf der Jagd oder im Krieg tötenden Frauen berichtet wird, erkennt dies jeder als die sprichwörtliche, signifikante Ausnahme, welche die Regel bestätigt. Bezogen auf die Opfertötung ist zu verfolgen, wie sogar in Matriarchatskulturen, wo eine Priesterin dem kultischen Geschehen vorstand, der eigentliche Tötungsakt von einem Mann ausgeführt wurde (vgl. den vollkommen erhaltenen Fund von einer Menschenopfertötung aus dem minoischen Kreta in Anemospilia, wo zwar die Priesterin im Opferraum anwesend war, aber ein Mann hinter dem Opferaltar stand und offensichtlich das gefesselt vor ihm auf dem Altar liegende Opfer mit einem Messerstich – auch das Messer wurde gefunden – getötet hatte; ähnlich die Tieropferdarstellung auf dem Sarg von Hagia Triada, vgl. zum Ganzen Baudler, Erlösung vom Stiergott. Christliche Gotteserfahrung im Dialog mit Mythen und Religionen, München-Stuttgart 1989, 336-339 und 331-335).

Von daher liegt es nahe zu fragen, ob nicht auch von einer genuin fraulichen Verhaltensprägung aus ein Weg zu religiösem Verhalten führen kann und ob nicht bei näherem Hinsehen noch Spuren dieses Weges zu finden sind, auch wenn die Religiosität der Opfertötung sie im allgemeinen überdeckt und geschichtlich weitgehend unwirksam gemacht hat. Vor allem Burkert betont, daß es nicht möglich ist, die menschliche Religion und Kultur *monokausal*, nur von *einem* Ursprung her, zu erklären (ders., Ritual Killing, 163 f.). Auch Girard räumt ein, daß seine »›Theorie‹ der Mythologie und des Rituals« keine allumfassende Theorie ist, sondern nur die »Korrektur der verzerrten Darstellung von Verfolgungen«, wie sie heute allgemein akzeptiert wird, auf »den harten Kern der primitiven Religion ausweitet« (ders., Scapegoating, 114); sie kann nicht alle Probleme lösen (ebd. 136). Umso wichtiger aber ist es dann, wie hier versucht, die Grenzen dieses Erklärungsmodells menschlicher Religion und Kultur klar abzustecken und über es hinaus nach anderen Möglichkeiten einer urtümlichen Gotteserfahrung und der darauf antwortenden Reaktion des Menschen zu suchen.

Im Licht der biblischen Traditionen kann der Mensch nach Girard zwar erkennen, daß er in einem Dasein steht, das auf Gewalt gründet, doch in seiner Darstellung bleibt kein Boden übrig, auf den er sich stellen könnte, wenn er aus der gewaltverhafteten Daseinsform ausziehen will. In der Erkenntnis, daß trotz aller in Religionen und Kulturen erkennbaren Bemühungen, die Gewalt zurückzudrängen, letztlich doch, damals wie heute, brutal oder sublimiert, *alles* auf Gewalt und Lüge gründet, kann er nur gelähmt und fixiert in den Abgrund hineinstarren, der sich vor ihm auftut (zu dieser Kritik an Girard vgl. G. Baudler, Stiergott, 98 ff.; sowie ders., Gott, 76 ff.). Girard ist der Meinung, daß das *scapegoating*, das Aufspüren und Töten eines Sündenbocks zur Stabilisierung der Lebensverhältnisse (d.h. der Sündenbock-Mechanismus, wie er ursprünglich die Jagd-, Kriegs- und Opfertötung bestimmt), von *dem* Augenblick an nicht mehr möglich ist, wo dieser Mechanismus als solcher erkannt und beschrieben ist (vgl. Girard, Scapegoating, bes. 78 ff.). Kommt es also nur auf Aufklärungsarbeit an? Im selben Vortrag (vgl. ebd.) weist Girard auf die unerschöpfliche Raffinesse hin, mit der Gewalt und *scapegoating* auch in modernen Gesellschaften immer wieder neu verschleiert und beschönigt werden; und in der Diskussion zu seinem Vortrag räumt er ein, daß sogar die Bibel, indem sie die Wahrheit über die Gewalt enthüllt, viele Menschen *noch* gewalttätiger macht, als sie es vorher waren (ebd. 141).

Deshalb gilt es, hinter Girard zurückzugehen und die von ihm entdeckte religiöse Urszene in der beschriebenen Weise einzugrenzen. Damit verbunden ist die Frage, ob es neben, unter und vor dieser gewaltverhafteten »original scene« *andere* religiöse Grunderfahrungen gibt, die dann in den jüdisch-christlichen und auch (wie in Kap. 2 gezeigt wird) in anderen religiösen Traditionen der Menschheitsgeschichte wenigstens teilweise an die Oberfläche treten, so daß sich dem Menschen über die notwendige Aufklärungsarbeit hinaus auch ein anderer Sinngrund des Lebens erschließt, der nicht schon vom Ursprung her verzerrt ist, und der deshalb besser menschliches Leben trägt.

1.32 Personbegegnung als Voraussetzung und Überwindung des menschlichen Tötungsverhaltens

Der Aufbruch zur Person-Erfahrung im Tier-Mensch-Übergangsfeld: Hospitalismus und Pflege über den Tod hinaus

Die anthropologische Grunderkenntnis René Girards ist die Entdeckung des mimetischen Rivalisierens. Indem Lebewesen nicht nur um außerhalb ihrer selbst liegende Objekte (z.B. Geschlechtspartner und Nahrung) konkurrieren, sondern sich so in den Sozialpartner einfühlen, daß sie, wie die beiden Männer in Shakespeares *Sommernachtstraum*, den anderen in seinen wechselnden Wunschrichtungen nachahmen, entsteht jene gegenseitige Verklammerung der Partner ineinander, die nicht mehr durch eine vertraglich geregelte Aufteilung des gemeinsam Begehrten aufgelöst und befriedet werden kann. Der Mensch ist dasjenige Lebewesen, das mit dem Sozialpartner nicht mehr nur um äußere Objekte konkurriert, sondern um die Kraft des Seins und Lebens, die von ihm ausstrahlt und sich in seinem Begehren und Wünschen dokumentiert. Eine bekannte Unterscheidung des Psychologen Erich Fromm aufgreifend, ließe sich sagen: Menschen konkurrieren nur vordergründig miteinander um das Haben, letztlich jedoch um das Sein. Seit der Stufe des *homo erectus* geht der Mensch zumindest im Großen, im religiös-politisch-gesellschaftlichen Bereich, den Weg des *scapegoating,* d.h. den Weg der Gewalt und des Tötungsimponierverhaltens, um in dieser Situation zu überleben. Dies zeigt ein einfacher Blick auf die Geschichte der Menschheit, die eine Geschichte der Gewalt, des Krieges, des Blutes und der Tränen ist. Die nach der Seßhaftwerdung da und dort entstehenden, relativ friedlichen Matriarchatskulturen (z.B. auf Kreta) bilden eine wichtige, im Ganzen aber doch nur kurze Unterbrechung dieses jahrmillionenlangen Weges der Gewalt, wie der Mensch ihn, seit er zum Großwildjäger, Krieger und Opferpriester geworden ist, gegangen ist und immer noch geht (vgl. dazu G. Baudler, Gott, 97-160). Diese matriarchale oder besser matrifokale Unterbrechung des Weges der Gewalt ist wichtig, weil sie die Hoffnung wachruft, daß vielleicht doch auch andere Wege des Menschseins und der menschlichen Geschichte möglich wären.

Wie könnte der Mensch auf andere Weise und auf anderen Wegen als durch ein immer wieder neu zu forderndes und zu vollziehendes Opfer (bzw. in staatlichen Gesellschaften durch die ständige Bedrohung mit Tötungsgewalt) ein menschliches Leben führen (auf Wegen, wie er sie vielleicht *vor* der Stufe des *homo erectus* tatsächlich gegangen ist und an die er in der matrifokalen Seßhaftwerdung, leider geschichtlich vergeblich, wieder anzuknüpfen suchte)? Um dieser für das Überleben der heutigen Menschheit zentralen und wichtigen Frage nachzugehen, gilt es zunächst darüber nachzudenken, wie und wodurch der Mensch in die Situation des mimetischen Rivalisierens hineingekommen ist. Die allgemeine Auskunft, dies sei das Ergebnis eines immer sensibler werdenden Nervensystems in der Linie der zum Menschen hinführenden Lebewesen, die schließlich, schon bei Schimpansen zu beobachten, die Empathie, die Einfühlung in den Sozialpartner, ermögliche (vgl. Vogel 100, 102 u. 119), reicht nicht aus. Denn

82

die wachsende Sensibilität des Nervensystems hilft ja nur, den Sozialpartner genauer, eben auch durch Einfühlung, wahrzunehmen. Entscheidend ist die Frage: *Wer oder was ist das, was auf solche Weise wahrgenommen wird*, und auf welche Weise führt diese Wahrnehmung zum mimetischen Rivalisieren?

Diese Frage führt unmittelbar in das Feld des Religiösen zurück. Der Vorgeschichtsforscher Hermann Müller-Karpe sieht, wie oben zitiert, die früheste menschliche Transzendenzerfahrung in der Wahrnehmung »einer das Gegenständliche übersteigenden Dimension in den natürlich erfahrbaren Dingen« (ders. 228). Er fährt dann in diesem Zitat folgendermaßen fort: »… ähnlich wie die Personalität des Mitmenschen und des eigenen Ich nicht losgelöst von der Gegenständlichkeit des Körpers, sondern in inniger Verbindung mit dieser, aber als Dimension sie übersteigend, erlebt und gewertet wurde« (ebd.). Durch Einfühlung nehme ich den anderen als Du, als Person, wahr. Ich nehme wahr, daß durch das mir begegnende Mitlebewesen etwas *hindurchtönt*, das zwar eng mit seiner Körperlichkeit und seiner biologischen Beschaffenheit verbunden, aber doch nicht mit ihr identisch ist. »Person« kommt von lateinisch *per-sonare*, »hindurchtönen«. Ich nehme im anderen einen vom Transzendenten herkommenden »Ton« wahr: Die Verheißung eines göttlichen Seins und Lebens: Transzendenz in Immanenz, Gott in Welt. Vom Augenblick dieser Wahrnehmung an ist es klar, daß ich im Zusammensein mit diesem Sozialpartner letztlich nicht mehr um Dinge konkurriere, die lediglich seiner und gleichzeitig auch meiner Triebbefriedigung dienen, sondern um dieses göttliche Etwas, das durch ihn hindurchtönt. Alles, was durch diesen vom Sozialpartner ausstrahlenden Zauberton berührt wird, alles, was der andere existentiell, aus diesem transzendierenden Sein heraus, wünscht und begehrt, wird schlagartig für mich mit eben diesem göttlichen Glanz aufgeladen und mein Herz und meine Hand greifen danach aus. Wie Kain und Abel rivalisieren die Menschen immer um die größere Gottesnähe (bzw. um das, was sie für eine solche halten).

In welchen Zusammenhängen taucht diese Wahrnehmung des *Personalen* erstmals auf und wie ist von daher der Charakter des Wahrgenommenen genauer zu bestimmen? Wo finden sich im vormenschlichen Bereich Situationen des Gegenübers, der Begegnung, in der sich eine solche Wahrnehmung des anderen als Person im Tier-Mensch-Übergangsfeld ereignen könnte? Drei Situationen legen sich nahe: der Kampf zweier männlicher Rivalen, die Paarung und die Mutter-Kind-Beziehung.

Tatsächlich hat Goodall beobachtet, daß Männchen, nachdem sie ihren Rivalenkampf ausgefochten und entschieden hatten, oft zu guten »Freunden« wurden. Doch eine »Freundschaft« dieser Art funktioniert nur dadurch, daß der eine die größere Ranghöhe des anderen anerkennt, wobei der Ranghöhere auch nach errungenem Sieg noch die Kraft des ehemaligen Gegners schätzt und, mit ihm verbunden, die Rangansprüche anderer Rivalen leichter abwehren kann. Dies ist keine personale Freundschaft, in der das mimetische Rivalisieren überwunden ist. Im Gegenteil: Die Tatsache, daß der Rivalenkampf zu einem guten Ende hin ausgefochten werden konnte, zeigt, daß in der Begegnung die Irritation der Personwahrnehmung fehlte.

Diese ist eher dort anzunehmen, wo Goodall von der Spaltung der von ihr beobachteten Schimpansengruppe in eine Nord- und eine Südgruppe und von dem daraufhin einsetzenden mörderischen Vernichtungskrieg der beiden Gruppen gegeneinander berichtet. Hier konnten offenbar die Herrschaftsstrukturen nicht mehr durch die nach biologischem Muster ablaufenden Rivalenkämpfe innerhalb der Gruppe geklärt werden. Die Gruppe spaltete sich und fand ihren Zusammenhalt (zusätzlich) in der aggressiven Absetzung zu der jeweils anderen Gruppe. Der Krieg zog sich über vier Jahre hin, in denen es immer wieder vorkam, daß Patrouillen in das Gebiet der anderen Gruppe vordrangen und dort angetroffene einzelne Schimpansenmännchen auf brutale Weise niedermachten. Dabei wurde das Opfer solcher Überfälle auch noch dann gebissen, getreten und geschlagen, als es schon regungslos am Boden lag; in ungestillter Wut suchten die Angreifer den Körper des Gegners zu verunstalten, indem sie Haut in Streifen von ihm abrissen und seine Gliedmaßen ausrenkten (vgl. Vogel 119). Wer wird durch diese Berichte nicht an die Massaker und Greueltaten erinnert, wie sie immer in Kriegen, noch in heutiger Zeit und inmitten eines zivilisierten und christlich geprägten Europa, stattfinden? Eine – die Schrecklichkeit des Geschehens noch vertiefende – Erklärung findet dieses nicht mehr »tierische«, sondern genuin menschliche Verhalten der angreifenden Schimpansen vielleicht darin, daß sie – wie dies der Mensch in besonders grausamen Hinrichtungsarten, wie etwa der Kreuzigung, bewußt versucht – nicht nur die physische Existenz, sondern auch und gerade die psychische »Ausstrahlung« des Gegners, die durch ihn hindurchtönende transzendente Dimension, mit Vehemenz zu zerstören suchten. Da diese zwar vom Körper ausstrahlt, aber doch auch ein eigenes Sein und Wesen besitzt, lebt sie auch noch, wenn der Körper schon regungslos daliegt, und die Zerstörungswut ist ungestillt. Der Krieg ging dann auch dadurch zu Ende, daß fünf Männchen der Nordgruppe auf solche Weise das ranghöchste Männchen der Südgruppe töteten. Er bestand aus einer Abfolge von Lynchmorden und endete mit dem Lynch-

84

mord des ranghöchsten Männchens der unterlegenen Gruppe (vgl. die Berichte über diesen Krieg rivalisierender Schimpansengruppen in Eibl-Eibesfeldt, Grundriß, 617 sowie Vogel 117-121). Vielleicht ist dies die Urform des Krieges.

Anders drücken sich die bei Schimpansen zweifellos vorhandenen Ansätze einer Personwahrnehmung im Paarungsverhalten aus. Dieses ist bei Schimpansen durch eine starke Promiskuität geprägt. Männchen paaren sich oft hintereinander mit einem brünstigen Weibchen; die Ranghöhe spielt dabei keine besondere Rolle. Dies mag damit zusammenhängen, daß in Schimpansengruppen das Sexualverhalten weitgehend im Dienste einer Besänftigung und Beschwichtigung der besonders beim Männchen latent stets vorhandenen starken Aggressivität steht (vgl. das sog. »Präsentieren« des Geschlechtsteils bei der Begrüßung und zur Beschwichtigung; auch die oft stundenlange gegenseitige Fellpflege, das sog. *grooming*, dient dem Aggressionsabbau; dazu: F. de Waal, Wilde Diplomaten. Versöhnungs- und Entspannungspolitik bei Affen und Menschen, München-Wien 1991, bes. 215-228). Woher aber kommt dieses überstarke Aggressionspotential, das auf solche Weise in Schach gehalten werden muß? Ist dies schon das Ergebnis eines ansatzhaften mimetischen Rivalisierens (bei dem es dann nicht mehr um den ausschließlichen Zugang zum Weibchen, sondern um die »Ranghöhe« als Selbstwert, als Ausdruck von Seinsqualität, geht)? Doch aus dem (möglicherweise so bedingten) promiskuitiven Sexualverhalten (das nicht mehr die Auslese des »besten« Erbgutes garantiert) schält sich in Vorstufen auch schon personale Sexualität heraus: Mehrfach hat Jane Goodall beobachtet, daß sich ein brünstiges Weibchen während ihrer zehn Tage dauernden Brunftzeit stets mit ein- und demselben Partner von der übrigen Gruppe absonderte und die beiden allein durch den Urwald streiften, wobei sie nicht einmal mehr den Futterplatz im Camp aufsuchten, offensichtlich um keinem anderen Männchen zu begegnen (Goodall 242). Hier (und nicht in der Begegnung im Rivalenkampf) liegt wohl auch das Grundmuster für personale Freundschaft zwischen gleichgeschlechtlichen Partnern.

Am stärksten aber zeigt sich die ansatzhafte Wahrnehmung einer übersteigenden Dimension im Mitlebewesen bei Schimpansen in der Mutter-Kind-Beziehung. Zwar beschreibt die Biologie, daß auch noch das menschliche Fürsorgeverhalten gegenüber Kindern auf eine angeborene Art und Weise signalhaft durch äußere Reize angeregt und ausgelöst werden kann. Das pausbäckige Kindergesicht mit der hohen, weit vorgewölbten Stirn (das in Puppen und in Micky-Maus-Darstellungen kommerziell nutzbar gemacht wird) löst Fürsorge- und Pflegeinstinkte aus (vgl. Eibl-Eibesfeldt, Grundriß, 229-733 zum sog. »Kindchenschema«). Daß jedoch schon bei Schimpansen ein in solcher Weise instinktgesteuertes (»schematisiertes«) Verhalten nicht ausreicht, um die Mutter-Kind-Beziehungen zu beschreiben und zu erklären, ergibt sich klar aus den Beobachtungen Jane Goodalls. Hier schon tönt der Mutter aus dem Kind und dem Kind aus der Mutter etwas entgegen, das die biologische Ebene umgreift und übersteigt.

Wenn die Mutter gebiert, sondert sie sich von der Gruppe ab, und nach ein bis zwei Tagen wird das Neugeborene bei großer Aufmerksamkeit aller Gruppenmitglieder vorsichtig in die Gruppe eingeführt. Zuerst erlaubt die Mutter niemandem, es zu berühren; nur die Weibchen dürfen es näher betrachten. Erst nach vier Monaten läßt die Mutter es im allgemeinen zu, daß ihr Kind von anderen berührt wird. Goodall berichtet von der »tiefen Bestürzung«, mit der eine junge Schimpansenmutter »unendlich lange« das winzige Gesichtchen ihres Neugeborenen betrachtete (Goodall 126 f.). Vier Jahre lang säugen und beschützen die Mütter ihr Kind und lassen es bei sich im Schlafnest schlafen. Auch wenn die Kinder erwachsen sind, bleibt eine starke Beziehung zu ihrer Mutter erhalten. Söhne treten, auch wenn sie schon längst erwachsen sind, in kritischen Situationen stets schützend vor ihre Mutter. Diese wird *als solche* bleibend für das ganze Leben wahrgenommen und erkannt.

Bestürzend deutlich ist die ansatzhaft schon personale Beziehung zwischen Mutter und Kind in einem Phänomen, das (ähnlich wie das Phänomen Krieg) beim Menschen wie beim Schimpansen wohl nur mit dem gemeinsamen Ausdruck »Hospitalismus« bezeichnet werden kann. Ausführlich beschreibt Jane Goodall den »Verfall des sozialen Verhalten«, der sich bei Schimpansenkindern zeigt, deren Mutter stirbt (Goodall 285-296). Obwohl die von ihr beobachteten Kinder schon drei Jahre alt waren, als sie ihre Mutter verloren, und dann jeweils von älteren Geschwistern adoptiert (d.h. mit Nahrung versorgt, herumgetragen, beschützt, mit in das Schlafnest genommen usw.) wurden, entwickelten alle verwaisten Kinder Zeichen tiefer Depression. Sie magerten ab, spielten kaum mehr mit ihren Altersgenossen, lagen stattdessen apathisch im Gras. Gewiß trinken dreijährige Schimpansen auch noch Muttermilch, aber sie können auch schon die gleiche feste Nahrung zu sich nehmen wie ausgewachsene Tiere. Jedenfalls kam Goodall zu der Überzeugung, daß die Probleme eines verwaisten Schimpansenkindes »in erster Linie psychischer Art waren; daß sein trauriger körperlicher Zustand seine Ursache mehr in einem Gefühl der sozialen Unsicherheit hatte als darin, daß ihm die Muttermilch fehlte« (Goodall 291). Zumeist sind dann diese Kinder, die einen früher, die anderen später, an allgemeiner Schwäche gestorben. Auch sonst hängt – ganz ähnlich wie beim Menschen – die Entwicklung und noch das Erwachsenenleben eines Schimpansen entscheidend davon ab, ob die Mutter ihm zuwenig oder zuviel Zuwendung gibt. Bei zuviel Zuwendung zeigt ein schon halb erwachsener Schimpanse immer noch infantiles Verhalten (vgl. ebd. 296), und bei zuwenig Mutterliebe zeigte sich das heranwachsende Schimpansenweibchen als zutiefst verängstigtes Wesen (vgl. ebd. 187-189).

Auf religionsgeschichtlich besonders bemerkenswerte Weise zeigt sich die ansatzhaft schon personale Beziehung zwischen Mutter und Kind beim Tod eines Kindes. Mehrfach hat Jane Goodall beobachtet, daß eine Schimpansenmutter, deren Kind stirbt, dieses dennoch oft mehrere Tage lang weiter mit sich herumträgt und Pflegehandlungen an ihm ausführt (ebd. 273 ff.). Dasselbe Verhalten beschreibt B. Grzimek in seinem »Tierleben« (Bd. 10 Säugetiere I. Jubiläumsausgabe, München 1979, 536) bei einer Gorillamutter. Daß hier nicht nur »Gewohnheitsaktivitäten der Mutter« langsam abklingen (Vogel 81), zeigen die detaillierten Beobachtungen Goodalls an einem älteren erfahrenen Schimpansenweibchen, das sie »Olly« nannte: Diese trug ihr verstorbenes Baby nicht (wie Goodall dies zunächst bei einer jungen und unerfahrenen Mutter beobachtet hatte) noch genauso behutsam auf ihren Armen, als wenn es lebte; vielmehr schleifte sie es – wie einen toten Gegenstand – mit sich herum, offenbar erkennend, daß es eben tot war und nichts mehr spüren konnte. Der abgemagerte, schon von starkem Verwesungsgeruch umgebene Kinderleichnam löste bestimmt keine Pflegeinstinkte mehr aus. Dennoch ließ Olly das tote Baby mehrere Tage lang nicht los, und ihr Verhalten drückte eine tiefe Trauer aus (Goodall 274 f.). Wie anders denn als *Pflege über den Tod* hinaus könnte sich die menschliche Bestattung als Form der Trauerarbeit entwickelt haben. Dabei ist es noch in Sophokles' Tragödie *Antigone* offenbar vor allem die *Frau*, die in der Aufgabe, ihren getöteten Bruder zu bestatten, einen göttlichen Anspruch wahrnimmt, dem sie mehr gehorchen muß als dem bei Todesstrafe ausgegebenen Befehl des Königs (nämlich den Leichnam des Gegners unbestattet zu lassen und den Hyänen und Vögeln zum Fraß zu geben). Der tote, im Schwertkampf gefallene Bruder (dessen Gestalt meilenweit vom »Kindchenschema« entfernt ist) fordert – auf eine »unbedingt angehende« Art und Weise (P. Tillich) – zur Pflege über den Tod hinaus auf.

Das Kind als der älteste und ursprünglichste Mensch

Menschsein ist dort gegeben, wo das Lebewesen in der ihm begegnenden Welt eine die gegenständliche Wirklichkeit unterfangende und übersteigende Dimension, einen symbolischen Anspruch, wahrnimmt und in adäquater, d.h. spezifischer Weise auf diesen Anspruch antwortet. Der Regentanz der männlichen Schimpansen war noch keine solche menschliche Antwort; in ihm wurde nur ein evolutiv ausgeprägtes Verhaltensprogramm – auf relativ sinnlose Weise – »abgespult«. Gesten der Verehrung und Unterwerfung, wenngleich auch im evolutiv gewachsenen Verhaltensrepertoir angelegt, hätten eher darauf hindeuten können, daß hier das *Übersteigende* der Vitalität und Kraft, wie sie im Naturphänomen begegnet, *als solches* wahrgenommen und beantwortet wurde. Eine Antwort derselben Art, wenn auch kontrapunktisch gestaltet, liegt vor, wenn das Lebewesen sein Imponiergebaren entgegen seinen evolutiven Vorprägungen zum lynchmordartigen Töten hin übersteigert. Auch die tiefe Depression, ja noch das Sterben der hospitalismusgeschädigten Schimpansenkinder ist eine zutiefst menschliche und gleichzeitig religiöse Antwort auf den Anspruch des Göttlichen, wie die nährende und beschützende Mutter ihn symbolisch ausdrückt. Ebenso ist die noch ganz hilflose und durch den unerträglich werdenden Verwesungsgeruch schließlich abbrechende Trauerarbeit der Schimpansenmutter beim Tod ihres Kindes, diese schon auf die Bestattung vorweisende Pflege über den Tod hinaus, ansatzhaft schon ein menschlich-religiöses Verhalten.

So gibt es mehrere Formen einer religiösen Urszene: Formen, in denen ein hinreichend sensibles Lebewesen Gott als die unterfangende und übergreifende Dimension der gegenständlich begegnenden Wirklichkeit wahrnimmt und in adäquater, spezifischer Weise darauf antwortet. Das männliche Tötungsimponierverhalten, wie es sich in der durchorganisierten Großwildjagd (im Zu-Tode-Stoßen des großen und gewaltigen Tieres) sowie im Krieg (als der Vernichtung und Zerstörung des Artgenossen, mit dem ich aufgrund des mimetischen Rivalisierens zu keiner Einigung kommen konnte) und in der Opfertötung (als dem das mimetische Rivalisieren überwindenden und gesellschaftliche Ordnung gründenden Lynchmord innerhalb der Gruppe) ausdrückt, ist eine verzerrte und zutiefst mißglückte Antwort auf die Wahrnehmung des Göttlichen: Sie definiert göttliche Macht als Tötungsgewalt (*violence*) und reißt das willkürlich so Definierte gewaltsam an sich. Doch gerade diese gewaltverhaftete Antwort auf den Anspruch des Göttlichen ist, vor allem im religiös-politisch-gesellschaftlichen Bereich, zu jenem Grundmuster des menschlichen Lebens geworden, das dieses bis heute prägt.

Aber dies ist nur *eine* unter mehreren möglichen Formen menschlich-religiösen Lebens, noch dazu eine relativ späte und einseitig durch männliche Verhaltensprägung bestimmte. Das Menschsein beinhaltet noch ganz andere Entfaltungs- und Entwicklungsmöglichkeiten, als sie seit der Zeit des *homo erectus* überwiegend gelebt wurden. Noch heute spiegeln sie sich im Kindsein. Wo immer nämlich der Mensch zum Menschen wird, sei es vor drei bis vier Millionen Jahren in der Stammesentwicklung oder sei es gegenwärtig in der individuellen Entwicklung des Embryos: immer wird der Mensch zuerst zum Menschen als Kind. Ein Junges wird zum Menschenkind, wenn es, sensibel geworden für die Wahrnehmung des Göttlichen, in der zugewandten Fürsorge und Pflege der ebenfalls zur Symbolwahrnehmung fähigen Mutter (oder als Embryo im Herzschlag und im warmen Umhülltsein durch den Mutterleib) eine Ahnung der *göttlichen* Mutter erfährt und sich nach dieser ausstreckt. Sein Lächeln und Strampeln, sein Weinen und Schreien, sein gesamtes Hinwachsen zu einer immer tieferen Begegnung mit der Mutter, ist, wenn auch noch unerkannt und kaum von biologischen Prozessen abhebbar, doch die zutiefst adäquate und sinnvolle Antwort auf die Wahrnehmung Gottes: Es ist ein Gebet. Auch die Depression und die Trauer, die Bestattung als Trauerarbeit, ja noch das Sterben des Kindes, das seine Mutter verloren hat, ist das Klagegebet eines Wesens, das, wenn auch noch so ansatzhaft, eine Dimension des Lebens erfahren hat, die das biologische »Stirb und Werde« übersteigt und deshalb noch jenseits der Todesgrenze gesucht und eingeklagt wird.

Erst sehr viel später wird dieses Menschenkind, das schon ganz und gar ein *homo religiosus* ist, zur Frau oder zum Mann und lernt das Göttliche dann im eigenen Kind, in der es umgebenden Natur, im Geschlechtspartner und im rivalisierenden Artgenossen wahrzunehmen. Erst jetzt wird es, besonders als Mann, in einer Welt, deren geschichtliche Wurzeln vom *homo erectus* geprägt sind, wie dieser zum *homo necans*. Würde die Gesellschaft, in die der heranwachsende Mensch hineinwächst, ihn ermutigen, die Erfahrung Gottes, wie er sie als Kind wahrnahm und lebte, in gewandelter Form als grundsätzliche Orientierung auch in sein Erwachsensein hineinzunehmen und würde sie ihm Raum geben, von dieser Gotteserfahrung her Leben und Welt zu gestalten, könnte die Situation des mimetischen Rivalisierens auch anders als durch ein Tötungsimponierverhalten überwunden und menschliche Gemeinschaft – nicht mehr nur Gesellschaft – ermöglicht werden. Statt nach Macht und Herrschaft zu streben, würde dann der Mensch in derselben oder in einer noch größeren Intensität nach Erfahrungen suchen, in denen die Mutter-Kind-Beziehung nachgebildet ist und gelebt werden kann. Begeistert wäre er Vater oder Mutter gegenüber dem, der, wie das Kind auf die Mutter, auf seine Zuwendung und Hilfe angewiesen ist; und ohne Angst, ja mit großem Glücksgefühl, würde er ebenso die Situationen durchleben, in denen umgekehrt er auf die Hilfe und Zuwendung anderer verwiesen ist. Er bräuchte ja, wenn alle so lebten, nicht Angst zu haben, in diesen Situationen keinen Vater und keine Mutter zu finden. So würde von dieser Urform der Personbegegnung her der Lähmungszustand des mimetischen Rivalisierens von vorneherein unterlaufen werden. Dem Hungernden Nahrung zu geben und sich ihm darin zuzuwenden, wäre dann ja wichtiger, es würde mehr Sein und Erfüllung vermitteln, als einen hohen Rang in der Gruppe zu haben.

Personbegegnung und Freiheit

Der Hinweis auf die Erfahrung einer übersteigenden Dimension im Sozialpartner kann auch mithelfen, eine im ursprünglichen Ansatz der Theorie Girards offengebliebene Frage, auf die von verschiedener Seite hingewiesen wurde (vgl. E. Arens, Dramatische Erlösungslehre aus der Perspektive einer theologischen Handlungstheorie; in: Niewiadomski/Palaver, 165-177, hier bes. 170; dazu Schwager, Rückblick, 356-384), noch weiter zu klären: nämlich die Frage nach der menschlichen Freiheit. Sieht nicht in den Analysen Burkerts und Girards alles so aus, als wäre die Hinwendung des Menschen zu Gewalt und Töten eine notwendige Folge der Evolution des klugen und sensiblen Lebewesens Mensch? Ist dieses Wesen nicht gleichsam zur Gewalttätigkeit verdammt? Schwager (Rückblick, 358 f.) hat, um diese Frage zu beantworten, vorgeschlagen, drei verschiedene Ebenen der Entwicklung zu unterscheiden: Auf einer ersten Ebene ist tatsächlich »eine gewisse Kontinuität« zwischem dem Tier und dem Menschen festzustellen; »denn schon bei den höheren Tieren spielt die Nachahmung eine sehr große Rolle«. Diese Kontinuität liegt in der Entwicklung des Nervensystems (Gehirns) in Richtung immer stärkerer Verfeinerung und Vernetzung und damit in Richtung einer immer komplexeren, ganzheitlicheren Wahrnehmungsfähigkeit. Auf einer zweiten, tieferen Ebene ist nach Schwager jedoch ein »Bruch« anzunehmen, wo die tierischen Gesellschaften ein Ende finden, »weil das Streben sich zum Unendlichen hin öffnet«. Auf einer dritten Ebene wird dann der erwähnte »Bruch« wieder verschleiert, weil die Menschen in ihrer (auf der zweiten Ebene zu gewinnenden) Freiheit von Anfang an versagt haben und ihr Handeln deshalb einen quasi-mechanischen Charakter gewinnt (Sündenbock-*Mechanismus*). Girard hat dieser Erklärung zugestimmt. In seiner Interpretation des *Wintermärchens* von Shakespeare (vgl. R. Girard, A Theatre of Envy. William Shakespeare, New York-Oxford 1991, 321-326) interpretiert er das Sich-Überkreuzen von rivalisierendem Begehren (»misscrossing of rivalrious desires«, ebd. 324) im Rahmen der biblischen Ursünde (»original sin«, ebd. 321), d.h. als verantwortliche Tat menschlicher Freiheit.

Doch wie ist im evolutiven Kontext diese Freiheit zu verstehen? Wo setzt sie an? Wo ist ihre Quelle? Was bedeutet es in diesem Kontext, daß sich das »Streben« des Lebewesens »zum Unendlichen hin öffnet« (Schwager)? Welche Alternative zum tödlichen »misscrossing of rivalrious desires« wäre denkbar? Auf diese Fragen gibt die Vorstellung von einer im Mitlebewesen, besonders in seinem Gesicht, wie auch in den Naturgewalten aufstrahlenden übersteigenden Dimension eine Antwort. Denn als (wenn auch immanente) Transzendenz ist sie nicht ein integrierendes Element der Evolution. Sie ist ja immer schon da, auch in der anorganischen Materie, z.B. in einem Kristall und Edelstein, und eben auch im Tropengewitter und in den anderen Naturgewalten. Sie unterfängt und umgreift alle diese Wirklichkeiten in ihrem Sein. Doch sie wurde nicht *als solche* wahrgenommen. Die Kontinuität der ersten Ebene, um mit Schwager zu reden, bedeutet in der Evolution die geradlinig sich entfaltende und aufbauende komplex-ganzheitliche Wahrnehmungsfähigkeit (das »Sehen mit dem Herzen«, bedingt durch die immer komplexer werdende Vernetzung der Nervenbahnen im Gehirn). Dort aber, wo erstmals diese Wahrnehmungsfähigkeit so gewachsen ist, daß die übersteigende Dimension, die symbolische Botschaft der mir begegnenden Wirklichkeit, tatsächlich *als solche* (d.h. nicht bloß als mehr oder weniger mechanischer Verhaltensauslöser wie beim »Regentanz«) wahrgenommen wird, und das Lebewesen auf adäquate und spezifische Weise darauf antwortet, ereignet sich Freiheit (und damit Menschsein).

Der Impuls, der von dieser Wahrnehmung ausgeht, ist nämlich ein zweifacher: Einerseits bewegt er mich dazu, mich der Wirklichkeit, in der mir diese Dimension aufgeht, z.B. dem Mitlebewesen (aber auch der Natur), liebend, fürsorgend, pflegend und ehrfurchtsvoll (es bzw. sie in ihrem Eigensein belassend) zuzuwenden. Andererseits aber bin ich durch die übersteigende Dimension stark fasziniert und fühle deshalb einen gewissen Impuls, mir die Wirklichkeit, an der sie aufstrahlt (und darin sie selbst), durch Nachahmung oder Einverleibung anzueigenen. Letzteres geschieht in der Begegnung mit den gewaltigen Naturphänomenen, im Tötungs-Imponiergebaren, im Essen des Fleisches der gewaltigen, in der Jagd erlegten Tiere und in der Begegnung mit einem Sozialpartner in der Nachahmung von dessen Wünschen und Begierden sowie in der Opfertötung, die oft auch mit Kannibalismus verbunden ist. In dem Raum, den

91

diese beiden ganz unterschiedlichen Impulse eröffnen, ereignet sich menschliche Freiheit. Der *homo necans* ist keine zwingende Notwendigkeit der Evolution.

Ursprünglich und erstmalig in der Mutter-Kind-Beziehung aufbrechend, handelt es sich bei der geglückten, in Zuwendung sich äußernden Personbegegnung um ein überwiegend weibliches Verhalten. So, wie das männliche Säugetier seit 180-190 Millionen Jahren durch das – im Tierbereich allerdings grundsätzlich verletzungs- und tötungsfreie – Rivalisieren für das Überleben seiner Gene sorgt, so das weibliche Säugetier durch die Behütung, Pflege und Aufzucht des in ihrem Leib heranreifenden und aus ihm herausschlüpfenden neuen Lebewesens. Dabei ist dieses Fürsorge- und Pflegeverhalten jedoch nur überwiegend, keinesfalls aber ausschließlich der Frau und Mutter zugeordnet. Auch männliche Schimpansen verbringen den größten Teil des Tages mit gegenseitiger Fellpflege, und das ranghohe Männchen zeichnet sich nicht nur durch Körperkraft, sondern wesentlich auch durch Schutz und Fürsorge gegenüber den schwächeren Gruppenmitgliedern aus. Goodall hat sogar beobachtet, daß auch männliche ältere Geschwister, also ältere Brüder, ihre kleineren Geschwister, wenn die Mutter stirbt, adoptieren und diese dann mütterlich versorgen und pflegen (ebd. 290). Dabei beobachtete sie auch, wie ein älterer Bruder seine adoptierte kleine Schwester, nachdem diese an Kinderlähmung gestorben war, noch weiter in seinen Armen mit sich herumtrug (ebd.).

So begegnen uns in der Mutter-Kind-Beziehung, in Pflege, Fürsorge und Bestattung, vom Gründungsmord unabhängige und diesem vorausliegende religiöse Grunderfahrungen. Ursprünglicher als das von Burkert und Girard (treffend) beschriebene Gewaltszenarium begründen sie das menschliches Sein und Leben. Eine solche, ursprünglich gewaltfreie Menschennatur setzt ja auch Girard voraus, wenn er, was besonders Schwager hervorhebt, in der universalen Tendenz zur Gewalt »nur eine Folge der erbsündlich verwundeten und nicht der menschlichen Natur als solchen« (Schwager, Rückblick, 361) sieht. Deshalb muß es auch ein menschliches Zusammenleben und einen Frieden geben, die nicht auf Gewalt und Töten gründen. Darauf hat eindringlich Egon Spiegel hingewiesen (vgl. ders., Gründungsmord oder Wiederherstellungsmord? Sozio-theologische Anmerkungen zum Stellenwert des Opfers bei René Girard; in: Niewiadomski/Palaver [Hg.], 283-306). Erst wo dieser befreiende Durchblick in einen menschlichen Lebensraum, der *vor* Tod und Opfer liegt, gelingt, kann sich das religiös-philosophische Nachdenken und Reden von der dunklen Faszination des Gründungsmords befreien. In Girards klarer Sprache ist dies deutlich zu sehen; in Burkerts Schriften, die ebenso wie die Girards (nur ohne Bezugnahme auf das Evangelium) die gewaltverhafteten Ursprünge des Menschseins aufzuhellen suchen, flackert dagegen vereinzelt ein dunkles Pathos auf, das selbst noch in diesen Ursprüngen schwelgt. Überall, wo sich das religiös-philosophische Reden als dunkles Raunen artikuliert (vgl. z.B. G. Bader, Symbolik des Todes Jesu, Tübingen 1988) und/oder sich zu einem tragischen Pathos aufschwingt (wie dies besonders dort zu beobachten ist, wo Theologen noch heute im Anschluß an Anselm von Canterbury den Tod Jesu als notwendiges blutiges Opfer interpretieren), wird oft mit großem Wissen und gelehrter Einsicht weiter an jener Verschleierung der männlich-menschlichen Gewalttätigkeit und Gewaltfaszination gearbeitet, die Girard im Anschluß an die Botschaft des christlichen Evangeliums aufzudecken sucht.

Vielfach aber hat sich – nicht zuletzt durch den Einfluß Girards – die theologisch-philosophische Sprache schon zu einer neuen Klarheit und zu neuen Denkansätzen befreit. So sieht André Lascaris die Einmaligkeit der in Jesus geschehenen Gottesoffenbarung darin, daß sich in ihm (in absoluter Dichte) »Gott ... in dem Antlitz des Opfers« zeigt (A. Lascaris, Die Einmaligkeit Jesu; in: Niewiadomsky/Palaver [Hg.], 213-226; hier 223). Dies ist genau die Art der Gotteserfahrung, wie sie aus der Mutter-Kind-Beziehung als ursprünglicher Personbegegnung erwächst und dem ursprünglichen Sinn des Bestattungsverhaltens zugrunde liegt: Das der Krankheit, der Verfolgung und dem Tod ausgelieferte Mitlebewesen strahlt in besonders dichter Weise eine übersteigende bzw. (hier besser) unterfangende Dimension von Leben und Lebendigkeit aus, die durch das Aufhören der Körperfunktionen nicht zerstört wird und deshalb auch zum Bestattungsverhalten drängt. Dies wird auch hier der Ansatz für die Interpretation der biblischen Schriften sein. Im Anschluß an Victor Turner und E. Levinas arbeitet Lascaris auch Möglichkeiten eines friedlichen und gewaltfreien Zusammenlebens heraus, die auf dieser anderen Gotteserfahrung gründen und deshalb unabhängig von Opfertötung und Sündenbockmechanismus bestehen (z.B. – nach Turner – durch eine nicht sakral und hierarchisch strukturierte *communitas* mit den Schwächsten der Gesellschaft; oder – nach Levinas – durch das andauernde Gespräch; vgl. Lascaris, ebd. 222, dazu Anm. 26 u. 27; auf die theologische Rezeption Girards durch Raymund Schwager wurde und wird an anderer Stelle eingegangen).

Die im Zusammenhang der Nachahmungsproblematik erfolgte Hinwendung des Menschen zur Gewalt *überlagert* die aufgezeigten ältesten Möglichkeiten eines friedlichen menschlichen Zusammenlebens und überformt sie durch Riten, die von der Faszination der Gewalt und des Tötens geprägt sind. In den Jahrmillionen, seit denen diese Überlagerung geschieht, hat sich ein mächtiger Schuttberg über diese älteste Gotteserfahrung und die durch sie vermittelten Lebensmöglichkeiten gelegt. Bei einem vom christlichen Gottesglauben oder auch einem vom jainistisch-buddhistischen Ahimsa-Denken geprägten Wahrnehmen ist jedoch zu sehen, daß diese Überformung trotz allem oberflächlich bleibt und nicht die Substanz der ursprünglichen Religiosität vernichtet. Anders wären ja auch die überall feststellbaren Tendenzen zu einer Sublimierung und Humanisierung, ja einer Aufhebung des Opferkults, nicht verständlich. Diesen Tendenzen gilt es zuerst im außerbiblischen und dann im biblischen Raum genauer nachzuspüren (vgl. die Kap. 2, 3 und 4).

1.33 Die Bestattung als Ausdruck von Personbegegnung und als religiöse Urszene

Eine ebenso menschheitlich weit verbreitete und tief in die Vorgeschichte der Menschheit zurückverfolgbare religiöse Verhaltensform wie das Opfer ist die Bestattung. So ist auch geschichtlich zu fragen, ob ihr gegenüber das Opfer nicht sekundär ist und das älteste, geschichtlich greifbare religiöse Verhalten (in dem der Mensch vielleicht erstmals zu sich selber kommt) nicht in ihr (statt im Opfer) zu finden ist.

Bestattungsfunde und -riten und ihre Deutung

Auch Girard sieht das bis an die Anfänge des Menschseins zurückgehende Alter des Bestattungsverhaltens und die eminente Bedeutung, die ihm für die menschliche Kulturentwicklung zukommt: »Seit so etwas wie eine Menschheit existiert, scheint es den Toten gegenüber das seltsame Verlangen zu geben, das wir als Leichenbegängnis bezeichnen, die Weigerung…, im Leichnam so etwas (zu sehen) wie ein endgültig zerbrochenes, unverwendbares Objekt, bloß einen Abfall« (Girard, Ende, 81). Alle Kultur geht nach Girard zuerst vom Bestattungsverhalten aus: »Keine Kultur ohne Grab, kein Grab ohne Kultur; zugespitzt gesagt ist das Grab das erste und einzige Kultursymbol« (Girard, Ende, 85). Die Begräbnisriten könnten seiner Meinung nach in der Entwicklung des Menschen »die ersten eigentlich kulturellen Gesten darstellen« (ebd. 169). Er weiß sich in dieser Einschätzung einig mit »vielen Sachkundigen« (ebd.).
Tatsächlich spricht manches dafür, daß Menschwerdung und Bestattungsverhalten zusammenfallen. Zwar stammen die bisher gefundenen »Gräber«

in neuzeitlichem Sinne (wo der ganze Körper entweder in Hocker- oder in Liegestellung beigesetzt wurde) aus der mittleren Altsteinzeit (vgl. z.B. die Neandertal-Funde aus Le Moustier und La Ferrasie in Frankreich), doch es gibt Funde von, wie man sagt, »deponierten« Menschenschädeln, die bis über eine halbe Million Jahre zurückreichen und die man ebensogut – oder vielleicht genauer – als Schädelbestattung bezeichnen kann (so z.B. den Fund in der Höhle von Chou-kou-Tien bei Peking). Auch bei den Millionen von Jahren weiter zurückliegenden Funden fällt immer wieder auf, daß bevorzugt die *Schädel* von menschlichen Lebewesen gefunden wurden. Vielleicht sind schon von den Anfängen des Menschseins an Kopf und Gesicht, von denen die Personalität, das Zugewandtsein des einen zum anderen, am stärksten ausstrahlt, nach dem Tode in besonderer Weise behandelt, konserviert, mit Steinen oder Mammut-Schulterblättern zugedeckt und dadurch dem Zugriff von Aasessern entzogen worden.

Tatsächlich läßt sich anhand der Bestattungsfunde diese fürsorglich-pflegende Behandlung der Toten in kontinuierlicher Linie bis in vormenschliches Verhalten zurückverfolgen. Die Linie beginnt bei den Gräbern aus der Zeit des Neandertalers, der seine Toten in Schlafhaltung, die rechte Hand unter den Kopf gelegt, in eine mühsam ausgegrabene Erdmulde auf einen Teppich aus Asche und Ockererde bettete, ihn mit Nahrungsmitteln und Werkzeugen versorgte und mit einer Kette von durchlochten Hirschzähnen oder Schneckenhäusern für seine letzte Reise schmückte. Dieselbe pflegerische Sorgfalt ist bei den älteren Schädelbestattungen zu beobachten, wie etwa in der Guattari-Höhle bei Monte Circeo südlich von Rom, wo der Schädel in der Mitte eines ovalen Steinrings aufgestellt wurde und man entsprechend geformte Muscheln als Nachahmung der Augen in die Augenhöhlen einsetzte, offenbar um dadurch die Ausstrahlung eines menschlichen Gesichts zu rekonstruieren. Noch in unserem Jahrhundert hat man, wie eine Fotografie aus dem Völkerkunde-Museum in Wien zeigt (vgl. Baudler, Gott, Abb. 11), bei den damals noch in altsteinzeitlichen Verhältnissen lebenden Papuas auf Neuguinea eine ähnlich geartete Kopfbestattung beobachtet: Eine Frau, die ihren Mann während seiner Krankheit gepflegt hatte, trennte nach dessen Tod seinen Kopf vom Rumpf ab, entfernte sorgfältig alle Weichteile, die einen Verwesungsgeruch erzeugen konnten, hüllte den so präparierten Totenschädel liebevoll in ein Umhängetuch und trug ihn noch wochenlang mit sich herum, bis sie ihn schließlich nach Abschluß dieser Trauerarbeit an einem geschützten Platz deponierte.

Diese Bestattung als die *Pflege* des geliebten Mitlebewesens über dessen Tod hinaus erinnert unmittelbar an das Verhalten der Schimpansen- oder

Gorillamütter, die ihr Kind, wenn es gestorben ist, oft noch tagelang mit sich herumtragen und Pflegehandlungen an ihm ausführen, bis sie schließlich der Verwesungsgeruch dazu zwingt, dieses Verhalten abzubrechen und den Körper irgendwo liegen zu lassen. Durch die berichtete Manipulation am Menschenschädel wird ja gerade dieser Verwesungsgeruch ausgeschaltet, und die Frau kann ihre Trauerarbeit zu Ende führen. Zu einer so oder ähnlich gestalteten Schädelbehandlung und Schädelbestattung sind durchaus auch schon Menschenarten *vor* der Stufe des *homo erectus* (der zum *homo necans* wurde) fähig. Als Werkzeuge sind dazu ja nur scharfkantige, auch als Messer und Säge fungierende Faustkeile und Steinschaber notwendig; diese aber sind schon für den Australopithecus nachgewiesen, der vor mehr als drei Millionen Jahren in Südafrika lebte. Die Bestattung ist also wahrscheinlich das älteste religiöse Ritual.

Dem widerspricht keineswegs, daß die bei heutigen Naturvölkern zu beobachtenden und aus literarischen Überlieferungen bekannten Totenriten Elemente des Jagd- und Opferkultes aufweisen (neben Girard weist darauf besonders auch Burkert, Homo, 60-69, hin). Denn es ist klar, daß sich mit der Hinwendung des Menschen zum Töten auch die Erfahrung des Sterbens und des Todes änderte. Erst jetzt wird der Tod als ein gewalttätig eindringendes Ereignis, eben als ein *Zu-Tode-Gestoßen-Werden*, erfahren. Vielleicht entsteht jetzt erst jene spezifisch menschliche Todesangst, die weniger eine Angst vor dem Tot*sein* als vielmehr eine Angst vor dem *Sterben*, dem Prozeß des Getötet-Werdens, ist. Dieser Prozeß erscheint als etwas Furchterregend-Gewaltiges, als wild-gewaltiger Tötungsakt, dessen Opfer ich bin. Diese Todesangst entsteht aus der Identifikation des Menschen mit dem Opfer, das im Lynchmord-Geschehen zu Tode geschunden, vernichtet und zermalmt wird. Erst im Umkreis dieser Erfahrung wird der Tod empfunden als die »schlimmste Gewalt, die einem Lebenden widerfahren kann« (Girard, Das Heilige, 374); erst von dieser Erfahrung aus ist dann auch die Entstehung jener Riten zu erklären, auf die Girard verweist: »Der Tote wird abgesondert, um ihn herum entsteht eine Leere; es werden Vorsichtsmaßnahmen jeglicher Art getroffen und, vor allem, es werden Totenriten durchgeführt, die zu den anderen Riten insofern analog sind, als sie die Reinigung und die Verstoßung der bösartigen Gewalten zum Ziel haben« (ebd.). Mitunter wird der Tote im Grab gefesselt, um zu verhindern, daß er und die Gottes- und Schicksalsgewalt, die ihn getroffen hat, noch einmal in das Land des Lebens zurückkehren und darin wüten.

Von daher bekommen auch die verstorbenen Ahnen ihre bisweilen monströsen Züge, die Angst erregen und die Einhaltung der Sippen- und

Stammesgebote bewirken. Jetzt erst auch prägen sich jene Bestattungsriten aus, die komplementär zur schrecklichen und angsterregenden Erfahrrung der Gewalt das eigene Überleben feiern und, ähnlich wie nach der Opfertötung, eine neue Versöhntheit der Gemeinschaft und eine Befreiung der Lebensmöglichkeiten zum Ausdruck bringen. Walter Burkert spricht vom »freudigen Schock des Überlebens« und verweist auf den weit verbreiteten Brauch des Totenmahls, veranschaulicht in der Erzählung aus Homers Ilias, wo Achilles inmitten der Trauer um seinen toten Freund Patroklos mit seinen Gefährten »das herzerfreuende Begräbnis beschmausen« läßt (Homer, Ilias, nach Burkert, Homo, 61; ähnlich Girard, Ende, 81-85, sowie ders., Das Heilige, 375 f.).

Die Übertragung der in Lynchmord und Opfertötung beheimateten Empfindungen auf das normale Sterben hat jedoch darin seine Grenze, daß in letzterem der Tod nicht die Folge der aus der eigenen Gemeinschaft aufstehenden kollektiven Gewalt ist, sondern durch Krankheit, Alter, Unglücksfall oder durch einen von außen kommenden Feind verursacht wird. Diese Unstimmigkeit wird in vielen Totenriten dadurch überbrückt, daß sich über dem Leichnam des Verstorbenen *nachträglich* noch diese kollektive Gewalt aufrichtet und den erfahrenen Tod zur Tötung umstilisiert. Wieder veranschaulicht Burkert dies an der Bestattung des Patroklos, des Freundes des Achill, in der Erzählung Homers: »Nachdem alle den Leichnam dreimal mit Wehklagen und Racheschwur umkreist haben, werden viele Rinder, Schafe, Ziegen und Schweine geschlachtet, ›überall rings um den Toten floß‹ mit Bechern geschöpft, das Blut‹« (aus Homers Ilias nach Burkert, Homo, 62). Auch zwölf gefangene Trojaner tötet Achilles am Scheiterhaufen des Patroklos; dazu Burkert: Der Tod wird bewältigt, »indem der Trauernde zum Tötenden wird; oft sind darum Vernichtungsopfer und Totenmahl-Opfer nicht säuberlich getrennt« (ebd. 65).

Von da aus erschließen sich auch jene schrecklichen Beobachtungen einem Verstehen, die in den Berichten über Bestattungsfunde meist nur am Rande erwähnt, aber nie wirklich erklärt werden: Bei vielen der gefundenen bestatteten Menschen, besonders auch bei Schädelbestattungen, finden sich kräftige Hiebspuren am Kopf, die sehr wahrscheinlich zum Tod des betreffenden Menschen geführt haben. Die näheren Fundumstände (z.B. Steinkreise, die einen heiligen Bezirk abstecken, u.a.) führen die Forscher zu der Annahme, daß es sich bei diesen gewaltsamen Tötungen vielfach um »Ritualtötungen« handelt, also um Menschenopfer. Bei dem berichteten Fund in der Guattari-Höhle sieht selbst ein so vorsichtiger Vorgeschichtsforscher wie Müller-Karpe diesen Tatbestand »eindeutig« gegeben (ders. 234).

Welch ein Widerspruch: einerseits aggressiv-gewaltsame Tötung, anderseits liebevolle und sorgfältige Bestattung! Doch es ist verständlich: Nachdem sich im Opfer-Lynchmord die kollektive Gewalt in ihrem heiligen Schrecken aufgerichtet hat und sich die frustrierten und mimetisch miteinander rivalisierenden Menschen im von allen vollzogenen Tötungsakt wieder zu einem gemeinsamen Handeln und Erleben vereinten, sind für einige Zeit wieder Frieden, Gemeinschaft, gemeinsame Handlungsmöglichkeiten hergestellt. Das Opfer hat diese Lösung der Krise ermöglicht. Die Aggressionen schlagen um in Dankbarkeit und Verehrung des Toten. Die Basis, die immer schon, schon Jahrmillionen vor dem Ausgriff des Menschen nach der Tötungsgewalt, das menschliche Leben trug, ja es hervorgerufen hat, dringt wieder an die Oberfläche und der Ermordete findet eine liebe- und ehrfurchtsvolle Bestattung. Die unterfangende und übersteigende Dimension seines getöteten Seins und Lebens wird verstärkt wahrgenommen und in der Bestattung anbetend verehrt. Nicht selten wird das getötete Opfer nach seinem Tode als Gottheit verehrt. Im Lichte des Lebens und Geschicks Jesu erkennt die christliche Urgemeinde diese Zusammenhänge: »Wehe euch, ihr Schriftgelehrten und Pharisäer, ihr Heuchler! Ihr errichtet den Propheten Grabstätten und schmückt die Denkmäler der Gerechten… Damit bestätigt ihr selbst, daß ihr die Söhne der Prophetenmörder seid« (Mt 23,29-31). Andererseits kann durch eine Verweigerung der Bestattung (wie in der Tragödie *Antigone* durch König Kreon) oder durch eine Verunstaltung der Leiche das Tötungsimponiergehabe noch über den Tod hinaus verlängert werden (so, wenn z.B. Achill die Leiche des im Kampf getöteten Hektor an seinen Streitwagen bindet und sie in rasendem Galopp um die Mauern Trojas schleift).

Doch das Angesprochensein von der unterfangenden und übersteigenden Dimension des Mitlebewesens und die in der Zuwendung erfolgende Antwort sind ursprünglicher als mimetisches Rivalisieren und Tötungsimponiergehabe. Den Toten liebevoll zu umsorgen, ihn vor dem Zugriff der Raubtiere und Hyänen zu schützen, ihn auf festliche Ockerfarbe zu betten, seinen Kopf und sein Gesicht nach der untergehenden Sonne hin zu richten und ihm wertvolle Gaben mit in das Grab zu geben, ist ein Verhalten, das auch unabhängig von Ritualmorden praktiziert wurde und diesen sachlich wie geschichtlich vorausliegt. Grabbeigaben, wie sie in ihrer ältesten Form an archäologischen Funden greifbar sind – als kostbare Werkzeuge, Schmuck und Nahrungsmittel – sind keine Opfergabe; die Zielrichtung dieser Geste ist nicht deren Vernichtung, sondern deren *Gebrauch* durch den Toten. Es sind Abschiedsgeschenke, die oft sogar schon kleinen Kindern, ja Säuglingen, mit in das Grab gegeben wurden (vielleicht dachte man an ein todesjenseitiges »Ausreifen«, d.h. Erwachsenwerden dieser Kinder, die dann diese Geräte benützen können; vgl. Müller-Karpe, 231). Erst wenn Tiere oder gar Menschen dem Verstorbenen in das Grab folgen und getötet werden, greift wieder der Opferkult auf das Bestattungsverhalten über.

Freilich liegt auch in diesem ursprünglichen Bestattungsverhalten eine gefährliche Naivität. Das Göttliche, das vom Mitlebewesen ausstrahlt und Zuwendung wachruft, ist ja etwas bleibend Lebendiges, das eben auch durch den Tod dessen, von dem es ausstrahlte, nicht zerstört wird. Es in einer pflegenden Behandlung und Manipulation der toten Körperteile (besonders des Schädels) zu verehren, bindet dieses bleibend Lebendige, das der Mitmensch *in seinem Lebendigsein* ausstrahlte, an die nun tote Materie. Diese kann nicht mehr reagieren. Aus dem präparierten Totenschädel, den die Papuafrau mit sich herumträgt, kommen keine Widerworte. Er läßt alles mit sich tun. So wird auch auf diese fraulich-pflegerische Weise, wenn auch in signifikant subtilerer Form als durch das männliche Tötungsimponiergehabe (und wahrscheinlich kaum wirklich bewußt), das Göttliche vereinnahmt und in die eigene Verfügungsgewalt genommen. So kann die liebende Muttergottheit bei den Griechen zur blutlechzenden Gorgo und bei den Hindus zur dunklen Kali werden, die besitzergreifend auf der Leiche kauert und deren Eingeweide verschlingt (vgl. Baudler, Gott, 203, Abb. 53). Bestattung als lebendige und zugewandte Kommunikation mit dem Göttlich-Anderen, das durch das lebendige Mitlebewesen hindurchtönte und dessen Klang auch nach dem Tod dieses Wesens erhalten bleibt, ist in seinem Wesen mehr und anderes als die noch so ehrfurchtsvolle Manipulation an einem Leichnam. In ihrer Botschaft vom leeren Grab und von der Auferweckung Jesu haben die frühen Christen das erkannt und nach neuen und anderen Wegen der Bestattung gesucht (Näheres dazu in Kap. 5.24).

Jagdopfer oder Tierbestattung?

Auch das *Tier* ist für den frühen, d.h. ursprünglichen Menschen, wie heute noch für Kinder, ein Lebewesen, das eine übersteigende Dimension ausstrahlt. Dies dokumentieren die Höhlenzeichnungen und die Überlieferungen von Tiergottheiten und Totem-Tieren. Deshalb ist es naheliegend, daß auch Tiere, mit denen der Mensch umgeht, von ihm bestattet werden. Auch Kinder bestatten ihre verstorbenen Haustiere. Wenn in Stellmoor und Meindorf altsteinzeitliche Jäger jugendlichen Renkühen den Brustkorb öffneten, Steine hineinlegten und, so beschwert, die Tiere in einem

Tümpel versenkten, so ist das nicht, wie die Vorgeschichtsforschung - in einem undifferenzierten Verständnis des Kultes – annimmt, ein »Opfer«, sondern eine *Bestattung*. Der ebenfalls dort gefundene, zwei Meter lange, kunstvoll bearbeitete Pfahl aus Kiefernholz, auf dessen Oberteil ein Renschädel mit Unterkiefer steckte, bildete (entsprechend den heutigen Marmorsteinen und Kreuzen) das *Grabmal* für die bestatteten Tiere (vgl. ebd. 224 ff.). Dasselbe gilt für den am Eingang der Mauerner Weinberghöhlen auf Ockererde gebetteten und mit Elfenbeinperlen und Silexgeräten bestreuten zehnjährigen Mammut, der hier im Gravetten, also vor 23000 – 18000 Jahren, bestattet wurde, und für viele ähnliche Funde.

Der Mensch betreibt ja das Zu-Tode-Stoßen des großen und vitalen Tiers ursprünglich nicht zum Nahrungserwerb, sondern als Variante seines Tötungsimponierverhaltens und des *scapegoating*. Wie im Krieg stirbt hier das Opfer nicht unmittelbar als Mitglied der eigenen Gruppe, sondern als »Fast-Sozialpartner« (Vogel 70). Doch auch hier geht es um die Überwindung der durch das mimetische Rivalisieren entstandenen Krisensituation durch ein lynchmordartiges Töten. Deshalb jagt der altsteinzeitliche Jäger, wie oben (S. 46 f.) schon ausgeführt, unabhängig von seinem momentanen Nahrungsbedarf bisweilen ganze Tierherden zu Tode. Da ist es für ihn kein »Opfer«, wenn er, angesprochen von der übersteigenden Dimension der herrlichen und gewaltigen Tiere, stellvertretend für alle anderen – also pars pro toto – fünfzehn prächtige Renkühe oder ein besonders schönes Mammut ehrfurchtsvoll bestattet. Es ist dies gleichzeitig auch Ausdruck seines Schuldgefühls, das er durch das Töten der Tiere auf sich lädt. Bei den von ihm verwendeten Waffen mußte ja das große, gewaltige Tier in der Regel grausam und jämmerlich verenden. Man stelle sich – wie durch den oben erwähnten Lehringer Fund belegt – vor, welche Quälerei es sein muß, einen Elefanten mit einem Holzspeer zu töten! Schebesta berichtet von den Methoden der Elefantenjagd bei den Pygmäen in Zentralafrika (vgl. P. Schebesta, Die Pygmäen-Völker, 2. Buch, Teil II/1, Brüssel 1948, 109-111): Man pirscht sich an das liegende Tier heran, zwei Männer stoßen je einen Speer in die beiden Hinterläufe des Tieres, das dadurch bewegungsunfähig wird; dann hackt man ihm den Rüssel ab und wartet, bis es verblutet ist. Es ist verständlich, daß das auf solche Weise qualvoll verendende Tier Schuldgefühle wachruft, gerade wenn man etwas Heilig-Göttliches, eine das gegenständlich Gegebene übersteigende Dimension, durch es hindurchtönen spürt. Der eigentliche, starke Impuls, der von dem leidenden und sterbenden Mitlebewesen ausgeht, ist ja die Aufforderung, Zuwendung und Hilfe zu geben; stattdessen läßt der Mensch das Tier qualvoll verenden. Die Bestattung eines oder mehrerer der gejagten Tiere oder die sorgfältige Aufbewahrung von Schädel und Langknochen geben diesen der Jagd entgegengesetzten Hilfe- und Pflegeimpulsen nach dem Tode des Tieres Raum, so wie auch das menschliche Opfer einer Ritualtötung oft ein sorgfältiges und prächtiges Begräbnis findet.

Wie beim Menschen, so wird auch in der Tierbestattung oft der Schädel als Teil für das Ganze genommen und fürsorglich bestattet. So sind mühelos die bekannten Funde am Drachenloch bei St. Gallen in der Schweiz zu erklären: Man fand hier neben einer großen Feuerstelle zwei viereckige, aus übereinandergeschichteten Steinen errichtete, mit dicken Platten verschlossene Steinkisten, von denen eine sieben wohlerhaltene Höhlenbärenschädel enthielt, die, sorgfältig aufeinander geschichtet, die Schnauzen alle nach Osten, dem Höhleneingang zugewandt, aufeinanderlagen: Höhlenbärenschädel in Steinsärgen bestattet. Ähnlich sind die Funde von Bären- bzw. Hirsch- und Mammutschädeln am Wildimännlisloch (in den Schweizer Hochalpen), in der Reyersdorfer Höhle (in Schlesien), in der Veternica-Höhle (bei Zagreb), in Achenheim und in Jelisejevici (in Südrußland) zu interpretieren (Müller-Karpe, 225 f.). Neuzeitlich noch vorgefundene Sammler- und Jägerstämme, bei denen sich eine ähnliche Behandlung von Tierleichen findet, begründen dieses Verhalten damit, daß dadurch das Jagdwild erhalten bleibe. Dies ist nicht, wie Müller-Karpe meint (ebd. 227), eine magisch-unreligiöse, bloß zweckgerichtete Begründung, sondern artikuliert die Haltung der – über den Tod hinausgehenden – Fürsorge und Pflege gegenüber dem zu Tode gejagten Tier.

So liegt auch in der fürsorglich-pfleglichen Bestattung der Tiere, die zuerst gejagt und gewaltsam getötet wurden, der für das menschliche Tötungsverhalten kennzeichnende Widerspruch. In ihm zeigt sich die innere Verflechtung von Tötungs-Verhalten und Bestattungs-Verhalten. Der Gott der Liebe bleibt auch in und unter den Geröllfeldern der Gewalt, die sich über ihn lagern, lebendig; und er läßt sich nicht widerspruchsfrei in eine Opferreligiosität einfügen.

2. Auswege aus Opfer und Gewalt in der Religionsgeschichte: *Ahimsa, Yen, Tao, Agathon*

2.1 Das Wirken der »verborgenen Macht« (Vaticanum II): Der Aufbruch zur gewaltfreien Gotteserfahrung in der Menschheitsgeschichte (Karl Jaspers: »Achsenzeit«)

2.11 Zur Wirkkraft der gewaltfreien Gotteserfahrung

Wenn auch als *homo erectus* vor etwa 1,7 Millionen Jahren zu einem mit Lanze, Speer und Faustkeil bewehrten künstlichen Raubtier geworden, hat der Mensch doch seine noch früheren, in der Mutter-Kind-Beziehung begründeten Ursprünge niemals und an keinem Ort der Erde völlig vergessen. Im Gegenteil: Immer und überall ist in der Menschheitsgeschichte eine leise, aber doch kraftvolle Faszination ganz anderer Art am Werk, als das männlich geprägte Tötungs-Imponiergebaren sie ausübt. Sie spricht aus den fülligen, den mütterlichen Nährgrund des Seins symbolisierenden Frauenstatuetten der späten Altsteinzeit, die überall auf Lagerplätzen von Sibirien bis Nordspanien gefunden wurden, sowie aus den vielfältigen Bestattungsfunden und vor allem aus der umwälzenden Lebensänderung, wie die Seßhaftwerdung sie darstellt. Diese bedeutet ja, daß nicht mehr das in der Jagd und im Verfolgen der Tierherden sich auslebende Tötungsimponiergebaren die Struktur menschlichen Lebens bestimmt, sondern das Vertrauen auf das regelmäßig sich erneuernde, Nahrung und Leben spendende Wachstum der Pflanzen und die Beziehung zu den Toten, deren Gräber die Menschen nun nicht mehr verlassen. Das aber sind Werte und Haltungen, wie besonders die Frau als Spenderin neuen Lebens und als Mutter, die stärker als der Mann in Beziehungen eingebunden ist, sie verkörpert. Tatsächlich sind ja die frühesten seßhaften Kulturen matrifokal organisiert (vgl. Baudler, Gott, 101-160). Freilich sind diese kleinen Lichtungen inmitten einer schier uferlosen sie umgebenden Wildnis stets von Naturkatastrophen und Zerstörung bedroht und in seiner Not und Angst fällt hier der Mensch erst recht in die Tötungsimponiergebärde des Opfers zurück (vgl. die Kap. 1.23 und 3.23 zum Menschenopfer).

Nicht zuletzt aus diesem Grund setzt sich in diesen Kulturen neu die Gewalt auch im Leben und in der Gesellschaft durch, und es entstehen, von matrifokalen »Inseln« (z.B. im minoischen Kreta) abgesehen, mehr oder weniger harte und starre, von Gewaltpatriarchat und Zentralgewalt bestimmte Staatengebilde, gekennzeichnet durch imponierende Bauwerke und riesige Sklavenheere (vgl. Baudler, Gott, 200-241). Doch auch in diesen bleibt die Dynamik »jener verborgenen Macht« am Werk, die, wie das Zweite Vatikanum sagt, »dem Lauf der Welt und den Ereignissen des menschlichen Lebens gegenwärtig ist« und die »von den ältesten Zeiten bis zu unseren Tagen« wirksam und wahrnehmbar ist (Erklärung über das Verhältnis der Kirche zu den nichtchristlichen Religionen, Art. 2; in: K. Rahner/H. Vorgrimler, Konzilskompendium, 356). Unablässig wirkt diese Macht besonders im religiösen Raum und in der religiösen Phantasie und zielt hin auf eine Reduzierung der Gewalt und des Schreckens. Die brahmanische Geschichte vom »Mark« des Mannes, das über verschiedene Tiere schließlich in das Reiskorn hineinschlüpft, so daß es genügt, dieses zu opfern (vgl. oben S. 46), ist dafür ein in seiner Naivität fast rührendes tröstliches Beispiel. Überall in der Welt bewirkt diese Kraft eine Verringerung des Schreckens von Opfer und Gewalt. Sie ist auch am Werk, wenn Jahwe-Religion und Koran die Kinderopfer bekämpfen (vgl. unten das Kap. 3.23), der Psalmsänger nur noch ein »Opfer des Lobes« (Ps 50,14; Ps 119,108) gelten läßt und die prophetische Opferkritik (zumindest an einigen Stellen) schließlich die Opfer gänzlich verwirft (dazu unten Kap. 3.33, Abschn. »Die grundsätzliche Kritik am Opfer«).

Selbst in Gesellschaften und Religionsformen wie denen der Azteken, von denen wir – bei aller gebotenen Skepsis gegenüber den Berichten der spanischen Konquistadoren (vgl. oben Hassler) – doch sehen können, daß sie, wenigstens ihrem mythisch-religiösen Denkhorizont nach, noch auf der Stufe des kaum reduzierten Menschenopfers stehen, ist deutlich die Sehnsucht, ja das konkrete Bemühen greifbar, hinter die nur mit Opfer und Schrecken zu besänftigenden Gottheiten zurückzugehen, um zu einem gewaltfreien Raum religiösen Lebens vorzudringen. So ist der Reformversuch des Herrschers *Nezahualcoyotl* (1431-1472) dokumentiert, der – ähnlich wie Zarathustra die Götter der vedischen Opferreligion – alle Gottheiten, die Opfer fordern, als Dämonen bezeichnete. Diesen stellte er den immer auch im Volk (ohne Opfer) verehrten fernen Hochgott *Ipalnemoa* als den einzig wahren Gott gegenüber (wie

Zarathustra den *Ahura Mazda*): als den einen Gott und Schöpfer aller Dinge, der im Gebet sowohl als Vater wie auch als Mutter angerufen wird und keines Opfers bedarf.

Vorbild ist dem Aztekenherrscher dabei die Religion der Tolteken, die von den Azteken unterworfen wurden und deren letzter Herrscher, *Quetzalcoatl*, die Menschenopfer durch Schlangen, Vögel und Schmetterlinge ersetzte. Freilich arbeiteten auch hier, wie überall, wo sich die Menschen träumerisch an ihre gewaltfreien Ursprünge erinnern, die Gegenkräfte, die auf Gewalt setzen und sich dabei stets »realistisch« nennen, gegen solche Bemühungen. So erzählt eine (wohl von den aztekischen Erobererkreisen gebildete) Legende, daß sich wegen dieser seiner »Mitleidigkeit« die Dämonen über *Quetzalcoatl* lustig machten und ihn schließlich durch die Azteken verjagten und ins Elend stürzten. Daß aber hier wirklich eine andere, ebenso reale, ja auf ältere Ursprünge zurückgreifende, wenn auch stark zurückgedrängte Form der Gotteserfahrung und der Religiosität gegeben ist, zeigt die Tatsache, daß im Volk *Quetzalcoatl* später als Gottheit verehrt wurde, auf deren Wiederkunft die Indios hofften. Es ist eine traurige Ironie der Geschichte, daß Cortez bei seiner Ankunft in Mittelamerika zuerst als der mit seinem Gefolge endlich zurückkehrende Friedenskönig *Quetzalcoatl* betrachtet wurde. Als Angehöriger des Christusglaubens hätte er tatsächlich den Friedensfürsten verkünden und zu den Menschen bringen müssen. In Wirklichkeit aber kam er als blutiger Eroberer und brachte Tod und Schrecken zu den Indios (vgl. Becker 126).

Überall in den Völkern und Religionen gibt es diese Sehnsucht nach dem kommenden Friedensfürsten, die korrespondiert mit der Erinnerung an eine friedliche Vorzeit, ein goldenes Zeitalter, ein Paradies. Gerade wenn gewalthafte Strukturen und männliches Imponierverhalten am stärksten das Leben prägen und einschnüren, wachen diese Kräfte, Erinnerungen, Hoffnungen und Sehnsüchte auf. Als 1973 unsere Welt noch in zwei ungeheuere Machtblöcke gespalten war, die sich gegenseitig mit Waffen bedrohten, deren *violence* unseren Planeten 30fach zerstören konnte, versammelten sich die Angehörigen aller Religionen und Nationen, vom indianischen Schamanen über den Dalai Lama bis hin zum römischen Papst in Assisi, um dort auf je ihre Weise um den einen Frieden für alle zu beten: ein sinnfälliges Zeichen des Wirkens jener »verborgenen Macht«. So ist es wohl auch zu erklären, daß sich im Zeitraum von 800-200 v. Chr., als überall auf der Welt härteste patriarchale Gewaltstrukturen die zaghaft in der Zeit der Seßhaftwerdung auftauchenden matrifokalen Traditionen scheinbar endgültig zugeschüttet und zum Vergessen gebracht hatten, aus diesem Patriarchat selbst heraus (von Männern getragen) diese alten Kräfte neu sich regen und in den verschiedensten Kulturen unabhängig voneinander an einem neuen gewaltfreien Denken, Fühlen und Leben arbeiten. Als Korrektur der von Männern geprägten und gelenkten Geschichte der Gewalt und des Tötens ist es verständlich und naheliegend, daß Männer sie vollziehen. Wer Gewalt ausübt, steht ja mehr und stärker in ihrem Bann, als derjenige, der Gewalt erleidet. Der Mann, nicht die Frau, mußte sich in erster Linie aus der Faszination der Gewalt befreien. In der Beschreibung der *Inhalte* dieser neuen geistigen Aufbrüche wird aber deutlich werden, daß genuin frauliche, aus der Mutter-Kind-Beziehung aufstrahlende Werte die Faszination des männlichen Tötungsimponiergebarens überwinden.

Durch Nachdenken, Weisheit und Offenheit für religiöses Erleben kann der Mann zur gewaltlosen Gottheit, wie sie aus dem Zueinander von Mutter und Kind aufstrahlt, finden. In beeindruckender biblischer Bildersprache erzählt dies die Geschichte von den drei »Weisen« aus dem Osten, die in ihrem fernen Land den Stern dieser Gottheit aufstrahlen sahen und in geduldiger Suche und durch Widerstände hindurch diesem Stern folgten, bis er schließlich stehenblieb. Der Ort aber, an den der Stern sie geführt hatte, war ein Haus, in dem eine Mutter mit ihrem Kind wohnte. »Sie gingen in das Haus und sahen das Kind und Maria, seine Mutter; da fielen sie nieder und huldigten ihm« (Mt 2,11a). Ernst Bloch sieht nur die halbe Wahrheit, wenn er die Geschichte so deutet, daß Weisheit und Einsicht den Menschen dorthin führen, »wo Gott aufhört« und der »Homo absconditus«, der verborgene Mensch, beginnt (E. Bloch, Das Prinzip Hoffnung Bd. 3, Frankfurt a.M. 11.-15. Tsd. 1968, 1534). In Wahrheit führt der Stern die Weisen weg von einem »Gott«, der in der Opfergeste als Tötungsmacht den in seiner Angstverhaftetheit und seinem infantilen Allmachtswahn verhafteten Menschen aufzustrahlen scheint; doch er führt sie hin zu dem wahren Gott, der als die unterfangende und übersteigende Dimension des Kindes und der dem Kind sich zuneigenden Mutter in ruhig-hellem Lichte leuchtet.

Schon die im Thema dieses Kapitels genannten Stichworte zeigen deutlich diese Richtung der denkerischen Suchbewegung des »achsenzeitlichen« Menschen an: *Ahimsa*, das Stichwort des geistigen Aufbruchs in Indien, heißt »Nicht-Töten«, »Nicht-Verletzen« irgend eines Lebewesens und wird von Buddha positiv ergänzt durch ein mütterliches Wohlwollen gegenüber allem Lebendigen. *Yen*, das zentrale Prinzip der Lehre des Konfuzius, bedeutet ganz elementar Mitmenschlichkeit und Menschenliebe. *Tao*, wie Laotse es in seinem Buch *Tao-te-king* beschreibt, ist ein zutiefst mütterlicher Daseinsgrund; und das *Agathon* Platons bezeichnet das Gute und das Gutsein als höchste Wirkkraft im Reich der Ideen. Diese Stichworte markieren die Auswege aus einem durch Opfer und Gewalt geprägten Leben und Denken, Auswege, die auf die in der Mutter-Kind-Beziehung grundgelegte religiöse Urerfahrung zurückweisen.

2.12 Überblick über die »Achsenzeit« im Sinne von Karl Jaspers

Der Philosoph Karl Jaspers hat die Entdeckung gemacht, daß sich dieser neue geistige Aufbruch unabhängig voneinander in den verschiedenen Kulturen in dem relativ kurzen Zeitraum von 800-200 v. Chr. ereignete. Vor allem in seinem Buch »Vom Ursprung und Ziel der Geschichte« (München-Zürich 1949, 9. Aufl. 1988) erläutert er das von ihm entdeckte Phänomen, das er die »Achsenzeit« nannte. Er setzt sich dabei von einer Ansicht ab, die, wie er sagt, »für gläubige Christen« gilt, wonach die Achse der Weltgeschichte im Christusereignis besteht, was auch durch unsere Zeitrechnung zum Ausdruck gebracht wird (ders., Einführung in die Philosophie, München-Zürich 30. Aufl. 1992, 77). Diese spezifisch christliche Zeitrechnung gilt nach Jaspers nur für die »heilige Geschichte«, nicht aber für die profane, die sich auch für den Christen als »sinn-verschieden« von der heiligen Geschichte absetze. Für die profane, empirisch faßbare Geschichte wurden für Karl Jaspers die geistigen Grundlagen der Menschheit, von der sie bis heute zehrt, gleichzeitig und unabhängig voneinander in China, Indien, Persien, Palästina und Griechenland in der genannten Zeit geschaffen. In dieser Zeit entstand aus seiner Sicht der Denk- und Verstehenshorizont, in dem wir noch heute leben, und es wurden die heute noch bestehenden Weltreligionen geschaffen. Wenn sich freilich nach heutigem theologischen Verständnis (wie es sich im Zweiten Vatikanischen Konzil artikulierte) die Heilsgeschichte nicht in einem Jenseits-Märchenland, sondern *in* der Weltgeschichte ereignet, wenn Gott *in* Welt, Transzendenz *in* Immanenz erfahren wird, ist die Zeit und der Prozeß, in dem die geistigen Grundlagen der Menschheit geschaffen werden, immer auch ein herausragendes Datum der christlichen Heilsgeschichte.

Außerordentliches drängte sich in dieser Zeit zusammen. In weit auseinanderliegenden Erdteilen und unabhängig voneinander erfolgten geistige Aufbrüche, die den Menschen aus seiner Verhaftung an die alten, von der Gewaltfaszination geprägten Mythen zu befreien suchten. Dem Eingebundensein des Menschen in den Mythos wurde ein neues, durch Vernunft und Sittlichkeit geprägtes Lebenskonzept gegenübergestellt. In Indien begann dieser Aufbruch durch die in den *Upanishaden* entwickelte mystische Religiosität und setzte sich fort in den Religionsgründungen durch Jain und Buddha. Im Iran wandte sich Zarathustra in seinem Kampf für das Gute und Lichte gegen den überkommenen, durch Gewaltfaszination geprägten (vgl. z.B. den Charakter des Götterkönigs Indra) indo-iranischen Götterglauben. Konfuzius und Laotse lebten in China und arbeiteten dort auf je verschiedene Weise an einer geistig-sittlichen Erneuerung des menschlichen Lebens. In Palästina traten beginnend in der Königszeit und sich fortsetzend in der Exilszeit bis hinein in die nachexilische Zeit die Propheten auf, von deren Kritik an Opfer, Götzendienst und Gewalt die vorliegende Studie ausgeht (und die sie in Kap. 3.3 näher behandeln wird). In Griechenland wirkten neben den großen Dichtern wie Homer und den Tragikern vor allem die Philosophen Parmenides, Heraklit, Sokrates, Platon und Aristoteles, die den Menschen aus einem mythosverhafteten Lebenskonzept herauslösten und ihn lehrten, auf seine Beobachtung und sein Denken zu vertrauen. Dieser weltumspannenden Kritik einer mythisch-starren, von Gewaltfaszination geprägten, opferkultischen Religiosität gilt es im folgenden genauer nachzugehen. Dabei ist zu sehen, daß diese an ganz verschiedenen Orten und aus unterschiedlichen Kulturen unabhängig voneinander sich ereignenden geistigen Aufbrüche einen breiten gemeinsamen Nenner haben. Für Jaspers besteht er in einer philosophischen Geistigkeit. Diese aber besteht geschichtlich-konkret und »materialiter« in der Abwendung von Opfer und Gewalt und in der Hinwendung zu Vernunft, Liebe und Sittlichkeit, wie die hier genannten Stichworte sie kennzeichnen.

Dabei ist allerdings der geschichtliche Hintergrund, von dem sich diese aufbrechende kritische Geistigkeit abhebt, von heutigen Einsichten und Erkenntnissen aus differenzierter zu sehen, als dieser sich noch vor etwa vier Jahrzehnten für Karl Jaspers darstellte; vor allem die Vorgeschichte des Menschen lag ja damals noch in tiefem Dunkel (Jaspers »Einführung in die Philosophie« erschien in erster Auflage 1950). Jaspers gliedert die der Achsenzeit vorausliegende Menschheitsgeschichte in zwei Abschnitte: erstens in den riesigen Zeitraum der Vorgeschichte, die er das »prometheische Zeitalter« nennt (Jaspers, Einführung, 76), in dem der Mensch die Sprache, die Herstellung und den Umgang mit Werkzeugen sowie das Entzünden und den Gebrauch des Feuers lernte, und zweitens in die Zeit zwischen 5000 und 3000 v. Chr., in der die alten Hochkulturen in Ägypten, Mesopotamien, im Indus-Tal und etwas später auch in China entstanden, die Jaspers »kleine Lichtinseln in der breiten Masse der schon den ganzen

Planeten bevölkernden Menschheit« (Jaspers, Einführung, 77) nennt. Er übersieht in dieser Einteilung der alten Menschheitsgeschichte vor allem den entscheidenden Einschnitt, den die Seßhaftwerdung des Menschen etwa 10.000 Jahre v. Chr. gegenüber den Jahrhunderttausenden vorher darstellt (vgl. Baudler, Gott 14-25 u. 112-122).

Diese ersten menschlichen Siedlungen waren verschwindend kleine Lichtungen inmitten der unendlichen, alles überwuchernden und bedrohenden Wildnis. Da alles Leben und Wachsen vom Wasser abhängt, mußten diese Siedlungen an Wasserläufen gebaut werden. Dort waren sie vor allem durch zwei polar einander gegenüberstehende Naturphänomene bedroht: einerseits durch die mit der Regenzeit einsetzenden Stürme und Überschwemmungen und andererseits durch Dürre und Trockenheit, wenn der Regen ausblieb. Beide Phänomene treten dem siedelnden Menschen als Ausdruck der über-gewaltigen wildnishaften Natur entgegen. Von ihr kam Leben und Gedeihen, gleichzeitig aber auch Tod und Vernichtung. In ihr begegnete deshalb dem Menschen eine übersteigende Dimension, die er als die älteste Gottheit verehrte: als Sturm- und Gewitter-, als Wildnis- und Schreckensgott, als *Rudra* und *Shiva* in Indien, als *An*, *Enlil* und *Ereschkigal* in Sumer, als *Seth* in Ägypten, als *Donar* und *Wotan* im germanischen Raum, als *Uranos-Kronos* sowie (in nachfolgender Göttergeneration) als *Hades* und *Poseidon* (als die Verkörperung der Wildniszüge des *Zeus*) in Griechenland, als den alten Reichsgott *Almaquah* im alten Saba, als alten Götterkönig *El* mit seinen »bevorzugten« Söhnen *Jamm* und *Mot* in Ugarit und als *El-Schaddai* im vorisraelitischen und israelitischen Raum (vgl. Gen 17,1 und Ex 6,3). So blieb der Mensch auch in seiner Seßhaftwerdung doch grundsätzlich immer noch im Bann der als göttlich verehrten Tötungsgewalt. In besonderen Krisenzeiten, vor allem wenn der alles zerstörende Regensturm drohte, glichen sich die Menschen der Siedlung der Schreckensgestalt dieses Gottes an und traten mit ihr in Beziehung, indem sie ihm Kinder- und andere Menschenopfer in seinen schrecklichen Rachen warfen, damit er Siedlung, Sippe und Stamm als ganze verschone.

Die von Jaspers als »Lichtinseln« bezeichneten alten Hochkulturen besonders in Mesopotamien und Ägypten entstanden aus dem verzweifelten und gewaltsamen Bemühen, diesen Wildnisgott auszugrenzen und unschädlich zu machen. Indem Gilgamesch die sagenhaft starke Mauer um Uruk zog, tötete er den Riesen Chuwawa, den Herrn des Zedernwaldes und den Himmelsstier Enlils, also die die Siedlung bedrohenden Chaosmächte. Dasselbe geschah durch den Bau des für damalige Verhältnisse ungeheuren Staudamms von Marib im alten Saba und durch die Errichtung hoch aufragender Tempel- und Vorratstürme, die das Überleben der Menschen sicherstellen sollten, in Mesopotamien. Dieser Kampf des Lichthelden gegen den Wildnisgott geschah jedoch selber wiederum gewaltsam. Er geschah mit Hilfe eben jener Tötungsgewalt, die der Held dem Wildnisgott entriß. In den altarabischen Märchen muß der *Afrit*, der Wildnisgott als Menschenfresser, mit dessen eigenem Schwert getötet werden. Damit aber wird der Herrscher in diesen Hochkulturen selbst zum todgewaltigen Gott. Ihm gegenüber sind alle Menschen nur Sklaven und Arbeitstiere, die sich an den mächtigen Bauten abzuschinden haben. Was Jaspers »Lichtinseln« in der sonst noch im Dunkel befindlichen Menschheitsgeschichte nennt, waren in Wirklichkeit Sklavenhalter-Gesellschaften, in denen der Mensch die Würde einer Arbeitsameise besaß. Überdeutlich wird dies dort, wo der Untertan, wie vereinzelt in Mesopotamien belegt, als lebende Grabbeigabe dem Herrscher in den Tod hinein folgen mußte. Die Faszination der Tötungsmacht hatte sich gerade in diesen Hochkulturen nach der Seßhaftwerdung des Menschen erneut durchgesetzt.

Die in der »Achsenzeit« sich artikulierende Kritik an Dämonenglauben und Gewaltfaszination ist deshalb auch eine Kritik an totalitären Herrschaftsformen. Buddha und Jain entfliehen durch ihr asketisches Wanderleben dem Zwang des Kastenwesens. Indem sie aus der Heimat in die Heimatlosigkeit gehen, entziehen sie sich dem Zugriff der regional regierenden Machthaber, zu deren Kaste sie einst selbst gehörten, und ihren Herrschaftsstrukturen. Konfuzius und Laotse, größtenteils auch Zarathustra, suchen zwar den Fürsten, der sich ihrer Lehre öffnet und das Leben der Menschen nach ihr gestaltet, aber trotz lebenslanger Suche finden sie ihn nicht; mehr oder weniger stehen sie immer in Opposition zu den regierenden Fürsten und Königen; sie werden von diesen nicht akzeptiert. Sokrates wird von den Machthabern seiner Stadt zum Tode verurteilt und trinkt den Schierlingsbecher; sein Schüler Platon wird von dem König, den er zu seiner neuen Lebens- und Staatsauffassung bekehren will, schließlich auf dem Markt von Syrakus als Sklave verkauft. Abraham und Mose begründen ihr neues Gottesverhältnis, indem sie mit ihrer Sippe aus eben diesen Hochkulturen – Abraham aus Mesopotamien, Mose aus dem »Sklavenhaus Ägypten« – ausziehen und sich in der Steppe und Wüste dem alten Wildnisgott vertrauensvoll anheimgeben und einen »Bund« mit seinen immer auch vorhandenen gütigen und segensreichen Aspekten schließen; die Propheten halten in der israelitischen Königszeit und in der Exilszeit diese herrschaftskritische Lebens- und Glaubensweise aufrecht. Der geistige Aufbruch in der »Achsenzeit« beinhaltet also zentral – wenn auch bei Konfuzius, Laotse und Platon indirekt – die Kritik an einer staatlichen Herrschaft, die faktisch überall und immer – wie sollte sie auch anders funktionieren – durch die Androhung und Ausübung von Tötungsgewalt gekennzeichnet ist.

Die Seßhaftwerdung konnte dem Menschen nur eine *Ahnung* von Heimat vermitteln; Angst und Tötungsgewalt blieben das Umgreifende; dies prägte sich in der Gewaltherrschaft der frühen Sklavenhalter-Gesellschaften aus. In der »Achsenzeit« versuchen nun einzelne Menschen in einem zweiten Aufbruch, sich von Angst und Gewalt als den lebensbestimmenden Mächten zu befreien und ein Lebensgefühl zu finden, das von Freiheit, Frieden und Liebe geprägt ist, also auf die Mutter-Kind-Beziehung als religiöse Urszene zurückweist.

Doch Angst und Tötungsgewalt bestimmten das Leben seit Jahrmillionen. Es ist klar, daß diese Prägung nicht mit einem Mal zu überwinden ist. Es ist ja die »gewaltlose Gottheit«, die durchdringen und zur Erscheinung kommen will. *Als solche* kann sie das aber nur, indem sie sich immer neu durch Gewalt vertreiben läßt (vgl. Girard, Ende, 227). In seinen Saat- und Wachstumsgleichnissen hat Jesus dieses gewaltfreie Wirken der verborgenen Macht des *Abba*-Gottes in eindrucksvollen Metaphern zum Ausdruck gebracht: Sie wirkt unerkannt und selbsttätig und unermüdlich Tag und Nacht, »der Same keimt und wächst und der Mann weiß nicht wie. Die Erde bringt von selbst ihre Frucht, zuerst den Halm, dann die Ähre, dann das volle Korn in der Ähre« (Gleichnis von der *selbstwachsenden Saat* Mk 4,26-28; vgl. dazu G. Baudler, Jesus im Spiegel seiner Gleichnisse. Das erzählerische Lebenswerk Jesu – ein Zugang zum Glauben, Stuttgart-München 2. Aufl. 1988, bes. 204-243 und 261-273). Wie ein erster Sonnenstrahl, der in einer nebelverhangenen Landschaft durch dunkle Wolken bricht, immer wieder durch die sich vorschiebenden Wolken und Nebelschwaden verdunkelt wird, bis dann erneut von irgendwoher ein Lichtstrahl einfällt und ganz allmählich nur die Lichtspalten zwischen den Wolken größer werden und sich ausweiten, so dringt die verborgene Gottesmacht in der »Achsenzeit« in die Menschheitsgeschichte ein.

2.2 Der neue geistige Aufbruch in Indien und Persien: *Ahimsa* (Parsva, Jain, Buddha)

Im indo-iranischen Raum sind diese Aufbrüche und auch die immer wieder sich darüberschiebenden Verdunkelungen gut zu verfolgen.

2.21 Die vedische Opferreligion als Ziel »achsenzeitlicher« Kritik im indo-iranischen Raum

Die älteste, in ihren Anfängen wohl bis zur Seßhaftwerdung des Menschen in diesem Raum zurückreichende Zivilisation findet sich im Industal. In Harappa und Mohenjo-Daro wurden Städte ausgegraben, deren Häuser aus Lehmziegel gebaut waren. Man fand eine große Zahl fraulicher Figurinen, die anzeigen, daß die frühe Siedlung auch hier unter dem Zeichen und der Symbolik der Frau stand (vgl. M. Jansen, Die Indus-Zivilisation. Wiederentdeckung einer frühen Hochkultur, Köln 1986). Abbildungen auf Siegeln zeigen, daß diese fraulichen Gottheiten einerseits mit der Vegetation verbunden sind und andererseits den Sieg über die Wildnisgewalten zum Ausdruck bringen: Auf einem der Siegel wächst aus dem Schoß einer nackten Frau ein Baum, auf einem anderen tritt die Gestalt der Göttin aus einem Busch hervor; ihr steht ein wildes Tier gegenüber, das wahrscheinlich die Wildnis symbolisiert, die durch die fraulich bestimmte Kultur und Zivilisation ausgegrenzt wird. Auch andere Siegel zeigen die Göttin als eine Art Herrin der wilden Tiere, als Macht, die über die Wildnis herrscht und diese zähmt.

Wahrscheinlich war diese Kultur schon durch Naturkatastrophen – durch Dürre-Zeiten oder durch Überschwemmungen – untergegangen, als in den Jahren 1500-1200 v. Chr. kriegerische arische Hirtenstämme in mehreren Wellen von Westen und Nordwesten her (über den Panjab) in das Land einfielen und die bäuerlich-dörfliche Bevölkerung unterwarfen. Als nomadisch-kriegerische Stämme waren sie patriarchal strukturiert; sie brachten eine Götterwelt mit, in der männlich-kriegerische Götter an der Spitze standen. Die Gottheiten der unterworfenen bäuerlichen Bevölkerung fanden nur in untergeordneter Stellung Eingang in dieses Pantheon.

Die auf solche Weise entstehende Religion ist in den sog. *Veden*, einer der ältesten heiligen Schriften der Menschheit, festgehalten. Die Veden entstanden in den ersten Jahrhunderten nach der arischen Einwanderung. Die darin enthaltene Religion ist eine ausgeprägte *Opferreligion*. Die

Texte enthalten Lieder, Formeln, Anweisungen, die alle im Zusammenhang des vedischen Opferrituals stehen. Der *Rigveda*, der älteste und literarisch wertvollste Teil der vedischen Textsammlung, enthält 1028 Preislieder an die Götter, die in den Opferfeiern vergegenwärtigt werden. Der meistbesungene und strahlendste dieser Götter ist *Indra*. Er ist wie Wotan und Zeus ein indogermanischer Wettergott, der hier, im sonnigen und heißen Indien, als großer und strahlender Sieger erscheint, der bisweilen auch als Sonnengott in einem goldenen Wagen, von rötlichen Pferden gezogen, über das Firmament hinrast. Seine Waffen sind das Blitzschwert und der Donnerkeil, mit denen er den unförmigen Leib des Wolkendrachen *Vtra* aufreißt und die darin gefangenen Wasser des Himmels befreit. Sein Verhalten ist ein gigantisches männliches Imponiergebaren. Er schüttet 10 Seen von Soma, dem heiligen Rauschgetränk der Veden, in sich hinein und mit seinen 1000 Hoden befruchtet er alle weiblichen Wesen. Vor allem aber zieht er unermüdlich und immer neu zu blutigen Kämpfen aus und erschlägt mit seiner tausendzackigen, eisernen Wurfkeule alle unbotmäßigen Mächte: aufrührerische Ureinwohner »und Nebenbuhler, die geizigen, die mit Opfergaben kargen, die Zauberer, deren Waffe die ›schwarze Magie‹ ist, und die bösen Geister, die das Opfer stören« (Gonda I, 55).

Er wird bei seinen Kampfzügen begleitet von den *Maruts*, gewaltigen, mit funkelnden Lanzen bewaffneten und furchtbar anzusehenden Windgöttern, die wie das wilde Heer Wotans kreuz und quer durch die Lüfte, über Berge und Höhen jagen und Erdbeben, Blitz und Regen hervorrufen. Durch die wilden *Maruts* ist Indra mit *Rudra*, dem Wildnisgott, der »das Schreckliche in den Naturvorgängen repräsentiert« (Gonda I, 85-89, dort die Anm. 18) verbunden; sie sind seine Söhne. Von seinem positiven Aspekt her wird *Rudra* später zu *Shiva* (wörtlich »der Freundliche«, »Gütige«), freilich ohne dabei seine Wildheit zu verlieren (vgl. Gonda I, 86). Neben Indra stehen die Opfergottheiten *Soma* und *Agni*. *Soma* ist das Rauschgetränk, das die Opferriten begleitet und die Opfernden, die es trinken und in das Feuer schütten, zu göttlichem Fühlen emporhebt. *Agni* ist das Feuer, das bei allen Opfern auflodert, die in es hineingeworfene Opfergabe verzehrt und sie als Rauch zum Göttlichen hinaufträgt. Von diesen beiden Elementen her lebt das Opfer. Weniger ungestüme Gottheiten, doch auch sie unlöslich mit der Opferpraxis verbunden, sind *Mitra* und *Varuna*. Häufiger als andere Götter tragen sie die Benennung *Asura*, »mächtiger Herr«. Vor allem Varuna erscheint als höchste ethische Gottheit: Er wacht über den Eid und über die Verträge, die Menschen miteinander schließen und durch Opfer bekräftigen. Auch er ist ein ambivalenter

Götterkönig, der Heil wie Unheil über die Menschen bringen kann, doch in seinem Charakter anders als Indra.

Wie stark die vedische Religion dem Opfer verbunden ist, zeigt der oben in der Behandlung der Opfertheorie (Kap. 1.23) schon herangezogene Mythos von der Entstehung der Welt aus dem Urmenschen *Purusha*, der die indische Religiosität in weiten Zügen prägt. Der riesenhafte Mann, vergleichbar dem Urriesen *Ymir* aus der germanischen Mythologie, umfaßte den ganzen Kosmos und ragte noch über ihn hinaus. Er enthielt in sich sowohl die vergangene wie auch die gegenwärtige und die zukünftige Welt. Sogar die Unsterblichkeit war in ihm einbeschlossen. Er war durch Selbstzeugung entstanden. Indem dieses Urwesen in einem Opferritus getötet und zerstückelt wird, entsteht aus seinen Körperteilen die Welt der Menschen und Götter.

Der Mythos ist sehr vielsagend. Das Motiv der Erschaffung der gegenwärtigen fruchtbaren Welt durch die Tötung und Zerstückelung eines göttlichen Opfers ist eine der beiden oben (in Kap. 1.23) beschriebenen Grundvorstellungen des Opfergedankens. Es weist zurück in die Phase der Seßhaftwerdung des Menschen, wo diese, angstvoll in der von undurchdringlicher Wildnis umgebenen Siedlung zusammenlebend, sich durch Menschenopfer mit dem Regensturm- und Wildnisgott verbanden und von ihm verschont wurden, so daß ihr Leben und ihre Welt durch dieses Opfer begründet, als aus ihm hervorgehend, gedacht und empfunden wurde. Im *Purusha*-Mythos dringt dabei die Vorstellung durch, daß durch die Anstrengung der Menschen der alte Wildnisgott selbst, hier in der Gestalt des Urriesen (neben *Ymir* auch dem sumerischen *Chuwawa* vergleichbar), getötet und damit eine geordnete menschliche Lebenswelt hergestellt wird. In der vedischen Religiosität steht ja der *Ritus* des Opfers als solcher über den Göttern, so daß durch seinen genauen Vollzug aus dem Chaos der Kosmos entsteht. Im Opferritual wird die Kraft frei, die das Leben und das Universum zusammenhält.

Es ist – hier bereits in einen strengen Ritus eingegrenzt – die von Girard beschriebene *kollektive* Gewalt, die im Opfer aufsteht und Welt und Leben stiftet (vgl. oben Kap. 1.31). Sie wird in jedem der täglich stattfindenden Opferritale erneuert. Zwar handelt es sich bei diesen täglichen Opfern um Speiseopfer; Tieropfer kommen nur bei besonderen Gelegenheiten vor. Doch in all diesen Opfern wird dieselbe göttliche Macht hervorgerufen und vergegenwärtigt wie beim ursprünglichen *Purusha*-Opfer. Die *Purushamedha,* die im Menschenopfer wirksame Kraft (vgl. Gonda I, 173), das »Mark« des geopferten Riesen, ist die Grundsubstanz in jedem Opfer. Die Imponiergebärde des Opferns, in strenge rituelle Formen gefaßt, schafft und erhält die Welt. Die Sonne würde am Morgen nicht aufgehen, würden nicht zur rechten Zeit vor Sonnenaufgang die Brahmanen das vorgeschriebene Morgenopfer darbringen (vgl. Gonda I, 139).

2.22 Die Upanishaden und das vor-buddhistische Asketentum

Doch noch ein anderer Aspekt des Purusha-Mythos ist wichtig: *Purusha* verkörperte in seinem Sein und Wesen auch schon *vor* seiner Opferung die Welt und das Universum. Es gab also schon Welt auch *vor* der Opfertötung; lediglich die *jetzt* gegebene Welt, die Welt, in der wir leben, ist aus dem Opfer entstanden. Die in Indien in der Achsenzeit, also um etwa 800 v. Chr., aufbrechende Neuorientierung des Denkens und Lebens kann verstanden werden als eine Suche nach dieser anderen, vor der Hinwendung zur Gewalt bestehenden Welt. In den sog. *Upanishaden*, einer Literatur, die sich zuerst als Geheimlehre von den vedischen Büchern absetzte, dann aber von den Brahmanen als Anschlußliteratur an die Veden vereinnahmt wurde, wird *Purusha* als »der *innere* Mensch« gedeutet. Damit vollzieht sich die für das nach-vedische indische Denken kennzeichnende Bewegung nach innen. Die innere Welt, das im Menschen wirkende *geistige* Sein und Leben, beinhaltet die eigentliche, erst wirklich reale Welt. Alles Materielle, alles was die ausgreifende Hand fassen und in der imponierenden Opfergeste vernichten kann, ist diesem eigentlichen Sein gegenüber nur *maya*, äußerer Schein. Als innerer, geistiger Mensch braucht *Purusha* nicht getötet und zerstückelt zu werden. Es bedarf keines Opfers. *Upanishad* heißt dem Wort nach »Sich-danebensetzen«. Nicht die große, in Soma- und Opferrausch sich aufrichtende und den Menschen über seine irdische Begrenztheit hinausführende Imponier-Geste, sondern das ruhige gesammelte Sitzen neben dem Meister und das in sich versunkene Hören auf dessen Worte vermittelt dem Menschen einen göttlichen Lebenssinn.

In der Versenkung, deren Praxis die Yoga-Lehre reflektiert, kann der einzelne Mensch seine Einswerdung mit dem geistigen Sein des Universums (wie es *Purusha* als innerer Mensch darstellt) erfahren. Das *atman*, die Motivation, den Wind und Atem, die Seele, die mich als einzelnen bewegt, erfahre ich in der Erleuchtung als eins mit dem *brahman*, der geistigen Seele, der inneren Bewegtheit, aus der das Universum besteht. *Tat tvam asi*, »das bist du selbst«, die Einheit von individuellem *atman* und universalem *brahman*, ist das »große Wort«, das nach Friedrich Heiler als »Losungswort« über der ganzen Geistesgeschichte Indiens steht (ders., Die Religionen der Menschheit, Stuttgart 4. Aufl. 1982, 152). Es artikuliert die Befreiung des Menschen aus einem gewaltverhafteten Dasein.

Dieses mystisch-asketische Denken, das den »achsenzeitlichen« Aufbruch in Indien kennzeichnet, entwickelte sich aus dem Brahmanentum. Der Brahmane war seinem Wesen nach Opferpriester. Seine Machtstellung resultierte aus seiner anderen Menschen nicht zugänglichen Kenntnis des richtigen Opferrituals. Opfern aber ist von seinem innersten Wesen her ein Imponiergehabe. Es ist die Darstellung einer naturtranszendierenden Kraft und Vitalität, wie sie im Götterkönig Indra ihren bezeichnensten Ausdruck fand. Der alternde Brahmane aber kann diese Kraft und Vitalität nicht mehr darstellen. Er ist dann für seinen Dienst ungeeignet. Alt werdend zieht er sich deshalb zuerst in die Waldeinsamkeit zurück und verrichtet nur noch wenige Opferrituale. Dann, wenn er spürt, daß seine Lebenskraft versiegt, gibt er auch seine Waldheimat auf, vollzieht keinerlei Ritus mehr, sondern zieht nur noch als um Almosen bettelnder Wanderasket durch das Land. Diese Lebens- und Seinsweise ist eine gleichsam von der sterblichen Natur des Menschen erzwungene Abkehr von der Religiosität des Opfers.

Der *bewußte* neue geistige Aufbruch in der »Achsenzeit« bestand darin, daß Männer, die mitten in der Kraft ihres Lebens standen, ebenfalls diese Lebensform wählten. Erst in diesem Schritt liegt eine nicht bloß von der Natur erzwungene, sondern aus innerer Einsicht vollzogene Abkehr von der Religiosität des Opfers. Es waren bezeichnenderweise nicht Brahmanen, sondern Angehörige der Kriegerkaste, Königs- und Fürstensöhne, fähig und dazu auserwählt, ein indragleiches Leben zu führen, die das Gewalthafte und Sinnlose dieser Existenzform erkannten und vom Kämpfer und Soma-Trinker zum bedürfnislosen und bettelnden Wanderasketen wurden. *Parsva*, der erste namentlich bekannte Fürstensohn, der mit 30 Jahren diesen Weg ging, lebte im 8. Jahrhundert v. Chr., also genau zu Beginn jenes Zeitraumes, den Karl Jaspers die »Achsenzeit« nennt. Er gründete den Orden der *Nirgrantha*, der »Fessellosen«, d.h. die Gemeinschaft derer, die sich aus dem Kreislauf eines Lebens, das durch gewalttätige Opfergesten in Gang gehalten wird, herauslösen und dadurch frei werden von den Banden des *karma*, der Unheilsmacht, die der Mensch durch das rivalisierende und gewalttätige Verletzen und Töten anderer Lebewesen ansammelt und die ihn in den leidvollen Geburtenkreislauf einbindet.

Der Weg, der zu dieser Freiheit führt, ist von seinem Grundgedanken her einfach, er lautet: *ahimsa*. Das Wort bezeichnet das genaue Gegenteil dessen, was der Mensch im verletzenden und zerstörenden Imponiergehabe der Opfergeste sowie in der Jagd und im Krieg vollzieht: »Nicht-Töten«, »Nicht-Verletzen«, also absolute Gewaltlosigkeit. Dieses Lebensprinzip beinhaltet die Absage an Sexualität und Besitz, denn um beides, um den Geschlechtspartner wie um das Hab und Gut, muß der Mensch kämpfen und mit anderen rivalisieren. Hinzu kommt als grundlegende Forderung die wahrhaftige, sich schlicht an das Gegebene haltende Rede, die von ihrem Wesen her die Beleidigung und Verletzung eines anderen ausschließt. Auf diesem Weg findet der Mensch zur Einheit seines Selbst mit dem Ganzen des Universums und damit zu Erlösung und Seligkeit.

Jain, der 250 Jahr später, im 6. Jahrhundert v. Chr., also etwa zur gleichen Zeit wie Buddha, sein elterliches Königshaus samt Gattin und Tochter verläßt, radikalisiert den Weg des Parsva. Er verwirft sogar das Mönchsgewand als letztes Eigentum und wandert als *dig-ambara*, als »Luftgekleideter«, nackt durch das Land. Er trägt eine Binde vor dem Mund, um nicht versehentlich ein Insekt zu verschlucken und dadurch zu töten und kehrt mit einem Besen jeden Schritt des Weges ab, auf dem er geht, um nicht ein kleines Tierchen zu zertreten; aus demselben Grund seiht er das Wasser, das er trinkt, vorher ab. Ausdrücklich verwirft er die vedischen Opferriten und erlaubt seinen Anhängern nur die Verehrung der Bilder heiliger, im Lotossitz der Meditation versunkener Mönche. Im Alter von 72 Jahren verzichtet er auch darauf, bettelnd seine Hand nach Gaben auszustrecken und so mit anderen Bettlern zu konkurrieren und stirbt einen freiwilligen Hungertod.

Hier zeigt sich eine erste Verdunkelung des in Indien zur »Achsenzeit« erfolgenden geistigen Aufbruchs. Der Weg des *ahimsa*, des Nicht-Verletzens und Nicht-Tötens irgendeines Lebewesens, also die Abkehr von der Religiosität des Opfers und der Gewalt, wird hier auf seltsame Weise wieder zurückgebogen zu seinem Ausgangspunkt. Denn es liegt zweifellos eine Gewalt, eine Gewalttätigkeit gegenüber dem eigenen, mir anvertrauten Leib, gegen das in mir waltende Leben, in diesem angeblichen Weg der Gewaltlosigkeit. Der Angehörige der Kriegerkaste geht den Weg des Nicht-Verletzens und Nicht-Tötens in einer *selbst*verletzenden, ja selbstmörderischen militärischen Strenge und Disziplin. So sind seine Namen denn auch *Mahavira*, »großer Held«, und *Jina*, »Sieger«. Seine Abkehr vom Imponiergehabe des Opferrituals und des dadurch ermöglichten Lebens in der Welt verkehrt sich zu dessen bloßer Negativ-Folie: zum radikalen Verzicht auf jegliches (im Opfern sich realisierendes) Haben, der sich dann aber als das noch größere und heldenhaftere, siegreiche *Selbstopfer* darstellt.

Wie sehr Askese zu einem negativen Imponiergehabe ausarten kann, zeigen masochistisch-exhibitionistische Auswüchse, wie sie nicht selten von Wanderasketen der damaligen Zeit berichtet werden. Von einigen wird erzählt, daß sie mehrere Tage lang bis zur Hüfte in kaltem Wasser standen; andere, die sogenannten »Fledermausasketen«, hingen stundenlang im Kniehang mit dem Kopf nach unten an einem Baum. Es wird von Asketen berichtet, die offenbar völlig gefühllos ständig auf einem Bein standen, bis sich, so sagt die Legende, Schlingpflanzen an ihnen emporrankten; auf verschiedenen Reliefs sind Asketen in dieser Stellung dargestellt. Manche verstümmelten sich selbst, indem sie sich Glieder abschnitten oder Knochen brachen und sie in bizarrem Winkel wieder anwachsen ließen. Häufig soll es vorgekommen sein, daß ein Asket, der nackt lief, sich den Penis durchbohrte und einen Stein daran befestigte; auf diese Weise wollte er Keuschheit und Schmerzunempfindlichkeit beweisen. Es wird deutlich, daß es sich bei diesen Auswüchsen der Askese um eine Art Wettkampf, um ein Rivalisieren um die je größere und härtere Selbsttortur und also auf diese Weise wiederum um einen Rivalenkampf, einen Kampf um Ranghöhe, handelte. Hier ist lediglich der eigene Körper das Opfer, das im sich aufbäumenden Imponiergehabe verletzt, geschunden, ja getötet wird.

2.23   Buddha und der »mittlere Weg«

Immer, wenn in einem geistigen Aufbruch die bisher geltenden religiösen Grundlagen infrage gestellt werden, treten auch Menschen auf, die überhaupt *jede* übersteigende Dimension für Illusion und Irrtum erklären. So gab es damals auch in Indien wie in Griechenland religiöse Skeptiker und Materialisten. Sie durchschauten die vedischen Opferriten als ein leeres und sinnloses Imponiergehabe, durch das sich der Stand der Brahmanen seine Machtstellung und seine reichlichen Einkünfte sicherte. Mit der Erkenntnis, daß das im Opfer vergegenwärtigte Göttliche Gewalt und Betrug war, verwarfen sie *überhaupt* die Möglichkeit eines göttlichen, durch Symbole wahrnehmbaren Seins und Lebens. Man nannte diese Gruppe deshalb *nastika*, »Negierer«, also Menschen, die eine höhere, symbolisch erfaßbare Wirklichkeit, eine übersteigende Dimension des gegenständlich Gegebenen, verneinten und leugneten. Selbst nannten sich diese Skeptiker *lokayata*, d.h. »die der Welt Zugewandten«. Dieser Name ist Ausdruck ihrer Vorstellung, daß nur das unmittelbar sinnlich Gegebene existiert. Jenseits, Gott, Erlösung, Seele, sittliche Seinsordnung waren für sie Illusion. Sie lebten einzig in der Welt der Sinne. Zwar räumten sie die

Erkenntnis der Asketen ein, daß dem sinnlichen Genuß und der sinnlichen Freude immer auch Schmerz beigemischt ist, doch deshalb beides aufzugeben und bedürfnislos zu werden, bedeutete für sie, das Kind mit dem Bade auszuschütten: »Wirft man etwa das Reiskorn weg, weil es von der Spelze umschlossen ist?« (H. W. Schumann, Der historische Buddha, Köln 1982, 55). Ähnlich wie auf verfeinerte Weise Epikur und in gröberer Art die griechischen Hedonisten suchten sie das Leben soweit wie möglich auszukosten. Dabei waren sie aber keine unsozialen Menschen, sondern fügten sich in die Stadt- oder Dorfgemeinschaft ein.

Buddha, der »Erleuchtete«, mit bürgerlichem Namen *Gautama Siddhartha*, wie Parsva und Jain ein Fürstensohn, tritt aus diesem Milieu hervor. Die historischen Datierungsmöglichkeiten können nicht genau entscheiden, ob Jain oder Buddha der ältere ist. Sofern sich jedoch im Buddhismus eine Verfeinerung der asketischen Religiosität zeigt, ein deutliches Bemühen, den Verdunkelungen zu entgehen, die den Heilsweg des Mönchs gefährden, ist von der Sache her der Buddhismus später anzusetzen als der Jainismus. Jedenfalls lebte und wirkte Buddha im 6. Jahrhundert v. Chr. und bildet einen Höhepunkt in der von Karl Jaspers so bezeichneten »Achsenzeit«.

Aus den Legenden, die Buddhas Geburt, Jugend und Aufbruch zum asketischen Leben umgeben, läßt sich entnehmen, daß seine Motivation nicht unmittelbar wie die der ältesten Mystiker und Asketen in der Abkehr von der vedischen Opferreligion besteht. Er scheint vielmehr den oben beschriebenen *lokayatas* nahegestanden zu haben, die ihre Lebenserfüllung in einer mehr oder weniger materialistischen Weltzugewandtheit suchten. Er führte mit der Königstochter Gopa ein Leben in Freude, besaß vier Paläste für die einzelnen Jahreszeiten und ergötzte sich an Musikantinnen und Tänzerinnen. Doch die Begegnung mit dem Alter, mit der Krankheit und mit dem Tod, die auch ihm als sein unausweichliches Schicksal aufgehen, läßt ihn sein weltzugewandtes und vergnügungsreiches Leben als innerlich leer und sinnlos erscheinen. Wenn Alter, Krankheit und Tod das unausweichliche Ende des Lebens sind, dann durchdringen diese am Ende sich auszeitigenden leidvollen Zustände immer und überall das Leben. So verliert er jeglichen Geschmack an seinen Vergnügungen. In später Nachtstunde betrachtete er einmal seine Musikantinnen und Tänzerinnen, wie sie, übermüdet und abgearbeitet unmittelbar nach ihrem Auftritt eingeschlafen waren, und er empfand den Anblick als ein Bild der Häßlichkeit, so daß er glaubte, an einer Leichenstätte zu sein (Heiler, Religionen, 165). Der Anblick eines Bettelmönchs dagegen, der ohne Leidenschaft, Gier und Haß nach der inneren Ruhe seiner Seele und nach übergreifender Erkenntnis strebt, geht ihm auf als das einzig wahre Bild menschlichen Lebenssinns.

So verließ er seine Eltern, seine Paläste, seine Gattin und sein kleines Kind und zog aus der Heimat in die Heimatlosigkeit des Asketentums. Nachdem die Unterweisung in der Geheimlehre der Upanishaden und die konzentrierte Versenkung in der Yoga-Meditation ihm nicht die ersehnte Erlösung brachten, ging er mehrere Jahre lang den Weg der strengen, selbstquälerischen Askese. Er ging nackt, riß sich die Haare aus, verbot sich das Sitzen, legte sich auf Dornen und unterzog sich einer radikalen Hungeraskese, die seine Gestalt einem Totengerippe ähnlich werden ließ und ihn selbst dem Tode nahebrachte (die *Majjhimanikaya* lassen ihn diesen Zustand sehr anschaulich beschreiben; vgl. Schumann, 68 f.).

Doch anders als Jain ging Buddha nicht den Weg des Sterbefastens. Er erkannte diese Askese als leeres, sinnloses und gewalttätiges Imponiergehabe und unbekümmert um die Enttäuschung, Empörung und den Zorn seiner Bewunderer brach er seine Askese ab, nahm wieder ausreichend Nahrung zu sich, pflegte und kleidete sich und gab sich, der Legende nach im Wald von Uruvela, der ruhigen, in sich selbst verweilenden, alle Gedanken sammelnden Versenkung hin. Nachdem er vier Versenkungsstufen durchlaufen hatte, kam im Verlauf von drei Nachtwachen, während denen er unter einem Pippala-Baum saß, die *bodhi,* die »Erleuchtung«, die große Erkenntnis, die völlige Klarheit des Geistes, über ihn. Er erkannte die Ursache für das leidverhaftete menschliche Dasein, das sich durch die Wiedergeburt ins Unendliche ausdehnte, und fand den Weg, der von dieser Ursache des leidverhafteten Lebens befreite und zur Erlösung, zum Frieden, zum *nirvana,* führt.

Auch über Buddhas Weg steht grundlegend das *ahimsa.* Der achtfache Pfad, der zum Verlöschen des Lebensdurstes und damit zur Aufhebung der Leidenschaften und des Leidens führt, beginnt zwar mit der Erkenntnis der vier Wahrheiten über die Ursache und die Bedingungen des Leidens, doch dann folgt unmittelbar als erster der praktisch einzuschlagenden Wege der »rechte Entschluß«, der in der Entscheidung besteht, *ahimsa* zu üben, d.h. kein lebendiges Wesen zu verletzen, zu schädigen oder gar zu töten. Wenn sich also sein geistiger Werdegang auch nicht als die direkte Abkehr vom vedischen Opferkult darstellt, so liegt in der Übernahme dieser grundlegenden indischen Mönchsregel doch auch die entschiedene Abkehr von jeglichem Opferwesen. Dies zeigt sich deutlich in seinem Wirken in Benares, der Stadt am Ganges, die seit alters her ein Ort vielfältiger ritueller Handlungen war. Diese beinhalteten nicht nur die bekannten rituellen Waschungen im Ganges, sondern auch Leichenverbrennungen, Feueropfer, Tieropfer und andere vedische Kultbräuche. Benares war »ein Schauplatz der von einer Berufsbrahmanenzunft dirigierten vedischen Opferkulte« (Schumann 93). Es ist bezeichnend für Buddhas Einstellung zur vedischen Opfer-Religiosität, daß er in den 45 Jahren seines religiösen Wirkens nur *eine* Regenzeit, nämlich die unmittelbar auf seine Erleuchtung folgende, im Wildpark von Benares verbrachte, obwohl er dort seine Bewegung ins Leben rief. Später ging er dieser Stadt aus dem Weg. »Es trennte ihn zu viel von den orthodoxen Bürgern und ihrem Ritualismus« (ebd. 94).

Er setzte sich auch ausdrücklich mit den kultischen Handlungen auseinander. Dabei ist es kennzeichnend für ihn, daß er nicht in polemische Schärfe verfällt, sondern die einzelnen Rituale in feiner Abstufung beurteilt. Die Wasser-Rituale schaden nicht, haben aber auch keine religiöse Bedeutung: »Nicht durch Wasser werden sie rein, die vielen Leute, die hier baden: Derjenige, in dem Wahrheit und Recht zuhause sind, der ist rein, …« (*Udana* 1,9; nach Schumann 95). Der Ausspruch erinnert an ähnlich lautende Sätze aus den alttestamentlichen Propheten, in denen auch die ethische Haltung und Gesinnung, nämlich Gerechtigkeit und Solidarität, als das eigentlich von Jahwe Geforderte den kultischen Handlungen gegenübergestellt werden. Auch Feueropfer und Feuerritual bleiben äußerlich und haben keine religiöse Wirkung: »Verworfen (drum) hab' ich das Zünden von Scheitern; die Glut, die ich zünde, ist nur in mir selbst« (*Samyuttanikaya*, nach Schumann 96).

Wesentlich härter und strenger als den Wasser- und Feuerkult verurteilt Buddha die blutigen Tieropfer. Anders als in der jüdisch-christlichen Tradition galten in der indischen Mönchsbewegung die Tiere von Anfang an als im Grunde gleichberechtigte Mitlebewesen des Menschen, denen ebenso wie letzteren das *ahimsa*-Gebot galt. Zwar gehört es zum »mittleren Weg« des Buddha, der das radikale Asketentum verwirft, daß er (auch innerhalb seines Ordens) nicht für einen generellen Vegetarismus eintrat, doch die rituelle Tötung von Tieren betrachtete er als geistige Verirrung und Sünde, durch die der Mensch schlechtes *karma* ansammelt. Ähnlich verurteilt er mit großem Aufwand veranstaltete unblutige Gaben-Opfer. Dagegen läßt er kleine Gabenopfer als »Freude für die Götter« gelten. Was er verurteilt, ist also die große Opfergeste, das im Opfern sich aufrichtende, nach dem Transzendenten ausgreifende Imponiergehabe des Menschen. Zwar erkannte er, daß der leiblich lebende Mensch symbolisch-kultischer Ausdrucksformen bedarf, doch führt der fortschreitende Weg der Erlösung von ihnen weg. Zu den Zehn Fesseln (*samyojana*) und Vier Anhaftungen (*upadana*), von denen sich der Mensch auf seinem

Heilsweg zu lösen hat, gehört auch das »Haften an Regeln und Riten« (ebd. 98).

Was den Buddhismus gegenüber dem Jainismus und dem vorausgehenden indischen Asketentum in besonderer Weise kennzeichnet, ist, daß Buddha nicht in der Negation, dem *a-himsa* stehenbleibt, sondern auch die positive Entsprechung dieser Haltung, das Wohlwollen, das Mitleid, die Liebe zu allen lebenden Wesen als ebenso wichtige Forderung neben das *ahimsa* stellt. Liebe ist für Buddha die »Erlösung des Herzens« und täglich beten Millionen den buddhistischen Segensspruch, der in dieser Religion etwa die Bedeutung unseres christlichen »Vaterunsers« hat:

> *»Was immer es für Lebewesen gibt, alle ohne Ausnahme, seien sie beweglich oder unbeweglich, seien sie lang oder groß oder mittel-groß oder kurz, fein oder grob, seien sie sichtbar oder unsichtbar, seien sie fern oder nah, schon geboren oder erst nach Geburt strebend – alle Wesen seien beglückten Herzens.«*
>
> (*Sutta-Nipata* 146; nach Heiler, Religionen, 176 f.)

Hier zeigt sich ein wichtiger Unterschied zwischen abendländischem und fernöstlichem Denken. Als der Abendländer in das Blickfeld der Geschichte trat, geschah dies in Form nomadisierender und kriegerischer Hirtenstämme, die von Norden her kommend in den Mittelmeerraum und bis nach Indien vordrangen und dort die einheimische Bevölkerung unterwarfen. In solchen wandernden Nomadenstämmen – dies zeigt sich auch in der Ausbildung des jüdischen Denkens – gründet alles auf das persönliche Zusammenstehen und Füreinander-Eintreten der Sippen- und Stammesmitglieder. Später ist ja im germanischen Raum die sogenannte »Gefolgschaftstreue« zu einem soziologischen Begriff geworden, der die Gesellschaft des Abendlandes, ihre Einteilung in Fürsten und Adelige einerseits und unterworfene Leibeigene (schon vor der Eroberung im Land Ansässige) andererseits, begründete. In dieser Gesellschaft ist das, was Müller-Karpe »eine das gegenständlich Gegebene übersteigende Dimension« nennt (Müller-Karpe 228), ähnlich wie wohl zuerst auch in der Menschheitsgeschichte als ganzer (vgl. Kap. 1.32), vor allem am menschlichen Sozialpartner aufgegangen. Dies geschah in so großer Dichte und signifikanter Ausprägung, daß heute abendländisch nur das Mitlebewesen auf der Seinshöhe des Men-schen als »Person«, d.h. als ein Wesen, durch das etwas nicht Gegen-ständliches »hindurch-tönt«, bezeichnet wird. Dabei ist »Person«, »Per-sönlichkeit« selbst wiederum so stark eingegrenzt und für sich betrachtet worden, daß sie heute vielfach selbst als gegenständliche Größe, nämlich als psychologischer Komplex, betrachtet wird.

Wie besonders aus dem Phänomen der Tierbestattung abzulesen war (vgl. oben S. 99-101), hört und sieht der frühe Mensch – wie noch heute das Kind – durch alle Lebewesen, ja noch durch die anorganische Materie, diese andere, gegenständlich nicht faßbare Wirklichkeit hindurchtönen und hindurchscheinen. Dies hat sich beim fernöstlichen Menschen in viel stärkerer Weise erhalten. »Was immer es für Lebewesen gibt, alle ohne Ausnahme, seien sie beweglich oder unbeweglich…« strahlen deshalb nach dem oben zitierten »Buddhistischen Vaterunser« diese Wirklichkeit aus und rufen mich auf, mich ihnen analog zur Mutter-Kind-Beziehung wohlwollend und fürsorgend zuzuwenden. Diese Liebe ist von diesem ihrem Ansatz her unbegrenzt. Ausdrücklich umfaßt sie auch die Feindesliebe. In ihr wird so der Kreislauf der Rivalität und Gewalt durchbrochen: »Nicht durch Feindschaft kommt Feindschaft zur Ruhe, durch Nichtfeindschaft kommt Feindschaft zur Ruhe« (Heiler, Religionen, 177).

Später, im Mahayana-Buddhismus, wird dieser Heilsweg der Liebe noch weiter ausgebaut. Das Göttliche ist erlösende, mit Erkenntnis und Weisheit gepaarte Liebe. Es ist das »Herz des großen Mitleids« (*mahakarunacittam*, nach Heiler, Religionen, 187). Es hat sich in Buddha in Menschengestalt offenbart und durch Buddha und seine Lehren kann der Mensch in der Erleuchtung zu dieser erlösenden Liebe finden. Er liebt aber die Wesen so sehr, daß er, wenn er diese Erleuchtung gefunden hat, nicht sofort in das Nirvana liebender Glückseligkeit eingeht, sondern freiwillig im Kreislauf der Wiedergeburten verbleibt, um auch den anderen Wesen zu dieser Erleuchtung und Erlösung zu verhelfen. Der Erleuchtete, der aus Liebe im Kreislauf des Lebens verbleibt, ist ein *Bodhisattva*. Sein Kennzeichen ist liebende Fürsorge zu allen Wesen: »Ein Bodhisattva soll die anderen Wesen so behandeln, daß er auf sie den Begriff der Mutter, des Vaters, des Sohnes, der Tochter überträgt« (*astasahasria prajnaparamita*; nach Heiler, Religionen, 190).

Hier nähert sich der Buddhismus stark dem christlichen Gottesbegriff. Es kommt die der Opferszene entgegengesetzte, durch Fürsorge und Zuwendung gekennzeichnete religiöse Urszene, wie sie der Personbegegnung in der Mutter-Kind-Beziehung entspricht und in der Bestattung ihren ersten geschichtlich greifbaren, religiös-rituellen Ausdruck findet, in den Blick. Von ihrem Ursprung in der Lehre Gautama Siddhartas her besteht der Unterschied zur christlichen Liebe allenfalls darin, daß sie stärker ein Prinzip, ein allgemeiner Seinsmodus, ist, nicht aber ein dialogisches Geschehen. Buddha holt in der Versenkung und der dadurch bewirkten Erleuchtung dieses allumfassende Gefühl des Mitleids und der Liebe zu allen Wesen aus sich heraus und läßt es auf die Wesen ausströmen.

Der Christ wird von außen, in einem dialogischen Geschehen, zu dieser Liebe gerufen. Sie spricht aus dem angsterfüllten Antlitz Isaaks als Engel Jahwes und bewegt Abraham dazu, seinen Sohn nicht zu töten (vgl. unten das Kap. 3.2, bes. 3.25); sie spricht aus der Not des verlorenen Sohnes im Gleichnis Jesu vom *Barmherzigen Vater* und bewegt diesen Vater dazu, den Sohn in überströmender Liebe wieder bei sich aufzunehmen; sie spricht aus der Hilflosigkeit und Ausgeliefertheit des unter die Räuber gefallenen Juden und ruft im vorbeiziehenden *Barmherzigen Samariter* die überströmende Liebe wach. Als die Zuwendung des eigenen Selbst zum anderen kann sie nicht in einem letzten Sinne »selbstlos« sein; der Liebende muß vielmehr sein Selbst bewahren, um Zuwendung geben zu können. Der Christ liebt den Nächsten »wie sich selbst« (vgl. Mt 19,19). Für Buddha dagegen gehört das Ich, das Selbst des Menschen, ebenso wie sein Körper, seine Empfindungen, Wahrnehmungen und Geistesregungen, in den Bereich des Unbeständigen und Leidhaften, das dem Gesetz des Vergehens unterworfen ist und von dem sich der Mensch auf seinem Heilsweg ablöst. Buddhistisches Mitleid und buddhistische Liebe zu allen Wesen sind deshalb das Eintauchen in ein kosmisches Wehen, das Liebe ist und in dem das eigene Selbst erlischt. Sie bilden die positive Entsprechung zum Prinzip des *a-himsa*.

Im Mahayana-Buddhismus bricht in einigen Vorstellungen freilich wieder die Opfergeste und das mit ihr verbundene Imponierverhalten auf. Im Streben nach einem Übermaß der Liebe und im Rivalisieren darum, wer die größere, ja die größte Liebe hat, wird der »achsenzeitliche« Aufbruch auch hier wieder zurückgebogen in die Mentalität der Opferszene. Wenn der Bodhisattva gelobt, »an jedem einzelnen Ort der Qual endlose Milliarden von Weltzeitaltern zu verweilen«, sofern er dadurch anderen Wesen helfen und sie vor diesen Stätten der Qual bewahren kann, gelobt er damit ein grausiges Selbstopfer und baut sich in dieser Opfergeste wieder zu einer schreckenerregenden Größe auf (vgl. Heiler, Religionen, 191). Wörtlich sagt er: »Ich gebe mich selber als Lösegeld hin« (ebd.). Der Begriff »Lösegeld« wird von den ersten Christen auch auf Jesus angewandt; hier wie dort kehrt der Mensch mit diesem Begriff wieder zur Opferszene zurück.

2.24 Die Ethisierung der indo-iranischen Religion durch Zarathustra

Bei der Wanderung der indogermanischen Hirtenstämme nach Indien blieben einige dieser Stämme im Hochland des Iran zurück und wurden dort seßhaft; der andere Teil stieß über den Panjab nach Indien vor. Dort wurden dann die Veden aufgezeichnet. Doch die Grundelemente dieser in den Veden aufgezeichneten Religion waren auch schon vorher in den indogermanischen Stämmen lebendig und finden sich deshalb auch im Iran. Auch hier wurde der große Sturm-, Gewitter- und Kampfesgott Indra verehrt. Er war auch hier der Sieger über den Wolkendrachen und der große Soma-Trinker. Nur die Namen haben sich geringfügig verschoben: Die altindische Gottesbezeichnung *asura* heißt im Iranischen *ahura*, die Götter der Vertragstreue *Varuna* und *Mitra* heißen hier *Uruwna* und *Mithra*, und der Rauschtrank *soma* hat hier den Namen *haoma*. Auch diese altiranische Religion ist, ebenso wie die vedische, eine ausgesprochene Opferreligion.

Ähnlich wie in Indien wird in den Jahrhunderten der Achsenzeit auch hier diese überkommene Opferreligion einer religiösen Kritik und Reform unterzogen. Sie ist freilich von anderer Art als die Mystik der *Upanishaden* und die Askese der frühen indischen Mönchsbewegung und des Buddhismus. Im Iran steht ein kämpferischer, mit prophetischem Eifer wirkender religiöser Reformer auf. Sein (latinisierter) Name *Zarathustra* ist durch das Werk des Philosophen Friedrich Nietzsche *Also sprach Zarathustra* bekannt geworden. Inhaltlich freilich kehrt Nietzsches Philosophie die ethische Verkündigung des historischen Zarathustra in das Gegenteil.

Mehr noch als bei Jain und Buddha ist bei Zarathustra die Lebenszeit umstritten. Manche Forscher setzen sie schon um das Jahr 1000 v. Chr. an. Im allgemeinen aber nimmt man an, daß eine altpersische Überlieferung, wonach Zarathustra 258 Jahre vor Alexander gelebt hat, zuverlässig ist. Dies bedeutet, daß auch Zarathustra ebenso wie Jain und Buddha zu Beginn des 6. Jahrundert v. Chr. lebte und damit in den von Karl Jaspers ausgewiesenen Zeitraum des neuen geistigen Aufbruchs der Menschheit gehört. Freilich ist gegenüber dem Buddhismus die Überlieferung hier wesentlich dürftiger. Die heiligen Bücher der Zarathustra-Religion sind in einem altiranischen Dialekt, dem Avestischen, geschrieben und nur sehr schwer übersetzbar. Außerdem sind etwa zwei Drittel dieser Schriften verlorengegangen. Nur von einem kleinen Teil der überlieferten Texte, den sogenannten *gathas*, altertümlichen Verspredigten, nimmt man an, daß sie auf Zarathustra selbst zurückgehen. Die übrigen Teile des *Avesta* weisen eine jüngere Sprachstufe auf; in ihnen ist auch vieles von dem, was Zarathustra bekämpfte und reformierte, wiederum eingedrungen, so daß die Reform auch hier (wie im Mahayana-Buddhismus) teilweise wieder zum Ausgangspunkt zurückgebogen wurde.

Was trotz der schwierigen Überlieferungslage als sicher gelten kann, ist, daß Zarathustras Reform zentral von ethischen Impulsen bestimmt war. Die mit den indoiranischen (und späteren vedischen) Opferritualen verbundenen Götter sind im allgemeinen noch ethisch ambivalent. Der Götterkönig Indra tötet zwar den Wolkendämon und befreit dadurch die Fruchtbarkeit spendenden Wasser, ist aber auch ein Säufer und Wüstling, der nicht selten Schaden zufügt. Wie in der vedischen Opferreligion geht es auch in der iranischen nicht um das sittlich richtige Verhalten, sondern darum, durch die richtig vollzogenen Opferrituale mit den Göttern in Verbindung zu treten und sich dadurch Erfolg und Lebensglück zu sichern. Einer glaubwürdigen Überlieferung nach war Zarathustra vor seinem prophetisch-kritischen Wirken ein *zoatar*, d.h. ein Opferpriester und Sänger, also ein berufsmäßiger Kenner und Vollzieher dieser Opferrituale. In einer Art Berufungsvision erkannte er das Unmenschlich-Starre dieser magischen Opferspiritualität, vor der Gut und Böse gleichgültig sind. Der bekannte Religionswissenschaftler Mircea Eliade charakterisiert Zarathustra als »besessen« von der Einsicht in die Notwendigkeit einer Unterscheidung von Gut und Böse und einer Bestrafung der Bösen und Belohnung der Guten (M. Eliade, Geschichte der religiösen Ideen, Bd. I, Freiburg-Basel-Wien 1978, 282).

So verehrt Zarathustra nur einen einzigen höchsten Gott, der die Guten belohnt und die Bösen bestraft. Sein Name ist *Ahura Mazdah*. Das Wort *ahura* entspricht dem indischen *asura*. Mit diesem Wort werden in den Veden die Götter *Varuna* und *Mitra* mit ihren Gefolgsleuten bezeichnet, also jene Gottheiten, die als einzige dem sittlichen Handeln des Menschen, seiner Vertragstreue und Wahrheitsliebe, zugeordnet waren. *Mazdah* bedeutet »Herr«. *Ahura Mazdah* ist also der göttliche höchste Herr, der über Gut und Böse wacht und entscheidet. Er ist umgeben von sittlich guten Mächten, z.B. von *asha*, der »besten Ordnung«, *vohu manh*, »gutem Denken«, *sraosh*, »Gehorsam«, *armaiti*, »heiliger Harmonie« und »frommer Ergebenheit«. Der große Gegner und Widersacher dieses guten Gottes ist *Angra Mainju*, der »böse Geist«, also eine Art Satan.

Wie sehr sich Zarathustra mit seiner Reform von der vorausgehenden Opferreligion absetzt, zeigt, daß sich in seiner Verkündigung die indische Gottesbezeichnung *deva*, iranisch *daeva*, in ihrer Bedeutung umkehrt.

Daevas, also das, was früher die Götter waren, sind jetzt böse Geister und Dämonen. Es sind dies die alten Gottheiten der Opferreligion, die das blutige Opfer fordern und sich in ihm vergegenwärtigen. Sie werden erfahren im *aesma*, der »Raserei«, wie sie in der Opfertötung und im *haoma-Rausch* ihren Ausdruck findet. Es gab zur Zeit Zarathustras im Iran sogenannte »Männerbünde«, die in blutigen Opferritualen und *haoma*-Trinkgelagen *aesma* praktizierten und darin dem Götterkönig Indra nacheiferten. Zarathustra und seine Anhänger sind die erklärten Gegner dieser Männerbünde. Während Indras Kampfgenossen, die *Maruts*, ihren Anführer als *adrigu*, als einen, »der nicht arm ist«, bezeichnen (eine Bezeichnung, welche die Männerbünde übernehmen), bezeichnen sich Zarathustra und seine Freunde als *dhrigu*, »Arme«. Das Gut-Sein, das ihm vorschwebt, ist also das genaue Gegenteil des männlichen Tötungs-Imponierverhaltens, wie es die Männerbünde praktizieren. Ausdrücklich und mit großem Nachdruck wendet sich Zarathustra gegen jene, »die Rinder opfern« (nach Eliade 181 f.).

Doch die Opfer-Religiosität, die Religiosität eines männlich geprägten Imponierverhaltens, ist Jahrmillionen alt. Sie kann nicht in einem ersten geistigen Aufbruch bleibend überwunden werden. Mehr noch als in den – doch relativ am Rande bleibenden – masochistisch-exibitionistischen Auswüchsen des indischen Asketentums wird in der nachzarathustrischen Zeit die Reform Zarathustras wieder zurückgedrängt und an ihren Ausgangspunkt zurückgebogen. In den späteren avestischen Schriften hat der *hoama*-Kult wieder eine zentrale Stellung im religiösen Leben. Aus Vorschriften über Opferanteile geht hervor, daß dabei dieses *haoma*-Trinken auch wieder mit blutigen Schlachtopfern verbunden ist, »was Zarathustra gerade so scharf gerügt hatte« (G. Widengren, Die Religionen Irans, Stuttgart 1965, 109). Doch unterschwellig lebten die von Zarathustra gegebenen Impulse fort. Später wurde das *haoma* durch ein Getränk, das sich aus Pflanzensaft, Wasser und Milch zusammensetzt, ersetzt, und auch der Kampf gegen die blutigen Opfer ging in der Zarathustra-Gemeinde weiter und führte dazu, daß in heutigen Gemeinden das Schlachtopfer nicht mehr vorkommt.

Freilich liegt auch in dem Kampfeseifer, mit dem Zarathustra das Böse und die Bösen bekämpft, ein unterschwelliges Festhalten an der Gewalt. Auch von daher kann die Opfermentalität in der Religion Zarathustras nicht wirklich von Grund auf überwunden werden. Das in den Veden zur Erhaltung der Ordnung und des Kosmos täglich dargebrachte rituelle Opfer wird zwar für den gegenwärtigen Kult abgebaut; aber die vielen nicht mehr praktizierten Opfer verschieben und verdichten sich zu der

Vorstellung eines einzigen ungeheueren Opfers, durch das in der Endzeit *Ahura Mazdah* alle Bösen vernichtet. Aus den *vielen* kosmogonischen wurde das *eine* eschatologische Opfer. In diesem bringt Ahura Mazda eine neue, unzerstörbare, nicht mehr durch das Böse verderbbare Schöpfung hervor und übergibt den Guten, die mit einem neuen Leib von den Toten auferstehen, die absolut gute Schöpfung (vgl. Eliade 300-302).

An diesem Beispiel zeigt sich, wie schwer es ist, aus dem gewaltverhafteten Denken und Fühlen herauszukommen. Eine ähnliche Rückwendung in diesen Denk- und Lebenshorizont, wie sie in der masochistischen Gewalt der vor-buddhistischen Wanderasketen und im heroischen Selbstopfer des Boddhisattva oder hier in der späten Zarathustra-Religion vorliegt, findet sich auch im frühen Christentum: Anknüpfend an Reste gewaltverhafteter Sprachbilder und Denkschemata, wie sie sich – verständlicherweise – auch noch in den Evangelien und in den Paulusbriefen finden (Interpretation des Todes Jesu als blutiges Opfer, Höllendrohung, Unterscheidung von »Kindern des Lichts« und »Kindern der Finsternis«, Interpretation der Missionsarbeit als Kriegsdienst usw.), entsteht in kontinuierlicher Steigerung und Intensivierung dieser Art zu sprechen und zu denken, eine Art militaristischer christlicher Spiritualität, in der das Martyrium als Kriegsstrategie betrachtet und das Kreuz zum *vexillum*, zum militärischen Feldzeichen pervertiert wird; dadurch wird der Weg freigemacht für die konstantinische (Rück-)Wende des Christentums in den Denk- und Lebenshorizont der Gewalt, und es kommt im Mittelalter zu Ketzerverfolgungen, Inquisition und Hexenjagd (vgl. Kap. 5.1).

2.3 Die neue geistige Aufbruch in China: *Yen* (Konfuzius) und *Tao* (Laotse)

2.31 Die alte Reichsreligion (als Ausgangslage)

In China begegnet uns eine sehr altertümliche und ursprüngliche Religiosität. Äußeres Zeichen dafür ist die Tatsache, daß es in der chinesischen Sprache keinen eigenständigen Begriff für Religion und Religiosität in übergeordnetem Sinne gibt (vgl. R. Malek, Artikel *Chinesische Religiosität*; in: F. König/H. Waldenfels, Lexikon der Religionen, Freiburg i.Br. 1987, 562-565; hier 562). Religion und Religiosität sind in dieser Kultur so eng mit dem Leben verflochten, daß sie sich gar nicht als eigene Sphäre von ihm abheben. Alles, was der Mensch tut und womit er umgeht, besitzt eine über das gegenständlich Gegebene und sinnlich Wahrnehmbare hinausgehende Dimension, und diese ist im alten China so selbstverständlich und so eng mit der konkreten Realität verflochten, daß keine von ihr unabhängige Welt und kein von ihr unabhängiges Leben gedacht werden kann: Welt und Leben sind immer schon religiös; das Religiöse gibt es nicht als Sonderbezirk.

Was bei uns Religion, Religiosität und Glaube heißt, ist im Chinesischen aufgehoben in den Worten *chiao* und *li. chiao* bedeutet »Lehre«, »Sage«, »Überlieferung«; so bedeutet z.B. der weit verbreitete, über das Japanische eingedrungene Begriff *tsung-chiao* »Lehre über die Ahnen«. *tsung-chiao* ist eine Art und Weise, über die verstorbenen Vorfahren zu reden, in der diese (intuitiv) als »göttliche« Ahnen, d.h. in ihrer übersteigenden Dimension wahrnehmbar werden. Der zweite Begriff, *li*, bedeutet »Riten«, »Sitten«, »Brauch«. Besonders im Konfuzianismus spielt er eine große Rolle. Er bezeichnet das gesamte Leben und Tun des Menschen, sofern dieses nicht nur auf vordergründig-pragmatische Ziele, z.B. auf Nahrungserwerb, Nahrungsaufnahme, Schutz vor Kälte usw. ausgerichtet ist, sondern darin und darüber hinaus sich an Göttliches – das empirisch Gegebene Übersteigendes – wendet. Sofern z.B. das Füllen einer Tasse mit Tee als etwas von den Vorfahren Übernommenes (und in diesem Sinne als heiliger Brauch) begriffen und in dieser inneren Haltung ausgeführt wird, handelt es sich dabei um *li. li* ist das von der Wahrnehmung einer übersteigenden Dimension geprägte und in sie eingebettete Tun und Handeln des Menschen.

Dabei gab es auch in China Wirklichkeiten und Lebensvollzüge, an denen und in denen diese übersteigende Dimension in besonders intensiver Weise aufstrahlte. Wie überall, wo Menschen seßhaft wurden, waren dies die Erde, aus der die Pflanzen hervorwuchsen, die das Leben der Menschen auf einem gleichbleibenden Stück Land ermöglichten, der Himmel, von dem Regen und Sonnenschein auf die Erde herabkamen und sie zum Keimen und Sprießen brachten, und vor allem die Verstorbenen, deren im Leben erfahrbare übersteigende Dimension (Personalität) schon von den altsteinzeitlichen Sammlern und Jägern als über den Tod hinaus lebendig wahrgenommen und in Bestattungsriten verehrt wurde. Anders als die ruhelos von Lagerplatz zu Lagerplatz wandernden Sammler und Jäger blieben jedoch die seßhaft Gewordenen bei ihren Toten; vielleicht war dieser Wunsch, bei den Grabstätten der Verstorbenen zu bleiben, das stärkste innere Motiv des Menschen, die anfangs mit mächtigen und angsterregenden Gefahren verbundene seßhafte Existenzweise zu wagen.

Diesen drei – ganzheitlich (d.h. einschließlich ihrer übersteigenden Dimension) wahrgenommenen – Wirklichkeiten entsprachen ganz offensichtlich die stärksten Gottheiten der alten chinesischen Reichsreligion, wenngleich es wegen der späteren Verschmelzungen schwierig ist zu sagen, wo jeweils die Ursprünge liegen und welcher Bereich einer Gottheit jeweils ursprünglich zugeordnet war. Sicher aber ist, daß die vielen erdverhafteten Gottheiten, nämlich die »Beherrscher« der Flüsse, der Berge, der Seen, der Quellen und Äcker, überragt oder gleichsam zusammengefaßt wurden in *Sheh* oder *T'u*, der Erdgottheit, der die sogenannten »Erdgottaltäre« und Erdgottkulte gewidmet waren (vgl. W. Eichhorn, Die Religionen Chinas, Stuttgart 1973, 41-45 sowie 23). In einer alten Urkunde ist zu lesen, daß ein Staat einem anderen 500 Erdaltäre abtrat (ebd. 43). Die Erdgottheit und ihr jeweiliger Wirkungsbereich stellte also gleichzeitig die älteste Bodeneinheit dar, mit der gerechnet und gehandelt wurde. Ebenso bedeutsam war der Kult, der mit der ganzheitlich-religiösen Wahrnehmung des Himmels verbunden war. *T'ien*, ein Name, der die unermeßliche Weite und Größe des Himmels zum Ausdruck bringt, faßte die von den Himmelsphänomenen, von Sonne (»Ost-Mutter«), Mond (»West-Mutter«), Sternen, Winden und Wolken und dem unendlichen Blau des Himmels ausstrahlenden Gottheiten zusammen. Sein Kult entwickelte sich besonders in der *Chou*-Dynastie (1122-247 v. Chr.).

Das dritte große Zentrum chinesischer Religiosität bildet der Ahnenkult, also die Verehrung der trotz des Todes als weiterlebend erfahrenen übersteigenden Dimension (der personalen Ausstrahlung) eines mir nahestehenden Menschen. Durch diese kultische Verehrung verstorbener Familienmitglieder wurde der für chinesisches Leben auf dem Lande noch heute kennzeichnende Zusammenhalt der Familien und Sippen begründet. Er vollzog sich hauptsächlich durch Ahnentafeln, die auf Hausaltären aufgestellt und kultisch verehrt wurden. Besonders die Herrscher-Dynastien hoben ihre jeweiligen Ahnen zu höchster göttlicher Ehre empor, bauten ihnen eigene Ahnen-Tempel und versuchten auch, die höchste Ahnen-Gottheit mit dem Himmelsgott zu verschmelzen (vgl. Eichhorn 22, 30 u.ö.). Aus diesen drei Säulen, der Verehrung des Erd-Gottes, des Himmels-Gottes und der Ahnen-Gottheit, bestand noch in späterer Zeit (seit etwa dem 6. Jht. n. Chr.) der durch ein eigenes Ritenministerium verwaltete Staatskult (vgl. Eichhorn 212-228).

Alle diese Gottheiten wurden durch Opfer verehrt. Kult war auch hier, wie überall auf der Erde, im wesentlichen Opferkult. Die aus der dunklen Vorzeit überkommene Erfahrung, daß sich in der Opfergeste, im Zerstören von Leben und Lebensmöglichkeiten, in besonders dichter (religiösen

Schauder hervorrufender) Art und Weise die göttliche Dimension aufbaut, war auch hier gegeben. Auch in China genügte es nicht, die übersteigende Dimension, die »Ausstrahlung« von Erde, Himmel und bedeutsamen Mitmenschen, einfach auf sich wirken und sein Lebensgefühl durch sie bestimmt sein zu lassen, um dann aus diesem Lebensgefühl heraus zu leben und zu handeln. Auch hier mußte vielmehr die Göttlichkeit dieser Gottheiten durch Opferhandlungen »genährt«, »gestärkt«, d.h. zur Tötungs- und Schicksalsmacht hochstilisiert werden.

Besonders die Erdgottheit forderte Blutopfer, in alter Zeit auch Menschenopfer (vgl. Eichhorn 45). Auch die Macht der Ahnen wurde durch Opfer erhöht. Wahrscheinlich wurden in der ältesten historisch greifbaren Dynastie (der sogenannten Shang-Dynastie [1766-1123 v. Chr.]) im Ahnentempel, der zugleich als Aufbewahrungsort der Waffen diente, Kriegsgefangene als Menschenopfer im Angesicht der Ahnen getötet (vgl. Eichhorn 20). Im einfachen Ahnenkult, wie er in den Familien und Sippen vollzogen wurde, brachte man dagegen hauptsächlich Speiseopfer dar. Etwas anders scheint es mit der Himmelsgottheit und den Himmelsgottheiten zu sein. Ihnen wurden – nach dem chinesischen Altertumsforscher Chèng Té-K'un – keine Blutopfer dargebracht (vgl. ders., Archaeology in China, Bd. II, Shang China 1960). Eichhorn (vgl. ders., 22 f., bes. 23, Anm. 6) stellt diese Aussage allerdings in Frage und vermutet, daß Ahnen, Erdgott und Himmelsgottheit alle in der gleichen Weise mit Opfer bedacht wurden.

Tatsächlich bestand das Opfer, das der Kaiser als »Himmelssohn« – angefangen von den ältesten Dynastien bis zum Sturz des letzten Kaisers im Jahre 1911 – der Himmelsgottheit darbrachte, in der Schlachtung eines Jungstiers. Im *Shih-ching*, dem Buch der Lieder, einem der fünf klassischen Schriften des alten China, heißt es vom Kaiser: »Und führt heraus den kräftigsten der Stiere, der in den Nüstern vollstes Leben hat, daß am Altare blutend er verliere den Hauch an den, der ihn gegeben hat« (A. Macheiner, Das Opfer des Himmelssohnes, in: Theologisches, hg. v. J. Bökmann [Beilage der »Offerten-Zeitung für die katholische Geistlichkeit Deutschlands«], 1986, Nr. 198, 7310-7319; hier 7314; Übersetzung von F. Rückert). Freilich könnte diese Opferpraxis durch eine Verschmelzung der höchsten kaiserlichen Ahnengottheit mit dem Himmelsgott sekundär entstanden sein. Vielleicht reflektiert Chéng-Té-k'un mit seiner Aussage, den Himmelsgöttern seien (ursprünglich) keine Blutopfer dargebracht worden, die ganz alte Erfahrung, daß die Ausstrahlung des Himmels einerseits so stark ist, daß sie keiner Verstärkung durch Blutopfer bedarf und andererseits auch einen Charakter hat, der dem blutigen Imponiergehabe entgegensteht (sagt doch sogar der bedeutendste deutsche Philosoph der Aufklärungszeit, Immanuel Kant, der »Zertrümmerer« der scholastischen Gottesbeweise, daß es für ihn – jenseits aller Beweise – zwei Dinge gibt, die zwar nicht die theoretische, wohl aber die praktische Vernunft von der Existenz Gottes überzeugen: »Der bestirnte Himmel über mir, und das moralische Gesetz in mir« [I. Kant, Kritik der praktischen Vernunft, A 288, in: ders., Werke in sechs Bänden, hg. v. W. Weischedel, Bd. IV, Darmstadt 1956, 300]).

2.32 Die ethische Durchdringung aller Lebensbereiche durch Konfuzius

Die alte Reichsreligion in China war also – ähnlich wie die vedische in Indien – eine ausgeprägte Opferreligion. Auch hier ist in der »Achsenzeit«, wenn auch weniger konfrontativ als im indo-iranischen Raum, ein geistiger Aufbruch spürbar, der sich von der Faszination der opferkultisch verehrten Gottheiten und ihrer Macht (*violence*) abwendet und die Erfahrung des Göttlichen, die dem menschlichen Leben Sinn gibt, auf andere Weise sucht: in einem von Respekt, Freundlichkeit und Wohlwollen geprägten Verhältnis der Menschen zueinander sowie in der eigenen Innerlichkeit und in einem gewaltfreien Verhältnis des Menschen zu der ihn umgebenden Natur.

Nach Karl Jaspers beginnt der neue geistige Aufbruch in China mit Konfuzius. In seinem Werk »Die großen Philosophen« (München-Zürich 5. Aufl. 1989) stellt er den chinesischen Denker als einen der »maßgebenden Menschen« neben Sokrates, Buddha und Jesus. Konfuzius lebte von 551 bis 479 v. Chr., also etwa um dieselbe Zeit wie Jain, Buddha und Zarathustra. Er war seinem Charakter und seiner Einstellung nach kein Reformer. Die meiste Zeit seines Lebens verbrachte er mit dem Studium der alten Institutionen, Gebräuche und Überlieferungen, die ihn faszinierten. Nach seinem 50. Lebensjahr war er für einige Jahre Minister und Kanzler, überwarf sich dann aber mit dem Herrscher und zog anschließend 12 Jahre lang von Staat zu Staat, um einen Fürsten zu finden, der seine Lehren politisch verwirklichen würde. Doch seine Suche blieb erfolglos. Schließlich kehrte er in seine Heimat zurück und verbrachte dort die letzten 5 Jahre seines Lebens zurückgezogen, dem Studium und der Redaktion alter Bücher hingegeben und im kleinen Kreis von Schülern lehrend. Hauptthema seiner von späteren Schülern in der Sammlung *Lun-Yü* aufgezeichneten »Aussprüche und Gespräche des Konfuzius« sind das *li*, die überlieferten Riten, Sitten, Handlungsweisen und Gebräuche.

Von dieser seiner grundsätzlich konservativen Ausprägung her kennt Konfuzius nicht wie Buddha eine ausdrückliche Kritik des Opfers; dieses stand ja im Zentrum der alten Riten und Gebräuche. Ja, es wird sogar von ihm erzählt, daß er schon als Knabe gerne Opfergefäße aufstellte und im Alter von 32 Jahren als Hauslehrer die Söhne eines Ministers hauptsächlich im alten Ritual unterrichtete (vgl. Jaspers, Philosophen, 155). »Ahnenkult und Opfer waren ihm eine wesentliche Wirklichkeit« (ebd. 174). Doch es ist eine Tendenz bei ihm festzustellen, alles Übermaß und alles Großartige aus dem Kult zu entfernen. Als er hörte, daß der Adelige Gi der Berggottheit *Taischan* ein prächtiges Opfer darzubringen gedachte, fragte er seinen Schüler Jan Yu, der in den Diensten dieses Adeligen stand, ob er diesen nicht davon abhalten könne. Als Jan Yu verneinte, war der Meister traurig und sagte, daß die Opferer vom Wesen der Berggottheit so gut wie nichts verstünden (vgl. Kungfutse, Gepräche. Lun Yü, aus dem Chinesischen übertragen und hg. v. R. Wilhelm, München, 50.-52 Tausend 1990, [Buch] III, [Gespräch] 6; [Seite] 51). Zu den großen Opferfeierlichkeiten, die den Ahnen der Dynastie in Lu dargebracht wurden, sagte Konfuzius: »Ich mag von Ausgießen der Libation an nicht mehr zusehen« (Gespräche III, 10; 53). Das einleitende Trankopfer war für ihn schon genug des Opfers. Als jemand ihn nach der Bedeutung der großen Opferfeierlichkeiten fragte, antwortete er, er wisse es nicht. Aber er fügte einen Satz hinzu, der fast so klingt, als ahne er – zweieinhalb Jahrtausende vor Girard – die Bedeutung des Opfers als eines vom Gründungslynchmord herkommenden Tötungsimponiergehabes: »›Wer davon [vom großen Opfer] die Bedeutung wüßte, der wäre imstande, die Welt zu regieren, – so leicht, wie hierher zu sehen!‹ Dabei deutete er auf seine flache Hand« (Gespräche III, 11; 53).

Für Konfuzius geht es in den Riten nicht um eine Nährung und Stärkung der Gottheit. Er vollzieht die alten Riten und Gebräuche und lehrt die Menschen, sie zu vollziehen, weil sie alt und ehrwürdig sind. Ihm geht es bei den Opferriten nicht um den Schauder des rinnenden Blutes und den Schock der Zerstörung, sondern um den Flair des Alters, des Althergebrachten, das mit dem Vollzug des Ritus verbunden ist. Zum Schafopfer Tse-kungs sagte er: »Mein lieber Sï, dir ist es leid um das Schaf, mir ist es leid um den Brauch« (ebd. III, 17; 55).

So ist seine Art, die Riten zu vollziehen, eher das Gegenteil eines Imponierverhaltens. Treffend charakterisiert dies Jaspers: »Das Sichbeugen unter das Alte verwehrt den Übermut« (Jaspers, Philosophen, 157). Die korrekte und richtige Durchführung der Riten ist für ihn weniger ein Dienst an den Gottheiten, als vielmehr ein Mittel zur sittlich-humanen

Erziehung des Menschen. Dabei geht es ihm wesentlich darum, die Faszination des Menschen am Vital-Starken und Gewaltigen abzubauen und stattdessen Pietät, Ehrfurcht, fürsorgliche Verantwortung für das Gemeinwohl als Werte zu verinnerlichen. Von seinem Fürsten, dem er in hoher Stellung (zuletzt als Kanzler) diente, trennte er sich, weil dieser seine Zeit mit schönen Mädchen und prächtigen Pferdegespannen vertat und dabei seine Regierungsgeschäfte vernachlässigte (vgl. Jaspers, Philosophen, 156). Die humane sittliche Einstellung, Verantwortlichkeit und Menschenliebe (*Yen*) sind ihm wichtiger als die Beachtung der Riten, Sitten und Gebräuche; diese dienen nur als Mittel, um jene hervorzurufen und zu verinnerlichen: »Ein Mensch ohne Menschenliebe, hilft dem die Form?« (Gespräche III, 3;50).

Bei den Riten kommt es ebenso auf den richtigen Vollzug wie auf die innere Gesinnung an. »Wenn ich bei der Darbringung meines Opfers nicht innerlich anwesend bin, so ist es, als habe ich gar nicht geopfert« (Gespräche III, 12; 53). Die innere Sammlung richtet sich dabei aber nicht auf die durch das jeweilige Opfer zu stärkende Gottheit, sondern auf das Altehrwürdige, das Althergebrachte der Handlung, die im Ritus vollzogen wird. Nur so ist es verständlich, daß man von der »unbestimmten religiösen Haltung des Konfuzius« spricht (Eichhorn 51) und die Frage diskutiert, ob Konfuzius überhaupt an Gottheiten und geistige Mächte geglaubt hat. Dieser Vorwurf, die Existenz der Götter nicht ernst zu nehmen, also unreligiös, ja atheistisch (heute sagt man: »bloß humanistisch«) zu sein, ist weltweit und immer neu die Anklage der Vertreter einer alten gewaltverhafteten Opferreligiosität gegenüber deren Kritikern: Buddhas (Hinayana-) Religion kritisiert man als »Religion ohne Gott«, Sokrates wurde nach Platon wegen *asebeia*, »Gottlosigkeit«, zum Tode verurteilt. Auch in Jesu Hinrichtung spielte bei seiner Auslieferung an die Römer der Vorwurf der »Gotteslästerung« (vgl. Mk 14,64) und der Profanisierung des Tempels als »nur mit Menschenhänden gebaut« (vgl. Mk 14,57 f.) eine wichtige Rolle, und die frühen Christen, die (entsprechend der Kritik ihres Meisters) ursprünglich keine Tempel und Altäre hatten, galten ihren Zeitgenossen als »Atheisten« (vgl. unten Kap. 5.21). Gottheiten, die nicht durch Opfer genährt, gestärkt und aufgebaut werden, gelten seit den Tagen des *homo erectus* wenig.

Während die Forschung für Konfuzius allgemein annimmt, daß er trotz seiner gelegentlichen Opferkritik und seiner Konzentration auf das ethische Handeln noch an die alten Götter glaubte, ist dies bei seinem Schüler *Mencius* schon fraglich, und sein Schüler *Hsün-tzu* erklärte sich ausdrücklich als Atheist und Agnostiker, ohne deshalb die Bedeutung der Riten aufzugeben (vgl. J. Ching, Konfuzianismus und Christentum, Mainz 1989, 180). Dies ist möglich, weil schon bei Konfuzius die Riten in erster Linie das Mittel und der Weg sowie der Ausdruck einer an Ehrfurcht, Güte und Menschlichkeit orientierten Lebensweise und Erziehung waren, nicht aber die Stärkung, Besänftigung oder Einverleibung einer Gottheit.

Das Ethos des Konfuzius erwächst aus zwei Erfahrungsbereichen des Göttlichen: Der eine ist der Bereich der Ahnen. In diesem Element seiner Religiosität liegt eine Hinwendung zur Verehrung der übersteigenden und unterfangenden Dimension des Mitmenschen, aus deren Wahrnehmung die älteste religiöse Urszene der Menschheit herauswächst: die Mutter-Kind-Beziehung und aus ihr folgend die Bestattung (vgl. oben die Kap. 1.32 und 1.33). Die Verehrung der Verstorbenen durch Schmücken der Ahnentafeln und einfache Libationen bedeutet nicht eine Steigerung der Macht der Ahnen durch großartige Opfer (vgl. oben deren Kritik durch Konfuzius), sondern hat den Charakter von Grabbeigaben, also gleichsam einer Verlängerung der Begräbnisriten (ähnlich wie bei den Ägyptern). Bezeichnenderweise hat Konfuzius gegenüber *dieser* kultischen Äußerung nicht jene Bescheidenheit und Zurückhaltung gefordert wie gegenüber dem Opferkult. Seine Gegner warfen ihm sogar vor, durch die »prunkvollen Begräbnisfeierlichkeiten«, zu denen er die Menschen anleite, »würde er den Staat verarmen lassen« (nach Jaspers, Philosophen, 179).

Die Erfahrung einer übersteigenden Dimension des Vaters und der Mutter beginnt für Konfuzius nicht erst mit deren Tod. Schon im Leben gebührt den Eltern höchste Ehrerbietung. Dies ist für Konfuzius ein Merkmal, das Menschsein als solches kennzeichnet: »Ohne Ehrerbietung was ist da für ein Unterschied [zu den Tieren]« (Gespräche II, 7; 44). Wenn die Eltern irren und sich offensichtlich falsch verhalten, darf das Kind ihnen zwar dies sagen, ohne es dabei aber an Ehrerbietung fehlen zu lassen oder ihrem Willen generell nicht mehr zu folgen. Die von den Eltern ausstrahlende, sie übersteigende und unterfangende Dimension fordert solches Verhalten. Nach dem Tod der Eltern ist es die heilige Pflicht des Kindes, für eine würdige Bestattung zu sorgen. Dies ist Ausdruck jener über den Tod hinaus fortdauernden Ehrerbietung, die schon im Leben das Verhältnis zwischen Eltern und Kind prägte. Von daher gewinnt Konfuzius die für ihn kennzeichnende Haltung der *Pietät*, die in dem Althergebrachten, von den Ahnen her Überkommenen, einen religiösen Anspruch und eine religiöse Verpflichtung wahrnimmt.

Der zweite Bereich, zu dem Konfuzius seinen überlieferten Äußerungen nach in einer spezifisch religiösen Beziehung stand, war *T'ien*, der Himmel. Zu dieser Gottheit hatte er eine persönliche Beziehung: Von ihr fühlte er sich beschützt und von ihr empfing er den Auftrag, zu lehren und zu erziehen. Seine Schüler empfanden ihn in seiner ganzen Person als Verlautbarung des »Himmels«. Als er seine Stellung aufgeben und das Land verlassen mußte, sagte der Grenzwächter, nachdem er in den Schülerkreis des Konfuzius eingeführt worden war, zu den anderen Schülern: »›Meine Freunde, was seid ihr traurig, als wäre alles aus? Die Welt war lange ohne Wort Gottes; nun gebraucht der Himmel euren Meister als Glocke‹« (Gespräche V, 26; 57). Der »Himmel« ist für ihn die oberste gleichzeitig sittliche und persönliche Instanz. Noch so eifrige Opfer an die Herd- oder Hausgeister helfen nichts; »…wer gegen den Himmel sündigt, hat niemand, zu dem er beten kann« (Gespräche III, 13; 54). In seinem Kommentar zu dieser Stelle bezeichnet R. Wilhelm diesen Ausspruch als einen der »Höhepunkte in der Religionsgeschichte, wo die unmittelbaren Forderungen des Gewissens mit elementarer Gewalt hervorbrechen«; sie tritt für ihn »in dieser Beziehung würdig dem Ausspruch des alttestamentlichen Propheten zur Seite (Micha 6, Vers 8): ›Er hat dir gesagt, Mensch, was recht ist! Und was fordert Jahwe von dir, außer recht tun, Liebe üben und demütig wandeln vor deinem Gott?‹« (ebd. 54). Ähnlich wie für Kant bildete also schon für Konfuzius die übersteigende Dimension des Himmels eine unmittelbare Gotteserfahrung, die keine Opfer – wie auch keine »Beweise« – für ihre wirksame Existenz nötig hat und aus dem Gewissen zum Menschen spricht.

Den Inhalt dieser vom Himmel geforderten und von Konfuzius gelehrten und gelebten Botschaft faßt der Meister zusammen in dem Wort *Yen*. Dieses Schriftzeichen setzt sich zusammen aus dem Zeichen für »Mensch« und dem Zeichen für »zweimal«. Die Bedeutung von *Yen* ist also in einem ganz elementaren Sinne »Mitmenschlichkeit«. In dieser Ausrichtung berührt sich Konfuzius ganz eng mit dem Evangelium. So wie für Jesus Gottes- und Nächstenliebe genügen, »um das ewige Leben zu gewinnen« (Lk 10,25-28) und in der (von ihm positiv formulierten) »goldenen Regel« »das Gesetz und die Propheten« zusammengefaßt sind (vgl. Mt 7,12: Alles, was ihr also von anderen erwartet, das tut auch ihnen!), so antwortet – fast ein halbes Jahrtausend *vor* Jesus – Konfuzius auf die Frage seines Schülers Dsï Gung, ob es *ein* Wort gebe, »nach dem man das ganze Leben hindurch handeln kann«: »Die Nächstenliebe. Was du selbst nicht wünschst, tu nicht an andern« (Gespräche XV, 23; 159). *Yen* ist »Güte«, »Wohlergehen«, »Menschlichkeit«, »Menschenfreundlichkeit« und »Menschenliebe«. Das gesamte Wirken des Konfuzius, auch seine Betonung der Riten, ist auf dieses *Yen* hin ausgerichtet. Als einmal

136

während seiner Abwesenheit seine Stallungen abgebrannt waren und er zurückkam, war seine erste Frage: »Ist auch nicht etwa ein Mensch verletzt?« Nach dem erlittenen Verlust an Pferden fragte er nicht (Gespräche X, 12; 109).

Doch bedeutet diese alle Bereiche des Lebens durchwaltende Mitmenschlichkeit und Menschenliebe keineswegs eine Reduzierung des Religiösen auf das Ethische. Vielmehr ist dieses Ethos die unmittelbare (und also *selbst* religiöse) Antwort des Menschen auf den Anspruch des »Himmels«. Konfuzius ist deshalb nicht nur »*der* große Morallehrer Ostasiens« (J. Ching, Art. Konfuzius; in: König/Waldenfels [Hg.], 352), sondern *als solcher* gleichzeitig auch – bei aller ehrfurchtsvoller Verehrung des Alten – der religiöse Reformer, der das religiöse Erleben von der Angst- und Gewaltfaszination befreit und zu einer neuen (angstfreien) Erfahrung des Göttlichen hinführt.

Hier berührt sich Konfuzius mit Buddha, der ja auch vom Ansatz seines Denkens her nicht dem Menschen ein neues Gottesverhältnis vermittelt, sondern ihn lehrt, wie er zu leben und sich zu verhalten hat, um von Angst und Gewalt (wie sie für den indischen Menschen im Eingebundensein in den Geburtenkreislauf zum Ausdruck kommt) erlöst zu werden und in den Frieden des Nirvana einzugehen. Doch auch hier erschließt sich dem, der auf solche Weise frei wird von Angst und Gewalt, eine religiöse Dimension, ein göttlicher Anspruch, der ihn zu unbegrenzter Liebe, zum Wohlwollen gegenüber allen lebenden Wesen führt. Dabei ist, wie bei Buddha so auch bei Konfuzius, diese Liebe ein von der Meditation des Kosmos (bei Konfuzius: des Himmels) dem Menschen sich erschließendes Seinsprinzip, nicht aber ein göttlicher Anspruch, der, wie in der jüdisch-christlichen prophetischen Tradition, unmittelbar und dialogisch vom Notleidenden und Unterdrückten selbst ausgeht und zu einer personalen, du-haften Liebe hinführt.

Das Fehlen *dieser* Gotteserfahrung drückt sich sowohl bei Buddha wie bei Konfuzius darin aus, daß sie der Geschlechterbeziehung keine religiöse Dimension zuerkennen. So äußert sich Konfuzius zwar tiefschürfend zum notwendigen und richtigen Verhältnis zwischen Eltern und Kindern, zwischen Freunden, zwischen Vorgesetzten und Untergebenen, zwischen Jungen und Alten, aber er verliert kein Wort über das Verhältnis von Mann und Frau. Des weiteren erkennt Konfuzius – anders als Buddha, der in seiner Abkehr von der Welt alle religiös-staatlichen Zwänge hinter sich zurückläßt – nicht die *strukturelle* Gewalt, wie sie im feudalen Staatswesen enthalten ist. Sein ganzes Wanderleben hindurch sucht er den adeligen Fürsten, der mit seiner staatlichen Macht die von ihm als richtig erkannte

Lebensweise in der Gemeinschaft durchsetzen würde. Trotz aller Enttäuschungen, die er dabei erfährt, proklamiert er die pietätvolle Unterordnung des Beamten und Dieners unter seinen jeweils Vorgesetzten. Er kennt nicht den aufrechten Gang etwa des Juden, Christen oder Moslem, der sich, gleichgültig ob Herr oder Sklave, Mann oder Frau, Angehöriger dieser oder jener Volksgruppe, dieses oder jenes Standes (vgl. Gal 3,28), je individuell und persönlich von seinem Gott getragen und gehalten weiß. Tatsächlich erkannten denn auch spätere Fürsten und Kaiser, daß die Lehren des Konfuzius dazu geeignet sind, das Staatswesen vom Religiösen her zu stärken und zu stabilisieren und erhoben deshalb seine religiöse Ethik zur Staatsreligion. Erst auf diese Weise entstand jener »Konfuzianismus«, der durch die Starrheit seiner Staatsrituale und die absolute Subordination des Untertanen gekennzeichnet ist.

2.33 Die mystische Durchdringung allen Seins und Lebens durch Laotse

Die Zeit, in der Konfuzius und Laotse lebten, war durch Gewalt und politische Wirren gekennzeichnet. Die großen Dynastien waren zerfallen, das Reich hatte sich in viele Einzelstaaten aufgelöst, die miteinander rivalisierten und einander bekämpften. Statt in Ruhe und Frieden ihre Felder zu bestellen, mußten die Menschen kämpfen und töten. Die Felder verkamen, Hunger, Armut und Gewalttat bestimmten das Leben der Menschen. Konfuzius suchte aus dieser Situation einen Weg zu bahnen, indem er die alten Überlieferungen, Sitten und Bräuche und in ihnen das ewige Gesetz des Himmels den Menschen vor Augen stellte. Laotses Weg führt darüber hinaus. Er sucht nach dem, was noch hinter den pietätvoll geübten Sitten und Bräuchen und auch hinter der Ordnung des Himmels steht und all diesem erst Sinn und Geltung gibt.
Über die genaue Lebenszeit Laotses streiten sich die Gelehrten. Eine spätere Überlieferung erzählt von einem Gespräch zwischen Laotse und Konfuzius, wobei Laotse als der ältere von beiden dargestellt wird. Andere Beobachtungen sprechen für eine spätere Lebenszeit Laotses. Doch ob im sechsten, fünften oder vierten Jahrhundert, Laotse lebte in jener »Achsenzeit« der Menschheitsgeschichte, in der überall in der Welt Versuche greifbar sind, den Menschen aus politischer und religiöser Gewaltverhaftetheit zu befreien. Eine um 100 v. Chr. entstandene Geschichte erzählt, daß Laotse Geschichtsschreiber eines Herrschers aus der Chou-Dynastie war und – hauptsächlich wegen seiner pazifistischen Gedanken beim Herrscher in

Ungnade gefallen – in hohem Alter auf einem schwarzen Büffel nach Westen reitend das Land verließ. Der Grenzwächter am Gebirgspaß bewog ihn, noch solange zu bleiben, bis er in fünftausend Worten die Summe seiner Einsicht und Weisheit in einem Büchlein niedergeschrieben und der Nachwelt überlassen hatte. Dann trug der schwarze Büffel den alten Weisen in ein unbekanntes Land nach Westen.

Das Buch, das Laotse hinterließ, heißt *Tao-te-king*, »das Buch vom *Tao* und von *te*«, der »Tugend« und »Kraft«. *Tao* ist das Schlüsselwort des Werkes. Wörtlich übersetzt bedeutet es »Weg«. Dies ist ein alter, schon lange vor Laotse verwendeter religiös-philosophischer Ausdruck, der die religiöse Sehnsucht und das religiöse Verlangen anklingen läßt, einen »Weg« zu finden, der aus den Bedrängnissen der Zeit und des Lebens, aus Enge und Gewalt, herausführt. Wahrscheinlich ist das Wort »zuerst von den astronomischen Bahnen der Gestirne gebraucht worden« (Laotse, Tao-te-king, übersetzt u. mit einem Kommentar versehen v. R. Wilhelm, erw. Neuausg. Köln 1991, 134). Analog zu der oben erwähnten Intuition Kants sprach man schon Jahrhunderte vor Laotse vom »Tao des Himmels«, dem das »Tao des Menschen« entsprach (ebd. 133). Die vom Himmel, von der Bahn der Gestirne, ausstrahlende sinnhafte Ordnung wird erfahren als die nur ganzheitlich wahrnehmbare übersteigende Dimension des gegenständlich am Himmel Sichtbaren. Das *Tao* des Himmels ist die Bezeichnung für diese Dimension. Doch Laotse will in der Erfahrung des Göttlichen noch weiter vordringen. Er bleibt nicht stehen beim *Tao* des Himmels, dem *Tao* der Erde oder dem *Tao* des Menschen. Er sucht darüber hinaus nach dem, was dieser an je verschiedenen Gegenständen je verschieden aufstrahlenden übersteigenden und unterfangenden Dimension gemeinsam ist: Er sucht das absolute *Tao*, das alles Übersteigende und Umgreifende. So, nicht mehr auf ein einzelnes und Konkretes bezogen, gibt es dafür keinen Namen. »Der SINN [das Tao], der sich aussprechen läßt, ist nicht der ewige SINN. Der Name, der sich nennen läßt, ist nicht der ewige Name«, dies sind die ersten Worte des *Tao-te-king* (ebd. 41; aus Spruch 1).

Um zu diesem *Einen* zu finden, bedarf es der Beschränkung, der Konzentration und der Stille.

»*Die fünferlei Farben machen der Menschen Augen blind.*
Die fünferlei Töne machen der Menschen Ohren taub.
Die fünferlei Würzen machen der Menschen Gaumen schal.
Rennen und Jagen machen der Menschen Herzen toll.«

(ebd. 52; aus Spruch 12)

Es gilt, sich auf das Wesentliche zu beschränken. Der Weg führt vom Menschen über die Erde zum Himmel. Wenn Mensch und Erde in ihm enthalten sind, öffnet sich der Himmel zum absoluten *Tao* hin, das nicht mehr über sich hinausweist, sondern ewig in sich selber kreist (Spruch 25). Um diesen Weg zu gehen, gilt es alle Geschäftigkeit abzulegen: »Das Reich erlangen kann man nur, wenn man immer frei bleibt von Geschäftigkeit« (ebd. 91; aus Spruch 48). Hat man aber auf diesem Weg der Stille zum *Tao* gefunden, erlangt man die Haltung des *wu wei*. Dies meint ein Nichthandeln, das dennoch weit entfernt ist von stumpfer Passivität und bloßem Nichtstun. Es beinhaltet vielmehr jene Gelassenheit, in der und aus der die wirklich wesentlichen Dinge geschehen. Es ist ein »Wirken ohne Handeln« (ebd. 42; aus Spruch 2), ein »Nichtsmachen«, bei dem nichts ungemacht bleibt (ebd. 91; aus Spruch 48). Wenn Fürsten und Könige diese Haltung einzunehmen verstehen, »so werden alle Dinge sich von selber gestalten... und die Welt wird von selber recht« (ebd. 77; aus Spruch 37).

Dies gilt auch gegenüber dem eifrigen Streben nach Sittlichkeit, pietätvoller Pflichterfüllung und treuer Unterordnung, zu der Konfuzius die Menschen erziehen will. Der Spruch 18 erscheint fast als unmittelbar gegen Konfuzius gerichtet:

> *»Geht der große SINN [das große Tao] zugrunde,*
> *so gibt es Sittlichkeit und Pflicht.*
> *Kommen Klugheit und Wissen auf,*
> *so gibt es die großen Lügen.*
> *Werden die Verwandten uneins,*
> *so gibt es Kindespflicht und Liebe.*
> *Geraten die Staaten in Vewirrung,*
> *so gibt es die treuen Beamten.«*

(ebd. 58)

Wer zum *Tao* gefunden hat, bedarf keiner von alters her überkommenen Sitten, Riten und Gebräuche, um gewaltfrei und human zu leben. Denn wer zum innersten Wesen der übersteigenden Dimension der Dinge, zum absoluten *Tao*, vorgedrungen ist, dem geht unmittelbar auf, daß alles Hochaufragend-Große und Gewaltig-Starke, alles Einschneidend-Harte, nur deshalb fasziniert, weil der Mensch in seiner Angst auf diese Tötungsmacht fixiert ist und, von der Daseinsangst getrieben, seine infantilen Allmachtswünsche auf sie projiziert (als könne die Tötungsgewalt Sicherheit vor dem Tode geben). Wer in das Wesen der übersteigenden Dimension der Dinge eindringt, erkennt, daß dieses eigentlich gar nicht »übersteigend«, sondern vielmehr unterfangend, umgreifend, ein Mütterlich-Auffangendes ist:

>*»Daß Ströme und Meere Könige aller Bäche sind,*
>*kommt daher, daß sie sich gut unten halten können.*
>*Darum sind sie die Könige aller Bäche.«*
>   (ebd. 109; aus Spruch 66)

So gleicht das *Tao* dem Wasser, das weich und schwach erscheint und doch das Starke und Harte besiegt (Spruch 78).

>*»Darum sind die Harten und Starken*
>*Gesellen des Todes,*
>*die Weichen und Schwachen*
>*Gesellen des Lebens.«*
>   (ebd. 119; aus Spruch 76)

Die Hinwendung zum *Tao* gleicht der Hinwendung des Kindes zur Mutter, die das Kind schützend in ihrem Schoß trägt (aus Spruch 52). »Besitzt man die Mutter der Welt, so gewinnt man ewige Dauer« (ebd. 102; aus Spruch 59). Darum wird, wer zum *Tao* gefunden hat, »wieder wie ein Kind« (ebd. 68, aus Spruch 28; vgl. ebd. 50, aus Spruch 10 u.ö.). Wer zum Wesen der die Dinge unterfangenden Dimension gefunden hat, ist nicht mehr fasziniert von Kraft und Stärke. Seit Jahrmillionen ist der Mensch fasziniert von der Vitalität und Kraft des Stieres und des Pferdes. Doch ein halbes Jahrtausend vor der Gottesoffenbarung in Jesus sagte Laotse:

>*»Wenn der SINN [das Tao] herrscht auf Erden,*
>*so tut man die Rennpferde ab zum Dungführen.«*
>   (ebd. 89; aus Spruch 46)

Gewitter und Regensturm haben keine die Naturphänomene übersteigende – besser: sie unterfangende und ihnen Dauer und Sinn gewährende – Dimension:

>*»Ein Wirbelsturm dauert keinen Morgen lang.*
>*Ein Platzregen dauert keinen Tag.«*
>   (ebd. 63; aus Spruch 23)

Die Faszination der Waffen und der Tötungsgewalt ist gebrochen:

>*Waffen sind unheilvolle Geräte,*
alle Wesen hassen sie wohl.
Darum will der, der den rechten SINN [das rechte Tao] hat,
nichts von ihnen wissen...
Ruhe und Frieden sind ihm das höchste.
Er siegt, aber er freut sich nicht daran.
Wer sich daran freuen wollte,
würde sich ja des Menschenmordes freuen...
Menschen töten in großer Zahl,
das soll man beklagen mit Tränen des Mitleids.
Wer im Kampfe gesiegt,
der soll wie bei einer Trauerfeier weilen.«

(ebd. 71; aus Spruch 31)

Von daher gelangt Laotse zu einer generellen Ablehnung des Krieges:

>*Wer im rechten SINN [Tao] einem Menschenherrscher hilft,*
vergewaltigt nicht durch Waffen die Welt,
denn die Handlungen kommen auf das eigene Haupt zurück.
Wo die Heere geweilt haben, wachsen Disteln und Dornen.
Hinter den Kämpfen her kommen immer Hungerjahre.«

(ebd. 70; aus Spruch 30)

Das Wort erinnert unmittelbar an das sogenannte »Schwertwort« Jesu aus der Passionsgeschichte: »Steck dein Schwert in die Scheide; denn alle, die zum Schwert greifen, werden durch das Schwert umkommen« (Mt 26,52).

Im Lateinischen war *operari*, »handeln«, gleichbedeutend mit »opfern«. Opfern war *das* Handeln. Handeln wird ermöglicht durch Entscheidung. Auch das lateinische Wort für Entscheidung, *decisio*, entstammt dem Opfergeschehen; es heißt wörtlich: »das Messer an die Kehle setzen«. Wer sich vom wahren *Tao* ansprechen läßt, handelt dagegen durch Nicht-handeln, und eine Entscheidung trifft er nur, wenn es nicht anders geht:

>*Entscheidung, ohne sich zu brüsten,*
Entscheidung, ohne sich zu rühmen,
Entscheidung, ohne stolz zu sein,
Entscheidung, weil's nicht anders geht,
Entscheidung, ferne von Gewalt.«

(Laotse 70; aus Spruch 30)

Alles Präzise, Harte, Scharfe ist dem *Tao* fremd:

> *»Je mehr die Menschen scharfe Geräte haben,*
> *desto mehr kommen Haus und Staat ins Verderben.«*
> (ebd. 100; aus Spruch 57)

Von daher kommt auch Laotse zur Vision einer durch *ahimsa* bestimmten, verletzungsfreien Welt:

> *»Wer festhält das große Urbild,*
> *zu dem kommt die Welt.*
> *Sie kommt und wird nicht verletzt,*
> *in Ruhe, Gleichheit und Seligkeit.«*
> (ebd. 75; aus Spruch 35)

So enthüllt sich das Wesen des *Tao* als unbedingtes Gutsein und unbegrenzte Liebe. Doch anders als im Mahayana-Buddhismus hat Laotses Liebe nichts Schwärmerisch-Großartiges (und so doch wieder imponierend sich Aufrichtendes) an sich. Ganz einfach sagt er:

> *»Zu den Guten bin ich gut,*
> *zu den Nichtguten bin ich auch gut;*
> *denn das LEBEN ist die Güte.«*
> (ebd. 92; aus Spruch 49)

Ein halbes Jahrtausend vor Jesus findet hier Laotse in einer einzigartigen Formulierung zur Kernaussage der Bergpredigt: der Feindesliebe. Auch bei Jesus gründet diese in der alle und alles umgreifenden Güte des letzten Grundes menschlichen Daseins: »Liebet eure Feinde und betet für die, die euch verfolgen, damit ihr Söhne eures Vaters im Himmel werdet; denn er läßt seine Sonne aufgehen über Bösen und Guten, und er läßt regnen über Gerechte und Ungerechte« (Mt 5,44 f.). Während aber (zumindest beim ersten Hinsehen) dieser zentrale Satz der Bergpredigt (trotz seines eigentlich frei lassenden Einladungscharakters) doch auch als schwere ethische Forderung empfunden werden kann (vielfach sogar als *Über*-Forderung empfunden wird), artikuliert Laotse bescheiden nur für sich in der unbestimmten Hoffnung, daß seine Einsicht und Haltung auf andere überspringen wird: »*Ich* bin gut zu den Guten und *ich* bin gut zu den Nicht-Guten, denn das Leben ist die Güte«.

»Liebe«, »Genügsamkeit« und »nicht wagen, in der Welt voranzustehen«

sind die »drei Schätze«, die Laotse hütet und wahrt, das Höchste von den dreien aber ist die Liebe:

> *»Wenn man Liebe hat im Kampf,*
> *so siegt man...*
> *Wen der Himmel retten will,*
> *den schützt er durch die Liebe.«*
>
> (ebd. 110; aus Spruch 67)

Auch hier berührt sich das Denken und Empfinden Laotses unmittelbar mit dem Christlichen, wie es seinen zentralen Ausdruck im Hohenlied der Liebe aus dem Ersten Brief des Apostels Paulus an die Korinther findet: »Nun aber bleiben Glaube, Hoffnung, Liebe, diese drei; die größte aber von diesen ist die Liebe« (1 Kor 13,13). Liebe ist das Wesen der die Menschen und Dinge umgreifenden und ihnen Sinn gebenden transzendenten Daseinsdimension.

Der Mensch als das zur Symbolwahrnehmung erwachte Wesen wird auf alle Dinge und Lebewesen zuerst durch deren übersteigend-unterfangende Dimension aufmerksam. Der Säugling sieht im Gesicht der Mutter, das sich ihm zuneigt, das Bild der großen, göttlichen Mutter. Und die Brüste – oder auch nur den Schnuller der Flasche, an der es saugt – nimmt es wahr als Symbol und Verheißung einer Quelle ewiger Nahrung und ewigen Lebens. So entsteht die Welt für den Menschen aus dem *Tao*. Das *Tao* ist die »Mutter der Welt« (ebd. 95; aus Spruch 52).

> *»Alle Dingen verdanken ihm ihr Dasein,*
> *und es verweigert sich ihnen nicht.«*
>
> (ebd. 74; aus Spruch 34)

Die Gedanken und Bilder des *Tao-te-king* besitzen in vielem Ähnlichkeit mit den Gedanken und Bildern der Gleichnisse und Aussprüche Jesu, wie die Evangelien sie überliefern. Die auch auf die »Nicht-Guten« ausgeweitete Nächsten- und Menschenliebe; der barmherzige Vater, der in seiner mütterlichen Liebe den verlorenen Sohn in seine Arme nimmt; der himmlische Vater, der die Vögel des Himmels ernährt und die Lilien auf dem Feld herrlich kleidet (vgl. Mt 6,26 ff.); und vor allem der im oben zitierten »Schwertwort« zum Ausdruck kommende absolute, unter Einsatz des eigenen Lebens geübte Verzicht auf Gewalt: diese (und andere) zentrale Elemente des Evangeliums zeigen die Nähe Laotses zu Jesus. Der *Abba* Jesu hat vieles gemeinsam mit dem mütterlichen *Tao* Laotses.

Verschieden aber ist der *Weg*, auf dem beide zur mütterlichen Liebe als der umgreifenden Dimension alles einzelnen Seins und Lebens finden. Jesus findet zu ihr, indem er sich rückhaltlos einläßt auf Mensch und Welt und bis zum Tod am Kreuzesgalgen in gewaltloser Liebe die Begegnung mit ihnen auslebt. Laotse dagegen findet zum *Tao* durch einen maßvollen Rückzug aus der Welt und das dadurch ermöglichte Sinnen und Denken. Diesen Weg, das sagt ihm der nüchterne Verstand, kann nicht jeder gehen. Wenn aber nur wenige diesen Weg gehen können, dann kann ein Leben aus dem *Tao* nur dann die Welt durchgestalten, wenn diese wenigen die anderen lenken und führen. Ähnlich wie Platon und Konfuzius bedarf deshalb auch Laotse des Herrschers und Staatenlenkers, der seine Erkenntnis nachvollzogen hat und dann in dieser Erkenntnis das Volk regiert. Dabei übt er das Handeln durch Nichthandeln, indem er nicht viele Gesetze erläßt – das »Volk würde ohne Befehle von selbst ins Gleichgewicht kommen« (ebd. 72; aus Spruch 32) –, sondern sich beschränkt und still und unaufdringlich, ohne jede Geschäftigkeit, die Geschicke des Staates lenkt. Indem er, der Herrscher, nicht in großartigen Auftritten und Handlungen hervortritt, vermeidet er, daß das Volk begehrlich wird und aufbegehrt.

> *»Er leert ihre Herzen und füllt ihren Leib.*
> *Er schwächt ihren Willen und stärkt ihre Knochen*
> *und macht, daß das Volk ohne Wissen*
> *und ohne Wünsche bleibt….«*
>
> (ebd. 43; aus Spruch 3)

Hier bekommen Laotses Gedanken etwas Elitäres, fast Überhebliches. Es gibt bei ihm, wie auch bei Konfuzius oder Aristoteles, keine grundsätzliche Gleichheit aller Menschen. Der weise Herrscher ist, wenn auch unaufdringlich und bescheiden, so doch abgehoben vom Volk. Er sorgt dafür, daß es genug zu essen hat und sich keine weiteren Wünsche in ihm regen: »Er leert ihre Herzen und füllt ihren Leib« (ebd.). Damit aber die Herzen leer bleiben, darf das Volk nicht aufgeklärt werden, sondern muß unwissend gehalten werden (vgl. ebd. 108; Spruch 65).
So ist das Umgreifende, das sich dem sinnenden Denken erschließt, doch von etwas anderer Art als das, das aus der lebendigen Begegnung erwächst. Dennoch hat Laotse in seinem Denken die Gewalt gezähmt. Der schwarze Stier, seit Jahrmillionen symbolhafter Ausdruck der Tötungsgewalt, die den Menschen fasziniert und zum Töten anreizt, diese Gewalt, die dann am Ende ihn, den Menschen, doch unaufhaltsam und unerbittlich selbst zu

Tode stößt, dieser »schwarze Büffel«, ist für Laotse zum zahmen Reittier geworden, das ihn geduldig und kraftvoll aus dem Land der Lebenden hinausträgt nach Westen, in das unbekannte Land der untergehenden Sonne.

2.4 Der neue geistige Aufbruch in Griechenland: *Agathon* (Platon)

2.41 Zur Ausgangssituation: eine gewaltverhaftete Götterwelt

Die altgriechischen Opferriten und Mythen hat Walter Burkert ausführlich beschrieben und interpretiert. Er faßt das Ergebnis zusammen in den Worten: *homo necans*, »der tötende Mensch« (vgl. ders., Homo Necans). Tatsächlich sind im griechischen Raum die Opferriten archaischer und wilder als etwa in Indien. Es gab hier keine besondere Priesterkaste und vor allem keine Heilige Schrift, in der die Riten systematisiert, je nach Anlaß und Zweck abgestuft und in Regeln genau festgeschrieben sind. Dementsprechend sind die Riten hier weniger erstarrt, sie werden nicht von Beamten in Erfüllung ihrer Dienstpflicht ausgeführt, sondern behalten stärker den Charakter eines rauschhaften, lynchmordartigen Tötens. In der Angstfaszination gegenüber dem Töten und dem rinnenden Blut scheinen sich die alte bäuerliche Religiosität der griechischen Urbevölkerung und die Religiosität der mit Beginn des zweiten Jahrtausends v. Chr. einwandernden indogermanischen Hirtenstämme berührt zu haben. Vielleicht konnten sich deshalb auch diese beiden religiösen Sphären hier – anders als in Indien – so intensiv, beinahe nahtlos, durchdringen. Zwar ist die erste Sphäre matriarchal, die zweite dagegen patriarchal strukturiert, und das Apollinisch-Helle steht dem Dionysisch-Dunklen und Rauschhaften polar gegenüber. Dennoch wird (bis in die Philosophie hinein) letzteres von ersterem nicht verdrängt und vernichtet. In Homers Mythologie ist auch Dionysos, nicht nur Apollon, ein Sohn des Zeus.

In der von Hesiod überlieferten Erzählung von der Entstehung der Götter geht alle Faszination vom rauschhaft-männlichen Tötungsimponiergebaren aus: Am Anfang war nur das Chaos, aus dem die breitbrüstige *Gaia*, die Erde, und *Eros* aufstiegen. Aus sich selbst heraus gebar Gaia den gestirnten *Uranos*, den »Himmel«. Dieser, aus der dunklen Erde geboren, strahlt für den Griechen nicht wie für den Chinesen (und für Kant) eine lichte, im Menschenherzen sich widerspiegelnde Ordnung aus. Die ihn übersteigend-umfangende Dimension ist vielmehr die Nacht, in der er sich

146

in sexueller Gier der Gaia nähert. Aus dieser mehr durch Gewalt als durch Liebe geprägten Begegnung gehen als zweite Göttergeneration die Titanen hervor. Doch Uranos haßt seine Kinder und hält sie in Gaias Leib fest. Gaia aber verbündet sich mit Kronos, dem letzten der Titanen; sie überreicht ihm eine gewaltige Sichel, mit der Kronos den Uranos entmannt. Das Blut des entmannten Uranos rinnt auf Gaia nieder und befruchtet sie, so daß die *Erinnyen*, die Rachegöttinnen, und die Riesen ihrem Leib entspringen. Die Geschlechtsteile seines Vaters, die Kronos ins Meer wirft, umgeben sich mit weißem Schaum, und aus diesem entsprießt Aphrodite, die Göttin der Schönheit und Liebe. Männlicher Rivalenkampf und blutige Gewalt sind für den Griechen also auch Ursprung der Liebe zwischen den Geschlechtern.

Doch wie der Vater, so haßt und fürchtet auch Kronos seine Kinder, die seine Schwester Rhea ihm gebiert, und er verschlingt sie sofort nach der Geburt. Auch hier überlistet ihn seine Gattin: Anstelle des Zeus, ihres letztgeborenen Kindes, reicht sie dem Kronos einen in Windeln gehüllten großen Stein, den Kronos gierig verschlingt. Herangewachsen kämpft Zeus gegen Kronos und zwingt ihn, seine von ihm verschlungenen Geschwister wieder auszuspeien. Zusammen mit ihnen und anderen Helfern kämpft er zehn Jahre lang erbittert gegen seinen Vater und die anderen Titanen, bis er sie schließlich vernichtend schlägt und in den *Tartarus*, die Unterwelt, hinabwirft.

Aus dieser Orgie von Haß, Gewalttat und Blut ersteht durch den Sieg des Zeus die gegenwärtige Welt, ständig bedroht von neuen Ausbrüchen der mühsam niedergerungenen blutrünstigen Gewalt der Titanen. Zwar steigt nun Zeus mit den ihn umgebenden Göttern auf den Olymp empor und wird zum allbeherrschenden Himmelsgott, der in Weisheit und Gerechtigkeit die Welt regieren soll. Doch seine Göttlichkeit ist von anderer Art als Laotses *Tao* des Himmels. In Indra-gleicher, imponierender Zeugungskraft befruchtet er alle vor und neben ihm waltenden weiblichen Gottheiten und bindet sie auf diese Weise an sich. Wenn andere Götter ihm gefährlich zu werden drohen, bestraft und vernichtet er sie mit einer schaudererregenden Kraft und Grausamkeit: Den Prometheus, der das Feuer vom Olymp zu den Menschen auf die Erde gebracht hat und sie gegen den »Göttervater« aufstachelt, schmiedet er an den Felsen des Kaukasus, wo ein Adler, sein Symboltier, täglich ihm die Leber (die immer wieder nachwächst) aus dem Leibe reißt; den Heilgott Asklepios, den die Menschen wegen seiner Heilkraft und Güte mehr zu lieben beginnen als ihn, erschlägt er kurzerhand mit einem Blitz. So ist Zeus zwar einerseits die olympisch-helle Gegenmacht zu den vor ihm waltenden und von ihm unterworfenen unterweltlich-grausamen Gottheiten. Doch sein eigener Glanz, seine eigene Göttlichkeit, ist zwar angereichert durch den hoch aufragenden Olymp und die lichte Weite des Himmels, lebt aber im Grunde doch von derselben dunklen Tötungsgewalt, wie die unterworfenen Gottheiten sie ausstrahlen.

Wie diese, so lebt auch er vom Opfer. Es ist nur von etwas anderer Art. In Olympia, dem Hain des Zeus, wo alle vier Jahre die Olympischen Spiele begangen wurden, wurde der Kampfplatz an beiden Längsseiten durch je einen Opferaltar begrenzt. Im Westen, wo die Sonne untergeht, befand sich eine Opfergrube für Pelops, den großen Heroen, den Sohn des Tantalus, von diesem im Kinderopfer geschlachtet und zerstückelt und von Zeus zu neuem Leben erweckt. Für Pelops goß man Blut in die Opfergrube. Im Osten des Olympiaplatzes, dort, wo die Sonne aufgeht, erhob sich der Zeusaltar, aus Asche und Erde gebildet und in imponierender Höhe aufragend. Auf ihm lagen die zerstückelten Teile des geschlachteten Tieres. Vor ihm stand ein Priester, und ein Stadion (also ca. 190 m) weit vom Altar entfernt warteten die Wettläufer. Mit einer Fackel gab der Priester das Startzeichen und der Sieger, der als erster beim Zeusaltar ankam, »legte Feuer an die heiligen Opferteile, und so ging er als Olympiensieger hinweg« (Bericht des Philostrat, nach Burkert, Homo, 112).

Doch auch dieses dem Zeus gewidmete »olympische Opfer« war ein Opfer: es lebte von der Geste des Tötens und Zerstörens. Am deutlichsten kam dies bei dem sogenannten *buphonia* (wörtlich »Ochsenmord«), einem Rinderopfer für Zeus als dem Stadtherrn von Athen, zum Ausdruck. Bei dieser *thysia* (deren Ablauf S. 28 f. beschrieben wurde) wurde im Opferzug eine ganze Reihe von Ochsen zum Opferplatz getrieben. Dort, auf dem Opferaltar, lag zunächst ein Getreideopfer. Die Tiere wurden um den Altar herumgetrieben, und sobald eines, seinem Nahrungstrieb folgend, von den Körnern des Altares fraß, war es zum Frevler an Gott und seinem Altar geworden, und sofort sprang der »Ochsenschläger« vor und schlug mit einem wuchtigen Hieb seines vorher frisch geschliffenen Beils das »frevelnde« Tier tot. In ähnlichen Blitz-Aktionen erschlägt Zeus seine Gegner. Ein Festschmaus vom Fleisch des Opfertieres und eine von anderen Opfern und von Jagdtötungen her bekannte sogenannte »Unschuldskomödie« (Burkert, Homo, 159) folgen der Tötung. In der genannten Komödie flieht der Ochsenschläger, und in einer Gerichtsverhandlung wird das Messer, mit dem das erschlagene Tier geschächtet, gehäutet und zerlegt wurde, als »Schuldiger« verurteilt. So wird zwar auch der »Gerechtigkeit« des olympischen Götterkönigs ein wenig Tribut gezahlt; wirklich vergegenwärtigt aber wird er durch den Tötungsakt.

Diese Ambivalenz gilt sogar noch für Apollon, den Gott der Künste und der Wissenschaft, den lichten Sohn des Zeus, der den Aspekt des Hellen und Strahlenden an ihm verkörpert. Apollon ist der Gegenspieler des rasenden, von Wein und sexueller Ekstase wie vom Tötungsrausch durchdrungenen Gottes Dionysos. Für diesen Gott wird das Opfer mit bloßen Händen zerrissen, und die Mythen erzählen, daß Frauen und Mütter, diesem Gotte folgend, ihre eigenen Kinder auf solche Weise töten. Girard nennt deshalb Dionysos den »Gott des gelungenen Lynchmords« (R. Girard, Das Heilige, 198). Sein Gegenspieler Apollon wohnt im Heiligtum des Orakels von Delphi. Doch auch hier ist Dionysos gegenwärtig; und, wenn auch als Unterlegener, befruchtet und inspiriert er das delphische Orakel. Die Sage erzählt, daß Apollon schon als Säugling den aus der Erde geborenen Drachen Python mit Pfeilen getötet habe und daß die Knochen und Zähne des erlegten Ungeheuers im verdeckten Dreifuß-Kessel des delphischen Heiligtums aufbewahrt sind. Nach anderer Überlieferung bildet Dionysos, von den Titanen zerrissen und zerfleischt, den Inhalt des Kessels. Auf *diesem* Kessel sitzt Pythia, die ekstatische Seherin und verkündet, am ganzen Leibe bebend, das Orakel des Gottes Apollon. Deutlicher könnte nicht zum Ausdruck kommen, wie auch das Apollinisch-Helle, Bewußtsein und Klarheit, Kunst und Wissenschaft, nach Auffassung der Griechen auf dem Dunklen, Ungeheuerlichen, Schrecklich-Gewalttätigen aufruht und von ihm her sich speist. Auf einem berühmten Vasenbild aus Sankt Petersburg ist denn auch dargestellt, wie in Delphi Apollon dem Dionysos die Hand reicht.

So braucht und fordert auch Apollon das blutige Opfer. Geheimnisumwoben und von besonderer Form sind die »delphischen Messer«, die Apollons Priester im Gürtel tragen. Eine Aesop-Legende erzählt, daß die Priester im Heiligtum zu Delphi den Opferaltar umringen, wenn dort der Opferherr sein Tier schlachtet. Wenn er es abgehäutet und die Eingeweide herausgenommen hat, dann versucht jeder der Priester, ein möglichst großes Stück des Fleisches zu packen, schneidet es mit dem Messer ab und läuft damit weg. Die Handlung erinnert an das Zerreißen und Zerstückeln, wie es vom Dionysos-Opfer her bekannt ist. Man erzählt auch, Apollon sei von einer wolfsgestaltigen Mutter geboren und könne sich in einen Wolf verwandeln, um seine Feinde zu zerfleischen (vgl. Burkert, Homo, 133-147; K. Kerényi, Die Mythologie der Griechen Bd. 1, München 8. Aufl. 1985, 109). So lebt auch die Göttlichkeit Apollons, des hellsten und lichtesten der griechischen Götter, weniger von der Ausstrahlung des Lichts und der Weite des Himmels als vielmehr von der angstbedingten Faszination der Tötungsgewalt. Was selbst für Apollon zutrifft, gilt umso mehr von den übrigen Göttern der Griechen. Eine Kritik an diesen Gottheiten, wie sie sich bei griechischen Dichtern und Philosophen findet, ist deshalb immer auch die Kritik an einer gewaltverhafteten, von Opferkult und Tötungsfaszination lebenden Religiosität.

2.42 Die Kritik der griechischen Dichter an den gewaltverhafteten Göttern

Eine Vorstufe dieser Kritik findet sich schon im homerischen Epos. Es zeichnet nämlich die Götter vollkommen menschlich. Sie rivalisieren, streiten und betrügen einander wie sterbliche Menschen. Was einzig sie über die Menschen erhebt, ist ihre Unsterblichkeit. In den Göttergestalten des homerischen Epos wird das Leitbild des damals lebenden und dichtenden Menschen, das Menschenbild des Kriegeradels, für den dieses Epos geschaffen ist, in das Göttliche hinein überhöht und idealisiert. »Die altertümlichen Heiligkeits- und Machterfahrungen sind hier gewandelt worden in die ›Du-Gemeinschaft‹, die oft Freundschaft, Kameradschaft, vertraute Wechselbeziehung zwischen Gottheit und Mensch, ein geradezu reziprokes Verhältnis darstellt«. Zwar ist »die Verbindlichkeit des Gottes- und Heiligkeitsanspruches« dadurch nicht aufgehoben, sondern nur gewandelt worden, aber die schaudernd-ehrfurchtsvolle, in der Faszination der Tötungsgewalt wurzelnde Haltung gegenüber den Göttern ist doch gebrochen: Die Heldengestalten Homers können mit ihren Göttern »scherzen« (vgl. Heiler, Religionen, 296 f.). Der Epos-Dichter hatte sich, indem er die Heldentaten des alten Kriegeradels niederschrieb, schon teilweise aus der Faszination der Tötungsmacht gelöst. Seine Helden kämpfen und töten aus vorwiegend politischen Gründen; die Macht ihrer Götter wird dadurch nicht mehr wirklich genährt und gesteigert; auf diese Weise werden die Götter menschlich.

Diese Vermenschlichung der Götter durch Homer (ähnlich auch durch Hesiod) ruft eine Gegenbewegung hervor. Der wandernde Rhapsoden-Dichter Xenophanes wirft Homer und Hesiod in beißenden Worten vor, daß sie den Göttern angedichtet haben, »was bei den Menschen Schimpf und Schande ist: Stehlen, Ehebrechen und einander Betrügen« (nach K. Albert, Griechische Religion und platonische Philosophie, Hamburg 1980, 2). Doch diese Gegenbewegung kann und will nicht mehr den aus der Opfergeste, der Faszination der Tötungsgewalt stammenden Glanz der Götter erneuern. Vielmehr führt der genannte kritische Ansatz, der sich über eine Darstellung *unmoralischer* Götter empört, auch hier, wie in Indien, Persien und China, zu einer Suche nach dem Ethischen im Religiösen. Wieder geht es dabei nicht um eine Entleerung der religiösen Erfahrung, sondern darum, diese Erfahrung des Göttlichen nicht mehr in der Gewalt, sondern in Gerechtigkeit und Liebe zu suchen. Ausdrücklich schließt Xenophanes dieses Gewaltmoment vom Göttlichen aus, wenn er in einer seiner Elegien sagt, »es sei gut, allezeit der Götter zu gedenken, nicht aber, sich der alten Erdichtungen über Kämpfe mit Titanen, Giganten oder Kentauren zu erinnern« (nach Albert, ebd.). Hier wird später auch die Mythenkritik Platons ansetzen.

Auch die Tragödien-Dichter – alle im 6. und 5. Jahrhundert v. Chr. wirkend, also Zeitgenossen Jains, Buddhas, Zarathustras, Konfuzius' und Laotses – gehen in diese Richtung. Aus den Dionysos-Spielen zu Athen herausgewachsen, hat die griechische Tragödie zwar noch etwas vom alten Opfer-Ritual an sich: Im Mittelpunkt steht der leidende, vom Schicksal geschlagene Mensch. Durch Identifikation mit ihm und dem Gang der Handlung werden beim Zuschauer jene Affekte der Anspannung, des Mitleids, der Angst und des Schauderns vor der dunkel sich aufrichtenden schicksalhaften Tötungsmacht ausgelöst, wie dies auch im Vollzug der Opfertötung geschieht. Doch der auf der Bühne agierende Held wird nicht mehr wirklich getötet; seine Qual und sein Untergang sind nur gespielt. Voraussetzung für die Entwicklung dieser Dramen ist also die Überzeugung, daß der reale blutige Tötungsakt, ob an Tier oder Mensch geübt, etwas Barbarisches ist und den Menschen nicht wirklich zu läutern und mit dem Göttlichen in Verbindung zu bringen vermag.

Auch in die inhaltliche Gestaltung der Dramen dringt dieses ethische, auf Minderung der realen Gewalt hinzielende Moment ein: Zwar kann Girard von der Grundstruktur des Mythos her das Hauptwerk des Sophokles, »König Ödipus«, noch als das typische Beispiel eines »versöhnenden Opfers«, an dem alle Merkmale des Sündenbock-Mechanismus und des Gründungs-Lynchmords sichtbar werden, interpretieren (vgl. Girard, Das Heilige, 104-132). Doch er übersieht die Elemente, die den gesamten Komplex – so sehr sich in ihm noch die Gestalt und Gestik des Opfers ausprägt – über das Opfergeschehen hinausführen: Erstens wird, wie oben gesagt, das Opfer nicht wirklich, sondern nur im Spiel als Sündenbock geblendet und verjagt; und zweitens besteht die eigentliche Tragik des Stückes nicht in der schließlichen Einmütigkeit, mit der sich alle gegen Ödipus verbünden, sondern in dem unerbittlichen Streben nach Wahrheit, das den König Ödipus beseelt und dem er auch dann noch treu bleibt, als er sieht, daß diese Wahrheit sich gegen ihn selber richten und ihn vernichten wird. Durch dieses unbedingte Ethos der Wahrheit ist die Faszination der kollektiven Gewalt, die Ödipus schließlich blendet und verstößt, gebrochen.

Vollkommen deutlich ist dieses Übergewicht des Ethischen in dem von Sophokles schon Jahrzehnte vorher gedichteten Drama »Antigone«. Zwar endet das Stück in einer grauenhaften Serie von Selbstmorden (Antigone, Haimon, Eurydike) und den hilflos-schuldbewußten Klagerufen König Kreons, aber dieses schreckenerregende Ende demonstriert auf eine fast moralisierende Weise das Unsinnige und Zerstörerische an der Ausübung von Tötungsmacht: Im blutigen Kampf um das von Kreon regierte Theben ist Polyneikes, der Angreifer, gefallen. Gleichsam als Verlängerung der Tötungsgewalt, die Polyneikes tötete, verbietet Kreon bei Todesstrafe die Bestattung des Gegners. Doch Antigone, die Schwester Polyneikes', vernimmt in ihrem Herzen ein göttliches Gebot, das ihr Sein und Handeln auf eine Grundlage stellt, die außerhalb des Kreislaufs der Gewalt liegt: »Mitzulieben, nicht mitzuhassen, ist mein Teil.« Diese Liebe gebietet ihr, entgegen dem Gesetz des Königs und trotz dessen Todesdrohung den Bruder zu *bestatten*: Die Faszination der Liebe siegt über die Faszination der Gewalt; und die Tragik des Stückes besteht darin, daß dieses neue, von Liebe geprägte Sein und Handeln nicht tatsächlich auch ein neues Leben begründen kann, sondern – letztlich sinnlos – Tod und Schrecken siegen. Der Tragödien-Dichter weiß um das Übel der Gewalttat und stellt dieses Übel *als solches* dar, auch wenn er keinen Weg weiß, der aus der Verhaftung an den Kreislauf der Gewalt herausführt. Auch Girard scheint dies an einer Stelle einzusehen: »Es könnte sehr wohl sein, daß der Geist der Tragödie untrennbar mit einer gewissen Vermutung über den wahren Ursprung bestimmter mythologischer Themen verbunden ist. Es lassen sich in diesem Zusammenhang neben ›König Ödipus' auch andere Dramen und neben Sophokles auch andere Dichter, insbesondere Euripides, ins Feld führen« (Girard, Das Heilige, 122).

In der Tat haben die antiken Tragödien-Dichter den in der Faszination der Gewalt wurzelnden Ursprung der griechischen Mythen und der mit ihnen verbundenen Opferriten mindestens teilweise erkannt und in ihren Werken gegen ihn angedichtet. Dies gilt auch schon für den ältesten dieser Dichter, für Aischylos. Zwar will er, der Sohn eines Tempelbeamten von Eleusis, noch – ähnlich wie Xenophanes – den alten Götterglauben läutern und wiederherstellen. In den »Euminiden«, dem dritten Teil seiner Orest-Trilogie, spricht er auch noch von dem »sühnenden Blutstrom des Opfertieres«, der des Muttermörders »Blutsbesudelung« tilgen kann. Doch am Ende wirft Athene, die Göttin der Weisheit, den weißen Stein in die

Abstimmungsurne der Richter auf dem Areopag zu Athen: Apollinisch-fraulicher Vernunft überwindet den Kreislauf von Gewalt und Gegengewalt, den Kreislauf der Rache des Blutes. Das Drama endet in einem einzigen Jubel der Freude über die Versöhnung von alten und neuen Göttern und von Göttern und Menschen, einer Versöhnung, die keines Opfers bedarf.

Schon bei Aischylos ist die Faszination eines humanen Ethos größer als die Faszination der Tötungsgewalt. Besonders deutlich wird dies in seinem Drama »Die Perser«. Im Wechselspiel von Gewalt und Gegengewalt hat Xerxes, der König der Perser, riesige Heeresmassen aufgeboten, um die schmachvolle Niederlage von Marathon zu rächen; doch er wird 480 v. Chr. in der Seeschlacht bei Salamis vernichtend geschlagen und kann sich nur noch mühsam mit wenigen Soldaten, zerlumpt und zerfetzt, in seine Heimat zurückschlagen. Statt aber – als Grieche – in diesem Sieg die größere Tötungsgewalt der Griechen als göttlich zu feiern, verlegt der Dichter den Schauplatz der Handlung auf die Seite des geschlagenen Feindes und läßt den griechischen Zuhörer den Schrecken und die Tragik miterleben, die sich am persischen Königshof abspielen. Ein Unheilsbote nach dem anderen bringt fürchterliche Kunde und zuletzt kommt der unglückliche König mit herzzerreißenden Klagen und Selbstvorwürfen zu den Seinen zurück. Durch diese Gestaltung des Dramas will Aischylos den Kreislauf der Gewalt durchbrechen: Der Sieger soll, wie Laotse es formuliert hat, »wie bei einer Trauerfeier weilen« (Laotse, Tao-te-king 71; aus Spruch 31): Er soll teilnehmen an der Trauer, an der Klage und an den Tränen des Besiegten. Diesem Ethos der Gewaltfreiheit und Menschlichkeit muß sich auch der Götterkönig Zeus unterordnen: In Aischylos' Trilogie über Prometheus erscheint dessen grausame Verurteilung als Unrecht, das durch eine Umkehr und Reue des Zeus und die Befreiung des Prometheus getilgt werden muß. Die Schicksalsgöttinnen, die diese menschliche und gerechte Weltordnung vertreten, stehen über Zeus und dessen Tötungsmacht.

Ganz offensichtlich ist diese Kritik eines gewaltverhafteten Gottesglaubens bei Euripides, dem philosophisch aufgeklärten Freund des Sokrates. Sein jüngerer, ebenfalls in Athen lebender Dichterkollege, der Komödiendichter Aristophanes, wirft ihm vor, er wolle die Menschen davon überzeugen, daß es keine Götter gibt. Dieser (auch gegen Sokrates erhobene) Vorwurf trifft aber nur den Glauben an Gottheiten, die in Gewalt und Unrecht verflochten sind. Hier freilich kann Euripides zynisch werden: In seinem Spätwerk »Die Bacchen«, in dem er die Grausamkeit und Raserei des Dionysos-Kults darstellt, preist er die Artemis als »Ehrfurcht gebietende Göttin, die Mord und Menschenopfer liebt«; und in seinem Stück »Hippolythos« geißelt er die sinnlose Gewalt, mit der Aphrodite, die Göttin der Liebe, den Menschen mit Liebesleidenschaft schlägt und nennt Apollon einen elenden Kuppler. Um zur Wahrheit zu finden, solle man nicht die Eingeweide geschlachteter Opfertiere befragen, sondern die im Menschen waltende Vernunft.

Zwei Dramen des Euripides handeln vom Menschenopfer. In »Iphigenie in Aulis« geht es, wie schon beschrieben, um die beabsichtigte Opferung Iphigenies, der Tochter Agamemnons, des Heerführers der Griechen, vor der Ausfahrt des Heeres nach Troja. Das Jungfrauenopfer vor dem Aufbruch zu einem Kriegszug ist bei den Griechen vielfach belegt (vgl. Burkert, Homo, 77-80). Es ist heiliger Brauch, ähnlich wie das Erstlingsopfer, das El im semitisch-palästinensischen Raum von Abraham fordert. Daß der Heerführer Agamemnon, als sein Heer in Aulis festsitzt, sich diesem Brauch beugt, ist das selbstverständlich von ihm Geforderte. Die Handlung des Stückes stellt jedoch diese Selbstverständlichkeit in Frage. Mutter, Tochter und Achilles, in dessen Namen Iphigenie ins Heerlager gelockt wurde, wollen das Opfer verhindern. Zuletzt ist auch Agamemnon davon überzeugt, daß er sein Kind nicht töten darf und möchte das Leben der Tochter retten. Alle aber sehen sich dem Druck des Heeres ausgesetzt, das tötungslüstern zum Kampf gegen Troja aufbrechen will und gebieterisch das Opfer verlangt. Erst in dieser Situation, da die Königswürde ihres Vaters und der Zusammenhalt der Griechenvölker auf dem Spiel steht, ringt Iphigenie sich selbst dazu durch, ihr Leben für den Vater und das Volk zu opfern. Gerade diese kindliche Liebe und Hingabe aber bewegt die Göttin Artemis dazu, auf das Menschenopfer zu verzichten. Sie entführt das Mädchen in einer Wolke und legt stattdessen eine Hirschkuh auf den Altar. Ähnlich wie der Erzähler der Geschichte von der aufgehobenen Opferung Isaaks gestaltet also auch Euripides eine Handlung, in der die Gottheit – in der Bibel: die menschliche Erfahrung der Gottheit – ihren Charakter ändert und auf das Menschenopfer verzichtet.

In dem Stück »Iphigenie bei den Taurern« ist dieses Motiv nochmals gestaltet: Iphigenie soll die beiden Fremdlinge, von denen Orest sich schließlich als ihr Bruder zu erkennen gibt, den Göttern opfern. Zusammen mit dem Standbild der Göttin Artemis (deren Priesterin Iphigenie bei den Taurern ist) versuchen nun alle drei zu fliehen, werden aber durch einen ungünstigen Wind an das Ufer zurückgeworfen und fallen in die Hände des Thoas, des Königs der Taurer. Schon droht ein dreifaches Menschenopfer, als Athene, die Göttin der Weisheit, erscheint und dem König befiehlt, die Griechen ziehen zu lassen. Wiederum ist es göttlicher Wille, der das Menschenopfer verbietet. So gibt es für Euripides durchaus die Autorität des Göttlichen. Er ist kein rationalistischer, für religiöse Erfahrung unsensibler Aufklärer. Vielmehr sucht er seine Gotteserfahrung von der Angst- und Gewaltprojektion zu läutern und Gott als übersteigend-umfangende Dimension lichthafter und menschlich-befreiender Erfahrungen zu denken und in diese dann auch Dunkelheit und Tod zu integrieren. In fragmentarisch überlieferten Gebeten richtet er sein Wort an eine im »lichten Äther« erkennbare Gottheit, die alles, auch die Unterwelt, umfaßt und deshalb sowohl als Zeus wie auch als Hades oder auch mit anderen Namen angesprochen werden kann (vgl. N. Söderblom [Hg.], Tiele-Söderbloms Kompendium der Religionsgeschichte, Berlin-Schöneberg, 6. Aufl. 1931, 277).

Selbst bei Aristophanes, dem Komödiendichter, der Euripides der Gottlosigkeit beschuldigt und ähnlich wie Xenophanes und Aischylos den alten Götterglauben stärken will, ist das Ethos der Gewalt durch das Ethos der Menschlichkeit gebrochen: Der selbstmörderische Bruderkrieg, in dem sich im Peloponesischen Krieg Athen und Sparta gegenseitig zerfleischen, hat für ihn nichts Gewaltig-Faszinierendes an sich. Er nimmt ihn vielmehr als Hintergrund für seine Komödie »Lysistrate«, worin sich Athenerinnen und Spartanerinnen miteinander verbünden und beschließen, sich solange ihren Männern zu verweigern, bis diese endlich das blutige Morden beenden und Frieden schließen. So zeigt sich insgesamt bei den griechischen Dichtern ähnlich wie bei Jain, Buddha, Zarathustra, Konfuzius und Laotse, doch vollkommen unabhängig von diesen, dasselbe neue Denken, das auf eine Abkehr von der Faszination der Gewalt, vom Verletzen und Töten, von blutiger Opfergeste und dunkler Wahrsagerei, zu Vernunft, Frieden und Menschenliebe hinzielt.

2.43 Die Suche der griechischen Philosophen nach dem Göttlich-Guten

Die frühen Philosophen

Nach einer anderen Göttersage als der von Hesiod überlieferten entstand die Welt nicht aus der Erdmutter Gaia, sondern aus *Okeanos*, der alles bedeckenden Urflut. Diese Vorstellung ist weit verbreitet. In indischen Mythen schläft Vishnu auf den Fluten des Urmeeres und erträumt die Welten. Auch in der Bibel ist die Rede von der dunklen Urflut, über die der Gottesatem hinschwebt (vgl. Gen 1,2). In seinem bekannten Werk »Die

Götter Griechenlands« arbeitet Walter F. Otto heraus, daß sich die Macht Poseidons in der Vorzeit »ohne Zweifel« über die ganze Welt erstreckte (ders., Die Götter Griechenlands, Frankfurt a.M. 5. Aufl. 1961, 30 ff.). Noch in der Ilias ist Poseidon der einzige der Götter, »der gegen die Oberherrschaft des Zeus zu protestieren wagt und ihn auf den Himmel, als sein alleiniges Rechtsgebiet, eingeschränkt wissen will« (ebd.).

Milet ist eine alte Hafenstadt am Ionischen Meer. In ihr lebte etwa zwischen 624 und 545 v.Chr. ein Mann namens Thales, aus einer vornehmen Familie stammend und bekannt wegen seiner großen Kenntnisse. Aristoteles nennt diesen älteren der »sieben Weisen« den »Ahnherrn« der Philosophie (Metaphysik A, 3; 983 b 20). Er wurde dadurch zum ersten Philosophen Griechenlands, daß er sagte, das »Wasser« sei der »Ursprung aller Dinge«. Aufgewachsen in der Stadt am Meer, vertraut mit seiner unendlichen Weite und als Kind schon erschreckt von seinen mächtigen Wellen und Sturmfluten, war die Sage von der Entstehung der Welt aus der Kraft und Gewalt des *Okeanos* für ihn der naheliegendste Mythos. Zum Philosophen aber wurde er dadurch, daß er nicht vom Okeanos, sondern vom *Wasser* als dem Ursprung aller Dinge sprach. Okeanos, die Gottheit, war der Name für die übersteigende Dimension, die Allgewalt und Unendlichkeit des Meeres. Thales reduziert dieses Übersteigende; er deutet – als erster Versuch in der europäischen Geistesgeschichte – die Welt philosophisch und nicht mehr mythologisch. Das Große, Imponierend-Gewaltige, Okeanos, sehen die Menschen in ihrer Angst- und Gewaltfaszination nur in die Meeresfluten hinein. Ihr eigentliches Substrat, das, was als Wirklichkeit vor Augen liegt, ist das Wasser; aus ihm sind alle Dinge entstanden.

Wasser ist dabei nicht bloßer Stoff, nicht H_2O im heutigen Sinne. Es ist durchaus noch beseelt, besitzt eine Ausstrahlung, etwas Umgreifend-Übersteigendes, aber dieses besteht nicht mehr in Angst und Schrecken erregender Gewalt (*Okeanos*), sondern in dem Lebensspendend-Feuchten, das alles Lebendige durchdringt. So interpretiert nach K. Vorländer Aristoteles die Auffassung des Thales vom Wasser als dem Ursprung aller Dinge: »… weil die Nahrung und der Same von Pflanzen und Tieren feucht seien, die Lebenswärme sich somit aus dem Feuchten entwickle« (K. Vorländer, Philosophie des Altertums. Geschichte der Philosophie I, Hamburg 4. Aufl. 1967, 13; vgl. Aristoteles, Metaphysik A, 3; 983 b 20-27). Der Gedanke erinnert an Laotses Ausspruch, daß es auf der ganzen Welt »nichts Weicheres und Schwächeres« gibt als das Wasser und daß es doch gerade so das Harte und Starke besiegt, so daß nichts ihm gleichkomme (vgl. Laotse, Tao-te-king, 121; aus Spruch 78).

An anderer Stelle weitet Laotse diesen Gedanken von der All-Wirksamkeit des Weichen über das Wasser hinaus auf das Unanschaulich-Abstrakte hin aus:

»Das Allerweichste auf Erden
überholt das Allerhärteste auf Erden.
Das Nichtseiende dringt auch noch ein in das,
was keinen Zwischenraum hat.«
(Tao-te-king 86; aus Spruch 43)

[handschriftliche Randnotiz: „Das weiche Wasser bricht den Stein." was ist da neu? Wir sind von ewig her!]

Von da aus ist es durchaus eine konsequente Weiterführung von Thales' Denken, wenn Anaximandros, sein etwas jüngerer Zeitgenosse, zusammen mit ihm in Milet lebend, auch er durch praktische Erfindungen bekannt (z.B. der Sonnenuhr), sagt, der Urgrund allen Seins und Lebens sei das *apeiron*, das Unbegrenzte und Unbestimmbare, das eben deshalb, weil es selbst ohne bestimmte Form und sinnliche Qualität ist, allem Seienden seine Form und sein jeweils verschiedenes Erscheinungsbild zu geben vermag. Doch ist dieser Gedanke abstrakt, und so erscheint es fast als eine Vermittlung zwischen dem alles durchdringenden *Wasser* des Thales und dem unanschaulichen *apeiron* des Anaximander, wenn der dritte, etwa eine Generation jüngere zeitgenössische Philosoph aus Milet, Anaximenes, die *Luft*, grenzenlos und unbegrenzter Wandlungen fähig wie das *apeiron*, aber doch ein konkretes Element der Welt und des Lebens, als den Urgrund des Seins bestimmt.

In dieses Bemühen der frühen griechischen Philosophie, den Grund des Seins und des Lebens nicht als groß und gewaltig, sondern als weich, fein (und gerade so alles durchdringend) zu denken, gehört auch Pythagoras. Er lebte etwa zur selben Zeit wie die Milenischen Naturphilosophen (ca. 570-496 v. Chr.) in Unteritalien. Das Urprinzip des Seins besteht für ihn aus der Zahl und den im Universum wie in der Musik anzutreffenden bestimmten Zahlenverhältnissen. In ihnen prägt sich eine Urharmonie aus, die das Universum wie die Musik und das Leben des einzelnen Menschen durchdringt. Diese Auffassung verbindet sich mit einer Seelenwanderungslehre. Mit dieser hängt es auch zusammen, daß die Pythagoräer Vegetarier waren. Als solche lehnten sie ausdrücklich alle blutigen Opfer ab. Knapp hundert Jahre später knüpft an diese Tradition der Naturphilosoph Empedokles an und kritisiert in scharfen Worten das Opfer: »Im goldenen Zeitalter wurde der Altar nicht von frischem Stierblut benetzt, sondern es zählte unter den Menschen zum größten Verbrechen, Leben zu vernichten und die edlen Glieder zu verzehren« (nach P. J. Jensen, Die griechische Religion, in: J. P. Asmussen/J. Laessøe/C. Colpe [Hg.], Handbuch der Religionsgeschichte, Bd. 3, Göttingen 1975, 214). Mit Anaxagoras und vor allem mit Demokrit, der die Welt aus unteilbaren kleinsten Teilchen (Atomen) zusammengesetzt dachte, erreichte die frühe philosophische Kritik an den Göttern ihren Höhepunkt. Beide wurden wegen ihrer Lehren noch in hohem Alter verbannt und mußten in der Fremde sterben.

Für Heraklit (540-480 v. Chr.), den dunklen und schroffen Philosophen aus Ephesus, sind Pythagoras und seine philosophischen Zeitgenossen blinde, in Vielwisserei dahintaumelnde Schwärmer. Resignierend sieht er in dem Jahrmillionen alten Kreislauf von Gewalt und Gegengewalt das Grundprinzip menschlichen Seins und Lebens. In seinem berühmten Fragment B 53 sagt er: »Krieg ist aller Dinge Vater, aller Dinge König. Die einen erweist er als Götter, die anderen als Menschen, die einen macht er zu Sklaven, die anderen zu Freien« (H. Diels, Die Fragmente der Vorsokratiker. Griechisch-Deutsch, hg. v. W. Kranz, Bd. 1, Berlin 6. Aufl. 1951, 162). Doch er sagt »Krieg« (*polemos*), nicht *Ares*, wie der Gott des Krieges bei den Griechen heißt. Damit stellt auch er sich in die Linie derer, die das Göttliche nicht mehr in der Gewalt und im Töten erfahren. Der ständige Wandel, die strömende Mannigfaltigkeit, in der ein Ding durch den Tod des anderen lebt, ist nur die vordergründige, gottfremde Realität. Hinter dieser steht das Allgemeine, der Logos, das Feuer, das alles durchglüht und vorwärtstreibt, und von diesem Logos ist es gleichgültig, ob er Zeus genannt wird oder nicht. Götter bildlich darzustellen und ihnen Opfer darzubringen, ist unsinnig und »kindisch« (vgl. Fragment B 79; ebd. 169). Auch für Parmenides (ca. 540 bis 470 v. Chr.) wanken die Menschen unwissend und ratlos umher, blind, unfähig etwas zu erkennen, »treiben dahin stumm zugleich und blind, die Verblödeten, unentschiedene Haufen« (Fragment B 6; ebd. 233), gefangen in der dunklen und verwirrenden Welt der Religion, der Mythen und der Opfer. Nur im Denken findet der Mensch zum Urgrund des Seins.

Auch in der Sophistik setzt sich die Kritik am gewaltverhafteten, opferkultischen Gottesglauben fort. So ist für Antiphon Gott das Umgreifende alles Seienden, der keiner Opfergaben bedarf und von niemandem solche annimmt (vgl. Vorländer 59). Bei ihm taucht auch bereits der Gedanke einer grundsätzlichen Gleichheit aller Menschen auf, und Alkidamas fordert – weit über Platon und Aristoteles hinausgehend, vier Jahrhunderte vor Jesus und fast zweieinhalb Jahrtausende vor Abraham Lincoln – die Abschaffung der Sklaverei (ebd.). Doch dies sind einzelne, ihrer Zeit vorauseilende Gedanken. Ihren ausgeprägten, gedanklich streng und mit sittlichem Ernst durchgeführten Höhepunkt gewinnt die philosophische Religions- und Kultkritik bei Sokrates und Platon.

Besonders bei Platon (427-347 v. Chr.) ist – wesentlich stärker als bei den schon genannten griechischen Philosophen – die eigene religiöse Basis sichtbar, von der aus diese Kritik erfolgt. Bekannt ist die über Platon auf uns gekommene Überlieferung, daß Sokrates vor dem Athener Volksgerichtshof der *asebeia* angeklagt und zum Tode verurteilt wurde. *Asebeia* ist der Widerspruch zur *eusebeia*, d.h. dem »richtigen Verhalten gegenüber der Gottheit (besonders im Kult) und den Eltern« (Der kleine Pauly. Lexikon der Antike auf der Grundlage von Pauly's Realenzyclopädie der classischen Altertumswissenschaft, Bd. 2, Stuttgart 1927, 458). Nach dem Bericht Platons hat Sokrates diesen Schuldspruch mit großer Gelassenheit aufgenommen und es abgelehnt, sich durch eine mögliche Flucht der Verurteilung zu entziehen. Die Sache war es ihm wert, für sie zu sterben. Worum es dabei näherhin ging, wird besonders in dem von Platon überlieferten Dialog *Euthyphron* deutlich.

Einleitend berichtet Sokrates dem Euthyphron, daß ein gewisser Meletos, ein noch junger Mann, gegen ihn eine Staatsklage eingebracht habe. Seine Anklage lautet, Sokrates glaube nicht mehr an die alten Götter, er habe neue erdichtet und verderbe dadurch die Jugend. Die Anklage lautet also nicht auf »Gottlosigkeit«, auf die Ablehnung der Religion als ganzer, sondern auf die »Erdichtung neuer Götter«, d.h. auf die Erarbeitung einer neuen Religiosität, aufgrund derer die Jugend von der *eusebeia*, der richtigen Verehrung der Götter im Kult, abgehalten wird. Im nun folgenden Dialog geht es deshalb um die Frage, was Frömmigkeit, *eusebeia*, denn eigentlich sei. Dabei geht es nicht um deren positive Beschreibung, sondern um die Kritik dessen, was allgemein und vordergründig für Frömmigkeit gehalten wird.

Euthyphron, der Gesprächspartner des Sokrates, hat seinen eigenen Vater des Todschlags angeklagt, weil dieser durch Nachlässigkeit den Tod eines Tagelöhners verursacht hatte. Dies, den Übeltäter zu verfolgen, auch wenn dieser der eigene Vater ist, bezeichnet Euthyphron als fromm. Denn, so begründet Euthyphron seine Ansicht, auch Kronos habe seinen Vater Uranos entmannt und Zeus habe seinen Vater Kronos gefesselt und in den Tartarus geworfen, weil dieser seine Söhne »ohne rechtlichen Grund« verschlang. Der Mythos ist also für Euthyphron unmittelbares Vorbild für das Handeln; diesem Vorbild zu folgen, ist für ihn fromm. Sokrates stellt in Frage, daß es Krieg und Gewalttat zwischen den Göttern geben kann. Doch mehr noch stellt er das Prinzip in Frage, im eigenen Handeln einfach den Mythos nachzuahmen. Er fragt vielmehr nach dem *Wesen* des Frommen, nach dem »Urbild« des Frommseins (das ja nicht in solch blutigen Handlungen bestehen kann).

Darauf versucht Euthyphron das Frommsein formal zu umschreiben: »Was also den Göttern lieb ist, ist fromm; was nicht lieb, ruchlos« (Euthyphron, 7a; in: Platon, Sämtliche Werke in der Übersetzung von F. Schleiermacher, Bd. 1, Hamburg 146.-150 Tsd. 1979, 184; im folgenden nur die übliche Zitation nach Zeilenangaben). Dieses Prinzip führt Sokrates ad absurdum, indem er darauf hinweist, daß nach Euthyphrons und der Athener Ansicht ja die Götter unter sich entzweit und uneins sind und also dem einen lieb ist, was der andere haßt. Dann wird der Gedanke durchgespielt, ob es nicht möglich sei zu sagen, das, was *alle* Götter lieben, sei fromm. An dieser Stelle arbeitet Sokrates die Tautologie von Gottgefälligem und Frommem heraus. »Gottgefällig« ist nur ein anderer Ausdruck für »fromm« und sagt nichts über dessen Wesen aus.

Darauf versucht nun – probehalber – Sokrates selbst, dem ratlosen Euthyphron zuhilfe kommend, Frommsein als Teil des Gerechtseins zu bestimmen, und zwar als denjenigen Teil, »der sich auf die Behandlung der Götter bezieht; der aber auf die der Menschen, ist der übrige Teil des Gerechten« (12e). Hier nun arbeitet Sokrates in scharfer Ironie heraus, wie unsinnig es ist, zu glauben, die Götter bedürften einer »Behandlung« durch die Menschen. Dahinter liegt die religionsgeschichtlich weit verbreitete Einstellung, durch Opferhandlungen würde die Macht der Götter gestärkt. Sokrates vergleicht damit die Behandlung der Pferde in der Reitkunst und die Behandlung der Hunde durch die Jäger, wodurch beide, Pferde wie Hunde, besser und wertvoller werden. »Ist also auch die Frömmigkeit, da sie die Behandlung der Götter ist, ein Vorteil für die Götter und macht die Götter besser?...« (13c). »Beim Zeus, ich nicht!«, antwortet Euthyphron und versucht nun die gerechte Behandlung der Götter als einen »Dienst« zu bestimmen, »wie man auch sagen kann, daß die Knechte ihre Herren behandeln und bedienen« (13d). Wieder stellt Sokrates das Unsinnige dieser Vorstellung heraus. Denn eine Dienstleistung hat nur Sinn, wenn sie demjenigen, dem sie geleistet wird, bei seiner Arbeit und seinem Werke hilft. So hilft die Dienstleistung an Schiffbauer Schiffe hervorzubringen und die an Baumeister das Haus zu bauen: »So sage denn, o Bester, die Dienstleistung an Götter, zu welches Werkes Hervorbringung mag die behilflich sein?« (13e). Neulich ist der Gedanke ad absurdum geführt; denn die Götter bedürfen zur Hervorbringung ihrer Werke des Menschen nicht.

Darauf nun flüchtet sich Euthyphron in die Aussage, »daß, wenn jemand versteht, betend und opfernd den Göttern Angenehmes zu reden und zu tun, das ist fromm, und das errettet die Häuser der einzelnen und das Gemeinwohl der Staaten« (14b). Sokrates greift auch diesen Gedanken auf und durchleuchtet ihn. Er geht aus von dem Gedanken, daß Opfer Geschenke an die Götter sind, und bestimmt das richtige Schenken als das Geben dessen, wessen der andere bedarf. »Denn das wäre doch kein kunstmäßiges Schenken, jemandem etwas zu geben, dessen er gar nicht bedarf« (14e). Hier berührt sich Sokrates mit dem zentralen Gedanken der jüdisch-prophetischen Opferkritik, wie vor allem der Psalm 50 sie ausdrückt. Denn Gott bedarf dessen nicht, was der Mensch ihm geben kann:

> *»Hätte ich Hunger, ich brauchte es dir nicht zu sagen,*
> *denn mein ist die Welt und was sie erfüllt.*
> *Soll ich denn das Fleisch von Stieren essen*
> *und das Blut von Böcken trinken?«*
>
> (Ps 50,12 f.)

Ebenso fragt Sokrates den Euthyphron: »Erkläre mir also, welchen Nutzen die Götter wohl haben von den Geschenken, die sie von uns empfangen…« (14e). Noch einmal sucht Euthyphron sich zu rechtfertigen: Opfergaben sind eben nur »Ehrenbezeigungen und Ehrengaben« und als solche den Göttern angenehm (15a). Doch damit kehrt er zum Ausgangspunkt der Unterredung zurück, wo er versucht hat, das Fromme als das den Göttern Angenehme zu bestimmen, und der Zirkel könnte von vorne beginnen.

Der Dialog macht deutlich, wie scharf Platon-Sokrates den durch Opferdienst geprägten religiösen Kult seiner Zeitgenossen kritisiert und daß hier (nach Platon) der tiefste Grund für die Verurteilung des Sokrates liegt. Sokrates ist für eine Kult- und Opferkritik (und das damit verbundene Gottesverständnis) gestorben, die nahe verwandt, ja in wesentlichen Teilen identisch ist mit der der jüdischen Propheten.

Auf welche positive Gotteserfahrung stützt und gründet sich diese Kritik? Sokrates spricht von dem *daimonion*, dem göttlichen Wesen, das ihn dazu antreibt, nach dem Wahren und Guten zu forschen, und von seiner »Menschenliebe«, die ihn dazu drängt, »was ich nur weiß, verschwenderisch jedermann zu sagen, nicht nur unentgeltlich, sondern auch noch gern etwas dazugebend, wenn mich nur jemand hören will« (Euthyphron 3d). Es ist also ähnlich wie Immanuel Kants »moralisches Gesetz in mir« die Erfahrung der Gottesstimme im eigenen Inneren. Dieser aus dem Inneren kommenden Suche nach dem Guten und Wahren korrespondieren in der objektiven Welt die Urbilder der Dinge und Wesenheiten und deren harmonische Ordnung. Dabei geht es in dieser Rede von den Urbildern, den Ideen, »weniger um eine Lehre, als vielmehr um die Eröffnung des Weges zu einer Erfahrung« (Albert 27). Es geht um den Weg, auf neue Weise das Göttliche zu erfahren. Albert hat herausgearbeitet, wie sehr das platonische Denken in Religion wurzelt und auf religiöse Erfahrung bezogen ist. Er bezeichnet Platons Philosophie als eine »kultverwandte« (Albert 117), sofern in ihr durch Denken dasselbe erreicht werden soll wie in der Volksreligion durch den Kult: die Begegnung und Erfahrung des Göttlichen (vgl. Albert 118).

Das Unterscheidende freilich ist, daß dieses Denken zu einer *gewaltfreien* Erfahrung des Göttlichen hinführt. Immer wieder beklagt Platon die Darstellung von Gottheiten, die untereinander streiten und gegeneinander Krieg führen. Er verurteilt wegen solcher Darstellungen sogar Homer, dessen Dichtkunst ihn ansonsten fasziniert und ihm Bewunderung abringt (vgl. bes. Politeia, 605-607; in: Platon, Werke, Bd. 3). In seinem Abschnitt über die platonische Ideenlehre zitiert Albert ein Gedicht der Lyrikerin Sappho, um zu veranschaulichen, wie die alte mythische Erfahrung durch eine neue ersetzt wird:

> *»Reiterheere mögen die einen, andre*
> *halten Fußvolk oder ein Heer von Schiffen*
> *für der Erde köstlichstes Ding, – ich aber*
> *das, was man lieb hat…«*

Dann schildert sie, wie sie nach dem Vorbild der Helena sich ganz der Liebe zu ihrer ehemaligen Schülerin Anaktoria ergibt und darin Göttliches erfährt:

> *»Ihren leichten Schritt wollt' ich lieber sehen*
> *und das helle Leuchten von ihrem Antlitz*
> *als der Lyder reisiges Heer*
> *und erzgewappnete Streiter.«*
>
> (nach Albert 33)

Tatsächlich ist *Eros* eine Grundkraft platonischen Philosophierens. Wie Sappho zur Bewunderung ihrer Geliebten, führt der platonische Eros den Menschen zur abendländischen Seinsfrage: nämlich zum abgrundtiefen Staunen darüber, daß etwas ist und nicht viel mehr nichts. In diesem Staunen, das nach Albert »den Charakter einer religiösen Erfahrung hat« (Albert 76), erfährt der Mensch die Dinge als umgriffen und getragen vom Göttlich-Wunderbaren, eingebettet in das Reich göttlicher Urbilder und durchströmt von der einen höchsten Idee, der Idee aller Ideen, die in diesem Staunen als das Göttlich-*Gute* (*agathon*) aufgeht. Wie Alexis Sorbas in dem gleichnamigen Roman des griechischen Schriftstellers Nikos Kazantzakis erfährt er die Welt: »Alles erscheint ihm als Wunder, und jeden Morgen, wenn er die Augen aufschlägt und die Bäume, das Meer, die Steine oder einen Vogel ansieht, steht er mit offenem Munde da« (nach Albert 81 ein Beispiel platonischer Welt- und Gotteserfahrung). Es geht in dieser Erfahrung um die Verbindung des Menschlichen mit dem Göttlichen. Diese geschieht »entweder durch den Kult oder durch Vermittler, wie Isis oder Hermes oder Eros. Dasselbe aber, was diese mythischen Personen und der Kult leisten, leistet die dem Staunen entspringende Philosophie« (Albert 83).

Diese neue, von der Angst- und Gewaltfaszination befreite Weltsicht gewinnt der Mensch im philosophischen Symposion. Es hat deshalb nach Albert *sakralen* Charakter (vgl. ebd. 110). Das wird deutlich in einem Gedicht des Xenophanes über das Symposion:

> *»Nun ist der Boden gefegt, und rein sind die Hände, die Becher*
> *Alle. Blumengewind legt uns einer ums Haupt.*
> *Einer reicht in der Schale das Duftöl, daß wir uns salben.*
> *Seht, und der Mischkrug steht freudegefüllt bis zum Rand.*
> *Anderer Wein ist bereit…*
>
> *Zwischen uns zieht durch den Raum mit heiligem Dufte*
> *der Weihrauch*
> *Wasser blinkt aus dem Krug, lauter und süß und gekühlt.*
> *Blonde Brote liegen zur Hand, und die stattliche Tafel*
> *Trägt von Käse und goldglänzendem Honig die Last.«*

Es geht um die Erfahrung des Guten und Schönen als des gewaltfreien Ursprungs allen Seins und Lebens. Der Genuß des Weines soll helfen, daß sich diese Erfahrung erschließt:

> *»Den aber rühm ich am meisten, der auch beim Wein sich noch*
> *schön zeigt,*
> *Der nicht vergißt und verstummt, sondern des Guten gedenkt.*
> *Keinen Schlachtenbericht von Titanen oder Giganten*
> *Und Kentaurengezücht – Lügen der früheren Zeit –*
> *Keine tobenden Fehden – was frommt's, dergleichen zu hören?*
> *Aber der Himmlischen stets neu zu gedenken, ist gut.«*

(nach Albert 110)

Freilich hat diese neue, gewaltfreie Welt- und Gotteserfahrung etwas Esoterisches an sich. Wenn sich der griechische Philosoph auch nicht wie der buddhistische oder taoistische Mönch ganz aus der Welt zurückzieht, um diese Erfahrung zu machen, so ist sie doch, als durch Denken gewonnen, nicht jedermann zugänglich. Ausdrücklich spricht Platon in seiner *Politeia* von der Notwendigkeit verschiedener Stände – vom Krämer über die Tagelöhner bis zum Soldaten (Politeia 371c-378e). Noch Aristoteles übernimmt diese Einteilung der Menschen in »Herrschende« und »Beherrschte«, in »Herren« und »Sklaven«, als von der Natur im Menschenleben vorgegebene Unterscheidungen: »Denn was von Natur dank seinem Verstande vorzusehen vermag, ist ein von Natur Herrschendes und von Natur Gebietendes, was dagegen mit den Kräften seines Leibes das so Vorhergesehene auszuführen imstande ist, das ist ein Beherrschtes und von Natur Sklavisches, weshalb sich denn die Interessen des Herrn und des Sklaven begegnen« (Aristoteles, Politik, Buch I; 1252a, übers. v. E. Rolfes [Philosophische Bibliothek Bd. 7] Hamburg 1990). So bedarf, um die neue Erfahrung gesellschaftlich wirksam werden zu lassen, auch Platon, wie vor ihm schon Zarathustra, Konfuzius, Laotse (und in gewisser Weise auch Buddha), des politischen Machthabers, der sich selbst ihr erschließt und dann seinen Staat nach entsprechenden Prinzipien gestaltet. Daß damit *doch* wieder Tötungsgewalt strukturierend in die neue Welt- und Gotteserfahrung hineingebracht wird, wird nicht gesehen – und öffnet dadurch das Tor für eine Einbeziehung der neuen Erfahrung in die alten Gewalt- und Herrschaftsstrukturen.

Grundsätzlich aber zielt die in den griechischen Dichtern und Philosophen aufbrechende neue Geistigkeit, zusammengefaßt in Platons *Agathon*, dem Guten als der Idee aller Ideen, ebenso wie das *Ahimsa* Parsvas, Jains und Buddhas, das *Yen* des Konfuzius und das *Tao* Laotses, auf ein Leben und eine Welt, in der die Faszination des Opfers und der Gewalt gebrochen ist und andere Ursprünge des Menschseins zum Tragen kommen. In diese Bewegung fügt sich, wenn auch auf charakteristisch andere Art und Weise, grundsätzlich auch die Bibel ein. Der in der Bibel zum Ausdruck kommende geistige Aufbruch beginnt etwas früher und dauert etwas länger als die von Jaspers veranschlagte »Achsenzeit«. Diese längere Zeitspanne liegt wohl darin begründet, daß der biblische Mensch das Neue nicht primär durch Nachdenken, sondern aus lebendiger Erfahrung gewinnt und deshalb in einem langen geschichtlichen Ringen zur Klarheit finden muß. Dieses *geschichtliche* geistige Ringen, das im Grunde bis heute andauert, gilt es in den folgenden Kapiteln des Buches zu verfolgen.

3. Der Ausweg aus Opfer und Gewalt im Alten Testament: *Jahwe*

3.1 Perspektivenwechsel: Der Gott der Verfolgten und seine Gewalt

3.11 Zum narrativ-dramatischen Charakter der Bibel

Karl Jaspers rechnet auch die, wie er es nennt, »prophetische Religion der Juden« zur Achsenzeit (Jaspers, Vom Ursprung, 102). In einer »Radikalität, wie es sonst nirgends auf der Erde geschehen ist«, befreite sie den Menschen von Magie und dinghaft verstandener Transzendenz (ebd.). In den großen Schriftpropheten – man denke etwa an Amos, Jeremia, Ezechiel – treten einzelne Menschen als in besonderer Weise von Jahwe beauftragt und mit ihm verbunden in dieser ihrer Religiosität und Gottverbundenheit ähnlich unter ihren Zeitgenossen hervor wie Konfuzius, Laotse, Buddha und Platon durch ihre Erkenntnis und Weisheit. Auch finden sich bei ihnen, wie noch im einzelnen zu zeigen sein wird (vgl. das Kapitel 3.3), eine dem achsenzeitlichen Weisheitsgedanken ganz ähnliche Kritik des Opferkultes, gepaart mit ausdrucksstarken Visionen eines gewaltfreien, glücklichen Lebens (vgl. z.B. Jes 11,6-9 die messianische Friedensvision: »Dann wohnt der Wolf beim Lamm, der Panther liegt beim Böcklein, Kalb und Löwe weiden zusammen…«).

Doch trotz dieser Ähnlichkeiten mit den Erscheinungsbildern der Achsenzeit ergibt das Ganze des Alten Testamentes und auch der prophetischen Predigt ein anderes Bild. Amos oder Jeremia sind keine Denker und tiefsinnigen Weisheitslehrer wie Laotse, Buddha und Platon. Der alttestamentliche Prophet zieht sich nicht aus dem Leben zurück in einen esoterischen Freundes- und Jüngerkreis; auch sucht er nicht den weisen Herrscher, der seine Lehre und Botschaft übernimmt und sie von oben herab im Volk verwirklicht. Zwar wendet auch er sich an den König und die herrschende Schicht; aber er entwickelt nicht eine weise Kunst des Herrschens, die der König übernehmen soll, sondern er greift, vom Gottesatem beseelt, in tagespolitische Fragen und Entscheidungen ein. Er ist weniger ein Denker und Philosoph (nicht ein »Weiser« im Sinne von H. Rombach; vgl. ders., Leben des Geistes, Freiburg-Basel-Wien 1977, 23-40), sondern vielmehr ein religiös motivierter »Oppositionspolitiker«, der mitten im öffentlichen Leben steht und sich kritisch mit der herrschenden Geisteshaltung wie auch mit einzelnen politischen Entscheidungen auseinandersetzt. »Politik« ist für ihn nicht das (profane) Geschäft der Regierung und der Machtverwaltung, sondern das Feld, auf dem der Mensch seinen Jahwe-Glauben lebt oder ihn verleugnet. Politik ist für den Propheten – wie überhaupt für den Menschen des Alten Testamentes – das Feld der Gotteserfahrung. Hier zeigt sich, ob Israel seinem Gott Jahwe Raum gibt oder anderen Göttern anhängt. Als Politiker ist der Prophet jener »Gottesmann«, der das innen- und außenpolitische Handeln als Jahwe widersprechend aufdeckt und diesen neu zur Geltung zu bringen sucht. Seine Prophetie ist nicht eine Lebens- und Weisheitslehre, sondern eine kritische oder tröstende Stellungnahme zu konkreten Zeitereignissen. Seine Aussprüche und Schriften sind deshalb auch nicht – wie die eines Konfuzius, eines Laotse, eines Buddha oder eines Platon – mit mehr oder weniger großer Sorgfalt rein gehalten und möglichst unverfälscht überliefert worden. So ist z.B. das Buch Jesaja eine Zusammenstellung prophetischer Sprüche und Aussagen, in denen die historisch-kritische Exegese mindestens drei verschiedene, in unterschiedlichen Jahrhunderten lebende Verfasser am Werk sieht, wobei auch das, was diese einzelnen Verfasser sagten und schrieben, allenthalben noch durch spätere Zusätze und eingefügte Erläuterungen erweitert und ausgebaut wurde. Diese Zusätze griffen die jeweils neuen geschichtlichen Erfahrungen auf und fügten deren religiöse Botschaft in die überlieferten Texte ein.

Was für das Buch Jesaja und (wenn auch weniger stark ausgeprägt) für andere prophetische Bücher gilt, ist für das Alte Testament insgesamt festzustellen. Dieses ist – auch wenn es Sammlungen weisheitlicher Sprüche enthält – insgesamt kein tiefsinniges Weisheitsbuch wie das Tao-te-king, keine Sammlung (durchaus auch religiös motivierter) philosophischer Lehrgespräche wie die Dialoge Platons, auch keine Sammlung von Lehrvorträgen, Lebensregeln und heiligen Erzählungen über den Ordensgründer, wie sie im buddhistischen Pali-Kanon zusammengestellt sind. Das Alte Testament ist – wie die Bibel insgesamt – kein Dokument tiefschürfender Welt-, Menschen- und Gotteserkenntnis, sondern ein Dokument der Geschichte: Es dokumentiert, wie Menschen die Geschichte ihrer Sippe, ihres Stammes, ihres Volkes – im Neuen Testament die Geschichte Jesu – religiös gedeutet haben und in dieser Deutung religiös zu bewältigen suchten. Die biblischen Erzählungen, Lieder, Predigten,

Visionen, Briefe, Weisheits-, Fluch- und Segenssprüche geben Zeugnis von dem dramatischen Geschick dieses Volkes – bzw. des Menschen Jesus – und spiegeln die ebenso dramatische Geschichte, wie Menschen dieses Geschick in ihrer religiösen Welt- und Lebensdeutung zu bewältigen suchten, wieder.

Das »Heilige« dieser Heiligen Schrift, ihre (wie immer verstandene) göttliche Inspiration, liegt nicht in einzelnen noch so schönen und ethisch hochstehenden Aussagen und Texten, sondern in dem durch die – ethisch hochstehenden *wie* archaisch-inhumanen Texte zum Ausdruck kommenden – *dramatischen Geschehen* und der Art seiner Lösung. Was Raymund Schwager (ders., Jesus) für das Verständnis der christlichen Erlösung herausarbeitet, gilt für das Verständnis und die Lektüre der Bibel im ganzen: Keine Aussage und kein Text kann isoliert und für sich genommen interpretiert werden, vielmehr ist bei jedem Buch der Bibel, jedem Psalm, jedem Prophetentext, jedem Gleichnis, jeder Aussage zu allererst zu fragen, in welchem Akt des Dramas und von welcher Dramengestalt der Text gesprochen ist. Nur von daher kann seine Funktion und aufgrund dieser seiner Funktion sein Aussagegehalt bestimmt werden. Wenn in Goethes *Faust* die Studenten in der Szene »In Auerbachs Keller« grölen: »Uns ist ganz kannibalisch wohl, als wie fünfhundert Säuen« (Faust, I. Teil, Verse 2293 f.), so läßt sich daraus nicht schließen, daß das Faust-Drama von einem Säufer-Ethos beseelt ist. Die Szene hat vielmehr eine ganz bestimmte Funktion in der Entwicklung der Faust-Gestalt.

Diesen gravierenden Interpretations-Fehler begeht Franz Buggle in seiner »Streitschrift«: »Denn sie wissen nicht, was sie glauben. Oder warum man redlicherweise nicht mehr Christ sein kann« (Hamburg 1992), wenn er auf fast 100 Seiten gewalttätig-inhumane Texte aus der Bibel aneinanderreiht und daraus auf das ethisch niedrige Niveau dieses Buches schließt. Freilich ist Buggle zuzugestehen – hier wird meiner Ansicht nach Erich Zenger in seiner Antwort auf Buggles Streitschrift (ders., Ist die Bibel unmenschlich? Gott und die tödlichen Netze der Gewalt; in: *Publik-Forum* Nr. 8, 1. Mai 1992, 18 f.) dem Autor nicht gerecht –, daß in der Kirche tatsächlich von den frühesten Anfängen an bis heute die Bibel nicht in diesem ihrem narrativ-dramatischen Charakter genommen wurde, die Texte vielmehr je für sich als göttlich inspiriert im Gottesdienst als Gottes Wort vorgelesen wurden. Erst die historisch-kritische Exegese, die Buggle bezeichnenderweise so gut wie gar nicht zu Rate zieht, hat den Blick für die verschiedenen Entstehungsschichten der einzelnen Texte und ihren narrativ-dramatischen Zusammenhang aufgedeckt. Dabei werden jedoch auch heute noch die biblischen Texte ohne die notwendigen Regie- und

Szenenangaben in den Bibelausgaben zusammengestellt; allenfalls wird den einzelnen Büchern jeweils eine kurze Einleitung vorangestellt. So entsteht immer noch der Eindruck einer linearen Sammlung inspirierter (d.h. »heiliger«) Texte, die einzeln für sich genommen werden können und bei denen es nicht darauf ankommt, genau zu wissen, von welcher »Dramengestalt« sie gesprochen sind und in welchen Akt des biblischen Dramas sie hineingehören.

Vor allem in der spirituellen und liturgischen Praxis öffnen sich die Kirchen nur widerwillig dem im Johannesevangelium verheißenen »Geist der Wahrheit«, der das Leben von Erstarrungen befreien will, und der das aufdecken wird, was die Menschen zur Zeit Jesu aufgrund ihrer geschichtlichen Verhaftetheit noch nicht sehen konnten, jenem Geist, der die Christen »in die ganze Wahrheit einführen« will (vgl. Joh 16,12 f.). Noch heute wird im christlichen Gottesdienst die Lesung eines biblischen Textes mit der Formel »Dies sind heilige Worte« oder »Wort des lebendigen Gottes« feierlich abgeschlossen. Dabei können geradezu skurrile Szenen entstehen: Man denke etwa an das Gleichnis Jesu von der *unbeirrt fordernden Witwe* (Lk 18,2-5), wo Gott im Bild eines trägen und rücksichtslosen Richters erscheint, der lange Zeit nichts tut, um der bedrohten Frau zu ihrem Lebensrecht zu verhelfen und am Ende auf eine fast lächerliche Art und Weise reagiert. Zwar wird nach der Leseordnung für den katholischen Gottesdienst (z.B. am 29. Sonntag, Lesejahr C) dieses Gleichnis zusammen mit den es umrahmenden urgemeindlichen Zusätzen vorgelesen (Lk 18,1-8), dennoch bleibt aber dabei der Eindruck, daß Gott hier mit einem trägen und rücksichtslosen Menschen verglichen wird, bestehen. Indem dann der Text mit einer der obengenannten Formeln abgeschlossen wird, verfestigt sich dieser Eindruck und wird liturgisch-feierlich bestätigt. Das Gleichnis erschließt sich in seinem tiefen, existentiellen Sinn – wie im Grunde alle Gleichnisse (vgl. Baudler, Jesus, 129-253, hier 210-213) – nur im Zusammenhang des in Jesu Geschick sich zuspitzenden Heilsdramas, wo sich zuletzt (für kurze Zeit) auch Jesu Gottesverhältnis verdunkelt. Lese ich das Gleichnis feierlich vor, ohne es in diesen heilsdramatischen Zusammenhang einzubetten, ist es, wenn auch nicht so augenfällig, doch im Grunde so, als würde jemand die Szene aus Auerbachs Keller (mit dem Kernsatz »Uns ist ganz kannibalisch wohl, als wie fünfhundert Säuen«) vortragen und dann feierlich hinzufügen: »Worte des deutschen Dichterfürsten Johann Wolfgang von Goethe«.

3.12 Zur inhaltlichen Eigenart biblischer Texte: geschrieben aus der Perspektive des Opfers

Die inhaltlich-literarische Eigenart der biblischen Bücher im Unterschied zu allen anderen religiös-literarischen Traditionen der Menschheitsgeschichte hat der Literaturwissenschaftler René Girard im Anschluß an Max Weber treffend erkannt und vor allem in seinem Buch »Das Ende der Gewalt« herausgearbeitet. Sie liegt für ihn darin, »daß bei den biblischen Schriftstellern in den überarbeiteten wie in den aus erster Hand verfaßten Texten unzweifelhaft die Tendenz besteht, sich moralisch auf die Seite der Opfer zu stellen, für die Opfer Partei zu ergreifen und für sie einzutreten« (Girard, Ende, 150); dieser Kennzeichnung folgen Norbert Lohfink, Altes Testament – Die Entlarvung der Gewalt, in: ders./R.Pesch, Weltgestaltung und Gewaltlosigkeit, Düsseldorf 1978, 45-61; bes. 56 f. sowie alle Alttestamentler, soweit sie sich mit Girard und dem Thema der Gewalt im Alten Testament auseinandersetzen: vgl. N. Lohfink (Hg.), Gewalt und Gewaltlosigkeit im Alten Testament, Freiburg-Basel-Wien 1983).

Girard zeigt diese Eigenart biblischer Texte innerhalb des Alten Testamentes auf an der Erzählung von Kain und Abel, der Josefsgeschichte und den Liedern vom leidenden Gottesknecht. Besonders deutlich wird seine Beschreibung, wo er die Erzählung von Kain und Abel mit dem in der Menschheitsliteratur weit verbreiteten Mythos vom Brudermord vergleicht. So erzählt etwa die Sage von der Gründung Roms, daß Romulus seinen Bruder Remus erschlug, weil dieser die von Romulus gezogene imaginäre Grenze, die Furche, die die Stadtmauer darstellen sollte, in Übermut und Spott übersprang. Wegen dieser geringfügigen Tat mußte Remus sterben. Die Geschichte macht indes die tragische Notwendigkeit dieser Tötung deutlich: Eine Stadt, eine Gemeinschaft, kann nur bestehen, wo Gesetz und Ordnung gelten. Indem Romulus die erste Mißachtung der Grenzziehung unnachsichtig mit dem Tode seines Bruders ahndet, richtet er die göttliche Geltung dieses Gesetzes auf und gründet damit erst in Wahrheit Rom. Remus »mußte« für die geplante Stadt Rom sterben. Er bildet das tragische Opfer, durch dessen Tötung die Gemeinschaft begründet und in ihrem Erhalt gestärkt wird.

Auch Kain ist ein Städtegründer (vgl. Gen 4,17). Auch er sucht durch die Tötung seines Bruders die Gottesmacht, die sich Abel zugewandt hatte – »Der Herr schaute auf Abel und sein Opfer, aber auf Kain und sein Opfer schaute er nicht« (Gen 4,4 f.) – für sich zu gewinnen. Doch in der Perspektive *dieser* Geschichte ist dies eine *Usurpation* dieser Macht und die Ursünde des Menschen. Gott steht auf der Seite des Opfers. Er identifiziert sich mit dem Erschlagenen, dessen Blut hilflos vom Ackerboden zu ihm emporschreit (Gen 4,10). Er ist der Gott des Verfolgten, der Gott des Opfers. Die Tötungsmacht dagegen, in der sich Kain auf dem Felde über seinen Bruder Abel erhebt und ihn erschlägt, diese Schauder erregende Macht, auf die Romulus die Weltmacht Roms gründet, brandmarkt der biblische Erzähler als Sünde: als »Dämon«, der an der Tür »lauert« (Gen 4,7).

Wer ist und woher kommt dieser Gott des Opfers, der Gott des Verfolgten? Girard ist zu sehr Literaturwissenschaftler und zu wenig Theologe, um das Gewicht dieser Frage zu erkennen und ihr nachzugehen. In seiner Analyse der Mythen und anderer literarischer Traditionen steht das Göttlich-Heilige als gleichzeitig faszinierende und Schrecken erregende Tötungsmacht in der Gewalttat des Gründungsmordes auf und stiftet Ordnung und Gemeinschaft. Dabei erkennt Girard, daß die biblischen Texte anders erzählen. Aber er fragt nicht, *woher* die neue Perspektive kommt. Plötzlich erscheint das Göttlich-Heilige als das, was es nach seinen Analysen von Anfang an ist: als Dämonie der Tötungsmacht. Eigentlich wäre damit der menschliche Gottesglaube am Ende. Er ist als die Faszination des Dämonischen, als Angstprojektion und Gewaltfaszination, erkannt und wird von den Einsichtigen als solche abgewiesen. Parsva, Jain, Buddha, Zarathustra, Konfuzius, Laotse, Thales, Platon und Euripides weisen – in je verschiedener Intensität und Ausprägung – unter diesem Aspekt die opferkultische Religion zurück. Faktisch aber gab es keine andere Religion als die opferkultische, und so erscheint ihre Religionskritik den Zeitgenossen als *asebeia*, als »Gottlosigkeit«; Sokrates wird dafür hingerichtet.

Der »achsenzeitliche« Mensch erkennt das Ungöttliche der Gewalt durch Nachdenken. Er steht ursprünglich durch Geschlecht und Herrschaft auf der Seite der Mächtigen, die Gewalt ausüben. Alle genannten Denker sind im Patriarchat lebende Männer, gehören also schon von daher zu den Herrschenden. Darüber hinaus sind sie Angehörige der sozialen Oberschicht, die über andere Macht ausübt: Parsva, Jain und Buddha sind Fürstensöhne, Konfuzius und Laotse stehen im Dienste des Fürstens, Platon und die griechischen Philosophen gehören zu den vornehmen Bürgern. Letztlich auf Tötungsgewalt gegründete Macht besitzend und ausübend, erkennen sie denkend deren innere Leere und Sinnlosigkeit und wenden sich von ihr ab. In dem Maße, in dem sie diese Abwendung von der Gewalt vollziehen, entdecken sie in ihrem Denken eine übersteigende Dimension *anderer* Art, eine Macht, die nicht auf Tötungsgewalt sondern auf Freiheit und Liebe gründet: die – andere – Göttlichkeit des Kleinen, Unscheinbaren, dessen, was »unten ist« (Laotse), des Lebendigen, das dem Tode ausgeliefert ist. Sie finden zu Liebe und Wohlwollen gegenüber allen lebenden Wesen (Buddha), zum Wert der Mitmenschlichkeit (Konfuzius) und des Gutseins (Zarathustra, Platon), zu jenen Werten also, die in der beschriebenen religiösen Urszene der Mutter-Kind-Beziehung und der Bestattung ursprünglich vorgebildet sind, aber durch die sich vordrängende opferkultische Religiosität überwuchert und verschüttet wurden.

Die biblische Tradition setzt anders ein. Als um etwa 900 v. Chr. - also durchaus schon im weiteren Rahmen der Achsenzeit – der sog. »Jahwist«, der vielleicht älteste Verfasser biblischer Texte, eine der umlaufenden Erzählungen vom Brudermord anschließend an die Erzählung vom Sündenfall im Paradies ganz an den Anfang der Menschheitsgeschichte setzt und neu erzählt, erzählt er so, daß die in der Tat Kains sich aufrichtende Tötungsmacht als Sünde und Dämon erscheint, während Gott auf der Seite des Opfers steht und den stummen Schrei des Getöteten artikuliert: »Kain, wo ist dein Bruder Abel?« (Gen 4,9). Nach Werner H. Schmidt (ders., Einführung in das Alte Testament, Berlin-New York 1979, 77 f.) greift der biblische Schriftsteller hier die Gründungssage des Stammes der Keniter auf, dessen Ahnherr bzw. Repräsentant ein Jahwe-Zeichen trägt, also Jahwe-Verehrer ist, dabei aber »unstet und flüchtig« (Gen 4,14 f.) lebt; in dieser Wendung drückt sich aus, daß der Stamm der Keniter kein eigenes Land besitzt (vgl. Ri 1,16). Es ist anzunehmen, daß in dieser Stammgründungssage Kain, der Gründer des Stammes, ähnlich wie Romulus, der Gründer Roms, als derjenige dargestellt und erzählt wird, der durch sein Handeln die Gottesmacht erwirbt und als ihr Träger erscheint. Vielleicht dokumentiert sich diese seine Gottesmacht ähnlich wie bei Romulus gerade in der (Opfer-)Tötung Abels. Wenn diese Voraussetzung stimmt, dann hat der biblische Schriftsteller dieses in allen Gründungserzählungen der Menschheit sich findende Motiv der tragischen Opfertötung bewußt geändert und die Gottesmacht auf der Seite des Opfers gesehen.

3.13 Zur theologischen Bedeutung der Frage nach dem Woher des Perspektivenwechsels

Was ermöglicht dem Erzähler in dieser frühen Zeit (fast ein halbes Jahrtausend vor Buddha, Konfuzius, Laotse und Platon) diesen *grundlegenden Perspektivenwechsel*? Dies ist die theologisch-religionsgeschichtliche

Frage, der Girard nicht nachgeht (obwohl hier der »Gründungslynchmord« vielleicht erstmals in der Menschheitsgeschichte als solcher aufgedeckt wird, so daß auch dessen Neuentdeckung und kulturanthropologische Beschreibung durch René Girard hier seine geschichtliche Wurzel hat).

Die Frage ist zunächst innerbiblisch-geschichtlich zu beantworten: Israel, das Volk, aus dem der biblische Verfasser stammt, hat eine Gründungssage, worin es selber als verfolgtes und unterdrücktes Volk die Gottesmacht als auf seiner Seite stehend erfährt, nämlich die Erzählung vom Auszug aus Ägypten und der Rettung am Schilfmeer. Die historisch-kritische Forschung nimmt an, daß historisch nur eine kleine Gruppe wandernder Nomaden – wohl infolge einer Hungersnot – in das ägyptische Kulturland eindrang, dort zur Fronarbeit beim Bau der Vorratsstätte Pitom und Ramses verpflichtet wurde, dann aber, als die Unterdrückung zu groß wurde, floh, verfolgt und gerettet wurde, vielleicht durch eine Naturkatastrophe am Schilfmeer (vgl. Schmidt, Einführung, 12). Eine kleine Gruppe unterdrückter und ausgebeuteter Arbeitssklaven erfährt die rettende Gottesmacht als auf ihrer Seite stehend: Dies ist die Gründungssage, das Urbekenntnis des Glaubens Israels (vgl. das sog. »alttestamentliche Glaubensbekenntnis« Dtn 26,5-9; ähnlich Jos 24,16-18 u.ö.). Ähnlich wie das Blut des ermordeten Abel, das vom Ackerboden zum Himmel emporschreit (Gen 4,10), die Gottesmacht herbeiruft und für das Opfer Partei ergreifen läßt, so ist es auch »das Elend meines Volkes in Ägypten, ihre laute Klage über ihre Antreiber, ihr Leid« (Ex 3,7), das Gott dazu bewegt, zu den Verfolgten und Unterdrückten herabzusteigen, »um sie der Hand der Ägypter zu entreißen« (Ex 3,8).

Wieder ist, auch bei dieser Erzählung, zu fragen, wie sie entstehen kann. Ist doch für aller Augen sichtbar, daß der mächtige Pharao, der Gottkönig, gezeugt von Amon-Re, dem Wind- und Sonnengott, über schier unbegrenzte Tötungsmacht verfügt (und aus dieser Macht heraus riesige Menschenmassen versklaven kann). Was bedeutet die mehr oder weniger zufällig geglückte Flucht einer Gruppe von Arbeitssklaven gegenüber dieser Mächtigkeit des Pharao? Wie konnte diese Gruppe glauben und erzählen, daß ihre Rettung nicht bloß ein zufälliges Ereignis, sondern die Tat eines Gottes ist, der mächtiger ist als der Pharao und dessen Götterwelt?

Diese Frage könnte hier dazu verleiten, aus dem Raum der bisher geübten empirisch-phänomenologischen (jedoch immer *auch* schon theologischen) Betrachtung herauszuspringen und in einen »binnentheologischen« Redestil zu verfallen. So könnte man etwa sagen: Es hat eben Gott gefallen, sich erst in der Mitte des 13. Jahrhunderts v. Chr. (in der wahrscheinlich das Auszugsereignis stattfand) dem Menschen in seinem wahren Wesen zu offenbaren und sich den versklavten und fliehenden Nomadensippen in einer Deutlichkeit und Stärke zu zeigen, daß diese in der beschriebenen Weise glauben und erzählen. Ein solches Sprechen und Denken, bei dem ich von Gott rede, als sei er ein Mensch, dessen Taten, Gefühle und Absichten ich kenne, ist aber nur innerhalb einer religiös homogenen, im Glauben an denselben einen Gott verbundenen Gesellschaft möglich. Es ist möglich innerhalb des Raumes des Volkes Israel, das sich als Ganzes als durch Jahwe konstituiert bekennt und sich in allen seinen Lebensäußerungen ganz selbstverständlich auf ihn bezieht; es ist auch möglich im Raum der christlichen Urgemeinde, die sich als das neue Israel versteht und so erfüllt ist von der in Jesus an sie ergangenen Gotteserfahrung (die sie von Jahwe her deutet), daß es ihr psychologisch unmöglich ist, auch von anderen geschichtlichen Gotteserfahrungen her zu denken und diese konstruktiv mit der eigenen zu vermitteln. Auch ein im Zentrum der katholischen Christenheit verfaßter und vornehmlich an die Bischöfe der verschiedenen Ortskirchen gerichteter Katechismus, der als innerer Bezugspunkt dienen will für die je vor Ort je neu (in der Verantwortung des jeweiligen Bischofs) zu leistende situationsgemäße Artikulation des Glaubens, kann noch so reden.

Wo aber, wie im vorliegenden Buch, ausdrücklich auf die religiös plurale und religiös indifferente Welt hin vom christlichen Glauben gesprochen werden soll, um unter dem Aspekt der Gewaltfreiheit einen gemeinsamen Sinn- und Handlungshorizont für das von Gewalt bedrohte Überleben des Planeten zu finden, ist eine Rede von Gott als einem bekannten Wesen, in das ich mich sprechend hineinversetzen kann (Gott »tut«, »wirkt«, »erscheint«, »sagt«, »will« usw.), nicht möglich. Wo jemand in *diesem* Kontext von Gott sprechen will, muß er so reden, daß für jedermann nachvollziehbar ist, wie er zu den jeweiligen Aussagen und Einsichten kommt. Ich darf nicht einfach der biblischen Redeweise folgen und sagen: »Jahwe hat die Israeliten am Schilfmeer gerettet«, sondern muß nachvollziehbar machen, wie die Israeliten zu dieser Redeweise kommen. »Jahwe hat die Israeliten am Schilfmeer gerettet«, ist die jahwegläubig-religiöse Interpretation eines Ereignisses, das profan-historisch nur als die geglückte Flucht einer Gruppe ägyptischer Arbeitssklaven bezeichnet werden kann. Die religiöse Interpretation beschreibt eine Dimension dieses Ereignisses, die profan-historisch nicht faßbar, wohl aber durch Einfühlung in das Erleben und die Situation der Geretteten verstehbar und nachvollziehbar ist.

Will ich in der heutigen religiösen Rede-Situation verständlich bleiben, darf ich nicht bloß das *Ergebnis* der Wahrnehmung und Interpretation einer unterfangenden und übersteigenden Dimension sinnlich erfahrbarer Wirklichkeit übernehmen und referieren, also den religiösen Wahrnehmungs- und Interpretationsprozeß als allgemein akzeptierte Voraussetzung überspringen, sondern muß die religiöse Aussage »Gott hat die Israeliten am Schilfmeer gerettet« in ihrem *Entstehen* beschreiben und einsichtig machen. Ich weiß nie, wer Gott ist, was er denkt, fühlt und beschließt, sondern immer nur, wie Menschen auf eine verständliche und nachvollziehbare Weise zu entsprechenden Überzeugungen von Gott kamen und möglicherweise auch heute noch kommen.

Dies gilt auch für die vorliegende Frage, wie eine Gruppe entflohener ägyptischer Arbeitssklaven dazu kam, ihre (möglicherweise durch ein Naturereignis unterstützte) gelungene Flucht als das Wirken eines Gottes zu interpretieren, der dem Pharaonenstaat und dessen Götterwelt überlegen ist. Ich kann und darf in dieser Frage nicht ausweichen auf einen schon fertigen Gott, um nun von dessen Entschlüssen und Handlungen zu erzählen. Ich muß vielmehr bei den Menschen bleiben, die so reden. Ich muß ihrer Geschichte und ihrem tradierten religiösen Erfahrungsraum nachspüren, um von daher ihre Deutung des Ereignisses für mich und andere Menschen meines Denk- und Verstehensraumes nachvollziehbar und verständlich zu machen. Dabei kommt es nicht auf die als wahrscheinlich eruierbaren Umstände des Auszuges aus Ägypten an (vgl. dazu H. A. Mertens, Handbuch der Bibelkunde, Düsseldorf, 2. neu bearb. Aufl. 1984, 183-185), sondern auf die tieferliegende Frage, wie und warum ausgerechnet diese aus Ägypten fliehenden semitischen Arbeitssklaven einen religionsgeschichtlichen Perspektivenwechsel vollziehen konnten, der ihre Religiosität und ihr Lebensgefühl in ähnliche Bahnen lenkte, wie die Denker und Dichter der Achsenzeit sie durch Nachdenken gefunden haben.

3.14 Die ausgesetzte Existenz des Kleinviehnomaden als religiöser Nährgrund des Perspektivenwechsels

Israels Vorfahren waren hauptsächlich Kleinviehnomaden. Ihre Herden bestanden aus Schafen und Ziegen, aus deren Fellen sie auch ihre dunkelbraunen Zelte anfertigten. Transport- und Reittier war der Esel, vereinzelt nur das Kamel, das noch nicht in Herden gezüchtet wurde. Auch Rinder wurden nur selten mitgeführt (vgl. Schmidt, Einführung, 28 ff.).

In ihrer Lebensweise unterschieden sich diese Nomaden deutlich von den späteren arabischen Beduinen, die Kamele züchteten. Kamele können wesentlich weitere Strecken ohne Nahrung und Wasser zurücklegen als Schafe und Ziegen. Kamelhirten sind deshalb beweglicher und unabhängiger. Im Buch der Richter wird erzählt, wie die Midianiter mit ihren Kamelherden und Zelten herankamen, »zahlreich wie die Heuschrecken«, und das Land Israel ausraubten (vgl. Ri 6,1-6). Ein solch räuberisch-kriegerisches Verhalten, wie es ja auch von arabischen Beduinen erzählt wird, ist nur den Kamelreitern möglich.

Die Kleinviehhaltung erfordert eine andere, eher friedliche Lebensweise. Mit Schafen und Ziegen kann man keine weiten Strecken zurücklegen und benötigt regelmäßig Rastplätze mit ausreichend Wasser und Futter. Nur am Rande der Wüste und in der regenreicheren Steppe können sich die Kleinviehnomaden bewegen. Ihr Lebensraum ist das Niemandsland zwischen dem in staatlicher Hand befindlichen Kulturland und der unbewohnbaren Wüste. Ihr Leben ist bestimmt durch den regelmäßigen, etwa halbjährlichen Weidewechsel zwischen Steppe und Kulturland: In der winterlichen Regenperiode und der anschließenden Zeit, solange die Steppe noch einigermaßen grün ist, halten sie sich dort auf. Wenn dann im Sommer die Steppe ausdörrt, ziehen sie in das Kulturland, nachdem dort die Felder von den seßhaften Bauern schon abgeerntet sind und die übriggebliebenen Stoppeln den Tieren als Nahrung dienen.

So ist das Leben dieser Menschen eine Art Gratwanderung: Bleiben sie zu lange in der Steppe, ist das Leben ihrer Tiere und damit auch ihr eigenes Leben vom Hungertod bedroht; wandern sie jedoch zu früh in das Kulturland ein, wo die Felder vielleicht noch nicht abgeerntet sind und ihre Tiere Schaden anrichten, droht ihnen Vertreibung oder Versklavung durch die Soldaten des jeweiligen Landes. Die Kleinviehnomaden im damaligen Palästina lebten eine von Grund auf ausgelieferte Existenz. Jedes Jahr, das eine Sippe gut überstand, war ein Geschenk, eine vom Schutzgott ihrer Sippe ihnen gewährte Gunst. Zwar verfügt auch dieser Gott (durch eben diese Gunst) über Leben und Tod. Auch er beinhaltet eine Tötungsmacht. Doch *wo* er sich zu erkennen gibt, erscheint er als der, der Leben, Fruchtbarkeit und Segen spendet. Dürre, Hungersnot oder Versklavung erscheinen als Abwesenheit, als das Fernesein dieses Gottes. Leben bedeutete für diese Menschen, daß Gott bei ihnen ist, daß er *da* ist.

Folgende Erzählung soll ein Stimmungsbild der Lebensweise und Gotteserfahrung dieser frühisraelitischen Nomadensippen vermitteln:

Wüstenwanderung
(Ein Nomadenmädchen erzählt)

Weit ist das Land. Eine unbarmherzige Sonne brütet über dem Sand und den ausgedörrten Gräsern der Steppe. Die Luft flimmert in der Mittagshitze. Die schwarzen Zelte aus Ziegenhaardecken heben sich ab von dem gelben Sand und dem blauen Himmel. Die seitlichen Zeltwände sind weit geöffnet. Ein Lufthauch zieht durch das Innere und spendet eine angenehme, einschläfernde Kühle. Fliegen summen um die Lederschläuche, die am Zeltpfosten hängen. Sie enthalten Milch und Butter. Einmal waren sie prall gefüllt, jetzt aber sind sie schon ganz schlaff; unsere Nahrung geht zur Neige.

Ich bin gerne hier gewesen an dieser Wasserstelle am Westrand der syrischen Wüste. Die tiefe Zisterne, um die unsere Zelte stehen und aus der wir unser Wasser schöpfen, ist mir vertraut geworden. Oft bin ich an ihrem Rand gesessen und habe meine Hände auf die kühlen und feuchten Steinwände gelegt. Ich liebe diese dunkle Öffnung der Erde. Sie erhält uns mitten in der Sonnenhitze durch ihr Wasser am Leben. Sie gleicht dem Schutzgott unserer Sippe. Er hat unsere Sippe auf all unseren gefahrvollen Wegen beschützt. Immer wieder hat er uns zu nahrungsreichen Weideplätzen geführt.

Morgen früh werden wir unsere Zelte zu einem einzigen Stoffbündel zusammenrollen, frische Milch trinken und dazu Brot essen und dann in die heiße Sonnenglut hineinwandern, viele Tage lang. Viele Nächte werden wir unter offenem Himmel schlafen, nur durch eine wollene Decke vor Kälte geschützt. Ich werde – todmüde von der beschwerlichen Wanderung durch Sand und Steppe – in die glitzernden Sterne über mir blicken. Und wie immer wird mir der Sternenhimmel Frieden und Tröstung zusprechen; er wird die Angst und Unruhe von mir nehmen, die auf den Wanderungen in mir ist. Ich werde dann zum Schutzgott unserer Sippe beten, der groß und tröstend ist wie der Sternenhimmel; in Gedanken an ihn werden mir die übermüdeten Augenlider zufallen.

Wohin wird unsere Wanderung führen? Werden wir der Trockenzone, die uns umgibt, entkommen? Haben wir nicht schon zu lange mit dem Aufbruch gezögert? Sind unsere Tiere nicht schon zu sehr geschwächt durch die dürftige Nahrung, die sie in den letzten Wochen hier fanden? Werden wir alle elend am Wege liegenbleiben? Werden wir an Durst und Hunger zugrunde gehen, wie es schon mancher Sippe widerfahren ist?

Oder werden wir, wie schon einmal auf einer Wanderung, getrieben von verzehrendem Durst und dem ins Herz schneidenden Anblick unserer abgemagerten Tiere, zu weit in das Kulturland vordringen, wo dann plötzlich Soldaten mit Schwertern, Spießen, Pferden und Streitwagen auftauchen? Werden viele von unseren Männern getötet und der Rest der Sippe in die Wüste zurückgejagt werden, von wo der Hunger und Durst uns weggetrieben haben? Womit sollen wir uns wehren? Wir haben keine anderen Waffen als ein paar Knüppel und Steinschleudern, mit denen wir die Wölfe und andere wilde Tiere von unseren Herden vertreiben.

Warum müssen wir wandern? Gewiß, unsere Hirten müssen schon sehr weit von den Zelten wegziehen, damit die Tiere noch ein wenig Gras finden. Unsere Ziegen geben nur noch wenig Milch, und das Fell der Schafe verliert seinen Glanz. Aber kann nicht doch noch der lange ersehnte Regen kommen und das Gras neu zum Wachsen bringen?

Sem, unser Scheich, hat sich gestern lange mit den Ältesten unserer Sippe beraten. Aus der Ferne habe ich sie gesehen: Sie sprachen nur wenig. Lange Zeit saßen sie schweigend um das flackernde Feuer. Irgendwann stand Sem auf. Traurig und müde entfernte er sich dann ein Stück weit vom Feuer und ließ sich allein in der dunklen Nacht am Boden nieder. In sich versunken, befragte er seinen Gott, den Schutzgott unserer Sippe, was zu tun sei. So saß er lange da. Ein tiefes Schweigen hatte sich auf das Lager gesenkt. Alle waren in Sems Gebet mit einbezogen. Es ging ja um unser aller Schicksal. Endlich erhob er sich. Mit schnellen und sicheren Schritten trat er zurück in den Feuerschein. Da wußten wir, noch ehe er etwas gesagt hatte, daß wir aufbrechen und wandern würden. Sems Gott, unser Schutzgott, hatte gesprochen: Nur kurz war die anschließende Beratung der Ältesten. Schnell war klar: Sem hatte nicht geträumt, sondern unser Gott hatte zu ihm gesprochen. Der Entschluß zum Aufbruch war notwendig. Er allein konnte die Sippe am Leben erhalten.

Nun ist es unabänderlich. Gott hat gesprochen. Sein Wort zählt stärker als der Wasserbrunnen, der uns zum Bleiben einlädt. Sein Wort ist zuverlässiger als der Friede und die Tröstung des Sternenhimmels. Sein Wort ruft uns immer wieder zum Aufbruch und zur Wanderung.

Vielleicht werden wir – geführt durch den Gott Sems – einmal ein Land finden, das fruchtbar genug ist, um uns für immer eine Heimat zu geben. Vielleicht führt uns die Wanderung, zu der wir morgen aufbrechen, in dieses gelobte und ersehnte Land.

(G. Baudler/Regina Meyer)

Von solchen oder ähnlichen Erfahrungen waren die Menschen geprägt, die aus Ägypten flohen. Es sind Erfahrungen eines zwar freien und ungebundenen, aber enorm *ausgesetzten* menschlichen Lebens. Der einzelne kann in dieser Ungesichertheit nur leben, indem er sich einfügt in die Solidarität der Gruppe. In allen Lebenssituationen – in der Versorgung mit Nahrung, im Aufbau der Wohn- und Schlafzelte, in der Pflege der Tiere, im Überstehen von Krankheit, Alter und Tod – stets ist der einzelne, der jeweils Schwächere, auf die Hilfe und Zuwendung des anderen, seine helfende Hand, seinen Schutz und seine Fürsorge angewiesen. Es gibt keine übergeordnete Rechtsinstanz, an die sich der einzelne wenden könnte, wenn er glaubt, von der Gruppe ungerecht behandelt zu werden. Als allgemeiner Ordnungsrahmen, auch für das Zusammenleben der Gruppen untereinander, gilt das *ius talionis,* d.h. die Vergeltung von Gleichem mit Gleichem, einschließlich der Blutrache: »Leben für Leben, Auge für Auge, Zahn für

Zahn, Hand für Hand, Fuß für Fuß, Brandmal für Brandmal, Wunde für Wunde, Strieme für Strieme« (Ex 21,23-25). Das Leben ist zu ausgesetzt, als daß bei einer Zufügung von Schaden im einzelnen nach den Umständen und nach der Motivation geurteilt werden könnte. Durch die Betonung der Vergeltung des Gleichen mit Gleichem – und nicht mit mehr (wie Lamech es Gen 4,23 f. in wildem Tötungsimponiergehabe androht) – soll eine Eskalierung der Gewalt vermieden werden. Immer geht es darum, den Schwächeren zu schützen und dem Geschädigten einen gerechten Ausgleich zu geben. Der einzelne, der nicht einer Gruppe angehört, die für diesen Ausgleich sorgt, ist recht- und hilflos.

Gerade ihm aber wendet sich das Ethos in der Institution der *Gastfreundschaft* zu. Der fremde Wanderer ist heilig und unantastbar. Im Buch der Richter wird aus späterer Zeit erzählt, wie in der Stadt Gibea das Gastrecht verletzt wurde und wie als Folge dieser Tat unter den israelitischen Stämmen ein Bruderkrieg entbrannte, bei dem fast der ganze Stamm Benjamin, in dessen Bereich die Stadt Gibea lag, ausgerottet wurde (vgl. Ri 19,1-30; 20,29-48).

In diesem Lebensumfeld ist die Gewährung und Erfahrung von Zuwendung und Fürsorge gegenüber dem Bedürftigen und auf Hilfe Angewiesenen die Sinnmitte, die das Leben ermöglicht und trägt. Gewiß stehen auch diese zu Beginn des 2. Jahrtausends v. Chr. in Palästina lebenden Kleinviehnomaden im Bann und in der Faszination der Tötungsgewalt. Sicher gab es auch sowohl innerhalb der Gruppen wie auch zwischen den Gruppen untereinander gewalttätige Auseinandersetzungen. Durch Talion-Recht und Blutrache müssen auch bei ihnen Mord und Totschlag eingedämmt und das Auswuchern der Gewalt verhindert werden. Und auch sie verehren den Schutzgott ihrer Sippe, indem sie, wie es von Abel erzählt wird (vgl. Gen 4,4), die erstgeborenen Tiere ihrer Herde am Opferstein töten. Auch sie kannten die Faszination des rinnenden Blutes. Auch sie schützten sich zu Beginn ihrer Wanderung zu den Sommerweiden gegen die Gefahren und Dämonen, die auf ihrer Wanderung lauerten, durch einen Blutritus: Ähnlich wie die Israeliten beim Auszug aus Ägypten (vgl. Ex 12,13, wo nur in den mit Blut bestrichenen Häusern die Erstgeborenen am Leben blieben), bestrichen sie die Pfosten und Eingänge ihrer Zelte mit Blut (vgl. Rost 44).

Doch hier waren diese Opferhandlungen eingebettet in einen Gestus der familiären Fürsorge. Es gab keinen Priester, der die Opfer- und Tötungsgewalt exklusiv für sich beanspruchte, keine Brandopfer, in denen der Schauder der gänzlichen Vernichtung eines Lebewesens im Mittelpunkt steht und keine große Kultgemeinde, die anbetend und schaudernd den

Opfer- und Tötungsakt erlebt. Das sog. »Kleinviehnomaden-*sebach*« (Rost 15, 52, 67, 69, 82; vgl. auch 65) vollzog sich im kleinen Raum der Sippe und Familie und hatte eher den Charakter einer Nahrungsversorgung. Umgeben von den Sippenangehörigen nahm der Sippenälteste ein Ziegenböcklein oder ein Schaf, legte es auf einen Stein, den Opferstein, und schnitt dem Tier die Kehle durch, so daß das Blut über den Stein floß. Dann wurde das Fleisch zubereitet und in einem Gemeinschaftsmahl verzehrt. Zwar bewirkt auch hier der Schauder des rinnenden Blutes, daß der Sippenälteste in den Raum des Göttlichen hineingehoben wird, doch gleichzeitig erscheint er dabei als der fürsorgende Hausvater, der (aus seiner Tötungsmacht heraus) den Seinen Nahrung spendet. Auch die Abwehr von Gefahren und Dämonen durch den Blutritus ist deutlich ein Akt der Fürsorge für die aufbrechende Gruppe. Wichtig ist auch, daß es allen Anzeichen nach bei den Kleinviehnomaden kein Menschen- und Kinderopfer gegeben hat; dieses hat seinen Ort vielmehr im Raum der Seßhaftwerdung und Staatenbildung (vgl. Rost 51).

So stammten die aus Ägypten fliehenden Arbeitssklaven, von denen im Buche Exodus erzählt wird, aus einem religiösen Lebens- und Erfahrungsraum, in dem die gegenseitige menschliche Hilfe und Fürsorge das Leben prägte, trug und sinnvoll machte. Wenn auch, wie überall auf der Erde, Religionsausübung und Kult sich als Opferkult darstellten, war hier unterschwellig doch jene andere religiöse Urszene prägend, die im Pflege-, Fürsorge- und Bestattungsverhalten ihren Ausdruck findet.

Von daher ist es verständlich, wenn auch keineswegs zwingend, daß die aus Ägypten fliehenden Arbeitssklaven, die früher in solcher Weise gelebt hatten, die geglückte Flucht als das Werk und Geschenk des alten Schutz- und Wegegottes ihrer Sippen erkannten und deuteten. Das zutiefst Überraschende und Erstaunliche ist freilich immer noch, daß diese kleine Gruppe geflohener Sklaven diesen ihren in der geglückten Flucht auf neue Weise erfahrenen Gott für mächtiger erachtete als die Götterwelt des Pharao. Denn auch wenn tatsächlich, wie im Buch Exodus erzählt wird, die ägyptischen Streitwagen und Grenzsoldaten, die die fliehenden Israeliten verfolgten, im Schilfmeer steckenblieben und von zurückflutenden Wassermassen überschwemmt wurden, so wußte doch unter jenen, denen auf diese Weise die Flucht gelang, jedes Kind, daß der ägyptische Pharao noch hundert- und tausendfach über andere Streitwagen und bewaffnete Soldaten verfügte, die nicht im Schilfmeer ertrunken waren; und sie wußten auch, daß es Hunderttausende und Aberhunderttausende von anderen Arbeitssklaven gab, die *nicht* fliehen konnten und in der Verfügungsgewalt des Pharao blieben.

3.15 Zu Charakter und Mächtigkeit des Gottes der Verfolgten

Woher also kam das Bewußtsein von der Mächtigkeit ihres Gottes? Woher kam die Überzeugungskraft ihrer Erzählung von diesem ihrem Gott, die so stark war, daß alle israelitischen Stämme sich zu dieser Gottesmacht bekannten und aus ihr die drei großen Weltreligionen Judentum, Christentum und Islam herauswachsen konnten? Die Antwort kann nur darin liegen, daß Menschen hier – nicht wie die großen Männer der »Achsenzeit« durch *Nachdenken*, sondern vielmehr durch unmittelbare *Erfahrung* – auf jene andere und verschüttete Ader der Gotteswahrnehmung und Gotteserfahrung stießen, die ihren ersten (archäologisch faßbaren) kultischen Ausdruck im Bestattungsverhalten fand. Gewaltfaszination und aus ihr entspringender Opferkult hatten zwar auch hier diese älteste, aus der Mutter-Kind-Beziehung erwachsende religiöse Urszene verschüttet, doch bedingt durch die beschriebene Lebensweise dieser semitischen Kleinviehnomaden war dieser Schutt wesentlich niedriger als in staatlich organisierten Gesellschaften, in denen der König die Tötungsmacht in sich vereinte und mit ihrer Hilfe – diese als seine Göttlichkeit ausstrahlend – Land und Leute regierte. Durch die existentielle Erfahrung ihrer Errettung aus Wasserfluten und Sklaverei wurden die semitischen Kleinviehnomaden *von außen*, vom geschichtlichen Ereignis her, auf diesen ältesten Grund religiöser Erfahrung gestoßen und mehr oder weniger unbewußt (ohne näher über das Verhältnis zwischen ihrem Gott und der Götterwelt des Pharao nachzudenken) wurden sie der Urkraft dieser ältesten Gotteserfahrung inne.

Der bezeichnendste Ausdruck dieses Geschehens ist der *Name*, genauer: die *Deutung* des Namens, unter dem sie diesen ihren Gott im Rettungsereignis wahrnahmen und priesen: »*Jahwe* ist sein Name« (Ex 15,3). Herkunft und Etymologie dieses Gottesnamens sind umstritten. Man nimmt heute allgemein an, daß es schon im vorisraelitischen semitischen Raum eine Gottheit gegeben hat, die mit einer ähnlichen Wortwurzel bezeichnet wurde (wahrscheinlich *Ja* oder *Jahu*; vgl. Mertens 612 und 615 f., zum Jahwe-Namen auch: M. Görg, Artikel Jahwe, in: M. Görg/B. Land [Hg.], Neues Bibellexikon, Lieferung 7 [Herrenmahl-Jesus Christus], Zürich 1992, 260-266). Die Bedeutung dieser Wortwurzel ist unsicher. Görg denkt an eine Wettergottheit (mit der möglichen Bedeutung des Wortes »Er steigt herab«), die Mose bei den Midianitern hätte kennenlernen können (Görg 265), sofern sie nicht schon aus der früheren Nomadenzeit der in Ägypten versklavten Sippen bekannt war (Mertens 612).

Neu ist also nicht der Gottesname *Jahwe* als solcher, sondern die *Bedeutung*, die er im Schilfmeerereignis für die befreiten Sklavensippen gewinnt. In einer Volksethymologie deuten die Sippen den Namen und damit das Wesen dieses ihres Rettergottes als »Ich bin [für dich] da«, »Ich bin mit dir« (Ex 3,14). Zwar läßt der hebräische Wortlaut der Stelle auch andere Übersetzungen zu: »Ich bin, der ich bin« (*ho on*, »der Seiende«; so übersetzt die Septuaginta, die älteste griechische Übersetzung des Alten Testaments; der Aachener Linguist und Alttestamentler Johannes Floß übersetzt aufgrund genauer syntaktischer Beobachtungen: »Ich, der ich bin, bin mein Name«; vgl. ders., »Ich bin mein Name«. Die Identität von Gottes Ich und Gottes Namen nach Ex 3,14; in: W. Groß/H. Irsigler/Th. Seidl [Hg.], Text, Methode und Grammatik. W. Richter zum 65. Geburtstag, St. Ottilien 1991, 67-80, hier 78). Doch aus den anderen Teilen der Rettungserzählung ergibt sich eindeutig, daß das, was an Jahwe-Gott zutiefst beeindruckte, seine rettende Hilfe, seine Fürsorge und Zuwendung, sein Da-sein und Mit-sein in der Situation der Not und der Bedrängnis ist. »Ich bin mit dir« (Ex 3,12) sagt er dem zweifelnden und ängstlichen Mose, und »ich habe sorgsam auf euch geachtet und habe gesehen, was man euch in Ägypten antut« (Ex 3,16). Deshalb empfiehlt Mertens (ebd. 612) – trotz anderer Möglichkeiten - den Wortlaut der Einheitsübersetzung beizubehalten: »Ich bin der ›Ich-bin-da‹«; »da« sein wird dabei im Sinne von »mit dir sein«, »schützend, helfend und rettend an deiner Seite sein« verstanden: »Sage den Israeliten: Der ›Ich-bin-da‹ hat mich zu euch gesandt« (Ex 3,14). Dabei ist er als dieser Ich-bin-da-Gott »der Gott eurer Väter, der Gott Abrahams, der Gott Isaaks und der Gott Jakobs« – also der Schutz- und Wegegott jener alten Nomadenführer, von denen man sich rückerinnernd in der Sklaverei erzählt hatte. »Dies ist mein Name für immer, und so wird man mich nennen in allen Generationen« (Ex 3,15). »Ich-bin[für euch]-da« erscheint in diesem Rettungsereignis als das wahre Wesen Gottes, das nach Jahrmillionen der Verschüttung inmitten von Gewalt, Blut und Tränen neu erkannt wird und nun niemals mehr ganz dem Vergessen anheimfallen wird.

»Ich-bin-da«, »Ich bin mit dir und bei dir« – das ist die tiefste Sehnsucht des Kindes gegenüber seinen Eltern. Kinder wollen zutiefst und existentiell, daß ihre Mutter, ihr Vater immer »da« sind. Ein Vater oder eine Mutter können nichts Tröstlicheres und Beruhigenderes zu ihrem Kinde sagen als »Ich bin da«, »Ich bin bei dir«. Diese aufmerksame Fürsorge, diese liebevolle Zuwendung drückt sich auch in der Exodus-Erzählung als das Wesen dieses Gottes aus: »Ich habe das Elend meines Volkes in Ägypten gesehen, und ihre laute Klage über ihre Antreiber habe ich gehört. Ich kenne ihr Leid« (Ex 3,7). »Darum habe ich beschlossen, euch aus dem Elend Ägyptens hinaufzuführen in das Land, in dem Milch und Honig fließen« (Ex 3,17). Wenn dann die Eltern alt werden und aus dem Leben scheiden, kehrt sich das Verhältnis um: Die sterbende Mutter, der sterbende Vater wünschen nichts sehnlicher, als daß in diesen Stunden ein Kind oder sonst ein Mensch, der ihnen nahesteht, »da ist« und den Weg mit ihnen geht. In diesem »Da-sein« des Größeren, Stärkeren, der mich beschützt, werde und bleibe ich mir als Kind oder Sterbender in all meiner Schwäche und Ausgeliefertheit doch der übersteigenden Dimension bewußt, die in mir lebt und mich in meinem Ausgeliefertsein und meiner Vergänglichkeit trägt. Der andere bestätigt und spiegelt diese mich umgreifende Dimension durch sein Da-sein.

Darin wohl liegt der Grund für die Stärke und Kraft der von den geflohenen Arbeitssklaven erlebten Gotteserfahrung: Sie legt einen religiösen Erfahrungsstrom frei, der durch die Hinwendung des Menschen zum Töten und zur Gewalt für Jahrmillionen verschüttet war, aber doch die eigentlich ursprünglichere, tiefer noch als die Gewaltfaszination das Menschsein prägende Erfahrung des Göttlichen darstellt. Die religionsstiftende Kraft derer, die von diesem Ereignis erzählen, liegt in dem genauen und treffenden Profil, in dem sie in ihrer Deutung des Jahwe-Namens diese Gotteserfahrung herausarbeiten und dadurch bewirken, daß sich der Mensch in seinen tiefsten religiösen Sehnsüchten und Bildern in ihr wiedererkennt.

Dies gilt, obwohl auch diese Exodus-Erzählung, wie gleich im einzelnen weiter zu zeigen sein wird, in mehreren Schichten von Bildern der Gewaltfaszination übermalt und durchzogen wurde. Die Grundkonstellation bleibt dennoch erhalten und kann von jedem Menschen als die ihn zutiefst berührende Gotteserfahrung erkannt werden: Menschen sind hilflos der Not, dem Elend, der Gewalttätigkeit anderer Menschen ausgeliefert, versuchen das Äußerste, um sich aus dieser Situation zu befreien und erfahren dabei die helfende und rettende Hand einer fürsorglich über sie waltenden Macht. Diese in der Eltern-Kind-Beziehung jeweils neu sich ausprägende religiöse Urszene bleibt durch alle Übermalungen hindurch als Ursprung der jüdisch-christlichen Tradition erhalten.

3.16 Die Mißdeutung der Mächtigkeit des Gottes der Verfolgten als (alles überragende) Tötungsgewalt

Dabei gilt es zu bedenken, daß schon die ersten Erzähler, die das Geschehen am eigenen Leibe erfuhren, als ungebildete, schriftunkundige Kleinviehnomaden und Arbeitssklaven das religionsgeschichtlich grundsätzlich *andere* ihres Gottes – gegenüber der sie umgebenden Götterwelt – nicht in seinem religionsgeschichtlichen Wesen erfassen konnten. Für sie gab es ja noch keine Jahrmillionen lange Menschheits- und Religionsgeschichte. Sie erfuhren ihren Gott als stark und mächtig, und da grundsätzlich auch sie befangen waren in der Faszination der Gewalt und der opferkultischen Religiosität, konnten sie diese überragende Kraft und Stärke ihres Gottes wiederum nur in Bildern der Tötungsmacht artikulieren, wie es im Lied der Prophetin Mirjam, die mit Paukenschlag und Tanz den Frauen vorauszog, und im »Lied des Mose« zum Ausdruck kommt:

> *»Singt dem Herrn ein Lied,*
> *denn er ist hoch und erhaben!*
> *Rosse und Wagen warf er ins Meer.«*
>   (Mirjam-Lied Ex 15,21)

> *»Der Herr ist ein Krieger,*
> *Jahwe ist sein Name.*
> *Pharaos Wagen und seine Streitmacht*
> *warf er ins Meer.*
> *Seine besten Kämpfer versanken im Schilfmeer.*
> *Fluten deckten sie zu,*
> *sie sanken in die Tiefe wie Steine.*
> *Deine Rechte, Herr, ist herrlich an Stärke;*
> *deine Rechte, Herr, zerschmettert den Feind.*
> *In deiner erhabenen Größe*
> *wirfst du die Gegner zu Boden.*
> *Du sendest deinen Zorn;*
> *er frißt sie wie Stoppeln.*
> *Du schnaubtest vor Zorn,*
> *da türmte sich Wasser, da standen Wogen als Wall,*
> *Wer ist wie du unter den Göttern, o Herr?*
> *Wer ist wie du gewaltig und heilig*
> *Als die Völker das hörten, erzitterten sie,*
> *die Philister packte das Schütteln.*

Damals erschraken die Häuptlinge Edoms,
die Mächtigen von Moab packte das Zittern,
Kanaans Bewohner, sie alle verzagten.
Schrecken und Furcht überfiel sie...«
(Lied des Mose Ex 15,3-8. 11. 14-16)

Spätere Erzähler, die in der Königszeit Israels lebten oder (noch später) die schrecklichen Verwüstungen der von orientalischen Großreichen ausgeschickten Heere erlebten, waren, eingebunden in diese durch die je größere Tötungsgewalt regierte Welt, noch weniger fähig, die einzigartige Wirkkraft des Rettergottes am Schilfmeer anders zu begreifen und zu verstehen denn als transzendente Tötungsgewalt und Panik erzeugende militärische Überlegenheit. So wird von den furchtbaren Plagen erzählt, die Jahwe über die Ägypter schickt, damit diese die Israeliten ziehen lassen, die Flucht einer kleinen Gruppe von Arbeitssklaven wird hochstilisiert zum Auszug eines ganzen Volkes, und die sie verfolgende Grenzwache wird in orientalischer Übertreibung zur gesamten ägyptischen Streitmacht, die, angeführt vom Pharao selbst, »mit allen Pferden und Streitwagen..., mit seiner Reiterei und mit seiner Streitmacht« hinter ihnen herzog (Ex 14,9). Entsprechend überlegen erscheint dann die Gottesmacht Jahwes, wenn er dieses riesige Heer des Pharao »mitten ins Meer« hineintreibt und das Wasser »Wagen und Reiter, die ganze Streitmacht des Pharao« bedeckt, so daß nicht ein einziger übrigblieb (Ex 14,27f.).

So tritt in der Gotteserfahrung Israels zwar ein grundlegender Perspektivenwechsel ein – aus Gott als der Tötungsgewalt des Verfolgers wird Gott als die rettende und fürsorgende Macht des Verfolgten –, doch die Größe, Stärke und Macht des neu erfahrenen Gottes wird wie bisher in Bildern der Tötungsgewalt ausgedrückt. Dabei stehen die Erzähler, Propheten und Liedersänger Israels in einem doppelten Zwiespalt: Einerseits verträgt es sich in keiner Weise mit dem Charakter des aus dem Sklavenhaus Ägypten errettenden Gottes, wenn in der frühen Königszeit Israel selbst ein orientalisches Großreich aufzubauen versucht, andere Völker tributpflichtig macht und die eigenen Leute durch überhöhte Steuern verarmen läßt, während Israels König eine üppige Hofhaltung vorlebt sowie ein Heer von Fronarbeitern für sich im Libanon arbeiten läßt (vgl. die Erzählungen über das Leben und Wirken Salomons 1 Kön 5,1-31); der Jahwist und die vorexilischen Propheten stehen dieser Tendenz sehr kritisch gegenüber. Andererseits erleben die späteren Erzähler und Propheten die faktische Ohnmacht des Reiches Israel: Schon nach dem Tode Salomons begehren die israelitischen Stämme, die ihre Identität und ihr geschichtliches Erbe in der Befreiung aus dem Sklavenhaus Ägypten bekannten, gegen die Großmachtpolitik und steuerliche Unterdrückung des salomonischen Königtums auf, und das Reich zerfällt in zwei Teile, das Nordreich Israel und das Südreich Juda. Das Nordreich übersteht nicht einmal zwei Jahrhunderte; schon 722 v. Chr. wird es vom assyrischen Großreich erobert. Das kleinere Südreich mit seiner Hauptstadt Jerusalem kann seine Eigenständigkeit knapp anderthalb Jahrhunderte länger bewahren, wird dann aber auch vom babylonischen Großreich erobert, wobei die Oberschicht des Landes nach Babylon deportiert und verbannt wird. Auch als nach einem halben Jahrhundert der Perserkönig Kyrus die Rückkehr erlaubt, bleiben Israel und Juda (bis auf kurze Zwischenabschnitte in der Zeit des Makkabäeraufstandes) unter wechselnder Fremdherrschaft und werden schließlich dem römischen Weltreich einverleibt.

Die glücklich aus Ägypten geflohenen Arbeitssklaven haben im Ereignis ihrer Rettung am Schilfmeer das Wesensprofil ihres Gottes, der sie rettete – in der Deutung des *Jahwe*-Namens: Ich-bin-da, bin bei und mit euch, verbindlich ausgedrückt – zwar klar erkannt und die tiefere Wirksamkeit und Ursprünglichkeit dieses Gottes unmittelbar erfahren, aber sie konnten diese Andersartigkeit ihres Gottes nicht religionsgeschichtlich begründen. In ihrem Denkhorizont mußte sich die erspürte ursprüngliche Kraft und Stärke dieses Gottes als die allen anderen Gottheiten überlegene Tötungsmacht erweisen. Wo diese sich jedoch – in der Institution des orientalischen Großkönigtums – innerhalb des eigenen Volkes aufrichtete, wurde sie von den Propheten und religiösen Erzählern als Jahwe-widrig erkannt und kritisiert; ein solches Königtum schuf kein bergendes Zuhause, wie es der Schutz- und Wegegott der wandernden Kleinviehnomaden – in Ägypten offenbar geworden als Ich-bin-da-Gott – schuf und schaffen mußte. So konnte, auf dieser Gotteserfahrung gründend, kein den anderen orientalischen Großmächten vergleichbares Staatengebilde entstehen und Israel wurde deren Beute.

Dies mußte eine harte Identitäts- und Glaubensprobe dieses Volkes bedeuten. Ihr Gott erwies sich ja als schwächer, weniger über Tötungsmacht verfügend, als die Götter dieser Großreiche. Normalerweise gab ein Volk, das von einem anderen erobert wurde, seine eigene religiöse Identität auf und erkannte die Götter des Eroberervolkes als größer und mächtiger an. Nicht so jedoch Israel, das in einer tiefen Intuition die Einzig- und Andersartigkeit seines Gottes erkannt hatte und von daher zuinnerst überzeugt war, daß noch so große militärische Erfolge, noch so imponierende Streitwagen und Reiterheere als Ausdruck fremder Gottesmacht die Wirkmacht des eigenen Gottes, die Einzigartigkeit und »Über-Macht« Jahwes nicht schmälern konnten, ja ihren Gott in seiner Andersheit gar nicht berührten.

Warum aber dann die eigene staatliche Ohnmacht, die Verbannung und das Elend? Man wußte noch nichts von einer »gewaltlosen Gottheit«, die sich nur dadurch offenbaren kann, »daß sie sich durch Gewalt vertreiben läßt« (Girard, Ende, 227). Die naheliegende Erklärung war vielmehr, diese Situation als Strafe Jahwes für begangene Übertretungen seiner Gebote zu betrachten. Dadurch blieben die Gottheit ihres Gottes und die Identität Israels auch in Verbannung und Fremdherrschaft bewahrt, freilich um den Preis, daß dadurch der rettende Ich-bin-da-Gott, die übersteigende Dimension der nährend sich zuwendenden Mutter und des beschützenden Vaters, Gott als Helfer und Retter, verdunkelt und zu einem rächenden und wieder mit Tötungsgewalt strafenden Gott verfälscht wurde. Gleichzeitig erwuchsen aus dieser Interpretation Aggression, Haß und Gewalt gegenüber denjenigen Menschen aus dem eigenen Volk, die in irgendeiner Weise von den allgemeinen Verhaltensnormen abwichen und durch solche Gebotsübertretungen die Rache und Strafe Gottes, also die schlimme Situation des Volkes Israel, verschuldeten.

Von daher erklären sich zwanglos jene biblischen Texte, die Buggle in seinem oben erwähnten Buch unter der Überschrift »›Es ist furchtbar, in die Hände des lebendigen Gottes zu fallen‹: Gewalttätigkeit gegen normabweichende ›sündige‹ Menschen und deren exzessiv-inhumane Bestrafung auf Wunsch und Befehl des biblischen Gottes und seiner Frommen« eindrucksvoll aneinanderreiht und als »archaisch-inhuman« charakterisiert (Buggle 68-119). Sie reichen von der exzessiven Androhung der Todesstrafe, die verstanden wird als »Ausmerzung des Bösen« (vgl. Dtn 22,21 u.ö.) über die Rede vom »Zorn Gottes« in den Psalmen und prophetischen Schriften bis hin zur Höllendrohung des Neuen Testamentes.

Außerdem kompensiert Israel seine faktische Ohnmacht bei fortbestehendem Glauben an die grundsätzliche Überlegenheit seines Gottes durch Gewaltphantasien, in denen es in orientalisch übersteigerter Weise von der spontanen, nichts und niemanden verschonenden, wie eine Naturgewalt hereinbrechenden Tötungsgewalt seines Gottes erzählt und in den Liedern, prophetischen und apokalyptischen Texten dieses Gottesgericht und diesen Gotteszorn den Eroberervölkern und Feinden Israels in überbordenden Schreckensbildern androht. So weiß man beispielsweise heute mit relativ großer historischer Sicherheit, daß die sog. »Landnahme« (zumindest überwiegend) nicht in Form einer organisierten kriegerischen

Eroberung stattfand. Zwar gab es dabei (wie die neuere Forschung wieder stärker herausarbeitet: vgl. N. Lohfink, »Gewalt« als Thema alttestamentlicher Forschung; in: ders. [Hg.], ›Gewalt‹ 15-50, hier 19-21) wohl auch »kämpferische Bandentätigkeit…, Vertreibung der in ihren Stadtburgen verschanzten kanaanäischen Herrschaftseliten, ja auch listenreiches Knacken der ummauerten Städte« (ebd. 19), doch insgesamt erfolgte die Landnahme als eine über viele Jahrzehnte sich hinziehende und von verschiedenen Richtungen aus praktizierte Infiltration der Nomadensippen zunächst in die schwächer bewohnten gebirgigen Landstriche; erst später kam es zu größeren kriegerischen Auseinandersetzungen mit den kanaanäischen Stadtstaaten (vgl. die sog. Debora-Schlacht, Ri 4, und das Debora-Lied, Ri 5; zum Ganzen: Schmidt, Einführung 14-17).

Dennoch erzählt das Buch Josua von einem erbarmungslosen Eroberungskrieg, bei dem alles, was in den eroberten Städten lebte, vom kriegsfähigen Mann über Frau und Kind bis hin zum Greis, ja oftmals auch noch das Tier »der Vernichtung geweiht«, d.h. unterschiedslos getötet und zerstört wurde. Wahrscheinlich entzündeten sich diese Gewalt- und Vernichtungsphantasien eines selbst politisch ohnmächtigen, aber an einen einzigartigen weltüberlegenen Gott glaubenden Volkes an den Ruinenstädten, welche die einwandernden Nomaden im Land vorfanden. So ist z.B. erwiesen, daß die Stadt Ai, von der eine solche Eroberung erzählt wird, zur Zeit der Einwanderung israelitischer Nomadensippen schon eine Ruinenstadt war. Als dann später in der Königszeit der Erhalt des Jahweglaubens durch Vermischung der Israeliten mit den Kanaanäern und deren Fruchtbarkeitskulten bedroht war, wurden diese exzessiven Vernichtungsphantasien nachträglich noch dadurch begründet, daß auf diese Weise der Jahweglaube rein erhalten werden sollte (vgl. die sog. »Kriegsansprachen« in Dtn 7,1-26 u.a.).

Auf ähnliche Weise suchen die Propheten die unterdrückten und ausgebeuteten Volksgenossen dadurch zu trösten und zu stärken, daß sie ausmalen, mit welch gewaltiger Tötungsmacht Jahwe ihre Peiniger einst vernichten wird. Auf diese Weise entstehen jene Texte, die Buggle unter der Überschrift »Bejahung von Eroberungskriegen und Völkermord (Genozid)« und »die biblische lieblose, haßerfüllte Abwertung Anders- und Nichtgläubiger« auf knapp 30 Seiten seines Buches aneinanderreiht (Buggle 37-63).

Man muß Buggle zugestehen, daß das Ausmaß an Gewalt, Straf- und Zerstörungsphantasien, das aus diesen Texten spricht, zutiefst erschreckend ist und teilweise pathologische Züge trägt. Es ist auch schwer verständlich – und wahrscheinlich ein Akt der Verdrängung –, daß die moderne exegetische Wissenschaft – anders als etwa Marcion in der frühen Kirche – zwar mit größter Intensität und Akribie die Fragen nach der Entstehung der einzelnen biblischen Texte, ihrer Quellenscheidung und der Bestimmung ihrer literarischen Formen erörtert, sich aber erst in jüngster Zeit in ersten Ansätzen und erst aufgrund der Anregungen René Girards der Frage zuwendet, wie es möglich ist, daß in solchen Gewaltphantasien vom biblischen Gott erzählt, gesungen und prophezeit wird (vgl. Lohfink, ›Gewalt‹, 16-18). Hier zeigt sich, wie wenig sensibel Kirche und Theologie immer noch für dieses Grundproblem des Menschseins sind, und nochmals wird deutlich, wie schwer sie sich dem im Johannesevangelium angekündigten und vom Jesusereignis ausgehenden »Geist der Wahrheit« (Joh 16,13), der Wahrheit über die Gewaltfaszination und Gewaltverhaftetheit des Menschen, öffnet.

Dies wird vor allem deutlich in der Haltung des Christen gegenüber dem Opfer. In der Bereitschaft Abrahams, auf Befehl Gottes seinen eigenen geliebten Sohn als Opfer zu schlachten, hat man Jahrtausende lang das große Vorbild der Opferbereitschaft dessen gesehen, der durch seinen Glauben an die göttliche Sohnesverheißung gerechtfertigt (vgl. Gen 15,6) und zum »Vater des Glaubens« für alle Menschen (vgl. Röm 4,9-12) geworden ist. Dieser Erzählung und seiner Wirkungsgeschichte gilt es deshalb im folgenden nachzugehen.

3.2 Die Jahwe-Offenbarung an Abraham: das Kind nicht opfern (zu Gen 22,1-19: Die aufgehobene Opferung Isaaks)

Die Erzählung, wie Abraham von Gott dazu aufgefordert wird, seinen einzigen Sohn Isaak mit eigener Hand zu töten und als Opfer darzubringen und Abraham der Aufforderung folgt, aber im letzten Moment auf einen neuerlichen Befehl Gottes hin nur einen Widder anstelle seines Sohnes opfert (Gen 22,1-19), gilt als *die* biblische Opfererzählung. In der Bereitschaft Abrahams, dem grausamen Gottesbefehl zu gehorchen, hat man das Grundmuster des Glaubensgehorsams gesehen, und die frühe Kirche hat schon bald auch den Tod Jesu im Lichte dieser Erzählung als Opfertod gedeutet (vgl. Röm 8,32).

Die Schwierigkeit im Umgang mit dieser Erzählung beginnt schon beim Versuch, ihr den richtigen Namen zu geben. Ältere Bibelausgaben überschreiben sie mit »Isaaks Opferung« (so z.B. noch W. Zimmerli, 1 Mose

12-25: Abraham [Zürcher Bibelkommentare, AT 1.2], Zürich 1976, 108), obwohl ja Isaak nicht geopfert wird, sondern am Leben bleibt. Die Einheitsübersetzung und neuere Kommentare sprechen vom »Opfer Abrahams«. Doch auch dies trifft den Inhalt der Erzählung nur sehr ungenau; denn das Opfer, um das es eigentlich in der Erzählung geht, nämlich die Hinschlachtung Isaaks, wird ja von Abraham nicht vollzogen. Das Opfer, das Abraham tatsächlich vollzog, war die Tötung eines Widders, der sich mit seinen Hörnern im Dickicht verfangen hatte; doch diese Tat ist nur eine Ersatzhandlung und bildet nicht den Inhalt der Erzählung. So, wie die Erzählung im allgemeinen gedeutet wird, wäre sie wohl zutreffend mit »Abrahams Opferbereitschaft« oder – von Gott her gesehen – mit »Abrahams Erprobung« zu überschreiben. Tatsächlich sieht der bekannte evangelische Alttestamentler Claus Westermann hier das Aufbauprinzip der Erzählung (vgl. ders., Genesis, 2. Teilband: Genesis 12-36, Neukirchen-Vluyn 1981, 434). Vers 1 nennt ja auch das Thema der Erzählung: »Nach diesen Ereignissen stellte Gott Abraham auf die Probe«. Dieses Thema wird nach Westermann entfaltet, indem (a) die Prüfungsaufgabe gestellt (Verse 1b-2), (b) die Aufgabe durchgeführt (Verse 3-10) und (c) das Bestehen der Prüfung festgestellt (Vers 12b) wird. Doch Westermann selbst muß einräumen, daß dieser Aufbau »darin abgewandelt« (ebd.) wird, daß die »Prüfung« in den Versen 11-12a widerrufen wird und dadurch neue, nicht in das Schema passende Erzählelemente notwendig werden, die gleichwohl für die Erzählung konstitutiv sind: vor allem die Auffindung und Opfertötung des Widders und die Namengebung des Opferortes (V. 13-14). Von daher ist es treffender, von der *aufgehobenen* Opferung Isaaks zu sprechen. Auf diese Aufhebung läuft der Spannungsbogen der Erzählung zu, in ihr kommt er zu seinem Höhepunkt.

Wie die Auslegung zeigen wird, ist dieser Höhepunkt der Erzählung – wenn auch erst später als Ortsnamen-Ätiologie eingetragen – gleichzeitig eine Jahwe-Offenbarung. In ihr wird deutlich, daß Jahwe ein Gesicht hat (»Jahwe sieht«) und sehend zur Erscheinung kommt (»Auf dem Berg läßt sich der Herr sehen«; so V. 14 die Deutung des Ortsnamens *Jahwe-Jire*). Von daher könnte man (von dieser zentralen Erzählschicht her) die Geschichte auch als »Jahwe-Offenbarung an Abraham« überschreiben.

3.21 Zur Auslegungsgeschichte der Erzählung von der aufgehobenen Opferung Isaaks

Am stärksten wird die Opferbereitschaft Abrahams in den Versen 16-18 hervorgehoben: »Weil du das getan hast und deinen einzigen Sohn mir nicht vorenthalten hast, will ich dir Segen schenken in Fülle und deine Nachkommen zahlreich machen wie die Sterne am Himmel und den Sand am Meeresstrand ... Segnen sollen sich mit deinen Nachkommen alle Völker der Erde, weil du auf meine Stimme gehört hast.« Hier wird mit einem großartigen Lob auf den »Prüfling« die Erprobung der Opferbereitschaft Abrahams abgeschlossen. Doch selbst Westermann, der (in herkömmlicher Auslegung) in der Erprobung Abrahams das Thema der Erzählung gegeben sieht, erkennt aus strukturellen und stilistischen Gründen diese Verse ganz klar als späteren Zusatz: »Es gibt nur wenige Texte in Gen 12–50 [also in den gesamten Patriarchen-Erzählungen], die sich so eindeutig als Nachtrag erkennen lassen« (Westermann 445). In dieser Beurteilung der Verse als späterem Zusatz folgen in seltener Einmütigkeit fast alle Ausleger des Textes (vgl. P. Tschuggnall, Das Abraham-Opfer als Glaubensparadox, Frankfurt a.M. u.a. 1990, 32). Der amerikanische Exeget John L. McKenzie bezeichnet die Verse als einen ersten exegetischen »Kommentar« zum Abrahamopfer (ders., The Sacrifice of Isaac, in: Scripture 9 [1957] 79–84, hier 83). Die Auslegungsgeschichte der Erzählung beginnt danach also schon innerhalb des Alten Testaments. Die Erzählung wird – innerhalb der alttestamentlichen Überlieferung – *gedeutet* als eine von Gott durchgeführte Erprobung des Befehlsgehorsams und der Opferbereitschaft Abrahams. Diese erste Auslegung ist prägend geworden für alle folgenden; sie bildet den Grundnenner der vielen Auslegungen, die diese Geschichte seit mehr als 2000 Jahren immer wieder gefunden hat (vgl. B. Lerch, Isaaks Opferung – christlich gedeutet. Eine auslegungsgeschichtliche Untersuchung, Tübingen 1950).

Die jüdische Auslegung der Erzählung (die in sich wiederum sehr vielfältig ist) ist in ihrem Hauptstrom dadurch gekennzeichnet, daß Israel sich mit Isaak identifiziert: Es empfindet sich in seiner Leidensgeschichte wie Isaak gebunden und auf den Altar Jahwes gelegt, »ihm zurückgegeben und dann allein von ihm das Leben zurückempfangend, d.h. nicht wie andere Völker, von eigenen Rechtstiteln her seine Existenz in der Geschichte begründend, sondern allein aus dem Willen dessen, der Isaak aus der Freiheit seines Geschichtswillens leben ließ« (G. von Rad, Das erste Buch Mose, Genesis [ATD Teilbd. 2/4], Göttingen 9. überarb. Aufl. 1972, 194). Von diesem Ansatz her steht dann tatsächlich auch die *abrogatio*, d.h. die Aufhebung der beabsichtigten Hinschlachtung Isaaks, im Mittelpunkt der Interpretation. Es gibt eine Tradition, wonach der jüdische Neujahrstag gleichzeitig als Tag der Opferung und der Geburt Isaaks (also Israels) gilt (Tschuggnall 45).

Besonders bemerkenswert ist, daß in der jüdischen Auslegungsgeschichte der Erzählung mehrfach der Gedanke auftaucht, daß *Satan* als eigentlicher Verursacher hinter der so schrecklichen Erprobung Abrahams steht. Ähnlich wie in der Rahmenerzählung des Buches Hiob der Satan den Gerechten schlechtzumachen sucht – Hiob ist dir nur treu, solange es ihm gut geht – und dadurch erreicht, daß Gott Hiob auf die Probe stellt, so schreibt auch ein rabbinischer Erzähler, daß der Satan die Opferbereitschaft Abrahams in Frage stellt, so daß Gott wie im Buche Hiob in einer Art Wette schließlich sagt: Wenn »ich aber zu ihm sagen würde: ›Opfre deinen Sohn vor mir‹, so würde er ihn sofort opfern«. Um dies zu erproben, ergeht die Gottesforderung an Abraham (nach Tschuggnall 47).

Nicht nur in der Hiob-Erzählung hat dieses Motiv eine biblische Parallele. Vielmehr ist insgesamt in den biblischen Schriften eine Entwicklung des Gottesverständnisses festzustellen, wonach in älteren Schichten das Böse als eine Dimension Gottes dargestellt, in späteren Texten dieses Böse aber als von Gott selbst verschiedene Macht gesehen und mehr und mehr von ihm abgespalten wird (vgl. Baudler, Stiergott, bes. 81-88). In die Exodus-Erzählung ist z.B. eine alte Überlieferung eingeschoben, wonach Gott – ohne erkennbaren Anlaß – in der Nacht am Rastplatz »auf Mose herniederstieß, um ihn zu töten« (Ex 4,24); und nur durch das aus der Beschneidung seines Sohnes gewonnene Blut wird er besänftigt und läßt von ihm ab; er trägt also unmittelbar (als er selbst) dämonische Züge. Ähnlich findet sich in dem Kranz der Erzählungen um den Stammvater Jakob die bekannte Sage, wie Gott bei einbrechender Nacht als eine Art Flußdämon den Jakob an einer Furt überfällt und die ganze Nacht mit ihm ringt (Gen 32,23-33). Noch der vorexilische Prophet Amos verbindet Unglück und Tod unmittelbar mit dem Wirken Jahwes: »Geschieht ein Unglück in einer Stadt, ohne daß der Herr es bewirkt hat?« (Am 3,6). Die spätere Tendenz, dieses wild-zerstörische Wirken aus Jahwe auszugrenzen und als von ihm verschiedene Macht ihm gegenüberzustellen, ist (neben der Rahmenerzählung des Hiob-Buches) besonders gut zu beobachten in der Geschichte von der Volkszählung durch David. Diese Erzählung beinhaltet wichtige Parallelen zur Abraham-Isaak-Geschichte.

In der Tat Davids, die Menschen seines Volkes – wie Vieh oder wie Sklaven – zu zählen, erblickt diese Geschichte eine der größten Verfehlungen des Königs, die als Strafe die Pest heraufbeschwört, an der 70.000 Israeliten sterben. Die Geschichte findet sich zweimal in den biblischen Texten, einmal (in einer früheren Fassung) im Zweiten Buch Samuel (2 Sam 24,1-25) und einmal (in einer späteren Fassung) im Ersten Buch der Chronik (1 Chr 21,1-30). Die ältere Fassung beginnt mit dem Satz: »Der Zorn des Herrn entbrannte noch einmal gegen Israel und er reizte David gegen das Volk auf und sagte: Geh, zähl Israel und Juda« (2 Sam 24,1). David reagiert auf diesen versucherischen Gottesbefehl ganz ähnlich wie Abraham: Ohne zu überlegen, ob er der Aufforderung auch wirklich folgen dürfe oder ob er dadurch vielleicht schwere Schuld auf sich laden würde, gibt er sofort den Befehl zur Volkszählung. Doch nach vollzogener Tat schlägt sein Gewissen, er empfindet sich als schuldig und der Prophet Gad verkündet ihm den Strafbeschluß jenes Gottes, der in seinem Zorn zuerst selbst ihn zu dieser Tat aufgestachelt hat. Hier ist also die unmittelbare Ausführung des (versucherischen) Gottesbefehls – »ohne Wenn und Aber«, wie manche Kommentare lobend von Abraham schreiben – keineswegs eine große Glaubenstat; sie ist vielmehr schwere Sünde, die große Strafe nach sich zieht. Vielleicht wäre es Abraham auch so ergangen, wenn er seinen Sohn tatsächlich getötet hätte.

Dieses aller Logik und Fairness widersprechende wild-zerstörerische Verhalten Gottes wird in späteren Texten ausgegrenzt und schließlich als »Satan« zu einer widergöttlichen Macht umgestaltet. So beginnt dieselbe Erzählung von der Volkszählung durch David im Buch der Chronik mit dem Satz: »Der *Satan* trat gegen Israel auf und reizte David, Israel zu zählen« (1 Chr 21,1). Dann wird wörtlich gleichlautend dieselbe Geschichte erzählt. Im Hiobbuch ist die Ausgrenzung als solche sichtbar. Es wird nämlich erzählt, daß der Satan als einer der (zum göttlichen Hofstaat gehörenden) »Gottessöhne« vor Gott hintritt (Ijob 1,6) und ihn zur Prüfung Hiobs aufstachelt. Ganz ähnlich erzählt der oben erwähnte Rabbi von der Prüfung Abrahams. Seine Version bleibt also durchaus innerhalb der biblischen Erzähltradition.

Im Neuen Testament finden sich nur spärliche Anklänge an die Erzählung von der aufgehobenen Opferung Isaaks. Zwar wird Abraham als Prototyp des Glaubenden, als »unser aller Vater vor Gott« (Röm 4,17) und als Vorbild des Glaubens (vgl. Gal 3,6-18 und Röm 4) geschildert, ohne dabei jedoch auf die Geschichte von Abraham und Isaak Bezug zu nehmen. Ein solch ausdrücklicher Bezug findet sich nur in zwei neutestamentlichen Briefen, nämlich im Jakobusbrief und im Hebräerbrief. In beiden Fällen erscheint die Bezugnahme wenig geglückt: Der Verfasser des Jakobusbriefes, der den notwendigen Zusammenhang der guten Werke mit dem Glauben herauszuarbeiten sucht, verweist auf Abraham als auf denjenigen, der aufgrund seiner Werke als gerecht anerkannt wurde: »Denn er hat seinen Sohn Isaak als Opfer auf den Altar gelegt« (Jak 2,21); dabei ist es in der Erzählung selbst aber gerade der Glaube (im Sinne des Befehlsgehorsams), durch den Abraham die Probe besteht, während er das Werk, nämlich die Tötung des Sohnes, nicht auszuführen braucht. Der relativ späte, von einem Paulus-Schüler verfaßte Hebräerbrief unterstellt – völlig geschichtsfremd – schon dem Abraham den Glauben an die Macht Gottes, Tote zum Leben zu erwecken und erklärt damit seine Opfer- und Tötungsbereitschaft (vgl. Hebr 11,17-19). Beide neutestamentliche Anklänge können kaum ein theologisches Gewicht für sich beanspruchen.

Theologisch und theologiegeschichtlich bedeutsam dagegen ist eine Wendung bei Paulus im Römerbrief. Er preist dort die Fürsorge Gottes, indem er sagt:»Er hat seinen eigenen Sohn nicht verschont, sondern ihn für uns alle hingegeben« (Röm 8,32). Diese Wendung legt den Gedanken an Abrahams Bereitschaft zum Sohnesopfer sehr nahe, auch wenn die Erzählung nicht ausdrücklich genannt wird. Die Aussage »weil du mir deinen Sohn nicht vorenthalten hast« bildet ja eine Art Leitmotiv in der jetzigen Form (nach Mc Kenzie: der alttestamentlichen *Interpretation*, s. oben!) der Erzählung. Auch Westermann schreibt zur Paulinischen Wendung:»Es ist wahrscheinlich, daß er [Paulus] dabei an Gen 22 denkt, ohne es zu zitieren« (Westermann 447). Dies ist theologiegeschichtlich sehr wichtig. Denn hier wird – unausdrücklich – erstmals Jesus zu Isaak in Parallele gesetzt – und damit der Tod Jesu als (Menschen-) Opfer gedeutet. Diese Tradition setzt sich fort bis heute.

In der alten Kirche ist die Erzählung von Abraham und Isaak durchgehend typologisch auf das Jesus-Geschehen bezogen. Dadurch wird eine Deutung des Todes Jesu als (Menschen-) Opfer einerseits vorausgesetzt und andererseits durch den typologischen Vergleich bestätigt und gefestigt: Isaak, der geliebte Sohn, erscheint als Vorbild des Gottessohnes, der (im Unterschied zu Isaak) tatsächlich getötet und geopfert wurde. In einer anderen Wendung wird in dem Widder, der sich mit seinen Hörnern im Dorngestrüpp verfangen hat und anstelle Isaaks sterben muß, ein Vorbild Christi gesehen:»Jener wurde geschlachtet und kaufte Isaak los. So hat auch der Herr, indem er geschlachtet wurde, uns errettet, und indem er gebunden war, uns gelöst, und indem er geopfert ward, uns losgekauft« (Bischof Meliton von Sardes, 2. Jht., nach Tschuggnall 49; ähnlich Augustinus in seinem Werk über den »Gottesstaat«, nach Tschuggnall 51 f.). In dieser typologischen Auslegung der Abraham-Isaak-Erzählung auf Jesus hin liegt eine der Wurzeln für die Interpretation des Todes Jesu als eines von Gott geforderten blutigen Opfers. Das Problem, daß – wie die jüdische Variante erzählt – ein Gott, der eine solche Tat fordert, seinem Wesen nach eher als Satan erscheint, wird dabei nicht gesehen.

Auch im Mittelalter wird die Erzählung als Beispiel eines rückhaltlosen Gottesgehorsams gedeutet, und die typologische Parallele zwischen Isaak und Jesus wird weitergeführt. Erst bei Thomas von Aquin wird wieder stärker auf die brutale Gewalttat reflektiert, die der Gottesbefehl darstellt. Die Frage wird aus der Gewißheit Abrahams, daß wirklich *Gott* zu ihm geredet hat, gelöst: Gott, der Urheber von Leben und Tod, ist auch die letzte Autorität für das sittliche Verhalten des Menschen. Der Mensch kann von sich aus nicht in letzter Instanz darüber entscheiden, was Gut und was Böse ist, er muß dem göttlichen Befehl, sofern er wirklich göttlich ist, immer gehorchen (nach Tschuggnall 52-54). Dieser Linie folgt (mit Akzentverschiebungen) auch die reformatorische Auslegung der Erzählung. Sie sieht in ihr das lutherische Prinzip, daß allein der Glaube (*sola fides*) den Menschen rechtfertige, veranschaulicht.

Die ethische Problematik der Erzählung wird insbesondere von Immanuel Kant wieder aufgegriffen. Kant schließt aus der Unsittlichkeit dessen, was von Abraham verlangt wird, daß es nicht wirklich Gott sein könne, der diesen Befehl gibt. Seiner Überzeugung nach hat sich Abraham hier geirrt (vgl. I. Kant, Der Streit der Fakultäten, in: ders., Werke in sechs Bänden, hg. v. W. Weischedel, Bd. VI, Darmstadt 1964, 333). In der theologischen Diskussion wird diese Position als »aufklärerisch« gekennzeichnet. Besonders die vom Existentialismus beeinflußte Theologie weist mit Kierkegaard darauf hin, daß nicht die Ethik der Religion, sondern die Religion der Ethik übergeordnet ist; ähnlich wie bei Thomas von Aquin ist deshalb für diese Theologie Gott der absolute Herr, der jegliches Verhalten fordern und den Menschen darauf verpflichten kann.

In dieser (hier nur kurz skizzierten) Diskussion werden jedoch Unterscheidungslinien gezogen, die weder der Sache der Erzählung noch dem Anliegen Kants gerecht werden. Denn für Kant besteht die praktische Vernunft nicht nur in einem System ethischen Handelns, sondern ist, wie oben schon erwähnt, ein Ort der Gotteserfahrung: »Der bestirnte Himmel über mir, und das moralische Gesetz in mir« sind nach Kant jene zwei Dinge, die »das Gemüt mit immer neuer und zunehmender Bewunderung und Ehrfurcht« erfüllen und dadurch den Menschen jenseits aller von Kant kritisierter Gottesbeweise von der Existenz Gottes überzeugen (Kant, Werke IV, 300). Es geht also für Kant nicht um die Frage, ob die Ethik der Religion oder die Religion der Ethik übergeordnet ist, sondern darum, ob der Mensch eine in der Bibel in bestimmter Weise erzählte Gottesforderung aufgrund einer *eigenen*, aus Natur und Gewissen zu ihm, dem konkreten Menschen, sprechenden Gottesoffenbarung kritisieren darf. Es geht um die in der ·Erklärung des II. Vatikanischen Konzils über die Religionsfreiheit (*Dignitatis humanae*) auch kirchenamtlich anerkannte Autorität des menschlichen Gewissens, die im konkreten Urteilen und

Handeln des Menschen letzte normgebende Instanz ist. Nicht weil der biblisch erzählte Gottesbefehl gegen ein allgemeines Gesetz der Ethik verstößt, sondern weil ich, Immanuel Kant, und viele andere Menschen die Hinschlachtung des eigenen Kindes von ihrem Gewissen her als abscheuliche Greueltat empfinden, stellt sich die Frage, ob die Aufforderung zu einer solchen Tat wirklich von Gott stammen kann, d.h. religionsgeschichtlich gesprochen: ob nicht ein dämonisch-göttliches Wesen diesen Befehl gegeben hat.

3.22 Die Erzählung in der Auslegung Sören Kierkegaards

In seiner berühmten Schrift »Furcht und Zittern« (Werke, hg. v. L. Richter, Bd. 3, Frankfurt a.M. 1984) beschäftigt sich der dänische Theologe und Philosoph Sören Kierkegaard (1813-1855), der als Begründer der existenzphilosophischen Denkrichtung gilt, mit der Erzählung von der aufgehobenen Opferung Isaaks. In vier »Meditationen« sucht er, die Erzählung immer neu variierend, in die existentiellen Tiefen des Geschehens einzudringen: In der ersten Meditation verändert sich das von milder, väterlicher Liebe gezeichnete Antlitz Abrahams zu den verzerrten Gesichtszügen eines Gewaltverbrechers, der seinen Sohn aus Lust ermordet; im Entsetzen vor seinem irdischen Vater flüchtet sich Isaak in die Arme des himmlischen Vaters; eben dies war die Absicht Abrahams, als er den Gewaltverbrecher aus sich herauskehrte. In der zweiten Meditation wird Abraham durch das Geschehene an Gott irre; er verliert seinen Glauben und ist fortan nur noch ein melancholischer Greis. In der dritten Meditation begreift er seine Opferbereitschaft als furchtbare Sünde, für die er im Gebetsringen Gott um Vergebung bittet. Und in der vierten Meditation ist es Isaak, der durch das Geschehen seinen Glauben an Gott verliert.
Nachdem er so (durch variierende Nacherzählung) die Tiefendimensionen des Geschehens ausgeleuchtet hat, setzt der dänische Philosoph und Theologe zu einer großen »Lobrede« auf Abraham an, deren einzelne Elemente er dann im folgenden größeren Teil seiner Schrift reflektiert. Abraham, wie ihn der biblische Text (im Unterschied zu den vorausgehenden Variationen) erzählt, ist für Kierkegaard *der* Glaubens-Held. In ihm ist der Mensch neu geschaffen: »Wie Gott Mann und Weib schuf, so bildete er den Helden« (Kierkegaard 15). Das Wesen dieses Glaubens-Helden oder »Ritter des Glaubens« (wie Kierkegaard ihn im allgemeinen nennt) besteht darin, daß er das Paradox eines Gottes, der den Kindesmord fordert, in

abgrundtiefer Entschiedenheit annimmt; »froh, unbefangen, zuversichtlich« sagt er sein »Hier bin ich« und »Wie zu einem Fest, so eilte er, und früh am Morgen war er auf der verabredeten Stelle, auf dem Berg Morija« (Kierkegaard 21).

Größer als alle Großen dieser Erde war Abraham, weil er in seiner Opferbereitschaft nicht auf sich selbst, nicht auf seine Stärke, sondern allein auf Gott vertraute, obwohl dieser Gott das absolut Widersinnige und Absurde von ihm forderte. So ist Abraham eine »Neuschöpfung kraft des Absurden« (Kierkegaard 36), wie die Welt sie bisher nicht sah. Andere tragische Helden, die auch ihr Liebstes oder ihr Leben opferten, wußten immer noch diese ihre Tat von einem Allgemeinen, Größeren her begründet: Agamemnon opfert seine Tochter Iphigenie, um dadurch dem Volk, dessen König er ist, den siegreichen Kriegszug gegen Troja zu ermöglichen und die Ehre der Griechen zu retten; Romulus tötet seinen Bruder Remus, weil dieser spottend die Grenze der neu zu gründenden Stadt Rom übersprungen hatte, er opferte das Leben seines Bruders, um dadurch dem Gesetz der neuen Stadt eine grundlegende Bedeutung zu verschaffen. Abraham kann seine Tat durch keinen übergeordneten, allgemeinen Sinn und Zweck rechtfertigen; er ist bereit, sie zu tun, nur weil Gott es will.

In dieser Interpretation der Abraham-Isaak-Erzählung rührt Kierkegaard an jene »Geheimnisse der Vorzeit« (Ps 78,2; vgl. auch Mt 13,35), die nach Girard letztlich durch Jesus enthüllt worden sind (der Titel der französischen Originalausgabe von »Das Ende der Gewalt. Analyse des Menschheitsverhängnisses« lautet: »Des choses cachées depuis la fondation du monde«): nämlich an die grauenerregende Gewalt des Gründungs-Lynchmordes, auf der – neben der aus dem Mutter-Kind-Verhältnis ursprünglich aufkeimenden Gotteserfahrung – die menschliche Gemeinschaft gründet. Alle Mythen und tragischen Dichtungen der Weltliteratur enthüllen sich ja von dieser durch Jesu Leben und Tod ermöglichten Aufdeckung des grausam-blutigen Grundes menschlicher Vergesellschaftung her als immer noch vom Schauder des rinnenden Blutes inspirierte *Verschleierungen* der den Menschen faszinierenden Gewalt. Tausenderlei Gründe werden gesucht und gefunden, um die in der Opfertötung sich Bahn brechende Tötungsgewalt zu rechtfertigen und als tragische Notwendigkeit aufzuzeigen.

Einzig die biblische literarische Tradition ist nicht aus der Perspektive derer, die opfern, sondern aus der Perspektive der Opfer geschrieben. In ihr findet deshalb keine Verschleierung, keine Beschönigung der mörderischen Gewalttat statt: So, wie die Befreiung der Mose-Sippe aus Ägyp-

196

ten ganz unbeschönigt als göttliche Gewalttat erzählt wird (vgl. Kap. 3.16, bes. das Moselied), so fordert Gott auch hier ohne jegliche Begründung von Abraham: »Nimm deinen Sohn, deinen einzigen, den du liebst, Isaak, … und bringe ihn … als Brandopfer dar« (Gen 22,2), d.h. schlachte und verbrenne ihn. Der biblische Mensch ist dem Phänomen der Gewalt gegenüber naiv. Aus der Perspektive des Verfolgten schreibend, der über keine Gewalt verfügt, aber die Gewalt anderer an seinem Leibe spürt, gleicht er dem Kind, das verprügelt wird und in seiner Ohnmacht – diese kompensierend – seinen Peinigern eine ins Irreale übersteigerte Rache androht, eine Rache, die das, was die Peiniger ihm antun, weit in den Schatten stellt. Ohnmächtig und ausgeliefert, wie der Mensch der Bibel ist, braucht er dabei diese seine hilflosen Phantasien nicht in ihrem Ge-waltcharakter verschleiern oder beschönigen.

Doch Kierkegaard sieht in Texten dieser Art nicht den notwendigen Ausdruck einer bestimmten Phase und Szene des biblischen Heilsdramas. Er sieht in dieser absurderweise von Gott herkommenden Tötungsgewalt vielmehr das *Paradox* des jüdisch-christlichen Glaubens. Dieses besteht für ihn nicht darin, daß gerade der Gewalt-*lose*, der Ausgelieferte, der hilflos schreiend am Galgen stirbt, als Gottessohn erkannt und gepriesen wird (vgl. Mk 15,39 par), sondern darin, daß der Gott, der Liebe ist, von Abraham das Opfer des Sohnes fordert. Dieses Paradox auszuhalten, ist für ihn das Heldentum des Glaubenden. Doch wenn Jesus bei seiner Gefangennahme zu Petrus, der heldenhaft das Schwert zieht, um seinen Freund und Meister zu verteidigen, sagt: »Steck dein Schwert in die Scheide; denn alle, die zum Schwert greifen, werden durch das Schwert umkommen« (Mt 26,52) und sich so gewaltlos seinem Todesgeschick ausliefert, dispensiert er von jeglichem Helden- und Rittertum und setzt jenen Erfahrungs- und Erkenntnisprozeß in Gang, der dieses als im Grun-de noch vormenschliches Imponiergehabe entlarvt (vgl. oben Kap. 4.22, bes. den Abschn. »Jesus im Prozeß vor Pilatus«). In der Welt Jesu gibt es kein Ritter- und Heldentum. Wäre sein Königtum nach Art dieser gewalt-verhafteten Welt, dann »würden meine Leute kämpfen, damit ich den Juden nicht ausgeliefert würde. Aber mein Königtum ist nicht von hier« (Joh 18,36).

Kierkegaard dagegen sieht im gläubigen Christen den Super-Helden, der angesichts der (unbeschönigten) Über-Gewalt seines Gottes resigniert, jedoch nicht in dieser Resignation stehenbleibt, sondern das Absurde dieses Gottes annimmt und vertrauensvoll den Weg geht, den dieser Gott ihn führt – auch und gerade wenn es scheint, als führe dieser Weg zum blutig-grausigen Sohnes-Opfer. Erich Przywara spricht in diesem Zusammenhang von einem gewissen »Opferstolz« in der Glaubenshaltung Kierkegaards. Dieser äußert sich nach Przywara auch in seinem Leben; nämlich darin, daß er 1841 seine Verlobung mit Regine Olsen ohne ersichtlichen Grund löste und allein seinen Lebens- und Glaubensweg weiterging (vgl. Tschuggnall 90). Das einfache »Sich-Lieben-Lassen« und Lieben ist dem stolzen Glaubensritter verwehrt. So ist Kierkegaard zwar ganz tief in das biblisch unbeschönigte Dunkel vorzeitlichen Menschseins eingedrungen, aber doch nicht bis zu *dem* Punkt hin vorgedrungen, wo sich jenseits dieses Dunkels die Liebe als der wahre, gewaltfreie Grund des Menschseins auftut und ein Leben ohne existentialistisches Pathos, ohne Heroen- und Heldentum, möglich wird.

Eugen Drewermann schließt in seiner Deutung der Erzählung ausdrücklich an die Interpretation Kierkegaards an. Auch nach ihm geht es in der Geschichte um die »*absolute Differenz zwischen dem ethisch Allgemeinen und dem religiös existentiell Einmaligen*« (ders., Abrahams Opfer. Genesis 22,1-19 in tiefenpsychologischer Sicht; in: Bibel und Kirche, 41 [1986] 113-124; hier 113; Hervorhebung von Drewermann). Wie für Kierkegaard liegt für ihn der Kerngehalt dieser Erzählung wie des christlichen Glaubens insgesamt darin, vor Gott als einzelner zu stehen und dieser Herausforderung standzuhalten. Dennoch hält Drewermann den existentiellen Ernst Kierkegaards insofern nicht durch, als er die Absurdität der Gottesforderung – die anzunehmen nach Kierkegaard die Heldentat Abrahams ist – nicht als solche bestehen läßt, sondern sie vom Psychologischen her aufzuklären sucht. Er greift einen Gedanken C. G. Jungs auf, wonach der Mensch erst in der Opfergeste zum wirklichen Besitzer dessen wird, was er opfert – »Niemand kann geben, was er nicht hat« (C. G. Jung, Psychologie und Religion, München 1991, 191; genauer dazu S. 237) – und wendet diesen Gedanken auf den Generationenkonflikt an: Der Vater kann den Sohn nur behalten, nur »haben«, wenn er ihn losläßt, ihn opfert.

Hier wird jedoch auch schon die Fraglichkeit einer solchen Übertragung deutlich. Gewiß ist es ein schmerzhafter Prozeß, das Kind – noch dazu wenn es, wie in Gen 22, das »einzige« ist – innerlich loszulassen und freizugeben. Diese Freigabe ist jedoch gerade *dazu* notwendig, dem Kind das eigene Leben zu ermöglichen. Würde ich es, wenn es erwachsen wird, weiter wie ein kleines Kind an mich binden und ihm die eigenen Entscheidungen abnehmen, so würde ich es dadurch immer mehr einengen und ersticken; ich würde es als eigenständige Person »töten«. Der in der Geschichte erzählte Gottesbefehl will aber gerade, daß Abraham sein Kind tötet. Indem Abraham seinen Sohn fesselt, seine Hand ausstreckt und das

198

Messer ergreift, um ihn zu schlachten – wie es wörtlich in der Geschichte heißt: Gen 22,10 –, läßt er ihn gerade *nicht* los und gibt ihn *nicht* in das Leben hinein frei, sondern dokumentiert, daß er radikal über ihn verfügt – und gerade wegen *dieser* Tat wird er in der Erzählung zum Glaubenshelden. Die Tiefenpsychologie, wie Drewermann sie heranzieht, bietet keinen geeigneten Ansatz, das Absurde des Gottesbefehls an Abraham aufzuklären.

Indem Drewermann dies jedoch *versucht*, reduziert er den »Glaubenshelden« Abraham, wie Kierkegaard ihn herausgearbeitet hat, wieder auf den *tragischen* Helden. Abraham ist dann in einer ganz ähnlichen Position wie Agamemnon: Er muß aufgrund eines höheren, größeren Zieles, das allgemein einsichtig ist (und zuletzt sogar von der zu opfernden Iphigenie akzeptiert wird), das Grauenhafte tun und sein Kind opfern (nur liegt die Notwendigkeit hier nicht in den Gesetzen des Krieges, sondern in den Gesetzmäßigkeiten psychologischer Abläufe). Hier scheint sich die Ansicht Girards zu bestätigen, daß uns auch noch in der Tiefenpsychologie, wie sie ursprünglich von Sigmund Freud ausgeht, eine Art moderner Mythos gegenübertritt, der – trotz seines Anspruchs auf Wissenschaftlichkeit und seiner Methode der »Analyse« – die radikale Gewaltverhaftetheit menschlichen Lebens nochmals als Heroismus und tragische Notwendigkeit verschleiert (vgl. Girards Ausführungen zu S. Freud und der Psychoanalyse, in: ders., Das Heilige, 248-321). Kierkegaard ist also weiter in die verborgenen Abgründe des Menschseins hinein vorgedrungen als die Psychoanalyse. Freilich bleibt auch er noch beim Helden, wenn auch nur noch beim Glaubenshelden, stehen und erkennt nicht, daß ein auf der Gotteserfahrung Jesu basierendes Sein und Leben keines Heldentums mehr bedarf.

3.23 Der Gott, der Menschenopfer fordert
(Zur Religionsgeschichte Jahwes und des Menschenopfers)

Die Geste des Kindesopfers: Angleichung an den Wildnisgott

Die weite Verbreitung des Menschen- und Kindesopfers in allen antiken Kulturen, auch in Palästina und Vorderasien, wird heute immer deutlicher gesehen (vgl. Davies sowie Burkert, Homo). In Zeiten, wo im Rhythmus des Jahreswechsels oder des Sonnenlaufs Einschnitte liegen, von denen aus das Weiterlaufen des Rhythmus als gefährdet erscheint – zur Sommer- oder Wintersonnenwende, zu Beginn der Regenzeit, bei besonderen Sternkonstellationen oder auch in besonderen Notsituationen –, griff der

Mensch zu dieser grausamen Praxis. Dabei ist diese schon von der jüdisch-christlich-islamischen Tradition her gedeutet, wenn man in ihr den Versuch sieht, den möglichen Zorn einer Gottheit bloß zu besänftigen und ihr in Unterwerfungsgesten das Liebste, das man besitzt, in den schrecklichen Rachen zu werfen. Ursprünglicher gesehen, aktiviert der Mensch in diesen grausigen Tötungsakten die durch seine Fähigkeit zur Symbolwahrnehmung in ihm wachgerufene und lebendige Transzendenzdynamik: seine Kraft und Fähigkeit, die ihm gegebenen natürlichen Begrenzungen zu überschreiten und mit dem Göttlichen zu korrespondieren. Was dabei als demütige Unterwerfung und »Opferhingabe« erscheint, ist in Wahrheit das Bemühen, durch das Ausagieren menschlicher Tötungsmacht einerseits die Gottheit zu speisen und zu stärken (sie damit aber auch vom menschlichen Tun abhängig zu machen), andererseits sie zu töten und zu essen und sich damit ihre Macht einzuverleiben (vgl. oben die Erörterung der Opfertheorien in Kap. 1.23). Näherhin entlarvt sich von der Symbolik des Tötungsaktes her das Opfer als der Versuch, sich selbst in einem transzendierenden (Tötungs-) Imponierverhalten zu göttlicher Größe aufzurichten und in der entsetzlichen Schreckensgebärde die im eigenen Selbst verborgene Transzendierungskraft freizusetzen, mit deren Hilfe dann die Krise überwunden werden kann.

In schärfster und schrecklichster Ausprägung geschieht dies in der Tötung des Sohnes durch den Vater. In äußerster Not, nachdem das israelitische Heer schon alle Städte Moabs zerstört hatte und die letzte noch übrige Stadt, Kir-Heres, schon ganz eng vom Heer umschlossen und von Steinschleuderern beschossen, dem Angriff nicht mehr standhalten konnte, und nachdem ein letzter verzweifelter Ausbruchsversuch von »700 mit dem Schwert bewaffneter Männer« gescheitert war, nahm der König von Moab »seinen erstgeborenen Sohn, der nach ihm König werden sollte« – ähnlich nimmt Abraham seinen Sohn, seinen einzigen, den er lieb hat (Gen 22,2) – »und brachte ihn auf der Mauer als Brandopfer dar« (2 Kön 3,27). Von dieser schrecklichen Tötungs-Imponierveranstaltung her »kam ein gewaltiger Zorn über Israel« (ebd.) und obwohl militärisch den Sieg schon in der Tasche, kapituliert das israelitische Heer: »Sie zogen von Moab ab und kehrten in ihr Land zurück« (ebd.). Im ältesten deutschen Sprachdenkmal, dem Hildebrandslied, stehen sich Vater und Sohn an der Spitze zweier Heere im Zweikampf gegenüber. Der Vater erkennt den Sohn, sein *suasat chind* (»süßes Kind«), und versucht durch Geschenke eine Verbindung herzustellen und Frieden zu stiften. Doch der Sohn hält dies für eine List und bezichtigt den »alten Hunnen« der Feigheit. So in die Enge getrieben, richtet sich der Vater zu schrecklicher Über-Größe, zu einer göttlichen Schicksalsmacht auf – *welaga nu, waltant got, wewurt skihit* (»Weh nun, waltender Gott, Weh-Geschick geschieht«) – und erschlägt im fürchterlichen Schwertkampf seinen Sohn (vgl. W. Braune/K. Helm, Althochdeutsches Lesebuch, Tübingen 1958, 81 f.). Ebenso richtet sich Abraham – in Kierkegaards »Furcht und Zittern« in der ersten Meditation treffend nachgezeichnet – in der Tötung seines Sohnes zu einem göttlich-schrecklichen Tötungs-Imponiergehabe auf: »Schon streckte Abraham seine Hand aus und nahm das Messer, um seinen Sohn zu schlachten« (Gen 22,10).

Dies sind Jahrmillionen alte, bis zu den Ursprüngen des Menschseins zurückreichende religiöse Verhaltensmuster. Wo sie mit religiösem Ernst erzählt werden, ist der Mensch in seinem Innersten betroffen. Solche Erzählungen rühren an jenen Punkt seiner Existenz, an dem er sich – gleichzeitig schaudernd und fasziniert – als der Transzendenz fähiges, d.h. menschliches Wesen erkennt. Darin liegt das Geheimnis der Resonanz dieser Erzählung (vgl. die eindrucksvolle Anklage des grausamen Gottes in T. Mosers »Gottesvergiftung«, Frankfurt 1980, bes. 9-49; dazu O. H. Steck, Ist Gott grausam? Über Isaaks Opferung aus der Sicht des Alten Testamentes; in: W. Böhme [Hg.], Ist Gott grausam?, Stuttgart 1977, 75-95). Der Mensch erfährt in dieser Geste des Tötens eine Transzendenz, eine naturtranszendierende Mächtigkeit, die jedoch innerhalb der biblischen Traditionen in einem langen geschichtlichen Ringen zuerst als dämonisch-satanisch in Gott ausgegrenzt (Hiob) und zuletzt von Jesus als bloße Gewaltprojektion erkannt und aus Gott herausgelöst wird: »Ich schaute, wie, gleich einem Blitz, der Satanas aus dem Himmel stürzte« (Lk 10,18, Übersetzung nach Fridolin Stier [Das Neue Testament, aus dem Nachlaß hg. v. E. Beck/G. Miller/E. Sitarz, München-Düsseldorf 1989, 156]).

In der als Gottesbefehl erzählten Forderung, den geliebten Sohn mit eigener Hand zu töten, zeigt sich deshalb nicht, wie O. H. Steck in seiner Antwort auf Tilmann Mosers Anklage eines grausamen Gottes herauszuarbeiten sucht, die wirkliche Transzendenz, die Gottheit des biblischen Gottes. Vielmehr artikuliert sich in ihr die menschheitliche Erfahrung, die sich auch sonst in den ältesten Schichten biblischer Texte findet: nämlich daß Gott *auch* dämonisch-satanische Züge trägt. Das Ganze der biblischen Traditionen fordert uns freilich dazu auf, in solchen Erfahrungen eine menschliche Angst- und Gewaltprojektion zu sehen und sie – was nur in einem mühsamen, lebenslangen Arbeits- und Suchprozeß geschehen kann – von Gott zurückzunehmen. Romantisch beschönigende Worte, die hier von einer »rätselhaften, dunklen, nachtvollen Zumutung Gottes« reden

(Steck 87), verschleiern nach alter mythischer und tragischer Manier die Gewaltfaszination des Menschen und halten den Menschen in der Ursünde fest. Die oben erwähnte jüdische Tradition, die das Wirken Satans hinter dem Opferbefehl an Abraham sieht, steht dem in Jesus offenbar werdenden Gott näher und sieht die Dinge klarer.

Tatsächlich geht es in der Erzählung um den grundlegenden Mythos, die ursprüngliche Verfaßtheit menschlichen Seins und Lebens. Noch *vor* der von Girard entdeckten Eigenart und Tendenz des Mythos, Lynchmord und Gewalt als das faktisch gegebene grundlegende Element menschlichen Zusammenlebens zu verschleiern, hat der Mythos ja die *positive* Funktion, das faktische Tun der Menschen durch den erzählerischen Rückbezug auf eine Urzeit und auf göttliche (Ahnen-)Gestalten zu überhöhen und dadurch diesem Tun einen transzendenten Sinn zu geben. So werden etwa die Aranda- und Kukatja-Aborigines, Gruppen von australischen Ureinwohnern, nicht müde zu erzählen, daß ihre »Hundetotemvorfahren« zuerst in Puntitara, dann in Itirka, dann in Ilili, dann in Ulkapu, dann in Ilpi und noch an vielen anderen Orten viele Kängurus töteten und, nachdem sie diese gegessen hatten, sich zum Schlafen niederlegten, mit dem Morgengrauen wieder aufstanden und an den nächsten Ort gingen, wo sie wiederum Kängurus töteten, aßen, sich zum Schlafen legten und wieder aufstanden usw. usw.: Das was die gegenwärtigen Menschen tun, wird als das Tun göttlicher oder in besonderer Weise Gott verbundener Vorfahren erzählt und dadurch mit transzendentem Sinn erfüllt (vgl. G. Schlatter, Mythos. Streifzüge durch Tradition und Gegenwart, München 1989, 139 f.). In ihrer ältesten Schicht ist die Abraham-Isaak-Erzählung ein Mythos, der beschreibt, was ein Sippenoberhaupt in vorisraelitischer Zeit besonders in Gefahrenkonstellationen analog zur großen Ahnengestalt mit seinem erstgeborenen Sohn normalerweise tat.

Der Menschenopfer fordernde Berg- und Gewittergott als religionsgeschichtlicher Ursprung Jahwes

Diese Schicht der Erzählung reicht in ganz frühe Zeiten, vor allem in die Zeit der Seßhaftwerdung des Menschen, zurück. In dieser liefert sich der Mensch mehr als bisher an die Natur-Rhythmen aus. Sein Leben und sein Gedeihen sind abhängig von der Folge der Jahreszeiten, vom regelmäßigen Wechsel zwischen Sonnenschein und befruchtendem Regen. Sie sind gefährdet durch Dürre und Trockenheit einerseits und durch die Stürme und Überschwemmungen, die alljährlich mit der Regenzeit hereinbrechen, andererseits. Diese vielen kritischen Punkte seines Daseins bedingen, daß er häufiger als vorher und mit noch stärkerer Intensität sich zu göttlicher Macht und Größe aufrichten und in der imponierenden Geste des Opferritus mit den ihn bedrohenden göttlichen Mächten und Gewalten in Beziehung treten muß, um diese auf seine Seite zu bringen und sie sich geneigt zu machen. Hier liegt das realistische Element für die oben in der Erörterung der Opfertheorien referierte (so aber nicht haltbare) These, das Opferritual würde sich in seinem eigentlichen Wesen erst in der Pflanzerkultur entwickeln (die These wird z.B. vertreten von Thiel 113-125 u.ö. sowie von Jensen, der in der Opferreligiosität das »Weltbild einer frühen Kultur«, nämlich der Pflanzerkultur, sieht und beschreibt; näheres oben in Kap. 1.22 und 1.23). Wohl tritt, wie eine Vielzahl von Mythen beweist (vgl. oben die in Kap. 1.23 beschriebenen Mythen vom Urmenschen *Purusha*, von *Hainuwele*, von *Kore-Persephone* und von *Dumuzzi*), in der Pflanzerkultur das Menschenopfer an die Stelle der Jagdtötung, in der noch der wandernde Jäger und Sammler seine Faszination der Tötungsmacht (und damit auch bereits eine, wenn auch anders geartete, Opferreligiosität) vorwiegend (wenn auch keineswegs ausschließlich) ausgelebt hatte. Der seßhaft gewordene Pflanzer sieht den Stiergott nicht mehr so sehr in der wirklichen Bisonherde, die in wildem Getrampel durch die Savanne donnert, sondern er sieht ihn in den schwarzen Wolken des Gewitters und des Regensturms donnernd am Firmament dahinrasen, oder er erfährt ihn als Meer- oder Unterweltsstier, der im Erdbeben mit seinen Hörnern die Erde aufwirft und in mächtigen Flutwellen gegen das Land anstürmt.

So weit verbreitet auch das Stieropfer in den alten, noch matrifokal geprägten Pflanzer- und Ackerbaukulturen Vorderasiens und des Mittelmeerraumes ist (vgl. z.B. *Catal Hüyük* in Anatolien und Kreta), so zeigt doch gerade die Inflation dieses Opferritus, daß dieser Himmels- oder auch Unterweltsstier nur noch bedingt im Symbol des wirklichen Stieres getötet und seine Kraft einverleibt werden kann. Wie besonders auf Kreta bestürzend zu sehen ist, greifen die Menschen inmitten einer von Frieden und Fraulichkeit geprägten Kultur noch im 2. Jahrtausend v. Chr. angesichts der äußersten Not einer immer wieder sich erneuernden Erdbebenkatastrophe zum Menschenopfer. Nur durch dieses kann sich der Mensch dem gewaltigen, in seiner Kraft nicht zu bändigenden Unterweltsstier, der Dörfer, Städte und Paläste zum Einsturz bringt, angleichen und ihn günstig stimmen (zum Menschenopfer im minoischen Kreta vgl. genauer Baudler, Gott 175-178). Entsprechendes gilt sicher noch stärker für die ersten im arabischen Halbmond seßhaft gewordenen Pflanzerkulturen, die mehr oder weniger hilflos den Gewittern, Stürmen und Überschwemmungen zu Beginn der Regenzeit ausgesetzt waren. Diesem übergewaltigen Gott, der in den Bergen am Oberlauf des Wadi haust, dieses im Sommer ausgetrocknete Flußbett mit reißenden Fluten füllt und in Blitz, Donner und Regensturm auf die Siedlung herabfährt, kann man sich nur dadurch angleichen (und ihn dadurch »besänftigen«), daß man ihm sein Liebstes opfert: in matrifokalen Kulturen das zur Geschlechtsreife erwachende heiratsfähige Mädchen und in Patriarchatskulturen den erstgeborenen Sohn, der das Erbe der Väter übernehmen soll. Dabei weiß der Mensch, daß derselbe wild-zerstörerische Gott auch allen Reichtum, alle Lebenskraft und alle Verheißungen eines glücklich-friedlichen Lebens in sich enthält. Denn er *muß* ja die Wadis mit Wasser füllen, weil sonst die Fluren und Saaten nicht wachsen und der Mensch durch Dürre und Trockenheit umkommen würde. Er schenkt auch das Getier des Feldes und des Waldes und wirkt als wilde und stößige Lebenskraft in den männlichen Tieren der Herde, den Böcken und Stieren, welche die Weibchen befruchten und dadurch den Reichtum des Herdenbesitzers vermehren. Alles kommt darauf an, diesen Gott gewogen zu stimmen, sich ihm anzugleichen und ihn zum Bundesgenossen zu haben.

Auf diese Weise entstehen die in ihrem Charakter ambivalenten Hochgötter der alten Religionen. Dies gilt für An-Enlil im alten Mesopotamien, der über allen Gottheiten thront, auch die Liebes- und Fruchtbarkeitsgöttin Innana gezeugt hat und in Sturm und Gewitter als Himmelsstier am Firmament dahinrast; es gilt für den alten Reichsgott Almaqah im alten Saba, der die Kraft und Existenz des Reiches garantiert, aber den Beinamen »der Wüter« trägt und den Stier als Emblem hat. Dasselbe gilt in Indien für Indra-Rudra, aus dem später Shiva wird, auch er im Symbol des Stiers anzuschauen (vgl. oben S. 113), und für die germanischen Wettergottheiten Donar und Wotan, wobei sich bei letzteren kulturbedingt das Symboltier zum wilden Pferd wandelt, auf dem Wotan in Sturmnächten mit seinem wilden Heer (ähnlich den Maruts Indras und Rudras) durch die Lüfte jagt. Auch dem olympischen Götterkönig Zeus fehlt keineswegs dieser wild-zerstörerische Aspekt. Auch er entführt die Europa in Gestalt eines – wenn auch weißen – Stiers; mit seinem Blitz erschlägt er den menschenfreundlichen Heilgott Asklepios; sein Vater und Großvater sind die wilden Himmelsgottheiten *Kronos*, der seine eigenen Kinder auffrißt, und *Uranos*, der von seinem Sohn entmannt wird; und sein Bruder ist *Hades*, der Gott der Unterwelt, der *Kore*, das »Mädchen«, wenigstens zeitweise als Opfergabe fordert, damit die Saaten wachsen.

Der Hochgott der kanaanitischen Religion heißt *El*. Auch sein Symboltier ist der Stier. Baal, der Gott der Fruchtbarkeit, ist sein Sohn; doch seine »bevorzugten«, d.h. sein Wesen noch deutlicher zur Erscheinung bringenden Söhne, sind *Jamm*, der Gott des Meeres und der Wasserfluten, und *Mot*, der Gott der Dürre und Trockenheit, also wild-zerstörerische Mächte. Auch in den Beinamen, die El im Alten Testament trägt, erkennt man seinen Charakter: An vielen Stellen ist die Rede von *El-Schaddai* (ein Beiname, der noch keine allgemein anerkannte Erklärung gefunden hat, am wahrscheinlichsten ist die Ableitung aus dem akkadischen *schadu*, »Berg«, wodurch El als eine Berggottheit gekennzeichnet wird; vgl. Mertens 616). An anderer Stelle ist die Rede von *El-Olam*, dem »Gott der Vorzeit«, der immer bleiben wird (in diesem Sinne auch »Gott der Ewigkeit«). Diese Bezeichnung weist auf das hohe Alter dieser Gottheit hin. Ein anderer Beiname ist *El-Eljon*, »höchster Gott«. Hier drückt sich der Charakter Els als des höchsten und obersten Gottes im kanaanitischen und vorisraelitischen Pantheon aus. Von diesem Aspekt aus verliert El seinen Charakter als Eigenname und wird zur Bezeichnung für Gott und Gottheit schlechthin. Diese Bedeutung hat der hebräische Plural-Name *Elohim*, der in einer bestimmten Schicht des Deuteronomiums (der Schicht des sogenannten »Elohisten«) generell als Gottesbezeichnung für Jahwe verwendet wird. Auch die Gottesbezeichnung *Allah* leitet sich von diesem Wort her; es bedeutet »*der* Gott«, Gott schlechthin.

Wahrscheinlich war auch der Gottesname *Ja* oder *Jahu*, der im Schilfmeerereignis zu *Jahwe* wird und sein Wesen als »Ich bin-(für euch)-da« offenbart, ursprünglich eine Berg- und Wettergottheit nach Art dieser Hochgötter. Darum kann ein späterer (priesterschriftlicher) Eintrag in die Exodus-Erzählung diesen Jahwe sagen lassen: »Ich bin Abraham, Isaak und Jakob als *El-Schaddai* erschienen, aber unter meinem Namen *Jahwe* habe ich mich ihnen nicht zu erkennen gegeben« (Ex 6,3). Das bedeutet: Bevor dieser Gott im Schilfmeerereignis sein wahres, für alle von jetzt an folgenden Generationen bleibendes Wesen als des fürsorgenden Ich-bin-da-Gottes zu erkennen gab, wurde er von den Menschen als eine zwar auch schon reiche und lebenspendende, aber in seinem Charakter doch überwiegend wild-zerstörerische Berg- und Wettergottheit erfahren. Auch sein Symboltier ist ja ursprünglich der Stier, auch wenn seine Erhöhung zum »Gott schlechthin« später die bildliche Anschauung nicht mehr zuläßt. Doch in den Jahwe-Heiligtümern des Nordreiches Israel, in Dan und Bet-El, wurde er in der Stiergestalt verehrt (1 Kön 12,28 f., wobei das Wort »Kälber« der Einheitsübersetzung genauer mit »Stierkälber« wiederzugeben ist), und der weise Seher Bileam sagt von ihm: »Er hat Hörner wie ein Wildstier. Er frißt die Völker, die ihm feind sind, er zermalmt ihre Knochen (Num 24,8). Auch die Altäre Jahwes sind mit Stierhörnern versehen (vgl. Am 3,14, Ps 118, 27 u.ö.).

Hier ist auch der Ursprung für jenen »Zorn Gottes«, von dem an »ungefähr tausend Stellen des Alten Testamentes« (N. Lohfink, Altes Testament, 51) die Rede ist und den Buggle, in vielen Zitaten anschaulich ausgebreitet, als Begründung für seine Behauptung anführt, die Bibel sei ein »zutiefst inhumanes«, archaisch-gewalttätiges Buch (Buggle 21-203). Tatsächlich kommen in biblischen Erzählungen (z.b. im Buch Josua) die Kriege, die Jahwe führt, befiehlt oder androht, wie Naturkatastrophen, wie Erdbeben oder Wasserfluten über die Menschen und töten unterschiedslos Männer, Frauen, Kinder und Greise, oft auch noch das Vieh in den Städten. Diese noch von der urmenschlichen Tötungsfaszination geprägte Sichtweise Gottes bricht auch später, z.b. noch in der Apokalypse des Neuen Testamentes, immer wieder durch, obwohl er sich am Schilfmeer ein für allemal als mütterlich-fürsorgender Retter, als Helfer der Notleidenden und Unterdrückten, zu erkennen gab: »So sollst du zu den Israeliten sagen: Der ›Ich-bin-da‹ hat mich zu euch gesandt… Das ist mein Name für immer« (Ex 3,14 f.).

Als Gott der Vorzeit, als wilder Berg- und Wettergott, als den die Menschen, befangen in der Faszination der Tötungsgewalt, ihn damals sahen und erfuhren, forderte dieser Gott das Menschenopfer. Nur so ist wirklich stimmig jene vieldiskutierte dunkle Stelle bei Ezechiel zu verstehen, wo Jahwe durch den Prophetenmund sagt: »Auch gab ich ihnen Gesetze, die nicht gut waren, und Rechtsvorschriften, die es ihnen unmöglich machten, am Leben zu bleiben. Ich machte sie unrein durch ihre Opfergaben; sie ließen nämlich alle Erstgeborenen durch das Feuer gehen« (Ez 20,25 f.; vgl. zur Diskussion dieser Stelle H. Gese, Ezechiel 20,25 f. und die Erstgeburtsopfer; in: H. Donner u.a. [Hg.], Beiträge zur Alttestamentlichen Theologie. Festschrift für W. Zimmerli, Göttingen 1977, 140-151).

»Seine Kinder durch das Feuer gehen lassen« heißt, sie als Opfergabe verbrennen. Eine solche Opferstätte ist von der »Kulthöhe des Tofet im Tal Ben-Hinnom« in der Nähe von Jerusalem überliefert (vgl. Jer 7,31; 19,5 f. u.ö.). Der Gott, dem hier Kinder geopfert werden, hat in der Bibel den Namen *Moloch* und wird als grausiges Ungetüm gesehen, dem mit Kinderopfern zu dienen (später) ein schrecklicher, jahwewidriger Götzendienst ist. Daß Jahwe jedoch auch von der Menschenopferpraxis her in der beschriebenen religiösen Grunderfahrung der seßhaft werdenden Pflanzer- und Ackerbaukulturen ursprünglich (*vor*-israelitisch) eingeschlossen ist, wird in der Bibel an den wenigen Stellen deutlich, wo nicht verurteilend vom Menschen- und Kindesopfer erzählt wird, sondern so, daß Jahwe selbst es fordert und annimmt: Im sogenannten »Bundesbuch«

wird das Kindesopfer als Erstlingsopfer ohne Auslöse-Klausel gefordert: »Den Erstgeborenen unter deinen Söhnen sollst du mir geben« (Ex 22,28); einige Kapitel später heißt es: »Jeden Erstgeborenen deiner Söhne mußt du auslösen« (Ex 34,20). Wenn auch in der eigentlichen Jahwe-Religion diese Auslösung immer schon gefordert war (Ex 34,20 überlieferungsgeschichtlich also älter ist als Ex 22,28), so weisen doch *beide* Stellen darauf hin, daß ursprünglich, von der in vorisraelitische Zeit zurückreichenden Offenbarungsgeschichte des israelitischen Gottes her, diesem Gott auch der erstgeborene Sohn zusteht und er erst als der Jahwe-Gott von Ägypten her auf dieses Opfer verzichtet. Erst von daher löst sich die dunkle Notiz bei Ezechiel (Ez 20,25 f.) auf. Noch völlig ohne Kritik wird in der Richterzeit vom Richter und Feldherrn Jiftach erzählt, daß er in Einlösung eines vor dem Kampf gegen die Ammoniter gegebenen Gelübdes seine einzige Tochter als Brandopfer darbrachte (Ri 11,29-40). Vom schrecklichen Sohnes-Brandopfer des Königs von Moab (2 Kön 3,27) war oben schon die Rede. Von Hiël aus Bet-El wird erzählt, daß er Jericho wieder aufbaute; dabei heißt es: »Um den Preis seines Erstgeborenen Abiram legte er die Fundamente, und um den Preis seines jüngsten Sohnes Segub setzte er die Tore ein« (1 Kön 16,34).

Weder bei der Erzählung von Jiftach noch bei der von Hiël dürfte es sich um einen historisch zuverlässigen Bericht handeln. In Jiftach ist ein altes Märchen- und Sagenmotiv verarbeitet (jemand verspricht, das erste, was ihm bei seiner Rückkehr zuhause entgegenkommt, zu opfern, als Geschenk zu geben usw.); und bei der Erzählung vom Wiederaufbau Jerichos durch Hiël erinnerte man sich an den Schwur Josuas bei der Eroberung Jerichos: »Verflucht beim Herrn sei der Mann, der es unternimmt, diese Stadt Jericho wieder aufzubauen. Seinen Erstgeborenen soll es ihn kosten, wenn er sie neu gründet, und seinen Jüngsten, wenn er ihre Tore wieder aufrichtet« (Jos 6,26). In der Tat ist es von dem beim Auszug aus Ägypten offenbar gewordenen Charakter Jahwes her unwahrscheinlich, daß es in Israel, d.h. innerhalb der Jahwe-Religion, Kinder- und Menschenopfer gegeben hat. Doch die offenbare Tatsache, daß man in der dargestellten Weise von Jahwe reden und erzählen konnte, gibt zu erkennen, daß man um die Identität dieses Jahwe mit dem Gott der Vorzeit, der alten Wildnis- und Wettergottheit, wußte, von der man glaubte, daß man sich seiner Wildheit nur durch ein Kinder- und Menschenopfer angleichen und ihn so günstig stimmen könne. Das Liebste, was man besaß, das göttliche Kind, mußte sterben, um den groß-gewaltigen Gott gnädig zu stimmen und dadurch das Leben der Menschen zu ermöglichen.

Auch der Marburger Alttestamentler Otto Kaiser, der in detaillierter Erörterung sowohl für die Königszeit als auch für die nomadische Frühzeit Israels eine allgemein geübte Praxis des Kinderopfers entschieden zurückweist, schreibt doch auch am Ende dieser seiner »Erwägungen zum Kinderopfer im Alten Testament«: »In dieser Zusammengehörigkeit von Gottheit und Erstlingen klingt das altpflanzerzeitliche Mysterium der Zusammengehörigkeit von Gottheit und Leben, Gottestod und Leben nach, ein ursprüngliches Wissen darum, daß Leben nicht in sich selbst gründet und nur durch das Sterben anderen Lebens wachbleibt... Daß in diesem Geheimnis auch die Hingabe des Liebsten beschlossen ist, bezeugt auf seine urtümliche Weise das in Israel offenbar überaus selten geübte Knaben- und Kinderopfer. Dem Verfasser von Gen 22 war es nicht zweifelhaft, daß Gott es vom Menschen fordern könnte; wohl aber war er davon überzeugt, daß Gott es als des Menschen Tat nicht verlangt« (O. Kaiser, Den Erstgeborenen deiner Söhne sollst du mir geben. Erwägungen zum Kinderopfer im Alten Testament, in: ders. (Hg.), Denkender Glaube. Festschrift für Carl Heinz Ratschow, Berlin-New York 1976, 48). In dem (verständlichen) Bemühen, die eigene religiöse Tradition und ihren Gott (vielleicht auch Religion überhaupt) von Gewalt- und Greueltaten fernzuhalten, stehen manche Forscher der Kinderopferthese grundsätzlich skeptisch gegenüber, ja einige stellen sogar die Wirklichkeit des Kinderopfers im Zusammenhang des Molochkultes infrage. Doch der Tübinger Alttestamentler Hartmut Gese trifft sicher das Richtige, wenn er in diesem Zusammenhang von der Notwendigkeit spricht, mit einem »dynamischen, offenbarungsgeschichtlichen Gesetzesbegriff« zu arbeiten. Dieser nämlich setzt ein ebensolches *dynamisches und offenbarungsgeschichtliches Gottesverständnis* voraus. Der in Ägypten als geschichtlicher und fürsorgend-helfender Ich-bin-da-Gott sich offenbarende Jahwe reicht von anderen Aspekten her in eine dunkle mythische Vorzeit zurück: »Darum kann sich der alte Bund nicht als in sich selbst ruhende Größe verstehen, sondern nur als geschichtlicher Weg durch Gericht und Erlösung zum Telos der Offenbarung« (Gese 150 f.).

3.24 Abrahams Weg der Gotteserkenntnis: Von *El* zu *Jahwe*

Wenn im Alten Testament der Gottesname *El* in seiner Verwendungsform *Elohim* (Plural von *El*) auch nicht mehr wie *Jahwe* oder die Gottesbezeichnung *El* in Ugarit den Namen einer bestimmten Gottheit darstellt, sondern zur Gattungsbezeichnung »Gott« (mit dem Beiklang »höchste Gottheit, Gott schlechthin«) geworden ist, eignet sich diese Bezeichnung doch dann am besten für Jahwe, wenn in der Erzählung der offenbarungsgeschichtliche Zusammenhang dieses Jahwe mit dem dunklen Gott der Vorzeit in den Blick kommen soll. Die Erzählung von der aufgehobenen Opferung Isaaks stammt (mit Ausnahme der später hinzugefügten Verse 15-18) vom sogenannten *Elohisten*, also aus jener Quellenschicht des Alten Testamentes, in der Gott nicht den Namen *Jahwe*, sondern *Elohim* trägt. Wenn *Elohim* in dieser Geschichte das Kindesopfer fordert, dann erhebt sich in diesem Gottesnamen der alte Wetter- und Berggott aus mythischer Vorzeit, von dem jeder wußte, daß diese Forderung zu seiner Eigenart gehörte.

Wahrscheinlich reichen die ältesten Schichten der Abraham-Isaak-Erzählung als mythische Erinnerung in diese frühen Zeiten zurück. Kant und Kierkegaard irrten, wenn sie glaubten, daß es in diesen Zeiten gegen das allgemeine Sittengesetz verstieß, sein Kind zu opfern. Im Gegenteil: Seit Urzeiten war dies die Forderung dieser alten Gottheit und seit Urzeiten war es die Pflicht dessen, der einer Dorfgemeinschaft, einer Sippe oder einem Stamm vorstand, durch das Opfer seines Kindes die Forderung dieses Gottes zu erfüllen. Ethik und Religion waren nicht getrennt, sie standen sich nicht gegenüber, *beide* forderten das Opfer. Wenn auch immer wieder und immer neu den religiösen Schauder erregend, so war es – in dieser Zeit – doch das Selbstverständliche und hundertfach Erzählte: Ein Mann, ein Vater, ein Vorsteher der Gemeinschaft, ein Vorfahr und Urahn, dessen Tun und Lassen wie bei den Aborigines prägend ist und Lebenssinn stiftet, dieser Mann stand frühmorgens auf, sattelte seinen Esel, holte seine beiden Jungknechte und seinen Sohn Isaak, spaltete Holz zum Opfer und machte sich auf den Weg zu einem Ort in der Wildnis, um dort sein Kind zu opfern. An dem Ort angekommen, baut er den Altar, schichtet das Holz auf, fesselt seinen Sohn und legt ihn auf den Altar, oben auf das Holz. Dann streckt er seine Hand aus und nimmt das Messer, um seinen Sohn zu schächten (so wird in Gen 22,3 und 9 f. fast wörtlich erzählt). Auf eine solche wohl älteste Schicht der Erzählung verweist der letzte Vers der Geschichte, worin erzählt wird, daß nur der Vater wieder zu den Jungknechten zurückkehrt und mit ihnen aufbricht (vgl. Gen 22,19), der Sohn also getötet ist. Das ist das Übliche. Das gilt es zu tun. Solches Tun ist sinnvoll, weil die Vorfahren es getan haben und es seit Urzeiten von ihnen erzählt wird.

Wie tief diese Praxis des Kinderopfers in der vorisraelitischen und vorislamischen Religiosität verwurzelt war, zeigt die Vehemenz und die Anstrengung, mit der das Alte Testament und auch noch der Koran diese Praxis bekämpfen (vgl. Baudler, Gott, 133 f.): »Sag zu den Israeliten:

Jeder Mann unter den Israeliten oder unter den Fremden in Israel, der eines seiner Kinder dem Moloch gibt, wird mit dem Tode bestraft. Die Bürger des Landes sollen ihn steinigen« (Lev 20,2). Die Götzendiener »töten ihre Kinder, um sie zu verderben und die Religion zu verdunkeln« (Sure 6,138). Sie »eignen Allah Töchter zu« und tragen sich mit dem Gedanken, sie in der Erde zu vergraben (Sure 16,58 u. 60); und beim Jünsten Gericht wird »das lebendig begrabene Mädchen fragen, welches Verbrechens wegen man es getötet hat« (Sure 81,10). Wenn noch Mohammed im 7. Jahrhundert n. Chr. solche Sätze schreibt, ist ersichtlich, daß er hier gegen eine uralte und im ganzen semitischen Sprachraum, ja in variierter Form überall auf der Erde verbreitete religiöse Praxis ankämpft (vgl. dazu oben das Kap. 1.23, sowie Jensen).

Doch ein Gott, der in geschichtlicher Zeit als der fürsorgende und rettende »Ich-bin-da« unterdrückten und tödlich bedrohten ägyptischen Arbeitssklaven aufgeht, kann diese Praxis nicht zulassen. Dieser Einsicht entspricht auf frappierende Weise die Verwendung der Gottesnamen *Elohim* und *Jahwe* in unserer Abraham-Isaak-Erzählung. Es ist *El* bzw. *Elohim*, der von Abraham das Kindesopfer fordert. Das ist für den »Abraham« der ältesten (noch dem Mythos verhafteten) Erzählschicht keine Überraschung. Es gehörte zum Wesen Els, so wie die frühen Zeiten es verstanden. Dieser *El* ist es auch, der dem Vater den Ort nennt, an dem er seinen Sohn opfern soll (V. 3 und 9). Und in dem Weggespräch ist es *wiederum El* (*Elohim*), der sich nach Abrahams Antwort auf die Frage Isaaks das Opferlamm ausersehen wird (V. 8). Doch als Abraham seine Hand ausstreckt und das Messer nimmt, um seinen Sohn zu schächten, da ist es plötzlich der *mal' ach Jahwe*, der Bote und Engel *Jahwes*, der ihm vom Himmel her in höchster Erregung – zweimal ihn beim Namen nennend – zuruft, er solle seine Hand *nicht* ausstrecken und dem Knaben nichts zuleide tun (V. 11, 12a). Dagegen ist es die Furcht vor *Elohim*, die Abraham den Weg zum Opferberg geführt hat (V. 12b). Den Ort aber, an dem der Engel *Jahwes* vom Himmel her das Kindesopfer verbot, nennt Abraham *Jahwe-Jire*, »Jahwe sieht«, und noch heute sagt man »Jahwe läßt sich auf dem Berge sehen« (V. 14).

Westermann vermutet in seinem Genesis-Kommentar, daß für den Verfasser des Textes *mal' ach Jahwe* »ein fester Begriff war«, der auf diese Weise in den zweiten Teil der Erzählung hineingekommen ist. Auch bei *Jahwe-Jire* vermutet er, »daß der Erzähler eine feste Prägung aufnimmt« (Westermann 442; 444). Doch damit ist die Frage keineswegs gelöst. Denn warum läßt der Erzähler den *mal' ach Jahwe* auftreten und nicht einfach (wie in V. 1) *Elohim* zu Abraham sprechen? Außerdem gibt es auch, wenn auch wesentlich seltener, im Alten Testament den Ausdruck *mal' ach Elohim* (dieser findet sich sogar in einer der Textvarianten zu unserer Erzählung). Und in der Erklärung des Gottesnamens in der Ortsbezeichnung *Jahwe-Jire* widerspricht sich Westermann selbst, wenn er einerseits hier den Erzähler eine »feste Prägung« aufnehmen läßt, andererseits aber wenige Zeilen vorher schreibt, der Name sei »Ausdruck seiner [Abrahams] aus tiefer Not befreiten Freude« und dessen spontanes und aktuell geprägtes »Gotteslob«. »An einen geographisch fixierbaren Ortsnamen denkt der Verfasser dabei nicht« (Westermann 444).

Wie immer der Jahwe-Name in den zweiten Teil der Erzählung, der von der Errettung Isaaks handelt, hineingekommen sein mag, er ist ein Zeichen für die tiefe – uns heute abhanden gekommene – Sensibilität der verschiedenen an der Überlieferung der Geschichte beteiligten biblischen Erzähler für den je verschiedenen Charakter der Erfahrung Gottes. Das Kindesopfer kann nur *El* (bzw. *Elohim*), vom Ursprung her der alte Wildnis- und Wettergott, fordern; für diesen freilich ist (in alter Zeit) solches Tun selbstverständlich. *Jahwe* dagegen, der Ich-bin-da-Gott von Ägypten her, der den Menschen in Not und Elend sieht und herbeikommt, ihm zu helfen, kann die Tötung des Kindes nicht zulassen. Dennoch ist *El* und *Jahwe* heilsgeschichtlich gesehen ein- und derselbe Gott. Dies kennzeichnet den hier vorliegenden *theologisch*-religionsgeschichtlichen Ansatz. Rein *phänomenologisch*-religionsgeschichtlich (religionswissenschaftlich) kann ich sagen, »daß Elohim das Opfer befohlen, Jahwe es verhindert habe« (Bruns, nach Lerch 266) – so als ob zwei Gottheiten hier miteinander in Streit lägen. Dies freilich trifft den Sinn der Erzählung nicht. Es geht in der Erzählung vielmehr um den *Prozeß*, in dem der eine Gott sich dem Menschen erschließt; oder, dasselbe von der anderen Seite her ausgedrückt: um den Prozeß, in dem der Mensch den einen Gott immer tiefer und klarer in seinem Wesen erkennen lernt. Daß *El* und *Jahwe* ein und derselbe Gott ist, liegt daran, daß er in verschiedenen Zeitepochen verschieden erkannt wird (vgl. den oben zitierten Satz Ex 6,3). Die Bibel ist, christlich verstanden, im ganzen die Geschichte der immer tieferen Erkenntnis Gottes vom alten Berg- und Wettergott *El* über den »*Jahwe* von Ägypten her« bis zum *Abba* Jesu. Da dies aber eine *Geschichte* ist, die Geschichte von biblischen Menschenschicksalen, kann ich die darin erzählte Erkenntnis nicht aus dem Erzählzusammenhang herauslösen und als Lehrsatz in ein Theologie-Buch schreiben. Vielmehr beinhaltet diese Geschichte für mich den Impuls, in eigenen lebenslangen Erfahrungen diesen Erkenntnisprozeß nachzuvollziehen.

Dieser Erkenntnisprozeß ist in der Abraham-Isaak-Geschichte durch das

Motiv des Sehens deutlich ausgedrückt. Was Abraham sowohl im ersten wie im zweiten Teil der Erzählung kennzeichnet, ist die Haltung, in der er dem Anruf Gottes gegenübersteht: »Hier bin ich« (V. 1 und V. 11): Er ist offen; er stellt sich dem, was als Anruf einer übersteigenden Dimension der ihm begegnenden Wirklichkeit auf ihn zukommt, er ist offen für deren symbolische Botschaft. Zuerst freilich ist er in seiner Gotteswahrnehmung noch eingebettet in die religiöse Tradition der frühen Zeit. Der alte Wildnis-, Berg- und Wettergott, von dem ihm dennoch Segen und Verheißung in Überfülle zukommt, fordert als Tribut an seine Schreckensgestalt das Sohnesopfer. Das ist seit Jahrtausenden so; und so macht Abraham sich auf, um diesen Tribut zu zahlen und sich als Schlächter seines Kindes dieser Schreckensgestalt anzugleichen. Er weiß noch nichts von einer Projektion; das Menschsein ist eben seit Urzeiten her so geformt. So tut er Stück für Stück – alles wird detailgetreu erzählt – das Geforderte, das, was sich gehört. »Am dritten Tag«, so wird erzählt, »erhob Abraham seine Augen und sah den Ort von ferne« (V. 4). Seine Augen waren also bisher gesenkt; er tat nur das Übliche, ohne genau und in eigener Verantwortung auf das zu sehen, was er tut, wo er ist und was um ihn geschieht. Jetzt, da der Ort sichtbar wird, an dem die Kindestötung geschehen soll, beginnt ein Prozeß des immer genaueren Sehens. Der Prozeß spielt zunächst zwischen Vater und Sohn. »*Siehe*«, sagt Isaak, »Feuer ist da und Holz ist da; aber wo ist das Tier zum Opfer?« (V. 7, Übersetzung nach Westermann 431). Durch diese Aufforderung zum Sehen, wie sie von seinem Sohn ausgeht, geraten Abrahams Augen ins Zwielicht. Das Selbstverständliche, daß er, der fragende Sohn, das Opfer ist, ist plötzlich doch nicht mehr selbstverständlich. Seine Augen blicken in Nebel: »Gott wird sich das Opferlamm aussuchen, mein Sohn«, wobei offenbleibt, ob nicht er selber, der Sohn, das Opferlamm ist.

Dann geschieht wiederum das Übliche. Der jahrhunderte-, ja jahrtausende- und jahrmillionenalte Ritus, in dem sich der Mann, in Angstfaszination sein Imponierverhalten transzendierend, verletzend und tötend zu göttlicher Schreckensgröße aufrichtet, wird begangen: Altarbau, Aufschichtung des Holzes, Fesselung des Kindes, als Schlachtopfer auf den Altar gelegt – und dann die Tat. Thomas Mann, der in seinem Josephsroman Jakob an Josef die Tat Abrahams in Gedanken nachvollziehen läßt, schreibt an dieser Stelle: »…und nahm das Messer und bedeckte mit der Linken dein Augenpaar« (Th. Mann, Gesammelte Werke in zwölf Bänden, Band IV, Frankfurt a.M. 1960, 105). Eben dies tat Abraham *nicht*. Abraham sah. Er sah das angsterfüllte Gesicht seines Kindes, die großen, ungläubig fragenden Augen. Er sah den Sohn, Isaak, den einzigen, den er lieb hatte;

er sah den Himmel, der immer schon in diesem Gesicht für ihn aufstrahlte; und von diesem Himmel her hörte er die Stimme des Jahweboten, die ihn zweimal beim Namen rief. Wieder, wie schon vorher beim Anruf *Elohims*, antwortet er, auch jetzt beim Anruf des *mal' ach Jahwe*: »Hier bin ich«. Er ist da. Er stellt sich dem göttlichen Ruf, der nunmehr nicht aus altehrwürdiger Vergangenheit, sondern aus dem lebendigen Augenblick, aus dem angsterfüllten Antlitz seines Kindes, zu ihm spricht: Gott erscheint ihm als die unterfangende und übersteigende Dimension seines gefesselten und in den Tod hinein ausgelieferten Kindes. Es ist der Gott von Ägypten her, der durch die Not und das Schreien des Unterdrückten herbeigerufen wird: »Ich habe das Elend meines Volkes in Ägypten gesehen und ihre laute Klage gehört… da bin ich herabgestiegen, um sie der Hand der Ägypter zu entreißen« (Ex 3,7 f.). Dieser Gott sagt ihm klar, daß der altehrwürdige Ritus der Kindestötung Sünde ist und er dem Knaben »nichts zuleide tun« darf (V. 11 und 12a).

Im Rückblick auf die oben (in Kap. 1.32) beschriebene religiöse Urerfahrung, wie sie sich aus der Mutter-Kind-Beziehung als der ältesten Personbegegnung ergibt und in der Bestattung ihren ältesten geschichtlich faßbaren rituellen Ausdruck findet, wird klar: Dem Abraham erscheint hier derselbe Gottesengel, den die Papua-Frau auf dem Antlitz ihres kranken, in den Tod hinein ausgelieferten Mannes und Geliebten gesehen hat; der Engel, der auch lebendig blieb, nachdem ihr Mann gestorben war, der Engel und die Gottesstimme, dem und der die Frau entsprach, indem sie zuerst in liebender Zuwendung den Kranken pflegte und ihn dann in geduldiger Trauerarbeit bestattete. Diese älteste Gotteserfahrung, die den Menschen schuf, bricht in der Abraham-Isaak-Erzählung auf. In eben dem Augenblick, da der Ritus des »Gründungslynchmords« (Girard) vollzogen werden soll, jenes transzendierende Tötungsimponiergehabe, das die älteste, in der Bestattung sichtbare religiöse Urszene jahrmillionenlang verdeckt hat, in eben diesem Augenblick und in eben diesem Geschehen – aus dem zu tötenden Opfer heraus, mit ihm sich identifizierend –, spricht der wahre und älteste Gott, der den Menschen und in ihm Himmel und Erde erschaffen hat: die Liebe. Und seine Stimme sagt: »Liebe will ich, nicht Opfer« (Hos 6,6).

3.25 Die spätere Übermalung der Offenbarungserzählung

Doch der Mensch ist ein geschichtliches Wesen. Nur in einem dramatischen Prozeß kann er sich von der Prägung durch die Jahrmillionen seiner

Vergangenheit lösen. Meistens geht er, nachdem er im unmittelbaren Anspruch des Engels mutig drei Schritte nach vorne gegangen ist, nachher, wenn der Anspruch leiser geworden ist, erschrocken und voll Angst und Sorge wieder zwei Schritte zurück. Abraham war offen und wach gewesen: Er hatte den Gottesengel auf dem Gesicht seines Sohnes gesehen, er hatte dessen Botschaft vernommen und in seinem Tun realisiert, daß man ein Lebewesen mit einem Gesicht nicht töten darf. Noch freilich war er nicht sensibel genug zu sehen, daß auch das Tier, der Widder, der sich im Gestrüpp verfangen hatte, ein Gesicht besaß. Noch war der Glaube, er müsse Religion und Gottesdienst durch Opfertötung realisieren, so stark, daß er die Tötungswaffe, das Messer, nicht aus der Hand geben konnte. Noch mußte er töten, wenn auch nur das Tier. Erst anderthalb Jahrtausende später wird ein Nachkomme Abrahams, Jesus, *El-Jahwe* als den *Abba*, den himmlischen Vater, erkennen, der die Vögel des Himmels ernährt und die Lilien des Feldes herrlich kleidet (vgl. Mt 6,26.28); kein Sperling ist vergessen vor ihm (Lk 12,7). Aus allen lebenden Wesen strahlt deshalb für Jesus die Güte des Schöpfers, das Gesicht seines *Abba*, und er wird nicht mehr töten.

So ist die zentrale Schicht unserer Abraham-Isaak-Erzählung eine Offenbarungsgeschichte. Der El-Verehrer Abraham sieht, indem er wachen Herzens und offenen Auges den überkommenen Ritus des alten Wildnis- und Schreckensgottes vollzieht, *in* diesem Ritus, der eigentlich *El* in seiner Schreckensgestalt vergegenwärtigt, *Jahwe*, den gütig-fürsorgenden Aspekt, den Ich-bin-da-Gott von Ägypten her, aufstrahlen; und noch ganz dunkel begreift er, daß er die faszinierende Tötungsgewalt und eine die Natur transzendierende Tötungsforderung als bloß menschliche Projektion von Gott wegnehmen muß. Jahwe sieht ihn an aus dem Antlitz seines gefesselten und dem Tode ausgelieferten Kindes: *Jahwe jire*, »Jahwe sieht« und (in anderer Verbform) *Jahwe jeraë*, »Jahwe läßt sich sehen« (Gen 22,14); dies ist der Lobpreis Abrahams und der Name des Ortes, an dem die Erzählung spielt.

Ich kann – dies ist eine weitere Schicht der Erzählung – diese Offenbarungsgeschichte auch als Prüfung und Erprobung Abrahams lesen. Ich brauche dazu nur – was bei den übrigen Abrahamsgeschichten nicht der Fall ist – eine Überschrift über die Erzählung schreiben: »Gott prüfte Abraham« (V. 1a). Dies ist irgendwann bei dieser Erzählung geschehen. In dieser Prüfung geht es freilich jetzt noch nicht um die Opferbereitschaft Abrahams, sondern – viel wesentlicher – um die Wachheit und Offenheit seines Herzens und seines Auges. Die Probe besteht darin, ob der El-Verehrer Abraham offen und wandlungsfähig genug ist, innerhalb des alt-

214

überlieferten rituellen El-Geschehens den auf dem Antlitz seines Kindes sich zeigenden *Jahwe* zu sehen, seine Stimme zu hören und den Ritus entsprechend zu verändern. *Diese* Prüfung hat Abraham bestanden. Sie strukturiert – ohne Winkelzüge (vgl. oben die referierte Darstellung Westermanns) – die Erzählung: Im ersten Teil (V. 1b-2) wird die Aufgabe gestellt; im zweiten (V. 3-10) führt Abraham die Aufgabe aus.

In unserer Interpretation der Erzählung wurde bis jetzt – abgesehen von dem (allgemein als späterer deutender Zusatz erkannten) Abschnitt Vers 15-18 – ein halber Vers noch nicht berücksichtigt: nämlich Vers 12b: »Denn jetzt weiß ich, daß du Gott fürchtest; du hast mir deinen einzigen Sohn nicht vorenthalten.« Dieser Halbvers spielt – wie die Themaangabe in Vers 1 – im Fortgang der Handlung keine Rolle. Wenn ich ihn weglasse, geht die Handlung genauso weiter. Im Gegenteil, er unterbricht den Gang der Handlung, indem er eine relativ umständlich wirkende Erklärung einfügt. Hinkelammert (ders., Der Glaube Abrahams und der Ödipus des Westens, Münster 1989, 19 ff.) sieht deshalb in dem Vers einen späteren Einschub, ohne freilich diesen Einschub noch weiter zu erklären und plausibel zu machen.

Eine mögliche weitere Erklärung könnte in folgender Beobachtung liegen: Das Motiv »weil du das getan hast und deinen einzigen Sohn mir nicht vorenthalten hast« erscheint an zentraler Stelle (als V. 16) in dem allgemein als späterer Einschub erkannten Abschnitt Vers 15-18. Von den meisten Auslegern (vgl. R. Kilian, Isaaks Opferung, Stuttgart 1970, 31 ff.) wird angenommen, daß auch noch ein anderer kleinerer (bisher hier ebenfalls noch nicht behandelter) Zusatz in Vers 2 von dem Verfasser der Verse 15-18 stammt, nämlich die Einfügung des Ortsnamens *Morija* als dem Ort der zu vollziehenden Opferung. Dieser Name kommt im zweiten Buch der Chronik (2 Chr 3,1) vor und bezeichnet dort den Tempelberg von Jerusalem. »Wahrscheinlich ist dieser Name in 22,2 später eingetragen worden, um den Berg der Opferung für Jerusalem in Anspruch zu nehmen« (Westermann 437). Dem Redaktor ist also daran gelegen, eine Verbindung zwischen dem Jerusalemer Tempel und der Abraham-Isaak-Erzählung herzustellen. Der Tempel aber ist der Ort, an dem Gott Opfer, vornehmlich Tieropfer, dargebracht werden. Eine im Grunde opferkritische Offenbarungserzählung, wie sie als zentrale Schicht bisher herausgearbeitet wurde, widerspricht aber dieser Kult-Institution. Opferkritik ist ja zumeist auch mit Tempelkritik verbunden, und Tempelkritik ist immer auch Opferkritik.

Wenn also der Redaktor den Engel Jahwes ein zweites Mal auftreten und die schon in Genesis 12 artikulierte Segensverheißung an Abraham aussprechen läßt (dies ist der Inhalt des Zusatzes der Verse 15-18), dann ist es naheliegend, daß er diesen Lobspruch nicht *darauf* begründen möchte, daß Jahwe sich von Abraham sehen läßt und dieser infolge der Jahweoffenbarung die Opferung Isaaks *nicht* vollzieht. Dies wäre ja eine Opferkritik, die der Institution des Tempels zuwiderläuft. Zwar opfert Abraham den Widder, dies aber ist nur eine schwache Ersatzhandlung, von der aus sich keine Stärkung der Tempel- und Opfer-Institution gewinnen läßt. In diesem Dilemma reflektiert der Redaktor auf die *Bereitschaft* Abrahams, seinen Sohn auf Gottes Geheiß zu opfern. Dieses Motiv fügt er – als etwas gezwungen wirkende Erklärung – als Vers 12b in den vorausgehenden Absatz ein und begründet dann damit die von ihm in den Versen 15-18 eingeschobene Segensverheißung an Abraham. Das Motiv der Gottesfurcht übernimmt er als Motiv, das sich vielfach auch in anderen Texten des elohistischen Erzählers findet und für diesen charakteristisch ist.

So wird aus der Erzählung von der Jahwe-Offenbarung an Abraham und von dessen Offenheit für den Anruf Jahwes, der die Tötung des Kindes verbietet, die Beispielgeschichte für einen rückhaltlos-blinden Glaubensgehorsam. Abrahams vorbildliche Glaubenstat besteht jetzt in der blinden Bereitschaft, seinen geliebten Sohn zu schlachten, wenn Gott ihm dies befiehlt. Der Redaktor lobt einen Abraham, der notfalls auch bereit gewesen wäre, mit seiner linken Hand die angstvoll aufgerissenen Augen seines Sohnes abzudecken, um unberührt von dessen Gesicht mit seiner Rechten das Messer in die Kehle des Kindes stoßen zu können. Durch diesen Zusatz wird die Jahwe-Offenbarung wieder verdunkelt. Der Redaktor gibt sich mit seiner Einfügung als blinder El-Verehrer zu erkennen, dem es nicht möglich war, den Erkenntnisprozeß Abrahams auf seinem Opfergang nach- und mitzuvollziehen. In seiner Blindheit verdeckt er den zentralen Inhalt der Erzählung, daß Jahwe sieht und auf dem Antlitz des Opfers als dessen Gott gesehen wird. Das Sehen ist in die Blindheit zurückgefallen. Wie so oft in biblischen Texten – auch noch in denen des Neuen Testamentes – ist das Neue, das sich Bahn brach, wieder vom Alten eingeholt und in die alten Denk- und Verstehensschemata zurückgebogen worden. Dies freilich ist der Weg geschichtlichen menschlichen Lernens. Er verläuft nicht geradlinig, sondern in vielen Rückwindungen, wie das Mäander-Muster im Lauf eines Flusses. In besonderer Weise gilt das für das »Gott-Lernen«, für das Verstehen seines Wesens. Darin besteht das biblische Heilsdrama, worin sich der in die Gewaltfaszination eingebundene Mensch mühsam und unter vielen Rückschlägen dem Ich-bin-da-Gott zu öffnen sucht. Es ist dies ein Prozeß, der von der Bibel nur angestoßen werden kann; erst im Leben und Sterben des konkreten einzelen Menschen und im geschichtlich fortschreitenden Zusammenleben der Völker kann er zu seinem Ende kommen und diesen Gott, *Jahwe* – und später den *Abba* Jesu – lebensbestimmende Realität werden lassen.

3.3 Prophetische Friedens- und Gewaltphantasien, Opfer-kritik und Opferdienst: Das biblische Heilsdrama

3.31 Zur Notwendigkeit einer Rekonstruktion des biblischen Heilsdramas und dessen wichtigste Phasen

An Erzählungen wie der von der aufgehobenen Opferung Isaaks zeigt sich mit größter Eindringlichkeit, wie notwendig es ist, den drama-tisch-narrativen Charakter der gesamten Bibel ernst zu nehmen: Kein Text dieses Buches kann je für sich und so, wie er dasteht, als »inspiriert« genommen und vermittelt werden, vielmehr muß ich ihn in seinen verschiedenen Entstehungsgeschichten als je verschiedenen Ausdruck einer je verschiedenen Phase und Szene des einen Heilsdramas lesen, von dem die Bibel erzählt: als Ausdruck jener dramatischen Geschichte, in der inmitten einer von Gewaltfaszination und Anbetung der Tö-tungsmacht geprägten Welt ein Volk in seinem Geschick die wahre Gottesmacht als Gott des Opfers, als Gott des Verfolgten und Ausge-lieferten, erfährt und, selbst eingebunden in die Gewaltverhaftetheit der menschlichen Geschichte, auf vielen Wegen und Abwegen das Wesen dieses seines Gottes zu begreifen sucht.

Nochmals soll ein Vergleich die Notwendigkeit dieser narrativ-dramati-schen Sicht der Bibel deutlich machen, die zwar von der sogenannten »Narrativen Theologie« theoretisch schon gesehen, aber in der Praxis des Umgangs mit der Bibel bisher kaum konsequent beachtet wird: An Hein-rich von Kleists letztem Drama, *Prinz Friedrich von Homburg*, charakte-risiert durch seinen straffen und durchsichtigen Aufbau, läßt sich die Notwendigkeit einer Einbindung narrativ-dramatischer Texte in die jewei-ligen Schritte der dramatischen Handlung besonders klar aufzeigen. Der Prinz durchläuft deutlich verschiedene Entwicklungsstadien, in denen er zu sich und seinem eigenen Wesen findet. Am Anfang ist er der träume-rische Schwärmer, der in einer nächtlichen Szene im Schloßpark von Fehrbellin den Handschuh seiner Geliebten in Händen hält und sich selbst den Lorbeerkranz flicht. Dann ist er der ungestüme Krieger, der in der Schlacht gegen die Schweden mit seiner Reitertruppe nicht auf den Befehl des Kurfürsten wartet, sondern eigenmächtig und verfrüht in die Schlacht eingreift, diese dabei aber zum Sieg werden läßt. Wegen seiner Tat vom Kurfürsten gefangengesetzt, ist er zunächst noch der leichtsinnige junge Mann, der in seinem schweren Verstoß gegen das Kriegsgesetz nur einen winzigen Fehler sieht, »der Brille kaum bemerkbar« (3. Akt, 1. Szene). Trotz des durch das Kriegsgericht verhängten Todesurteils rechnet er ganz selbstverständlich mit seiner Begnadigung und vielleicht sogar mit einer Belohnung durch den Kurfürsten. Beim Anblick des Grabes jedoch, das für ihn ausgeschaufelt wird, bricht er zusammen und ist in der sogenannten »Todesfurchtszene« (3. Akt, 5. Szene) nur noch ein Häuflein Elend, eine von der Todesangst zerbrochene, auf den bloßen Lebenstrieb zurückgeworfene Kreatur, die um ihr Leben bettelt und bereit ist, alles, was ihr vorher hoch und heilig war, Ruhm und Ehre, ja selbst den Anspruch auf seine Geliebte, aufzugeben, um nur das nackte Leben zu retten. Dann jedoch, vom Kurfürsten dazu aufgefordert, selber zu entscheiden, ob der gegen ihn verhängte Richterspruch gerecht sei oder nicht, wächst er im Angesicht seiner Geliebten zu heldenhafter Größe auf, sieht das Ausmaß seiner Schuld und die Notwendigkeit des Gesetzes ein – »Schuld ruht, bedeutende, mir auf der Brust« (4. Akt, 4. Szene) – und erkennt das gegen ihn ergangene Todesurteil an. Am Ende wird er mit verbundenen Augen in jenen Garten geführt, in dem er sich ganz am Anfang in seine kindlich-jugendliche Träume verloren hatte. Während der Kurfürst beschlossen hat, ihn nun doch von sich aus zu begnadigen, glaubt er, zur Hinrichtung geführt zu werden und findet auf diesem Wege zu jenen Worten, die »zum Schönsten gehören, was je in unserer Sprache gedichtet wurde« (Reclam Schauspielführer, Stuttgart 1986, 346):

> *Nun, o Unsterblichkeit, bist du ganz mein!*
> *Du strahlst mir durch die Binde meiner Augen*
> *Mit Glanz der tausendfachen Sonne zu!*
> *Es wachsen Flügel mir an beiden Schultern,*
> *Durch stille Ätherräume schwingt mein Geist;...*
> (5. Akt, 10. Szene)

Hier wird überdeutlich: Ich kann mit keinem Wort, das der Prinz von Homburg in diesem Drama spricht, sinnvoll umgehen, wenn ich nicht weiß und im Kreis meiner Hörer zum Ausdruck bringe, in welcher *Phase* der aufgezeigten Entwicklung des Prinzen es jeweils gesprochen ist. Andernfalls stehen sich z.B. die Abwertung seiner Schuld in der ersten Szene des dritten Aktes und ihre Anerkennung als todeswürdiges Vergehen in der vierten Szene des vierten Aktes als diametraler, nicht miteinander vermittelbarer Widerspruch gegenüber; ebenso wäre es undenkbar, daß die in der »Todesfurchtszene« um ihr nacktes Leben bettelnde Kreatur dieselbe Person ist, die in der letzten Szene des Dramas mit den zitierten Abschiedsworten auf den Lippen dem Tod entgegengeht.

Wäre uns die Dichtung Kleists (wie dies bei der Bibel tatsächlich der Fall ist) ohne Aufteilung in Akte und Szenen und vielleicht auch ohne Angabe der jeweils sprechenden Dramengestalten überliefert, müßte man als erstes aus dem überlieferten Text wenigstens in etwa und soweit wie irgend möglich den Gang der Handlung rekonstruieren, um die einzelnen Worte und Sätze in die verschiedenen Handlungsphasen einzufügen und ihnen dadurch erst ihren Sinn zu geben. Dabei geht es im biblischen Heilsdrama natürlich nicht (wie in der Hegelschen Philosophie) um die Entwicklung *Gottes* (der als die unterfangende und übersteigende Dimension empirisch erfaßbarer Wirklichkeit im letzten immer das undurchdringliche Geheimnis bleibt), sondern um die fortschreitende Entwicklung der Einsichten und Erkenntnisse des (gewaltverhafteten) *Menschen* in das Wesen dieses Geheimnisses: um den rekonstruierenden Nachvollzug der Phasen und Schritte, der Fortschritte und Rückfälle, in denen der Mensch seine auf dieses Geheimnis geworfenen Angst-, Wunsch- und Gewaltprojektionen in einem dramatischen Ringen, einem wogenden Hin und Her, allmählich zurückzunehmen lernt. Diese elementarste aller ihr gestellten Aufgaben hat paradoxerweise die Bibelwissenschaft bei allem gelehrten Wissen, das sie zutage fördern konnte, bisher noch kaum (in einer zusammenhängenden Darstellung) bearbeitet.

Statt dessen hat man, sensibler geworden für das Gewaltproblem, klammheimlich aus dem Stundengebet und den gottesdienstlichen Vorlesebüchern in verschiedenen Psalmen und auch in anderen Büchern jene Verse herausgestrichen, die von Gottes Zorn oder von seinem gewaltsamen Eingreifen zugunsten der Psalmbeter sprechen (vgl. N. Lohfink, ›Gewalt‹, 16), ohne bei der Fülle dieser Stellen alles Anstößige wirklich entfernen zu können. (So weist z.B. Lohfink darauf hin, daß auch noch nach dieser »Reform« die römisch-katholischen Beter die höchsten Tage ihres Festkalenders am Morgen beginnen »mit ›Lobliedern auf Gott in ihrem Mund und einem zweischneidigen Schwert in ihrer Hand, um die Vergeltung zu vollziehen an den Völkern, an den Nationen das Strafgericht‹«: N. Lohfink, ebd. 16, Anm. 3).

Gewiß stellt sich hier der theologischen Wissenschaft eine Aufgabe, die mit den herrschenden, an der Naturwissenschaft orientierten Forschungs- und Arbeitsmethoden nicht bewältigt werden kann. Gelehrtes Faktenwissen, wie es die Exegese erarbeitet hat (etwa die Kenntnis der verschiedenen Entstehungsschichten eines Textes), ist bei der Lösung dieser Aufgabe zwar eine unabdingbare Hilfe, aber die eigentliche Arbeitsmethode muß darin bestehen, sich in den Aussage- und Stimmungsgehalt der verschiedenen Texte und Textschichten einzufühlen, um die Unterschiede der jeweils zugrunde liegenden Gotteserfahrung zu erspüren, von daher den inneren dramatischen Aufbau des biblischen Heilsdramas zu rekonstruieren und den jeweiligen Text bzw. die jeweilige Textschicht einer entsprechenden Szene dieses Dramas zuzuordnen. Dabei ist zu beachten, daß keineswegs die historisch ermittelbare Entstehungszeit eines Textes schon festlegt, in welchen Akt dieses Dramas der jeweilige Text einzuordnen ist. Denn, wie schon erwähnt, menschliche Erkenntnis und Einsicht erfolgt nicht kontinuierlich fortschreitend, sondern in Sprüngen: Einem teilweise sehr frühen, hell leuchtenden Aufblitzen der Wahrheit steht oft ein massiver »Rückfall« in späterer Zeit gegenüber.

So ist etwa der Prophet Hosea, der noch vor der Eroberung des Nordreiches (etwa 750 v. Chr.) dort wirkte und das Geschick Israels vorhersah, in der Entwicklung seiner Gotteserkenntnis wesentlich weiter fortgeschritten als der uns unbekannte christliche Prophet, der gegen Ende der Regierungszeit des römischen Kaisers Domitian (81-96 n. Chr.) das neutestamentliche Buch der Apokalypse verfaßte und darin – neben wunderbaren Hoffnungsbildern (vgl. die Schilderung des neuen Jerusalem 21,1-4) – Straf-, Vernichtungs- und Zerstörungsphantasien freien Lauf läßt, die, wie Buggle richtig herausarbeitet (Buggle 54 f.), oft noch die der alttestamentlichen Propheten an Schrecken und Grausamkeit übertreffen (vgl. z.B. das im Buch Jesaja angekündigte Strafgericht über Babel: Jes 13,1-22 mit der Schilderung des Untergangs der »Hure Babylon« – womit hier die Weltstadt Rom gemeint ist – in der Apokalypse: z.B. 19,17 f., wo die Vögel, die hoch am Himmel fliegen, aufgefordert werden, sich zum »großen Mahl Gottes« zu versammeln und das »Fleisch von Königen, von Heerführern und von Helden, Fleisch von Pferden und ihren Reitern, Fleisch von allen, von Freien und Sklaven, von Großen und Kleinen« zu fressen, und wo das »Tier« und der »falsche Prophet« bei lebendigem Leibe in einen See von brennendem Schwefel geworfen und dort »Tag und Nacht, in alle Ewigkeit« gequält werden: 20,10). Nicht die Entstehungszeit, auch nicht die Einbindung eines Textes in das Alte oder das Neue Testament, sondern der im jeweiligen Text zum Ausdruck kommende Gehalt, die in ihm zum Ausdruck kommende menschliche Gesinnung, entscheidet darüber, in welchen Akt des Heilsdramas er einzuordnen ist.

Natürlich fordert eine solche Rekonstruktion des biblischen Heilsdramas und die entsprechende Einbindung und Zuordnung der Texte und Textschichten in die verschiedenen Phasen dieses Dramas einen vorgegebenen Beurteilungsmaßstab. Ich kann aus vorliegenden unstrukturierten Texten das Drama nur dann (wenigstens ansatzweise) rekonstruieren, wenn ich zumindest dessen *Ziel und Ende* kenne: jene Texte und Textschichten, auf die alles hinläuft und denen gegenüber andere Texte und Textschichten geschichtlich notwendige und verständliche Vorstadien darstellen. Wenn ich den mir ungegliedert vorliegenden Text des *Prinzen von Homburg* in seinem Aufbau rekonstruieren und die Texte annäherungsweise verschiedenen Handlungs- und Entwicklungsphasen des Prinzen zuordnen will, muß ich davon ausgehen, daß die zitierten Abschiedsworte den Höhepunkt der Entwicklung der Dramengestalt zum Ausdruck bringen und also den letzten Akt des Dramas bilden. Innerhalb der an der Bibel sich orientierenden Religionen ist das Christentum dadurch gekennzeichnet, daß es in den *Erzählungen vom Tod und dem neuen todesjenseitigen Lebendigsein des Messias Jesus* die höchste Entwicklungsstufe des biblischen Heilsdramas erkennt und bekennt. Von hier aus muß für den Christen das biblische Heilsdrama rekonstruiert und ein innerer, narrativ-dramatischer (nicht historischer) Zusammenhang der einzelnen biblischen Texte und Textschichten entworfen werden.

Natürlich ist diese Arbeit hier auch nicht annähernd zu leisten; sie kann wohl überhaupt nicht von einem einzelnen geleistet werden. Aber in ganz groben Zügen lassen sich doch von jenem Hinrichtungshügel aus, wo den ersten Christinnen der Gekreuzigte als verklärter Gottessohn aufging (eine Erleuchtung, die Mk 15,39 dem römischen Hauptmann in den Mund gelegt wurde: »Wahrhaftig, dieser Mensch war Gottes Sohn«), einige Konturen erkennen, die, voneinander abgesetzt und aufeinander bezogen, zu dieser letzten Szene des biblischen Dramas hinführen:

Da ist, gleichsam als Exposition des Dramas, die dunkle Berg- und Gewittergottheit vor Augen, die Leben und Fruchtbarkeit spendendes Wasser schenkt, oft aber auch die aus den Bergen kommenden Wadis überflutet und in Gewitter, Regensturm, Erdbeben und Sturmfluten Mensch, Tier und Siedlung in blindem »Zorn« vernichtet. In starrer Angstfaszination steht der Mensch vor diesem Gott; und durch das Opfer des Liebsten, des göttlichen Kindes, sucht er sich ihm anzugleichen und seine Gunst zu gewinnen.

In der ersten eigentlichen Handlungsphase des biblischen Heilsdramas erscheinen dann die semitischen Kleinviehnomaden, die, wahrscheinlich um der Versklavung zu entgehen, aus den ummauerten und von Tempeltürmen überragten Städten Mesopotamiens und anderer Gebiete des Vorderen Orients ausziehen, um im Niemandsland zwischen der Wüste einerseits und dem Herrschaftsgebiet der sich bildenden Stadtstaaten anderrseits ihr zwar freies, aber extrem ausgesetztes Leben zu führen (wie vor allem die Patriarchenerzählungen es widerspiegeln; vgl. dazu oben die Ausführungen in Kap. 3.14); sie vertrauen sich diesem Gott an, dessen Heimat die Wildnis, das unzugängliche Gebirge und die unbewohnte Steppe ist. Indem sie sich so *insgesamt*, heimatlos wandernd, ihm ausliefern, brauchen sie ihm keine Kindesopfer mehr darzubringen. Sie *alle* sind ihm ja im Niemandsland der unbewohnbaren Steppe mehr oder weniger ausgesetzt: Sie sind sein Eigentumsvolk und er läßt nicht zu, daß Menschen, mit ihm konkurrierend, sie in Besitz nehmen, unterdrücken und ausbeuten.

So baut sich die zweite Phase des Heilsdramas auf, worin *El-Schaddai*, der alte furchterregende Berg- und Gewittergott, sich als »Ich-bin-(für euch)-da«, als *Jahwe*, zu erkennen gibt. Dies gilt freilich nur für dieses sein Volk, mit dem er einen Bund geschlossen hat, und solange die Menschen des Volkes sich an diesen Bund halten. Anderen Völkern, die Israels Lebensraum bedrohen, oder Menschen des eigenen Volkes, die seinen Bund brechen, kann er wiederum zum »Schrecken« werden, der vor Israel herzieht und die Völker in Panik versetzt (vgl. Ex 23,27 f.). Dies ist die Phase des Dramas, in der das von diesem Gott im Schilfmeerereignis ins Leben gerufene Volk einerseits an diesem als einzigartig erkannten Gott und seinem Wesensprofil festhält, andererseits aber dessen Kraft und Einzigartigkeit noch in naiv übersteigerten Gewaltphantasien, in Bildern blindwütiger Strafe und Zerstörung, denkt und ausdrückt. In hochdramatischer Weise ist dabei zu verfolgen, wie Bilder exzessiver Gewalt und Zerstörung unvermittelt neben einzigartigen Visionen des Friedens, der Versöhnung und der Gewaltfreiheit stehen (vgl. dazu das folgende Kapitel 3.32).

Erst im Ereignis Jesu, seines Lebens und Sterbens, wird allmählich deutlich, daß *Jahwe* der Ich-bin-(für dich)-da-Gott eines *jeden* Menschen ist, daß die Unterdrückung und Not eines *jeden* Menschen und Lebewesens ihn herbeiruft und er als unterfangende und übersteigende Dimension an und in diesem aufgeht. Erst jetzt wird er, von den Zeitgenossen Jesu und den Urchristen erst ganz dunkel wahrgenommen, offenbar als die »gewaltlose Gottheit, die sich nur dadurch zur Erscheinung bringen kann, daß sie sich durch Gewalt vertreiben läßt« (Girard, Ende, 227). Er wird erfahrbar als der *Abba*, als »Papa-Mama« aller Menschen aller Nationen; jeder Mensch ist von Ursprung und Wesen her seine geliebte Tochter und sein geliebter Sohn, an dem er sein Wohlgefallen hat (Mk 1,11), und jeder kann ihn in seiner Muttersprache verstehen (vgl. Apg 2,8-11). Was diese

Phase des Heilsdramas im letzten beinhaltet, ist noch nicht ausgelotet und kann wohl nie »objektiv« ausgelotet werden; jeder Mensch muß im Laufe seiner Lebensentwicklung, zuletzt im Sterben, in der Kommunikation mit seinen Mitmenschen und Mitlebewesen und angestoßen und angeleitet durch das Evangelium, letztlich auf je eigene Weise diesen Gott suchen und erfahren.

Von *El* über *Jahwe* zum *Abba*: dies ist die große Entwicklungslinie des biblischen Heilsdramas, der die einzelnen Texte und Textschichten des Alten wie des Neuen Testamentes zuzuordnen sind und von der her sie ihren Stellenwert und ihren Sinn bekommen. Im folgenden soll die zweite Phase, wo Friedens- und Gewaltphantasien noch unverbunden nebeneinander stehen, vom Alten Testament her (wo sie ihren Schwerpunkt hat) näher betrachtet werden.

3.32 Friedensvision neben Gewaltphantasie: Zur *Jahwe*-Phase des biblischen Heilsdramas

Nur in einigen Beispielen soll hier die Struktur dieser Phase des biblischen Heilsdramas aufgezeigt werden. So steht etwa im ersten Teil des Jesaja-Buches einerseits in Kapitel 11 die Vision des messianischen Reiches als überwältigende Friedensvision:

> »*Dann wohnt der Wolf beim Lamm,*
> *Der Panther liegt beim Böcklein.*
> *Kalb und Löwe weiden zusammen,*
> *ein kleiner Knabe kann sie hüten.*
> *Kuh und Bärin freunden sich an,*
> *ihre Jungen liegen beieinander.*
> *Der Löwe frißt Stroh wie das Rind.*
> *Der Säugling spielt vor dem Schlupfloch der Natter,*
> *das Kind streckt seine Hand*
> *in die Höhle der Schlange.*«

(Jes 11,6-8)

Andererseits aber findet sich wenige Verse weiter eine Schreckensvision von der Vernichtung Babels, die von exzessiven Gewaltphantasien überquillt:

»Man sticht jeden nieder, dem man begegnet;
wen man zu fassen kommt,
der fällt unter dem Schwert.
Vor ihren Augen werden ihre Kinder zerschmettert,
ihre Häuse geplündert, ihre Frauen geschändet.«

(Jes 13,15 f.)

Im selben Propheten-Buch, wenn auch von einem anderen Verfasser (dem sog. »Deuterojesaja«), findet sich dann die Vision vom gewaltlos leidenden Gottesknecht, die – vom Jesus-Ereignis her gesehen – den dramatischen Höhepunkt des Alten Testamentes bildet und von seinem Gehalt her neben die Forderungen der Bergpredigt nach Gewaltlosigkeit zu stellen ist. Der »Knecht« ist sehr wahrscheinlich eine Kollektivgestalt, die das Volk Israel verkörpert: Im zweiten Teil der vier Gottesknecht-Lieder gibt der Gottesknecht diese seine Identität klar zu erkennen: »Er [Jahwe] sagte zu mir: Du bist mein Knecht, Israel« (Jes 49,3). Dieser Knecht Jahwes, Israel, findet seine Identität, seine religiöse Ausstrahlung, die übersteigende Dimension seines empirischen Seins und Lebens darin, daß er auf das ihm zugefügte Unrecht und das ihm angetane Leid nicht mit Gegengewalt, auch nicht mit Rache- und Strafphantasien reagiert, sondern im Vertrauen auf seinen Gott, den Gott des Verfolgten, die Gewalt auf sich zukommen und an seiner inneren und äußeren Haltung in sich zusammenfallen läßt:

»Ich hielt meinen Rücken denen hin,
die mich schlugen,
und denen, die mir den Bart ausrissen,
meine Wangen.
Mein Gesicht verbarg ich nicht
vor Schmähungen und Speichel.«

(Jes 50,6)

Gerade *so* weiß er (der den in Kap. 3.1 beschriebenen religionsgeschichtlichen Perspektivenwechsel vollzogen hat), daß Gott bei ihm ist und ihm helfen, ihn aus Schande und Tod erretten wird. Tatsächlich bekennen dann auch im letzten Gottesknechts-Lied die Könige und Völker, die Israel geknechtet und geschunden haben, daß er, diese von ihnen mißhandelte und niedergedrückte Gestalt, von Gott geliebt war (vgl. Jes 53,10: »Doch der Herr fand Gefallen an seinem Zerschlagenen«; ähnlich 42,1). Er ist der Ausgelieferte, der Zerschundene und Zerschlagene, der nicht mehr –

wie die Beter der Fluch- und Klagepsalmen und die drohgewaltigen Propheten – seine faktische Ohnmacht durch lärmende Straf-, Rache- und Gewaltphantasien kompensiert: »Er schreit nicht und lärmt nicht und läßt seine Stimme nicht auf der Straße erschallen« (Jes 42,2). Im Vertrauen auf seinen Gott, den Gott des Verfolgten, macht er sein Gesicht »hart wie einen Kiesel« (50,7) und läßt die auf ihn einstürmende Gewalt wie Wasser an sich abrinnen. In dieser Haltung innerer und äußerer Gewaltlosigkeit, dennoch geprägt von Gefaßtheit und Stärke, ist er der wahre Gottes-Träger, die Gestalt, die die wahre, nämlich gewaltlose Gottesmacht, den Gott der Verfolgten, in seiner *Andersheit,* seiner – andersgearteten – Überlegenheit, zum Ausdruck bringt. Er wird so zum »Licht für die Völker«, dessen »Heil bis an das Ende der Erde reicht« (49,6). Selbst ein Unterdrückter und Ausgelieferter, wird er die Gefangenen aus der Finsternis herausführen in das Licht und Könige und Fürsten werden ihm huldigen (vgl. 49,7-9). An seiner paradoxen Gottesgestalt erkennen diese mit Tötungsgewalt ausgestatteten Menschen, daß sie mit dieser ihrer profanen Gewalt den von Gott geliebten schuldlosen Menschen zum Sündenbock, zum »Sühnopfer« (53,10) gemacht und ihre eigene Unmenschlichkeit und Verderbtheit auf ihn abgeladen haben:

> »Wir meinten, er sei von Unheil getroffen,
> von Gott gebeugt und erschlagen.
> Doch er wurde durch unsere Verbrechen durchbohrt,
> durch unsere Sünden mißhandelt...
> Wir hatten uns alle verirrt wie Schafe,
> jeder ging seinen eigenen Weg,
> und Jahwe ließ zu,
> daß wir all unsere Sünden auf ihn warfen.«
> (Jes 53,4-6; Übersetzung nach N. Lohfink, Altes Testament, 60)

Besonders diese Stelle der Gottesknechtslieder wird von den frühen Christen herangezogen, um für den Tod Jesu, der ihnen zunächst unverständlich war, einen Sinn zu finden. Dabei trägt diese Assoziation wesentlich dazu bei, Jesu Tod als »Sühnopfer« zu deuten. Zwar kommt dieses Wort im Text vor, doch auch hier nur als Assoziation. Es sind ja die *fremden Könige,* die Israel geknechtet haben, die hier betroffen erkennen und bekennen, daß sie ihn, den Gottesknecht, das Volk Israel, wie ein Tieropfer behandelt haben. Norbert Lohfink übersetzt deshalb den entsprechenden Vers 10: »Er rettete den, der sich zum Opfertier machen ließ« (Lohfink, ebd.). Wollte er gewaltlos bleiben, blieb ihm nichts anderes übrig, als sich zum Opfertier, zum Sündenbock machen zu lassen und die »Sünden von vielen« auf sich zu nehmen und zu ertragen, d.h. für die eigentlich Schuldigen einzutreten (Jes 53,12). Aber nicht wegen dieser erzwungenen »Stellvertretung«, sondern wegen seiner Gewaltlosigkeit hat Jahwe Gefallen an ihm gefunden und ihn zum Retter der Völker bestimmt.

Nur noch ganz am Rande und, soweit ich sehe, nurmehr an einer einzigen Stelle dringt ein Bild der Gewalt in diese Lieder ein: »Er machte mich zum spitzen Pfeil und steckte mich in seinen Köcher« (49,2); und in 53,12 wird ihm ein äußerlich bleibender Lohn für seine Tat verheißen, der sich nicht von dem unterscheidet, worin Gewaltherrscher das Ziel ihres Tuns erblicken: »Deshalb gebe ich ihm seinen Anteil unter den Großen, und mit den Mächtigen teilt er die Beute.«

Insgesamt ist in diesen Liedern jedoch der Sündenbockmechanismus, wie Girard ihn kulturanthropologisch als die stets verdrängte Basis des faktischen Menschseins beschreibt, schon ganz deutlich aufgedeckt und in dem nicht mehr durch Gewaltphantasien verdunkelten Bekenntnis zu Gott als den vom Ausgelieferten und Verfolgten transzendental unterfangenden Dimension auch schon grundsätzlich überwunden. Dabei ist das Volk Israel, aus dem der Dichter dieser Lieder stammt, selbst der leidende Knecht, so daß hier nicht eine durch Nachdenken gewonnene Einsicht, sondern eine lebendige Erfahrung literarische Gestalt gewinnt.

Gerade deshalb aber, weil hier unmittelbare Erfahrung, nicht aber reflexives philosophisches Denken sich ausdrückt, die Erfahrung als solche in ihrer Bedeutung also nicht bewußt wird, kann es geschehen, daß im selben Jesaja-Buch, wenn auch von einem anderen Verfasser (dem sog. »Tritojesaja«), die in der gewaltlosen Stärke und Festigkeit des Gottesknechts zum Ausdruck kommende Einzigartigkeit und Überlegenheit Jahwes wieder in Bildern einer grauenhaften Tötungsgewalt gezeichnet wird. Jahwe ist hier wieder der, der Israels Feinde vernichtet. Er wird so doch wieder zum Gott der Verfolger, auch wenn diese Verfolger vorher Verfolgte waren: In der Ankündigung des endzeitlichen Völkergerichts erscheint Jahwe in der schrecklich-unmenschlichen Gestalt des »Keltertreters«, der »in seiner gewaltigen Kraft einherschreitet« und dessen »prächtige Gewänder« rot gespritzt sind vom Blut der Völker, die er »voll Zorn zertrat« und »in seinem Grimm zerschmetterte« (Jes 63,1-6).

Überall, auch noch im Neuen Testament, ist dieses unvermittelte, logisch in sich widersprüchliche Nebeneinander von Gewalt und Gewaltfreiheit, von schrecklicher Drohung und rückhaltloser Liebeszuwendung, von gewalthafter Schreckensgebärde und hingebungsvoller Zärtlichkeit zu verfolgen. Es charakterisiert die biblischen Texte vom Beginn ihrer schriftlichen Abfassung und Sammlung in der salomonischen Königszeit bis hin zu den letzten Schriften, die von Christen unter dem Eindruck der beginnenden römischen Christenverfolgungen geschrieben und gesammelt wurden. In dieser Zeit entstanden die oben erwähnten grauenhaften Gewaltphantasien der Apokalypse, und im selben Buch findet sich die unendlich trostvolle Vision vom Wohnen Gottes unter den Menschen: »Seht, die Wohnung Gottes unter den Menschen! Er wird in ihrer Mitte wohnen, und sie werden sein Volk sein; und er, Gott, wird bei ihnen sein. Er wird alle Tränen von ihren Augen abwischen: Der Tod wird nicht mehr sein, keine Trauer, keine Klage, keine Mühsal. Denn was früher war, ist vergangen« (Offb 21,3 f.). Gleich anschließend ist dann wieder die Rede vom »See von brennendem Schwefel« als dem »zweiten Tod« (21,8), so daß also der Tod doch wieder da ist (und zwar in einer unendlich schrecklicheren Gestalt als vorher).

Solche Widersprüche können nur als Ausdruck eines dramatischen Entwicklungsgeschehens interpretiert werden, worin zwei in sich widersprüchliche Erfahrungen sich durchdringen und darum kämpfen, zur lebensbestimmenden Macht zu werden: einerseits das Jahrmillionen zurückreichende Eingebundensein in die Faszination der Gewalt, in die Erfahrung, daß Gott sich in der Tötungsmacht ausdrückt, andererseits die *noch* weiter ins Dunkel der Vorzeit hineinleuchtende Rückerinnerung geflohener ägyptischer Arbeitssklaven an einen Gott, der im Hilfsbedürftigen, Ohnmächtigen und Ausgelieferten aufgeht. In seiner gewaltlosen Stärke, seiner in sich ruhenden Kraft, wird er von der Tötungsmacht im letzten Kern nicht erreicht, so daß diese ihm gegenüber als profan entlarvt wird; nur die in der Gewalttat ins Transzendente hinein hypertrophierte menschliche Todesangst ließ sie als Gott erscheinen. Freilich kann dieses weltüberlegene Wesen des wahren Gottes vom gewaltverhafteten Menschen zunächst (in einem ersten Erfassen) nur als nochmals alles überragende Tötungsmacht interpretiert werden.

Wie diese beiden Linien eines menschlichen Gott-Erkennen-Lernens durch die Dramatik persönlichen Erlebens miteinander verbunden sind, wird in einer einzigartigen, aber für die Bibel kennzeichnenden Wendung beim Propheten Hosea deutlich: Wie es dem Schema prophetischen Wirkens entspricht, klagt Jahwe durch seinen Mund zuerst Israel an, daß es seine mütterlich ihm sich zuneigende Liebe nicht erkannt hat, von ihm weggelaufen ist zu den fremden Göttern, sich weigert umzukehren und er deshalb Unheil und Tod über sie bringen wird:

»Das Schwert wird in seinen Städten wüten;
es wird seinen Schwätzern den Garaus machen
und sie wegen ihrer Pläne vernichten.«

(Hos 11,6)

Dann aber, wenige Zeilen weiter, ruft derselbe Gott aus:

»Wie könnte ich dich preisgeben, Efraim,
wie dich aufgeben, Israel?…
Mein Herz wendet sich gegen mich,
mein Mitleid lodert auf.
Ich will meinen glühenden Zorn nicht vollstrecken
und Efraim nicht noch einmal vernichten.
Denn ich bin Gott, nicht ein Mensch…«

(Hos 11,8 f.)

Hier drängt sich dem Propheten Hosea, indem er sich in den Jahwe-Gott einfühlt, die Erkenntnis auf, daß es die Art des *Menschen*, genauer: des seit Jahrmillionen der Gewaltfaszination verfallenen Menschen, ist, auf Undankbarkeit und Fehlverhalten mit Gewalt, mit Zorn und vernichtenden Strafen zu antworten. Dies ist nicht die Art des mütterlich-fürsorgenden Ich-bin-da-Gottes von Ägypten her. Zwar ist auch er stark wie ein brüllender Löwe, doch wenn dann die Seinen zitternd wie Vögel aus Ägypten herbeikommen, »wie Tauben aus dem Land Assur«, dann tut er ihnen nichts zuleide, sondern läßt sie heimkehren in ihre Häuser (vgl. Hos 11,10 f.).
Alle Bibeltexte müssen als Ausdruck dieses heilsdramatischen Ringens um eine je tiefere Gotteserkenntnis gelesen, gehört und vor Augen gestellt werden. Anders sind sie sinnlos. Dies gilt auch für den Christen, für den in Tod und Auferstehung Jesu dieses Ringen entschieden ist; denn was ansatzhaft ein Hosea und der Dichter der Gottesknechtslieder und in Vollendung Jesus aus Nazareth erreicht und erkämpft haben, ist dem Christen für sein eigenes Leben wie für sein Wirken in der Gesellschaft und der Geschichte unablösbar selbst als Aufgabe übertragen: Er kann die Wahrheit des Messias Jesus von Gott als dem rückhaltlos liebenden *Abba* aller Menschen nicht anders fassen, als daß er sie, angestoßen durch die biblischen Texte und deren Erlösung in der Gestalt Jesu, in einem lebenslangen Lernprozeß im eigenen Leben und Wirken erarbeitet, und sei dieses Leben noch so sehr von Krankheit, Leid und Schuld geprägt.

3.33 Opferkritik und Opferdienst (und die Überwindung des Widerspruchs)

Gewaltverhaftete Religiosität findet ihren Ausdruck im Opferkult. In dem Maße, in dem eine Religion dem Opferkult Raum gibt, in eben dem Maße ist sie noch der Faszination der Tötungsgewalt verhaftet. Den aus eigener Leiderfahrung gewonnenen überwältigenden Visionen des Friedens- und des Gewaltverzichts, wie sie sich, oft unverbunden neben blutrünstigen Gewaltphantasien stehend, in der prophetischen Predigt finden, entspricht deshalb eine in diesen Predigten ebenso sich findende Kritik am Opferkult. Hier vor allem liegt die von Karl Jaspers festgestellte Berührung der prophetischen Predigt mit den religiös-philosophischen Denkern der »Achsenzeit«. Ihr gilt es deshalb genauer nachzugehen. Doch sie erwächst hier nicht dem meditierenden Denken, sondern der konkreten, religiös gedeuteten Erfahrung.

Kritik an Opferfesten, Altären, Priestern und am Jerusalemer Tempel

Diese Kritik tritt besonders bei den vorexilischen Propheten hervor (vgl. zum folgenden: Helen Schüngel-Straumann, Gottesbild und Kultkritik vorexilischer Propheten, Stuttgart 1972) und richtet sich ganz konkret gegen Kultbilder, Altäre, Feste, Priester und Kultpropheten, Tempel und Bundeslade. Im Zentrum freilich steht die Kritik am Opfer selbst; Altäre, Feste, Priester und Tempel, Jahwe-Bilder und Götzenbilder sind konstitutiv mit den Opferfeiern verbunden und die Kritik an ihnen ist letztlich eine Kritik am Opferkult.

Die Texte stehen im Mittelpunkt der Kritik Jesajas an Juda und Jerusalem aus der Frühzeit seines Wirkens:

> *Vernimm die Weisung unseres Gottes,*
> *du Volk von Gomorra!*
> *Was soll ich mit euren vielen Schlachtopfern?,*
> *spricht der Herr.*
> *Die Widder, die ihr als Opfer verbrennt,*
> *und das Fett eurer Rinder habe ich satt;*
> *das Blut der Stiere, der Lämmer und Böcke ist mir zuwider.*
> *Wenn ihr kommt, um mein Angesicht zu schauen –*
> *wer hat von euch verlangt, daß ihr meine Vorhöfe zertrampelt?*
> *Bringt mir nicht länger sinnlose Gaben,*
> *Rauchopfer, die mir ein Greuel sind.*
> *Neumond und Sabbat und Festversammmlung –*

Frevel und Feste – ertrage ich nicht.
Eure Neumondfeste und Feiertage
sind mir in der Seele verhaßt,
sie sind mir zur Last geworden,
ich bin es müde, sie zu ertragen.
Wenn ihr eure Hände ausbreitet,
verhülle ich meine Augen vor euch.
Wenn ihr auch noch so viel betet,
ich höre es nicht.
Eure Hände sind voller Blut.
Wascht euch, reinigt euch!
Laßt ab von eurem üblen Treiben!
Hört auf, vor meinen Augen Böses zu tun!
Lernt, Gutes zu tun!
Sorgt für das Recht!
Helft den Unterdrückten!
Verschafft den Waisen Recht,
tretet ein für die Witwen!

(Jes 1,10-17)

Hier wird der Grundzug der prophetischen Opferkritik deutlich: Der Mensch kommt Jahwe, dem Ich-bin-da-Gott von Ägypten her, nicht nahe, indem er (von Gott geschenkte) Lebensmöglichkeiten (tierische oder auch pflanzliche Nahrung) verbrennt und zerstört; er ist ihm vielmehr nahe, wenn er das Wesen Gottes als Da-sein, als Hilfe für die Not der Unterdrückten und Ausgelieferten, in seiner eigenen Praxis realisiert. Der Gott des Verfolgten, also des Opfers, der Gott, der ursprünglich in der Mutter-Kind-Beziehung aufgeht und dessen religiöse Urszene die Bestattung darstellt, will keine Opfer. Deshalb sind diesem Jahwe die Neumondfeste und Feiertage »in der Seele verhaßt«: An ihnen werden auf sinnlose Weise durch die zu opfernden Tiere die »Vorhöfe zertrampelt«, das Fett der Rinder wird verbrannt und das Blut der Stiere vergossen. All das ist Jahwe zuwider und befleckt die Hände derer, die opfern, mit Blut.
Ähnlich ist es mit der Kritik an den *Altären*. Altäre sind ja, wie die Tempel, in denen sie stehen, von ihrem Ursprung her Opferstätten. Vor allem vom Propheten Hosea wird die Kritik der Altäre vorgetragen:

Efraim hat viele Altäre gebaut,
um sich zu entsündigen,
doch die Altäre sind ihm zur Sünde geworden.
Ich kann ihnen noch so viele Gesetze aufschreiben,

sie gelten ihnen so wenig wie die eines Fremden.
Schlachtopfer lieben sie,
sie opfern Fleisch und essen davon;
der Herr aber hat kein Gefallen an ihnen.

(Hos 8,11-13)

Die Altäre werden dem Volk Jahwes zur »Sünde«, weil es auf ihnen die Schlachtopfer darbringt, an denen Jahwe keinen Gefallen hat. Auch die Kritik Hoseas an den *Priestern* ist mit deren Opfertätigkeit verbunden:

Nicht irgendwer wird gerügt,
sondern dich, Priester, klage ich an...
Mein Volk kommt um, weil ihm die Erkenntnis fehlt.
Weil du die Erkenntnis verworfen hast,
darum verwerfe auch ich dich als meinen Priester...
Je mehr sie wurden,
umso mehr sündigten sie gegen mich...
Sie nährten sich von der Sünde meines Volkes
und sind gierig nach seinen ruchlosen Opfern.

(Hos 4,4-8)

Insgesamt zielt die Kritik an den Priestern darauf, daß sie das Heilige, dem sie dienen sollen, für sich usurpiert haben und Gewinn daraus schlagen.
Unter diesem Gesichtspunkt – Verfügbarmachung des Heiligen – kann sogar das Zentrum alttestamentlich-jüdischer Religiösität, der Tempel zu Jerusalem, der Kritik unterzogen werden. Als zur Zeit des Königs Jojakim um das Jahr 608 v. Chr. Juda von ägyptischen Heeren bedroht wird, verheißen die Priester und Kultpropheten den Bewohnern Jerusalems absolute Sicherheit: In ihrer Mitte stehe ja der Tempel Jahwes, der unzerstörbar sei und Sicherheit garantiere. Gegen solche Vorstellungen wendet sich der Prophet Jeremia mit scharfer Polemik. Das Haus, das nach Jahwes Namen genannt ist und auf das die Menschen vertrauen, kann ebenso zerstört werden wie das Heiligtum in Schilo, das Jahwe von seinem Angesicht verstieß. Nicht das Gebäude, das Menschen gebaut und als Heiligtum deklariert haben, garantiert die Gottesnähe und den damit verbundenen Schutz; beides stellt sich vielmehr dort ein, wo die Menschen nicht einem Gott dienen, der sich in feierlich verbrämter Tötungsgewalt repräsentiert, sondern Gott als der unterfangenden und übersteigenden

Dimension des ausgelieferten und auf Hilfe und Schutz angewiesenen Mitmenschen. Wo der Mensch auf diese Dimension entsprechend antwortet, hat er Gemeinschaft mit Gott und genießt dessen Schutz:

> *Wenn ihr gerecht entscheidet im Rechtsstreit, wenn ihr die Frem-*
> *den, die Waisen und Witwen nicht unterdrückt, unschuldiges Blut*
> *an diesem Ort nicht vergießt und nicht anderen Göttern nachlauft*
> *zu eurem eignem Schaden, dann will ich bei euch wohnen hier an*
> *diesem Ort, in dem Land, das ich euren Vätern gegeben habe für*
> *ewige Zeiten.*
>
> (Jer 7, 5-7)

Die Bewohner Jerusalems aber »stehlen, morden, brechen die Ehe, schwören falsch, opfern dem Baal und laufen anderen Göttern nach« und dann kommen sie und treten vor das Angesicht Jahwes in diesem Haus und sagen: »Wir sind geborgen« (Jer 7,9 f.). Auf diese Weise machen sie den Tempel zu einer »Räuberhöhle« (Jer 7,11), die von Jahwe auch so angesehen und entspechend behandelt werden wird.
Daß es in dieser Tempelkritik nicht nur um eine Kritik am moralischen Verhalten der Israeliten geht, zeigt eine Stelle aus dem späten Jesaja (Tritojesaja):

> *So spricht der Herr:*
> *Der Himmel ist mein Thron*
> *und die Erde der Schemel für meine Füße.*
> *Was wäre das für ein Haus,*
> *das ihr mir bauen könntet?*
> *Was wäre das für ein Ort,*
> *an dem ich ausruhen könnte?*
> *Denn all das hat meine Hand gemacht;*
> *es gehört mir ja schon – Spruch des Herrn.*
>
> (Jes 66,1 f.)

Es handelt sich hier also um eine grundsätzliche Kritik an der »Heiligkeit«, am sakralen Charakter des Tempels. Menschenhände können kein Haus bauen, in dem Gott verfügbar wohnt. Alles, was Menschen in ihre Hand nehmen – ebenso wie sie selbst, die dies tun –, hat vorher schon Gottes Hand gemacht. Der Mensch hat nichts, was er Gott anbieten und imponierend vor ihm aufrichten könnte; vor Gott ist der Mensch immer nur ein Kind, mit leeren Händen und darauf angewiesen, daß andere für es

»da« sind. Nur als »Haus des Gebetes« (Jes 56,7), das über Israel hinaus allen Völkern offensteht, als Haus, in dem Menschen sich an ihre Geschichte und an den in dieser Geschichte wirksamen Gott erinnern und ihr Herz ihm öffnen, ist der Tempel ein ehrwürdiges Gebäude. In der sog. Szene der »Tempelreinigung« (Mk 11,15-19 par; Joh 2,13-17) werden später die Evangelien diese Motive der Tempelkritik wieder aufgreifen und sie als von Jesus geäußert erzählen; und die Urchristen werden von sich sagen: *Delubra et aras non habemus*, »Tempel und Altäre haben wir nicht« (vgl. unten Kap. 5.21).

Die grundsätzliche Kritik am Opfer

Ihre tiefste Wurzel hat diese prophetische Kritik am Kult und an den Kulträumen in der Kritik am *Opfer*. Programmatisch steht über dieser Kritik das Wort des Propheten Hosea:

> *Liebe will ich, nicht Schlachtopfer,*
> *Gotteserkenntnis statt Brandopfer*
> (Hos 6,6)

Der Prophet Micha führt diese programmatische Opferkritik weiter aus:

> *Womit soll ich vor den Herrn treten,*
> *wie mich beugen vor dem Gott in der Höhe?*
> *Soll ich mit Brandopfern vor ihn treten,*
> *mit einjährigen Kälbern?*
> *Hat der Herr Gefallen an Tausenden von Widdern*
> *an zehntausend Bächen von Öl?*
> *Soll ich meinen Erstgeborenen hingeben*
> *für meine Vergehen,*
> *die Frucht meines Leibes für meine Sünde?*
> *Es ist dir gesagt worden, Mensch, was gut ist*
> *und was der Herr von dir erwartet:*
> *Nichts anderes als dies: Recht tun,*
> *Güte und Treue lieben,*
> *in Ehrfurcht den Weg gehen mit deinem Gott.*
> (Mi 6,6-8)

Die Haltung des Verzichts – und sei dieser noch so großartig – ist nicht die rechte Haltung Gott gegenüber. In solchem Verzicht richtet sich vielmehr der Mensch selbst zu göttlicher Größe auf, er maßt sich an, die Dinge, mit denen er umgeht, sein Leben und das, was es wertvoll macht, als Eigentum zu besitzen und so von dem, was er hat, Gott etwas geben zu können, während doch alles ihm von Gott geschenkt ist. Wo der Mensch Gott etwas geben will, versucht er, selbst wie Gott zu sein und sich in diesem Geben und Nehmen eigenmächtig zum Partner Gottes zu erhöhen. Der Mensch soll das Göttliche nicht herstellen (vgl. lat. *sacrum-facere: sacrificium*), sondern dankbar empfangen und leben: »Recht tun, Güte und Treue lieben, in Ehrfurcht den Weg gehen mit deinem Gott«, dem Gott, der sich dir in deinem Leben als »Ich-bin-(für dich)-da« erschließt und offenbart.

Von diesem Ansatz aus ist es verständlich, daß Amos die Opferfeiern ähnlich wie die Herstellung von Jahwe- und Götterbildern als *pescha*, als »Frevel«, als Verbrechen, verurteilt:

Kommt nach Bet-El, und frevelt!
Nach Gilgal und frevelt noch mehr!
Und bringt am Morgen eure Schlachtopfer,
am dritten Tag euren Zehnten.
Und verbrennt Gesäuertes als Dankopfer
und kündigt laut freiwillige Gaben an – ...
denn so liebt ihr es ja – ihr Israeliten...

(Am 4,4 f.)

Man hat die Grundsätzlichkeit dieser Opferkritik, gerade bei Amos, in der Ausdeutung meistens abgeschwächt. Für Jahwe, so sagt man, sind nach dieser Kritik Opfer und Kultus nur deshalb ein Frevel und ein »Greuel« (Jes 1,13), weil die Menschen, die diese Opfer darbringen, gegen Jahwes Gebote handeln und deshalb nicht würdig sind, mit Opfern vor ihn hinzutreten: »Wenn das Leben des Volkes in allen Dingen ›gerecht‹ und nach dem Willen Jahwes wäre, dürfte auch Amos nichts gegen einen Kult einzuwenden haben« (Schüngel-Straumann 79 f., im Anschluß an E. Würthwein, Am 5,21-27, in: Theologische Literaturzeitung 72 [1947], 143-152, gegen R. Hentschke, Die Stellung der vorexilischen Schriftpropheten zum Kultus, Berlin 1957, wonach Amos den ganzen Kult »per se als menschliche Willkür« [ebenda 75] verurteile.). Hier zeigt sich auch bei den Auslegern, wie schwierig es trotz Reformation und Aufklärung für uns heute – fast 2000 Jahre nach der Gottesoffenbarung in Jesu Leben und Sterben – noch ist, Religion und Religiosität ohne Opferkult zu denken. Das Pathos der prophetischen Predigt aber ist eindeutig; es sagt klar, daß Opfer und Jahwe-Glauben nicht vereinbar sind, der Jahwe-gemäße Gottesdienst vielmehr in barmherzigem Handeln und gerechtem Tun besteht:

Ich hasse eure Feste, ich verabscheue sie
und kann eure Feiern nicht riechen.
Wenn ihr mir Brandopfer darbringt,
ich habe kein Gefallen an euren Gaben,
und eure fetten Heilsopfer will ich nicht sehen.
Weg mit dem Lärm deiner Lieder!
Dein Harfenspiel will ich nicht hören,
sondern das Recht ströme wie Wasser,
die Gerechtigkeit wie ein nie versiegender Bach.

(Am 5,21-24)

Daß es sich bei der prophetischen Kult- und Opferkritik tatsächlich nicht nur um eine Kritik der in damaliger Zeit Opfernden, sondern um eine Kritik des Opfers als solchem handelt, machen besonders zwei Aspekte dieser Kritik deutlich: Erstens wird nämlich verschiedentlich in dieser Kritik darauf hingewiesen, daß es im Ursprung des Volkes Israel, als es von seinem Gott erwählt und aus Ägypten in die Wüste hinausgeführt wurde, keine Opfer gab:

Habt ihr mir etwa Schlachtopfer und Gaben dargebracht
während der vierzig Jahre in der Wüste,
ihr vom Haus Israel?

(Am 5,25)

Jeremia sagt ausdrücklich, daß Jahwe den Vätern, als er sie aus Ägypten herausführte, nichts gesagt und nichts befohlen habe, was Brandopfer und Schlachtopfer betrifft (Jer 7,22). Auch Hosea greift das Motiv auf und erzählt von Jahwe, der das junge Israel liebgewann und es als seinen Sohn aus Ägypten herausrief; sie aber liefen von ihm weg und opferten den Baalen und brachten den Götterbildern Opfer dar (Hos 11,2; 13,2).
Für die historisch-kritische Exegese gilt es als sicher, daß hier von den Propheten die tatsächlichen geschichtlichen Verhältnisse nicht richtig wiedergegeben werden. Wenn auch das Opferwesen der Königszeit »mangels eigener Tradition weithin von den Kananäern übernommen« wurde (Schüngel-Straumann 19 f.), so gilt es doch als sicher, daß auch schon in der Nomadenzeit Israels die Religiosität in Opfern ihren Ausdruck fand

(z.B. in dem in Kap. 3.14 beschriebenen, von Rost so genannten »Klein-viehnomaden-*sebach*«). Wenn das so ist, dann wird hier umso mehr deutlich, wie grundsätzlich die prophetische Opferkritik ist: Indem sie eine »Urzeit als Idealzeit« (Schüngel- Straumann 43) konstruiert, die – angeblich – frei von Opfern war, sagt sie, daß der Opferkult eben nicht nur wegen der gegenwärtigen Schlechtigkeit des Volkes und dessen Miß-achtung der Jahwegebote unangebracht ist, sondern *vom Ursprung her*, also grundsätzlich, Jahwe, der mütterlich-väterlich fürsorgende Ich-bin-da-Gott, keine Opfer will.

Der zweite Aspekt, der diese Grundsätzlichkeit der prophetischen Opfer-kritik deutlich werden läßt, findet sich am ausdrücklichsten in Psalm 50, der offensichtlich prophetische Opferkritik aufgreift, indem er Jahwe sa-gen läßt:

> *»Ich nehme von dir Stiere nicht an*
> *noch Böcke aus deinen Herden.*
> *Denn mir gehört alles Getier des Waldes,*
> *das Wild auf den Bergen zu Tausenden.*
> *Ich kenne alle Vögel des Himmels,*
> *was sich regt auf dem Feld, ist mein eigen.*
> *Hätte ich Hunger, ich brauchte es dir nicht zu sagen,*
> *denn mein ist die Welt und was sie erfüllt.«*

(Ps 50,9-12)

Diese Kritik am Opfer hat nichts mit der inneren Haltung der Opfernden zu tun. In ihr wird vielmehr deutlich, daß die Haltung dessen, der sich hinstellt, um Gott etwas zu opfern, selbst in sich schlecht und gottwidrig ist: Es ist die Haltung dessen, der sich anmaßt, Leben und Lebensmög-lichkeiten unabhängig vom Geber aller Gaben in eigener Verfügungsge-walt zu haben und sie deshalb diesem ursprünglichen Geber als Gabe darbringen zu können. Er reißt zuerst das, was er als Geschenk und Leihgabe von seinem Schöpfer in die Hände gelegt bekam, gewaltsam an sich, um es dann in großartiger Geste wieder diesem Schöpfer »aufzuop-fern«. Jeder freiwillige, d. h. vom Menschen souverän und frei verfügte Verzicht auf Leben und Lebensmöglichkeiten ist eine Mißachtung und Beleidigung dessen, der dieses Leben schenkt. In solchem Verzicht und Opfer bricht der Mensch aus der Endlichkeit und Geschöpflichkeit seines Daseins aus und bäumt sich, wie subtil auch immer, zu göttlicher Größe auf.

> *»Was soll mir der Weihrauch aus Saba*
> *und das gute Gewürzrohr aus fernem Land?«*   (Jer 6,20)

Beides sind Gaben Gottes an die Menschen, um ihr Leben erfüllter und angenehmer zu machen. Es ist eine Beleidigung des Gebers, diese Gaben auf dem Opferaltar zu verbrennen: »Eure Brandopfer gefallen mir nicht« (ebd.).

Wer anerkennt, daß »dem Herrn die Erde gehört und was sie erfüllt, der Erdkreis und seine Bewohner« (Ps 24,1), der kann nicht etwas von dem, was Gott gehört, an sich reißen und diesem Gott als Opfergabe spenden. Diesem Gott gegenüber ist nur die Haltung der Offenheit, die Haltung des Hörens auf das, was er in diesen Gaben dem Menschen zusagt, möglich. Deshalb stellt Jeremia, nachdem er die Opferbestimmungen als vom Ursprung her Jahwe-widrig gebrandmarkt hat, diesen falschen Bestimmungen das wahre Jahwegebot gegenüber:

> *»Höret auf meine Stimme,*
> *so will ich euer Gott sein,*
> *und ihr sollt mein Volk sein.«*
>   (Jer 7,23)

Hier muß sogar Schüngel-Straumann, die, wie oben angemerkt, die Grundsätzlichkeit der prophetischen Opferkritik in Frage stellt, zugestehen. »Jeremia setzt an dieser Stelle den Gehorsam dem Opferkult radikal entgegen, die beiden lassen sich nicht miteinander vereinbaren, sondern schließen sich aus« (Schüngel-Straumann 43).

Carl Gustav Jung, der Zürcher Psychologe, macht von seiner tiefen Kenntnis der menschlichen Psyche her eine unter diesem Gesichtspunkt wichtige Anmerkung zum Thema Opfer. Er führt zunächst aus, daß in jeder Opfergabe der Mensch unter einem jeweils verschiedenen Aspekt sich selber opfert. Der Opfernde identifiziert sich mit seiner Opfergabe. Jedes Opfer ist letztlich ein Selbstopfer. Es geht im Opfer darum, daß ich »mich selber ohne Erwartung weggegeben« habe (C. G. Jung 191). Dann fährt Jung fort: »Dieser beabsichtigte Verlust ist aber insofern und von einer anderen Seite betrachtet kein wirklicher Verlust, sondern im Gegenteil ein Gewinn, denn das *Sichopfernkönnen beweist das Sichhaben*. Niemand kann geben, was er nicht hat« (ebd., Hervorhebung von C. G. Jung). In der Opferhandlung nimmt also der Mensch das, womit er umgeht und mit diesem sich selbst in die eigene Verfügungsgewalt und setzt sich dadurch selbst an die Stelle Gottes. Indem er opfert, beweist er, daß er über sich selbst und seine Welt frei und rückhaltlos verfügen kann.

So wird der sich opfernde
zum Helden → zu Gott!

237

Anstatt die reichen Gaben, die Jahwe in mütterlich-väterlicher Fürsorge seinem Volk schenkt, dankbar zu genießen und möglichst alle daran teilhaben zu lassen, reißen die Starken und Mächtigen diese Gaben an sich und bringen in ihren Opfern zum Ausdruck, daß sie frei darüber verfügen:

>*Israel war ein üppiger Weinstock,*
der seine Frucht brachte.
Je fruchtbarer er war, desto mehr opferte man auf den Altären.«
(Hos 10,1)

Diese Usurpation der Gottesgaben hat ihre Parallele in der Gewalttat gegen die Mitmenschen:

>*Kann ich die ungerecht erworbenen Schätze vergessen,*
du Haus voller Unrecht,
und das geschrumpfte Maß, das verfluchte?
Soll ich die gefälschte Waage ungestraft lassen
und den Beutel mit den falschen Gewichten?
Ja, die Reichen in der Stadt
kennen nichts als Gewalttat,...
Alle lauern auf Blut,
einer macht Jagd auf den andern.«
(Mi 6,10-12;7,2)

Nicht also weil die Menschen ungerecht sind und ihre Mitmenschen ausbeuten und betrügen, hat Jahwe keinen Gefallen an ihren Opfern, sondern umgekehrt: Indem sie opfern, nehmen sie innerlich die Haltung des Gewalttäters an und werden auch ihren Mitmenschen gegenüber zu Ausbeutern, Betrügern und Mördern.

Die selbstverständliche Opferpraxis und die Überwindung des religiösen Widerspruchs

Freilich ist es schwer, an dieser Grundsätzlichkeit der prophetischen Opferkritik festzuhalten, wenn man weiß, daß überall in der Hebräischen Bibel ansonsten positiv von Opfern erzählt wird und in den Gesetzestexten genaue Anweisungen Jahwes zum Opferdienst überliefert werden. Von Abraham über Mose bis hin zum Propheten Elija ist zu lesen, wie sie ihrer Jahwe-Frömmigkeit in Opfern Ausdruck geben:»Man darf nicht mit leeren Händen vor meinem Angesicht erscheinen« (Ex 23,15; 34,20). In den

Gesetzestexten wird genau vorgeschrieben, wie der Altar zu errichten ist und welche Opfer darauf dargebracht werden sollen. Im sogenannten »Altargesetz« heißt es unmittelbar nach den zehn Geboten: »Du sollst mir einen Altar aus Erde errichten und darauf deine Schafe, Ziegen und Rinder als Brandopfer und Heilsopfer schlachten« (Ex 20,24). Und in den Kultvorschriften wird bestimmt, daß »tagtäglich und ständig« zwei männliche einjährige Lämmer dargebracht werden sollen. In diesen Tötungsriten erscheint die Gottheit: »Es soll von Generation zu Generation ein immerwährendes Brandopfer am Eingang des Offenbarungszeltes vor dem Herrn sein, wo ich mich euch offenbare, um mit dir dort zu reden. Ich werde mich dort den Israeliten offenbaren und mich in meiner Herrlichkeit als heilig erweisen« (Ex 29,38; 42 f.).

Gleichzeitig wird die Gottheit durch diese Opfer gespeist. Wie in allen Opferkulten der Religionsgeschichte sind auch die alttestamentlichen Priester, wie sie im Buch Leviticus beschrieben werden, diejenigen, »die die Feueropfer des Herrn, die Speise ihres Gottes, darbringen« (Lev 21,6; vgl. auch 21,8 sowie 3,11; 3,16 u.ö.). Im Buch Numeri wird ins einzelne gehend aufgezählt, welche Speise jeweils am Morgen und am Abend Gott darzubringen ist: jeweils ein fehlerloses einjähriges Lamm, »dazu ein zehntel Efa Feinmehl, das mit einem viertel Hin gestoßenen Öls vermengt ist…« sowie das »dazugehörende Trankopfer aus einem viertel Hin je Lamm« (Num 28,3-7).

Der Tempel, die Opferstätte für das Volk Israel, war ein Staatsheiligtum, an dem Israel seine Identität, die in der Gemeinschaft mit seinem Gott Jahwe bestand, durch tägliche blutige Opfer aufrecht zu erhalten suchte. Durch die Kultreform des Königs Joschija von Juda (641-609 v. Chr.) wurde der gesamte Opferkult im Jerusalemer Tempel zentralisiert; es sollte keine anderen Opferstätten mehr geben. Dadurch wurde die Quantität der Opferhandlungen in Israel sehr stark eingeschränkt. Als dann 586 v. Chr. bei der Eroberung Jerusalems durch die Babylonier der Tempel zerstört und Israels Oberschicht in die Verbannung geführt wurde, erlosch in Israel der Opferdienst und es entstand der Synagogengottesdienst als Wortgottesdienst. Nach der Rückkehr aus dem Exil und dem Wiederaufbau des Tempels wurde dort der Opferkult wieder aufgenommen, doch außerhalb der Hauptstadt Jerusalem wurde Jahwe weiterhin in den Wortgottesdiensten der Synagoge ohne Opfer verehrt.

Das größte, zur Zeit Jesu noch sehr populäre und vom Verfasser des Habräerbriefes zur Interpretation des Todes Jesu herangezogene Opferritual im zweiten Tempel war das Große Versöhnungsfest (*Jom kippur*). Seine Wurzeln (vor allem im Sündenbock-Ritus) reichen möglicherweise bis in die Nomadenzeit Israels zurück (vgl. Mertens 652 f.). Man nannte diese Festtage auch die »gewaltigen« oder »furchtbaren« Tage. An ihnen entfaltete sich ein eindrucksvolles Opfer- und Sühneritual, von dem her auch der Begriff des »Sündenbocks« gebildet ist. Der Hohepriester stemmte zuerst einem Jungstier und einem Bock seine Hände auf und lud dadurch seine eigenen Sünden sowie die der Priesterschaft und des Volkes auf die Opfertiere ab. Dann tötete er zuerst den Stier und dann den Bock, nahm von dem rinnenden Blut und trat damit hinter den Vorhang im Tempel, der das »Allerheiligste« abschließt: die *kapporet*, die Versöhnungsplatte, in der Jahwe selbst gegenwärtig gedacht wird. Diese besprengte er mit dem Blut der geschlachteten Tiere. Durch diesen Blutritus wurden Priester und Volk entsühnt. Dann wurden einem zweiten Bock die Hände aufgestemmt und auch auf ihn die Sünden der Israeliten abgeladen. Diesen trieb danach ein Mann aus der Stadt in die Wüste hinaus, wo er elendig an Hitze, Durst und Hunger zugrunde ging. In diesem Ritus kommt noch zum Ausdruck, daß Jahwe ursprünglich auch als Wildnis- und Schreckensgott mit dämonischen Zügen gedacht wurde: als jener älteste Gott, dem in vorisraelitischer Zeit Kinder in die Wildnis gebracht und ausgesetzt wurden.

Eines freilich ist in der Opferpraxis des Volkes Israel festzuhalten: Es findet sich zwar ausgeprägt das Motiv des Gott-Speisens, das Opfer als Gabe an Gott, das als »beruhigender Geruch« (vgl. Gen 8,21; Lev 1,9; 3,16; 6,8 u.ö.) zu ihm aufsteigt und ihn besänftigt. Es findet sich aber *nicht* das von Jensen ausgearbeitete Motiv der getöteten Gottheit. Das in den alten Pflanzerkulturen weit verbreitete Gott-Töten und Gott-Essen ist mit den alttestamentlichen Opfern nirgendwo verbunden. Kennzeichnend dafür ist, daß niemals das Opfer ganz verzehrt, sondern immer ein Teil davon, zumindest das auszugießende Blut, Gott als einem bleibenden Gegenüber dargebracht wird. Selbst bei der privaten Schlachtung, die ja von der Kleinviehnomaden-Zeit her immer auch noch ein wenig den Charakter einer Opferhandlung hatte, galt diese Ausgießung des Blutes als unabdingbares Gebot. Das Blut, als Sitz des Lebens in besonderer Weise mit der Jahwe-Macht verbunden, darf auf keinen Fall vom Menschen genossen werden. Jahwe, der Ich-bin-da-Gott von Ägypten her, ist zu persönlich, zu sehr der fürsorgend sich dem Menschen zuwendende Helfer und Retter, als daß er unpersönlich bloß als »Macht« oder »Kraft«, die man sich essend einverleiben kann, verstanden werden könnte. In der Sündenfallerzählung der Genesis, in der die Menschen vom (Gottes-)Baum in der Mitte des Gartens essen (Gen 3,1-24), wird dieses Essen vom göttlichen Baum, also das Sich-Einverleiben der Gottesmacht und der damit verbundene Wunsch, zu sein wie Gott, als die Ursünde des Menschen beschrieben (vgl. Baudler, Gott, 215-219). Die anderen religionsgeschichtlichen Opferformen aber begegnen auf Schritt und Tritt. Vereinzelt scheint es sogar, als ob der eine oder andere Prophet selbst die Grundsätzlichkeit seiner Opferkritik nicht wahrnehmen und realisieren würde (vgl. Schüngel-Straumann 34 f., wobei freilich nur in Jes 56,1-8 wirklich eindeutig das Opfer positiv gesehen wird).

So besteht also ein eklatanter Widerspruch zwischen der selbstverständlichen und detailliert ausgearbeiteten Opferpraxis einerseits und der geschilderten grundsätzlichen Opferkritik der Propheten andererseits. In dem hier angewendeten narrativ-dramatischen Bibelverständnis muß jedoch ein solcher Widerspruch nicht mehr oder weniger gewaltsam geglättet werden. Denn wenn insgesamt die Bibel das Heilsdrama widerspiegelt, in dem der Mensch, durch konkrete Erfahrung angestoßen, aus seiner gewaltverhafteten Religiosität (und dem damit verbundenen gewaltverhafteten Leben) befreit wird, dann ist eben hier das dramatische Geschehen zu verfolgen, wie dieser Mensch, durch Jahrmillionen alte Denk-, Vorstellungs- und Verhaltensbahnen geprägt, in seinem praktischen Handeln noch von diesen festgehalten wird, während sich der prophetische Geist, der sich in besonderer Weise vom Jahwe- Ereignis angesprochen fühlt und ganz von dieser Gotteserfahrung her denkt, schon über diese Praxis erhebt und deutlich und klar das Gottwidrige dieses Tuns sieht und artikuliert. Innerhalb dieses dramatischen Geschehens geschaut, wirkt die prophetische Opferkritik noch eindringlicher als eine bloß durch Nachdenken gewonnene und widerspruchsfrei im Leben durchgeführte Erkenntnis.

Dies gilt insgesamt für das in der Bibel sich findende Nebeneinander von gewaltverhafteten und gewaltfreien, an Friedens- und Gewaltvisionen orientierten Texten. Man kann diesem Phänomen gegenüber innerhalb der christlichen Glaubenspraxis im wesentlichen drei Positionen feststellen: Eine erste sagt, in dieser Widersprüchlichkeit sei das Geheimnis Gottes verborgen, seine Liebe einerseits und seine Gerechtigkeit andererseits, die auf eine geheimnisvolle, vom Menschen aus nicht auflösbare Weise miteinander verbunden seien. Diese Position beinhaltet, daß die religiöse Erziehung und Verkündigung weiterhin, wenn auch vielleicht in »weiser« Dosierung, mit Angst und Drohung arbeiten und damit der frohen Botschaft, dem *euangelion* von Gott als dem liebenden *Abba* eines jeden Menschen, ebenso widersprechen muß wie der gesicherten Erkenntnis der Humanwissenschaften, wonach Drohung und Angst stets negative Folgen für das Leben eines Menschen haben.

Eine zweite, dieser ersten entgegengesetzte Position sieht, geprägt durch die historisch-kritische Exegese, in den biblischen Texten religionsgeschichtliche Dokumente, die eben auch noch »archaisch-inhumane Gehalte« (Buggle) enthalten. Im praktischen Umgang mit der Bibel werden dann diese Texte einfach übergangen, wobei freilich mehr als die Hälfte davon (auch sehr viele Texte innerhalb des Neuen Testamentes) auf der Strecke bleiben. Auf das eingangs herangezogene Beispiel des Dramas *Prinz Friedrich von Homburg* bezogen, hieße das: Ich nehme aus dem Drama nur jene Texte heraus, die ein positives Bild vom Prinzen zeichnen (vielleicht gar nur die herrliche letzte Szene, wo der Prinz den Tod angenommen hat und sich zu höchster Menschlichkeit aufschwingt), und scheide jene Texte, wo er leichtsinnig-überheblich seine Tat noch als etwas Heldenhaftes betrachtet oder wo er würdelos um sein Leben bettelt, einfach aus. Dies war der (von der Kirche vielleicht etwas zu schnell verworfene) Weg Marcions schon im frühen Christentum (genauer dazu S. 341 f.).

Die dritte – hier vertretene – Position besteht darin, den Zusammenhang der Texte in einem dramatisch-geschichtlichen Ringen zu sehen, worin Menschen, angestoßen durch geschichtliche Gotteserfahrungen, unter vielen, teilweise exzessiven Rückfällen, ihre wunsch- und angstmotivierte Gewaltprojektion aus ihrer Gotteserfahrung herausarbeiten und zu Gott als *Jahwe* und, vermittelt durch Jesus, als *Abba* finden. In dieser Sicht gewinnen die von Friedenserfahrungen und Friedensvisionen geprägten Texte erst ihr dramatisches Profil und können die in ihnen liegende Aussagekraft erst voll entfalten – so, wie ja auch die Abschiedsworte des Prinzen von Homburg in der letzten Szene des Dramas nur dann ihre volle Leuchtkraft gewinnen, wenn sie als das Ergebnis des im Drama nachgezeichneten menschlichen Ringens gehört oder gelesen werden. Dabei gilt es aber klar zu sehen und festzuhalten, daß solche dramatischen Erzählungen keine lehrhaft-dogmatischen Aussagen darstellen, die mir ein sicheres Wissen über das Sein und Wesen Gottes von außen her zusagen könnten. Vielmehr beinhaltet die letztgenannte Position, daß jeder Mensch und jede Menschengemeinschaft, angestoßen von den biblischen Traditionen, im je eigenen Leben und in der je eigenen Geschichte dieses dramatische Ringen nachvollzieht, um in eigener Erfahrung das Ergebnis des biblischen Heilsdramas zu bewahrheiten – oder vielleicht auch zu falsifizieren (und dann auf anderen, z.B. buddhistischen Wegen, einen Sinn im Menschsein zu finden).

4. Der Ausweg aus Opfer und Gewalt im Neuen Testament: *Abba*

4.1 Der menschheitsgeschichtliche Durchbruch: Jüdische Frauen erfahren Gott in Jesu Tod

4.11 Das Neue der christlichen Gotteserfahrung

Gewaltabbau durch Nachdenken (Achsenzeit) und Gewaltabbau durch geschichtliche Erfahrung (Israel): Unterschiedliche Lebensstile

In der Achsenzeit haben einzelne Männer in völlig unterschiedlichen Kulturen erkannt, daß die ihnen geschichtlich zugewachsene Macht, über die sie als Mann, als Krieger, Fürst oder Staatsbeamter verfügen, in ihrem Wesen nicht schützende und aufbauende Kraft und Stärke, nicht *power*, sondern *violence* ist: Verletzungs- und Tötungsgewalt. Es wurde ihnen bewußt, wie das gesamte menschliche Leben von dieser Gewalt durchtränkt und vergiftet ist.

Zarathustra versuchte in einer konsequenten Reform der vedischen Religiosität die lebensbestimmenden Gottheiten als Dämonen zu entlarven und das einzig wahre Wesen Gottes als den weisen Herrn *Ahura Mazda*, der über Gut und Böse entscheidet, zu denken. Er konnte damit aber nur einen relativ kleinen Kreis hauptsächlich bäuerlicher Menschen ansprechen und verstrickte sich, indem er deren Leben von dem der Großen und Mächtigen abzugrenzen suchte, in Streitigkeiten und Kämpfe. Andere Denker der Achsenzeit – Konfuzius, Laotse, Platon – suchten nach dem weisen Herrscher, der sich ihrer Einsicht öffnen und das staatliche Leben entsprechend gestalten würde. In diesem Ansatz übersahen sie freilich, daß staatliche Macht bis heute nur auf der Basis der Tötungsgewalt ausgeübt wird und deshalb von ihr das Leben des einzelnen nicht wirklich von innen heraus befriedet werden kann. So kam es notwendig zum Zerwürfnis der Denker mit ihren Herrschern, und der Weisheitslehrer zog sich mit seiner neuen Erkenntnis aus dem öffentlich-staatlichen Leben in klösterliche Stille und Einsamkeit oder in einen elitären Schüler- und Freundeskreis zurück. Parsva, Jain und

Buddha stiegen ganz aus den gewaltverhafteten Strukturen des gesellschaftlichen Lebens aus und verzichteten auf eigenen Grund und Boden, auf Frau und Kind und auf jeglichen Besitz, also auf alles, worum sie mit anderen hätten rivalisieren müssen, so daß staatliche Gewalt für sie mehr oder weniger bedeutungslos wurde. Sie hatten nichts mehr, was *violence* hätte hervorrufen können.

Auch wird von keinem dieser Männer erzählt, daß er sich in eine emotionale Bindung, etwa zu einer Frau, eingelassen und versucht hätte, die neue gewaltfreie Lebensart in solchen Beziehungen zu realisieren. Emotionen und Bindungen dieser Art werden eher negativ, als hinderlich auf dem Weg zu innerer Freiheit und Erleuchtung, beurteilt, und man versucht, sich von ihnen freizuhalten. Auch das buddhistische Wohlwollen und Mitleid allen Lebewesen gegenüber ist nicht eine spontane, je neu aus der konkreten Begegnung erwachsende Empfindung, sondern eine aus der Meditation gewonnene und statisch in sich gleichbleibende geistige Haltung und Einstellung. So wird insgesamt das in der Achsenzeit aufbrechende gewaltfreie Symbolerleben erkauft durch eine starke Reduzierung der Intensität und Konkretheit des gelebten Lebens. Dieser Preis für den Abbau der Gewaltfaszination und für die Befreiung aus dem Verhaftetsein in Gewalt und Lüge war notwendig, weil die neue Lebenshaltung immer wieder neu nur durch Stille und Nachdenken, durch ein sich von äußeren Bindungen freimachendes In-Sich-Versenken oder durch das ruhig-aufmerksame, zu geistigem Höhenflug sich aufschwingende *akademische Gespräch* gewonnen werden konnte.

Anders ist es dort, wo die Angst und religiösen Schauder einflößende Tötungsgewalt nicht durch Nachdenken und innere Erleuchtung, sondern durch konkrete, von außen kommende *Erfahrung* profanisiert und abgebaut wird. Hier wird nicht wie in den platonischen Symposien die neue gewaltfreie Gotteserfahrung, etwa die Symbolik des offen-ruhigen, gewaltfrei argumentierenden Gesprächs im Rahmen eines gemeinsamen Mahls (vgl. oben Kap. 2.43 Abschn. »Sokrates und Platon«), dadurch ermöglicht, daß vorher die Faszination einer titanischen Tötungsgewalt und eines wilden Schlachtengetümmels durch Nachdenken abgebaut wurde. Vielmehr bricht hier die neue Gotteserfahrung von außen in das Leben der Menschen ein und drängt in einem dramatischen Ringen die alte gewaltverhaftete Gottessymbolik zurück. Der Ich-bin-da-Gott, der sich in der Rettung und Befreiung der versklavten Nomadensippe als deren unterfangende und übersteigende Dimension zu erkennen gab, desillusioniert und profanisiert die durch Rosse, Streitwagen und ein riesiges Heer zum Ausdruck kommende Gottheit des ägyptischen Pharao. Sekundär nimmt freilich in dieser kämpferischen Auseinandersetzung, wie im vorigen Kapitel (3.16) gezeigt, auch der Jahwe-Gott wieder extrem gewalttätige Züge an. Rückfälle dieser Art sind der Preis für das unreduzierte Leben, das hier durch die neu einbrechende Gotteserfahrung nicht geschmälert wird: Die familiären und sonstigen zwischenmenschlichen Bindungen und die damit verbundenen Emotionen bleiben voll erhalten und machen das Leben reich und spannungsvoll.

Dennoch hat auch hier die neue Gotteserfahrung ambivalente Folgen für das konkrete Leben, und zwar in politisch-gesellschaftlicher Hinsicht. Wo Gott als die unterfangende und übersteigende Dimension des Notleidenden und Unterdrückten, als dessen »Anwalt«, aufgeht, ist es nicht mehr möglich, ein Staatswesen aufzubauen, wo, wie in den umliegenden orientalischen Großreichen, letztlich nur einer, der König, der Göttlichkeit ausstrahlende und dadurch zu absoluter Herrschaft befähigte Mensch ist, während alle anderen Menschen Untertanen sind, die sich ihm nur kriechend oder kniend nähern dürfen; ihre Stellung und Würde, ihre unterfangende und übersteigende Dimension, liegt hier ja nur darin, daß ein Abglanz des Herrschers auf sie fällt. Wo in Israel Tendenzen dieser Art auftraten, wurden sie von der prophetischen Kritik vehement zurückgewiesen, und stets wurde Jahwe selbst als der wahre und einzige König verkündet, dem gegenüber *jeder* Israelit, ob König oder Tagelöhner, sich zu verantworten hat. Jeder Mensch – gerade der notleidende und hilflose, der Israel in der Sklaverei Ägyptens abbildet – hat göttlichen Glanz; Jahwe ist bei ihm, unterfängt und überhöht ihn.

So bedeutet die neue, im Fürsorge-Verhalten, im Da-Sein, ihr Wesen ausdrückende Gotteserfahrung Freiheit für den einzelnen Menschen. Aufgrund dieses Freiheitsgefühls, wie es der neuen Gotteserfahrung entsprang, war es in Israel nicht möglich, eine Staatsgewalt aufzubauen, die militärisch, d.h. durch Verfügung über Tötungsgewalt, mit den umliegenden orientalischen Großreichen hätte konkurrieren können. Damit freilich zahlt auch Israel für seine neue Gotteserfahrung, für das durch sie ermöglichte unreduzierte Leben und das freie und selbstbewußte Lebensgefühl des einzelnen Menschen, einen schwerwiegenden Preis: nämlich die Unterdrückung, Beherrschung und Deportation durch die je neu aufstehenden und miteinander konkurrierenden orientalischen Großreiche, die Sklavenhalter-Gesellschaften waren.

Erst will Israel diese Notwendigkeit nicht anerkennen und beschwört in überbordenden Gewaltphantasien die – allen anderen Göttern »überlegene« – Straf- und Tötungsgewalt des eigenen Gottes. Doch in den Leiden und Entbehrungen der Exilszeit, der Zeit, da es unter die fremden Völker gegeben ist und deren *violence* bitter am eigenen Leibe spürt, lernt es widerstrebend einzusehen, daß ihr Gott, der mütterlich-väterlich fürsorgende »Ich-bin-da« von Ägypten her, von so anderem Wesen ist, daß er nicht mit den als göttlich verehrten Tötungsgewalten dieser Völker konkurrieren *kann*.

In den Liedern vom *Ebed Jahwe*, dem leidenden Gottesknecht, gestaltet Israel diese Einsicht: Jahwe kann nur dadurch seine Einzigartigkeit und seine segenspendende Kraft für alle Völker der Erde realisieren, daß das von ihm erwählte Volk, der von ihm berufene König und Prophet, als »leidender Gottesknecht« selbst auf jegliche Anwendung von Gewalt verzichtet, vielmehr die auf ihn zukommende und ihn tödlich treffende Gewalt erträgt, sie im Vertrauen und in der Kraft des Ich-bin-da-Gottes ausleidet und dadurch als profan erscheinen läßt. Auf diese Weise – und nur so – kann er am Ende als das wahre, Frieden und Freiheit bringende »Licht für die Völker« (Jes 49,6) erscheinen. Dabei ist es wichtig zu sehen: Jahwe *fordert* nicht das Leiden seines »Knechts«, weder als Strafe und Sühne für begangene (eigene oder fremde) Sünden, noch zur Läuterung und Erziehung seines Auserwählten. Das Leiden entsteht vielmehr durch die von außen herangetragene (von anderen als göttlich verehrte, in Wahrheit aber Gott-lose) Verletzungs- und Tötungsgewalt. Indem der Gottesknecht diese auf ihn zukommende Gewalt ausleidet, bezeugt er die Gewaltfreiheit des eigenen Gottes und macht diesen für die anderen sichtbar.

Schon hier, ja schon für die gesamte vorausgegangene Jahrmillionen währende Religions- und Menschheitsgeschichte, gilt, was Girard hinsichtlich der Gottesoffenbarung in Jesus feststellt: daß nämlich dieser gewaltfreie Gott sein Wesen und seine Existenz nur dadurch offenbaren kann, daß er der Gewalt nicht mit Gegengewalt antwortet, sondern sich von ihr »vertreiben läßt« (Girard, Ende, 227).

Das Neue der christlichen Gotteserfahrung: Jahwe als Abba-Gott des einzelnen Menschen

Die christliche Urgemeinde hat schon sehr früh in den Gottesknechts-Liedern die Aufgabe und das Geschick Jesu vorgebildet gesehen. Der an die gottlose Tötungsgewalt der Römer ausgelieferte und am Kreuzesgalgen sterbende Jesus ist der Ort einer Gotteserfahrung, die in ihrer Struktur dem Ich-bin-da-Gott von Ägypten entspricht, diese aber nochmals um eine Dimension übersteigt und von innen her aufhellt. Denn Jahwe ist hier nicht die unterfangende und übersteigende Dimension, die rettende Kraft

246

einer unterdrückten und in Todesnot geratenen Menschengruppe, sondern die eines einzelnen, am Galgen sterbenden Menschen. Im Alten Testament lautet die immer wieder gebrauchte Formel zur Kennzeichnung Gottes: »… der euch aus Ägypten herausgeführt hat«; im Neuen Testament heißt sie: »… der (den gekreuzigten) Jesus (und in ihm jeden an seine Sterblichkeit ausgelieferten Menschen) aus (den) Toten auferweckt hat« (1 Thess 1,10; Gal 1,1; 1 Kor 6,14; 15,15; 2 Kor 4,14; Röm 4,24; 8,11; 10,7.9; Kol 2,12 f. und an vielen anderen Stellen: vgl. die Auflistung bei H. Kessler, Sucht den Lebenden nicht bei den Toten, Düsseldorf 1985, 111).

Nehme ich diesen Unterschied ernst, ergeben sich zwei Folgerungen, die sich beide in der bisherigen Geschichte der Menschheit zwar noch keineswegs durchgesetzt haben, nirgendwo schon die konkrete Realität des privaten oder öffentlichen Lebens bestimmen, aber heute doch schon hinreichend deutlich sichtbar und artikulierbar sind:

Einmal hört Jahwe auf, exklusiv der Gott des Volkes Israel zu sein (und durch Israel vermittelt sekundär vielleicht auch der Gott der anderen Völker). Er ist vielmehr in gleicher Unmittelbarkeit der Gott, die unterfangende und übersteigende Dimension eines *jeden* Menschen, sofern jeder Mensch, früher oder später, auf die eine oder andere Weise, dem Todesgeschick ausgeliefert ist. Die Rede vom »Volk Gottes« ist damit überflüssig geworden, sofern sie andere Menschen, die nicht zu diesem »Volk« gehören, ausgrenzt. Denn jeder Mensch, der je auf dem Planeten Erde gelebt hat, lebt oder noch leben wird, ob in der Steinzeitkultur, in ostasiatischer Innerlichkeit oder in westlich-moderner Betriebsamkeit, jeder einzelne Mensch ist in seiner *Sterblichkeit* je unmittelbar von diesem Gott getragen und erhält von ihm seine Würde. Die gesamte Menschheit in ihrer vollen geschichtlichen wie geographischen Ausdehnung, ja alle sterblichen Lebewesen, sind das »Volk« dieses Gottes. Jede Menschengruppe und jeder einzelne, die oder der sich aus dieser Gemeinschaft aller sterblichen Wesen – etwa als auserwähltes Volk, als die einzig wahre Religionsgemeinschaft oder als in besonderem Maße heiliger Mensch – herauszuheben sucht und eine besondere Gottesnähe für sich beansprucht, deklariert dadurch die anderen zu weniger wert- und würdevollen Wesen, grenzt diese anderen aus – und übersieht dabei, daß Jahwe als der Gott Jesu sich gerade *diesen*, den so Herabgesetzten, in besonderer Weise zuwendet und ihr Gott ist.

Zweitens verliert in dieser Gotteserfahrung die Tötungsgewalt jeglichen Glanz und jegliche Faszination. Der Ich-bin-da-Gott Jesu ist ja der Gott eines jeden Sterbenden, auch noch des hinzurichtenden Schwerverbrechers, und als dieser sein Gott rettet er, wenn der Sterbende es will, ihn durch den Tod hindurch, so, wie er die Mose-Sippe aus den Chaos-Fluten des Schilfmeeres gerettet hat und Jesus aus den Chaos-fluten des Todes. Seit Jesus ist jeder Tod sichtbar und verstehbar als gottgewirkte Verwandlung des Lebens, als Ereignis intensivster Gotteserfahrung und Gottesnähe. Mit dem Tode zu drohen und mit Tötungsgewalt zu regieren, ist also gottlos und damit sinnlos. Denn nicht im Töten, sondern im *Erleiden* des Todes und der Sterblichkeit wird Jahwe als der Gott Jesu, als *Abba* erfahren. Er ist die unterfangend-übersteigende Dimension nicht dessen, der tötet, sondern dessen, der in den Tod hinein ausgeliefert ist. Dies aber ist der Mensch immer und zu jeder Zeit; er ist seinem Wesen nach sterblich. Als solcher ist er umgriffen von der *Abba*-Liebe des Gottes Jesu.

Der Gottesname *Abba* drückt das beschriebene spezifisch neutestamentliche Gottesverhältnis aus. In ihm ist die Linie der Gotteserkenntnis, die alttestamentlich von der vorisraelitischen Berg-, Wildnis- und Wettergottheit El zum »Jahwe von Ägypten her« geführt hat, nochmals um eine Dimension erweitert. Zwar erklärt sich die Gebetsanrede *Abba* bei Jesus (wie sie in der Ölbergszene in Jesu Muttersprache festgehalten ist: Mk 14,36) ganz einfach daraus, daß Jesus aramäisch sprach und *abba* das aramäische Wort für »Vater« ist (vgl. R. Feneberg, Abba-Vater; in: J. Wallmann u.a. [Hg.], Kirche und Israel, Kassel 1989, 41-52; hier 49). Doch von seinem Ausdruckscharakter her ist das Wort dennoch ein aus der Kindersprache stammendes Lallwort, vergleichbar unserem »Papa« oder »Mama«, und einer, der Gott so anredet, tritt zu ihm in ein Verhältnis, das evolutionsgeschichtlich in der Mutter-Kind-Beziehung grundgelegt ist. Damit kommt dieser älteste Grund von Menschsein und Religiosität in Jesu Gottesverhältnis zum Tragen. Auch wenn diese Gottesanrede nicht singulär und analogielos für den irdischen Jesus ist (vgl. Feneberg 46-49), so zeigen die Briefstellen, an denen Paulus auf diese Gebetsanrede eingeht (Röm 8,15 und Gal 4,6), daß in ihr für den frühen Christen das neue, jeden einzelnen Menschen – Juden wie Heiden, Sklaven wie Freien, Mann wie Frau (vgl. Gal 3,28) – in gleicher Weise betreffende Gottesverhältnis zum Ausdruck kommt: Niemand mehr ist Gott gegenüber Knecht und Sklave, jeder, wo immer er als Sterblicher lebt, ist »Kind«, geliebter Sohn, geliebte Tochter des himmlischen Vaters (so auch Feneberg 49).

Einen so von Gott geliebten, sterblichen Menschen aktiv zu töten, ist ein Angriff gegen den Gott, der den Sterbenden und Sterblichen als *Abba* trägt und ihm seine unverletzbare Würde gibt. Die noch so »legale« Hinrichtung eines sterblichen Menschen, welche Untat er auch begangen haben mag, ist immer ein Frevel derselben Art, wie das Verbrechen, dessentwegen der Täter verurteilt wurde. Gerade in der »Legalität«, der Gesetzlichkeit, d.h. der überindividuellen, entschiedenen Geltung einer solchen Mißachtung des Gottes des Ausgelieferten, liegt eine Verstärkung des Frevels. Es gibt auch keine Sache, die so »gerecht« wäre, daß sie das organisierte Töten von Menschen im Krieg rechtfertigen könnte.

Das Neue der christlichen Gotteserfahrung im Horizont der Intuition Girards (Bedeutung und Kritik dieser Sicht)

Nach Girard geben die Evangelien davon Kunde, daß in Jesu Leben und Sterben der Mechanismus der Gewalt und des Sündenbocks durchbrochen und als solcher aufgedeckt wurde. Alle Theologen, die Girards Intuition von der Entstehung und Grundlegung menschlicher Gemeinschaften in ihr Denken aufnahmen – Raymund Schwager, Norbert Lohfink, Rudolf Pesch, Bernhard Häring, Hans Urs von Balthasar, James G. Williams u.a. –, folgen ihm in dieser These. Da sowohl alle kulturelle und staatliche Ordnung und, von dieser umrahmt und bedingt, weithin auch das individuelle Zusammenleben der Menschen in diesem Gewaltmechanismus gründet, bedeutet diese seine Durchbrechung und Aufdeckung durch Jesus grundsätzlich die Erlösung der gesamten Menschheit (vgl. Girard, Ende, 144-274).

Diese Interpretation von Erlösung ist besonders unter praktisch-theologischen Gesichtspunkten bedeutsam. Sie befreit die christliche Botschaft sowohl von der Sprache der Mythologie als auch von der Sprache einer existentialistischen Innerlichkeit. Sie läßt das Jesusereignis sichtbar werden und Bedeutung gewinnen im Kontext der realen Menschenwelt und ihrer Geschichte. Gott, Jesus, Heiliger Geist sind in dieser Rede nicht mehr mythisch-überweltliche Größen, an denen sich das weltliche Leben, wenn es fromm sein will, eben zu orientieren hat, auch nicht mehr bloße Chiffren für die Erfahrung einer inneren Befreiung und einer verantwortbaren Begründung der menschlichen Existenz in der Absurdität des Lebens. Vielmehr wird in dieser Interpretation das Jesusereignis unmittelbar sichtbar und verhandelbar als die befreiende Kritik vergangener und gegenwärtiger Geschichtsabläufe und individueller Lebenszusammenhänge. Die grundlegende These Karl Rahners (und der gesamten anthropologisch gewendeten Theologie, wie sie sich im Zweiten Vatikanischen Konzil artikulierte) war: Gott wirkt *in* der Welt, Heilsgeschichte ereignet sich *in* Weltgeschichte. Diese elementare These kann vom Ansatz Girards aus nun endlich verifiziert, d.h. mit konkretem geschichtlichen Material aufgefüllt werden.

Dabei ist es aber notwendig (wie hier in Kap. 1.32 versucht), noch hinter den von Girard aufgedeckten Gründungslynchmord zurückzudenken und den in Jesus erschienenen wahren und gewaltlosen Gott in einer anders gearteten religiösen Urszene wahrzunehmen. Solange ich nämlich monokausal die heutigen Formen menschlichen Lebens und menschlicher Vergesellschaftung nur auf die *eine* religiöse Urszene des Opfers, des Gründungslynchmordes, zurückführe, ist der Teufelskreis von Lüge und Gewalt nicht anders zu durchbrechen, als daß Gott in Jesus wie eine Art *deus ex machina* vom Himmel her in das menschliche Leben und die menschliche Geschichte einbricht, dem Menschen die Augen öffnet und ihm das wahre Heil im Gottesreich anbietet. Mit einem solchen »Einbruch« ist dann aber doch notwendig eine Verurteilung der gesamten bisherigen Religions- und Menschheitsgeschichte gegeben (sofern der Gott Jesu dann ja in ihr nicht vorkommt). Die Frage drängt sich auf, warum denn dieser wahre Gott jahrmillionenlang gewartet hat, bis er endlich eingreift und dem Menschen die Augen für seine Lage öffnet. Insgesamt hat ein Eingreifen dieser Art selbst wiederum einen willkürlich-gewalttätigen Charakter: Gott bricht zuerst willkürlich-gewaltsam in das Reich der Gewalt ein, um sich dann durch Gewalt aus diesem Reich vertreiben zu lassen.

Die Wahrheit von einer gewaltlosen Gottheit kann nur bestehen, wenn diese schon *vor* dem Ausbruch der Gewalt im Gründungs-Lynchmord das Leben umgriffen hat und umgekehrt nicht *sie*, sondern der *Mensch* mit der im Gründungslynchmord zusammengeballten kollektiven Tötungs- und Imponiergewalt in die Lebenszusammenhänge eindringt und die gewaltlose Gottheit verdrängt. Diese kann sinnvoll nur als eine Macht gedacht werden, die von Anfang an die Evolution des Lebens trägt und im Menschen als die unterfangende und umgreifende Dimension des Mitlebewesens zur Wahrnehmung drängt. Sie ist, wie oben (in Kap. 1.32) beschrieben, die Kraft, die zur Entwicklung der Personbegegnung (zuerst in der Mutter-Kind-Beziehung) und religiös-rituell zum Bestattungsverhalten führte. Wenn dann irgendwann im Laufe der frühen Geschichte der Mensch auf die Wahrnehmung dieser göttlichen Dimension im Mitlebewesen mit einem exzessiven Rivalisieren antwortet und dabei die ihm evolutiv zugewachsenen Lebensformen zum Raubtierverhalten hin überschreitet, *dann* – und nur dann – kann diese Gottheit auf ihre Existenz und ihren Charakter dadurch aufmerksam machen, daß sie sich vertreiben und von den Riten der Gewalt überwuchern läßt.

Ihre wirkliche Existenz beweist sie freilich in diesem Geschehen nur dadurch, daß sie in der Vertreibung und Überwucherung durch die Gewalt

als vertriebene und unterdrückte Gottheit dennoch im Wirken jener »verborgenen Macht« erscheint, die nach der Erklärung des Zweiten Vatikanischen Konzils über das Verhältnis der Kirche zu den nichtchristlichen Religionen (Art. 2, in: Rahner/Vorgrimler [Hg.] 356) überall in den Völkern und Religionen wahrnehmbar ist und auf Reduzierung von Gewalt sowie auf eine Fürsorge und Pflege mir anvertrauter Mitlebewesen hinwirkt, auch wenn diese Gottheit dabei für Jahrmillionen im Schatten der Gesellschaft und der menschlichen Geschichte bleibt. In der Suche des Menschen nach Heimat, wie sie in seiner Seßhaftwedung (und in den Märchen) zum Ausdruck kommt, sowie in den geistigen Aufbrüchen der Achsenzeit bekundet sie ihre unterschwellige, gewaltfreie Wirkkraft; als die Schutzgottheit palästinensischer Kleinviehnomaden, die ihre Sippe aus der ins Ungeheuere sich aufblähenden Tötungsgewalt des ägyptischen Pharaos befreite, konnte sie sich dann erstmals nach ihrer Vertreibung durch den Gründungs-Lynchmord einen Namen machen, der in der Geschichte lebendig blieb und durch die prophetische Predigt immer klarer in seiner Bedeutung und seinem Profil herausgearbeitet wurde; und in der Kreuzigung Jesu wurde sie schließlich als jene Schutzgottheit offenbar, die den individuellen, in den Tod hinein ausgelieferten Menschen bergend umgreift und ihn in eine göttliche Dimension hinein erhöht; dadurch wurde der Gewalt- und Sündenbockmechanismus als solcher aufgedeckt. Nur von einem solchen Ansatz aus, der den Gott Jesu auch schon in der Jahrmillionen währenden Religions- und Menschheitsgeschichte (wenn auch unterschwellig) wirken sieht, kann das Jesusereignis *empirisch-phänomenologisch*, d.h. für jeden fühlenden und denkenden Menschen grundsätzlich nachvollziehbar, beschrieben werden.
Dabei ist in dieser Beschreibung entsprechend der Entstehungsgeschichte der Evangelien und damit des christlichen Glaubens strikt von jenen Erfahrungen auszugehen, die mit Tod und Auferstehung Jesu theologisch umschrieben werden. Jesus selbst war noch kein Christ. Der erste Christ oder – wahrscheinlicher – die erste Christin war die, die im gekreuzigten Jesus Jahwe als den *Abba*, den gewaltlosen Schutz- und Wegegott des einzelnen, in den Tod hinein ausgelieferten Menschen wahrnahm und diese Wahrnehmung nicht mehr verdrängen ließ. Indem sie sich dieser Wahrnehmung öffnete und mit den Augen ihres Herzens sah, wie Jahwe hier den einzelnen Menschen, seinen geliebten Sohn, seine geliebte Tochter, nicht in den Chaosfluten des Sterbens versinken ließ, sondern als sein Schutz- und Wegegott ihm Halt gab und ihn sicher durch die Fluten des Unterweltflusses Acheron geleitete, begann in ihr jener Erkenntnisprozeß zu reifen, der das Christsein ausmacht: Jetzt erst konnte sie ohne innere

Widerstände der Botschaft Jesu vom gewaltlos und bedingungslos liebenden *Abba*-Gott in sich Raum geben und dabei (nachträglich) auch erspüren, wie in Jesu Umgang mit den Menschen dieser Gott schon zu wirken begonnen hatte und also in diesem Geschehen in und mit Jesus schon das Gottesreich, die *malkut Jahwe*, das neue Wirksamwerden Jahwes unter den Menschen, wie Jesus es verkündet hatte, seinen Anfang nahm.

Erst in diesem Lernprozeß erkannte diese erste Christin, daß die »vollständige, endgültige Beseitigung jeglicher Rache und Vergeltung in den zwischenmenschlichen Beziehungen« (worin nach Girard das Reich Gottes besteht: Ende 204) nicht bloß, wie Girard noch schreibt, eine von Jesus aufgegebene »unbedingte Pflicht« (ebd.) war, sondern sich aus dieser Erfahrung des *Abba*-Gottes mit innerer Notwendigkeit als selbstverständliche menschliche Haltung ergab. Ohne diese sie begründende und ermöglichende Erfahrung absolute Vergebungsbereitschaft und grundsätzlichen Gewaltverzicht einfach von außen her zu *fordern,* wäre eine Über-Forderung des Menschen und darin selbst gewalttätig.

Ja lieblos und gewalttätig wäre es, in einer bloß rationalen Erkenntnis den Gewalt- und Sündenbockmechanismus, in dem der Mensch seit Jahrmillionen gefangen ist, in brutaler Nacktheit aufzudecken und ihm, dem Menschen, diese Erkenntnis schutzlos vor Augen zu stellen. Eine solch brutale Entlarvung seines Seins und Lebens müßte notwendig und ausschließlich eine gewalttätige Abwehr von seiten des Menschen hervorrufen; sie würde keinen fortschreitenden Lernprozeß initiieren. Erst von der im gekreuzigten Jesus her aufgehenden Erfahrung des *Abba*-Gottes her kann dieser Erkenntnisprozeß in ganzer Fülle reifen und in der menschlichen Geschichte Früchte tragen.

4.12   Die Frauen um Jesus und ihre neue Gotteserfahrung

Zum Charakter der Kreuzigung (und jeder öffentlichen Hinrichtung) als eines Menschenopfers

Jesus wurde gekreuzigt. Diese Art der Hinrichtung wurde wahrscheinlich zuerst von den Persern angewandt. Aber erst im Römerreich wurde sie zur regulären Todesstrafe für Staatsverbrechen, für Verrat und Aufstand, sowie für Mord und Raub, für letzteres aber nur gegenüber Sklaven und Angehörigen unterworfener Völker. Ein römischer Bürger durfte nicht gekreuzigt werden; auf ihm nämlich liegt (wenn er nicht ein Verräter und Aufrührer ist) ein Abglanz der göttlichen Kaisermacht, der in dieser Hinrichtungsart mit zerstört werden würde. Denn ihr Ziel lag in der

Zerstörung des *Ansehens*, der übersteigenden und unterfangenden Dimension, der Würde des Hinzurichtenden, damit die Göttlichkeit der Gewalt, gegen die er sich vergangen hatte, umso heller erstrahlte. Es ging nicht darum, dem Verurteilten besonders intensive Schmerzen zuzufügen. Dies zeigt die Praxis, daß man dem Delinquenten vor der Kreuzigung einen betäubenden Rauschtrank anbot (vgl. Mk 15,23). Vielmehr ging es in dieser Hinrichtungsart einzig und allein darum, das Schauder- und Schreckenerregende des Tötens von Menschen besonders deutlich und ausdrucksvoll zur Geltung zu bringen. Auch in Israel wußte man um das Abschreckende eines »an einem Pfahl hängenden Toten«. *Diese* Not und *dieses* Elend konnte man noch nicht als auch noch einmal von Jahwe umgriffen und getragen denken und wahrnehmen. Nein, »ein Gehenkter ist ein von Gott Verfluchter«, der das Land verunreinigt. Man soll seinen Leichnam deshalb nicht über Nacht am Pfahl hängen lassen, sondern noch am selben Tag begraben: »Du sollst das Land nicht unrein werden lassen« (Dtn 21,22 f.).

Offenbar bedürfen riesige Großreiche, wie die Perser und Römer sie schufen, in besonderer Weise dieser abschreckendsten aller Tötungsarten. Eine zentrale Staatsgewalt, die alle erreichbaren Völker und Religionsgemeinschaften niederzwingen und in ein einziges Reich hineinpressen will, kann dies nur, indem es die Tötungsgewalt, ihren Schrecken und ihren Schauder, in besonderer Weise herausstellt. Wo immer sich dazu Gelegenheit bietet, muß eine solche Staatsgewalt ihre Tötungsmacht zur Schau stellen. Dies geschah in den Zentren der Herrschaft in den Amphitheatern, wo im Beisein und auf Befehl des Kaisers Menschen den wilden Tieren vorgeworfen wurden, der Kaiser also über eine raubtierhafte Tötungsgewalt verfügte und sie öffentlich zur Schau stellte; und auch wenn er bei Gladiatorenkämpfen durch einen Wink seines Fingers über Leben und Tod eines Kämpfers entschied, demonstrierte er die *vis vitae necisque*, die Macht über Leben und Tod, die das Riesenreich zusammenhielt. An der Peripherie des Reiches, in den unterworfenen Ländern, wo immer wieder auch Aufstände aufflackerten, wurde die staatliche Tötungsgewalt vor allem durch die öffentlichen Hinrichtungen in Form von Kreuzigungen demonstriert.

Im Grunde sind alle diese Veranstaltungen Menschenopfer. Sie tragen deutlich den Charakter jenes Lynchmordes, der nach Girard prägend und gründend am Anfang des Zusammenlebens einer größeren Menschengruppe steht: Alle diese Veranstaltungen sind öffentlich, und das Zu-Tode-Schinden des Opfers wird in einer Weise praktiziert, daß einer, der dabeisteht, allein durch dieses sein Dabeisein die sich am Opfer austobende Tötungsgewalt als in höchstem Maße imponierend anerkennt, er sich also entweder ausdrücklich durch Anfeuerung der Henker oder Verhöhnung des Opfers oder unausdrücklich durch seine stumme Angstfaszination an der gewaltsamen Tötung beteiligt. Niemals ging es bei öffentlichen Hinrichtungen – angefangen bei den in der deuteronomistischen Gesetzessammlung für bestimmte Übertretungen befohlenen Steinigung am Tor der Stadt (vgl. Dtn 13,11; 17,5; 21,21; 22,21.24) über die öffentlichen Hinrichtungen im Mittelalter bis hin zur Erschießung Jugendlicher in Sportstadien bei der Niederschlagung studentischer Protestaktionen auf dem Platz des Himmlischen Friedens in Peking durch das kommunistische Gewaltregime vor wenigen Jahren – bloß um die Vollstreckung eines Gerichtsurteils. Dieses gab vielmehr nur den Weg frei zu einer *immolatio*, einer »Zermalmung« des Opfers und der darin imponierend sich aufrichtenden staatlichen Tötungsgewalt, welche die Gemeinschaft zusammenhält.

Jede öffentliche Hinrichtung – und auch hinter Gefängnismauern durchgeführt, ist sie als staatlicher Akt eine öffentliche Tat – ist eine Wiederholung des »Gründungslynchmords« im Sinne Girards und in eben diesem Sinne ein Menschenopfer. Der Verurteilte ist dabei immer, ob zu Recht oder zu Unrecht verurteilt, der Sündenbock, auf den Henker und Zuschauer, Regierende und Regierte, ihre offenen oder verborgenen Aggressionen abladen: jene Aggressionen, die nicht zuletzt dadurch entstehen, daß ihr Leben durch eine im Lynchmord gründende Gewalt geregelt und gelenkt ist und sich, eingebunden in den Mechanismus der Angst und des Tötens, nicht frei nach seinen eigenen Gesetzen, den Gesetzen des Lebens, entfalten kann. Dieser immer neu sich aufstauende unaufgearbeitete »Müll« an Aggressivität wird dem Delinquenten aufgeladen, um zusammen mit diesem zermalmt und vernichtet zu werden.

Die Frauen als Augenzeugen des Todes und der Auferweckung Jesu

Wie können Menschen in einem solchen Geschehen Gott erfahren? Wie schon in der Interpretation des Schilfmeerereignisses (vgl. Kap. 3.13 und 3.14) würde es auch hier dem heute notwendigen empririsch-phänomenologischen (und *darin* theologischen) Reden von Gott widersprechen, in dieser Frage einfach auf den freien und unverfügbaren Willen Gottes zu verweisen, der sich offenbart, wo er will und dabei auch noch die Möglichkeit, verstanden zu werden, selber im Menschen schafft. So zu reden ist zwar im Binnenraum des Glaubens möglich, nicht aber im offenen interreligiösen Dialog, wie er heute im allgemeinen das theologische

Reden bestimmen muß. Soll hier, auch für den Außenstehenden, meine Rede von Gott und seiner Wesenserschließung verständlich und sinnvoll sein, muß ich mich detailliert und engagiert in die Situation derer, die Gott auf solche neue Weise erfahren haben, einfühlen und versuchen, deren Erkenntnis- und Lernprozeß nachzuvollziehen. Nur in dem Maße, als dies gelingt, kann der christliche Glaube seine gegenwärtige Tradierungskrise überwinden.

Analog zur Interpretation der Jahwe-Offenbarung am Schilfmeer gilt es auch hier danach zu fragen, *wer diejenigen sind*, die in einem Gekreuzigten – in einem, dessen Ansehen und Ausstrahlung, dessen unterfangende und umgreifende Dimension durch die Art der Hinrichtung radikal ausgelöscht werden sollte – den wahren, alle Menschen durch den Tod hindurch rettenden Gott wahrnehmen konnten. Gewiß waren diese Menschen auch durch ihre Beziehung zu dem geprägt, der da vor ihren Augen am Kreuzesgalgen starb. Aber sie waren schon erwachsene Menschen, als sie ihm begegneten, und die Zeit, in der sie mit ihm zusammen waren, war nur kurz. Außerdem stammt das, was wir von Jesus wissen, aus ihren – im Fortgang der Überlieferung freilich vielfach übermalten – Erzählungen. Wenn ich also zuerst die Menschen betrachte und zu erkennen suche, die als erste von Jesus erzählt haben, werde ich leichter die späteren Übermalungen als solche erkennen können und zu einem authentischen Bild dieses Jesus finden, der den *Abba*-Gott an seiner Gestalt, in seinem Leben, Wirken und Sterben, zur Erfahrung brachte. Darum ist es sinnvoll, sich zuerst den Menschen zu nähern, denen wir als den *Empfängern* der neuen Gottesoffenbarung das Christentum und damit die Einsicht in das »Menschheitsverhängnis« (Untertitel von Girard, Ende) und die grundsätzliche Möglichkeit seiner Überwindung verdanken.

Es ist erstaunlich, daß sich in einer durch und durch patriarchalisch strukturierten Welt und Zeit und in einer von Männern bestimmten Kirche die Überlieferung halten konnte, daß ausschließlich *Frauen* Augenzeugen des Todes Jesu waren. In allen vier Evangelien wird dies ausdrücklich erwähnt (Mk 15,40 f.; Mt 27,55 f.; Lk 23,49; Joh 19,25, hier wird dann im folgenden Vers zwar noch der »Jünger, den er liebte« erwähnt und erzählt, wie er die Mutter Jesu zu sich nahm, doch dies ist eine in ihrem nachträglichen Charakter leicht durchschaubare Anfügung speziell des Johannesevangeliums). Die Frauen werden dabei als jene identifiziert, »die ihm, als er in Galiläa war, nachgefolgt waren und ihn bedient hatten« (Mk 15,41 par Mt 27,55 und Lk 23,49). Diese Kennzeichnung der unter Jesu Kreuz stehenden Frauen korrespondiert mit einer sich nur bei Lukas findenden Bemerkung, wonach ihn bei seinen Wanderungen in Galiläa

»einige Frauen, die er von bösen Geistern und von Krankheiten geheilt hatte« und die teilweise mit Namen genannt werden, begleiteten und ihn aus ihrem Vermögen unterstützten (Lk 8,2 f.).

Daß in der Erzählung von der Kreuzigungsszene in allen Evangelien (mit Ausnahme des Lukas, der hier nur auf seine 8,2 f. gemachte Bemerkung zurückverweist) einige dieser Frauen mit Namen genannt werden, unterstreicht die Bedeutung, die man den Frauen als den Augenzeugen des Todes Jesu zugewiesen hat. Dies gilt auch und gerade dann, wenn man sich dabei offenbar schwer tat und verschiedene Überlieferungen vorlagen, so daß die Namen nicht in allen Evangelien völlig miteinander übereinstimmen. Von allen Texten jedoch wird an erster Stelle Maria von Magdala genannt sowie eine zweite Maria, die als Mutter des Herrenbruders Jakobus und damit indirekt als die Mutter Jesu gekennzeichnet wird. Dieselben beiden Frauen werden übereinstimmend auch als Augenzeugen des Begräbnisses Jesu erzählt (Mk 15,47; Mt 27,61; Lk 23,55 ohne Namensnennung) und sie sind gleichzeitig auch diejenigen, denen in der Engelserleuchtung des Ostermorgens das Grab Jesu als leer erschien (Mk 16,1; Mt 28,1; Lk 24,10; Joh 20,1).

Wenn ich mit Karl Lehmann (ders., Auferweckt am dritten Tag nach der Schrift, Freiburg i. Br. 1968, bes. 176-181) hinzunehme, daß die Zahl von drei Tagen, die in den Erzählungen zwischen dem Tod und der Erfahrung des leeren Grabes liegen, eine symbolische Zahl ist (die auch sonst in der Bibel besonders krisenhafte Situationen ausdrückt, vgl. z.B. die drei Tage, die der Prophet Jonas im Bauch des Seeungeheuers verbrachte), dann sind namentlich diese beiden Frauen zusammen mit anderen Frauen, die nur zum Teil namentlich genannt werden, jene Menschen, die im gekreuzigten Jesus Jahwe als den *Abba*-Gott wahrnahmen, der den einzelnen, in den Tod hinein ausgelieferten Menschen umgreift und ihn aus den Chaosfluten rettet und befreit. Von ihnen, diesen jüdischen Frauen, ging die christliche Botschaft aus, die sich in 2000 Jahren über die ganze Erde verbreiten konnte, jene Botschaft, in der die schreckliche, jahrmillionenlang verdrängte Wahrheit von der Gewaltfaszination des Menschen, seinem Verhaftetsein in einem Gewalt- und Sündenbockmechanismus, von konkreter geschichtlicher Erfahrung her erkannt und aufgedeckt war.

Zur Abwertung der Frau im Judentum zur Zeit Jesu

Wer sind diese Frauen? Von welchen Lebens- und Daseinsvoraussetzungen her waren sie zu ihrer Wahrnehmung fähig und was beinhaltet von daher gesehen diese Wahrnehmung?

Elisabeth Schüssler Fiorenza weist in ihrem Buch »Zu ihrem Gedächtnis… Eine feministisch-theologische Rekonstruktion der christlichen Ursprünge« (München-Mainz 1988) darauf hin, daß christliche Interpreten des Judentums zur Zeit Jesu im Gefolge eines schon in den Evangelien greifbaren Antisemitismus die Zeitverhältnisse, insbesondere auch die Stellung der Frau, gerne in einem besonders dunklen Licht erscheinen lassen, um dann die durch Jesus gebrachten Neuerungen umso heller erstrahlen lassen zu können. Sie warnt davor, Talmudaussprüche und andere historische Quellen, die ja alle von patriarchal eingestellten Männern verfaßt sind, als die Beschreibung der wirklichen Situation der jüdischen Frau im damaligen Leben zu nehmen. Was in den Evangelien vom Tun der Frauen um Jesus erzählt wird, ist die Handlungsweise jüdischer Frauen, also eine mögliche Handlungsweise innerhalb des Judentums zur Zeit Jesu. Denn: »Praxis und Vision Jesu und seiner Bewegung ist am zutreffendsten als innerjüdische Erneuerungsbewegung zu verstehen, die eine innerjüdische Alternative zu den herrschenden patriarchalen Strukturen darstellt, und nicht als eine oppositionelle Gruppe, die jüdische Werte und jüdische Praxis verwarf« (ebd. 147).

Grundsätzlich erscheinen Schüssler Fiorenzas Warnungen berechtigt. In der Praxis des Lebens hatte die Frau sicher eine andere und stärkere Stellung als die herrschende patriarchale Ideologie sie vorschreibt. Dennoch ist es für das Selbstbewußtsein und die Denkungsart eines Menschen von großer Bedeutung, ob die tatsächliche Stellung und Handlungsweise, die er in einer bestimmten Zeit und Gesellschaft einnimmt und vollzieht, der herrschenden Ideologie entspricht oder ob er dieses sein faktisches Verhalten *gegen* diese herrschende Ideologie durchsetzt. Ein Mensch, der in einer solchen Diskrepanz steht, ist in besonderer Weise offen für alles Neue, das auf ihn zukommt; er wäre es nicht, wenn er sich der herrschenden Ideologie, die ihn als ein untergeordnetes Wesen abstempelt, unterwerfen und sich mit ihr identifizieren würde. Indem er gegen das Gesetz und die herrschende Meinung ein aktives und selbstbewußtes Leben führt, macht er sich frei von einem schematisch-ideologischen Denken und ist offen für neue Sinn- und Werterfahrungen. Deshalb ist es wichtig, sich *beides* zu vergegenwärtigen: einerseits die ideologische Abwertung der Frau und andererseits ihr aus anderen Quellen ersichtliches Selbstbewußtsein und ihre tatsächliche Stellung in der Gesellschaft und im Leben.

Die ideologische Abwertung der Frau erreichte ihr größtes Ausmaß erst im Spätjudentum. Hanna, die Frau Elkanas, dessen *sebach* im Buch Samuel beschrieben wird (1 Sam 1,1-20; vgl. oben S. 21), hatte freien Zutritt zum Jahwe-Heiligtum in Schilo (vgl. 1 Sam 1,9-18), dasselbe galt für den älteren Jerusalemer Tempel. Erst im Herodianischen Tempel durften die Frauen nur bis in den Frauenhof gehen, während der Hof, in dem sich der Brandopferaltar befand, den jüdischen Männern und den Priestern vorbehalten war (vgl. F. Heiler, Die Frau in den Religionen der Menschheit, Berlin-New York 2. Aufl. 1977, 73 f.). Wichtig ist Heilers Feststellung: »In demselben Maße, als das Priestertum sich ausdehnte und die kultisch-religiöse Gesetzlichkeit wuchs, wurde die Mitwirkung der Frau im Gottesdienst eingeschränkt« (ebd. 73). Die ideologische Abwertung der Frau im Judentum lief also parallel zur immer stärkeren Ausgestaltung des Opferkults im letzten Jerusalemer Tempel. Im Zentrum dieses Tempels, wo der Tötungs- und Zerstörungsakt vollzogen und Gott als Tötungsgewalt aufgerichtet wird, hat die Frau nichts zu suchen. Weil die Frau (als nicht unmittelbar selbst Tötende) nur vermittelt durch den Mann an dieser Tötungsgewalt teilhat, steht sie nur in einem durch den Mann vermittelten Verhältnis zu diesem Gott.

Von dieser niedrigen kultischen Stellung her wird die Frau neben die Sklavin gestellt und zum (nicht einmal wertvollsten) Besitz des Mannes gerechnet: »Du sollst nicht nach dem Haus deines Nächsten verlangen. Du sollst nicht nach der Frau deines Nächsten verlangen, nach seinem Sklaven oder seiner Sklavin, seinem Rind oder seinem Esel oder nach irgendetwas, das deinem Nächsten gehört«, wie der Dekalog im Buche Exodus formuliert (Ex 20,17). Nach der deuteronomischen Gesetzessammlung kann ein Mann seine Frau entlassen, wenn er »etwas Anstößiges« an ihr entdeckt (Dtn 24,1), niemals aber umgekehrt. Während die meisten männlichen Namen durch Zusammensetzung mit dem Jahwe-Namen gebildet sind (*Jesus* z.B. bedeutet »Jahwe rettet«), finden sich Mädchennamen dieser Art (z.B. *Jochebed*, »Jahwe ist herrlich«) relativ selten. Das Gelübde einer Frau verlor seine Gültigkeit, wenn ihr Vater oder ihr Ehemann dagegen Einspruch erhob. Vor allem war die Frau dadurch religiös entmündigt, daß sie der allgemein anerkannten Auffassung nach vom Studium des Gesetzes ausgeschlossen werden sollte. Auch das Zeugenrecht der Frau vor Gericht war eingeschränkt.

Das unmittelbare Gottesverhältnis der jüdischen Frau (aufgezeigt am Buch Judit)

Dies ist aber nur die eine, mehr ideologische Seite der Situation. Jahwe, der Befreiergott ägyptischer Arbeitssklaven, ist von diesem seinem Ursprung her nämlich gerade ein Gott der Entrechteten und Unterdrückten. Im Buch Judit, das etwa 100 Jahre vor Jesu Geburt entstanden ist (also der

Zeit Jesu relativ nahe steht) wird das von daher bedingte nahe Verhältnis Gottes zur Frau herausgearbeitet. Der Sinn dieser Dichtung, die in der Zeit der bedrückenden Seleukidenherrschaft über Israel entstanden ist, liegt darin, in einer Art aktualisierender Nachdichtung der Schilfmeer-Erzählung Jahwe als den Gott gerade der Unterdrückten, Ohnmächtigen und Hilflosen zu erinnern und dadurch den unterdrückten Israeliten Trost und Hoffnung zu geben (vgl. E. Zenger, Das Buch Judit, Gütersloh 1981, 445 f.; Zenger arbeitet auch noch andere alttestamentliche Kontexte heraus: 439-446; der bedeutendste aber ist die Schilfmeergeschichte, bes. in der Parallelisierung Pharao-Nebukadnezzar; auch für Monika Hellmann, Judit – eine Frau im Spannungsfeld von Autonomie und göttlicher Führung, Frankfurt a.M. u.a. 1992, 145 f., ist im Buch Judit die Exodusgeschichte das »universale Paradigma«). Zu diesem Grundzug der Erzählung gehört es, daß der Befreiergott von Ägypten her seine rettende Nähe und Hilfe nicht in einem starken und kriegsbegeisterten Helden oder einem mächtigen Heer, sondern in einer schwachen und ihrem Wesen nach unkriegerischen Frau realisiert.

Darauf weist vor allem das Gebet Judits hin, das sie vor ihrem Aufbruch ins Heerlager des Feindes spricht. Deutlich bringt sie darin zum Ausdruck, daß in ihrer Tat nicht die eigene List und Gewalt gegen das ungeheure militärische Potential Nebukadnezzars gesetzt werden soll, um das erste dem zweiten überlegen zu zeigen. Vielmehr soll zum Ausdruck kommen, daß Jahwe der Gott ist, der sich nicht in einer schaudererregenden Tötungsgewalt ausdrückt, sondern zur Erscheinung kommt als die unterfangende und übersteigende Dimension der Armen, Schwachen und Ausgelieferten: »Sieh doch auf die Assyrer! Sie verfügen über ein gewaltiges Heer, brüsten sich mit ihren Rossen und Reitern, sind stolz auf die Schlagkraft ihres Fußvolkes, vertrauen auf ihre Schilde und Speere, ihre Bogen und Schleudern und wollen nicht einsehen, daß du der Herr bist, der den Kriegen ein Ende setzt… Brich ihren Trotz durch die Hand einer Frau! Denn deine Macht stützt sich nicht auf die große Zahl, deine Herrschaft braucht keine starken Männer, sondern du bist der Gott der Schwachen und der Helfer der Geringen; du bist der Beistand der Armen, der Beschützer der Verachteten und der Retter der Hoffnungslosen« (Jdt 9,7.10 f.).

Zwar ist Judit eine reiche Frau. Doch sie ist auch eine Witwe, die fastend und in Witwenkleidern den Tod ihres Mannes betrauert; und Jahwe ist in der gesamten biblischen Tradition der Gott der Witwen und Waisen. Die Macht, mit der sie Holofernes überlisten und töten kann, ist deshalb das genaue Gegenteil der Faszination der Tötungsgewalt: Es ist ihre »schöne

Gestalt und ihr blühendes Aussehen« (Jdt 8,7), »die Schönheit ihres Gesichts« (Jdt 10,23) und die Geschmeidigkeit ihrer Rede (vgl. Jdt 11,20-23). In einer stärker vordergründigen Textschicht kommt zwar, wie überall im Alten Testament und teilweise auch noch im Neuen, die Andersartigkeit und »Überlegenheit« Jahwes auch in dieser Erzählung als »Herrlichkeit«, »Stärke« und tötende Strafgewalt zum Ausdruck (vgl. Jdt 16,12 f.; 15; 17). Doch der Grundduktus der Erzählung wird in jenen Passagen des abschließenden Preisliedes Judits zusammmengefaßt, in denen Jahwe nochmals als Gott beschrieben wird, »der den Kriegen ein Ende setzt«, ein Motiv, das auch schon in den Psalmen auftaucht (Ps 46,10).

Dies ist die Eigenart des Kampfes derer, die auf den Gott Israels vertrauen: Holofernes, der gewaltige Heerführer der Assyrer,

> »... *fiel nicht durch die Kraft junger Männer,*
> *nicht Söhne von Riesen erschlugen ihn,*
> *noch traten ihm hohe Recken entgegen.*
> *Nein, Judit, Meraris Tochter,*
> *bannte seine Macht mit dem Reiz ihrer Schönheit.«*
>
> (Jdt 16,6)

Es ist durchaus denkbar, daß für die Jüngerinnen Jesu wie überhaupt für die jüdische Frau zur Zeit Jesu Judit in besonderem Maße eine identitätstiftende überlieferte Gestalt darstellte. Aus den wenigen Andeutungen, die wir haben, ist ja zu schließen, daß auch vermögende Witwen in den Kreis der ersten Christinnen gehören. In der schon erwähnten Stelle bei Lukas wird eine »Johanna, die Frau des Chuzas, eines Beamten des Herodes«, genannt (Lk 8,3); und das Johannesevangelium erzählt indirekt, daß auch Maria, die Mutter Jesu, zum Zeitpunkt seines Todes bereits Witwe war (vgl. Joh 19,26 f.). So wie Judit konnten auch diese Frauen sich als von Jahwe erwählt verstehen. Der Gott, der als unterfangende und übersteigende Dimension des gekreuzigten Jesus, als die gewaltlos durch den Tod hindurch rettende Macht aufging, war auch ihr Gott: der Gott dieser als Huren beschimpften und in einem Atemzug mit den verhaßten Zöllnern genannten (vgl. Mt 11,19 und 21,32), von der patriarchalen Ideologie zur Sklavin abgewerteten Frauen. Wie im Gebet Judits ging er ihnen auf als der »Gott der Schwachen und der Helfer der Geringen; ... der Beistand der Armen, der Beschützer der Verachteten und der Retter der Hoffnungslosen« (Jdt 9,11).

Er ist der Gott, der sie mit dem Gekreuzigten verbindet. Er ist die unzerstörbare Geborgenheit und Würde, die sie *beide,* den in den Tod hinein ausgelieferten Jesus und die sein Sterben begleitenden Frauen, umgreift und trägt.

4.13 Jesu Tod und Auferweckung als Höhepunkt und Ende des biblischen Heilsdramas

Ostern als Sinngehalt der Kreuzigungsszene

So wird insgesamt als Sinn und Gehalt der in den Passionserzählungen überlieferten Kreuzigungsszene sichtbar: Die biblische Geschichte der Gottesoffenbarung, das auf verborgene Weise die ganze Menschheitsgeschichte umspannende Drama des Heils, kommt hier an sein Ende. An seinem Ziel angelangt ist es das unentwegte Bemühen des biblischen Menschen, wie Jakob in der Nacht des Flußübergangs (Gen 32,23-33) aus dem uralten El-Schaddai, dem (in einer verzerrten Wahrnehmung) in imponierender Tötungsgewalt sich aufrichtenden Gott, die immer auch schon erfahrenen gütigen Aspekte – den »Segen« – herauszuringen: den aus der Sklaverei befreienden Ich-bin-da-Gott Israels und den durch den Fluchtod am Pfahl hindurch rettenden und zu neuem, anderem Leben erweckenden *Abba*-Gott des Gekreuzigten. An diesem Ende des biblischen Heilsdramas trifft sich die Tradition der »jüdisch-christlichen Schriften« (Girard) mit dem menschheitsgeschichtlichen geistigen Aufbruch der »Achsenzeit« (Jaspers).

Was herausragende Denker und Dichter im ersten Jahrtausend v. Chr., unabhängig voneinander und aus ganz verschiedenen religiös-kulturellen Traditionen heraus denkend, erarbeitet haben (vgl. oben das Kap. 2), begegnete den jüdischen Frauen, die Jesus in seinem Leben und Sterben begleitet haben, auf dem Grab- und Hinrichtungshügel Golgota, der »Schädelhöhe«, als lebendige Erfahrung: Sie erleben mit, wie ein Henker dem Gekreuzigten Betäubungswein reichte, um seinen Durst und Schmerz zu lindern (vgl. zu dieser Szene unten S. 387 ff.), und in der erdbebengleichen Erschütterung, die der darauf folgende Todesschrei Jesu in ihnen auslöste, war, wenn auch nur für kurze Zeit, der seit Jahrmillionen angehäufte Schutt der menschlichen Gewalt und Lüge beiseite geräumt. Es wurde der Grund sichtbar, der ursprünglicher noch und tiefer als der »Gründungslynchmord« (Girard) das menschliche Leben trägt und umgreift: der Gott, der im zugewandten, fürsorglich-pflegenden Zusammensein der Wesen spielt, der als die unterfangende und übersteigende Dimension des Mitlebewesens (zuerst in der Mutter-Kind-Beziehung) zur Personbegegnung und damit zum Menschsein herausruft und Welt schafft.

Die aus rivalisierender Nachahmung und Angst entsprungene Gewaltprojektion, Gott als die im Opfer-Lynchmord aufstehende Mächtigkeit, ist durchbrochen. Das dämonische Element des *El-Schaddai*, der Satan, ist vom Himmel gestürzt (vgl. Lk 10,18). Der Gott, den man im Allerheiligsten des Tempels verborgen glaubte, dieser aus Blut und Opfertötung sich aufbauende und nährende Gott, zerrann wie Nebel in der aufgehenden Sonne des Ostermorgens: »Von oben bis unten riß der Vorhang im Tempel entzwei« (Mk 15,38 par), und dahinter war – nichts!

Der Schrecken des Todes, das Schaudererregende der Tötungsgewalt, manifestiert sich nach vollzogener Tötung im Leichnam. In der Manipulation an ihm drückt sich – nach der Überlagerung des Bestattungsverhaltens durch das Lynchmordgeschehen (vgl. Kap. 1.33) – nicht mehr nur Fürsorge- und Pflegeverhalten aus, sondern auch das Bemühen, den Schrecken des Todes und den durch diesen Schrecken ermöglichten Frieden zu festigen, für beide ein Denkmal zu schaffen: »Der Mord ruft nach dem Grab, und das Grab ist nur die Verlängerung und Verewigung des Mordes« (Girard, Ende, 169; vgl. Kap. 5.24). Es kann jedoch, wie das Drama »Antigone« zeigt, gerade auch die *Verweigerung* der Bestattung die Mordtat (die den heilsamen Schrecken hervorruft) verlängern und verewigen, und Antigone durchbricht diesen verlängerten Mechanismus der Gewalt, indem sie aus fürsorgender Liebe – »nicht mitzuhassen, mitzulieben bin ich da« – dem Bruder ein Grab bereitet.

In den ältesten Traditionen ist der menschliche Magen das Grab des Opfers. Das Fleisch des getöteten Opfers wird verzehrt, um die im Töten sich aufrichtende und im Getöteten manifestierte Gottesmacht sich selbst einzuverleiben. Bei Pflanzern und Ackerbauern wird der Leichnam zerstückelt und als mit Gotteskraft geladener und dadurch Fruchtbarkeit garantierender Wirkstoff in der Erde vergraben. Die Ägypter suchen den Schrecken des Todes wegzunehmen, indem sie den Leichnam mumifizieren und ihn in einem prächtig ausgestatteten und auf lange Zeit hinaus mit Gaben versorgten »Haus« zur Ruhe legen. »Ich habe mein Haus gebaut«, sagt der Ägypter, wenn er die oft lebenslange Fürsorge für sein Grab und die seinen Tod überdauernde Grabpflege erfolgreich (oft auch durch Verträge) abgeschlossen hat.

Von dieser Tradition aus denken die ersten Christinnen. Jesus wird in das Felsengrab eines reichen Mannes gelegt. Dann, »am ersten Tag der Woche«, »als der Sabbat vorüber war, kauften Maria aus Magdala, Maria, die Mutter des Jakobus, und Salome wohlriechende Öle, um damit zum Grab zu gehen und Jesus zu salben« (Mk 16,1 par). Doch die neue, im Sterben Jesu gemachte Gotteserfahrung kann in dieser Tradition keinen ihr adäquaten Ausdruck finden. Die radikale Entmythisierung der Tötungsmacht bedingte auch eine radikale Entmythisierung des Leichnams. Es war kein Schrecken des Todes mehr da, der in einer Salbung und Mumifizierung des Leichnams hätte verewigt oder auch in pflegender Fürsorge aufgearbeitet werden können. Das Grab Jesu war ebenso leer wie das Allerheiligste des Tempels. Dem Gott, der in der Kreuzigung Jesu aufging, konnte man nicht dienen, indem man einen Leichnam pflegte. Die den Gekreuzigten unterfangende und übersteigende Dimension war nicht im Grabe zu finden. Ihn und seinen Gott galt es bei den Lebenden zu suchen; zuerst bei den Jesusanhängern, die in der Nacht, da die kollektive Tötungsgewalt nach Jesus griff, noch so durchtränkt waren von dem religiösen Schauder, der von dieser Macht ausging, daß sie bestürzt und verwirrt geflohen waren. In ihnen, in diesen Hoffnungslosen und Verzweifelten, das wußten die Frauen, würde ihnen der Gekreuzigte und sein Gott lebendig aufgehen; und indem sie sich diesen Hoffnungslosen zuwandten, würden sie neu die Lebendigkeit des Gekreuzigten und seines Gottes erfahren.

Was vordergründig Karfreitag war, wurde in einer tieferen Schicht, die immer mehr nach oben drängte, als Osterereignis sichtbar und verstehbar. Der Gekreuzigte erschien als der Erhöhte und Auferstandene. Was Petrus in seiner Pfingstpredigt allen Menschen, gleich aus welcher Tradition sie kamen, verständlich in je ihrer Muttersprache verkündete, haben zuerst die Frauen erfahren, verinnerlicht und den männlichen Jesus-Anhängern weitervermittelt: Diesen Jesus, den Menschen ans Holz gehängt und ermordet haben, hat Jahwe von den Toten auferweckt und zum Messias gemacht (vgl. Apg 2,22-24 und 2,36). Dadurch haben diese Frauen die denkerisch in der Achsenzeit und geschichtlich in den Schriften der Hebräischen Bibel sich anbahnende Umkehr menschlichen Fühlens und Denkens, die Überwindung der Gewaltfaszination und des Sündenbockmechanismus, die Offenbarung *El-Schaddais* als gewaltfreie Liebe, punktuell an ihr Ende geführt. In dem zusammenfassenden Satz der Pfingstpredigt ist alles gesagt, was Menschen aus Angst- und Gewaltverhaftetheit lösen, sie im Leben befreien und im Sterben retten kann.

Zur Wirksamkeit des Oster- und Abba-Gottes in der gewaltverhafteten Welt

Wodurch kam diese weltgeschichtliche Wende zustande? Wie konnten entrechtete jüdische Frauen eine solch ungeheure Wende vermitteln? In dieser Frage kann wiederum Judit, die mögliche Identifikationsgestalt dieser Frauen, die Richtung weisen. Wodurch nämlich hat Judit das riesige Heer Nebukadnezzars besiegt? Sie hat ja nur *einen* Mann dieses riesigen Heeres getötet. Zwar war dies der Oberbefehlshaber; doch wo blieben die »Befehlshaber, Feldherren und Hauptleute der assyrischen Truppen« (Jdt 2,14), wo die Feldherren der Hilfsvölker, die sich ihnen angeschlossen hatten? Warum flohen 120.000 Mann Fußsoldaten und 12.000 berittene Bogenschützen zusammen mit einer unübersehbaren Menge von Hilfstruppen (vgl. die Schilderung des Heeres: Jdt 2,15-20) vor den durch wochenlange Belagerung, durch Hunger und Durst geschwächten Bewohnern des Bergortes Betulia?

Zwei Antworten sind möglich. Die eine lautet: Als der Eunuch und Leibwächter Bagoas nach vergeblichem Händeklatschen den Vorhang des Zeltes zurückschlug und statt Holofernes in den Armen der Judit dessen blutenden Rumpf am Boden liegen sah, stand in dieser Szene der Schrecken einer transzendenten Tötungsgewalt auf, einer Tötungsmacht, die unendlich größer war als die des assyrischen Heeres und seiner Hilfsvölker. Gott als die Tötungsgewalt der Judit und der israelitischen Bergstadt, aus der sie gekommen war, hatte sich gegenüber der (als ungeheuerlich geglaubten) Tötungsmacht Nebukadnezzars als die *nochmals* ungleich größere, schrecklichere und mächtiger zupackende Gewalt erwiesen. Dieses Motiv des sog. »Jahweschreckens« bildet auch ein immer wiederkehrendes Element in den Jahwekriegen (Zenger, Judit, 446). Vor diesem alles überragenden Schreckensgott sind – nach dieser Deutung – die Männer geflohen.

Menschen, die Jahrmillionen im Bann und in der Faszination der Tötungsgewalt stehen, können das im Buch Judit Erzählte kaum anders verstehen. In seinem Oberflächentext erzählt so auch das Buch. Doch zweitausend Jahre nachdem jüdische Frauen im gekreuzigten Jesus ihren Gott aufgehen sahen und diese ihre Botschaft unter den Menschen gewirkt hat, läßt sich eine andere, in tieferen Schichten des Textes auch schon greifbare Antwort erkennen. Sie lautet: Judit, die Witwe, die um ihren Mann, den sie liebte, trauerte, war von Anfang an umstrahlt von dem Gott, der aus der liebenden und fürsorgenden Zuwendung eines Lebewesens zu einem anderen spricht. Sie war umstrahlt von dem Gott, der »keine starken Männer braucht«, dem »Gott der Schwachen« und dem »Helfer der Geringen«, dem »Beistand der Armen«, wie Judit im Gebet ihren Gott anspricht (Jdt 9,11). Dieser Gott, der sich in der Gestalt und im Sprechen Judits ausdrückte, hat vom ersten Augenblick der Begegnung an mit seiner ganz *anderen* Ausstrahlung auf Holofernes gewirkt und zu ihm gesprochen.

Der freilich, oberster Heerführer Nebukadnezzars und damit Vollstrecker einer weltbeherrschenden Tötungsgewalt, reagierte auf diesen Anspruch des Gottes der Judit als Jäger und Krieger: »Seit er sie gesehen hatte, lauerte er auf eine günstige Gelegenheit, um sie zu verführen« (Jdt 12,16). Als Judit dann scheinbar in seine Falle ging, »ihr bestes Kleid und ihren ganzen Schmuck« anlegte (Jdt 12,15) und ihm gegenüber auf dem Teppich Platz nahm und auch noch seine Aufforderung, Wein zu trinken, bereitwillig annahm – »gern will ich trinken, Herr, denn ich habe in meinem ganzen Leben noch keine solche Ehre erfahren wie heute«, und sie »aß und trank vor seinen Augen, was ihre Dienerin zubereitet hatte« (Jdt 12,18 f.) – da spürte er doch, daß in ihr und ihrer Gestalt noch etwas anderes da war als das, was er in seine Gewalt bringen und sich verfügbar machen wollte. Zwar war er »über sie ganz außer sich vor Entzücken, seine Leidenschaft entbrannte, und er war begierig danach, mit ihr zusammenzusein« (Jdt 12,16). Doch ganz tief in seiner von der Gewaltfaszination verschütteten Seele spürte er, daß er in dieser Stunde einem Menschen und einem Gott gegenübersaß, der ihm, dem grobschlächtigen, tötungserfahrenen Soldaten, fremd und nicht geheuer war. Die Ausstrahlung Judits, die sie unterfangende und übersteigende Dimension, ihr Gott, verwirrte ihn und ließ ihn unsicher werden. Warum sonst hätte er sich an diesem Abend in einer Weise betrunken, daß er, nachdem er endlich mit seiner Liebesbeute allein war, »vom Wein übermannt, vornüber auf sein Lager gesunken war« (Jdt 13,2)?

In Judit andererseits brach in diesem Augenblick nicht der lange angestaute Haß und Tötungsrausch hervor; das Schwert schon in der Hand verweilte sie vor dem tausendfachen Totschläger und Unterdrücker ungezählter Völker, strich mit ihrer Hand durch sein Haar und betete zu ihrem Gott um Kraft für die ihr auferlegte Rettungstat (vgl. Jdt 13,7). Vielleicht flohen am nächsten Tag die Befehlshaber, Feldherren, Hauptleute, Fußsoldaten und Reiter gar nicht vor dem todgewaltigen Schreckensgott, der durch Judit in ihr Lager gekommen war. Vielleicht flohen und zerstoben sie vor der gräßlichen Sinnleere, die dadurch entstanden war, daß im Umkreis des ganz anderen Gottes der Judit der eigene Gott, der Gott, dem sie mit Leib und Leben gedient hatten, zusammengebrochen und wie Nebel zu einem Nichts zerronnen war. Diese Deutung wird freilich auch beim heutigen Hörer stets durch die blutige Tat Judits überlagert, die immer noch den ursprünglichen religiösen Schauder vor der Tötungsgewalt hervorruft (und dadurch immer wieder den Blick auf diesen Gott der Gewalt hinlenkt).

Anders ist es bei den jüdischen Frauen, die Jesus in seinem Hinrichtungstod begleitet haben. In ihrem Schmerz und ihrer Trauer, entsprungen aus der Identifikation auch noch mit dem verurteilten Jesus, waren auch sie beseelt und umspielt von dem »Gott der Schwachen«, dem »Beistand der Armen«, dem »Beschützer der Verachteten« und dem »Retter der Hoffnungslosen« (Jdt 9,11). Doch hier, in der Situation des Neuen Testamentes, wird das Leiden durch den Tod hindurch ausgehalten. Es kommt kein Elija, der Jesus vom Kreuz herabholt – und dabei notwendig die Jesus hinrichtenden Soldaten töten müßte. Indem die Rettung *durch den Tod hindurch* erfolgt, diesen also noch mit einschließt – und nur so –, kann der Gott Jesu und der ihn begleitenden Frauen frei bleiben von Gewalt und dennoch Retter, Befreier und Helfer der Armen sein. Er offenbart sich in seiner todüberwindenden Kraft, indem er sich durch die Tötungsmacht Roms vertreiben läßt. Als solcher Befreier und Retter bewirkt er jene menschheitsgeschichtliche Wende der Jahrmillionen geltenden Perspektiven, die christlicher Glaube beinhaltet.

Diese Umkehr und die darin zum Ausdruck kommende einzige Gültigkeit des Gottes der Verfolgten, des *Abba*-Gottes des verurteilten Jesus und der Frauen, wird hörbar in dem Satz, den die Passionserzählungen dem römischen Hauptmann als spontanen Ausruf nach Jesu Tod in den Mund legen: »Wahrhaftig, dieser Mensch war Gottes Sohn« (Mk 15,39 par). Wie im Buch Judit Nebukadnezzar, so war zur Zeit Jesu der römische Kaiser »der Herr der ganzen Erde« (Jdt 6,4), demgegenüber kein anderer Gott bestehen konnte, ja angesichts dessen analog zur Rede des Holofernes zu fragen war: Gibt es denn überhaupt einen Gott außer dem römischen Kaiser? (vgl. Jdt 6,2). So schrieb denn auch Tiberius, in dessen Regierungszeit Jesus hingerichtet wurde, unter sein Bild auf der Kaisermünze: *Tiberius, filius divinus Augustus*, »Tiberius, Sohn des göttlichen Augustus«. Eingetaucht in den Gottesglanz der weltumspannenden Tötungsmacht Roms, der *vis vitae necisque*, die sich in ihm verdichtete, war er *der* Sohn Gottes, die Inkarnation göttlicher Tötungsgewalt in der Welt.

Die jüdischen Frauen erfuhren und sagten es anders: Nicht der, der tötet und über Tötungsgewalt verfügt, sondern der, der dieser Tötungsgewalt hilflos ausgeliefert ist, strahlt göttlichen Glanz und göttliche Würde aus. Indem die Frauen sich dieser Wahrnehmung öffneten und bis zum letzten Atemzug helfend und zugewandt bei Jesus blieben, vermittelten sie der Welt einen neuen und anderen Gottesglanz: jene Ostersonne, in deren Aufgang die Gottheit des todgewaltigen Kaisers wie ein Nebel zerrann. Soll diese menschheitsgeschichtliche Umkehr des Fühlens und Denkens nicht selbst wiederum gewaltsam sein, kann die Umkehr der Verhältnisse nicht plötzlich erfolgen, wie in der Erzählung von Judit. So wird hier nicht erzählt, daß die römischen Soldaten sinnlos die Flucht ergriffen und Pilatus Selbstmord beging (was allerdings wirklich später geschah, nachdem er beim Kaiser in Ungnade gefallen war). Nein, wenn die »gewaltlose Gottheit« sich dadurch offenbart, »daß sie sich durch Gewalt vertreiben läßt« (Girard, Ende, 227), aber in und durch diese in der Vertreibung geschehende Offenbarung geschichtlich wirksam wird, kann sie nur in einem langen geschichtlichen Prozeß die Welt der Menschen umgestalten. Angesichts der Jahrmillionen, in denen der Gott der Gewalt das Leben der Menschen beherrscht und prägt, sind 2000 Jahre eine verschwindend kurze Zeit. Es ist zutiefst erstaunlich, daß wir heute in der Tradition der jüdisch-christlichen Schrift und im Horizont des geistigen Aufbruchs der Achsenzeit, wenn auch noch stammelnd, doch schon relativ deutlich von diesem Gott reden und in Ansätzen schon die Welt und das Leben in seinem Lichte sehen können.

4.2 Jesus als Inhalt und Ort der neuen Gotteserfahrung

4.21 Jesus als Ort der neuen Gotteserfahrung bei Paulus

Jesus-Verkündigung von Ostern her

In den Paulusbriefen begegnet uns die älteste schriftlich festgehaltene Jesus-Überlieferung. Bezeichnenderweise ist diese ganz eindeutig von der Erfahrung des Todes und der Auferweckung Jesu her entworfen. Das Evangelium des Paulus ist sein »Wort vom Kreuz« (1 Kor 1,18). An ihm ging Gott in neuer Weise auf.

Dabei sind in der Zeit der Römerherrschaft viele jüdische Männer als wirkliche oder vermeintliche Aufrührer gekreuzigt worden. Im Jahre 4 v. Chr. etwa sind, ebenfalls an einem Passah-Fest, 2000 jüdische Männer rings um die Stadtmauer Jerusalems auf diese Weise hingerichtet worden. Gewiß sind auch manche *dieser* Opfer in ihrem qualvollen Sterben von ihnen nahestehenden Menschen, von der Mutter oder der geliebten Frau, begleitet worden. Da auch sie Juden waren und auch in ihnen der Ich-bin-da-Gott von Ägypten her lebendig war, wird auch bei manchen dieser Opfer dieser Gott der Verachteten und Hoffnungslosen, dieser Gott der sich zuwendenden Liebe, aufgestrahlt sein und die ihn begleitenden Menschen umfangen haben. Doch keiner dieser Tode hatte eine dem Tode Jesu vergleichbare Wirkungsgeschichte. Das *brutum factum* des gewaltsamen Todes, der durch ihn erzeugte Schrecken, hat dann diesen Gott doch auf eine Weise vertrieben, daß man in ihm nur ein unerklärliches Gefühl sah, er also nicht wirksam werden, sich in der Vertreibung nicht in seinem wahren Wesen (als *Abba*) offenbaren konnte. Der Schreckensgott blieb Sieger.

Warum war es in Jesu Sterben anders? Warum war hier die Ausstrahlung des Ohnmachts-Gottes, des Gottes des Verfolgten, der »gewaltlosen Gottheit« (Girard), so stark, daß seine Vertreibung durch die Tötungsgewalt umgekehrt ihn in seinem Wesen zur Erscheinung brachte? Warum ließ hier der laute Todesschrei des Gekreuzigten diese Gottheit, statt sie durch den Todesschrecken unwirksam zu machen, nur umso heller aufstrahlen: als Macht, die auch noch *diesen* Tod umgreift und durch das Sterben hindurch den Verfolgten rettet? Die Antwort auf diese Frage liegt im Geheimnis des Menschen Jesus. Die Frauen, die sein Sterben begleiteten, hatten schon vorher Erfahrungen mit ihm gemacht, die sie befähigten, Jahwe in dieser neuen Weise in ihm, von ihm ausstrahlend, wahrzunehmen.

Worin bestanden diese Erfahrungen? Es ist hier nicht der Ort, die komplizierte und viel diskutierte Frage nach dem historischen Jesus aufzurollen. Es ist auch fraglich, ob die historisch-kritische (von ihrem geschichtlichen Ansatz her positivistisch arbeitende) Forschung an diese doch sehr innerlichen und existentiellen Erfahrungen überhaupt herankommen kann. Für den vorliegenden symbolorientierten Ansatz ist es besser, sich zu erinnern und zu vergegenwärtigen, wie die Evangelien – diese Jesus als den Messias verkündigenden urgemeindlichen Schriften – entstanden sind und wie sie auf je verschiedene Weise die Botschaft von Jesus als dem Ort der neuen Gotteserfahrung artikulieren. Indirekt kann dabei – aus dem Nachvollzug der Symbolik dieser Schriften – das Geheimnis der Person Jesu aufstrahlen und dieser Ort und Grund der neuen Gotteserfahrung vernehmbar werden.

Jedenfalls sind alle neutestamentlichen Schriften von Ostern, von Kreuz und Auferstehung her, entworfen, und alle sagen sie auf je ihre Weise, daß die neue Gotteserfahrung ihren Grund und ihre Ermöglichung in Jesus hat. Er ist der *Messias*, d.h. der von Jahwe »Gesalbte«: der von der Jahwe-Macht, dem Ich-bin-da-Gott, zutiefst Durchdrungene und diesen Gottesglanz Ausstrahlende. In seinem Leben und Wirken, besonders jedoch in seinem Sterben, bringt er diesen Jahwe auf neue Weise zur Erscheinung, er läßt ihn unter den Menschen neu lebendig werden. So entsteht durch ihn *malkut Jahwe*, »Königsein und Königwerden Jahwes«, neues Lebendigwerden des Ich-bin-da-Gottes unter den Menschen, Reich Gottes. Dies ist das urchristliche Bekenntnis, das alle christlichen Glau-

bensgehalte und »Glaubenswahrheiten« in sich enthält. Wer es nachzuvollziehen sucht, ist Christ, auch wenn ihm alle anderen kirchlichen
Dogmen, Moralvorstellungen und Institutionen fremd und fraglich erscheinen.

*Die Neuschöpfung des Menschen und seiner Welt durch die Gottesoffen-
barung im gekreuzigten Jesus*

Paulus, herausgefordert durch die von ihm gegründeten christlichen Gemeinden und deren Probleme, wird nicht müde, dieses christliche Urbekenntnis in immer neuer Weise zu artikulieren und auf die von ihm ins
Auge gefaßten Problemfelder hin zu entfalten. Überall und unermüdlich
verkündet er das »Wort vom Kreuz« (1 Kor 1,18), die Botschaft von der
neuen Gottesoffenbarung im gekreuzigten Jesus. Er kann der grundlegenden Bedeutung dieser neuen Gotteserfahrung nur dadurch Ausdruck geben, daß er in ihr eine »Neuschöpfung« (2 Kor 5,17), eine neue Erschaffung des Menschen und seiner Welt sieht (vgl. Gal 6,15, Eph 2,14, 4,17-24
u.ö.). *Welt* gibt es ja nur für den Menschen; das vormenschliche Lebewesen hat nur seine je eigene *Umwelt*. Erst das Lebewesen, dem in dieser
seiner Umwelt eine übersteigende und unterfangende Dimension aufgeht,
kann auf das Eine und Ganze dessen, was ihn umgibt und was er selber
ist, gedanklich und gefühlsmäßig vorgreifen und dadurch »Welt« erblicken. Je nachdem, worin und wie ihm prägend diese übersteigende und
unterfangende Dimension aufgeht, denkt, fühlt und sieht er diese seine
Welt.
Alle Wahrnehmung ist ja selektiv. Geht mir Welt auf im Horizont einer
übersteigenden und unterfangenden Dimension, die mir als drohend sich
aufrichtende Tötungsgewalt begegnet, nehme ich schaudernd die unendliche Größe des Universums, seine ehernen Gesetze, seine kalten Räume
und seine gigantischen Kräfte wahr; und die Evolution des Lebens in
diesem Universum erscheint mir als unbarmherziger *struggle of life*. Paulus und die von ihm herkommende Tradition (wie auch der Evangelist
Johannes) sehen sich durch die in Jesus geschehene Gottesoffenbarung
von dieser Art, den Kosmos wahrzunehmen, befreit: »Wenn jemand in
Christus ist, ist er eine neue Schöpfung: Das Alte ist vergangen, siehe
Neues ist geworden« (2 Kor 5,17). Die alten »Mächte und Gewalten« (Kol
1,16) haben ihre Göttlichkeit, ihren göttlichen Glanz, verloren.
2000 Jahre sind seither vergangen, in denen stammelnd, zögernd, immer
wieder in den alten gewaltverhafteten Verstehenshorizont zurückfallend
(und von außen her dorthin zurückgedrängt) von der neuen, *anderen*

Gottesoffenbarung, von dem Gott des Verfolgten, des Entrechteten und Schwachen, dem »Gott, der den Kriegen ein Ende setzt« (Jdt 9,7), erzählt wird. Dies ist, wie oben schon bemerkt, im Rahmen der Menschheitsgeschichte, um die es hier geht, nur ein Augenblick. Er reicht nicht aus, zu einer in sich stimmigen Weltsicht zu finden, die dieser neuen Gotteserfahrung entspräche. Doch Paulus weiß, daß in der Gottesoffenbarung im Gekreuzigten eine neue Welt grundgelegt ist. Dabei ist ihm auch klar, daß diese neue Welt nicht durch einen neuen Gott, sondern durch eine neue Gotteserkenntnis geschaffen wird. Der alte Schöpfergott, »der sprach: Aus Finsternis soll Licht aufleuchten!«, dieser selbe Gott ist neu »in unseren Herzen aufgeleuchtet, damit wir erleuchtet werden zur Erkenntnis des göttlichen Glanzes auf dem Antlitz Christi« (2 Kor 4,6).

Christus, der Gott-Gesalbte, der Ort der neuen Gotteserfahrung, ist dabei für Paulus immer der Gekreuzigte (vgl. 1 Kor 2,2). Die Neuschöpfung des Menschen und seiner Welt geschieht dadurch, daß ihm der göttliche Glanz auf dem Antlitz des Gekreuzigten aufleuchtet. Paulus selbst erfuhr diese Erleuchtung in seinem Bekehrungserlebnis vor Damaskus, das zugleich seine Erfahrung und Begegnung mit dem Auferstandenen darstellt.

Von dieser seiner Grunderfahrung her greifen Paulus und seine Schüler urchristliche Hymnen auf, in denen analog zur stoischen Logos-Philosophie Jesus als die Inkarnation göttlicher Weisheit und Kraft gepriesen wird (vgl. Phil 2,6-11; Kol 1,15-20; Eph 1,3-14).

In dem vom griechisch-philosophischen Denken der Achsenzeit bestimmten Ansatz bedeutet dies, daß sich Gott als *logos*, als jene »verborgene Macht, die dem Lauf der Welt und den Ereignissen des menschlichen Lebens gegenwärtig ist« (Vaticanum II, Die Erklärung über das Verhältnis der Kirche zu den nichtchristlichen Religionen, Art. 2, in: Rahner/Vorgrimler [Hg.], 356) und den Menschen zum *agathon*, zum Gutsein, hindrängt, in Jesus selbst den Ort seiner neuen Offenbarung schafft, in Jesus also dieser ewige, wahre Gott zu den Menschen herabgestiegen ist, um sich ihnen zu offenbaren:

> *»Er war Gott gleich,*
> *hielt aber nicht daran fest, wie Gott zu sein,*
> *sondern er entäußerte sich*
> *und wurde wie ein Sklave*
> *und den Menschen gleich…«*
>
> (Phil 2,6 f.)

Ähnlich schreibt später der Verfasser des Johannesevangeliums in seinem Prolog, daß Gott der Logos war und daß dieser Logos in Jesus »Fleisch geworden« ist und »unter uns gewohnt« hat (Joh 1,1.14). Für Paulus ist Jesus dabei der »Letzte Adam«, der als »lebendigmachender Geist« dem Ersten Menschen als dem bloß »irdischen Lebewesen« gegenübersteht (vgl. 1 Kor 15,45; Röm 5,12-21). Der erste Adam ist der Todeswelt verfallen. Durch seine Sünde ist »der Tod zur Herrschaft gekommen« (Röm 5,17). Seither »seufzt die gesamte Schöpfung bis zum heutigen Tag und liegt in Geburtswehen« (Röm 8,22).

Durch das Gesetz und die Begierde herrscht der Tod über den Menschen. Beide unterstützen sich gegenseitig: »Die Sünde erhielt durch das Gebot den Anstoß und bewirkte in mir alle Begierde…« (Röm 7,8). Wie ist dies zu verstehen? Aus der Perspektive Girards ist bemerkenswert, daß Paulus das Gesetz in dem Satz zusammenfaßt »Du sollst nicht begehren« (Röm 7,7). Nicht, *was* der Mensch begehrt, ist wichtig. Was der Dekalog aufzählt – »Du sollst nicht nach dem Haus deines Nächsten verlangen. Du sollst nicht nach der Frau deines Nächsten verlangen, nach seinem Sklaven oder seiner Sklavin, seinem Rind oder seinem Esel…« (Ex 20,17) – sind nur beliebige Beispiele für mögliche Objekte des Begehrens. Es heißt ja auch dort zusammenfassend: (Du sollst nicht verlangen) »nach irgend etwas, das deinem Nächsten gehört« (ebd.). Die Sünde besteht also darin, daß der Mensch überhaupt etwas von dem begehrt, »was deinem Nächsten gehört«: daß er nicht in sich und seiner eigenen Welt bleibt, sondern, angesprochen von der übersteigenden Dimension des Mitlebewesens, dieses im Begehren nachahmt und auf diese Weise mimetisch mit ihm rivalisiert. Er richtet das in ihm aufgewachte Symbolerleben, seine Transzendenzdynamik, auf den Mitmenschen, das konkrete Mitlebewesen, statt auf Gott, der durch es hindurchtönt, um ihn, diesen Gott, als den auch eigenen zu erkennen. Durch dieses nachahmende Begehren des Nächsten konstituiert er ein Leben und ein Menschsein, das nur durch den in Lynchmord, Opfertötung und öffentlicher Hinrichtung sich aufrichtenden Schauder der Tötungsgewalt funktionieren und in Gang gehalten werden kann.

So ist das durch die Todesdrohung in seiner Geltung verbürgte Gebot zwar »heilig, gerecht und gut« (Röm 7,12), gleichzeitig aber macht es die »Sünde«, das tödliche Rivalisieren der Menschen untereinander, offenbar; und indem ich mich dem Gesetz unterstelle und von ihm her lebe, bestätige ich indirekt die sündige Haltung des Menschen, die dieses Gesetz notwendig macht (vgl. Röm 7,7-25). Die Heiden, die das jüdische Gesetz nicht kennen und nur in ihrem Gewissen eine korrigierende Instanz für ihr Verhalten besitzen (vgl. Röm 2,12-16), sind nach Paulus noch stärker als die Juden an dieses rivalisierende »Begehren« ausgeliefert (vgl. Röm 1,29). Beide jedoch, Juden wie Heiden, werden aus dieser ihrer Unheilssituation befreit, wenn sie sich von der Dynamik des Gottes erfassen lassen, der im Gekreuzigten aufgeht.

Nur von diesem »Geist«, diesem Wind und Atem, dieser Dynamik erfaßt, können sie sagen: *Kyrios*, »Herr«, rettender Orientierungspunkt meines Lebens, *Messias*, ist Jesus (1 Kor 12,3). Wer dies jedoch tut und, von dieser Dynamik erfaßt, Jesus als den von den Toten Erweckten und von Gott Verherrlichten glaubt, »wird Gerechtigkeit und Heil erlangen« (vgl. Röm 10,9 f.); die Erfahrung Gottes im gekreuzigten Jesus, das Offenwerden für den Gott des Verfolgten, Verachteten und Entmündigten, befreit den Menschen aus dem Kreislauf der Gewalt und der Todesdrohung der über ihm waltenden Mächte. Darin liegt die Erlösung durch Jesus. Sie besteht in einer Neuschöpfung des Menschen und seiner Welt aus der neuen, in und an Jesus aufstrahlenden Gotteserfahrung.

Dabei gehört es zu dem für die biblische Tradition kennzeichnenden *Erfahrungscharakter* dieser Erlösung, daß in ihr der Mensch nicht – wie die großen Denker der Achsenzeit – in einer tiefen Kontemplation und Versenkung die göttliche Wahrheit schaut, sondern umgekehrt er sich selbst von der göttlichen Wahrheit, wie sie auf dem Antlitz des Gekreuzigten aufleuchtet, als angeschaut *erfährt*. »Wie aber könnt ihr jetzt, da ihr Gott erkannt habt, vielmehr durch Gott erkannt worden seid, wieder zu den schwachen und armseligen Elementarmächten zurückkehren?« (Gal 4,9). Diesen Aspekt arbeitet besonders Eugen Biser in seinem Paulus-Buch als charakteristisch für das paulinische Erlösungsverständnis heraus: »Denn die Wahrheit, durch die sich Paulus jedem menschlichen Gewissen empfohlen weiß, wird nicht sosehr dadurch gefunden, daß man sie erschaut, als vielmehr dadurch, daß man sich von ihr erblickt weiß. In ihrem Sinnzentrum ist sie die Wahrheit des im Glanz göttlichen Offenbarungslichtes aufleuchtenden Angesichtes Jesu Christi« (E. Biser, Der Zeuge. Eine Paulus-Befragung, Graz-Wien-Köln 1981, 81). Auch schon in der Mose-Offenbarung war es ja der Ich-bin-da-Gott, der sich als mütterlich-väterlich fürsorgende Macht den in ihrer Not schreienden ägyptischen Arbeitssklaven zugewandt hatte und so in diesem seinem Charakter von ihnen *erfahren* wurde. Hier wie dort besteht die Befreiung und Erlösung in der je neuen Gottesoffenbarung, und hier wie dort ist diese ein geschichtliches Ereignis.

Bei Paulus bleibt dieses geschichtliche Ereignis auf den im vorigen Kapitel beschriebenen menschheitsgeschichtlichen Durchbruch, also auf die

Ostererfahrung, beschränkt. Bei ihm ist ausschließlich der gekreuzigte Jesus der Ort der neuen Gotteserfahrung (was die Erfahrung der Auferstehung einschließt). Auf die Verinnerlichung dieser Erfahrung kommt alles an. Wie Jesus *vor* seinem Tod gewirkt und gelebt hat, spielt für Paulus eine untergeordnete Rolle. Denn dieser »von einer Frau geborene« und »dem Gesetz unterstellte« irdische Jesus (Gal 4,4) lebte selbst ja noch *vor* der in seinem Tod geschehenen neuen Gottesoffenbarung, also in der dem Tod verfallenen und »an die Sünde verkauften« (Röm 7,14) Welt. Der paulinische Ausdruck dafür heißt: im »Fleische« leben (vgl. Röm 7,5; 7,14; 8,3 f.; Gal 3,3; Eph 2,3 u.ö.). Wer sich der neuen Gotteserfahrung geöffnet hat, lebt dagegen nicht mehr im »Fleisch«, sondern im »Geist«, d.h. er ist in seiner Existenz erfaßt und durchweht von der im gekreuzigten Jesus aufstrahlenden gewaltlosen Gottheit, »Daher kennen wir von jetzt an keinen nach (dem) Fleisch« – auch nicht Jesus: »...wenn wir auch Christos gekannt haben nach (dem) Fleisch, doch jetzt kennen wir (ihn) nicht mehr (so)« (2 Kor 5,16; Übersetzung nach dem *Münchener Neuen Testament*). Paulus gewinnt die Überzeugungskraft für seine Verkündigung der neuen Gotteserfahrung nicht dadurch, daß er diese in ihrem geschichtlichen Zustandekommen nachzeichnet, sondern dadurch, daß er zu zeigen sucht, wie sich von ihr her ein neues Verständnis des eigenen Seins und Lebens in der Welt erschließt.

aber durch ihn verhüllt und erleichtert ideologisiert!

4.22 Jesus als Ort der neuen Gotteserfahrung im Johannes-Evangelium

Zum öffentlichen Wirken Jesu

Diesem Ansatz folgt auch das Johannesevangelium. Zwar arbeitet es – wie die übrigen drei Evangelien – auch mit den mündlich und schriftlich vorliegenden Überlieferungen vom irdischen Jesus. Aber es fügt diese nicht so zusammen, daß aus ihnen *am Ende*, im Tod am Kreuz, Jesus als der Ort der neuen Gottesoffenbarung sichtbar wird (vgl. Mk 15,39, wo erst mit dem Todesschrei Jesu das Messiasgeheimnis endgültig enthüllt wird und der römische Hauptmann den Gekreuzigten unwidersprochen vor aller Welt als Gottessohn preist). Die neue Gotteserfahrung wird vom Johannesevangelium nicht dadurch einsichtig gemacht, daß seine Genese, seine Entstehung, verfolgt und nachgezeichnet wird. Die Offenbarungserfahrung, die bei Markus am Ende steht, sich bei ihm als die Frucht seiner Erzählung erschließt, ist im Johannesevangelium von Anfang an vorausgesetzt.

Gleich zu Beginn, als vom Anschluß der ersten Jünger an Jesus die Rede ist (Joh 1,35-51), häufen sich die christologischen Hoheitstitel. Jesus wird von Johannes dem Täufer als »Lamm Gottes« eingeführt (Joh 1,36), Andreas bezeichnet ihn als »Messias, den Christus« (Joh 1,41), und Natanaël preist ihn als »Sohn Gottes, König Israels« (Joh 1,49). Jesus ist im Johannesevangelium stets der Christus und Gottessohn, als der er in seinem Tod am Kreuz für die Frauen erfahrbar wurde. Was immer Jesus im Johannesevangelium tut und sagt, tut und sagt der auferstandene Christus. Seine Überzeugungskraft gewinnt dieses Evangelium dadurch, daß es dem Lebensgefühl sowie dem Daseins- und Weltverständnis, wie es durch die neue Gotteserfahrung ermöglicht wird, einen sprachlich mitreißenden Ausdruck verleiht. Das Johannesevangelium ist ein Hymnus auf Jesus als den Ort der neuen Gotteserfahrung. Es ist nicht eine (Schritt für Schritt sich fortsetzende) Erzählung, sondern eine nach bestimmten Motiven gegliederte hymnisch-lyrische Dichtung. Diese Motive sind im Prolog zusammengefaßt und dem ganzen Evangelium vorangestellt, ähnlich wie in einer Symphonie am Anfang der Grundakkord angeschlagen wird, den dann die einzelnen Sätze des Stücks variieren und entfalten.

Der Grundakkord, der sich in allen Texten des Johannesevangeliums durchhält, ist der hymnische Lobpreis des in seiner Erniedrigung am Kreuz zum Christus und Gottessohn erhöhten Jesus. Er ist *der* Ort der Erfahrung Gottes: In ihm ist der ewige Logos, das Wort, das einander zugewandte Dasein, die Wahrnehmung der unterfangenden und übersteigenden Dimension im Mitlebewesen und das antwortende Eingehen auf diese Wahrnehmung, diese personal-worthafte Zugewandtheit des einen zum anderen, die in Wahrheit vom Ursprung her Gott ist, »Fleisch«, d.h. konkrete, erfahrbare Wirklichkeit geworden. In dieser Wirklichkeit gründet alles Leben und aus ihr erwächst innerhalb der Evolution des Lebens jenes »Licht«, jenes Aufgehen und Wahrnehmen des Gottesglanzes, das den Menschen hervorruft. Durch die Faszination der Tötungsgewalt und ihre Herrschaft ist dieses Licht verdunkelt und das Leben zum Leiden verkehrt. Im Gottesglanz des Gekreuzigten strahlt das Licht neu in der Finsternis auf, »doch die Finsternis hat es nicht ergriffen« (Joh 1,5). Diejenigen freilich, die sich diesem Licht öffnen, werden aus ihrer Sklaven- oder Herrenexistenz (zwei Pole, die einander notwendig ergänzen) befreit zum Kindsein. Sie bekommen eine neue *exousia*, eine »Macht« anderer und neuer Art: eine Macht, die nicht mehr aus dem Schauder des rinnenden Blutes, aus angehäuftem Besitz und siegreichem Rivalisieren, sondern aus dem im Ausgelieferten aufscheinenden Gottesglanz herauswächst (vgl. Joh 1,12 f.).

Dieser Grundakkord wird dann in den Evangelientexten entfaltet: Das neue Sein und Leben strahlt zunächst auf im öffentlichen Wirken Jesu (vgl. Joh 1,19-12,50). Er bringt den Menschen das Wasser des Lebens, das sich in seiner Nähe zu köstlichem Wein verwandelt (vgl. die Hochzeit zu Kana, Joh 2,1-12 sowie das Gespräch mit der Samariterin am Jakobsbrunnen 4,1-26). In seinen Heilungen und der Auferweckung des Lazarus manifestiert sich das neue todüberwindende Leben, das in ihm und durch ihn in die Welt kam. In den Blindenheilungen strahlt er als das Licht auf, das wenigstens bei einigen, bei denen, die sich ihm öffnen, die Finsternis erhellt und sie sehend macht (vgl. Joh 9,1-41). In der Speisung der Volksmenge kosten die Menschen die neue, in Jesus erscheinende Gotteserfahrung als göttliche Speise, als Brot, das wie das Manna in der Wüste vom Himmel herabkommt (vgl. Joh 6,1-15; 6,22-59).

In diesem seinem öffentlichen Wirken offenbart sich dieser Ort der neuen Gotteserfahrung aber auch als Krisis der gewaltverhafteten und todverfallenen Welt. An ihm scheiden sich die Geister. Es wird an ihm offenbar, wer aus der Lüge lebt, und wer aus der Wahrheit ist: Wer in dem »Wort«, dem Logos, bleibt, das der erhöhte Gekreuzigte ist, erkennt die Gewaltverhaftetheit der Welt, ihre blinde Gewaltfaszination, und kann sich aufgrund der neuen Gotteserfahrung – die freilich die wahre und ursprüngliche, nur durch Angst- und Gewaltprojektion für Jahrmillionen verdeckte ist – aus dem Eingebundensein in den Kreislauf der Gewalt befreien: »Wenn ihr in meinem Wort bleibt, seid ihr wirklich meine Jünger. Dann werdet ihr die Wahrheit erkennen, und die Wahrheit wird euch befreien« (Joh 8,31 f.).

Die Juden, die im Johannesevangelium die ungläubige Welt, die »Finsternis«, den der Faszination des Tötens und damit dem Tod verfallenen Kosmos symbolisch repräsentieren, flüchten sich in den Mythos ihres Ursprungs und der von diesem Mythos genährten Illusion der Freiheit: »Wir sind Nachkommen Abrahams und sind noch nie Sklaven gewesen« (Joh 8,33). Dies sagen die unter die Römerherrschaft Versklavten und offenbaren sich dadurch als in der Lüge lebend. Nicht Abraham und sein Gott – der Gott, der nicht will, daß Abraham nach althergebrachter Weise das Opfer vollzieht und seinen Sohn tötet (vgl. vorne das Kap. 3.2) – sondern die in Angstfaszination auf Gott projizierte und ihn seit Jahrmillionen verdeckende Tötungsgewalt, dieses gottwidrige Wahngebilde, ist der Ursprung, aus dem die gegenwärtige Welt lebt: »Ihr habt den Teufel zum Vater, und ihr wollt das tun, wonach es euren Vater verlangt. Er war ein Mörder von Anfang an … und ist der Vater der Lüge« (Joh 8,44). In der neueren Theologie ist dieses Wahngebilde von seiner historischen

Bedingtheit her als solches erkannt worden (vgl. H. Haag, Abschied vom Teufel, Einsiedeln 1969). Dabei gilt es aber, sich Girards Bemerkung vor Augen zu halten, daß ein Wahngebilde durchaus eine enorme geschichtliche Wirkmacht sowohl im Leben des einzelnen wie in der Geschichte der Menschheit entfalten und in diesem Sinne sehr real sein kann: »Der Fürst dieser Welt ist eine religiöse Illusion, aber eine gewaltige soziale Realität« (R. Girard, Is there Antisemitism in the gospels? Noch unveröffentlichter Vortrag auf dem Symposion »Literature and the Sacred« in Chapel Hill, North Carolina [USA] am 24. April 1993). Selbst wenn es verstandesmäßig schon als Wahngebilde erkannt ist, hört es noch nicht auf, im Leben und in der Welt auf reale Weise zu wirken. Schon die frühen Christen hatten ja erkannt, daß in Jesu Leben, Wirken und Sterben der Satan vom Himmel gestürzt ist, also seine Transzendenz verloren hat (vgl. Lk 10,18). Das hinderte sie jedoch nicht daran, in Streßsituationen und geschichtlicher Bedrängnis wieder in die alte Angst- und Gewaltfaszination zurückzufallen und – nunmehr angereichert mit der wirklichen Transzendenz der in Jesus gemachten Gotteserfahrung – ihren Gegnern eine ewige Höllenqual anzudrohen und Jesu Sterben als blutiges Sühnopfer zu interpretieren (vgl. unten Kap. 4.3). So ist auch heute, da wir uns intellektuell vom Teufel verabschiedet haben, dieses Wahngebilde aus Mord und Lüge, das am Anfang unserer Geschichte steht, noch keineswegs tot; immer noch ist die menschliche Gesellschaft auf es gegründet.

Noch heute verleitet dieser »Mörder von Anfang an« (Joh 8,44) in frommer und schöner Rede dazu, Lebensverneinung, Mord und Zerstörung als gottgefälliges Opfer oder tragische Heldentat zu tarnen und zu verschleiern. Deshalb ist er »ein Lügner und der Vater der Lüge« (ebd.). Die Welt, die in dieser Lüge gefangen ist, glaubt dem nicht, an und in dem sich die Wahrheit des wahren und ewigen Gottes, die Wahrheit des Gottes der Liebe, offenbart. So ist er, der erhöhte Jesus (als Ort der neuen Gotteserfahrung), der Prüfstein von Gut und Böse, von Wahrheit und Lüge. In der Begegnung mit ihm ereignet sich Gericht, ein Gericht freilich, bei dem nicht der Richter, auf seinem erhabenen Richterstuhl sitzend, von oben herab das Urteil spricht, sondern ein »Gericht«, das den Richterspruch in die Hände derer legt, die vor es hintreten: Wer sich der neuen Gotteserfahrung und ihrem Offenbarer öffnet, »wer an ihn glaubt, wird nicht gerichtet; wer nicht glaubt, ist schon gerichtet, weil er an den Namen des einzigen Sohnes Gottes nicht geglaubt«, also das einzig wahre Wesen Gottes nicht in sich aufgenommen hat (Joh 3,18).

Die neue Gottesoffenbarung: Jesus im Prozeß vor Pilatus (zu Joh 18,28-19,16a)

In den Abschiedsreden und in der Passionserzählung wird dieses zunächst breit entfaltete Wirken des in die Welt gekommenen Logos fokusartig konzentriert und auf seinen Ursprung in der Erhöhung am Kreuz zurückgeführt. Wie besonders Josef Blank (im Anschluß an R. Bultmann und H. Schlier) herausgearbeitet hat (vgl. J. Blank, Der Jesus des Evangeliums. Entwürfe zur biblischen Christologie, München 1981, 169-196), erfolgt diese Konzentration vornehmlich in der Szene, in der Jesus von den Hohenpriestern an die römische Besatzungsmacht ausgeliefert und vor Pilatus angeklagt wird (Joh 18,28-19,16a). Hier ist (auf spezifisch johanneische Weise) der Höhepunkt des gesamten biblischen Heilsdramas dichterisch gestaltet. Gott als übersteigende Dimension der Schauder und Faszination erregenden Tötungsgewalt und Gott als Anspruch des Hilflosen und Ausgelieferten treten unmittelbar einander gegenüber. Die Tötungsgewalt erscheint dabei zweigeteilt: »Die Hohenpriester und ihre Diener« (19,6; manchmal auch – verkürzt – nur »die Juden« genannt: 18,31.36.38; 19,7.12.14) repräsentieren die blind-aggressive, aus archaischer Rivalität entspringende Tötungswut. Sie drückt sich aus in dem viermal erwähnten haßerfüllten Geschrei, mit dem sie Jesu Tod fordern (18,40; 19,6.12.15). Schlier nennt es »jenes dämonisch inspirierte« Schreien, das die ganzen Verhandlungen begleitet (H. Schlier, Jesus und Pilatus, in: ders., Die Zeit der Kirche. Exegetische Aufsätze und Vorträge, Freiburg-Basel-Wien 4. Aufl. 1966, 67). Er vergleicht es mit dem Geschrei, das nach der Rede des Stephanus vor dem Hohen Rat ausbricht und zu dessen spontaner Steinigung, also zum Lynchmord führt: »Da erhoben sie ein lautes Geschrei, hielten sich die Ohren zu, stürmten gemeinsam auf ihn los, trieben ihn zur Stadt hinaus und steinigten ihn« (Apg 7,57 f.). Ebenso weist er vergleichend auf die Hysterie hin, die nach der Rede des Paulus im Tempelvorhof ausbricht: »Dann fingen sie an zu schreien: Weg mit so einem Menschen! Er darf nicht am Leben bleiben. Sie lärmten, zerrissen ihre Kleider und warfen Staub in die Luft« (Apg 22,22 f.).

Die Szenen erinnern an den aufwirbelnden Staub (ausgedrückt im griechischen Verb *thyein*) und an den schrillen Aufschrei der Frauen beim Todesstoß in der im ersten Kapitel beschriebenen griechischen Opferszene (S. 28 f.). Es sind ja auch die für den Opferdienst im Tempel Verantwortlichen, »die Hohenpriester und ihre Diener« (Joh 19,6), die dieses Schreien inszenieren. Sie sind die Vertreter jener »Menschenmenge«, die Robert Hamerton-Kelly in einer anhand des Markusevangeliums tief in die biblische Textwelt eindringenden Studie als einen der Hauptakteure des biblisch-jesuanischen Heilsdramas herausgearbeitet hat (ders., Die »Menschenmenge« und die Poetik des Sündenbocks im Markusevangelium, in: J. Niewiadomsky/W. Palaver [Hg.] 49-67). Dabei steht hinter dieser Menschenmenge »der ursprünglich lynchende Mob, der bereit ist, das Opfer zu Tode zu hetzen« (ebd. 50). Der Hohepriester Kajaphas hatte Jesus schon vor dessen Aufbruch zum letzten Osterfest nach Jerusalem angesichts der drohenden Gefahr – vgl. Joh 11,48: »Dann werden die Römer kommen und uns die heilige Stätte und das Volk nehmen« – zum Sündenbock erkoren: »Ihr bedenkt nicht, daß es besser für euch ist, wenn ein einziger Mensch für das Volk stirbt, als wenn das ganze Volk zugrunde geht… Von diesem Tag an waren sie entschlossen, ihn zu töten« (Joh 11,50.53). Nun, da sie Jesus von Kajaphas zum Prätorium bringen (Joh 18,28), sind sie dabei, ihr Opfer in den Tod zu treiben.

Gegenüber dieser blindwütig-archaischen Gewalt verkörpert Pilatus die staatliche Tötungsmacht. Als Vertreter des römischen Kaisers hat er selbst kaiserlich-königliche Macht und Identität. Als solcher König ist er einerseits mit der Menschenmenge und deren Repräsentanten, den Hohenpriestern, die Jesu Verurteilung von ihm fordern, verbunden, andererseits aber auch mit dem Angeklagten, der sich im Verlauf des Prozesses selbst als König, wenn auch von anderer Art, zu erkennen gibt. Dabei ist der Unterschied nicht, wie noch Bultmann das herausarbeitet (vgl. R. Bultmann, Das Evangelium des Johannes, Göttingen 10. [19.] Aufl. 1968, 505 f.), darin zu sehen, daß Jesus in einem messianischen, also religiösen Sinn König ist, Pilatus dagegen »den Begriff des Königs nur im politischen Sinne kennt« (Bultmann 505). Der Begriff des Königs ist niemals nur politisch; er ist von seinen Ursprüngen bis zu den Resten, die sich noch im demokratischen Staatswesen erhalten haben, religiös geprägt. Der König ist immer ein Gottessymbol, strahlt immer Göttlichkeit aus. Gerade der römische Kaiser war ein Gottkaiser und thronte im römischen Pantheon über den Gottheiten der unterworfenen Völker, d.h. der ganzen damals bekannten Welt. Die Unterscheidung zwischen dem Königtum, das Jesus und dem, das Pilatus vertritt, kann also nur darin liegen, *von welcher Art* das Göttliche ist, das vom König ausstrahlt. Für Pilatus liegt dieses Göttliche in der *vis vitae necisque*, der Macht über Leben und Tod, die er im Prozeßverlauf imponierend vor Jesus aufbaut (vgl. 19,10). Im Vertreter des römischen Gottkaisers ist die archaische Tötungswut und Tötungsgewalt, die aus dem Geschrei der Hohenpriester und ihrer Diener spricht, gebündelt und in eine Institution gefaßt. Diese soll ein blindes Zerstören verhindern und durch die übermächtige Todesdrohung ein geregeltes Leben der Menschen ermöglichen.

Zwischen diesen beiden Größen, der archaischen Tötungswut der Opferpriester einerseits und der staatlich gebündelten und verwalteten Tötungsgewalt andererseits, steht Jesus. Um ihn ist eine seltsame Ruhe und Stille. Die eigentlichen Kontrahenten des Prozesses sind die Hohenpriester als Ankläger und Pilatus als Richter. Beide sind in einen erbitterten Machtkampf verwickelt, während Jesus, um dessen Leben oder Tod es geht, innerlich und äußerlich unbeteiligt an diesem Machtkampf, in sich ruht und, wie Blank schreibt, »ein stark kontemplatives Moment« (Blank 171) im Ablauf des Geschehens bildet.

Früh am Morgen des Tages, an dem sich der sinngebende Grund des Menschenlebens inmitten einer gewaltverfallenen Welt in seinem wahren Wesen zeigen wird, beginnt der Kampf der Kontrahenten. Der erste Schachzug der Priester besteht darin, daß sie das ihnen von Rom verbriefte Recht ihrer Religionsausübung wahrnehmen und, obwohl Anklage erhebend, sich dennoch weigern, in das heidnische Gerichtsgebäude hineinzugehen, »um nicht unrein zu werden« (18,28). So zwingen sie den Vertreter des Gottkaisers, zu ihnen herauszukommen, um sie nach dem Anklagegrund zu fragen. Er erhält eine unwirsche Antwort, die ihn in seinem Richteramt herabsetzt und mißachtet: »Wenn er kein Übeltäter wäre, hätten wir ihn dir nicht ausgeliefert« (18,30). Darauf erfolgt der erste Gegenschlag des staatlichen Richters, der sich seiner größeren Tötungsgewalt bewußt ist und seine Gegner zwingt, diese anzuerkennen und gleichzeitig einzugestehen, daß es ihnen nicht um Recht und Gesetz geht, sondern um den Tod des Opfers, das sie vor Pilatus bringen: »Pilatus sagte zu ihnen: Nehmt ihr ihn doch, und richtet ihn nach eurem Gesetz! Die Juden antworteten ihm: Uns ist es nicht gestattet, jemand hinzurichten« (18,31).

Erst nach diesem ersten Schlagabtausch befaßt sich Pilatus mit Jesus. Seine Frage »Bist du der König der Juden« (18,33) zeigt, daß er den Anklagegrund der Priester kennt. Er hat es ja fast ständig in seiner Gerichtsbarkeit mit Aufrührern zu tun, mit Menschen, die ein vom römischen Gottkaiser unabhängiges israelitisches Königreich aufrichten wollen. Doch wie schon die Ankläger, so zeigt auch der Angeklagte keinen großen Respekt vor dem kaiserlichen Richteramt. Er antwortet auf die Frage des Richters mit einer sehr persönlichen Gegenfrage: »Sagst du das von dir aus oder haben es dir andere über mich gesagt?« (18,34). Jetzt, dem hilflosen Angeklagten gegenüber, wird auch Pilatus unwirsch: »Bin ich denn ein Jude? Dein eigenes Volk und die Hohenpriester haben dich an mich ausgeliefert. Was hast du getan?« (18,35).

Doch er kann die von Jesus ausstrahlende Ruhe und innere Sicherheit nicht stören. Klar gibt dieser die Antwort, in der er sein anderes Sein und Wesen, seinen anderen Gott enthüllt: »Mein Königtum ist nicht von dieser Welt. Wenn es von dieser Welt wäre, würden meine Leute kämpfen, damit ich den Juden nicht ausgeliefert würde. Aber mein Königtum ist nicht von hier« (18,36). Alle neueren Interpretationen sind sich bezüglich dieser Stelle darüber einig, daß nach dieser Aussage Jesu Königtum zwar nicht *von* dieser Welt ist, aber doch *in* dieser Welt. Sein Königtum ist »nicht von der Art dieser Welt« (Bultmann 506; Hervorhebung von mir; ähnlich Schlier 61 f.; Blank 181, der sich hier auf Thomas von Aquin und unter Hinweis auf H. Schlier auf Augustinus stützt: Anm. 29; ebenso R. Schnackenburg, Das Johannesevangelium, III. Teil: Kommentar zu Kap. 13-21, Freiburg-Basel-Wien 2. durchges. Aufl. 1976, 285, dazu Anm. 37). Diese andere Art des Königtums Jesu besteht nach seinen klaren Worten darin, daß es auf Gewalt verzichtet. Wäre sein Königtum nach Art dieser Welt, dann hätte er seine Anhänger für sich kämpfen lassen. Es ist die Art dieser der Gewalt- und Tötungsfaszination verfallenen Welt, in Rivalität und Konflikt zu kämpfen und zu töten. Der Seins- und Lebensbereich, den Jesus als König repräsentiert, ist von anderer Art.

Die Aussage Jesu ist von unbestechlicher Klarheit und Einfachheit: Die andere Art seines Reiches besteht darin, nicht zu kämpfen und zu töten. In der letzten Szene des biblischen Heilsdramas, seinen Höhepunkt einleitend, erklingt, genuin aus jüdisch-christlicher Tradition kommend, das zentrale Motiv des achsenzeitlichen Aufbruchs der Menschheit: das gelassene *wu-wei* des *Tao-te-king*, das *ahimsa* Parsvas, Jains und Buddhas wie auch das *agathon* Platons und Sophokles' Antigone: »Nicht mitzuhassen, mitzulieben bin ich da«. Doch die Menschen, die seit Jahrmillionen gewohnt sind, das Göttliche nicht klein, weich und gewaltlos, sondern groß, erhaben und todgewaltig zu denken, können die Einfachheit der Aussage Jesu nicht stehenlassen. Man nennt das Königtum Jesu eine »eschatologische Größe« (Bultmann 506, Blank 181), die aber dennoch nicht weltjenseitig ist, sondern »ihren Anspruch in Jesu Gegenwart geltend macht« (Blank ebd.), oder gar davon, »daß das Reich Christi mehr durch das Blut der Märtyrer gefestigt wird als durch den Schutz der Waffen« (Schlier 63, der hier Calvin zitiert). Wiederum weicht in solchen Aussagen der Mensch von der Wahrheit ab, daß Gott klein, einfach und gewaltlos ist. Wieder wird etwas Hohes, Gewaltiges, werden Schrecken und Blut in Gott hineinprojeziert. Man meint, er wäre sonst nicht transzendent genug. Dabei gibt es doch in der Tat keine größere Transzendenz, keine stärkere und radikalere Andersheit zu dieser gewaltverfallenen

Welt, als gewaltfreie Liebe: Ich habe meine Anhänger nicht für mich kämpfen lassen, darum ist mein Reich nicht von hier.

Noch weniger als moderne Theologen – und anders als die aus der Kriegerkaste ausgezogenen indischen Religionsstifter, die in der *ahimsa*, dem Nicht-Töten, die höchste Religion sahen –, kann der aus einem römischen Rittergeschlecht stammende Soldatenführer Pilatus mit Jesu Antwort etwas anfangen. Er hört nur heraus, daß der von den Priestern genannte Anklagepunkt offenbar doch nicht ganz aus der Luft gegriffen ist: »Also bist du doch ein König?« (18,37). Die Antwort Jesu ist in den typischen Stil »johanneischer Offenbarungsrede« (Blank 180) gekleidet und besteht in einer »Art feierlicher Proklamation seines Königtums« (ebd.). Sie stellt nach Blank den inneren Höhepunkt des Prozesses dar: »Du sagst es, ich bin ein König. Ich bin dazu geboren und dazu in die Welt gekommen, daß ich für die Wahrheit Zeugnis ablege. Jeder, der aus der Wahrheit ist, hört auf meine Stimme« (18,37). Jesus *ist* ein König, ein Träger und Offenbarer Gottes. Doch im Unterschied zum römischen Gottkaiser und seinem Vertreter Pilatus ist er der Zeuge und Offenbarer des *wahren* Gottes, des Gottes der Verfolgten und Entrechteten, des Gottes, »der den Kriegen ein Ende setzt« (Jdt 9,7 u.ö.). Von Heidegger beeinflußt, weist Bultmann darauf hin, daß es in der Frage nach der Wahrheit im Sinne des griechischen Wortes *aletheia* um die Frage nach der Wirklichkeit Gottes geht (vgl. Bultmann 507). *Aletheia* bedeutet wörtlich »Unverborgenheit« (vgl. M. Heidegger, Vom Wesen der Wahrheit, in: ders., Wegmarken, Frankfurt a.M. 2., erw. Aufl. 1978, 186). Jesus ist Zeuge der Unverborgenheit Gottes als des wirklichen, wenn auch Jahrmillionen lang verschütteten Seins- und Sinngrundes menschlichen Lebens. Inmitten rivalisierender Tötungsgewalten, ihnen ausgeliefert als ihr Opfer, legt er diesen Sinngrund frei und jeder, der seine Seele noch nicht ganz verschütten ließ von der Faszination der Gewalt und ihrer mörderischen Dynamik, erkennt in dem von Jesus freigelegten Daseinsgrund den eigenen Lebenssinn. Aufhorchend erkennt er die Stimme des guten Hirten, der für ihn sorgt und ihn zu saftigen Weideplätzen führt.

Schnackenburg hat darauf hingewiesen, daß die Aussage »Jeder, der aus der Wahrheit ist, hört [auf] meine Stimme« an die Hirtenrede im 10. Kapitel des Johannesevangeliums erinnert (Schnackenburg, Teil III, 286). Als König ist Jesus der gute Hirte, der die Seinen kennt und den die Seinen an seiner Stimme erkennen (Joh 10,14). Er ist nicht wie König Herodes ein angemieteter Tagelöhner, dem nichts an den Schafen liegt und der sie bei Gefahr den Wölfen überläßt (Joh 10,12). Noch weniger ist er wie der römische Kaiser und sein Vertreter ein Dieb und Räuber, der nur kommt,

»um zu stehlen, zu schlachten und zu vernichten«. Nein, er, Jesus als Ort der neuen Gotteserfahrung, ist gekommen, »damit sie das Leben haben und es in Fülle haben« (Joh 10,10). Seine Sorge für die Seinen geht sogar so weit, daß er sich in der Stunde der Not mit dem Wort seines Todfeindes Kajaphas identifiziert, wonach es besser ist, daß einer stirbt, als daß das ganze Volk zugrunde geht, und sich deshalb ohne gewaltsamen Widerstand verhaften und ausliefern, d.h. sich zum Sündenbock machen läßt. Durch dieses sein in Wahrheit königliches, hirtengerechtes Verhalten wird er zum Zeugen der Wahrheit. Er deckt den sinngebenden Daseinsgrund menschlichen Lebens auf, der darin liegt, daß Menschen sich einander zuwenden und füreinander sorgen.

Pilatus freilich durchblickt diese Bezüge nicht. Zu sehr hat die Ausübung der kaiserlicher Tötungsmacht seine Seele verschüttet. Er lebt nicht mehr aus der Unverborgenheit des sich erschließenden Sinnes menschlichen Lebens, sondern aus dem Funktionieren seiner Anordnungen, Befehle und politischen Schachzüge. Wahrheit, *aletheia*, ist ihm nur noch ein ferner Kindheitstraum: »Was ist Wahrheit?« (18,38). Doch diese Erinnerung an den Kindheitstraum stimmt den mächtigen Mann friedlich. Er geht zu den Priestern hinaus und sagt ihnen, daß er keinen Grund finde, Jesus zu verurteilen; und er bietet ihnen einen Kompromiß an, der auch den Streit zwischen ihnen und ihm beendigen könnte: Als übliche Amnestie zum Passah-Fest will er ihnen nicht Barabbas, den wirklichen Aufrührer, sondern Jesus freigeben (der damit dann doch auch als zu Recht angeklagt erscheinen würde). Doch der Inhaber hoher kaiserlichen Tötungsgewalt täuscht sich in seiner Beurteilung der archaisch-blinden, aus Rivalität entspringenden Aggressivität und Tötungswut der Ankläger. Sein Vermittlungsvorschlag wird übertönt vom hysterischen Schreien der Tötungswütigen: »Nicht diesen, sondern Barabbas! Barabbas aber war ein Räuber« (18,40), einer, der mit Gewalt die Herrschaft an sich reißen wollte, so wie die Römer sie an sich gerissen hatten. Gewalttäter verstehen einander. Sie bleiben unter sich.

Was aber soll Pilatus mit Jesus anfangen? Er beschließt, ein Stück weit der Wut der Ankläger nachzugeben, um sie dadurch vielleicht zu besänftigen. Jesus wird ausgepeitscht, mit Dornenkrone und Purpurmantel zu einem Spottkönig zugerichtet und so, in dieser Jammergestalt, seinen Verfolgern vorgeführt: »Wartet, ich bringe ihn euch heraus, damit ihr einseht, daß ich keine Schuld an ihm finden kann« (19,4; Übersetzung nach Schlier 68). »Jesus kam heraus; er trug die Dornenkrone und den purpurroten Mantel. Pilatus sagte zu ihnen: Seht, da ist der Mensch« (19,5). Doch noch einmal verrechnet sich Pilatus. Die Mauer des Schreiens und der Tötungswut ist undurchdringlich: »Als die Hohenpriester und ihre Diener ihn sahen, schrien sie: Ans Kreuz mit ihm, ans Kreuz mit ihm!« (19,6). Pilatus ist ratlos. Er sieht, daß die Priester ihn zu einem Henkersknecht ihrer innerjüdischen religiösen Rivalitäten degradieren wollen. Obwohl er schon am Anfang damit gescheitert ist, versucht er nochmals, die Sache von sich wegzuschieben: »Nehmt ihr ihn und kreuzigt ihn! Denn ich finde keinen Grund, ihn zu verurteilen! (19,6). So in die Enge getrieben, geben die Priester zu, daß es ein innerjüdischer religiöser Streit ist, der sie dazu treibt, über Jesus den Tod zu bringen: »Wir haben ein Gesetz, und nach diesem Gesetz muß er sterben, weil er sich als Sohn Gottes ausgegeben hat« (19,7). Da sie aber nach römischem Recht – so stellt es jedenfalls das Johannesevangelium dar – Jesus nicht töten dürfen, muß nach altbewährtem Zusammenspiel der Mächtigen Pilatus ihnen diesen Dienst erweisen. Diese Wendung in der Auseinandersetzung macht den Vertreter des Gottkaisers, der in Wirklichkeit nur ein roher Krieger und Soldatenführer ist, »noch ängstlicher« und unsicherer (19,8). Den »Vertreter irdischer Macht« befällt »der numinose Schauder vor dem Göttlichen« (Schnackenburg, Teil III, 300). Er geht wieder in das Gerichtsgebäude hinein und befragt Jesus nach seiner Herkunft; und als dieser schweigt, kann er sich nur noch in das hilflose Imponiergehabe seiner Tötungsmacht flüchten: »Du sprichst nicht mit mir? Weißt du nicht, daß ich Macht habe, dich freizulassen, und Macht, dich zu kreuzigen?« (19,10).

Die Rollen erscheinen seltsam vertauscht. Nicht der im Tötungs-Imponiergehabe sich aufrichtende Pilatus, sondern der ausgepeitschte und zur Jammergestalt zugerichtete Spottkönig strahlt in Wahrheit königliche Macht, *exousia*, aus. Der Vertreter des Gottkaisers bangt um die Antwort des in seine Hände ausgelieferten Angeklagten. Dieser sagt: »Du hättest keine Macht über mich, wenn es dir nicht von oben gegeben wäre« (19,11). Schnackenburg und ihm folgend Blank stellen endlich klar, daß es sich bei diesem Satz *nicht* – wie die gesamte frühere Exegese (auch noch Bultmann und Schlier) ausführte – (wie in Röm 13,1-7) um eine religiöse Legitimation staatlicher Herrschaft handelt (vgl. Schnackenburg, Teil III, 301 f.). Denn die *exousia*, hier die Tötungsmacht, auf die Pilatus verweist und auf die Jesus in seiner Antwort eingeht, ist nicht Subjekt des Nebensatzes, sie ist nicht das, was dem Pilatus »von oben« gegeben ist. Nicht »sie«, sondern »es« ist von oben gelenkt: Die Umstände haben es so gefügt, daß er, Jesus, jetzt vor Pilatus steht und – so wäre zu ergänzen – ihn in große Schwierigkeiten bringt. »Es handelt sich hier gerade nicht um eine theologische Begründung staatlicher Autorität, sondern um einen Aufweis ihrer Grenze« (Blank 193).

Eben jetzt nämlich zeigt sich, was an der *exousia*, der *vis vitae necisque*, der *potestas gladii*, des allgewaltigen Römers liegt: Die kollektive Tötungswut, das hysterische Schreien der Ankläger, ist stärker als er. Es greift ihn dort an, wo jeder Herrschgewaltige verwundbar ist. Denn jeder Mächtige hat immer einen noch Mächtigeren über sich, von dem er dasselbe befürchten muß, was er den unter ihm Stehenden zufügt. So auch hier: »Wenn du ihn freiläßt, bist du kein Freund des Kaisers; jeder, der sich als König ausgibt, lehnt sich gegen den Kaiser auf« (19,12). Jetzt wird es für Pilatus ernst. Es geht um seine Macht. »Auf diese Worte hin ließ Pilatus Jesus herausführen, und er setzte sich auf den Richterstuhl an dem Platz, der Lithostrotos, auf hebräisch Gabbata, heißt. Es war am Rüsttag des Paschafestes, ungefähr um die sechste Stunde« (19,13 f.). Pilatus begibt sich jetzt entschlossen in eben die Rolle des Machthabers, in der er sich durch die Anklage der Priester gefährdet sieht. Wie um ihn für sich festzuhalten, setzt er sich auf den Richterstuhl, an den die jüdischen Ankläger Jesu rühren. Der Erzählstil wird protokollarisch; genau werden Ort und Zeit der Handlung angegeben.

Noch einmal stellt Pilatus den Anklägern Jesus vor Augen: »Da ist euer König!« (19,14). Und noch einmal tönt ihm das tötungswütige Schreien entgegen: »Weg mit ihm, kreuzige ihn!« Jetzt, von seinem hohen Amtssessel aus, findet der vorher ängstlich und unsicher gewordene Krieger wieder zurück zu der ihm eigenen menschenverachtenden Kälte und Ironie: »Pilatus aber sagte zu ihnen: Euren König soll ich kreuzigen?« So angesprochen, zerbricht die religiöse und völkische Identität der Ankläger: Sie, die als Juden nur Jahwe als ihren wahren und alleinigen König bekennen, sie, die zweimal am Tag, wenn sie ihr Achtzehngebet sprechen, zu Jahwe flehen: »Sei König über uns, du allein!«, sie, die seit Jahrhunderten nach dem Messias-König Ausschau halten, der die *malkut Jahwe*, die Königsherrschaft ihres Gottes, zu ihnen bringen soll: Sie bekennen sich zum römischen Kaiser als ihrem einzigen König: »Die Hohenpriester antworteten: Wir haben keinen König außer dem Kaiser« (19,15b). Sie sind aufgefressen von ihrer Aggressivität und ihrer Tötungswut. Sie wollen nur noch töten. Dafür opfern sie ihre religiöse Identität. Sie, nicht Jesus, bringen ein Selbstopfer. Vor dieser Selbstaufgabe kapituliert dann auch Pilatus; er nimmt das Selbstopfer an, das die jüdischen Hohenpriester ihm anbieten, um ihre Tötungswut zu befriedigen und opfert nun seinerseits seine Identität als Hüter des Rechts: »Da lieferte er ihnen Jesus aus, damit er gekreuzigt würde« (19,16a).

So ist der Prozeß zu Ende geführt. Es ging in ihm nur vordergründig um die Verurteilung Jesu. Im Mittelpunkt stand vielmehr die Frage nach der

284

Wahrheit. Es ging um die Frage, wo in Wahrheit der Ort der Gotteserfahrung liegt, wo sich in Wahrheit *aletheia*, Enthüllung, Unverborgenheit des Sinngrundes menschlichen Daseins, ereignet. Jahrmillionenlang sahen Menschen diesen Grund dort aufleuchten, wo sich Tötungsgewalt aufrichtet: archaisch in der kollektiven Raserei, in der eine Menschenmenge den mehr oder weniger willkürlich erwählten Sündenbock zu Tode hetzt, kultisch im Todesstoß des Opferpriesters und im rinnenden Blut des getöteten Menschen oder Tieres und staatlich in gewaltigen Kriegsheeren sowie im hoheitlichen Richterspruch und in der durch ihn verfügten Hinrichtung. Alle diese geschichtlichen Orte der Gotteserfahrung sind im Prozeß Jesu als nichtig und als Lüge entlarvt. Die Ankläger Jesu, die in sich kollektive Tötungswut und priesterliche Opfergewalt vereinen, erscheinen am Ende des Prozesses als jämmerliche Kreaturen, die in ihrem Tötungsrausch ihr Volk, sich selbst und ihre religiöse Überzeugung verleugnen. Der Inhaber staatlicher Macht, der sich gegen Ende des Prozesses in einem letzten Aufbäumen herrscherlich auf den Richterstuhl setzt, erscheint als ein Häuflein Elend, das von dem ihm ausgelieferten Angeklagten getröstet werden muß und das in seiner Rechtssprechung und Urteilsfindung hilflos den Priestern eines unterworfenen Volkes ausgeliefert ist. Beide Untergänge geschehen ohne Einwirkung einer Verletzungs- und Tötungsgewalt, ohne *violence*. Allein aufgrund des Da-seins Jesu, seiner ohnmächtig-gewaltfreien Gegenwart, fallen die genannten Tötungsgewalten wie Kartenhäuser in sich zusammen.

Parallel jedoch zu diesen beiden Untergängen, eingefügt zwischen sie, ereignet sich die Offenbarung der wahren Gottesmacht. Blank spricht von einer »Königs-Epiphanie« (ders., 171; 187 f.). Diese ist jedoch gleichzeitig eine Gottes-Epiphanie, sofern der König immer göttliches Sein und göttliche Würde trägt und ausstrahlt. Für unsere von der Faszination der Tötungsgewalt geblendeten Augen ist dieses Aufleuchten des Gottesglanzes auf dem Antlitz des hilflos Ausgelieferten und zum Foltertod Verurteilten dabei eine schmerzliche Paradoxie. Wie in Platons Höhlengleichnis schmerzen uns die Augen, wenn wir uns vom Dunkel der Höhle, an das wir uns gewöhnt haben, abwenden und das Sonnenlicht durch den Höhleneingang flimmern sehen: *aletheia*, die Unverborgenheit des Sinngrundes menschlichen Daseins.

Von Anfang an war und ist dies immer schon die Symbolik, in der dem Menschen Gott als tragender Lebenssinn begegnet: In der Zuwendung der Mutter zu ihrem hilfsbedürftigen Kind, in der Bestattung des Toten, im fürsorgenden Wohlwollen zu allen lebenden Wesen, seien diese noch so klein und unscheinbar, in der Befreiung und Rettung gequälter ägyptischer

Arbeitssklaven, in der aus tiefem inneren Antrieb erfolgenden Hilfeleistung des *barmherzigen Samariters* am verletzten Juden (Lk 10,30-35) und in der Umarmung des zurückgekehrten *verlorenen Sohnes* (Lk 15,11-32). Wo diese Dynamik spielt, ist christlicher, trinitarischer Gott: Gott als Anspruch des Ohnmächtigen und Hilfsbedürftigen (Gott-Sohn), Gott als die antwortende Zuneigung und Hilfe, in der Menschen auf den Anspruch des Ausgelieferten antworten (Gott-Vater bzw. -Mutter) und Gott als Wind und Atem, als Dynamik, die Hilfsbedürftige und Helfer miteinander verbindet (Gott-Heiliger Geist).

4.23 Jesus als Ort der neuen Gotteserfahrung in den synoptischen Evangelien

Die Evangelien des Markus, des Lukas und des Matthäus heißen »synoptisch«, weil sie aus einer *synopsis*, einer »Zusammenschau« gleicher Quellen, entstanden sind. Genau genommen gilt dies freilich nur für Lukas und Matthäus. Beide schöpfen, abgesehen von ihrem jeweiligen Sondergut, aus den gleichen Quellen, nämlich aus dem Markusevangelium, das etwa ein Jahrzehnt vorher entstanden ist, und einer sogenannten »Logienquelle«, einer Schrift, in der auf Jesus zurückgehende Aussprüche und Gleichnisse überliefert wurden.

Zur Logienquelle

Diese Logienquelle ist nicht erhalten; sie muß aus Matthäus und Lukas rekonstruiert werden. Dieser überlieferungsgeschichtliche Befund hat eine wichtige theologische Bedeutung. Denn es ist ja nicht bloßer Zufall, daß diese Schrift im Unterschied zu den Evangelien verlorenging. Vielmehr kann daraus abgelesen werden, daß sie nicht wie die Evangelien regelmäßig bei Zusammenkünften der Gemeinden benutzt und deshalb auch nicht entsprechend abgeschrieben wurde. Sie ist auf diese Weise nicht in den Kanon der Bibel eingegangen, nicht Heilige Schrift geworden. Der Grund für diese Tatsache kann nicht darin liegen, daß, wie etwa im Thomasevangelium, starke gnostische und andere jesusfremde Elemente in ihr enthalten waren, denn sonst hätten Lukas und Matthäus sie nicht in ihr Evangelium einbauen können.

Nicht inhaltliche, sondern die Form betreffende Gründe müssen für die geringe Inanspruchnahme dieser Schrift ausschlaggebend gewesen sein. Es paßt eben nicht zu Jesus als dem geschichtlichen Ort der neuen Gotteserfahrung, von ihm bloß Aussprüche und »Lehren« zu erzählen. Er ist als Ganzer, als lebendige Person, wie sie in Prozeß und Hinrichtung am stärksten zum Ausdruck kam, der Offenbarer Gottes, nicht so sehr in dem, was er als wandernder Rabbi sagte. Es muß deshalb von ihm selbst, seinem Sein und Leben, nicht bloß von seinen Worten erzählt werden. Deshalb haben Matthäus und Lukas die Sammlung und Aneinanderreihung von Aussprüchen und Gleichnissen, wie die Logienquelle sie umfaßt, nicht als solche überliefert, sondern sie in die *Erzählung* von Jesus, wie sie im wesentlichen Markus als Rahmen vorgegeben hat, eingefügt.

Hier zeigt sich ein deutlicher Unterschied etwa gegenüber Buddha oder anderen Denkern der Achsenzeit. In der buddhistischen Überlieferung, im sogenannten Pali-Kanon, bilden umgekehrt die Mönchsregeln und die Lehrvorträge das Gerüst der Heiligen Schriften, während Erzählungen vom Leben Buddhas nur dazwischen eingestreut sind; Ähnliches gilt für Konfuzius und Laotse, aber auch für Platon und andere Philosophen. Bei ihnen bilden die Aussprüche, Gespräche, Lehrvorträge das Grundelement der Überlieferung, und erzählerische Elemente, Legenden aus ihrem Leben, sind nur nebenbei angefügt. Der umgekehrte Überlieferungsbefund bei Jesus besagt: Jesu Bedeutung liegt nicht darin, daß er den Menschen tiefe Einsichten und weise Lehren geschenkt hat, sondern daß an seiner Person geschichtlich eine neue Gotteserfahrung aufging. Die Person aber prägt sich am stärksten und gültigsten immer angesichts des Endes des Lebens aus. Deshalb ist die älteste Überlieferung von Jesus, die zuerst mündlich und dann auch schriftlich festgehalten wurde, die Passionsgeschichte. Die heute überlieferten Fassungen dieser Erzählung lassen deutlich erkennen, daß ihnen schon ältere Fassungen vorausgegangen sind. Im Prozeß und in der Hinrichtung Jesu liegt der Brennpunkt, von dem aus sich die Jesustradition entwickelt hat.

Zum Markus-Evangelium (und dem werkimmanenten Beurteilungskriterium der Evangelien)

Dies ist deutlich auch am ältesten Evangelium, dem Markusevangelium, abzulesen. Dieses ist von seinem Aufbau her eine »Leidensgeschichte mit ausführlicher Einleitung« (H.-M. Schenke/K. M. Fischer, Einleitung in die Schriften des Neuen Testaments, Bd. 2, Berlin 1979, 65). Diese auf Kähler und Marxsen zurückgehende Charakterisierung der Struktur des ältesten Evangeliums ist zur allgemeinen Überzeugung der Bibelwissenschaft geworden. Sie ist jedoch in ihrer Bedeutung für die theologische Forschungsarbeit nicht deutlich genug erkannt und ausgeschöpft worden. Wie wäre sonst die unendliche Mühe zu erklären, mit der die meisten Exegeten – mit noch dazu sehr kümmerlichem Erfolg (es gibt kaum übereinstimmende Ergebnisse) – darum ringen, ob ein in den Evangelien überliefertes Jesuswort »echt« ist, also wirklich auf Jesus zurückgeht, oder eine spätere Gemeindebildung darstellt. Dabei sagt schon das Konzil von Chalzedon, daß Jesus (unbeschadet seiner göttlichen) auch eine wahre menschliche Natur besitzt, also auch irren, d.h. unrichtige Aussagen über Gott und das menschliche Leben machen konnte; denn: *errare humanum est*, das Irren gehört zur menschlichen Natur, wie die Römer sagten (die als Beherrscher eines riesigen Imperiums die menschliche Natur gut kannten). Manches, was in den Evangelien als Jesuswort überliefert wird, sei dieses nun – angeblich – »echt« oder nachträglich von der Urgemeinde gebildet und ihm in den Mund gelegt, gehört in die ersten oder zweiten, nicht aber in den letzten Akt des biblischen Heilsdramas; es entspricht den (in Kap. 3.32 beschriebenen) Texten alttestamentlicher Propheten, die teilweise noch von einer starken Gewaltfaszination zeugen. Paulus hat recht: Der Wanderlehrer Jesus lebte noch »im Fleische« (vgl. 2 Kor 5,16).

Die letzte Szene im letzten Akt des biblischen Heilsdramas bildet ausschließlich die im Prozeß und in der Hinrichtung Jesu aufscheinende neue Gotteserfahrung. Diese trägt im Markusevangelium (und diesem folgend auch im Matthäus- und Lukasevangelium) die gleichen Züge wie bei Paulus und im Johannesevangelium. Auch für Markus enthüllt sich in der Passion bleibend und letztgültig die Göttlichkeit Jesu. Besonders deutlich wird dies an dem im Markusevangelium sich findenden »Gottessohngeheimnis«, dem »Geheimnis des göttlichen Wesens und Weges Jesu« (so nennen Schenke/Fischer 65 genauer das früher sogenannte »Messiasgeheimnis«). Wenn auch vielfach durchbrochen, bleibt im ältesten Evangelium doch wenigstens grundsätzlich das Geheimnis Jesu als des endzeitlichen Gottesoffenbarers solange gewahrt, bis mit seinem Todesschrei der Vorhang des Tempels, der das Allerheiligste verbirgt, von oben bis unten entzweireißt und der römische Hauptmann unmißverständlich und unwidersprochen vor aller Welt den Gekreuzigten als den wahren Ort der Gottesoffenbarung, den wahren Gottessohn, preist (Mk 15,37-39).

In einer vielbeachteten Analyse sieht Philipp Vielhauer im Markusevangelium ein dreistufiges Offenbarungsgeschehen erzählt, das seiner Auffassung nach in Analogie zum antiken Inthronisationsritus zu sehen ist: »Die Taufe entspricht der Apotheose; Jesus erhält die göttliche Gabe des Pneuma und wird zum Gottessohn adoptiert. Die Verklärung [auf dem Berg, nach Mk 9,2-10] entspricht der Präsentation; er wird himmlischen und irdischen Wesen in seiner Würde vorgestellt und proklamiert. Die Kreuzigung entspricht der eigentlichen Inthronisation; dem Gekreuzigten wird die Weltherrschaft übertragen, wie die kosmischen Wunder, die Akklamation des Centurio als des Vertreters der Welt und dann das Wort des Engels (Mk 16,6) deutlich machen« (ders., Erwägungen zur Christologie des Markusevangeliums, in: ders., Aufsätze zum Neuen Testament, München 1965, 199-214; hier: 213). So geht es also auch in diesem ältesten Evangelium um die Königs- und Gottesepiphanie im gekreuzigten Jesus oder, paulinisch ausgedrückt, um das Aufleuchten des göttlichen Glanzes auf dem Antlitz des Gekreuzigten (vgl. 2 Kor 4,6). Im Unterschied zu Paulus und Johannes sucht Markus aber seine Leser dadurch von dieser neuen Gottesoffenbarung zu überzeugen, daß er ihre Genese, ihre Geschichte, ihre Vorstufen, ihre vielfältigen Behinderungen sowohl durch die Gegner wie auch durch das Unverständnis der Anhänger Jesu und ihr schließliches unverstelltes Aufleuchten im Passionsgeschehen erzählt.

In dieser seiner Zielsetzung ist Markus »inspiriert«, d.h. er ist – ebenso wie Paulus, Johannes oder auch Matthäus und Lukas – in seiner Arbeit getragen und erfaßt von einer tiefen intuitiven Erkenntnis von der Bedeutung dieser in Jesus geschehenen Gottesoffenbarung. Von ihr will er die Menschen überzeugen. In einer kritischen Betrachtung dieses Evangeliums ist es deshalb falsch zu fragen: Was hat Jesus »wirklich« (historisch) getan und gesagt und was haben Markus und andere vor oder nach ihm hinzugedichtet? Dies ist eine von außen herangetragene Fragestellung, die den Absichten des Autors und seiner Inspiration nicht gerecht wird. Die *werkimmanent* zu stellende kritische Frage ist vielmehr die, ob und wieweit das, was Markus in seiner verlängerten Einleitung zur Passionsgeschichte (und teilweise auch noch in dieser selbst) erzählt, wirklich *dazu hilft*, die in Jesus geschehene neue Gottesoffenbarung in ihrem Wesen zu verstehen und anzunehmen.

Hier können *wir*, die wir in einer fast zweitausendjährigen Theologiegeschichte dieses Jesusgeschehen betrachten, verinnerlichen und mit anderen in der Menschheits- und Religionsgeschichte erzählten Gotteserfahrungen vergleichen konnten, vieles sehen, was Markus – wie überhaupt jeder neutestamentliche Autor – in seiner Zeit und Welt noch nicht sehen konnte. Dies gilt z.B. für die von ihm erzählten Heilungen durch Jesus. *Daß* Jesus heilt, *daß* der aus ihm sprechende Gott sich wie ein gütiger Vater und eine fürsorgende Mutter dem kranken Menschen zuneigt, ihn tröstet, stärkt und aufrichtet, ist zweifellos eine wichtige und hilfreiche Hinführung zur Gottesoffenbarung am Kreuz, wo Jahwe sich dem verratenen, ausgelieferten und den Fluchtod am Pfahl sterbenden Jesus zuwendet und ihn auf gewaltfreie Weise durch den Tod hindurch rettet. Die vorbereitende Wirkung dieser Erzählungen ist aber dort wesentlich präziser und genauer gegeben, wo Jesus nicht magisch (etwa indem er sein Kleid berühren läßt: vgl. die Heilung der *blutflüssigen Frau* Mk 5,24-34, bes. 30) oder durch ein Machtwort (das Dämonen in Schweine fahren und sich ertränken läßt: vgl. die Heilung des *Besessenen von Gerasa* Mk 5,1-20) die Menschen heilt, sondern durch seine Zuwendung eigene Heilungskräfte im Kranken weckt (vgl. die Heilung des *blinden Bartimäus* Mk 10,46-52 und den auch bei anderen Heilungserzählungen öfter auftauchenden Ausspruch Jesu »Dein Glaube hat dir geholfen«). Auch viele andere Elemente, wie etwa die elitäre Jüngerbelehrung (vgl. Mk 4,10-12), die Höllendrohung (vgl. Mk 9,42-48), die Rede von Jesus als dem »Lösegeld« (*lytron*; vgl. unten Kap. 4.32), auch die apokalyptischen Warnungen (vgl. Mk 13,1-37), bereiten, wie wir freilich erst heute sehen können, nicht wirklich auf die im Tode Jesu geschehende Gottesoffenbarung vor, sondern artikulieren noch Denk-, Gefühls- und Verhaltensmuster des gewaltverhafteten Lebens, aus dem der biblische Mensch am Ende den *Abba*-Gott herausringt; auch sie gehören in vorausgehende Akte des biblischen Heilsdramas.

Zu Matthäus und Lukas (ins irdische Leben vorgezogene Linien der Gottesoffenbarung im Tode Jesu)

Dieses Kriterium gilt auch für Matthäus und Lukas. Beide übernehmen, unabhängig voneinander und auf je ihre Weise, das Grundschema im Aufbau des Markusevangeliums und fügen in diesen Rahmen den Stoff aus der Logienquelle und ihr jeweiliges Sondergut ein. Matthäus verwendet dabei vielfach relativ große, mehr oder weniger sachlich zusammengehörige Redestücke (z.B. in der Bergpredigt Mt 5,1-7,29). Dadurch bekommt sein Evangelium stärker lehrhafte Züge und der markinische Erzählzusammenhang tritt als solcher zurück. Anders dagegen Lukas. Er hat ein größeres Sondergut, das fast ein Drittel seines Evangeliums ausmacht und zu einem beträchtlichen Teil aus Gleichnissen und anderen erzählerischen Elementen besteht. Er teilt die Logienquelle in kleinere Stücke auf und fügt sie in einen erweiterten markinischen Erzählrahmen ein. Durch beide Einfügungen verliert das markinische Motiv vom Geheimnischarakter der in Jesus geschehenden Gottesoffenbarung, das erst durch sein Sterben und Auferstehen aufgedeckt wird, seine Bedeutung. Bei Matthäus leuchtet dieses Geheimnis schon hell im Lehrer der vollkommenen Gerechtigkeit (besonders in der Bergpredigt) auf und bestimmt die Autorität seiner Lehre. Bei Lukas vollzieht sich schon im vorbildlichen Leben und Wirken Jesu die Epiphanie des *Abba*-Gottes Jesu. Von daher bekommt sein Evangelium den bekannten fürsorglich-sozialen Charakter.

Matthäus, aus judenchristlichem Milieu heraus schreibend und unter dem Druck der ersten, von der jüdischen Synagoge ausgehenden Christenverfolgung leidend, artikuliert stärker Motive der dem Jesusgeschehen vorausgehenden Akte des biblischen Heilsdramas; Lukas, von griechischer Geistigkeit gebildet und geprägt, bewegt sich wesentlich stärker in dessen letztem Akt.

Dennoch sind in allen synoptischen Evangelien eindrucksvoll Züge der in Jesu Hinrichtung geschehenen Gottesoffenbarung auf sein irdisches Leben und Wirken vorgezogen: Der kleine, in Windeln gewickelte Säugling, den Hirten im Futtertrog ihrer Tiere finden, läßt schon den Gottesglanz des Gekreuzigten aufscheinen (Lukanische Kindheitsgeschichte, Geburt Jesu, bes. 2,8-14); in der Jordantaufe des Bußpredigers Johannes, wo Menschen angsterfüllt einer kosmischen Katastrophe entgegensehen, öffnet sich über Jesus der Himmel, der Gottesatem kommt in Gestalt einer Taube auf ihn herab und artikuliert sich in der Stimme zärtlich sich zuneigender Liebe: Du bist mein Sohn, mein geliebter, an dir habe ich Gefallen gefunden (vgl. Mk 1,9-11 par). Herrschaft und gewaltsames Tun lehnt Jesus als satanische Versuchung ab (Versuchung in der Wüste Mt 4,1-11 par Lk). Jesus lehrt, heilt und treibt Dämonen aus, er antizipiert in Gastmählern das himmlische Hochzeitsmahl, worin der Ich-bin-da-Gott sich neu den Seinen zuwendet (Mk 2,13-17 par). Er gibt den Menschen Speise und beruhigt die aufschäumenden Wogen (vgl. Mk 6,32-44 par; Mk 6,45-52 par Mt). Er erklärt den Menschen für rein und lehnt den Versuch der Pharisäer ab, die opferkultische Reinheit des Tempels auf das Alltagsleben zu übertragen (Mk 7,1-23 par Mt). Er wendet sich gegen das Gewaltpatriarchat und dessen Scheidungspraxis (Mk 10,2-12 par Mt 19,3-9) und schließt die noch nicht über Tötungsgewalt verfügenden Kinder als die ihm und dem Gottesreich ähnlich Gearteten in seine Arme (Mk 10,13-16 par). Er preist die Armen, die Trauernden, die Gewaltlosen, die Notleidenden und Barmherzigen selig (Mt 5,3-12 par Lk). Er wendet sich gegen das Vergeltungsdenken, das den Kreislauf der Gewalt immer neu in Gang setzt (Mt 5,38-42 par Lk), fordert vielmehr dazu auf, auch noch die Feinde zu lieben und begründet dies ähnlich wie Laotse mit der Güte des Lebens: Werdet »Söhne eures Vaters im Himmel; denn er läßt seine Sonne aufgehen über Bösen und Guten, und er läßt regnen über Gerechte und Ungerechte« (Mt 5,45). Er fordert dazu auf, dem Mitmenschen bedingungslos zu vergeben und nicht über ihn zu richten (Mt 18,21-22 par Lk; Mt 7,1-5 par Lk). In seinen Gleichnissen schafft er bewegende Metaphern eines Lebens, das von der neuen Gotteserfahrung geprägt ist. Er konzentriert das ganze Gesetz im Liebesgebot und schilt die Heuchelei einer an äußeren Pflicht- und Gebotserfüllungen orientierten Frömmigkeit (Mk 12,28-34 par; Mt 23,1-33 par Lk). In wörtlicher Übernahme der prophetischen Opferkritik verwirft er die Frömmigkeit des Opfers: »Barmherzigkeit will ich, nicht Opfer« (Mt 9,13; 12,7). Er protestiert heftig gegen den Opferbetrieb im Tempel (Mk 11,15-19 par) und erklärt die heilige Opferstätte des Volkes Israel als bloß von Menschenhänden gemacht und als von Menschenhänden zerstörbar (Mk 14,58 par Mt; Mk 13,1-4 par). Auf einem jungen Esel statt auf einem starken Streitroß reitet er in Jerusalem ein, und von den Händen einer Frau läßt er sich, seinen Tod vorausahnend, zum Messias salben (Mk 14,3-9 par). Auch noch in der Nacht seines bevorstehenden Hinrichtungstodes hält er an der Mahlpraxis mit seinen Jüngern fest und vertraut auf das schon anbrechende und unaufhaltsam kommende Gottesreich (Mk 14,17-25 par).

Diese und andere Linien ziehen die im gekreuzigten Jesus wahrgenommene Gotteserfahrung, diesen ganz ursprünglichen, aber seit Jahrmillionen verschütteten anderen Gottesglanz, geradlinig und ungebrochen in das menschlich-irdische Leben Jesu hinein und lassen ihn überzeugend darin aufstrahlen. Egon Spiegel kann deshalb aus der Gewaltfreiheit des irdischen Jesus überzeugend die »Grundlagen einer biblischen Friedenstheologie« (Untertitel seines Buches »Gewaltverzicht«, Kassel 1987) erarbeiten. Als Menschenwerk und Menschenwort freilich, das die Evangelien *auch* sind, verflechten sich diese den irdischen Jesus zeichnenden Linien vielfältig und auf manchmal enge Weise auch noch mit dem Denk- und Gefühlshorizont der Gewaltfaszination, der das Menschenleben seit Jahrmillionen prägt. Dem gilt es im folgenden Kapitel nachzugehen.

4.3 Das neue Tuch auf das alte Kleid genäht: Höllendrohung und Sohnesopfer

Vorbemerkung: Die eindringlich-leise Stimme der gewaltlosen Gottheit und das menschliche Gewaltkostüm

Der Sinngrund menschlichen Lebens ist tief verschüttet. Seit Jahrmillionen hat sich das Geröll der Gewaltfaszination über ihn gelegt und deckt ihn zu. Der Mensch hätte jegliche Erinnerung und jede Spur von ihm längst verloren, wenn er nicht gleichsam vulkanisch immer wieder aufbrechen, Steine einschmelzen und sich als Wärme an der kalten Oberfläche bemerkbar machen würde. Nicht nur auf dem angsterfüllten Antlitz des auf dem Opferaltar liegenden Isaak, sondern auf jedem Antlitz der Millionen und Abermillionen getöteter Opfer, ja noch in der kreatürlichen Todesangst des Opfertieres, ist der Engel Jahwes erschienen und sagte: Tu dem Kind, meinem Geschöpf, nichts zuleide (vgl. Gen 22,12). Doch die Stimme dieses Engels spricht leise. Abraham hat auf sie gehört; viele andere nicht; sie haben ihr Opfer getötet. Es ist die Stimme der gewaltlosen Gottheit, die sich gegenüber der vor ihr sich auftürmenden Tötungsgewalt nur dadurch vernehmbar machen kann, daß sie sich ergibt und notfalls vertreiben läßt. Doch obwohl leise, ist diese Stimme doch engagiert und durchdringend in ihrer Schönheit und ihrem Reiz. In vielen Mythen und Riten hat sich eine Erinnerung an sie erhalten: Hainuwele, das im nächtlichen Tanz zu Tode getrampelte Mädchen, ist von wunderbarer Anmut und Schönheit. Milomaki, der im Mythos der Jahuna-Indianer den Opfertod stirbt (vgl. R. Girard, Ende, 111 f.), fasziniert wie Orpheus die Menschen durch seinen schönen Gesang und singt noch auf dem Scheiterhaufen in wunderschöner Weise, bis Rauch und Flammen seine Stimme ersticken. Ödipus erscheint noch im gräßlichen Unheil – des Vatermords und Mutterinzests überführt, als Ursache für die in Theben wütende Pest erkannt, vom Thron gestoßen und geblendet aus der Stadt verbannt – als faszinierende Gestalt: als Mensch, der unbeirrt nach der Wahrheit sucht, auch wenn er mehr und mehr sieht, daß sie für ihn selbst Unglück und Untergang bedeutet.

Immer aber »müssen« die Opfer sterben oder ins Unheil gehen. Ihre leise und innige Schönheit erscheint nur als romantische Tragik angesichts der ehernen Notwendigkeit, in der die Verletzungs- und Tötungsgewalt sich erhebt. Im Bereich der Mythen und urtümlichen Religionen stürzt zuletzt immer wieder das schwere und dunkle Geröll auf den sich erschließenden Sinngrund menschlichen Lebens und deckt ihn zu.

Die Denker der Achsenzeit haben durch ihre Askese den denkerisch sich ihnen erschließenden Daseinsgrund aus den Geröllfeldern des Lebens herausgenommen und dadurch seinen Glanz bewahrt. In der jüdisch-christlichen Tradition jedoch ist und bleibt dieser Sinngrund lebendige geschichtliche Erfahrung. Der biblische Mensch steigt nicht aus dem *Samsara* der irdisch-menschlichen Verflochtenheit von Leben und Leiden aus. Zwar ist ihm ein neues Tuch geschenkt, ein Tuch derselben Art und Struktur (wenn auch aus gröberen Fäden gewirkt), wie die Denker und Dichter der Achsenzeit es webten. Doch ihr Tuch wurde ihnen inmitten des leidverhafteten und von Gewalt geprägten Lebens geschenkt, und so blieb ihnen nichts übrig, als es auf dieses Jahrmillionen alte Menschheitskleid zu nähen. Was Wunder, daß es auf diesem immer wieder ausreißt und noch größere Risse erzeugt, als dieses alte Kleid von sich aus immer schon hat (vgl. Mk 2,21 par)? Man denke an die wirklich manchmal exzessiven Gewaltphantasien alttestamentlicher Prophetien. Je stärker und strukturierter das neue Tuch ist, desto größer werden die Risse, die entstehen, wenn man es auf das alte Kleid aufnäht.

Auch der neutestamentliche Mensch hatte kein anderes Kleid, auf das er seinen neuen Stoff hätte nähen können, als das Jahrmillionen alte Menschheitskleid, auf das auch schon das alttestamentliche Tuch genäht war. Zwar konnten sie mit ihrer Naht dort ansetzen, wo vom Alten Testament her die Linie zu Jesus weiterführte (z.B. an der Gestalt des leidenden Gottesknechts oder der Verheißung des neuen Gottesbundes Jer 31,31-34), beide Tücher aber, das des Alten *und* das des Neuen Testamentes, sind auf das Gewaltkostüm genäht, das die Menschheit seit Jahrmillionen trägt; und gerade dort, wo alttestamentliches und neutestamentliches Tuch sich überschneidend dem alten Kleid aufgeheftet sind, gibt es gewaltige Risse, Risse, die so tief gehen, daß sie eine jahrhundertelange, mühsamgeduldige theologische Arbeit dennoch nicht überzeugend flicken, neues Tuch und altes Kleid nicht haltbar miteinander vernähen konnte: Gemeint sind die Höllendrohung und die Interpretation des Todes Jesu als Sohnesopfer.

4.31 Zur neutestamentlichen Höllendrohung

Das Weltgerichtsgemälde im Matthäus-Evangelium (Mt 25,31-46):
Drohung mit ewiger Verdammnis und Höllenqual

Welches Bild vom Menschen, von der Welt und von Gott als dem sinngebenden Grund dieser Welt und des Menschen muß sich in der Seele eines Kindes bilden, das mit der Drohung einer ewigen Qual konfrontiert wird? Ist dies nicht wirklich, wie Buggle sagt, ein Ausdruck »psychischen Terrors« (Buggle 98)? Dies aber ist in einer 2000jährigen Geschichte des Christentums in so gut wie jeder Kinderkatechese geschehen! Hier verkehrt sich die Botschaft von Jesus als dem Ort einer neuen gewaltfreien Gotteserfahrung, eines Gottes der Entrechteten und Verfolgten, eines Gottes, der Liebe ist und der dem Haß und den Kriegen ein Ende setzt (vgl. Jdt 16,2), in sein Gegenteil. Hier wird die Bedrohung mit exzessiver Gewalt als heilig-göttliche Notwendigkeit, als die Forderung göttlicher Gerechtigkeit, vor Augen gestellt und in die gerade für Angst so empfänglichen Kinderseelen eingeschrieben. Man kann sich vorstellen, wie hier eine Mentalität grundgelegt wird, die ängstlich und mit heiligem Schauder zu jeder Autorität aufblickt, die über Tötungsgewalt verfügt, und zu blinder Unterwerfung bereit ist: eben jene innere Haltung, die es skrupellosen Machthabern und Diktatoren leicht macht, ein Schreckensregime aufzurichten.

Fast fühlt man sich angesichts dieser Situation versucht, die Höllendrohung gegen ihre eigenen Erfinder zu richten und denen, die für eine solche Verformung der Kinderseelen verantwortlich sind, zu sagen: »Wer einen von diesen Kleinen, die an mich glauben, zum Bösen verführt, für den wäre es besser, wenn er mit einem Mühlstein um den Hals ins Meer geworfen würde« (Mk 9,42 par). Freilich würde man durch eine solche Drohung noch einmal nur das Rad weiterdrehen, das den Kreislauf von Gewalt und Gegengewalt in Gang hält. Das genau aber gilt es zu überwinden. Es gilt, auch in unseren Reden, unseren Sprechakten und Worthandlungen, zu realisieren, was Raymund Schwager in seiner dramatischen Erlösungslehre (ders., Jesus, 216-220 u.ö.) als wesentlich für das Erlösungsgeschehen herausgearbeitet hat: Der Kreislauf der Gewalt, der seit Jahrmillionen die Menschheitsgeschichte prägt, kann nur überwunden werden, wenn die zentrale, unmittelbar aus der neuen, in Jesus geschehenen Gotteserfahrung fließende Forderung erfüllt wird, bedingungslos zu vergeben und niemanden zu verurteilen (vgl. Mt 7,1-5 par Lk; 1 Kor 4,4 f.). Denn in unterschiedlichem Maße sind wir alle, die wir in dieser gewaltverhafteten Welt (»im Fleische«) leben, gleichzeitig Täter und Opfer von Gewalt.

Ich darf zwar keinen Menschen verurteilen, wohl aber Taten und Worte – auch Worte können Taten sein –, die von Haß und Gewalt geprägt sind und die Gewaltspirale weiterdrehen. Einem Menschen mit ewigen Qualen zu drohen, ist böse; eine solche Worthandlung gilt es zu verurteilen. Es geschieht wirklich – was Buggle insgesamt der Theologie vorwirft – zuviel an gedanklicher Dialektik, wenn sich Schwager darum bemüht, auch noch das schaurige Weltgerichtsgemälde im 25. Kapitel des Matthäusevangeliums theologisch zu rechtfertigen (vgl. Schwager, Jesus, 247 f. zu Mt 25,31-46). Zwar sind in diesem Bild Motive verarbeitet, die, für sich genommen, den im gekreuzigten Jesus aufstrahlenden Gott überzeugend zur Geltung bringen. Dazu gehört das aus dem Propheten Ezechiel (Ez 34,11-22) genommene Bild, wie der gute Hirte, das Symbol der Jahwe-Macht, seine Schafe auf gute Weideplätze führt und an klare Wasserstellen; und wie er dort die starken und kräftigen Böcke von den schwächeren Schafen trennt, damit nicht jene diese mit ihrem breiten Körper und ihren Schultern zur Seite drängen, sie mit ihren Hörnern wegstoßen und, wenn sie das klare Wasser trinken, in ihrer Unruhe den Boden zertrampeln und das saubere Wasser verschmutzen. Es gehört zu seiner Hirtenfürsorge, dafür zu sorgen, daß zuerst die schwachen Tiere zu trinken bekommen, die das Wasser dabei auch sauber halten, um erst dann, wenn diese genug getrunken haben, die Wasserstelle auch für die Böcke freizugeben, damit auch sie sich sattrinken können. Auch das alte Märchenmotiv vom unerkannten König, der als Bettler verkleidet durch das Land zieht und am Ende sein Inkognito lüftet und damit den verblüfften Menschen enthüllt, daß sie das, was sie dem Ärmsten und Geringsten getan haben, ihm, dem König selbst, taten, drückt unmittelbar aus, daß im Hungrigen, im Durstigen, im Fremden und Obdachlosen, im Nackten, Kranken und im Gefängnis Liegenden ein geheimer königlicher – und das heißt religionsgeschichtlich immer auch: göttlicher – Glanz verborgen liegt und der Anspruch, der von seiner Not und seinem Elend ausgeht, ein göttlicher Anspruch ist.

Aus diesen beiden Motiven jedoch ein Gerichtsgemälde zu formen, in dem auf ewig zwischen Guten und Bösen, zwischen »Gesegneten« und »Verdammten« unterschieden wird, diese Unterscheidung dabei Jesus als dem wiederkommenden Weltenrichter in den Mund zu legen, und ihn dann zu denen auf der linken Seite, zu den »Bösen«, die furchtbaren Worte sprechen zu lassen: »Weg von mir, ihr Verfluchten, in das ewige Feuer, das für den Teufel und seine Engel bestimmt ist!« (Mt 25,41) – dies ist eine schaurige Perversion des in Jesus aufstrahlenden Gottes. Sie deckt den befreienden und befriedenden Sinngrund menschlichen Lebens, der sich in Jesus offenbarte, mit dem schweren und dunklen Geröll gewaltverhafteten Denkens und Fühlens zu.

Eine solch gräßliche Bilderwelt kann ich nicht theologisch rechtfertigen wollen. Zwar gibt es durchaus einen theologisch verantwortbaren Sinn, wenn Schwager schreibt, daß jeder Mensch gleichzeitig Verworfener und Gesegneter ist (sofern er immer auch gleichzeitig Täter und Opfer von Gewalt ist), die vom Richter gezogene Scheidelinie also durch jeden Menschen selbst hindurchgeht und dann der Richter auch diese Unterscheidung nochmals unterläuft, indem er »selber auf die Seite der Verworfenen tritt und ihre Rolle übernimmt« (Schwager, Jesus, 247). Aber gegenüber der Wortmacht der aus sich selbst sprechenden Bilder erscheint diese Interpretation als aufgesetzt und gewaltsam. Einer, der vorher die alttestamentliche Verwerfungsformel spricht und Menschen zu einer ewigen Höllenqual verdammt, kann nicht im nächsten Augenblick die von ihm Verdammten so lieben, daß er das Geschick, das er ihnen zugedacht hat, selbst übernimmt. Eine solche Deutung ist zwar subjektiv getragen von dem offensichtlichen ehrlichen Bemühen, soviel wie irgend möglich an biblischen Bildern und Worten zu rechtfertigen und mit einem humanen Ethos zu versöhnen, doch sie bestätigt gerade so den Vorwurf Buggles gegenüber theologischen Arbeiten: Diese nämlich, sagt er, wirkten, obwohl subjektiv von einem hohen menschlichen Ethos getragen, dennoch objektiv unredlich.

Es gibt einfach Dinge und Worte, die sich von der Gottesoffenbarung im gekreuzigten Jesus her nicht rechtfertigen lassen, auch wenn sie im Neuen Testament stehen und von dessen Verfassern einem irdisch lebenden oder apokalyptisch wiederkommenden Jesus in den Mund gelegt wurden (auch wenn es sich dabei um sogenannte »echte« Worte des irdischen – »im Fleische lebenden« – Jesus handeln sollte). Zu solchen absolut »unmöglichen« Worthandlungen gehört die Drohung mit einer ewigen Verdammnis und Höllenqual, wie sie sich im Weltgerichtsgemälde bei Matthäus findet. Redlicherweise kann man hier nur von einer völlig mißglückten Bildkomposition sprechen, durch die Motive, die für sich genommen die in Jesus geschehene neue Gotteserfahrung stimmig zum Ausdruck bringen, wieder in das alte Gewaltschema zurückgepreßt werden und dieses dadurch in seiner Unmenschlichkeit nochmals um eine Dimension gesteigert wird; nämlich zu einer *ewigen* Orgie der Zerstörung und Gewalt, einem ewig währenden chthonischen (Menschen-)Vernichtungsopfer, einem ewigen Gründungslynchmord für ein ewiges darauf aufzubauendes Gottesreich. Die Bibel, auch das Neue Testament, auch die Bergpredigt, alle »echten« oder »unechten« Jesusworte, sind stets Gotteswort *in Menschenwort* (vgl. Zweites Vatikanisches Konzil. Die Dogmatische Konstitution über die göttliche Offenbarung, Art. 12; in: Rahner/Vorgrimler [Hg.], 374 f.). *Unfehlbares Gotteswort, wahre Kunde von Gott, ist für den Christen im eigentlichen Sinne nur der gekreuzigte und auferweckte Jesus.* Jedes über ihn, auf ihn hin oder von ihm her geschriebene Wort ist immer auch Menschenwort, das unter Umständen das ursprüngliche Gotteswort verzerren und verfälschen, ja pervertieren kann.

Buggle mißversteht den Charakter einer Drohung mit ewig dauernden, von außen zugefügten und zum äußersten gesteigerten körperlichen und seelischen Qualen: Dies ist nicht eine »*archaisch*-inhumane Grausamkeit«, mit der das Neue Testament noch hinter das Alte Testament zurückfällt (Buggle 98; Hervorhebung von mir). Denn eine *archaische* Grausamkeit ist immer endlich. Sie richtet sich entweder gegen den unmittelbar vor Augen stehenden Rivalen, der zum tödlichen Kampf herausfordert, oder gegen den Sündenbock, auf den die durch die Rivalität geweckte Aggression abgelenkt wird. Sie ist vom Biologischen her gesehen ein

Imponiergehabe (wie es bei Primaten und anderen Säugetieren als Form des Rivalenkampfs ausgeprägt ist, beim Menschen aber zu einem Verletzungs- und Tötungs-Imponiergehabe übersteigert wurde). In ihm tobt sich eine zum Verletzen und Töten pervertierte Vitalität und Sexualität aus: Das Opfer wird (wie in den Dionysos-Riten) zerrissen und zerstückelt, in einen schaurigen Abgrund hinuntergestürzt, mit Tanzschritten zu Tode gestampft (Hainuwele-Mythos). Es wird Staub aufgewirbelt und Schrecken erzeugt (indem z.B. Achill den Leichnam seines Rivalen Hektor an seinen Streitwagen bindet und in rasendem Galopp um die Stadtmauer Trojas schleift). Gegenüber solchen Schreckensgebärden, die im Grunde nichts anderes sind als ein pervertiertes Affen-Imponiergehabe, bilden vor allem die neutestamentlichen Gewalt- und Strafphantasien eine Steigerung ins Absurd-Irreale. Wie konnte es innerhalb der biblischen Tradition dazu kommen?

Die Anomie der ersten Christen als Grund ihres Rückfalls in eine (transzendental übersteigerte) Gewaltfaszination

Wie im Alten Testament, so ist auch im Neuen der Rückfall in – übersteigerte – Gewaltphantasien aus der aktuellen Situation zu erklären, aus der heraus diese Texte entstanden sind: Dort war es die Erfahrung des Exils und der auch nach dem Exil anhaltenden nationalen Ohnmacht und der religiösen Unterdrückung durch Fremdvölker, die nach dem Jahrmillionen alten Gewaltschema das Vergeltungsdenken herausforderte; die dabei entstehenden Vergeltungs- und Gewaltphantasien wurden durch die *Intensität* der eigenen Gotteserfahrung, deren *Andersartigkeit* man inhaltlich noch nicht klar erfassen konnte, über die archaische Gewalttätigkeit hinaus ins Maßlose gesteigert. Hier im Neuen Testament entzündet sich derselbe Vorgang – der die Gewalt-, Verletzungs- und Tötungsphantasie nochmals um eine Dimension übersteigert – an einer Situation, die der Religionssoziologe Peter L. Berger unter dem Ausdruck *Anomie* beschrieben hat (vgl. ders., Zur Dialektik von Religion und Gesellschaft, Frankfurt 1973, bes. 130): Der Mensch lebt normalerweise in einer Ordnung, einem *Nomos*, der die Gesamtgesellschaft umgreift, ihr einen tragenden Lebenssinn vermittelt und auf diese Weise die nicht mehr weiter bedachten Plausibilitäten des Alltagslebens schafft, die es dem Menschen ermöglichen, ein sogenanntes »normales« Leben zu führen, das mit seinen Zielsetzungen, Wertvorstellungen und Verhaltensweisen nicht grundsätzlich von den allgemeinen Standards abweicht. A-Nomie bedeutet das Herausfallen aus dieser bergenden Ordnung.

Wo dies geschieht, bricht für den Menschen buchstäblich die Welt zusammen: Was alle immer tun und für gut halten, erscheint auf einmal fraglich. Der Mensch steht unter dem ungeheueren Druck, bis in die banalsten Handlungen des Alltagslebens hinein, das, was er tut, nach seinem Sinn befragen zu müssen. Er steht ja nicht mehr auf dem Sinngrund, auf dem die anderen stehen und von dem her sie die Selbstverständlichkeit ihres Denkens und Tuns ableiten. Die Normalität erscheint als Sinn-leer, als Wahn-Sinn. Oder ist man selber wahn-sinnig? Bei Naturvölkern besteht die Todesstrafe bisweilen darin, daß der betreffende Stammesangehörige aus der Gemeinschaft ausgestoßen wird, daß niemand mehr mit ihm spricht, er für die anderen »Luft« ist. Auf diese Weise wird ihm der von der Gemeinschaft und ihrer Geschichte aufgebaute Kosmos, die sinnstiftende Lebensordnung, entzogen, und diese Anomie treibt den Verurteilten in Wahnsinn, Apathie und Depression, an der er auch physisch zugrunde geht.

Dies ist die Situation der ersten Christen. Zuerst glaubten sie noch, mit ihrem Bekenntnis zum gekreuzigten Jesus als dem verheißenen Messias Israels nur eine der vielen religiösen Gruppierungen ihrer Zeit darzustellen und also noch im Nomos des Judentums, des auserwählten Volkes Israel, beheimatet zu sein. Doch dieses Selbstverständnis ließ sich auf die Dauer nicht halten. Zwar versuchten es die in Jerusalem (und sonst in Palästina) heimischen Judenchristen (die sog. »Hebräer« nach Apg. 6,1). Sie blieben dadurch (im Unterschied zu den sog. »Hellenisten«, ebd.) auch von der ersten, von der Synagoge ausgehenden Christenverfolgung verschont. Doch soweit sie sich später nicht doch auch dem hellenistisch geprägten Christentum anschlossen, kapselten sie sich von der Entwicklung der jungen christlichen Kirche ab und lösten sich (im 3. Jahrhundert) wieder im Judentum auf (vgl. N. Brox, Kirchengeschichte des Altertums, Düsseldorf 1983, 16). Ein Gekreuzigter als Messias und Gottessohn war dem Judentum – trotz der Gottesknechtslieder – *zu* fremd. Einen *solchen* Messias hatten gläubige Juden nie erwartet, und er war ihnen ihrer Überzeugung nach auch nie verheißen worden – so sehr sich besonders das Matthäus-Evangelium auch abmüht, an Schriftzitaten nachzuweisen, daß sich in Jesus die Schrift, d.h. die messianische Verheißung, erfüllte. Christen, die den schändlichen Hinrichtungstod Jesu nicht verdrängten, sondern (auf die eine oder andere Weise, siehe unten in Kap. 4.32 die verschiedenen Traditionen zur Sinndeutung des Todes Jesu) in ihren Glauben integrierten, konnten auf die Dauer nicht an der Beschneidung und am Gesetz festhalten (vgl. das sog. »Apostelkonzil« Apg. 15,1-35 sowie Gal 2,1-10). Damit aber traf sie dieselbe Verwerfungsformel, mit der vorher schon die hellenistisch geprägten Judenchristen aus der Synagoge ausgestoßen wurden; es ist dies auch die Formel, mit der im matthäischen Weltgerichtsgemälde Jesus als Weltenrichter die bösen Menschen von sich weg in die Hölle stößt.

Außerhalb Palästinas glaubten die frühen Christen – bei aller grundsätzlichen Distanz zur Welt, wie sie aus ihrer Erwartung eines nahen Weltendes erwuchs – zuerst doch noch, im römischen Staat die auch für sie gültige Lebensordnung finden zu können. Dies drückt sich besonders im Brief des Paulus an die Römer aus, wo er die staatliche Gewalt als von Gott stammend beschreibt (vgl. Röm 13,1-7). Doch auch dieses Selbstverständnis ließ sich nicht aufrechterhalten. Obwohl Rom allen Religionen, die von den unterworfenen Ländern und Völkern her einströmten, grundsätzlich tolerant gegenüberstand und ihre Götter in das Pantheon aufnahm – ein von Römern als Verbrecher Gekreuzigter konnte beim besten Willen nicht in diese Götterversammlung eintreten. Eine solche Gestalt als Gottheit zu verehren, mußte als Subversion und Mißachtung nicht nur des römischen Staates, sondern des ganzen Menschengeschlechts betrachtet werden. *Odium humani generis*, »Haß gegen das Menschengeschlecht«, war denn auch der bekannte Vorwurf gegen die Christen, wie Tacitus ihn überliefert hat (Annales XV, 44). Er beschrieb den Christusglauben als »abscheulichen und schändlichen Aberglauben« (ebd.). Als besonders unter Kaiser Domitian (Regierungszeit 81-96) die Anerkennung des Kaiserkults als Anerkennung der Oberhoheit Roms in allen Ländern des Reiches mit besonderem Nachdruck gefordert wurde und Domitian sich den offiziellen Titel »unser Herr und Gott« beilegte, mußten auch die Christen, die mit eben diesem Titel ihren gekreuzigten Jesus anriefen, erkennen, daß ihnen das Römerreich keine geistige Heimat sein konnte.

Als dann das nahe geglaubte Weltende mit der ersehnten Wiederkunft Christi ausblieb, glitten Juden- wie Heidenchristen in die Anomie. Der Himmel über ihnen brach zusammen und ein bodenloser Abgrund namenloser Angst und Qual tat sich vor ihnen auf. In dieser Situation ist es verständlich, daß sie sich wie Ertrinkende in panischer Angst an die alten Schemata festklammerten, in denen sich seit Jahrmillionen das Menschenleben bewegt: Gewalt gegen Gewalt, Verwerfung gegen Verwerfung: »Zahlt ihr mit gleicher Münze heim, gebt ihr doppelt zurück, was sie getan hat. Mischt ihr den Becher, den sie gemischt hat, doppelt so stark. Im gleichen Maß, wie sie in Prunk und Luxus lebte, laßt sie Qual und Trauer erfahren«, sagt der Seher der geheimen Offenbarung von der »großen Hure Babylon«, wie er die Weltstadt Rom bezeichnet (vgl. Offb 18,6 f.);

300

und das Matthäusevangelium läßt den wiederkommenden Christus die Verwerfungsformel sprechen, mit der die Judenchristen aus den Synagogen, ihrer geistigen Heimat, ausgestoßen wurden: »Weicht von mir, ihr Verfluchten...« (Mt 25,41).

Woher nimmt die angesichts des riesigen Römerreiches verschwindend kleine Menschengruppe die innere Kraft zu diesem Widerstand gegen den die ganze Welt beherrschenden Gottkaiser und gegen die heilige Synagoge, das heilig alte Judentum? Die Antwort kann nur lauten: aus der Intensität der in Jesus ergangenen Gotteserfahrung, aus der die Christengruppe lebte und die sie in die Anomie hineingeführt hat, deren Energie sie aber nun in panischer Angst – den Offenbarungsinhalt pervertierend – wieder in die alten Gewaltschemata hineinpreßte. Auf diese Weise entstanden die Gewaltphantasien, die jede Form archaischer Grausamkeit hinter sich zurücklassen und sich ins Absurd-Irreale steigern. Der gekreuzigte Jesus als Ort der neuen Gotteserfahrung wird zum »geschlachteten« Pascha-Lamm, das aus der Kraft seines rinnenden Blutes Menschen aus allen Stämmen und Nationen zu Königen und Priestern macht, die über die Erde herrschen (vgl. Offb 5,9 f.). In dieser seiner Kraft besiegt es in einer Orgie von Feuer, Blut und Krieg alle feindlichen Mächte und wirft sie in den »See von brennendem Schwefel«, dessen Feuer nie erlischt (Offb 20,10; 21,8 u.ö.): angefangen vom Teufel, dem großen Verführer, über das »Tier« (ein anderes Symbol für die Weltmacht Rom), »den falschen Propheten« (offenbar ein sogenannter »Irrlehrer« aus den eigenen Reihen) sowie über die »Feiglinge und Treulosen, die Befleckten, die Mörder und Unzüchtigen, die Zauberer, Götzendiener und alle Lügner« (Offb 21,8) bis hin zu allen, »die nicht im Buch des Lebens verzeichnet« sind (Offb 20,15). Sie alle kommen in die Hölle. Dort werden sie »Tag und Nacht gequält, in alle Ewigkeit« (Offb 20,10).

Zum theologisch-pastoralen Umgang mit den Höllenbildern:
Geschichtliche Aufarbeitung

Wachgerüttelt durch den Dialog mit den Denkern der Achsenzeit und geprägt von der langen und intensiven Tradition der Gewalt- und Opferkritik in den eigenen jüdisch-christlichen Schriften sowie eingetaucht in die in den Evangelien beschriebene neue Gotteserfahrung im gekreuzigten Jesus, kann man nur schaudernd wahrnehmen, wie stark und tief eingegraben die Jahrmillionen alten Gewaltschemata sind und zu welchen Qual- und Schreckensbildern sie die menschliche Vorstellungskraft führen. Jeder noch so gut gemeinte Versuch, ihnen einen positiven Sinn abzugewinnen, muß letztlich als Zynismus erscheinen. Zwar hat Raymund Schwager recht, wenn er im Anschluß an Girard hervorhebt, daß der in den Kreislauf der Gewalt eingebundene Mensch in einer tiefen, ebenfalls Jahrmillionen alten Täuschung befangen ist und nicht das Grauen sieht, zu dem dieser Kreislauf hinführt (vgl. Schwager, Jesus, 247 f.). Doch ihm mit apokalyptischen Gerichts- und Höllendrohungen die Augen für diese seine Selbsttäuschung öffnen zu wollen, hieße wirklich, den Teufel mit Beelzebul austreiben zu wollen. Strafdrohungen, welcher Art auch immer, haben Menschen zwar vielleicht davon abgehalten, verbotene Dinge zu tun, aber sie haben noch nie einen Menschen von innen heraus gebessert und zu einer neuen Einstellung bewogen. Durch Drohungen kann der Mensch niemals aus dem Kreislauf der Gewalt und des Tötens befreit werden. Sie sind gewalthafte Worthandlungen, die ebenso wie gewalthafte Taten das Rad der Gewalt weiterdrehen. Sie nehmen psychisch die Verletzungen vorweg, die physisch angedroht und immer wieder auch tatsächlich zugefügt werden. In diesem Sinne sind sie ein verbales Verletzungs-Imponiergehabe, das sich in der Höllendrohung zu einer irreal-gigantischen Größe und Verletzungskraft (*violence*) aufrichtet.

Der einzige pädagogisch und didaktisch sinnvolle Weg, Menschen aus dem Kreislauf der Gewalt zu befreien, kann nur jener Weg sein, den die gewaltlose Gottheit selber in der Menschengeschichte gegangen ist: der Weg jener Liebe, die sich immer wieder neu dadurch in ihrem Wesen zur Erscheinung bringt, daß sie sich von der Gewalt, in deren Mitte sie aufstrahlt, pervertieren und vertreiben läßt. Pastoral und religionspädagogisch kann es in erster Linie nur darum gehen, inmitten der von Gewaltfaszination gezeichneten Welt immer neu den Blick besonders des jungen und heranwachsenden Menschen, aber auch des Menschen überhaupt, gerade auch den des Alten und Sterbenden, hinzulenken auf die Orte, an denen diese wahre und älteste Gottheit erscheint: Auf das Bild des Säuglings und des Kindes, das nur leben kann, wenn die Mutter sich ihm zuneigt; auf den Kranken und Hilfsbedürftigen, der sich mir öffnet und sich von mir helfen läßt; auf den gewaltlosen politischen Gefangenen, der hinter Gefängnismauern verschwindet und zum Verstummen gebracht wird, dessen Anspruch aber (vermittelt etwa durch Amnesty International) dennoch die Gefängnismauern durchdringt und eine – wenn auch vielleicht noch so hilflose – Reaktion (z.B. Briefaktionen) ermöglicht; auf die Schönheit der Natur und die Anmut der untermenschlichen Kreatur, die beide durch den gewalttätigen Menschen in ihrer Existenz bedroht sind und nach *dem* Menschen rufen, der sie pflegt und hütet. Ihre Tiefe und ihre menschheitsgeschichtliche Bedeutung können diese Phänomene dabei dadurch finden, daß sie zu den von den Denkern der Achsenzeit geschaffenen Bildern und Lebensregeln und zu den in den jüdisch-christlichen Schriften tradierten Gotteserfahrungen in Beziehung gesetzt werden. Erst auf der Basis einer solchen kulturübergreifenden positiven Erschließung des tragenden Lebenssinns, der in der Personbegegnung wurzelt, kann die *Aufklärungsarbeit* ansetzen, wie Girard sie betreibt: die diskursive, an Verstand und Einsicht appellierende »Analyse des Menschheitsverhängnisses« (so der Untertitel von Girard, Ende), entsprechend dem Alter und der Auffassungskraft des jeweiligen Menschen.

In dieser Analyse-Arbeit ist es auch wichtig, die Schreckensbilder der Hölle, die nun einmal in der Welt bestehen, geschichtlich aufzuarbeiten. Wie die Exegese herausgearbeitet hat, haben sie (innerhalb der jüdisch-christlichen Schriften) ihre Wurzel in zwei Vorstellungen: Einmal in der *Scheol*, die in den ältesten Textschichten ganz allgemein den Aufenthaltsort der Verstorbenen, das Totenreich, bezeichnet. So denken ja auch die meisten Naturvölker das Schicksal der Verstorbenen. Als jedoch in der Exils- und Verfolgungszeit des Volkes Israel – pervertierend – der im Gewaltschema gründende Vergeltungsgedanke durch die transzendierende Kraft des Ich-bin-da-Gottes »angereichert« wurde, dachte man die *Vergeltung über den Tod hinaus*. Die Scheol stellte man sich jetzt als in zwei Abteilungen gegliedert vor: eine für die Guten, die, wie im Gleichnis vom *armen Lazarus* (Lk 16,19-31) erzählt, im »Schoß Abrahams« ruhen dürfen, und eine für die Bösen, die wie der reiche Prasser Qualen leiden. Diese negative, für die Bösen bestimmte Abteilung der Scheol ist dann im Spätjudentum zweitens durch Schreckensbilder ausgemalt worden, die ursprünglich nichts mit einer todesjenseitigen Existenz, sondern mit der Menschenopfer-Praxis des Moloch-Kultes zu tun haben. Nahe Jerusalem gab es nämlich das sogenannte »Hinnom-Tal«, auch *Gehenna* genannt, wo nach alter, immer wieder in den alttestamentlichen Büchern auftauchender Überlieferung Jahrhunderte hindurch Menschen, insbesondere Kinder, dem Moloch geopfert wurden (vgl. oben das Kap. 3.23). König Joschija (642-609 v. Chr.) ließ dann in seiner großen Kultreform dieses Moloch-Heiligtum zerstören und machte den Ort kultisch unrein (vgl. 2 Kön 23,10). So wurde das Tal zu einem Ort der Zerstörung und des Grauens. Die an ihm haftenden Schreckensbilder verschmolzen schließlich mit der untersten, für die Bösen bestimmten Abteilung der Scheol. So reicht die Entstehungsgeschichte dieser Bilder in das Alte Testament zurück. Doch an den wenigen Stellen, wo sie dort auftauchen (z.B. Jes 66,24; Dan 12,2 u.ö.), bleibt ihre Bedeutung vage und mehrdeutig und hat noch keinesfalls den Charakter einer todtranszendierenden, »metaphysischen« Drohung mit ewigen Qualen. Diesen Charakter bekommen diese Bilder erst im Neuen Testament, wenn sie – wiederum den Inhalt pervertierend – mit der Energie der in Jesus wahrgenommenen neuen Gotteserfahrung aufgeladen werden.

Nur in dieser geschichtlichen Durchdringung und Aufarbeitung haben innerhalb einer christlichen Erziehung diese Bilder einen positiven Sinn. Sie haben weder einen positiven, die Unfaßbarkeit Gottes zum Ausdruck bringenden Geheimnischarakter (vgl. H. U. v. Balthasar, Was dürfen wir hoffen?, Einsiedeln-Trier 2. Aufl. 1989), noch können sie, wie dies heute noch zumeist vorgeschlagen wird (vgl. z.B. F. J. Nocke, Eschatologie, Düsseldorf 1982, 137; G. Greshake, Himmel – Hölle – Fegefeuer im Verständnis heutiger Theologie, in: ders., Ungewisses Jenseits?, Düsseldorf 1986, 79 ff.; H. Vorgrimler, Hoffnung auf Vollendung, Freiburg i.Br. 1980, 181; auch im neuen »Weltkatechismus«: Katechismsus der Katholischen Kirche, München 1993, 295 f.), als Bilder für die ins Transzendente reichende Kraft und Unbedingtheit menschlicher Freiheit gelesen werden. Zwar ist es richtig, daß der Mensch nicht wirklich frei wäre, wenn er nicht *auch* die Möglichkeit hätte, sich endgültig und über den Tod hinaus, d.h. bleibend, *gegen* den Gott der Liebe zu entscheiden, also eine todesjenseitige Existenz der Gottesferne zu realisieren. Er wäre ja sonst Gott gegenüber bloß eine Marionette, die, ob sie will oder nicht, ob früher oder später, an unzerreißbaren Drähten in das Gottesreich hincingezogen wird, wobei es freilich offenbleibt (und von der Theologie auch offengelassen wird), ob jemals ein zu dieser Freiheit fähiges Wesen von dieser Möglichkeit auch tatsächlich Gebrauch machen wird. Doch diese Freiheit ist ein *positives* Gut des Menschseins. Als solches kann es nicht durch Höllenbilder ausgedrückt und verinnerlicht werden. Pädagogisch bewirkt dies nämlich notwendig, daß der Mensch, dem von Höllenbildern her seine Freiheit vor Augen geführt wird, eine heillose Angst vor der Realisierung dieses hohen Wertes menschlichen Lebens bekommt. Auf diese Weise werden extrem ängstliche, am liebsten bloß nach Befehl und Gehorsam reagierende Menschen erzogen.

Doch auch theologisch ist diese Zusammenstellung nicht stimmig. Denn die biblischen Bilder von der Hölle drücken etwas anderes aus, als menschliche Freiheit beinhaltet. Diese Bilder sprechen nämlich nicht davon, daß der Mensch die Freiheit hat, einen Weg zu gehen, der, indem er am Gott der Liebe vorbeigeht, in Beziehungslosigkeit, Einsamkeit und Kälte hineinführt. Sie beinhalten nicht den »Prozeß des Selbstgerichts« (Schwager, Jesus, 123 u.ö.), nicht eine »Selbstausschließung« aus der Gemeinschaft mit Gott («Weltkatechismus« 295), sondern eine von außen feindlich und in der Absicht, zu verletzen und zu quälen, an den Menschen herantretende aktive Verletzungsgewalt (*violence*): »Die aber, für die das Reich bestimmt war, *werden hinausgeworfen* in die äußerste Finsternis; dort werden sie heulen und mit den Zähnen knirschen« (Mt 8,12 par Lk; ähnlich Mt 13,42.50; 22,13; 24,51; 25,30; Lk 13,27 f.); und: »Weg von mir, ihr Verfluchten, in das ewige Feuer...« (Mt 25,41; ähnlich Mt 7,23; Mt 25,12). In diesen Bildern ist also gerade *nicht* von der Freiheit, *nicht* von dem Über- sich-selber-Verfügen-Können des Menschen, sondern von seiner Unfreiheit die Rede: davon, daß gewaltsam und grausam verletzend *über ihn verfügt* wird.

Das wahre Bild der ins Transzendente reichenden menschlichen Freiheit: der »Barmherzige Vater« und sein älterer Sohn (Lk 15,25-32)

Von der Freiheit des Menschen ist an ganz anderer Stelle im Evangelium die Rede. Sie ist ein zentrales Motiv gerade in jenem Gleichnis, das in genuiner Weise die an Jesus aufstrahlende Gotteserfahrung gestaltet: im Gleichnis vom *Barmherzigen Vater* (Lk 15,11-32). Diese Erzählung von der unbedingten Liebe ist gleichzeitig eine Erzählung von der Unbedingtheit menschlicher Freiheit. Sie zeigt sich zuerst beim jüngeren Sohn: Der Vater gewährt ihm volle Freiheit, er zahlt ihm das Erbe aus, wie er es verlangt, er tut nichts, als er daraufhin in einem »zügellosen Leben« sein Erbe »mit Dirnen verpraßt«, und auch als er im äußersten Elend hungernd die Schweine hütet, versucht der Vater nicht, vielleicht durch Versprechungen, den Sohn wieder in seinen Einflußbereich zu bekommen. Er muß sich von alleine, auf sich selbst gestellt, entschließen, wieder zum Vater zurückzukehren. Daß dieses Freilassen des Sohnes seitens des Vaters nicht Gleichgültigkeit, sondern umgekehrt erst die wirkliche, die größere Liebe ist, zeigt dann die Art und Weise, wie er den zurückkehrenden Sohn in übergroßer Freude empfängt.

Dieselbe Freiheit gewährt der Vater dem älteren, zu Hause gebliebenen Sohn. In ihm artikuliert sich die Stimme der Gegner Jesu, der Gerechten und Frommen in Israel, die mit Ärger und Zorn sehen, wie sich die »Zöllner und Sünder«, die religiös deklassierten Menschen der damaligen Zeit, um Jesus scharen und die anbrechende Gottesherrschaft mit ihm feiern. So wie diese Gegner bleibt auch der ältere Sohn draußen stehen, als er Musik und Tanz hört und ihm berichtet wird, daß die Rückkehr seines jüngeren Bruders gefeiert wird. Der Vater aber geht zu ihm hinaus und redet ihm gut zu, doch auch hereinzukommen und mitzufeiern. Der ältere Sohn jedoch verharrt in seinem Zorn und seiner rivalisierenden

Eifersucht gegen den jüngeren Bruder: »So viele Jahre schon diene ich dir, und nie habe ich gegen deinen Willen gehandelt; mir aber hast du nie auch nur einen Ziegenbock geschenkt, damit ich mit meinen Freunden ein Fest feiern konnte. Kaum aber ist der hier gekommen, dein Sohn, der dein Vermögen mit Dirnen durchgebracht hat, da hast du für ihn das Mastkalb geschlachtet.« Der Vater antwortet auf diese Aggression mit erneuter Zuwendung: »Mein Kind, du bist immer bei mir, und alles, was mein ist, ist auch dein. Aber jetzt müssen wir uns doch freuen und ein Fest feiern; denn dein Bruder war tot und lebt wieder; er war verloren und ist wiedergefunden worden« (vgl. Lk 15,29-32).

Damit endet das Gleichnis. Es wird nicht mehr erzählt, ob der ältere Sohn seine verneinende Haltung aufgibt und sich der Zuwendung des Vaters öffnet. Dieser offene Schluß des Gleichnisses macht eindringlich deutlich, daß der Mensch grundsätzlich die *Möglichkeit* hat, zur Zuwendung und Einladung des Vaters nein zu sagen und »draußen« zu bleiben. Der Vater erkennt diese Möglichkeit an, und zwar gerade dadurch, daß er *nicht* mit Strafen, gar mit ewigen Höllenstrafen, für den Fall droht, daß sein Sohn endgültig sich seiner Zuwendung verschließt. Eine solche Drohung würde seine Freiheit überfahren und zunichte machen. Zur Respektierung der Freiheit dessen, der nein zur Liebe sagt, gehört auch, daß ich, der ich versuche, mich für die Liebe zu entscheiden, nicht über den Zustand und die Situation dessen urteile, der eine andere Entscheidung trifft.

Wesentlich für dieses im Gleichnis vom *Barmherzigen Vater* erzählte Bild menschlicher Freiheit ist auch, daß der Vater *keine Frist* für die Entscheidung setzt. Die Einladung des Vaters bleibt immer bestehen. Niemals wird die Tür zum Festsaal mit Musik und Tanz zugeschlossen. Niemals wird der ältere Sohn, wann immer – ob vor oder nach dem Tod, ob vor oder nach der Auferstehung oder wann immer er als lebendig fühlendes Wesen die Liebe sucht – die Himmelstür verschlossen finden. Es gibt keinen »Abgrund«, der die Guten und Bösen voneinander trennt (Dieses Bild im Gleichnis vom *armen Lazarus* [Lk 16,19-31] stammt aus der *vor*-jesuanischen Geschichte vom armen Schriftgelehrten und dem reichen Zöllner Bar Jona, die Jesus lediglich aufgegriffen und *so* weitererzählt hat, daß der »unüberwindliche Abgrund« zumindest durch ein Gespräch überbrückt wird; vgl. Baudler, Jesus im Spiegel seiner Gleichnisse, Stuttgart-München 2. Aufl. 1988, 167 f.). Niemals wird, wie die Urgemeinde es, Jesu ursprüngliche Erzählung verfälschend, an das Gleichnis von den *zehn Jungfrauen* (Mt 25,1-13) angefügt hat (vgl. Baudler, Jesus 161 f., bes. auch Anm. 65), Jesu Gott zu Menschen, die bei ihm anklopfen, hinter verschlossener Türe sagen: »Ich kenne euch nicht« (Mt 25,12). Unauslöschlich ist der Name einer und eines jeden in die Hand des *Jahwe-Ab-ba*-Gottes eingeschrieben: »Sieh her: Ich habe dich eingezeichnet in meine Hände« (Jes 49,16). Jedem seiner Töchter und Söhne, wann immer sie oder er anklopfen, wird der *Abba* seine Türe öffnen. Jede Drohung, *jetzt* das Heil zu wirken, weil es nachher vielleicht »zu spät« sein könnte, verfälscht dieses Heil, das Jesu Gott ist, in seinem Wesen und hindert Menschen daran, es in sich selbst zu entdecken und zu ihm hinzufinden. In welchen Daseinszuständen und welchen (vielleicht hinduistisch-buddhistischen) Weltzeitaltern man immer den Menschen denken mag: Niemals wird es für ihn »zu spät« sein, sich aufzumachen und zum *Abba* heimzugehen. Dennoch gibt es grundsätzlich die Möglichkeit, daß ein Mensch in – lebenslang erworbener, letztlich aber unbegreiflicher – Starr-heit *ewig* »Nein« zur Liebe sagt, *niemals* sich aufmacht und heimgeht zum Vater. Niemand kann sich deshalb seines Heils »sorglos gewiß« sein (vgl. Balthasar 11). Die Hölle jedoch ist kein mögliches Bild für diese *frei lassende* Liebe Gottes; diese kommt vielmehr – auch in ihrer Gefährlich-keit – zum Ausdruck im Gleichnis vom *Barmherzigen Vater*.

4.32   Zur Interpretation des Todes Jesu als Opfer

Stellvertretende Sühne: Die Leitlinie sakrifizieller Erlösungsmodelle

Das wichtigste Argument Franz Buggles für die von ihm vertretene These, die Bibel insgesamt, also nicht bloß das Alte, sondern auch das Neue Testament sei ein archaisch-gewalttätiges, zutiefst inhumanes Buch, ist die neutestamentliche Überlieferung vom Tod Jesu als eines Gott versöhn-nenden blutigen Opfers (vgl. Buggle 131-150). Nicht nur er, sondern die weitaus größte Zahl aller Menschen, die sich mit dem christlichen Glauben beschäftigen, sehen in dieser Lehre »das Kernstück aller christlichen Verkündigung« (ebd. 131); und für viele ist diese Lehre tatsächlich nur verstehbar und psychologisch stimmig vor dem Hintergrund eines ar-chaisch-gewalttätigen, Menschenopfer fordernden Gottes. So ist etwa für Ernst Bloch unter Beziehung auf diese Überlieferung («Jesu Selbstopfer… satisfaktorisch annehmend«) der christliche Gott ein »Kannibale im Him-mel« (E. Bloch, Atheismus im Christentum. Gesamtausgabe, Bd. 14, Frankfurt a.M. 1968, 223). Immer wieder und zu allen Zeiten hat dieses Element neutestamentlicher Überlieferung den denkenden Menschen her-ausgefordert, und es ist beeindruckend, in welcher Zahl und mit welcher denkerischen Kraft sich von den frühesten Kirchenvätern an bis heute Theologen mit diesem Thema befaßt haben.

Raymund Schwager, der René Girard für die Theologie rezipiert hat und also zutiefst aufgeschlossen ist für die Problematik der Gewalt, gibt einen Überblick über die Deutungen des Todes Jesu als der Erlösung des Menschen (vgl. ders., Der wunderbare Tausch. Zur Geschichte und Deutung der Erlösungslehre, München 1986). Er weist darin nach, daß der nach Buggle so naheliegende Schluß von der Erlösung der Menschheit durch den Kreuzestod Jesu auf einen gewalttätigen Gott, der diesen Tod zu seiner Versöhnung fordert, auf die theologiegeschichtlich entwickelten kirchlichen Erlösungslehren in Wahrheit nicht zutrifft. Der zürnende, nur mit Menschen-, ja Gottesblut zu besänftigende Gott ist nach diesem Durchgang durch die Geschichte der christlichen Erlösungslehre immer schon ein – wenn auch in der Volksfrömmigkeit weithin anzutreffendes – Mißverständnis. Selbst die am weitesten verbreitete Erlösungslehre, wie sie Anselm von Canterbury im frühen Mittelalter entwickelt hat, die Lehre von der »Genugtuung«, die der Mensch gewordene Gott stellvertretend für die sündigen Menschen leistet und sie dadurch erlöst, beinhaltet nicht dieses Gottesbild; vielmehr geht es in dieser Theorie – entsprechend dem mittelalterlichen Ordo-Denken – um die Wiederherstellung einer gestörten objektiven Seinsordnung, die von ihrem objektiven Charakter her durch ein einseitiges Verzeihen Gottes nicht wiederhergestellt werden *kann* (vgl. dazu auch G. Greshake, Der Wandel der Erlösungsvorstellungen in der Theologiegeschichte; in: L. Scheffczyk [Hg.], Erlösung und Emanzipation, Freiburg i.Br. 1973, 69-101).

Es ist hier nicht möglich, auf die vielen und vielfältigen geschichtlichen wie gegenwärtig diskutierten Erlösungsmodelle einzugehen. Die Mehrzahl dieser Versuche orientiert sich entweder am Gedanken der Sühne (vgl. in der Gegenwart z.B. N. Hoffmann, Sühne. Zur Theologie der Stellvertretung, Einsiedeln 1981) oder am Modell der Stellvertretung (in der Gegenwart z.B. K.-H. Menke, Stellvertretung. Schlüsselbegriff christlichen Lebens und theologische Grundkategorie, Einsiedeln-Freiburg 1991; darin ein informativer Überblick über die heute vertretenen theologischen Vorstellungsmodelle: 165-363). In der Väterzeit stand der Vorbildcharakter Jesu und seines Sterbens im Mittelpunkt. Es galt, sein Leben und vor allem, was man im urchristlichen Martyrium exemplarisch gegeben sah, seine Art des Sterbens nachzuahmen, sich darin mit ihm zu identifizieren und so in und durch Jesus vergöttlicht zu werden. Im Mittelalter (seit Anselm von Canterburys sogenannter »Satisfaktionstheorie«) stand dann der Sühnegedanke im Mittelpunkt, der in verschiedener Form auch heute noch eine wichtige Rolle spielt. Doch in der Neuzeit geht es stärker um den Gedanken der Stellvertretung: Durch seine Menschwerdung und sein Sterben tritt Jesus und in ihm Gott für den sündigen und leidenden Menschen ein, begibt sich an seine Stelle und holt ihn dort ab, wo er dem Tod, ja der Gottverlassenheit, preisgegeben ist (vgl. J. Moltmann, Der gekreuzigte Gott, München 1972).

Sühne und Stellvertretung sind gerade im Alten Testament, von dem her im Urchristentum der Tod Jesu interpretiert wird, ausgeprägte Opfertermini: Der Stier und der Bock, den der Hohepriester beim großen Versöhnungsfest tötete und mit dessen Blut er die Versöhnungsplatte im Allerheiligsten besprengte, um so Versöhnung mit Gott zu stiften, starben *stellvertretend* für den Hohenpriester selbst, die übrige Priesterschaft und das gesamte Volk, die durch ihre Sünden ihr Leben vor Jahwe verwirkt hatten. Noch deutlicher ist diese stellvertretende Sühne beim eigentlichen »Sündenbock«, der mit den Sünden des Volkes beladen in der Wüste ausgesetzt wurde; er starb für die sündigen Menschen einen qualvollen Tod. Wo Sühne und Stellvertretung die leitenden Ideen bei der Interpretation des Todes Jesu bilden, ist damit immer auch ein Verständnis dieses Todes als eines Opfers mitgegeben. Man kann deshalb hier im Sinne von Girard von *sakrifiziellen*, d.h. am Gedanken des Opfers (*sacrificium*) orientierten Erlösungsmodellen sprechen (vgl. Girard, Ende, 187-274).

Dabei sind zwei völlig auseinanderlaufende Interpretationslinien sichtbar, die schon innerhalb des Neuen Testamentes festzustellen sind: In einer Deutungslinie wird der ungeheuere Wert der Opfergabe, die Jesus ist, hervorgehoben: Gott »hat seinen eigenen Sohn nicht verschont, sondern ihn für uns alle hingegeben« (Röm 8,32), sagt Paulus in Anspielung auf die Erzählung von der – aufgehobenen – Opferung Isaaks; dabei folgt er jener oben (in Kap. 3.25) herausgearbeiteten Übermalung dieser Erzählung durch spätere Einschübe, die aus der Geschichte von der das Opfer verbietenden Jahwe-Offenbarung auf dem angsterfüllten Antlitz des schon zum Schlachtopfer gefesselten Sohnes (vgl. oben Kap. 3.24) eine Beispielgeschichte für einen rückhaltlos-blinden Glaubensgehorsam macht. Der Hebräerbrief stellt heraus, um wieviel höher doch die Reinigungskraft des Blutes Christi ist gegenüber dem Blut von Böcken und Stieren, das der Hohepriester am Jom-Kippur-Fest auf die Versöhnungsplatte des Allerheiligsten sprengt (Hebr 9,13 f.).

Diese Interpretation des Todes Jesu (als eines unendlich wertvollen Opfers) läuft der religionsgeschichtlich feststellbaren Tendenz entgegen, die im Opfer wirksame Tötungsgewalt zu reduzieren und also Menschen- durch Tieropfer, Tieropfer durch Speiseopfer und diese schließlich durch einen einfachen Lobpreis Gottes zu ersetzen. Diese religionsgeschichtlich feststellbare humanisierende Tendenz im Opferwesen wird in dieser Interpretationslinie zunächst umgekehrt. Es wird darauf insistiert und als besonders wertvoll hervorgehoben, daß hier Menschenblut vergossen wird, und zwar nicht nur das Blut irgendeines Menschen, vielleicht das eines Verbrechers, den man, wie den griechischen *Pharmakos*, für ein in besonderen Krisensituationen notwendig werdendes Menschenopfer bestimmt hat, sondern das Blut des absolut sündelosen, von Gott geliebten »einzigen Sohnes«, des »makellosen Opfers« (Röm 8,32; Hebr 9,13 f.). Nur der Mensch gewordene Gott kann durch sein Opfer die durch die Sünde zerstörte Seinsordnung wiederherstellen (Anselm von Canterbury); und weil in Jesus Gott selber leidet, solidarisiert sich in seiner Passion Gott mit dem leidenden Menschen (Jürgen Moltmann). Diese Hervorhebung des Wertes der Opfergabe steht jedoch selbst noch einmal im Dienst einer Reduzierung der Opfer- und Tötungsgewalt: Eine so übermächtige Opfergabe, wie der menschgewordene Gott sie darstellt, macht fortan jedes andere blutige Opfer sinnlos. Alle denkbaren zukünftigen Opfer sind in diesem einen Opfer aufgehoben, sind schon in ihm enthalten, es bedarf fernerhin keiner Opfer mehr, um Gott zu versöhnen.

Neben dieser (vom Ansatz her religionsgeschichtlich rückläufigen) Interpretationslinie ist im Neuen Testament umgekehrt aber auch (parallel zur religionsgeschichtlichen Entwicklung) die Tendenz festzustellen, in den Interpretationen des Todes Jesu als eines Opfers den Akzent nicht auf das grausame und blutige Geschehen zu legen, also nicht im rinnenden Blut und im Todesleiden des Gekreuzigten, sondern in dessen *innerer Gesinnung* die eigentliche Opferhandlung zu sehen. Nicht der Lanzenstich des römischen Hauptmanns, der Jesu Brust aufreißt und das Blut herausströmen läßt, und nicht der Verlassenheitstod am Galgen bewirken die Erlösung, sondern Jesu innere Haltung: sein bedingungsloser »Gehorsam« gegenüber dem Willen des Vaters und seine liebende Selbsthingabe an die Menschen. Dieser Linie gilt es im folgenden nachzugehen.

Liebende Selbsthingabe: Die Brücke zwischen Liebe und Opfer?

Dabei scheint das Wort »Hingabe« eine Brücke zu bilden zwischen der in Jesu Leben, Wirken und Sterben erkennbaren Gesinnung absoluter Liebe und dem Opfergeschehen: »Gnade sei mit euch und Friede von Gott, unserem Vater, und dem Herrn Jesus Christus«, schreibt Paulus im einleitenden Gruß seines Briefes an die Gemeinden in Galatien, und er fügt eine Formel hinzu, die in den Gemeinden umlief und das Passionsgeschehen als Opfergeschehen deutete: »… der sich für unsere Sünden

dahingegeben hat« (Gal 1,4). Diese Formel hat auch in die Abendmahlstradition, wie sie der Evangelist Lukas überliefert, Eingang gefunden:
»Das ist mein Leib, der für euch hingegeben wird« (Lk 22,19). Im Markusevangelium und im Ersten Timotheusbrief wird der Ausdruck mit dem
typischen Opferbegriff *lytron*, »Lösegeld« (der das stellvertretende Opfer
bezeichnet), verbunden: Der Menschensohn ist gekommen, um »sein
Leben *hinzugeben* als Lösegeld für viele« (Mk 10,45). Im Timotheusbrief
ist die Formel in ein urchristliches Gebet eingeflossen, in dem das Heils-
geschehen als das Wirken des einen Gottes und des einen Mittlers zwischen Gott und den Menschen gepriesen wird: »…der Mensch Jesus
Christus, der sich als Lösegeld hingegeben hat für alle« (1 Tim 2,5 f.).
»Der sich für uns hingegeben hat« ist seither die Gebetsformel, in der
Christen Jesu Sterben am Kreuz betrachten und verinnerlichen.
Doch schlägt das Wort »Hingabe« wirklich eine Brücke zwischen Liebe
und Opfer? Löst sich in diesem Wort die harte Entgegensetzung auf, wie
sie Hosea formuliert hat: »Liebe will ich, nicht Opfer« (Hos 6,6)? Zweifellos haben viele Frauen und Männer ihren selbstlosen und rückhaltlosen
Einsatz im beruflichen oder familiären Wirken, auch die aus christlicher
Nächstenliebe entspringende Zuwendung zum Hilfsbedürftigen, als »Hingabe« verstanden und sie – im Blick auf Jesus – vorbildhaft als solche
gelebt. Das ist unbestritten. Die Frage ist nur, ob auf das Ganze der
Wirkungsgeschichte christlichen Glaubens gesehen die Interpretation
solch vorbildhaften Tuns durch das Wort »Hingabe« nicht unterschwellig
einen Rest von Gewaltsamkeit, von gewaltsam-autarkem Verfügen über
das eigene Leben mit beinhaltet, also doch unterschwellig eine gewalthafte Imponiergebärde als Deutungsmuster für solches Tun anbietet – und
dadurch das Tun der Liebe abfälscht, es wieder zurückbiegt in den Denk-,
Verstehens- und Gefühlshorizont gewaltverhafteten Lebens.
Das geschichtliche Bedeutungsfeld, aus dem das entsprechende biblische
Wort kommt, weist in diese Richtung: Die griechische Wendung für »sein
Leben« bzw. »sich selbst« oder »seinen Leib hingeben« lautet *dounai ten
psychen*, bzw. *heauton* oder *to soma*. Dabei meint *soma*, »Leib«, (ebenso
wie »Blut«) – pars pro toto – den ganzen Menschen, also das eigene Selbst.
Nach F. Büchsel (Art. *didomi* etc., in: G. Kittel [Hg.], Theologisches
Wörterbuch zum Neuen Testament, Bd. 2, Stuttgart 2. Aufl. 1950, 168) ist
dieser Ausdruck »für den Tod der Märtyrer bei den Juden und für den Tod
der Soldaten bei den Griechen herkömmlich«. So wird (worauf Büchsel
ebd. hinweist) im Ersten Buch der Makkabäer von einem gewissen Eleasar
erzählt, der sich im Kampf gegen die Seleuziden in besonderer Weise
auszeichnete: Er sah einen Kriegselefanten, dessen Panzer königlichen

Schmuck trug und der alle anderen Tiere überragte. »Da er glaubte, darauf
sitze der König, gab er sich hin (*edoken heauton*), um sein Volk zu retten
und sich ewigen Ruhm zu erwerben« (1 Makk 6,43 f.). Diese seine »Selbsthingabe« bestand darin, daß er mitten in die feindliche Schlachtreihe hin-
einlief, nach links und rechts tödliche Hiebe austeilte, sich auf diese Weise
eine Bresche aus getöteten Menschenleibern schlug, bis zu dem Elefanten
vordrang, sich unter ihn stellte und ihn von unten her durchbohrte, worauf
das gewaltige Tier zusammenbrach und ihn unter sich begrub (vgl. 1 Makk
6,45 f.). Auch bei dem griechischen Schriftsteller Thukydides wird von
den im Krieg gefallenen Athenern als von denen erzählt, »die ihre Leiber
hingegeben haben« (*ta somata didontes*; nach Büchsel ebd.).
Diese ursprüngliche Bedeutung des im Neuen Testament verwendeten
griechischen Wortes für »Selbsthingabe«, »Hingabe seines Leibes bzw.
seines Lebens«, läßt vor dem religionsgeschichtlich geschulten Blick uralte Bilder und Verhaltensfelder aufsteigen: Es tritt das vor etwa 20.000
Jahren entstandene Bild aus dem Schacht der eiszeitlichen Höhle von
Lascaux vor Augen, wo ein Jäger einem mächtigen Bison mit seiner Lanze
die Seite aufgerissen hat, so daß dessen Gedärm hervorquillt, nun aber
der Bison in Todeswut sich anschickt, den mutigen Jäger, dessen in einem
Vogelstab dargestellte Seele schon nach einem neuen Beutetier Ausschau
hält, niederzutrampeln. Dieses Meditationsbild für die Jägerinitiation (zur
näheren Interpretation des Bildes vgl. G. Baudler, Stiergott, 205-209) ist
in unzähligen Varianten auf der ganzen Erde verbreitet. Es tritt uns entgegen in den Tausenden und Abertausenden von Kriegerdenkmälern, wie
etwa in der Skulptur in der häufig umkämpften Hafenstadt Portoferraio
auf der Insel Elba, wo der Mann mit dem Schwert in der rechten Hand
voranstürmt und mit der linken seine Frau und seine Kinder, die sie ihm
kniend vor Augen hält, unbekümmert zur Seite schiebt. Stereotyp steht
dabei unter Bildern und auf Gedenkstätten dieser Art der alte römische
Ausspruch: *dulce et honore est pro patria mori*, »süß und ehrenvoll ist
es, für das Vaterland zu sterben«.
Überall, wo noch im heutigen Leben Menschen von anderen Menschen
eine solche, wie sie sagen, »Totalhingabe« fordern – etwa den Verzicht
auf Kinder und sexuelle Partnerschaft oder einen »selbstlosen« Arbeits-
einsatz, der eine Sorge um das eigene Wohl und das Wohl der einem
anvertrauten nächststehenden Menschen kaum mehr zuläßt –, leben,
fühlen und denken diese Menschen in den uralten Verhaltensfeldern
eines kämpferisch-kriegerischen Pathos. Dieses wird als Opferpathos
sichtbar in der sexuellen Selbstverstümmelung der Kybele-Priester, ja
eigentlich in jedem Opfervorgang, sofern in diesem überall auf der

312

Welt das Einverständnis des Opfers mit seinem Tod erwartet wird; dies gilt von den Menschenopfern der Azteken bis zu dem Tier, das im griechischen Opferritus zuerst mit Wasser bespritzt wird, damit es den Kopf bewegt und durch dieses »Nicken« sein Einverständnis zum blutigen Opfertod gibt.

Jesu Tod aus diesem Pathos heraus zu interpretieren, ist einerseits verständlich, weil dieses Pathos und Ethos in einer gewaltverhafteten und von Gewaltfaszination geprägten Menschenwelt die bewundernswerte Spitze aller ethischen Verhaltensweisen anzeigt und ein Tod, der aufs höchste gerühmt werden soll, deshalb nur in Wendungen dieser Art beschrieben werden kann. Andererseits aber wird dadurch der Tod Jesu, der aus eben dieser gewaltverhafteten Welt erlöst und befreit, wiederum in den Horizont der unerlösten Welt zurückgebogen. Jesus hat nicht wie Eleasar sich selbst, seinen Leib und sein Leben, für uns oder für seinen himmlischen Vater oder für sonst irgendeine Instanz hingeopfert. Nach Eugen Biser starb Jesus »umsonst« (vgl. ders., Die Frage nach Ostern: Umsonst gestorben?; in: »Salzburger Nachrichten« vom 25. 3. 1989, 41). Sein Tod war keine Selbst-*immolatio*, kein Selbstopfer im Sinne einer Selbst-«Zermalmung«, wie der Tod Eleasars dies in wörtlichem Sinne war. Er hat nicht in einem Kampf sein Leben geopfert, nicht kämpfend »seine Person in die Schanze geschlagen«, wie dies auch das profane Griechisch-Lexikon als Bedeutung für *didomi heauton* ausweist (G. E. Benseler/J. Rieckher [Hg.], Griechisch-Deutsches Schul-Wörterbuch, Leipzig 5. Aufl. 1875, 186).

Er ist vielmehr – umgekehrt – deshalb den gewaltsamen und grausamen Tod am Kreuz gestorben, weil er sich *geweigert* hat zu kämpfen. Die absolute Transzendenz der von ihm ausstrahlenden (anderen) Königswürde und Göttlichkeit lag nach dem Christusbild des Johannesevangeliums eben darin, daß er weder selbst kämpfte noch seine Anhänger für sich kämpfen ließ, um nicht an die heidnische Unheilsmacht der Römer ausgeliefert zu werden (vgl. Joh 18,36; dazu oben das Kap. 4.22 »Jesus im Prozeß vor Pilatus«). In der selbstverständlichen urchristlichen Überzeugung, daß der Christ nicht als Soldat kämpfen und auch nicht als Richter oder staatlicher Beamter Exekutionsgewalt ausüben dürfe (siehe dazu unten das Kap. 5.12), spiegelt sich noch als unmittelbarer praktischer Reflex die wahre in Jesus geschehene Gottesoffenbarung.

So ist das Wort »Hingabe« von seinem Ursprung in der griechischen Sprache her nicht dazu geeignet, eine Brücke zwischen Liebe und Opfer zu schlagen. Es ist vielmehr ein Wort, in dem sich die an Gewalt und Opfer orientierte Menschenwelt zu ihrem höchsten und sublimsten Ethos aufrichtet, ein Wort, dessen geheime Gewaltverhaftetheit deshalb im allgemeinen nicht durchschaut werden kann. Doch gerade die Verbindung, die das deutsche Wort »Hingabe« zu dem Bedeutungsfeld von Liebe und Sexualität besitzt, läßt bei näherem Hinsehen die Gewaltverhaftetheit des Wortes aufscheinen: Man spricht davon, daß eine Frau sich dem Manne »hingibt«, wenn sie sich in sexueller Liebe mit ihm vereint. Diese Wendung sieht dabei aber Liebe und Sexualität im Bild der Eroberung und des Krieges: Die Frau, gleich einer belagerten Festung, gibt endlich dem Drängen des Mannes nach und öffnet ihm ihre Tore. Das Bild suggeriert, daß die Frau in der liebenden sexuellen Vereinigung mit dem Mann nicht auch ihrem eigenen Wunsch und ihrer eigenen Sehnsucht folgt (und dabei auch eigene Wünsche geltend macht), sondern sich als Objekt der »männlichen Begierde« ausliefert.

Liebe ist niemals gleichzusetzen mit »Hingabe«. Menschen, die ihren Beruf *lieben* und viel Kraft in ihn investieren, eine Mutter und ein Vater, die sich dem Anspruch der ihnen anvertrauten, noch unmündigen Kinder rückhaltlos öffnen und aus der daraus zu gewinnenden Kraft unermüdlich und mit großem Einsatz für die in ihre Obhut gegebenen hilflosen Wesen sorgen, geben sich nicht »hin«. Sie geben sich nicht weg, geben nicht sich selbst auf, sondern verwirklichen umgekehrt – in einem *nicht* narzißtisch-egoistischen Sinne – sich selbst, indem sie das, was sie als ihre ureigenste Aufgabe erkennen (und darin sich selbst), realisieren. Jesus hätte sein eigenes Selbst, seine ihm eigene Gotteserfahrung, die ihn zu dem machte, der er war, und die daraus ihm zufließende, ihm eigene Lebensaufgabe preisgegeben und weggegeben, er hätte dieses sein Selbst und sein Leben »hingegeben«, wenn er bei seiner Gefangennahme auf Getsemane den Petrus und seine anderen Anhänger (die offenbar für einen solchen Kampf vorbereitet waren) für sich hätte kämpfen lassen. Er ist sich selbst und seinen innersten Lebensimpulsen treu geblieben, indem er sich lieber töten ließ, als selber zu töten oder andere für sich töten zu lassen.

Zwei unterschiedliche Abendmahlstraditionen

In den Abendmahlsüberlieferungen gibt es zwei relativ deutlich voneinander zu unterscheidende Traditionsstränge, von denen einer die sakrifiziellen Motive enthält und einer nicht. Ein erster, wahrscheinlich älterer Strang erzählt dieses Mahl als Fortsetzung der Gastmahl-Praxis, in der Jesus zeichenhaft zum Ausdruck brachte, daß in seinem Wirken das himmlische Hochzeitsmahl, das Mahl der Endzeit, das Gottesreich, schon anzubrechen begann. Indem Jesus auch angesichts seines drohend auf ihn

314

zukommenden Todesgeschicks noch an dieser Praxis festhielt, bekam dieses letzte Mahl eine neue Qualität. Jesus nimmt diesen seinen nahe bevorstehenden Tod in das Mahl mit hinein in der Überzeugung, daß das drohende, gewaltsam auf ihn hereinbrechende Ereignis den in seinem Wirken begonnenen Prozeß des Anbrechens des Gottesreiches nicht werde aufhalten können: »Amen, ich sage euch: Ich werde nicht mehr von der Frucht des Weinstocks trinken bis zu dem Tag, an dem ich von neuem davon trinke im Reich Gottes« (Mk 14,25).

Die Dynamik des Gottesreiches, die eine Dynamik der liebenden Personbegegnung ist (wie sie evolutionsgeschichtlich aus der Mutter-Kind-Beziehung herauswächst, vgl. Kap. 1.32), diese auch den geistigen Aufbruch der Achsenzeit bewirkende Dynamik »jener verborgenen Macht, die dem Lauf der Welt und den Ereignissen des menschlichen Lebens gegenwärtig ist« (Rahner/Vorgrimler [Hg.] 356, vgl. oben Kap. 2.11), diese *dynamis*, aus der Jesus immer schon lebte, wirkte und dichtete, ist für sein Empfinden so stark, daß sie den Schrecken des bevorstehenden Hinrichtungstodes überwindet und heilt. Eingebunden in das gemeinsame Mahl mit den ihm nahestehenden Menschen (das für ihn ein Vorgeschmack des himmlischen Hochzeitsmahls der Endzeit ist) gibt diese Kraft ihm den Mut, dem Schrecken und dem Tod ins Auge zu sehen und so, wie in den Mahlfeiern vorher nun auch noch angesichts des Todes, den Seinen den Becher als Vorwegnahme endzeitlich-göttlicher Mahlgemeinschaft anzubieten: Schrecken und Tod können zwar die Dynamik des Mahls unterbrechen, nicht aber aufhalten: »Ich werde nun nicht mehr von der Frucht des Weinstocks trinken... bis ich neu davon trinke...« (Mk 14,25). Schillebeeckx hat recht: Auch wenn das zweite Glied dieses Satzes («bis ich...«) spätere Hinzufügung ist, so ist das, was es sagt, schon im ersten Glied und in der Geste des Anbietens des Bechers im Angesicht des Todes enthalten (vgl. E. Schillebeeckx, Jesus. Die Geschichte von einem Lebenden, Freiburg i.Br. 1975, 274): Das Essen und Trinken mit Jesus, die Persongemeinschaft mit ihm, werden weitergehen. In dieser Tradition des Abschiedsmahls fehlen die Opfer- und Sühnemotive.

Der andere wahrscheinlich im hellenistischen Raum entstandene Traditionsstrang vom Abschiedsmahl beinhaltet die Abendmahlsworte, wie wir sie als sogenannte »Einsetzungs- und Wandlungsworte« von der heutigen Eucharistiefeier her kennen. Daß diese in ihrer jetzigen Form nicht in Palästina entstanden sein können (geschweige denn auf Jesus selbst zurückgehen) belegt, wie schon Eduard Schweizer festgestellt hat, das für einen Juden horrende – nur als abscheulicher »Greuel« zu empfindende – Ansinnen, Blut zu trinken (vgl. E. Schweizer, Das Evangelium nach

315

Markus, Göttingen 4. [14.] Aufl. 1975, 164). Diese Einsicht ist in der heutigen Exegese vielfach belegt (vgl. die Belege bei Kessler, Tod Jesu, 278, Anm. 91). Dem alttestamentlichen Juden ist es strengstens verboten, Fleisch zu essen, in dem noch Blut ist (vgl. Gen 9,4). Nicht einmal der Fremde, der in Israel lebt, darf Blut genießen (Lev 17,12). Blut ist die Substanz des Lebens, die ausschließlich Jahwe zugehört: »Das Blut irgendeines Wesens aus Fleisch dürft ihr nicht genießen; denn das Leben aller Wesen aus Fleisch ist ihr Blut, jeder, der es genießt, soll ausgemerzt werden« (Lev 17,14). Wie streng dieses Gebot gerade auch noch zur Zeit der frühen Kirche galt, zeigt die Tatsache, daß (nach schwierigen inneren Auseinandersetzungen) von den Heiden, die sich einer Christengemeinde anschließen wollten, zwar nicht mehr verlangt wurde, die Beschneidung und die Tora auf sich zu nehmen, wohl aber »Götzen und Unzucht zu meiden und weder Ersticktes noch *Blut* zu essen« (Apg 15,20).

Der für Juden absolut abstoßende Gedanke, den Weingenuß mit dem Trinken von Blut zu assoziieren, ist durch die Vorstellung vom Neuen Bund, den Jahwe im Gottesreich mit den Menschen schließt, in die Abendmahlstradition hineingekommen. Dieser schon im Alten Testament verheißene Neue Bund, der eine neue Unmittelbarkeit des Menschen zu Jahwe und die rückhaltlose Vergebung seiner Sünden beinhaltet – vgl. Jer 31,31-34: »... ich verzeihe ihnen die Schuld, an ihre Sünde denke ich nicht mehr« –, ist in Jesus anfanghaft Wirklichkeit geworden. Die Gotteserscheinung auf dem Antlitz des Gekreuzigten hat dies unübersehbar bestätigt. Deshalb erinnerte man sich bei der Mahlfeier, bei der man dieses seines Todes gedachte, an die Stiftung des *ersten* Bundes, den Gott mit seinem Volk schloß, wobei Mose junge Stiere als Heilsopfer schlachtete, mit deren Blut den Altar und das Volk besprengte und sagte: »Das ist das Blut des Bundes, den der Herr aufgrund all dieser Worte mit euch geschlossen hat« (Ex 24,8). Im Unterschied zum erstgenannten Traditionsstrang kommt hier, durch diese Rückbesinnung auf den durch Stieropfer besiegelten Abschluß des ersten Bundes, der Opfergedanke in die Abendmahlsüberlieferung hinein. Es ist dies aber auch hier nur eine sprachliche Assoziation, deren Sinn es ist, die Bedeutung des Todes Jesu hervorzuheben: Sie steht auf der Ebene des Bundesschlusses, den Jahwe durch Mose mit seinem Volk geschlossen hat.

Trotz des geistigen Aufbruchs der Achsenzeit, der sich in Griechenland durch das Wirken der Philosophen und Tragödiendichter und in Palästina durch die Opferkritik der Propheten ereignete, ist im Bewußtsein der Menschen zur Zeit Jesu immer noch alles, was irgendwie religiöse Bedeutung trägt, konstitutiv mit der Vorstellung des Opfers und des rinnenden Opferblutes verbunden. Der neue, in Jesus geschlossene Bund konnte nicht – und kann vielfach auch heute noch nicht – als religiös bedeutsam, als gleichbedeutend mit dem alten Gottesbund, ja diesen noch übersteigend, gedacht werden, ohne dabei Opfervorstellungen mit ihrer Schrekkens- und Angstfaszination mit einzubeziehen.

»Für uns« und »für unsere Sünden« gestorben (Röm 5,8; 1 Kor 15,3b)

Jürgen Roloff weist in seinem vielbeachteten Aufsatz »Anfänge der soteriologischen Deutung des Todes Jesu« (New Testament Studies Jg 19 [1972/73], 38-64; hier 43) eindringlich darauf hin, daß das vorpaulinische und vorsynoptische (also den neutestamentlichen Texten noch vorausliegende) Material, das für eine Deutung des Todes Jesu als Opfer und stellvertretende Sühne in Anspruch genommen werden kann, »auffallend schmal« ist (vgl. ders., ebd.: »Ihm sind mit einiger Sicherheit die christologischen Formeln bzw. Formelfragmente Gal 1,4; Röm 4,25; 5,8; 8,32; Eph 5,2, das palästinische Kerygma 1 Kor 15,3b-5, das Kelchwort der markinischen Abendmahlsparadosis Mk 14,24, sowie – als einziger genuin synoptischer Beleg – das Lösegeldwort Mk 10,45 zuzurechnen. Daneben kann man auch 1 Petr 2,21-24, den einzigen alten Christushymnus, der dieses Motiv enthält, in dieser Reihe aufführen«). Diesem Befund gegenüber ist es auffallend, daß dieses ursprünglich so schmal repräsentierte Motiv in den späteren Schichten des Neuen Testaments (z.B. im Hebräerbrief, in der Geheimen Offenbarung und im Johanneischen Schrifttum) relativ breit vertreten ist und insbesondere auch in der paulinischen Christologie eine wichtige Rolle spielt (vgl. Roloff 43, sowie ebd. Anm. 3).

Roloff (und ihm folgend Schillebeeckx) sieht den Ursprung dieses Motivs in seiner Verbindung mit dem Motiv des Dienens (vgl. Roloff 50-62, Schillebeeckx 268-277). Der älteste Ausdruck dieser Verbindung ist für ihn in einem sehr altertümlichen Ausspruch des Markusevangeliums gegeben. Darin ist in Anspielung auf die im Alten Testament belegte Praxis, einen Gefangenen, Sklaven oder Verurteilten unter bestimmten Bedingungen freikaufen zu können (vgl. Lev 25,47-54) davon die Rede, daß der Menschensohn »nicht gekommen« ist, »um sich dienen zu lassen, sondern um zu dienen (diakonesai) und sein Leben hinzugeben als Lösegeld (lytron) für viele« (Mk 10,45; vgl. dazu auch Williams 223). Jesu ganzes Leben und Wirken war ein Dienst an den Menschen, denen er die malkut Jahwe, die tröstende und heilende Nähe Gottes als gewaltloser Liebe zu erschließen versuchte. Dieser sein Dienst am Heil der Menschen verdichtet sich dort, wo ihm dieser – in Verkennung seiner Haltung – als Anmaßung und als Gotteslästerung ausgelegt und der Tod über ihn gebracht wird. Die Gesten und Worte des Abschiedsmahls beinhalten den Entschluß Jesu, auch noch angesichts der Todesdrohung diesem Dienst treu zu bleiben und den von ihm den Seinen erschlossenen *Abba*-Gott nicht dadurch zu verdunkeln, daß er angesichts der auf ihn zukommenden Gewalt zurückweicht, auf den Anspruch seiner Botschaft verzichtet, vielleicht nur noch als Bettler durch die Lande zieht (vgl. den Ausspruch des »betrügerischen« *Verwalters* im Gleichnis Lk 16,1-7: »..., zu betteln schäme ich mich«; dazu Baudler, Jesus, 217-230) oder auf die ihn treffende Verletzungsgewalt mit eben solcher Gegen-Gewalt antwortet und seine Anhänger für sich kämpfen läßt.

Jesus bleibt sich selbst und seinem Dienst an den Menschen auch angesichts der Todesdrohung treu. Dies ist der Inhalt des Abschiedsmahls. Eine spätere Tradition sieht ihn deshalb als den, der, obwohl Gastgeber, bei diesem Mahl bedient und den Mahlteilnehmern gemäß damaligem Brauch als Tischdiener die Füße wäscht (vgl. die sog. »Fußwaschung« Joh 13,1-20). Wie sein Leben, so ist auch sein Sterben ein Dienst für die Menschen: Die Verletzungsgewalt, wie die Menschen sie ausüben, darf seine Botschaft vom gewaltlos liebenden Gott nicht zerstören. Gesten und Worte des Abschiedsmahls, dieses selbst als symbolische Handlung, legen den Grund dafür, daß seine Botschaft und sein Wirken durch den auf ihn zukommenden Tod nur für kurze Zeit verdunkelt werden, dann aber um so heller und kraftvoller neu zur Geltung kommen. In diesem Sinn ist Jesu Tod ein Dienst für die Menschen, für die er lebte und wirkte, er geschieht ihnen – und uns – zu Nutzen, »für uns«, dafür, daß sich das in Jesu Leben begonnene Heil über seinen Tod hinaus fortsetzen und an ihnen und uns vollenden kann. Er gibt sein Leben als »Lösegeld« für das Heil der Menschen.

Auch in einem mehr vordergründig-historischem Sinn ist Jesu gewaltfreie Annahme des von seinen Gegnern über ihn verhängten Todes ein »Dienst« für die Menschen, ein »Loskauf« ihres Lebens (vgl. Gal 3,13 f.; 1 Petr 1,18). Fast immer nämlich fanden am Pascha-Fest, wo sich Tausende jüdischer Pilger in Jerusalem versammelten, Aufstände statt. Im Jahre 4 v. Chr. wurden bei einem solchen Aufstand 2000 Juden rings um die Stadtmauer Jerusalems gekreuzigt. Deshalb begab sich Pilatus immer zum Pascha-Fest von Jericho, wo er sonst residierte, nach Jerusalem und zog auf der Festung Antonia römische Legionen zusammen. Von daher wird durch die im Johannesevangelium sich findende Erzählung vom Tötungsbeschluß des Hohen Rates (Joh 11,45-53) der Hintergrund der Hinrichtung

Jesu historisch richtig beleuchtet: »Wenn wir ihn gewähren lassen, werden alle an ihn glauben. Dann werden die Römer kommen und uns die heilige Stätte und das Volk nehmen« (Joh 11,48). Der Hohepriester Kajaphas spricht dann die durchaus realpolitisch sinnvollen, vom Verfasser des Johannesevangeliums als »prophetisch« qualifizierten Worte: »Ihr versteht überhaupt nichts. Ihr bedenkt nicht, daß es besser für euch ist, wenn ein einziger Mensch für das Volk stirbt, als wenn das ganze Volk zugrunde geht« (Joh 11,49 f.). So stirbt Jesus auch in einem ganz realen Sinne »anstelle vieler« (Mk 10,45; Übersetzung nach dem *Münchener Neuen Testament*). Indem er bei seiner Gefangennahme den gewaltsamen Widerstand verbietet, verhindert er ein Blutvergießen, wie es immer Aufstände mit sich bringen. Dennoch ist dies für Jesus kein tragisches Opfer, das ihn in die Höhen eines sakrifiziell geprägten Heiligen hebt. Jesu Göttlichkeit und Heiligkeit ist von anderer Art: Wenn in seiner Person, in seinem Leben und Wirken, die *malkut Jahwe* anzubrechen beginnt, wenn Gott in und durch ihn neu seinem Volk nahekommt und wenn dieser Gott gewaltlose Liebe ist, dann *kann* Jesus seine Anhänger nicht für sich kämpfen lassen.

Das macht die Transzendenz seines Reiches und seiner Person aus; und eben *dies*, sein ganzes Sein und Wesen, das nicht zulassen kann, daß andere für ihn sterben, kommt den Menschen zugute, ist ein Sein-für (*hyper*) die Menschen. Dies ist keine »Proexistenz« (vgl. H. Schürmann, Jesu ureigener Tod, Freiburg i. Br. 2. Aufl. 1976) im Sinne einer sühnenden Stellvertretung, sondern ein wohlwollendes Zugewandtsein zu den Menschen und ihrem Leben, wie es ähnlich auch Buddha und Laotse in den Mittelpunkt ihrer Lehre gestellt haben. Doch da für den seit Jahrmillionen in der Gewaltfaszination gefangenen Menschen alles religiös Bedeutungsvolle mit Tod, Blutvergießen und Opfer zu tun haben muß, wird vom Urchristentum an bis heute dieses sich auch noch im Sterben realisierende Gutsein und Wohlwollen Jesu, sein Da-sein für die Menschen, als Opferhingabe interpretiert: Er gibt sein Leben hin als »Lösegeld« (*lytron*) für viele (Mk 10,45); er stirbt stellvertretend »für uns« und »für unsere Sünden« (Röm 4,25; Gal 1,4; 1 Kor 15,3b). So kommt es auch zu der von Paulus fast stereotyp verwendeten Formel »für uns« (griech. *hyper hemon*, lat. *pro nobis*), die nicht nur die paulinischen Texte durchzieht (Röm 5,6.8; 2 Kor 5,21; Gal 3,13; Eph 5,2 u.ö.), sondern auch eine breite Repräsentanz in den Texten der Kirchenväter und in liturgischen Texten gefunden hat.

«Unüberhörbar« finden sich in diesen Formulierungen Anklänge an das deuterojesajanische Lied vom leidenden Gottesknecht, insbesondere an das vierte Lied: »Doch er wurde durchbohrt wegen unserer Verbrechen, wegen unserer Sünden zermalmt« (Jes 53,5); und: »… er rettete den, der sein Leben als Sühnopfer hingab« (Jes 53,10). Wie die obigen Ausführungen zu den Gottesknechtsliedern (S. 224 ff.) zeigten, hatten diese Stellen jedoch ursprünglich keineswegs einen ausschließlich sakrifiziellen Sinn. Roloff hat auch nachgewiesen, daß das Motiv eines stellvertretenden Sühneleidens nur »mit deutlichem Zögern« im Spätjudentum zur Sinndeutung des Todes der Märtyrer der seleukidischen Verfolgungszeit herangezogen wurde (z.B. in 2 Makk 7,37 f.; vgl. Roloff 47). Auch in der ganz frühen Zeit des Christentums (in der vorsynoptischen und vorpaulinischen Tradition) fanden diese Stellen aus dem vierten Gottesknechtslied nur eine geringe – vermutlich nur punktuell-atomistische – Verwendung (Roloff 44); sie wurden auch nicht wie die Psalmen vom leidenden Gerechten als »Schriftbeweis« für die Messianität Jesu herangezogen (Roloff 45).

Aus dieser Entstehungsgeschichte der *hyper*-Formeln ergibt sich, daß Kessler sicher recht hat, wenn er darauf hinweist, daß *hyper* im Griechischen nicht nur »für« (stellvertretend für uns) bedeuten kann, sondern für das Wort ebenso breit die Bedeutung »zugute«, »zum Besten von« belegt ist. In den allermeisten Fällen muß nach Kessler diese letztgenannte Bedeutung dem *hyper hemon* bei Paulus zugewiesen werden: »Was Gott in Jesus tat, was Jesus selber tat, ist uns zugute geschehen« (Kessler, Tod Jesu, 295), nicht stellvertretend »für uns«. Dennoch kommt unterschwellig durch diese sprachlichen Wendungen wieder ein Zug des Großen und Erhabenen, die Imponiergebärde des Sich-Selbst-Weggebens, des Sich-Aufopferns, des heiligen Tötens und Sich-töten-Lassens, in das Geschehen hinein. Man verfälscht dadurch aber das Wesen der Liebe des Messias Jesus, die Gott ist und die langsam aber unaufhaltsam das Leben der Menschen durchsäuert, bis aus dem großen, jetzt noch tot daliegenden Trog Mehl ein eßbares Brot und aus der gewaltverhafteten Welt das Reich Gottes geworden ist.

Die sakrifizielle Interpretation des Todes Jesu im Hebräerbrief

Diese in den Paulusbriefen noch relativ verstreut sich findenden Motive wurden, als Paulus schon längst tot war, von einem hellenistisch gebildeten Judenchristen in dessen *Brief an die Hebräer* systematisch zusammengefaßt. Dadurch verloren sie ihren sporadisch-assoziativen Charakter, so daß sie prägend werden konnten für das spätere Verständnis des Todes Jesu. Raymund Schwager arbeitet heraus, daß der Hebräerbrief zwar den ganzen Bild- und Symbolgehalt des alttestamentlichen Opferkultes aufgreift, dazu dann aber das Jesusgeschehen in einer Weise parallel setzt, daß dadurch von diesem etwas ganz Neues, etwas in seinem Wesen Opfer*kritisches* ausgesagt wird (vgl. Schwager, Jesus, 232-242). Tatsächlich greift der Brief ausdrücklich die prophetische Opferkritik auf: »Schlacht- und Speiseopfer hast du nicht gefordert,/.../an Brand- und Sündopfern hast du keinen Gefallen« (Hebr 10,5 f.); und er führt aus, daß diese Opfer letztlich unwirksam waren, »denn das Blut von Stieren und Böcken kann unmöglich Sünden wegnehmen« (Hebr 10,4). Durch diese Opfer wird der Mensch nur an seine Sünden »erinnert« (10,3), damit er sich zu jenem »Gehorsam« bekehre, von dem Jesu Leben und Sterben geprägt war. Insgesamt geht es dem Verfasser des Briefes darum, seinen (wahrscheinlich judenchristlichen) Adressaten darzulegen, daß und warum es für sie als Christen nicht mehr notwendig ist, Opfer darzubringen. Er vertritt also insgesamt durchaus ein opferkritisches Anliegen.

Dennoch ist in diesem Brief ganz offensichtlich die Stelle auszumachen, an der – trotz bester »religionspädagogischer« und pastoraler Absichten – die Offenbarung der gewaltlosen Gottheit, die Offenbarung Gottes als Liebe auf dem Antlitz und im Todesschrei des Gekreuzigten, wieder in die Faszination der Tötungsmacht zurückgebogen wurde. Die Schwelle, über die der griechisch-jüdische Verfasser trotz seines Christusglaubens nicht hinwegkommt, ist der jahrmillionenalte und noch tief im Alten Testament verwurzelte Glaube an die sühnende, friedenstiftende Macht des Opferblutes. Zwar ist es sinnlos, daß der Hohepriester immer wieder, Jahr für Jahr, »mit fremdem Blut«, nämlich dem von Stieren, in das Heiligtum hineingeht, um die Versöhnungsplatte im Allerheiligsten des Tempels damit zu besprengen; denn das Blut von Stieren und Böcken kann keine Sündenvergebung bewirken. Die wirkliche, ein für allemal geschehende Vergebung der Sünden stiftet vielmehr Christus, indem er in ein »nicht von Menschenhand errichtetes Heiligtum«, nämlich »in den Himmel selbst«, hineingeht, »um durch sein Opfer die Sünde zu tilgen« (vgl. Hebr 9,24-26). »Durch ein einziges Opfer« (10,14) konnte Jesus die Sünden für immer wegnehmen und die Menschen zur Vollendung führen, so daß jetzt keine Opfer mehr notwendig sind. Dieses eine Opfer aber war notwendig, und es konnte »ein für allemal« die Sünden hinwegnehmen und eine »ewige Erlösung bewirken«, weil er »nicht mit dem Blut von Böcken und jungen Stieren, sondern mit seinem eigenen Blut« in das Heiligtum hineingegangen ist (9,12, vgl. auch 10,19; 12,24).

Im Vergießen des Blutes liegt der Vergleichspunkt zwischen dem Jesusgeschehen und den alttestamentlichen Opfern. An diesem Punkt holt Schwager (ders., Jesus 234-237) weit aus und legt überzeugend dar, daß

es, insgesamt von den neutestamentlichen Texten her gesehen, nicht möglich ist, Jesu Tod als »Selbstopfer«, als »indirekte Selbsttötung« (ebd.
234), zu verstehen. Auch der Verfasser des Hebräerbriefes kann kein
solches Verständnis haben, führt Schwager weiter aus, da er das Jesusereignis »kraft ewigen Geistes [Gottes]« (ebd. 236), also des Geistes der
Liebe, der Freude, des Friedens und der Sanftmut, geschehen sieht. So
richtig dies alles ist, so wenig kann es darüber hinwegtäuschen, daß nach
den entscheidenden Passagen des Briefes die Erlösung des Menschen,
seine »ein für allemal« (Hebr 9,12) geschehene Befreiung von der Sünde,
durch das vergossene Blut Jesu geschieht. Die jahrmillionenalte Faszination des rinnenden Blutes überrennt die ehrlichen opferkritischen Absichten und rationalen Überlegungen des Verfassers des Hebräerbriefes. Damit aber ist – ähnlich wie bei der Höllendrohung – die Blutfaszination mit
der Energie der im gekreuzigten Jesus aufstrahlenden gewaltlosen Gottheit aufgeladen und die mühsam sich vollziehende Eindämmung der
Gewalt im religionsgeschichtlichen Opferwesen – die Ersetzung der Menschenopfer durch Tieropfer und der Tieropfer durch Speiseopfer – rück-
gängig gemacht: Es genügt nicht mehr, Blumen und Reiskörner in das
Opferfeuer zu streuen, sondern, ähnlich wie im Purusha-Mythos, muß *der*
Mensch schlechthin, der Gottmensch, sterben, damit durch sein Blut »ein
für allemal« die Welt erlöst und neu geschaffen wird (eine Welt, in der
dann freilich keine Opfer mehr notwendig sind).

Nicht-sakrifizielle Sinndeutungen des Todes Jesu im Neuen Testament:
»Kontrastschema« und »heilsgeschichtlich-kausales Schema«

Gegenüber den in der Frömmigkeitsgeschichte fast ausschließlich wirksam gewordenen sakrifiziellen Interpretationen des Todes Jesu geraten
die *auch* im Neuen Testament vorhandenen nicht-sakrifiziellen Erlösungsmodelle völlig in den Hintergrund. Sie sind selbst unter theologisch Gebildeten kaum bekannt, geschweige, daß sie sich als Frömmigkeits- und
Lebenshaltung ausprägen (was grundsätzlich ebenso möglich und legitim
wäre wie bei den Opfermotiven). Dabei ist es unbestritten, daß es zwei
nicht-sakrifizielle Sinndeutungen des Todes Jesu gibt: das sog. *Kontrast-*
schema und das *heilsgeschichtlich-kausale Schema* (vgl. die exegetische
Darstellung der beiden Schemata bei Roloff 38-43; sowie Roloff folgend
und vertiefend Schillebeeckx 242-257; auch Menke 43 f. anerkennt diese
beiden Deutungsschemata).

Das *Kontrastschema* findet sich vorwiegend in der Apostelgeschichte. Es
kommt zum Ausdruck im Zentrum der Pfingstpredigt des Petrus: »Israe-

liten, hört diese Worte: Jesus, den Nazoräer, den Gott vor euch beglaubigt hat durch machtvolle Taten, Wunder und Zeichen, die er durch ihn in eurer Mitte getan hat, wie ihr selbst wißt ..., habt *ihr* durch die Hand von Gesetzlosen ans Kreuz geschlagen und umgebracht. *Gott* aber hat ihn von den Wehen des Todes befreit und auferweckt« (Apg 2,22-24a). Gott bleibt Jesus treu. Jesus hat sich in seinem innersten Lebensgefühl, der geliebte Sohn des himmlischen Vaters zu sein, nicht getäuscht. Obwohl sich das Verletzungs- und Tötungsimponiergehabe, das seit Jahrmillionen die Rangordnung der Menschen in der Gesellschaft bestimmt, an ihm austobt und ihn zum »Letzten« und Ausgestoßenen dieser menschlichen Gesellschaft degradiert, hält *Gott* zu ihm und bekennt gerade *ihn* neu und noch einmal als seinen geliebten Sohn. Nicht Gott verfügt und praktiziert Tötungsgewalt, sondern der Mensch. Dies ist die neue erlösende Gotteserfahrung, wie sie im Erlösungsmodell des Kontrastschemas deutlich wird: Der Mensch verletzt und tötet, Gott aber macht lebendig: »*Gott* hat ihn zum Herrn und Messias gemacht, diesen Jesus, den *ihr* gekreuzigt habt« (Apg 2,36; ähnlich 3,13 ff.; 4,10; 5,30; 10,39).

Zwar sind die Petrusreden der Apostelgeschichte weitgehend von Lukas gestaltet. Daß dieser dabei aber hier ein wirklich altes Motiv verwendet, zeigt zunächst sein Sitz im Leben der Urgemeinde. Der älteste, von jüdischer Seite kommende Einwand gegen das christliche Urbekenntnis zu Jesus als dem Messias war nämlich der Hinweis auf sein schmähliches Ende: »Ein Gehenkter ist ein von Gott Verfluchter« (Dtn 21,23, vgl. dieses Motiv auch Gal 3,13); wie kann ein solcher Messias sein? Darauf antwortet die Urgemeinde: Nicht *Gott* hat diesen Tod verursacht, sondern ihr, die grausamen, gewaltverhafteten Menschen. Nicht Gott, sondern *ihr* habt  den Schuldlosen ans Kreuz gehängt und getötet. Gott dagegen war und blieb auf der Seite Jesu. Indem er »ihn von den Wehen des Todes befreit und auferweckt« hat (Apg 2,24), bestätigt er Jesus als seinen Sohn und Gesandten. Wer in diesem (jüdischen) Streit um Jesus auf der Seite Jesu steht, steht auf der Seite Gottes.

Auch die Tatsache, daß – auf Tod und Auferweckung komprimiert – das Motiv in anderen, teilweise recht frühen Formeltraditionen vorkommt, weist auf ihr hohes (vorliterarisches) Alter hin. Schon im ältesten schriftlich überlieferten Text des Neuen Testamentes, dem Ersten Brief des Apostel Paulus an die Gemeinde von Thessalonich, findet sich die Formel. Paulus bezieht hier (in einer für seine Theologie kennzeichnenden Abwandlung) das Schicksal des Christen, auch das des schon Verstorbenen, in das Schicksal Jesu, wie die Formel es beinhaltet, ein: »Wenn Jesus – und das ist unser Glaube – gestorben und auferstanden ist, dann wird Gott durch Jesus auch die Verstorbenen zusammen mit ihm zur Herrlichkeit führen« (1 Thess 4,14). Auch an vielen anderen Stellen ist greifbar, daß im Kontrast von Getötetwerden/Sterben einerseits und Auferwecktwerden/Auferstehen andererseits das Tröstlich-Befreiende, das wahrhaft Erlösende des Geschickes Jesu gesehen wird (vgl. z.B. Röm 8,34; 14,9).

In der Tat: Alles Leid, das der Mensch erfährt, gipfelnd im Tod, erfährt er als eine auf ihn zukommende Gewalt, die über ihn verfügt, so, wie die Menschenhände, denen Jesus ausgeliefert war, gewaltsam über ihn und sein Leben verfügten. Der Christ aber weiß, daß hinter dieser Verletzungs-Gewalt, dieser *violence*, die ihn trifft, nicht Gott steht. Es sind andere, letztlich Gott – d.h. Sinn- und Substanz-lose »Mächte« und »Gewalten« (Röm 8,38; Kol 1,16; 2,10 u.ö.), denen er ausgeliefert ist. Da Gott gewaltlose Liebe ist, kann er nicht mit Gegengewalt auf den Angriff dieser (Schein-)Mächte antworten. Sein Gottsein, seine wirkliche Transzendenz, zeigt sich vielmehr darin, daß er in seiner gewaltfreien Liebe auch noch dieses Verletzungsgeschehen umfängt und sogar noch den *Gekreuzigten* aus Schmach, Wunden und Tod zur – neuen und anderen – Gottherrlichkeit befreit und auferweckt.

In dieser wahrscheinlich ältesten Sinndeutung des Todes Jesu liegt schon die ganze Erlösung des Menschen. Sie gibt Kraft, als Mensch zu leben und zu sterben: Als der Aachener Bischof Dr. Klaus Hemmerle nach einer schweren, lebensbedrohenden Erkrankung wieder an seinen Arbeitsplatz in der Diözese zurückkehrte, bedankte er sich in einem Brief bei allen, die ihm in seiner Zeit der Krankheit ein Zeichen der Verbundenheit geschickt hatten; in diesem Brief schrieb er, daß er sich ohne »Verdrängung des Ernstes von Grenzerfahrung« in besonderer Dichte in einem Wort wiedergefunden habe, mit dem seine vor drei Jahren verstorbene Mutter kurz vor ihrem Tode auf die Frage antwortete, wie es ihr gehe: »Ich bin in Gottes Liebe geborgen« (Brief vom September 1993). Die Strukturen, in denen der *Mensch* (noch) denkt, fühlt und lebt, bewirken die Erfahrung von Krankheit, Schmerzen und Tod (als von außen eindringender Gewalten), *Gott* aber umgreift dieses Geschehen, befreit, tröstet und macht lebendig.

Die zweite, ebenfalls nicht an Sühne und Opfer orientierte Sinndeutung des Todes Jesu, das sog. *heilsgeschichtlich-kausale Schema*, findet sich als Grundlinie in den synoptischen Evangelien (obwohl dort auch, besonders im Zusammenhang der Abendmahlstradition, daneben schon das Opfer- und Sühnemotiv auftaucht). Sie betont stärker als das Kontrastschema das auch schon in der gegenwärtigen Geschichte wirksame Handeln Gottes. Ihr Hintergrund ist die zur Zeit Jesu im Judentum lebendige Vorstellung von den apokalyptischen Drangsalen, die Gott am Ende dieser Weltzeit über die Menschen bringt, in denen aber die Gerechten standhalten und dann in ewiger Freude bei Gott leben dürfen. In den alttestamentlichen Psalmen ist ja schon die Rede von den leidenden Gerechten, die – gerade aufgrund ihrer Gottestreue (vgl. Ps 69,8: »deinetwegen erleide ich Schmach«) – in Elend und tiefste Not geraten, aber auch darin noch auf Jahwe vertrauen und von ihm durch ihr Leiden hindurch gerettet werden. So wird von den ersten Christen die älteste Passionserzählung weitgehend nach Motiven gestaltet, die sich in den Klagepsalmen der leidenden Gerechten finden (vor allem in Ps 22 und 69). Durch Leiden hindurch führt der Weg des Gerechten zur wahren (gewaltfreien) Gottherrlichkeit. Darin geht den Emmausjüngern der Sinn des Todes Jesu auf: »Mußte nicht der Messias all das erleiden, um so in seine Herrlichkeit zu gelangen?« (Lk 24,26). Auch die formelhaften sog. »Leidenssummarien«, zu denen die – historisch denkbaren – Leidensvorahnungen Jesu von den Evangelisten ausgestaltet werden, beinhalten dieses heilsgeschichtlichkausale Schema: »Dann begann er, sie darüber zu belehren, der Menschensohn müsse vieles erleiden und von den Ältesten, den Hohenpriestern und den Schriftgelehrten verworfen werden; er werde getötet, aber nach drei Tagen werde er auferstehen« (Mk 8,31 par; vgl. 9,31 par; 10,33 f. par).

Wahrscheinlich hat Jesus selbst die auf ihn zukommende und von ihm vorauszusehende Not und Bedrängnis von diesen alttestamentlichen Vorstellungen her gedeutet. Ähnlich wie für Hiob verdunkelt sich dabei aber für ihn – wenn auch nur zeitweise – sein Gottesverhältnis. Im Gleichnis vom *Unablässig bittenden Freund* (Lk 11,5-8) drückt sich die Erfahrung aus, daß Gott möglicherweise nicht der »Freund« ist, der selbstverständlich in der Nacht aufsteht und dem Bittenden Brot gibt (vgl. V. 8); und im Gleichnis von der *Unbeirrt fordernden Witwe* (Lk 18,2-5) erscheint Gott gar in der Gestalt eines rücksichtslosen, wenig hilfsbereiten Richters, der nicht offen ist für die Bitte der Witwe, ihr zum Recht zu verhelfen (zur Deutung dieser Gleichnisse vgl. Baudler, Jesus, 209-214). Jesus kann sich nicht mit einem Gott anfreunden, der Türe und Ohr vor der Not des Menschen verschließt. Dieser von außen her das Geschick lenkende Gott wird ihm fremd. Statt dessen setzt er auf die innere Überzeugung, die innere Gewißheit, auf dem rechten Weg zu sein und diesen seinen Weg nur konsequent und mit ganzem Einsatz zu Ende gehen zu müssen: »Ich sage euch: Wenn er schon nicht deswegen aufsteht und ihm seine Bitte erfüllt, weil er sein Freund ist, so wird er doch wegen seiner Zudringlich-

keit aufstehen und ihm geben, was er braucht« (Lk 11,8); und der träge
Richter verschafft am Ende der Witwe ihr Recht, weil er fürchtet, sonst
von ihr ins Gesicht geschlagen zu werden (vgl. Lk 18,5).
Der von außen lenkende Gott ist fragwürdig. Gott als gewaltlose Liebe
ist keine machtvolle Super-Instanz, die alles regeln könnte, wenn sie nur
wollte. Wie der Prophet Jeremia es für den neuen Gottesbund, den Jesus
in seinem Wirken anbrechen sieht, verheißen hat, legt dieser Gott sein
Gesetz vielmehr in die Menschen hinein: »Ich ... schreibe es auf ihr Herz«
(Jer 31,33). Seine Forderung und sein Ruf kommen aus dem Gewissen
heraus auf den Menschen zu. Er spricht aus dessen freier innerer Überzeugung. Diesem seinem Gewissen und seiner inneren Überzeugung folgend geht Jesus seinen Weg zu Ende, ein Weg, der von rechtgläubigen
Juden seiner Zeit als Gott gegenüber anmaßend und zudringlich, ja als
Schlag in Gottes Angesicht – als Gotteslästerung –, gesehen und verurteilt
wurde. Nicht der von außen lenkende, sondern der aus der inneren Überzeugung des Herzens sprechende Gott führt Jesus in Not und Bedrängnis
hinein. Es ist die Not und die Bedrängnis, die dort entstehen, wo der
gewaltlose Gott dem Menschen nahekommen will, doch von dessen Ver-
letzungs- und Tötungsgewalt vertrieben wird und so – indem er sich
vertreiben läßt und die Verletzungsgewalt sich austobt – in seinem wahren
Wesen (als Gottesglanz auf dem Antlitz des Opfers) zur Erscheinung
kommt (vgl. Girard, Ende, 227).
Jesus »mußte ... all das erleiden« (Lk 24,26), weil er seinem Gewissen,
seiner inneren Überzeugung von Gott als gewaltloser Liebe, treu blieb –
und deshalb seine Anhänger nicht für sich kämpfen ließ. Nur so konnte
er zu der neuen und anderen »Herrlichkeit ... gelangen« (ebd.): zu jenem
Leuchten »des göttlichen Glanzes«, das Paulus aufstrahlen sah auf dem
Antlitz des Gekreuzigten und das als neue Schöpfung auch »in unseren
Herzen aufgeleuchtet« ist (2 Kor 4,6). Jesus »mußte« heilsgeschichtlich
notwendig sterben, weil der Gott, den er offenbaren wollte und sollte,
gewaltlose Liebe ist und sich deshalb im Gewaltszenarium menschlichen
Seins und Lebens – innerhalb von Lebensstrukturen, die durch das
menschlich-männliche Tötungsimponiergehabe geprägt sind – nicht anderes offenbaren kann, als daß er sich durch diese Gewalt treffen und
verwunden läßt. Wo immer Menschen gewaltlos für ihre religiöse oder
politische Überzeugung eintreten und dafür Verfolgung, Leid und oft auch
den Tod auf sich nehmen – Amnesty International und andere Menschen-
rechtsorganisationen nehmen sich heute dieser Menschen an – leuchtet
der Gott Jesu, der Gott der Verfolgten auf ihrem Antlitz auf.
Anders als in den Mythen und in der tragischen Literatur kommt das

326

»Muß« dieses Leidens nicht *von außen* auf den Menschen zu: Jesus »muß« in dieser nicht am Opfer orientierten Sinndeutung seines Todes nicht getötet werden, weil *andere* das wollen und dringend brauchen, vielleicht um durch diesen Tod Knollenfrüchte (Hainuwele), Fruchtbäume (Milomaki) oder die geistig-sittliche Grundlage für das römische Weltreich (Remus) zu erhalten; auch nicht, um dadurch von ihren Sünden frei zu werden. Nein, das »Muß« zum Leiden kommt bei Jesus – und bei vielen heute Verfolgten – aus dem eigenen Inneren: Als der von seinem innersten Sein und Wollen her Gewaltlose ist er von innen heraus den Gewalttätern ausgeliefert und »muß« deren Gewalt erleiden, um er selber zu bleiben und seinen Weg zu gehen, der ein Weg zur – neuen, andersgearteten – Gottherrlichkeit ist. Bald wird er wiederkommen und das in seinem Wirken schon angebrochene Gottesreich zu seiner Vollendung führen.

Die erlösende Kraft dieser beiden nicht-sakrifiziellen Sinndeutungen des Todes Jesu springt dem heutigen Menschen förmlich in die Augen. Von ihnen her könnte die christliche Botschaft ihre gegenwärtige, Distanz bewirkende Fremdheit verlieren und sich neu heilend und tröstend unter den Menschen unserer bedrängten Welt entfalten. Doch bisher sind diese Sinndeutungen in Theologie und kirchlicher Frömmigkeit nicht entfaltet worden. Stattdessen hat sich der Opfer- und Sühnegedanke fast ausschließlich durchgesetzt und die anderen Deutungsschemata des Todes Jesu überdeckt.

Gründe für die geringe Beachtung der nicht-sakrifiziellen Deutungen des Todes Jesu in Theologie und Kirche

An dieser Stelle werden jene Denkmuster sichtbar, die immer wieder, schon seit Urzeiten, die Offenbarung der gewaltlosen Gottheit, wo immer sie geschieht, zudecken und sie erneut in den Horizont des gewaltverhafteten Denkens und Lebens zurückbiegen. Seit der Mensch die Demonstration seiner (vom Ursprung her Schutz und Zeugungskraft ausstrahlenden) Kraft und Vitalität im männlichen Imponierverhalten durch das Verletzen und Töten anderer, ihm als Sozialpartner oder als »Fast-Sozialpartner« (Vogel 70) nahestehender Lebewesen ins Göttlich-Transzendente hinein zu übersteigern sucht (und auch die Frau sich von diesem pervertierten Tötungs-Imponiergehabe beeindrucken läßt), muß *alles*, was wertvoll, groß, bedeutungsvoll und wichtig ist, mit Tod, Töten und Verletzungsgewalt in Verbindung stehen. Das einfache, bloße Gut- und Glücklichsein, das jeglicher Tragik entbehrt und nicht durch Anstrengung und Schmerzen erkauft wird, erscheint als illusorisches Ammen-Märchen oder als ein sinn- und gehaltloses Sich-Treiben-Lassen, das dem »transzendenten« (d.h. hier: vom pervertierten Imponiergehabe geprägten) Wesen des Menschen nicht gerecht wird.

An der Geschichte der Hippie-Bewegung ist beispielsweise auch abzulesen, wie Menschen, die sich in ihrer Denk- und Lebensweise von Angst und Streß freizumachen und aus einem gewaltfreien Symbolerleben zu leben versuchen, von einer Gesellschaft, die Ranghöhe nach Imponierverhalten vergibt, so an den Rand gedrängt werden, daß sie, sofern sie nicht rechtzeitig umkehren, in Anomie fallen. So konnte auch schon die Neu- und Andersartigkeit des Jahwe-Gottes nicht bloß in seinem fürsorgenden Da-Sein bestehen; sie mußte sich auch als eine die anderen Götter haushoch überragende Tötungs- und Verletzungsgewalt präsentieren; und die Erzählung von der aufgehobenen Opferung Isaaks konnte nicht einfach nur beinhalten, daß der im Antlitz des zu Tode geängstigten Jungen aufscheinende Jahwe-Engel das Sohnes- und Menschenopfer verbietet; nein, sie mußte durch Hinzufügungen wieder umgedreht werden zu einer Erzählung, in der Abrahams Bereitschaft zur blutigen Schlachtung seines eigenen Kindes als die große Glaubenstat erscheint.

So auch hier: Die nicht-sakrifizielle Deutung des Lebens und Sterbens Jesu erscheint als ein vielleicht zwar schönes, aber (dem in der Gewaltfaszination verhafteten Menschen) nichtssagendes Märchen. Sie erscheint letztlich als profan, als nicht religiös: Wo bleibt hier der – »religiöse« – Ernst, wo die nicht bloß kreatürliche Lebenssehnsucht und Todesangst, wie sie von Jesus in der Ölbergszene erzählt wird, sondern der *metaphysische Schrecken*, der als dunkler Hintergrund hinter einem Geschehen stehen muß, das Bedeutung, vor allem »religiöse« Bedeutung, haben will? Wer im Rahmen einer religiös bedeutsamen Erzählung auf diese Elemente verzichten wollte, müßte ja zugeben, daß das bis in das Dunkel der Urzeit zurückzuverfolgende Opferwesen, das Sich-Aufbäumen der menschlichen Existenz in der Opfer- und Heldentat, die göttliche Todesdrohung und die ihr heldenhaft abgerungene Gnade ihrerseits nur Schein, Illusion, ins Leere hinein ausgreifende Imponiergebärde, letztlich ein pervertiertes Affen-Imponiergehabe waren und sind. Wer könnte es wagen, dies zu glauben und so den Boden zu verlassen, den bis ins Dunkel der Urzeit zurück Väter und Vätersväter als heilig, groß und sinngebend betrachtet und von Generation zu Generation weitergegeben haben? Lauert nicht jenseits dieses Bodens ein gähnend leerer Abgrund: eben jene *Anomie*, die, wie oben (in Kap. 4.31) dargestellt, auch die frühen Christen wieder in die Gewaltfaszination zurücktrieb?

Jesus muß in seinem Leben und Sterben eine Ausstrahlungskraft gehabt haben, die in wörtlichem Sinne *unbeschreiblich* ist: Noch unsere heutige Sprache ist zu sehr in der Gewaltfaszination beheimatet, als daß sie die übersteigende Dimension dieses Lebens und Sterbens adjektivisch beschreibend ausdrücken könnte. Diese Ausstrahlung ist nicht »ungeheuerlich« und »überragend«, sie ist nicht »mächtig« im üblichen Sinne dieses Wortes (sie übt nicht über die freie Zustimmung des anderen hinaus Macht über ihn aus), nicht »groß und stark«, nicht »riesig« und »gewaltig«, nicht »siegreich« und »bezwingend«. Alle diese Kennzeichnungen sind an der Faszination der Gewalt orientiert. Jesu Ausstrahlung so zu bezeichnen, würde nach der Methode verfahren, ein besonders hübsches Kleid «todschick« zu nennen (als wären Töten, Tod, Ungeheuer, Gewalt und Zwang transzendierend positive Werte). Nein, Jesu Ausstrahlung war einfach »gut«: bis in eine letzte Tiefe des Lebens hinein heilend und befreiend. Sie bewirkte, daß man ohne angefügten Bedingungs- und Nebensatz sagen konnte: »Gott ist Liebe« (1 Joh 4,16b) und – mehr noch – für Jahre und Jahrzehnte tatsächlich zumindest in Ansätzen aus dieser Überzeugung heraus zu leben vermochte, obwohl das Elend und Leid der Welt weitergingen und die ersehnte Wiederkunft Jesu und die (als nahe bevorstehend und plötzlich einbrechend erwartete) Vollendung des Gottesreiches ausblieb.

Denn dies ist in den ersten christlichen Gemeinden ja tatsächlich geschehen: Menschen, denen von Generation zu Generation, seit vielen, vielen Jahrhunderten eingeprägt worden war, daß Gott gerecht ist und in seinem Zorn die Sünde furchtbar bestraft und daß sie, die Menschen, allesamt Sünder sind und sie selber sich eingestehen mußten, daß sie den in der Tora niedergelegten Gotteswillen immer wieder nicht erfüllten – diese von religiöser, d.h. abgrundtiefer Angst gequälten Menschen verloren ihre Angst: Sie verzichteten auf die Opferrituale, die eine Entsühnung dieser ihrer Sünden versprachen. Der Tempel, die heilige Opferstätte des Volkes Israel, war ihnen nur noch ein Bethaus (vgl. Mk 11,17 par, nach Jes 56,7); nur noch zum Gebet kamen sie in ihm zusammen (vgl. Apg 2,46 und 3,1). Die Straf- und Sündenfurcht, von der die Opferrituale lebten, waren ihnen unvereinbar mit dem in Jesus als Liebe erschienenen Gott: »Furcht gibt es in der Liebe nicht, sondern die vollkommene Liebe vertreibt die Furcht. Denn die Furcht rechnet mit Strafe, und wer sich fürchtet, dessen Liebe ist nicht vollendet« (1 Joh 4,18).

Doch diese Haltung konnte sich nicht überall und bleibend in den christlichen Gemeinden durchsetzen. Der geistige Nährboden für die Rückbiegung der in Jesus geschehenen neuen Offenbarung eines gewaltlosen Gottes in den Horizont der Gewaltfaszination (sowohl in der Höllendrohung wie in der Interpretation des Todes Jesu als eines blutigen Sühnopfers) lag wahrscheinlich in der apokalyptischen Erwartungshaltung. Die Hoffnung, daß der gekreuzigte und auferweckte Jesus bald, an einem vorherbestimmten Tag, unter großen Wundern und Zeichen wiederkommen und mit einem Schlag die Vollendung des Gottesreiches bringen werde, beinhaltet immer noch *auch* die Faszination der Gewalt: »In jenen Tagen, nach der großen Not, wird sich die Sonne verfinstern und der Mond wird nicht mehr scheinen; die Sterne werden vom Himmel fallen, und die Kräfte des Himmels werden erschüttert werden« (Mk 13,24 f. par, nach Motiven aus den prophetischen Droh- und Gerichtspredigten bei Jesaja [13,10; 34,4], Joël [2,10] und Haggai [2,6.21]). Diese Vorstellung einer plötzlich-gewaltsamen Vollendung des Gottesreiches stand immer schon in Widerspruch zur *malkut Jahwe*, wie sie in den Gleichnissen, dem Urgestein der Worte Jesu, gedacht und gedichtet ist: Wenn Jahwe als der *Abba* eines jeden Menschen gewaltlose Liebe ist, dann kann sich die Vollendung des Gottesreiches nur von innen heraus als langsames, freilich auch unaufhaltbares Durchdringen aller Lebensbezüge ereignen: wie der Feigenbaum, dessen Zweige (von innen heraus) saftig werden und Blätter treiben (vgl. das Gleichnis vom *grünenden Feigenbaum* Mk 13,28 par), wie das unscheinbare, aber doch so wirkkräftige Wachstum der Pflanze, das, zuerst unsichtbar unter der Erde, alles aus dem Samenkorn herauswachsen läßt: »...zuerst den Halm, dann die Ähre, dann das volle Korn in der Ähre« (Gleichnis von der *Selbstwachsenden Saat* Mk 4,26-28) und wie das unsichtbare, aber allmählich alles durchsäuernde Wirken des Sauerteigs, »den eine Frau unter einen großen Trog Mehl mischte, bis das Ganze durchsäuert war« (Gleichnis vom *Sauerteig* Mt 13,33 par Lk). Gewaltlosigkeit bedeutet Gelassenheit, Geduld und Liebe zum Kleinen und Unscheinbaren. Diese Hoffnung fehlt sowohl in den apokalyptischen Erwartungen (und der mit diesen verbundenen Höllendrohung) als auch in der Interpretation des Todes Jesu als eines blutigen Sühnopfers.

4.33   Zusammenfassung

Erlösung aus dem Leiden, nicht durch das Leid

Jesus eine Höllendrohung, die Drohung einer ewigen Verdammnis, einer unnachsichtig-aggressiven Verstoßung und einer aktiv zugefügten ewigen Qual, in den Mund zu legen (Mt 25,41), war eine Pervertierung des Jesusgeschehens; die Energie der in diesem Geschehen sich ereignenden Offenbarung eines gewaltlosen Gottes wurde dabei zur absurd-irrealen

Gewaltdrohung mißbraucht. In der Interpretation des Todes Jesu als eines blutigen Sühnopfers liegt eine zweite, mit der ersten religionsgeschichtlich tief verbundene Pervertierung dieses Geschehens: Hier wie dort wird das *Abba*-Antlitz Gottes, wie es im Antlitz des Gekreuzigten sichtbar und in seinem Todesschrei vernehmbar wurde, versteinert und pervertiert zur grausam-unbeweglichen Maske der Opfergottheiten aller Völker aller Zeiten. Der persönliche, in der beginnenden *malkut Jahwe* liebend dem Menschen sich zuneigende Gott verschwindet hinter der Mechanik der Gewalt: Sündenvergebung geschieht wiederum durch Blut; die gestörte Seinsordnung muß durch eine entsprechende Genugtuung (*satisfactio*) wiederhergestellt werden (Anselm von Canterbury); der Mensch muß leiden, damit sich in diesem Leiden und in dieser Gottverlassenheit Gott mit ihm solidarisieren und ihn aus seiner Verlassenheit befreien kann (Jürgen Moltmann).

Überall wo der Tod Jesu und damit das menschliche Leid als *Mittel und Weg* der Erlösung des Menschen und der Welt interpretiert werden, erfolgt eine Perversion des Jesusgeschehens und eine Entwürdigung des leidenden Menschen: Er und sein Leid werden funktionalisiert. Dem Leid und dem Schmerz gegenüber – dem des Menschen wie dem der Kreatur – kann es nur *eine* sinnvolle Reaktion geben: Hilfeleistung oder, wo diese nicht möglich ist, betroffenes Schweigen und Mitleiden: Sym-pathie. Dem Leiden eine (noch so positive) Funktion zu geben (sei es auch die einer Welt-Erlösung), raubt dem leidenden Wesen seine vielleicht letzte Würde. Wer eigenes oder fremdes Leid mit einem Zweck verbindet, tritt auf die Seite der Verfolger: derer, die Leid verursachen (meistens zu sehr hohen Zwecken, z.B. um eine vollkommene Gesellschaft zu schaffen). Wer Leid funktionalisiert, dient dem Gott der Verfolger. Wer in einer imponierend-hochfliegenden Interpretation das leidende Wesen in eine Theorie einbaut, verschließt sein Auge und sein Herz vor der Möglichkeit, Gott als gewaltfreie Liebe im Antlitz des Leidenden zu sehen. Nur dies aber ist Erlösung.

Hans Kessler, Edward Schillebeeckx und andere greifen noch zu kurz, wenn sie das Erlösende an Jesus von seinem Tode weg zurück in sein Leben und Wirken zu verlagern suchen. Zwar gehört dieses Leben und Wirken in das Erlösungsgeschehen hinein, aber wie jedes Menschenleben, so erfährt auch das Leben und Wirken Jesu erst in seinem Tod seine Abrundung, sein Ende und seine Vollendung, so daß es nur von ihm her in seiner ganzen Bedeutung aufleuchten kann. In der Passionserzählung ist der *ganze* Jesus einschließlich seines Lebens und Wirkens gegenwärtig. Er litt und starb als der, als der er wirkte und lebte, ja seine Verurteilung und Hinrichtung geschah deshalb, weil er diesem seinem Charakter und seiner Persönlichkeit, wie sie im Leben und Wirken zum Ausdruck kam, auch angesichts der Todesdrohung treu blieb. So verdichtet sich das Jesusgeschehen brennpunktartig in seiner Passion. Von ihr, vom Gekreuzigten aus, erzählen die Evangelien rückwärtsgewandt von diesem Leben und Wirken; und Paulus entfaltet nach vorne gewandt die Bedeutung der Botschaft vom Gottesglanz im Gekreuzigten. Die Erlösung geschah durch die von Jesus verkündete, in seinem Leben trotz Todesdrohung bis ans Ende praktizierte, seinen Anhängern jedoch erst in seinem Todesschrei und auf seinem sterbenden Antlitz unmittelbar selbst erfahrbare Offenbarung Gottes als der Macht gewaltloser Liebe. Darin offenbarte sich der biblische Gott der Verfolgten, der Ich-bin-da-Gott von Ägypten her, in seinem tiefer nicht mehr zu erfassenden Wesen und entlarvte gleichzeitig den Gott der Verfolger, den römischen Gottkaiser wie jeden anderen in Tötungsgewalt und Tötungsdrohung sich aufbauenden Menschen-Gott, als die in einem pervertierten Affen-Imponiergehabe entstehende Angstfaszination. Damit ist eine neue Art menschlichen Seins und Lebens und eine neue menschliche Gesellschaft ermöglicht und grundgelegt.

Diese erlösende Gottesoffenbarung wurde wahrgenommen – und kann immer neu wahrgenommen werden – auf dem Antlitz des leidenden und ausgelieferten Menschen. Sie ist jedoch nicht auf diesen »Ort« begrenzt. Freilich wird ihr Anspruchs-Charakter durchdringender hörbar im Paradox der im Leiden sichtbar werdenden Liebe. Wo sie aufscheint, geschieht auf eine empirisch-rational nicht nachvollziehbare Weise Erlösung vom Leid: Sie ließ Jesus als den vom Kreuzestode Erweckten sehen. Aber dieser letzte mögliche Ort der Offenbarung Gottes als gewaltlose Liebe ist vom Wesen dieser Liebe her nicht der genuine Erscheinungsort. Nur unsere Abgestumpftheit braucht ihn. Besser ist es, die Offenbarung der gewaltlosen Gottheit, die Liebe ist, im Strampeln des gesunden Säuglings, der dadurch mit seiner Mutter in Kontakt treten will, wahrzunehmen, als erst im Todesschrei des Gekreuzigten; doch unsere durch Tötungs-Imponiergehabe und Angstfaszination geblendeten Augen konnten ihn in solchem Alltagsgeschehen bisher kaum als solchen sehen (und können es heute noch schlecht).

Daß Gott im Leidenden, ja im Todesschrei eines am Kreuzesgalgen Sterbenden erscheint, ist ein unverrechenbares Paradox. An sich hat Camus recht, wenn er in seinem Roman »Die Pest« den Arzt Rieux sagen läßt, ein einziges leidendes Kind widerlege den christlichen Glauben an Gott als Liebe; doch wenn dann *dennoch* – für den Verstand völlig unerwartbar und paradox, aber für den fühlenden Menschen als eine nicht wegdisku-

332

So ist aber die Welt! Zerstörerisch und Leid erzeugend. Der gewaltlose fällt in Täuschungen, so wirkt und auch der Säugling „strahlt" schon die Gewalt in die Welt.

tierbare Erfahrung – dieser Gott als Liebe auf dem Antlitz des leidenden Kindes aufgeht und Menschen sich diesem göttlichen Anspruch öffnen, zerschmilzt das Argument Camus'. Es bedarf dann keiner »Theodizee«, keiner Rechtfertigung Gottes angesichts des menschlichen Leidens mehr.

Das neue Menschheitskleid

Der Vers des Propheten Hosea (6,6) gilt ohne Zusatz: Liebe will kein Opfer. Angesichts der jahrmillionenalten Durchprägung allen religiösen Denkens und Fühlens durch den Kult des Opfers ist es zwar verständlich, daß sich auch noch heute Theologen um eine Interpretation des Todes Jesu als Opfer bemühen. Doch wenn Opfern mit Jagd und Krieg auf eine Stufe zu stellen ist (vgl. bes. Kap. 1.1, 1.22, 1.23 und 1.32) und wenn (nach Girard) seine Urform in einem Lynchmord bzw. (verhaltensbiologisch ausgedrückt) in einem Verletzungs- und Tötungsimponiergehabe besteht, dann ist heute aufgrund dieser religions- und kulturgeschichtlichen Einsichten der Zeitpunkt gekommen, in der Interpretation des Jesusgeschehens auf den Opferbegriff zu verzichten. Dies gilt auch für das sog. Primitialopfer, das ich selbst in früheren Veröffentlichungen (vgl. G. Baudler, Stiergott, 112 f.) vom »Tötungsopfer« zu unterscheiden und als für das Jesusgeschehen geeignete Kategorie darzustellen suchte. Auch im Primitialopfer ist – wie in jedem Opfer – die zerstörerische Imponiergebärde (zumindest als Element des Geschehens) wirksam.

Das in vielen Jahrhunderten vom biblischen Menschen (des Alten wie des Neuen Testamentes) aus geschichtlicher Erfahrung gewirkte neue Tuch konnte von diesem nirgendwo anders hingenäht werden als auf das alte Kleid der gewaltverhafteten und opferkultisch geprägten Religiosität des Menschen. Das dünne und feine Gewebe, das die Denker und Dichter der Achsenzeit gewebt hatten, war diesem Menschen noch zu ferne und unerreichbar; zu sehr war er noch in seiner ihn unmittelbar umgebenden Welt verankert. Wohl haben schon im 2. Jahrhundert christliche Lehrer wie Justin, Aristides und Tatian in ihrer Verteidigung des Christentums gegen heidnisch-philosophische Angriffe die Nähe besonders der platonischen Philosophie zum christlichen Glauben herausgestellt (vgl. unten das Kap. 5.21); und tatsächlich ist ja aus der Verbindung von griechischer Philosophie und christlicher Überlieferung jene abendländische Geistigkeit herausgewachsen, die heute ihren Ursprung im achsenzeitlichen Denken erkennt und von daher Opfer und Gewalt in der hier versuchten grundsätzlichen Weise kritisiert und (als Imponiergehabe) desillusioniert. Dazu aber waren weite Wege – auch viele Umwege und Abwege – zu gehen. Und der Blick in die fernöstliche Religiosität und Geistigkeit beginnt sich erst heute dem abendländischen Verstehen zu öffnen.

Doch spätestens heute geschieht, was das im Markusevangelium erzählte Jesuswort voraussagt: »...der neue Stoff reißt doch vom alten Kleid ab, und es entsteht ein noch größerer Riß« (Mk 2,21 par). Heute, angesichts der globalen Bedrohung der Menschheit, werden Risse im jahrmillionen-alten Gewaltkostüm der Menschheit sichtbar, die dieses als tödliches Zwangskorsett für Mensch und Natur enthüllen und dazu zwingen, es abzulegen. Jetzt gilt es, das Tuch der jüdisch-christlichen Gotteserfahrung über die griechisch-platonische Philosophie hinaus auch mit den in anderen Kulturen (in Indien, Persien und China) gewebten Stoffen derselben Struktur und Prägung (vgl. Kap. 2) zu verflechten und aus dem so entstehenden großen Tuch ein neues Kleid für die Menschheit zu nähen: ein lockeres, freies und doch wärmendes Kleid, das vielleicht doch noch, obwohl es vielen schon zu spät erscheint, ein Überleben der Menschen und der Erde ermöglicht.

5. Opfer und Gewalt in der (frühen) Kirche

5.1 Vom Gott der Verfolgten zum Gott der Verfolger: Die konstantinische Rück-Wende und der Einbruch der Gewalt in die Kirche

5.11 Jesus und das »morphische Feld« gewaltverhafteten Lebens

Das Thema »Kirche und Gewalt« ist ein Reizwort. Jedermann denkt dabei an blutige Kreuzzüge, Ketzer- und Hexenverbrennungen, an Missionskriege und an die weltumspannende geistliche Herrschergewalt eines Papsttums, das im Mittelalter auch mit der weltlichen Macht konkurrierte und das noch in der Neuzeit unter Androhung ewiger Höllenstrafen bis in intimste zwischenmenschliche Beziehungen hinein das Leben der Menschen zu regieren suchte. Diese Exzesse einer geistlich-weltlichen Tötungsgewalt zu verschweigen, zu verschleiern oder zu entschuldigen, ist eine Mißachtung des biblischen Gottes: jenes Gottes, der in den Millionen von Opfern dieser Gewalt aufging: auf dem Antlitz der zu Tode geschundenen Indios in Lateinamerika wie auf den qualverzerrten Gesichtern der als Ketzer oder Hexen gefolterten und dann dem Feuertod überantworteten Männer und Frauen – so wie er vorher schon auf dem angsterfüllten Antlitz des zum Menschenopfer gebundenen Isaak und auf dem Antlitz des Gefolterten und Gekreuzigten von Golgota aufgegangen war.

Doch die meisten Darstellungen dieser Unheilsgeschichte der Kirche bemühen sich nicht, diesen Gott der Verfolgten zur Erscheinung zu bringen. Sofern es ihnen nicht um Entschuldigung und historische Relativierung der geschehenen Grausamkeiten geht, steht in ihrem Blickfeld der in Angst- und Haßfaszination beschriebene Gott der Verfolger, die Schreckensmacht, deren Wüten aufgedeckt und mit größtmöglicher Schärfe als widergöttlich und dämonisch angeprangert wird. Auf diese Weise verschwindet jedoch die gewaltlose Gottheit im wortgewaltigen Ansturm gegen die Fassaden des Schreckensgottes und im anti-kirchlichen Kampfgetöse. Auch unter dem Seziermesser des wissenschaftlichpositivistisch arbeitenden Historikers verstummt die leise und doch so eindringliche Botschaft, das Testament der Millionen gequälter und sterbender Opfer. Notwendig wäre es, eine Geschichte dieser Opfer zu schreiben, wie sie Clara Asscher-Pinkhof über die Opfer nationalsozialistischer Judenverfolgung in den Niederlanden geschrieben hat (dies., *Sternkinder*, Berlin 1961), – eine Geschichte, die sich weder in einer Analyse von Ursachen und einer Sicherung von Fakten verliert, noch in der Verurteilung der Täter und der Darstellung ihrer Greueltaten schwelgt, sondern dem gewaltlosen Gott und seinen Engeln noch in den Kinderschlafsälen der Konzentrationslager und im Abschied der in die Gaskammer gehenden Mütter von ihren Kindern nachspürt. Eine solche Geschichte ist bisher für die Opfer mittelalterlicher Ketzer- und Hexenverfolgungen noch nicht geschrieben worden.

Es kann auch hier nicht die Aufgabe sein, eine solche Geschichte zu schreiben. Hier, in dem Versuch, Opfertötung und Gewalt als das menschheitszerstörende Element in den religiösen Traditionen aus der biblisch-christlichen Religiosität herauszulösen und dadurch dem Gott, der Liebe ist (1 Joh 4,16), Wirkraum zu verschaffen, stellt sich vielmehr die Aufgabe, einfühlend zu verstehen, wie in einer Kirche, die sich auf den Ich-bin-da Gott von Ägypten her und insbesondere auf den im Gekreuzigten aufstrahlenden Gott gründet, ein solcher Einbruch der Gewalt möglich war: wie es möglich war, daß in ihr in weiten Bereichen aus dem Gott der Verfolgten wieder ein Gott der Verfolger wurde.

Dabei gilt es darauf zu achten, nicht durch Schuldzuweisungen selbst dem *scapegoating* zu verfallen. Daß die neue Gotteserfahrung nicht sofort in ihrer einzigartigen Kraft und Dichte durchdringen und das Leben gestalten konnte, sondern das Fühlen, Denken und Handeln weitgehend wieder in die alten Bahnen der Gewaltfaszination zurückfiel, lag nicht an der Bosheit, Machtbesessenheit oder Dummheit einzelner Menschen (etwa des Verfassers des Hebräerbriefes), sondern daran, daß der Mensch seit Jahrmillionen in den Bahnen der Gewalt lebt und denkt und er deshalb sowohl vom Biologischen wie vom Geistigen her in starke »morphische Felder« (R.Sheldrake) eingebunden ist, aus denen er nur in einem mühsamen Prozeß, in immer neuen Anläufen, herauskommen kann. Eine Kugel, die in einem Tal nach unten rollt, wird, wenn sie von der Seite her angestoßen wird, nicht sofort die ganze Talwand hinauf und über sie hinweg in das Nachbartal rollen. Wenn die Wand zu hoch und zu steil ist, wird sie von ihrer Schwerkraft wieder in die eigene Talsohle zurückgezogen, um dann vielleicht auf der gegenüberliegenden Talseite den Grat zu überwinden und dort das Nachbartal zu erreichen. Vielleicht wird die Kugel mehrfach hin und her von einer Talwand zur anderen rollen, immer wieder auch die Talsohle durchquerend, bis endlich irgendwo die Talwände flacher und niedriger werden und die Kugel in ein neues, anderes Tal überwechseln kann. So konnte auch der Impuls der in Jesus geschehenen Gottesoffenbarung nicht unmittelbar und gradlinig eine neue Seins-und Lebensweise des Menschen hervorrufen.

Worin bestanden die hohen und steilen Talwände, die verhinderten, daß die Kugel menschlichen Seins und Lebens, angestoßen durch die Gottesoffenbarung in Jesus, nicht unmittelbar aus dem Tal gewaltverhafteten Lebens herausrollen und in ein anderes »morphisches Feld« überwechseln konnte? Wie schon aufgezeigt, war dies innerhalb des Neuen Testamentes die Gewalt- und Opferfaszination: Das aus der Frühzeit des Menschseins stammende und in jahrmillionenalten Traditionen überlieferte Bewußtsein, daß Gott und Göttlichkeit Tötungsgewalt beinhalten, war so stark, daß die Andersartigkeit, die absolute Transzendenz des in Jesus erschienenen Gottes als Macht interpretiert wurde, Menschen einem *ewig dauernden, schmerzhaften Tötungsprozeß,* dem »zweiten Tod« (vgl. Offb. 20,6; 20,14; 21,8 u.ö), der Hölle, dem Feuersee, in dem die Qual nicht stirbt (Offb. 20,10), zu überantworten. Ebenso alt und prägend war das komplementäre Bewußtsein, daß in der Opfertötung – im Schauder des Todesröchelns und des rinnenden Blutes – die Gottheit erscheint, sich versöhnen läßt und Frieden in der Gemeinschaft stiftet. Diese Prägung bewirkte, daß der neue und andere Friede, der auf dem Antlitz des Gekreuzigten in der Welt erschien, als Folge und Ausdruck des höchsten möglichen Opfers, des *Selbstopfers des Gottessohnes,* interpretiert und verstanden wurde.

Diese beiden Talwände des morphischen Feldes gewaltverhafteten Lebens konnten in neutestamentlicher Zeit nicht überwunden werden. Zwar lief die vom Gott Jesu angestoßene Kugel menschlichen Denkens und Fühlens quer zu ihnen. Etwa das Gebot der Feindesliebe, das verbunden ist mit dem Bild des gütigen Vaters im Himmel, der seine Sonne aufgehen läßt über Bösen und Guten und regnen läßt über Gerechte und Ungerechte (Mt 5,44 f.), oder das Fühlen und Denken, wie es in Jesu Gleichnis vom *Barmherzigen Vater* (Lk 15,11-32) zum Ausdruck kommt, sowie die zentrale Sinnrichtung der Passionserzählung und vieles andere mehr stehen vollkommen quer zu Höllendrohung und Opfertod. Aber die Kugel kommt doch nicht aus dem »morphischen Feld«, der Talrinne gewaltverhafteten Denkens und Fühlens, heraus.

Dieser Prozeß setzt sich auch in nach-neutestamentlicher Zeit fort. Einerseits wird in der praktischen Lebensgestaltung oder zumindest in den

Forderungen, die für diese aufgestellt werden, deutlich, daß der Christ dieser frühen Zeit weiß und realisiert, daß er, dessen Gott auf dem Antlitz eines kraft staatlicher Macht Gekreuzigten erschienen ist, unmöglich selbst staatliche Tötungsgewalt ausüben und dadurch erneut Opfer dieser Gewalt erzeugen darf. Andererseits aber erscheint ihm die vorhandene staatliche Macht dennoch als von Gott eingesetzt (vgl. Röm 13,1-7), auch wenn sie, wie in der Apokalypse dargestellt, (vgl z.B. Offb 13) in der Praxis ihres Wirksamwerdens von Gott abfallen und zum tierischen Ungeheuer werden kann. Vor allem aber sind staatlicher Dienst und staatlich-militärische Disziplin und Tapferkeit für ihn noch ein so hoher Wert, daß sein Eintreten für Gewaltfreiheit und seine Ablehnung der opferkultischen staatlichen Gottheiten selbst militärische Züge annehmen und von einem militärischen Geist und einer dadurch geprägten Sprache getragen sind. Beides gilt es im folgenden aufzuzeigen, weil aus diesem Widerspruch heraus die konstantinische Rück-Wende des christlichen Glaubens vom Gott der Verfolgten zum Gott der Verfolger am besten zu verstehen ist.

5.12   Grundsätzlicher Gewaltverzicht im frühen Christentum

Am deutlichsten kommt die grundsätzliche frühchristliche Ablehnung der Gewalt in den Schriften des zu Beginn des dritten Jahrhunderts in Karthago lebenden Juristen und christlichen Schriftstellers Tertullian zum Ausdruck. In seinen Schriften *De idololatria* (»Über den Götzendienst«) und *De corona* (»Vom Kranze [des Soldaten]«) behandelt er die Stellung des Christen gegenüber dem Soldatendienst. Dabei lehnt er diesen kategorisch ab. Er stützt sich auf das sogennante »Schwertwort« im Matthäusevangelium (Mt 26,52), wo Jesus bei seiner Gefangennahme zu Petrus, der das Schwert zieht, um ihn zu verteidigen, sagt: »Steck dein Schwert in die Scheide; denn alle, die zum Schwert greifen, werden durch das Schwert umkommen«. Aus diesem Wort folgert er: »Wenn auch Soldaten zu Johannes kamen und die Richtschnur für ihr Verhalten hinnahmen, wenn sogar ein Hauptmann gläubig wurde, so hat doch der Herr in der Entwaffnung des Petrus jedem Soldaten den Degen abgeschnallt« (Tertullian, Über den Götzendienst, 19; in: Bibliothek der Kirchenväter 2. Aufl. [im folgenden abgekürzt: BKV], Bd. 7, 168; vgl. W. Rordorf, Tertullians Beurteilung des Soldatenstandes; in: Th. Mohrmann u.a. (Hg.), Vigilae Christianae, Band 23, Amsterdam 1969, 105-141). Auch in Friedenszeiten ist es dem Christen verboten,

338

das Schwert, das Zeichen der Tötungsgewalt, zu tragen (Rordorf 111). Ebenso gehört die »Lanze, womit die Seite Christi durchbohrt wurde«, nicht mehr in die Hand des Christen (Tertullian, Vom Kranze des Soldaten, 11, in: BKV Bd. 24, 253). Wenn einer, der schon Soldat ist, den christlichen Glauben annimmt, muß er entweder sofort den Soldatenstand verlassen oder zum Martyrium bereit sein, wenn man Blutvergießen von ihm fordert (vgl. Tertullian ebd. 253 f.). Tertullian, der sich später der rigoristischen Sekte der Montanisten anschließt, urteilt besonders streng. Eine Kirchenordnung, die etwa zur selben Zeit wie Tertullians Schriften entsteht und möglicherweise aus der Hand des römischen Presbyters *Hippolyt* stammt, hält das absolute Verbot Tertullians zum Soldatendienst nicht aufrecht. Sie läßt es zu, daß ein Soldat, der Christ wird, grundsätzlich in seinem Stand verbleibt, sofern es ihm darin möglich ist, sich des Opfers an die staatlichen Gottheiten zu enthalten und Blutvergießen zu vermeiden. Er darf also in Friedenszeiten oder in einer Art Etappen- und Zivildienst Soldat bleiben. Für Tertullian war es neben dem Tötungsverbot vor allem der als »Götzendienst« qualifizierte heidnische Opferkult, der ihn zur Ablehnung des Soldatendienstes bewegte; da ein Soldat auch in Friedenszeiten bei vielen Gelegenheiten fast notwendig mit diesen Kulten zu tun hatte, war seine Stellungnahme so rigoros. An anderer Stelle erkennt jedoch auch Tertullian das Faktum an, daß Christen Soldatendienst leisten (nach dem schon von Paulus 1 Kor 7,20 ausgesprochenen Grundsatz, jeder solle in dem Stand bleiben, in dem ihn der Ruf Gottes getroffen hat; vgl. Tertullian, Apologetikum, 42, in: BKV, Bd. 24, 152). Dennoch bestimmt auch die römische Kirchenordnung ganz klar: »Ein Soldat, der im Dienst der Staatsgewalt steht *(qui est in potestate)* soll niemanden töten. Wenn es ihm befohlen wird, soll er den Befehl nicht ausführen« (Hippolyt, Traditio apostolica 16; Textrekonstruktion nach B. Botte/A. Gerhards, La Tradition apostolique de Saint Hippolyte, Münster 5. Aufl. 1989, 36). Ebenso wie bei Tertullian darf nach dieser Kirchenordnung ein Christ nicht Soldat *werden*: »Ein Katechumene oder ein Gläubiger, die Soldaten werden wollen, sollen ausgestoßen werden (reiciantur), weil sie Gott verachtet haben (contemperunt)« (ebd.). Auch der etwas später als Tertullian in Karthago lebende Bischof Cyprian bestimmt, daß nach dem Eucharistieempfang die Hand des Christen nicht mehr durch Schwert und Blut besudelt werden darf (vgl. Cyprian, Vom Segen der Geduld, 14, in: BKV, Bd. 34, 302).

In unserem Zusammenhang ist wichtig, daß sowohl Tertullian als auch die übrigen Kirchenväter den Dienst der (höheren) römischen Magistrate ebenso beurteilen wie den Soldatendienst. Hier kommt besonders deutlich

zum Ausdruck, daß es um die *potestas gladii*, die staatliche Tötungsgewalt, geht. Als das Zeichen dieser Gewalt trägt der römische Beamte den
Purpur. Auch Offiziere fungieren im Heer als Richter, die Todesstrafen
verhängen und vollstrecken müssen. Die römische Kirchenordnung bestimmt, daß Menschen, die auf solche Weise über staatliche Tötungsgewalt verfügen, nicht Christ sein können: »Wer über Exekutionsgewalt
(potestatem gladii) verfügt oder ein Staatsbeamter, der den Purpur trägt,
soll entweder [auf diesen Beruf] verzichten oder er soll ausgestoßen
werden *(reiciatur)*« (Traditio apostolica 16, Textrekonstruktion nach Bot-
te/Gerhards 36).

Purpur und Schwert, diese mit göttlichem Glanz aufgeladenen Symbole
staatlicher Tötungsgewalt, gehören wesentlich zur *pompa diaboli*, d.h. zu
der in öffentlichen Umzügen zur Schau gestellten »Pracht«, denen der
Christ als dem »Gepränge des Satans« in der Taufe absagt (vgl. Rordorf
137; in der heutigen Taufliturgie werden diese Symbole der Tötungsgewalt verniedlichend und moralisierend als »Verlockungen des Bösen«
bezeichnet). Cyprian hat diesen Glanz kaiserlicher Macht als primitives
Tötungsimponiergehabe durchschaut: »Sieh nur, wie die Straßen von
Wegelagerern versperrt, wie die Meere von Seeräubern besetzt und wie
die Kriege mit dem blutigen Greuel des Lagerlebens über alle Länder
verbreitet sind! Es trieft die ganze Erde von gegenseitigem Blutvergießen;
und begeht der einzelne einen Mord, so ist es ein Verbrechen; Tapferkeit
aber nennt man es, wenn das Morden im Namen des Staates geschieht.
Nicht Unschuld ist der Grund, der dem Frevel Straflosigkeit sichert,
sondern die Größe der Grausamkeit« (Cyprian, An Donatus, 6, in: BKV,
Bd. 34, 45).

Mit dieser Desillusionierung der *pompa diaboli* als blutiges und sinnloses
Tötungsimponiergehabe berührt sich das frühe Christentum mit der Kritik
Platons an den Homerischen und Hesiodschen Schilderungen von
Schlachten und Titanenkämpfen (vgl. oben S. 162). Die Suche nach einer
gewaltfreien Erfahrung des Göttlichen verbindet die griechische Philosophie mit dem Zentrum des christlichen Glaubens: der im Gekreuzigten
aufstrahlenden, gewaltlosen Gottheit, die Liebe ist und die als solche
heller strahlt »als der Lyder reisiges Heer und erzgewappnete Streiter«
(vgl. oben S. 162 die von Platons Philosophie inspirierte Lyrik Sapphos).
Als Klemens, ein philosophisch gebildeter Grieche, von der christlichen
Gotteserfahrung ergriffen und zum Glauben bekehrt, um 200 in Alexandrien eine theologische Schule und Schulrichtung begründete, gehörte das
Bekenntnis zur Gewaltfreiheit von Anfang an und zentral zu seiner Lehre.
Der schmetternden Trompete, die »durch ihren Schall Krieger zusammen-

340

ruft und Krieg verkündigt«, stellte er die Friedensmelodie des Messias Jesus gegenüber, sein Evangelium, das hinaustönt »bis an die Enden der Erde« und das Gottesreich anklingen läßt (Klemens von Alexandrien, Mahnrede an die Heiden, XI, 116, in: BKV, Bd. 7, 191). Den Reichen empfiehlt er, sich den Witwen, Weisen und Hilfsbedürftigen zuzuwenden und sich in ihnen ein waffenloses, unkriegerisches Heer zu schaffen, »das waffenlos, zum Krieg untauglich, nicht mit Blut befleckt, nicht zum Zorn geneigt« ist (Klemens von Alexandrien, Welcher Reiche wird gerettet werden?, 34, in: BKV, Bd. 8, 266) und doch gerade so den mildtätigen Reichen durch seinen anderen Gottesglanz schützt (vgl. zum Ganzen: A. v. Harnack, Militia Christi. Die christliche Religion und der Soldatenstand in den ersten drei Jahrhunderten, Tübingen 1905, Nachdruck Darmstadt 1963).

Auch der bedeutende Schüler des Klemens, Origenes, verurteilt den Kriegsdienst des Christen. Der Christengegner Celsus warf den Christen vor, sie seien schlechte Staatsbürger, da sie den Militärdienst verweigerten und er stellte ihnen vor Augen, daß, wenn alle so handeln und denken würden, den Barbaren Macht über das Leben der Menschen gegeben wäre. In seiner Erwiderung an Celsus bestreitet Origenes nicht die Tatsache der Kriegsdienstverweigerung als solche. Vielmehr antwortet er, die Christen würden auf *ihre* Art und Weise, d.h. nicht mit Waffengewalt, sondern »mit ihren an Gott gerichteten Gebeten… kämpfen« (Origenes, Gegen Celsus, VIII, 73, in: BKV, Bd. 53, 392) und so mit ihrer Friedensbereitschaft die humane Welt verteidigen (vgl. J.-M. Hornus, Politische Entscheidung in der Alten Kirche, München 1963, 154).

Ähnlich äußern sich Justin, dessen Schüler Tatian, Athenagoras und Lactanz und im Grunde alle frühchristlichen Schriftsteller. Als Begründung für ihre Ablehnung jeglicher Tötungsgewalt verweisen sie auf die Bergpredigt und auf deren Verinnerlichung und Vertiefung des fünften Gebots des Dekalogs »Du sollst nicht töten«. Häufig zitiert wird auch die Forderung der Feindesliebe und ihre Begründung im himmlischen Vater, »der seine Sonne aufgehen läßt über Bösen und Guten und regnen läßt über Gerechte und Ungerechte« (Mt 5,45) sowie das Verbot der Wiedervergeltung (Mt 5,38-42). Dabei werden diese und ähnliche Worte historisch unkritisch einfach als »Herrenworte« zitiert. Die Frage, ob der irdische Jesus verbal solche Anweisungen gegeben hat, oder ob hier das Ethos der in Jesus gemachten Erfahrung eines gewaltlos liebenden Gottes von der Urgemeinde artikuliert wird, stand zu dieser Zeit noch nicht im Blickfeld. Jesus war noch untrennbar beides: der irdische Rabbi und Wanderlehrer und der gekreuzigte Christus.

Sehr klar erkannte man auch schon damals die Schwierigkeiten einer biblischen Begründung des Gewaltverzichts, wie sie durch die vielen von Gewaltfaszination geprägten Texte der Bibel gegeben ist. Marcion, Sohn des Bischofs von Sinope am Schwarzen Meer, der gegen 140 nach Rom kam, hat das Problem der vielen gewaltverhafteten Texte schon mit derselben Sensibilität erkannt wie in unseren Tagen Franz Buggle in seiner Streitschrift gegen das Christentum (vgl. dazu Kap. 3.11). Doch anders als Buggle wußte Marcion noch darum, daß der Gott, der sich im Jesusereignis offenbart, gewaltlose Liebe ist und von diesem seinem Wesen her Gewalt und Drohung mit ihm unvereinbar sind. In seiner Zeit noch zu keiner übergreifenden Geschichtsschau fähig und noch unkundig der grundlegenden Bedeutung des Begriffs der Entwicklung, konnte er sich nicht anders helfen, als das gesamte Alte und viele Teile auch des Neuen Testamentes zu verwerfen und nur ein gereinigtes Lukasevangelium und einige entjudaisierte Paulusbriefe als Heilige Schrift des Christen gelten zu lassen.

Harnack urteilt richtig, wenn er von Marcion sagt, dieser habe »unzweifelhaft den christlichen Gottesbegriff wesentlich richtig erfaßt«, aber er sei aufgrund des ungeschichtlichen, philosophisch-kosmologischen Denkens seiner Zeit nicht in der Lage gewesen, eine »Entwicklung des jüdischen Gottesbegriffs zum christlichen« anzunehmen (Harnack 26). Bezeichnend für diese ungeschichtliche Sicht ist, daß auch Origenes in seiner Entgegnung zu Marcion nicht auf eine geschichtliche Entwicklung des Gottesverständnisses abhebt, sondern entsprechend der Auslegungstradition in der antiken Kirche gewaltverhaftete Bibeltexte allegorisch auslegt und glaubt, dadurch deren Gewaltcharakter rechtfertigen zu können. Die Vernichtungskriege im Auftrag Jahwes, die von Josua erzählt werden, sind dann nicht gegen konkrete Städte und Menschen gerichtet, sondern gegen die menschlichen Laster und gegen die Mächte der Finsternis, die der Christ von innen her überwinden muß. Tertullian, Justin und Irenäus (an anderer Stelle auch Origenes) weisen aber auch schon auf eine mögliche stufenweise religiöse Erziehung des Menschengeschlechts hin, die in ihren niederen Stufen noch Krieg und gerechte Rache duldet, dann aber im neuen Gesetz des Evangeliums Schwert und Lanze verwirft und die absolute Versöhnung fordert (vgl. Rordorf 129). Doch die Versuche, das Gewaltproblem der Bibel, besonders des Alten Testamentes, aufzuarbeiten, sind mühsam, und Harnack, der selbst das Alte Testament als Heilige Schrift des Christentums ablehnt, urteilt nicht grundsätzlich falsch, wenn er einen bleibenden »Ruhm der marcionitischen Kirche« darin sieht, »daß sie lieber das Alte Testament verwerfen, als das Bild des Vaters Jesu

Christi durch Einmengung von Zügen eines kriegerischen Gottes trüben wollte« (Harnack 26). Freilich übersah er, daß sich diese Züge (ins Transzendente gesteigert) auch im Neuen Testament finden.

5.13 Der erste Widerspruch: Staatliche (aber nicht von Christen ausgeübte) Tötungsgewalt im Auftrag Gottes

Betrachtet man diese grundsätzliche Ablehnung der Gewalt in der frühen Kirche, ihre vehemente, im Taufritus verankerte Absage an die in den *pompae,* den prunkvollen öffentlichen Umzügen zur Schau gestellte staatliche Tötungsgewalt, mutet es seltsam an, etwa im Kiliansdom zu Würzburg die lange Reihe der Fürstbischöfe dargestellt zu sehen, die (beginnend mit Mangold von Neuenburg) in einer Hand als Zeichen ihrer geistlichen Würde das Evangelium oder den Hirtenstab halten und in der anderen das Schwert als Zeichen ihrer weltlich-staatlichen Tötungsmacht. Wie konnte es dazu kommen? Wie konnte die Kugel menschlichen Denkens und Fühlens, die weitgehend schon aus dem morphischen Feld der Gewaltfaszination herausgerollt war, wieder so weit in die Talsohle zurückfallen?

Die Antwort liegt in zwei unaufgelösten Widersprüchen frühchristlichen Denkens gegenüber der aufgezeigten Tendenz der Gewaltfreiheit. Der erste Widerspruch besteht darin, daß einerseits für die vom Staat verfolgte Minderheit der Christen Exekutionsgewalt, Schwert und Purpur, etwas Unmögliches sind, etwas, das ihre die Eucharistie feiernden Hände befleckt und ihren Ausschluß aus der Kirche notwendig macht, andererseits aber die staatliche Macht, die diese Gewalt ausübt, von ihnen grundsätzlich auch positiv gesehen wird. Entgegen der späteren apokalyptischen Tradition, die kompromißlos die römische Herrschaft ablehnt (und dabei in das Rachedenken zurückfällt), findet sich im Römerbrief des Apostels Paulus eine sehr frühe und grundsätzliche Rechtfertigung staatlicher Macht (Röm 13,1-7): Jede staatliche Gewalt stammt von Gott. »Wer sich daher der staatlichen Gewalt widersetzt, stellt sich gegen die Ordnung Gottes, und wer sich ihm entgegenstellt, wird dem Gericht verfallen« (V. 2). »Nicht ohne Grund trägt sie das Schwert«; damit steht sie »im Dienst Gottes und vollstreckt das Urteil an dem, der Böses tut« (V. 4). Es ist deshalb notwendig, ihr Gehorsam zu leisten.

Selbst Tertullian ist trotz seiner kämpferischen Ablehnung jeglicher Tötungs- und Verletzungsgewalt in der Hand eines Christen grundsätzlich staatsfreundlich eingestellt. Der Kaiser – obwohl er die Christen verfolgt

– ist für ihn von Gott eingesetzt, und der Christ muß ihn »lieben, fürchten, ehren und seine Erhaltung wünschen mit der des gesamten römischen Reiches, solange die Welt steht« (Tertullian, An Scapula, 2, in: BKV, Bd. 24, 266). Die Christen sollen deshalb für das Wohl des Kaisers und des Römischen Reiches beten. Diese Forderung wird auch von anderen frühchristlichen Schriftstellern vielfach wiederholt. Indem der Kaiser die Christen verfolgt, stellt er sich zwar gegen den Gott, der ihn in sein Amt eingesetzt hat, und er muß von daher kritisiert werden, aber diese Kritik richtet sich nicht gegen die Tötungsgewalt des Kaisers als solche, sondern nur gegen deren Mißbrauch. Ein Kaiser, der, wie später Konstantin, diese Verfolgungen einstellt, ja sogar den christlichen Gott als den seinen anerkennt, kann deshalb der Anerkennung und Verehrung durch die Mehrheit der Christen sicher sein, auch wenn er, wie Konstantin, seine *potestas gladii* teilweise auf exzessive Weise – nur nicht gegen die Christen gerichtet – ausübt.

Mit dieser Anerkennung der staatlichen Tötungsgewalt des römischen Kaisers als von Gott eingesetzt hängt es auch zusammen, daß die frühen Christen die brutale Eroberung und Zerstörung Jerusalems im Jahre 70 durch römische Truppen als eine von Gott bewirkte gerechte Strafe gegenüber den Juden, die sie für den Tod Jesu verantwortlich machten, beurteilen und gutheißen konnten. Hier vergessen sie die vorher zur Begründung der eigenen Gewaltfreiheit herangezogene Forderung der Bergpredigt nach Feindesliebe und den Verzicht auf Wiedervergeltung. In seinem *Dialog mit Tryphon* redet Justin die Juden folgendermaßen an: »Doch wenn ihr in euren Kriegen verbrannt wurdet, so waren, wie alle Schriften es bezeugen, diese eure Leiden verdient« (Justinus, Dialog mit dem Juden Tryphon, 110, in: BKV, Bd. 33, 178). Origenes, der durch seine allegorische Deutung der Jahwe-Kriege den alttestamentlichen Gott vom Vorwurf der Gewalttätigkeit und Grausamkeit befreien wollte, interpretiert die Verwüstung Jerusalems durch römische Heere ungeniert als Auswirkung des Zornes Gottes: »Wenn nun wirklich die Juden, nachdem sie sich nicht gescheut hatten, so grausam mit Jesus zu verfahren, Mann für Mann getötet wurden, und wenn ihre Stadt in Schutt und Asche sank, so haben sie dies lediglich infolge des ›Zornes‹ erduldet, den sie sich aufgehäuft hatten. Das Gericht Gottes nämlich, das nach seinem Ratschluß über sie gekommen ist, wird nach einer bei den Juden herkömmlichen Sprechweise ›Zorn‹ genannt« (Origenes, Gegen Celsus, IV, 73, in: BKV, Bd. 52, 394). Auch viele andere frühchristliche Schriftsteller bis hin zu Augustinus teilen diese religiös motivierte positive Beurteilung des grausamen Vorgehens der Römer gegen die Juden im Jahre 70 (vgl. Hornus 64 f.).

Der römische Kaiser führt auf diese Weise, ohne es zu wissen, mit seinen Heeren – gewissermaßen stellvertretend für die Christen, die selbst das Schwert nicht tragen dürfen – einen von Gott gewollten »Heiligen Krieg«. Der Kaiser und seine Kriege erscheinen als Mittel der göttlichen Vorsehung. Zwar dürfen die Christen selber nicht kämpfen und töten, aber sie sind deshalb (wie besonders Origenes gegenüber den Vorwürfen des Celsus betont, s.o.) nicht staatsfeindlich, denn sie beten umso mehr für den Sieg der römischen Heere (eine Einstellung, wie sie auch Tertullian zum Ausdruck bringt; vgl. Rordorf 139). Nicht nur den Krieg gegen die Juden, sondern auch andere Kriege deutet Tertullian als ein von Gott gewolltes Strafgericht. In seiner Apologetik stellt er den Heiden vor Augen, daß die Wirren und Kriege, unter denen sie leiden, schon in der Schrift vorausgesagt (und also von Gott vorherbestimmt) sind: »Die auswärtigen und die Bürgerkriege zerreißen die Völker; Königreiche stoßen mit Königreichen zusammen«, und alle diese Ereignisse sind »nur das Eintreffen der Weissagungen der Schrift« (Tertullian, Apologetikum, 20; Übersetzung nach Hornus 65; vgl. BKV, Bd. 24, 95).

5.14 Der zweite Widerspruch: Leben und Wirken des Christen als »Soldatendienst« (zur Wirkmacht einer gewaltverhafteten Sprache)

Kriegerische Sprachbilder in Qumran und in den Evangelien

Der zweite große Widerspruch, durch den das grundsätzliche Bekenntnis der frühen Christen zur Gewaltfreiheit, wie es der in Jesus ihnen zuteil gewordenen neuen Gottesoffenbarung entspricht, innerlich ausgehöhlt wurde, besteht darin, daß sie ihr eigenes Leben und Wirken, sogar ihr Eintreten für Gewaltfreiheit und ihr Martyrium, in Bildern und in einer Sprache zum Ausdruck brachten, die dem Heer- und Kriegswesen entnommen sind. Durchaus zu Recht führt Harnack aus, daß es gefährlich ist und wiederum zur Anwendung physischer Gewalt hinführen kann, wenn man die Formen des Kriegswesens als Bild und Symbol für die eigentlich gewaltfreie, nach Frieden, Liebe und Gutsein strebende Denk- und Lebensweise benützt: »Auch die *Form* hat ihre eigene Logik und ihre *necessitates consequentiae*. Zuerst unmerklich, bald aber deutlicher und deutlicher, führt das als Symbol rezipierte Kriegerische auch die Sache selbst herbei, und die ›geistlichen Waffen der Ritterschaft‹ werden zu weltlichen« (Harnack 8).
Es gilt hier, die Einsicht der Bergpredigt zu realisieren, daß Mord und

Gewalttat zuerst im Herzen, in der Phantasie, im Fühlen und Denken, entstehen und von da nach außen dringen: Jeder, der seinem Bruder auch nur zürnt, ist wie einer, der jemand tötet (vgl. Mt 5,21 f.). Ein Sprechen und Denken, das sich in Bildern gewalttätigen Handelns bewegt, läuft immer Gefahr, in die wirkliche Gewalttat zu münden. Die Faszination der Gewalt ist Jahrmillionen alt. Wo sie nicht wirklich von Grund auf desillusioniert ist, sondern sich in Resten – und sei es nur in Sprachbildern – erhält, bricht sie wie ein Krebsgeschwür immer wieder auf, überwuchert zuerst das Denken, Fühlen und Sprechen, wird darin mehr und mehr zum Leitmotiv und findet dann immer auch bei gegebenem Anlaß den Weg zur realen Tat. In der Entwicklung der Christenheit von der frühen Ablehnung der Tötungsgewalt bis zu den blutigen Ketzerverfolgungen und Kreuzzügen ist dieser Vorgang erstaunlich klar zu verfolgen.

Schon in die Paulusbriefe, und teilweise auch in die Evangelien, ist die kriegerische Symbolik eingedrungen. Sie hat ihren Ursprung neben dem Alten Testament wahrscheinlich in der spätjüdischen Essenergemeinschaft, deren Vertreter sich in die Wüste zurückzogen, um sich dort durch eine asketische Lebensweise auf die Ankunft des Messias und des verheißenen Gottesreiches vorzubereiten. Die im Essener-Kloster Qumran gefundenen Schriftrollen, deren Auswertung in jüngster Zeit viel Staub aufgewirbelt hat, zeigen ja auf jeden Fall eine relativ enge – zumindest sprachliche – Verflechtung mit den Evangelien. Die Gläubigen von Qumran fühlen sich, wie in der sogenannten »Kriegsrolle« zum Ausdruck kommt, »als die Soldaten des Lichtes, die durch die Aufnahme in das Heerlager des Lichts der Herrschaft Belials, des Fürsten der Finsternis, abgesagt haben, die aber gerade deswegen zum geistigen Kampf gegen die Streitmacht der Finsternis herausgefordert sind, ein Kampf, der in der Endzeit, die bereits angebrochen ist, zum endgültigen Austrag kommen wird« (Rordorf 135). Wenn auch dieser Kampf geistig verstanden wird und Philo mit seiner Schilderung der pazifistischen Gesinnung der Essener Recht hat (vgl. Rordorf 135, Anm. 94), so stehen diese Symbole eben doch im morphischen Feld der Gewaltfaszination und entwickeln ihre eigene Logik. Rordorf scheint es »ziemlich deutlich, daß insbesondere die militärische Bildersprache der neutestamentlichen Briefliteratur von Qumran her beeinflußt ist« (ebd. 135).

Wo in den Evangelien von den »Kindern des Lichts« im Unterschied zu den »Kindern dieser Welt« oder den »Kindern der Finsternis« die Rede ist und beides dualistisch gegenübergestellt wird (vgl. Lk 16,8), ist unmittelbar dieser Einfluß Qumrans zu greifen. Aber auch Jesus in den Mund gelegte und unmittelbar kriegerisch klingende Aussprüche könnten hier ihren Ursprung haben: so etwa die Rede von der Entzweiung der Familien durch die Jesusbotschaft und das damit verbundene Wort »Ich bin nicht gekommen, um Frieden zu bringen, sondern das Schwert« (Mt 10,34); dasselbe gilt für das sogenannte »Stürmerwort«, das (aus der Logienquelle stammend) wohl von Matthäus in der ältest greifbaren Form überliefert wird: »Seit den Tagen Johannes' des Täufers bis heute wird dem Himmelreich Gewalt angetan; die Gewalttätigen reißen es an sich« (Mt 11,12); zu Worten dieser Art zählt auch gerade die im Zusammenhang des Lukasevangeliums kaum verstehbare Forderung Jesu (Lk 22,36 ff.), wer kein Geld habe, solle seinen Mantel verkaufen und sich dafür ein Schwert kaufen, worauf die Jünger auf zwei vorhandene Schwerter hinweisen, Jesus aber abrupt das Gespräch abbricht: »Genug davon!« (Lk 22,38). Sicher haben essenische Bilder und Gedanken auch die neutestamentliche Rede vom Hereinbrechen der Endzeit beeinflußt.

Kriegerische Sprachbilder in den Paulusbriefen und Pastoralbriefen

Noch ausgeprägter sind militärische Bilder und Sprachwendungen in den Paulusbriefen und den Pastoralbriefen. Schon im ältesten uns erhaltenen Paulusbrief, dem Ersten Brief an die Thessalonicher, der gleichzeitig auch das älteste schriftliche Zeugnis des Neuen Testament bildet (entstanden etwa um 50, also nur knapp 20 Jahre nach den Jesus-Ereignissen), klingt deutlich die kämpferisch-dualistische Bilderwelt Qumrans an: »Ihr alle seid Söhne des Lichts und Söhne des Tages. Wir gehören nicht der Nacht und nicht der Finsternis… Wir…, die dem Tag gehören, wollen nüchtern sein und uns rüsten mit dem Panzer des Glaubens und der Liebe und mit dem Helm der Hoffnung auf das Heil« (1 Thess 5,5-8). Auch im Römerbrief ist von den »Waffen des Lichts« die Rede, die es, wie im Heerlager bei einer bevorstehenden Schlacht, bei vorgerückter Nacht, wenn der Tag nahe ist, anzulegen gilt (Röm 13,12). In seiner linken wie in seiner rechten Hand soll der Christ die »Waffen der Gerechtigkeit« tragen (2 Kor 6,7).

Bestürzend ist es zu sehen, wie unmittelbar (wenn auch in übertragenem Sinne) Paulus seine Missionstätigkeit als Kriegsdienst interpretiert. Im Ersten Korintherbrief, wo er sich gegen den Vorwurf wehrt, er hätte sich seinen Lebensunterhalt von der Gemeinde bezahlen lassen, rechtfertigt er sich (unter anderen friedlichen Bildern) auch mit der Frage: »Wer leistet denn Kriegsdienst und bezahlt sich selber den Sold?« (1 Kor 9,7). Ausführlicher stellt er im Zweiten Korintherbrief seine Missionsreisen als einen »Feldzug« dar: »Die Waffen, die wir bei unserem Feldzug einsetzen, sind nicht irdisch, aber sie haben durch Gott die Macht, Festungen zu schleifen; mit ihnen reißen wir alle hohen Gedankengebäude nieder, die sich gegen die Erkenntnis Gottes auftürmen. Wir nehmen alles Denken gefangen, so daß es Christus gehorcht; wir sind entschlossen, alle Ungehorsamen zu strafen ...« (2 Kor 10,4-6). Hier ist deutlich zu sehen, wie das, was zunächst nur als Bild gebraucht wird, eine eigene Dynamik entwickelt und die Geisteshaltung des Sprechers prägt.

Voll entfaltet ist dieses Kampf-Pathos im Epheserbrief, einem Rundschreiben an kleinasiatische Gemeinden, das wahrscheinlich nicht von Paulus selbst verfaßt wurde, aber Gedankengänge von ihm aufgreift. Das Schreiben endet mit der Mahnung, durch die Kraft und Macht des Herrn stark zu werden und die »Rüstung Gottes« anzuziehen, »damit ihr den listigen Anschlägen des Teufels widerstehen könnt. Denn wir haben nicht gegen Menschen aus Fleisch und Blut zu kämpfen, sondern gegen die Fürsten und Gewalten, gegen die Beherrscher dieser finsteren Welt, gegen die bösen Geister des himmlischen Bereichs. Darum legt die Rüstung Gottes an, damit ihr am Tag des Unheils standhalten, alles vollbringen und den Kampf bestehen könnt« (Eph 6,10-13). Hier wird das Kampfpathos vom teuflischen Gegner her aufgebaut: »Greift zum Schild des Glaubens! Mit ihm könnt ihr alle feurigen Geschosse des Bösen auslöschen. Nehmt den Helm des Heils und das Schwert des Geistes, das ist das Wort Gottes« (Eph 6,16 f.).

Auch der Verfasser des Ersten Timotheusbriefes fordert dazu auf, den guten Kampf zu kämpfen (vgl. 1 Tim 1,18; 2 Tim 4,7); und der erste Petrusbrief interpretiert ähnlich wie später Origenes diesen Kampf gegen die bösen Dämonen als Kampf gegen die »irdischen Begierden..., die gegen die Seele kämpfen« (1 Petr 2,11). Der Verfasser des Zweiten Timotheusbriefes versteht sich selbst und seinen Adressaten als »Soldaten Christi« und fordert dazu auf, sich nicht in »Alltagsgeschäfte« verwickeln zu lassen, damit sein »Heerführer« mit ihm zufrieden ist (2 Tim 2,3 f.). Vorher hatte ja auch schon Paulus sich selbst und seine Mitarbeiter als Soldaten verstanden; er redete seine Mitarbeiter mit »meine Mitsoldaten« an (Phil 2,25), und die mit ihm im Gefängnis saßen, waren wie er selber »Kriegsgefangene« (Röm 16,7). So wie der »Sold« der Sünde der Tod ist, so ist das *donativum*, die dem tapferen Krieger zuteil werdende Ehrengabe seines obersten Feldherrn, »das ewige Leben in Christus Jesus, unserem Herrn« (Röm 6,23). Ob Paulus in Röm 6,13, wo er dazu auffordert, seine Glieder nicht als »Waffen der Ungerechtigkeit« für die Sünde zur Verfügung zu stellen, sondern sie als »Waffen der Gerechtigkeit« in den Dienst Gottes zu stellen, schon an die Taufe als die Aufnahme in die Christengemeinschaft gedacht und diese analog zum Fahneneid gegenüber dem römischen Kaiser als soldatischen Treueeid gegenüber Christus verstanden hat, ist umstritten (Rordorf hält es für wahrscheinlich: ders. 135).

Militärische Sprachbilder im Clemensbrief und bei Origenes

In den Briefen und Lehrschreiben der nach-neutestamentlichen Zeit entwickeln diese militärischen Sprachbilder eine immer stärker werdende Dynamik. Im Ersten Clemensbrief, dem ältesten erhaltenen Schreiben aus der Gemeinde von Rom (verfaßt um das Jahr 96), sind nicht mehr nur Gemeindevorsteher und Missionare, sondern *alle* Christen Soldaten. Der Verfasser unterscheidet jetzt innerhalb des Heeres der Christen zwischen den einfachen Soldaten und den Offizieren und fordert die (gemeinen) Christen dazu auf, sich an den Soldaten des kaiserlichen Heeres ein Beispiel zu nehmen und zu betrachten, »wie sie wohlgeordnet, geziemend und gehorsam die Befehle vollziehen«, die ihnen ihre »Tribunen, oder Oberste, oder Hauptleute, oder Führer von Abteilungen usw.« geben (Erster Brief des Clemens an die Korinther, 37, in: BKV, Bd. 35, 50). Ignatius und Justin verwenden vor allem die schon in den Paulusbriefen enthaltenen militärischen Bilder. Deutlicher als Paulus setzt dabei Justin den Fahneneid der römischen Soldaten in Parallele zum Treueeid der Christen in der Taufe. Schon Klemens von Rom und Ignatius bezeichnen einen Christen, der vom Glauben abfällt, als Deserteur (vgl. Harnack 18-20).
Die Pervertierung des Kreuzes, des menschheitsgeschichtlichen Ortes der Offenbarung des gewaltlosen Gottes, des Gottes, der Liebe ist, zum *vexillum*, zum militärischen Feldzeichen und zur Kriegsfahne, wie sie sich mit Konstantin in der Realität ereignete, vollzog sich symbolisch schon in der ersten Hälfte des zweiten Jahrhunderts. Harnack vermutet, daß schon Ignatius von Antiochien, wenn er von dem »›Zeichen‹ (syssemon)« spricht, »das Jesus durch seine Auferstehung aufgerichtet habe« (Harnack 20), »das Kreuz als Feldzeichen« meint (ebd.). Jedenfalls war es in der Folgezeit ein beliebtes Motiv, das Kreuz als das *vexillum Christi*, als die Fahne und das Feldzeichen des Heerführers Christus, im Kampf gegen Laster und Dämonen vor Augen zu stellen. Bekannt wurde der lateinische Hymnus *Vexilla regis prodeunt*, »die Feldzeichen des Königs rücken vor«.
Origenes sieht in den frühchristlichen *Asketen* die eigentlichen *milites Christi,* die wirklichen Christus-Streiter. Nur der Asket »führt einen unablässigen Kampf wider die Sünde, ja er sieht Dämonen und zwingt sie in heissem Ringen nieder; er, und nur er, ist also der Soldat, den Paulus

im Epheserbrief schildert« (Harnack 28). Diese geistliche Kriegerschar bildet die Elite des Christentums. Gebet, Fasten, Meditation, Frömmigkeit, Sanftmut, Keuschheit und Enthaltsamkeit sind für sie »Waffen«, mit denen sie die Dämonen niederzwingen. Sie sind die »Helden« (Harnack 29), auf die der Chor der Engel niederblickt und denen ein herrlicher Lohn zuteil werden wird. Ihre Vorbilder sind »Paulus und Petrus als die größten Heroen Christi« (ebd.), »die soviel gekämpft, die so viele barbarische Völker überwunden, so viele Feinde niedergestreckt, so viele Beute gemacht, so viele Triumphe gefeiert haben, die da mit blutigen Händen von der Niedermetzelung der Feinde zurückkehren, deren Füsse in Blut gebadet und deren Hände gewaschen sind im Blute der Sünder; denn sie haben ganze Bataillone der verschiedensten Dämonen besiegt und getötet« (Origenes, In Numeros Homilia, XXV, 6; in: Die griechischen christlichen Schriftsteller [GCS] der ersten drei Jahrhunderte, hg. v. der Kirchenväter-Commission der Preußischen Akademie der Wissenschaften, Bd. 30: Origenes, Bd. 7, Teil 2, Leipzig 1921, 242; übers. nach Harnack 29; in Num 25,1-18, worauf sich diese Homilie bezieht, wird erzählt, wie der Priester Pinhas in heiligem Zorn einen Israeliten und eine Midianiterin auf ihrem Liebeslager im Frauengemach mit einem einzigen Speerstoß beide durchbohrt; die »Niedermetzelung« des Lasters ist also in dieser allegorischen Auslegung der Erzählung schon ganz eng mit der Tötung konkreter lasterhafter Menschen verknüpft.). Jesus ist der große Heerführer, der *princeps militiae*, dieser Helden. Auch »die ganze himmlische Miliz, die Engel, Erzengel u.s.w., tut ihren Dienst unter seiner Führung« (Origenes, in: Lib. Iesu Nave Homilia, VI, 2, in: GCS, ebd. 324).

Dieses Selbstverständnis des christlichen Mönchtums und Asketentums als eines geistlichen Soldatendienstes für Gott, Christus und Kirche hat die späteren Bildungen christlicher Klöster und Orden in ihrer Spiritualität wie in ihrer Disziplin stark beeinflußt. So konnten denn auch zur Zeit der Kreuzzüge die Angehörigen des Templerordens ohne Gefährdung ihrer christlichen Identität zur realen Waffe, zum Schwert, greifen, um die dämonischen Laster und Begierden in Gestalt der christusfeindlichen Moslems niederzuringen und zu töten. So sehr Origenes jede reale Gewalt ablehnt und in seinem angestrengten geistlichen Feldzug um nichts anderes als um den inneren und äußeren Frieden kämpft, so liegt doch in dieser Sprache eine gefährliche Dynamik. Der Mensch, der diese Sprache hört und nachspricht (und dabei nicht so tief reflektiert wie der Philosoph und Theologe Origenes), ist stets in der Gefahr, die Laster und Dämonen, die es »mit blutigen Händen« niederzumetzeln gilt, auf andere Menschen zu projizieren, so daß diese ihm plötzlich als deren Inkarnation erscheinen und er also den Heroenkampf Christi kämpft, wenn er diese lasterhaften Menschen »blutig niedermetzelt«. Kennzeichnend dafür ist, daß den Hexen stereotyp Unzucht mit dem Teufel, also eine Verbindung von Lasterhaftigkeit und Dämonbesessenheit, vorgeworfen wurde.

Das Martyrium als Kriegsstrategie (Tertullian)

Tertullian sieht in den frühchristlichen *Märtyrern* die eigentlichen Soldaten Christi. Gerichtsstube, Kerker und Hinrichtungsort sind die Kampfplätze, an denen der Teufel »in seinem eigenen Hause« geschlagen und überwunden wird (Tertullian, An die Märtyrer, 1, in: BKV, Bd. 7, 216). Die »Beute«, die es in diesem Kampf zu erringen gilt, ist das ewige Leben (Tertullian, Apologetikum, 50, in: BKV, Bd. 24, 178). Das grausame Sterben des Märtyrers ist sein »Siegesaufzug«, in dem er seinen »Triumph« zum Ausdruck bringt: »Möget ihr uns immerhin Sarmentitier [»Reisigleute«] und Semiaxier [»Halbpfahlleute«] titulieren, weil wir an einen aus einem halben Wellbaume bestehenden Pfahl angebunden, rings mit Reisigbündeln umgeben, verbrannt werden. Das ist unser Siegesaufzug, dies ist unser Siegeskleid, auf solchem Wagen triumphieren wir« (Tertullian ebd. 179).

In dieser Perspektive gerät das christliche Martyrium in ein Zwielicht. Was ursprünglich als das Vorbild Jesu vor Augen stand, war das ruhige und friedliche Zuendegehen des Weges der Gewaltlosigkeit; als die wahre und tiefste Bestimmung des eigenen Wesens erkannt und verinnerlicht, wäre ein Abweichen von diesem Weg eine tiefe Untreue gegen sich selbst, eine radikale Selbstaufgabe, so daß es das kleinere Übel war, sich töten zu lassen, als selber zu töten oder andere für sich töten zu lassen. Kennzeichnend für diese zutiefst friedliche Haltung dessen, der so in den Tod geht, ist die Einsicht Jesu, daß diejenigen, die ihn töten, letztlich wie er selber Opfer sind, Opfer der jahrmillionenlangen Gewaltfaszination, in der der Mensch steht; so kann er für seine Henker beten (Lk 23,34). In ähnlich ruhig-friedlicher Weise haben auch im Jüdischen Krieg, der im Jahre 70 zur Zerstörung Jerusalems führte, die jüdischen Christen die Teilnahme am blutigen Aufstand gegen die Römer verweigert und haben lieber den Vorwurf des Verrats am eigenen Volk, Verstoßung aus der Synagoge und Tod auf sich genommen, als zur Waffe zu greifen. Jetzt aber, in der aufgezeigten Perspektive Tertullians, wird aus diesem bis zum Ende durchgehaltenen Weg des Friedens selbst ein erbitterter Rivalenkampf: Ein Heiliger Krieg, bei dem es darum geht, zu demonstrieren, daß der eigene Gott mächtiger ist als der Gott des Gegners.

Wie erbittert dieser Krieg geführt wurde, zeigt die Tatsache, daß sich in der Frage, wie sich die christliche Gemeinde gegenüber einem in der Verfolgung Abgefallenen verhalten solle, die frühe Kirche spaltete. Der Presbyter Novatian, der sich zum römischen Gegenbischof gegen Papst Cornelius weihen ließ, und später Novatus in Afrika traten dafür ein, diese »Abtrünnigen« in keinem Fall mehr in die Christengemeinde aufzunehmen, sondern sie für immer und ewig aus der Gemeinschaft der »Heiligen und Auserwählten« auszuschließen. Dies galt sogar für diejenigen, die das unter Todesstrafe vorgeschriebene Kaiseropfer gar nicht wirklich vollzogen, sondern sich durch Bestechung der staatlichen Opferkommission entsprechende Bescheinigungen verschafften oder ihre Namen auf andere Weise in die Liste derer hatten hineinschmuggeln lassen, die sich durch das Opfer als kaisertreu erwiesen hatten. Dieser Rigorismus wurde auf einer römischen Synode im Jahre 251 von 60 dort versammelten Bischöfen verurteilt, so daß die »Kirche der Reinen« zu einer Sekte wurde. In der Gesamtkirche war es durchaus umstritten, ob man in der Verfolgung fliehen durfte. Bedeutende Bischöfe wie Cyprian sind geflohen und haben sich in Sicherheit gebracht.

Erstaunlich bleibt freilich, daß es auch für Cyprian und die übrigen Bischöfe der Gesamtkirche selbstverständlich war, daß der Vollzug der unter Todesstrafe von jedem römischen Bürger geforderten Opfergeste – das Ausstreuen von Weihrauchkörnern und Hinschütten eines Bechers Wein vor dem Kaiserbild – ein schweres Vergehen darstellte, das aus der Gemeinschaft mit Gott und der Kirche ausschloß. Diese Haltung hat ihre Wurzel wahrscheinlich im Dämonenglauben. Die Desillusionierung und Profanisierung der Tötungsgewalt, wie sie sich im Jesusereignis vollzog (vgl. oben Kap. 4.22), ist kaum in die frühe Christenheit eingedrungen. Der Satan und seine Dämonen waren für die frühen Christen noch »im Himmel«, noch nicht daraus herabgestürzt (vgl. Lk 10,18), sie waren noch transzendente Größen, nicht bloß eine – wenn auch noch so starke und wirkmächtige – soziale Realität (vgl. oben S. 275). In Kaiser- und Götzenbildern verbarg sich der Teufel als transzendente Macht und jede noch so kleine Verehrungsgeste einem solchen Bild gegenüber hätte bewirkt, daß der Satan anstelle des Gottesgeistes Jesu von einem solchen Menschen Besitz ergriff. Für dieses im Grunde dualistische Weltbild gab es, einmal gefaßt und vor die Forderung der Verehrung des Kaiserbildes gestellt, nur das blutige Martyrium. Andernfalls war man ein »Deserteur«, der aus dem Heerlager Christi in das Heerlager Satans überwechselte.

Ein so vollzogenes Martyrium als Nachvollzug des Todes Jesu zu interpretieren, bedeutet jedoch eine radikale Verzeichnung dieses seines gewaltfreien Sterbens. Man hätte sich in der Situation der unter den römischen Kaisern Decius und Diokletian angestrebten inneren Erneuerung des römischen Staates besser an das Jesuswort von der Kaisermünze erinnert und »dem Kaiser gegeben, was des Kaisers ist« (Mt 22,21), nämlich Geld, Weihrauchkörner und einen Becher Wein, »und Gott, was Gottes ist«, nämlich Liebe und Barmherzigkeit. Das Hinstreuen von Körnern und Ausschütten eines Bechers Wein ist ja von seinem Symbolgehalt her weniger eine Opfergeste, als eine Geste der Verehrung und der Anerkennung der regierenden staatlichen Macht. Als solche wurde sie von staatlicher Seite auch verstanden, und da die Christen grundsätzlich ja die staatliche Macht – sogar als von Gott eingesetzt – anerkannten, hätte wegen dieser Geste niemand einen blutigen Tod zu sterben brauchen.

Das Martyrium der Christen in der Römerzeit gründet in jener kriegerisch-kämpferischen Spiritualität, wie sie aufgrund der Verwendung einer gewaltverhafteten Sprache im Urchristentum entstanden war. Spätestens bei Tertullian ist ja auch schon die Taufe der »Fahneneid«, den der *miles Christi*, der christliche Gottesstreiter, auf seinen Feldherrn Christus leistet, so daß er von nun an bereit sein muß, in der Auseinandersetzung mit feindlichen Mächten für ihn zu sterben. Das Wort *sacramentum* steht in der *Itala*, also in den ältesten lateinischen Bibelübersetzungen für das griechische Wort *mysterion*, bezeichnete also das »Geheimnis« der in Jesus geschehenen Gottesoffenbarung (vgl. Th. Schneider, Zeichen der Nähe Gottes. Grundriß der Sakramententheologie, Mainz 1979, 34). Nun erinnert Tertullian jedoch daran, daß *sacramentum* auch das Wort für den Fahneneid des römischen Soldaten gegenüber dem Kaiser ist: »Wir sind zum Kriegsdienste des lebendigen Gottes berufen schon dann, wenn wir die Worte des Fahneneides *(sacramentum)* nachsprechen«, sagt Tertullian (ders., An die Märtyrer, 3, in: BKV, Bd. 7, 218), und Harnack urteilt dazu: »Man kann hier nicht mehr von einem blossen Bilde sprechen: Tertullian und die lateinischen Christen mit ihm empfinden sich wirklich und förmlich als Soldaten Christi« (Harnack 35).

Hier liegt wohl auch ein wichtiger Grund dafür, daß sich im 3. Jahrhundert in zunehmender Zahl Soldaten zum Christentum bekehrten. An sich ist das ja ein großer Widerspruch, wenn man an die oben dargestellte Ablehnung der Tötungsgewalt und des Soldatendienstes durch die frühe Kirche und an die ihr zugrunde liegende Erfahrung eines gewaltlos liebenden Gottes im Gekreuzigten denkt sowie an die unmittelbar aus diesem Glaubensfundament fließenden Forderungen der Bergpredigt nach Feindesliebe und Verzicht auf Wiedervergeltung. Harnack führt als Elemente, die das Christentum für einen Soldaten anziehend machen konnten, seinen Universalismus an, durch den diese Religion und ihre Ausübung nicht an ein bestimmtes Volkstum und nicht an einen bestimmten Ort gebunden waren, sowie seinen strengen Monotheismus, »die Lehre von dem *einen* Herrn Himmels und der Erde«, die »dem soldatischen Geist entgegenkommen« (Harnack 54, Hervorhebung von ihm). Mehr aber noch dürfte (worauf Harnack nur in einer Fußnote hinweist: ebd. 55, Anm. 2) die hier beschriebene militärische Bilderwelt und die dadurch bestimmte Spiritualität den Soldaten angesprochen haben. Tatsächlich lesen wir in vielen Märtyrerakten, daß die Soldaten von der Tapferkeit und Furchtlosigkeit, mit der die Christen in den Tod gingen, so beeindruckt waren, daß sie sich selbst auf ihre Seite stellten. Von Bischof Phocasa wird (wenn auch legendarisch und relativ spät) erzählt, daß er zur Zeit Kaiser Trajans vor seiner Hinrichtung zahlreiche Soldaten getauft hat. Der Kavallerieoffizier Philoromus bekehrte sich, als er den Mut des Märtyrers Philetas miterlebte. Als im Jahre 341 in Bet-Huzaye mehrere Christen den Märtyrertod starben, wird berichtet, daß Soldaten, die an der Hinrichtung teilnehmen sollten, ihre Kleider abwarfen, sich zu den Christen stellten, selbst diesen Glauben bekannten und wie sie den Märtyrertod starben (vgl. Hornus 25).

Militärische Sprachbilder bei Cyprian

In dem Jahrhundert nach Tertullian, also unmittelbar vor der »Konstantinischen Wende«, nehmen in den Predigten und Ermahnungen der abendländisch-lateinischen Kirche diese militärischen Bilder des Soldatendienstes, der militärischen Disziplin und des Kampfes überhand. Sie finden sich besonders ausgeprägt bei dem lateinischen Kirchenvater Cyprian von Karthago, »dessen Traktate und Briefe mehr gelesen wurden als die heiligen Schriften« (Harnack 41). Er, der als Bischof, wie oben ausgeführt (Kap. 5.12), seinen Gläubigen einschärfte, daß die Hand des Christen nach dem Eucharistieempfang nicht mehr durch Schwert und Blut »besudelt« werden dürfe, nennt in seinen Schriften die Taufe *sacramentum et devotio militis dei*, also den Fahneneid und das Gelöbnis des Gotteskriegers (vgl. Harnack ebd.). Christus ist für ihn der *imperator*, der die Christusstreiter zum Siege führt. Alle Christen sind (durch den Fahneneid der Taufe) Soldaten Christi, die Elitesoldaten und Offiziere aber bestehen aus den Bekennern und Märtyrern; durch ihre Wunden und ihren Tod kämpfen sie die Dämonen nieder: »Was war das für ein Schauspiel für den Herrn! Wie erhaben, wie gewaltig, wie willkommen den Augen Gottes als Beweis für die treue Ergebenheit seiner Krieger« (Cyprian, Zehnter Brief, 2, in: BKV, Bd. 60, 30 f.). Wer dem Martyrium ausweicht, gilt als Deserteur.

Die Kirche ist das Heerlager Gottes, und die von ihr abgefallenen Häretiker sind Rebellen, die der »Rotte Korach« gleichen und denen dieselbe Strafe gebührt: Im Buch Numeri nämlich wird erzählt, daß sich der Levit Korach und ein Teil der anderen »führenden Männer aus der Gemeinde« gegen Mose und Aaron »zusammenrotteten«, indem sie sich bei ihnen beschwerten, daß nur sie beide in unmittelbarer Beziehung zu Jahwe stünden, während doch in Wahrheit alle heilig seien, »die ganze Gemeinde«, und der Herr mitten unter ihnen sei. Darauf erklärt Mose die Aufrührer und alles, was zu ihnen gehört, für fluchbeladen, und das Volk entfernt sich scheu und angstvoll aus der Nähe ihrer Zelte. Während, so von den übrigen abgetrennt, Korach und seine Mitverschworenen am Eingang ihrer Zelte stehen, »zusammen mit ihren Frauen, Söhnen und kleinen Kindern«, »spaltete sich der Boden unter ihnen, die Erde öffnete ihren Rachen und verschlang sie samt ihrem Haus, mit allen Menschen, die zu Korach gehörten, und mit ihrem ganzen Besitz. Sie und alles, was zu ihnen gehörte, stürzten lebend in die Unterwelt hinab« (Num 16,1-35, hier 27; 31-33). Dieselbe Strafe gebührt nach Cyprian den Häretikern und Schismatikern, die sich gegen die »Offiziere« im Heerlager Christi auflehnen.

In dieser Gewaltdrohung gegen die Häretiker wird deutlich, wie die zuerst geistlich – als Kampf gegen Laster und Dämonen – verstandene *militia Christi,* der christliche Soldatendienst, unversehens in Gewalt gegen konkrete Menschen umschlagen kann. Nach der sogenannten »Konstantinischen Wende«, nachdem die Kirche sich mit der staatlichen Gewalt solidarisiert hatte, sind dann diese von der gewaltverhafteten Sprachwelt her gespeisten Gewaltvisionen blutige Wirklichkeit geworden. Wie kam es zu dieser Wende?

5.15 Die Konstantinische Rück-Wende der Kirche zum Gott der Verfolger

Das »Heerlager des Satans« und das »Heerlager Christi«

Die Weigerung des frühen Christen, an staatlicher Tötungsgewalt, an Soldatendienst und Exekutionsvollmacht teilzunehmen, war sehr grundsätzlicher Natur. Sie floß unmittelbar aus der zentralen christlichen Gotteserfahrung: aus der Erfahrung des gewaltlosen Gottes, der Liebe ist. Wie kam es von dieser Absage an Purpur und Schwert, die unmittelbar aus dem Kern der christlichen Gottesoffenbarung hervorgeht, zu der historischen Tatsache grausamer christlich-staatlicher Religionskriege? Die aufgezeigten inneren Widersprüche zur ursprünglichen Gewaltfreiheit des frühen Christentums – die grundsätzliche Bejahung der Staatsgewalt (Kap. 5.13) und die militaristische Interpretation der eigenen (auf physische Gewaltfreiheit ausgerichteten) Spiritualität (Kap. 5.14) – lassen deutlich erkennen, daß die praktizierte Gewaltfreiheit des frühen Christen zwar ein unmittelbarer *Reflex* auf die Offenbarung Gottes im gekreuzigten Jesus war, diese aber noch nicht in ihrer ganzen anthropologischen und geschichtlichen Bedeutung begriffen wurde. Die Erfahrung des gewaltlosen Gottes in Jesus hat zwar in der Kraft des ersten unmittelbaren Eindrucks reflexhaft das konkrete Handeln geprägt, konnte aber nicht auch das von innen herkommende Fühlen und Denken schlagartig von Grund auf verändern.

Die Rück-Wendung zum Gott der Verfolger beginnt deshalb in jenen Passagen auch schon des neutestamentlichen Denkens, in denen dem dualistischen Weltbild der Essener-Gemeinde Raum gegeben wurde. In den Passionserzählungen (als dem literarischen Kern der Evangelien) ist dies noch nicht der Fall. Diese *profanisieren* zwar die staatliche Tötungsgewalt, ohne sie jedoch zu *dämonisieren*. Pilatus, der kraft seiner Exekutionsgewalt (vgl. Joh 19,10) Jesus kreuzigen läßt, ist in diesen Erzählungen (bes. bei Johannes, vgl. oben Kap. 4.22 den Abschn. »Jesus vor Pilatus«) weder ein göttliches Wesen noch ein Teufel. Er ist ein jonglierender Machtpolitiker – manche würden sagen: »Realpolitiker« –, der am Ende charakterlos seine Rechtsüberzeugung zugunsten seines Machterhalts aufgibt und vor dem blinden Haß der jüdischen Priesterschaft kapituliert. Auch die Hohenpriester verkörpern nicht eine transzendent-satanische Macht, sondern nur eine dumm-blinde, aus archaischem Rivalisieren stammende Tötungswut. In dieser Szene wird konkret, was das Lukasevangelium nach der freudigen Rückkehr der 72 Jünger, denen es gelungen war, im Namen Jesu Dämonen auszutreiben, von Jesus erzählt: »Ich sah den Satan wie einen Blitz vom Himmel fallen« (Lk 10,18): Das Dämonisch-Satanische ist aus dem Reich des Göttlichen herausgefallen; es hat seine Transzendenz verloren und wirkt nur noch auf der Erde in Form von Dummheit und Charakterlosigkeit. Als jedoch die frühen Christen die in festlichen Umzügen pompös zur Schau gestellte staatliche Tötungsgewalt zum »Gepränge des Satans«, zur *pompa diaboli*, erklärten und ihr im Taufschwur feierlich absagten, haben sie diese Gewalt wieder in den Himmel hinein erhöht und dem Göttlichen dualistisch gegenübergestellt. Hier schon konnte das Kreuz zum *vexillum*, zum Feldzeichen und zur Siegesfahne des Streiters Christi werden, der im Kampf gegen Satan und Dämonen vorrückt. Damit aber ist immer auch schon die

Möglichkeit gegeben, daß einer, der über physische Tötungsgewalt verfügt, dieses »Feldzeichen« aufgreift und es zu seinem wirklichen Feld- und Herrschaftszeichen macht.

Seit man infolge des dualistisch-kriegerischen Denkens unter den frühen Christen von zwei »Heerlagern« spricht, dem Heerlager Belials und dem Heerlager Christi, ist immer auch die Situation des mörderischen Krieges zwischen beiden Lagern mitgedacht. Tatsächlich hat sich ja dieser Krieg in den römischen Christenverfolgungen ausgetobt, wobei freilich die Christen eine seltsame, bisher nie gekannte Kriegsführung praktizierten: Sie empfanden ihr Sterben als einen Sieg und deklarierten den Martertod zu einer Triumph- und Siegesveranstaltung (Tertullian, vgl. oben Kap. 5.14). Natürlich hat diese Art der Kriegsführung die römischen Kaiser irritiert. Manche, wie zuletzt Diokletian unter dem Einfluß seines Schwiegersohnes Galerius, versuchten durch eine konsequente Verfolgung den Abfall der Christen von ihrem Glauben so zahlreich zu machen, daß die neue Religion in sich zusammenbrechen würde. Wenngleich dabei auch viele abfielen, so war die Zahl derer, die durch ihr Martyrium den »Sieg« des Heerlagers Christi über das des Kaiser darstellten, doch so groß, daß ein Sieg der staatlichen Macht auf diese Weise nicht errungen werden konnte. Andere Kaiser, wie z.B. Gallienus, der Sohn Valerians, haben deshalb die Verfolgungen eingestellt, um den Christen nicht immer neue »Siege« zu ermöglichen, ja vielleicht auch schon mit dem Gedanken, die offensichtliche Kraft dieser neuen Religion für die Festigung der eigenen staatlichen Macht zu nutzen.

Als nach der Abdankung Diokletians und seines Mitkaisers Maximinian im Jahre 305 das Reich auseinanderbröckelte, war die Haltung der miteinander konkurrierenden Herrscher in den einzelnen Reichsteilen verschieden. Während im Osten unter Galerius und Maximinius Daja der Vernichtungskampf gegen die Christen fortgeführt wurde, suchten im Westen des Reiches die Feldherrn, die dort die kaiserliche Macht usurpierten (wie Maxentius und Konstantius Chlorus, der Vater Konstantins), die von den Christen verehrte Gottesmacht, die in so vielen Martyrien triumphiert hatte, zur Stützung ihrer eigenen Herrschaft zu beanspruchen. Schon im Jahre 305 wurde im Westen des Reiches die Verfolgung der Christen größtenteils eingestellt. Konstantin, der nach dem Tode seines Vaters, erst etwa 22 Jahre alt, die Herrschaft im Westen für sich allein beanspruchte, machte bei einer Inspektionsreise im spanischen Teil seines Herrschaftsgebietes den Bischof Hosius von Corduba zu seinem Berater, der ihn von nun an viele Jahre lang begleitete.

Hier bahnte sich ein Zusammenspiel der beiden vorher feindlich sich gegenüberstehenden Heerlager an, das von beiden Seiten her als Sieg interpretiert werden konnte: Der Kaiser, dem es von den ersten Christenverfolgungen an um den Erhalt des Reiches und der kaiserlichen Macht ging, hatte gesiegt, wenn der Christengott ihm, der den kaiserlichen Herrschaftsanspruch gewaltsam an sich gerissen hatte, zur Macht über das Reich verhalf und seine Herrschaft vom Transzendenten her legitimierte. Umgekehrt konnten aber auch die Christen sich als Sieger fühlen, wenn das vormals feindliche Lager nunmehr die eigenen »Feldzeichen« übernahm und seinen Kampf im Namen ihres Gottes führte.

Die Kaiser und Christus verbindende Lichtsymbolik

Das beide Lager verbindende religiöse Symbol war dabei das der Sonne. Licht, Sonne, Mond und Sterne sind seit der Seßhaftwerdung des Menschen Symbol des »lichten«, zivilisierten Lebensraums, der »Lichtung«, die der Mensch im harten Kampf der Wildnis abringt, jener wild-gewaltigen Natur, die immer wieder in Sturmfluten, Erdbeben oder Dürrekatastrophen diesen vom Menschen geschaffenen hellen Lebensraum auszulöschen und der Wildnis anzugleichen sucht. Auch nomadisierende Völkerstämme, die in diesen lichten Lebensraum einbrechen und ihn verwüsten, in römischer Zeit die sogenannten »Barbaren«, gehören zu diesen lebensbedrohenden Naturkatastrophen. Der König, der (ursprünglich im Zusammenspiel mit der Frau und Mutter als dem Fokus des seßhaft gewordenen Gemeinwesens: vgl. Baudler, Gott, 97-160 u. 200-219) diesen hellen Lebensraum gegen die ihn umgebende Wildnis verteidigt, ist immer schon der mit Sonne, Mond und Sternen verbundene *Lichtheld*, der die Ungeheuer der Wildnis ausgrenzt, niederwirft, besiegt und tötet: Gilgamesch den Riesen Chuwawa, den Herrn des Zedernwaldes, der helle, olympische Zeus die dunklen Titanen und der römische Kaiser (als Ebenbild des Zeus bzw. Jupiters) die an den Grenzen des Reiches lebenden finsteren Barbaren. Vom ägyptischen Pharao über die Aztekenherrscher bis hin zu den absolutistischen Fürsten der frühen Neuzeit (etwa des »Sonnenkönigs« Ludwigs XIV. von Frankreich) ist der Herrscher, der in seiner Person diesen lichten Lebensraum vertritt und verteidigt, ein Sohn und Abbild der Sonne und des Sonnengottes.

So wird auch Kaiser Konstantin in einer Lobrede aus dem Jahre 310 als Verehrer des Lichtgottes Apollon gepriesen. Der Konstantinsbogen in Rom, der seinen entscheidenden Sieg über Maxentius an der Milvischen Brücke darstellt und verherrlicht, zeigt nebeneinander Apollon als Sonnengott und den Kaiser im Strahlenkranz und mit erhobener Hand. Der

Kaiser erscheint so als das irdische Abbild der Licht- und Sonnengottheit. Die Inschrift des Bogens sagt, daß er *instinctu divinitatis*, also auf Antrieb und Anreiz der in ihm wirkenden Gottheit, den Sieg errungen habe. Auch die Münzen, die er zu jener Zeit schlagen ließ, trugen zunächst nur das Bild Jupiters und des *Sol Invictus*, des unbesiegten Sonnengottes (vgl. B. Kötting, Kap. Kirche und Staat, in: R. Kottje/B. Moeller [Hg.], Ökumenische Kirchengeschichte, Bd. 1, Mainz-München 1970, 133). Noch fast zwei Jahrzehnte später, als er schon allgemein als der »christliche« Kaiser galt, blieb diese Symbolik erhalten: In der von ihm begründeten und nach ihm benannten neuen Reichsstadt, Konstantinopel, steht er im Bild des Sonnengottes als Kolossalstatue auf einer hohen Porphyrsäule: Sieben Strahlen umgeben sein Haupt, in der Linken trägt er die Lanze, in der Rechten den Globus als Symbol seiner Weltherrschaft. Nun ist lediglich dieser Globus mit dem Kreuz geschmückt: Die Welt, die er, Konstantin, als Abbild der unbesiegten Sonne regierte, stand auch im Zeichen der christlichen Gottheit (vgl. ebd. 135 f.)

Seit die Christen (parallel zur Essener-Gemeinde) das Bild von den Söhnen des Lichts (die im tödlichen Abwehrkampf gegen die Söhne der Finsternis standen) für das eigene Selbstverständnis gebildet hatten, war auch der in Jesus aufstrahlende Gott ein Gott des Lichts. Die Ostersonne, die über dem leeren Grab Christi aufging, war ein Abbild des *Sol Invictus*: das Licht, das die Welt in ihrer Finsternis erhellt und alle Dunkelheit besiegt. Der auferstandene Christus selbst ist dieses Licht: er ist »das wahre Licht, das jeden Menschen erleuchtet« (Joh 1,9); es »kam in die Welt, und die Menschen liebten die Finsternis mehr als das Licht« (Joh 3,19). Bei Paulus fallen dabei Licht und Finsternis dualistisch auseinander: »Was haben Licht und Finsternis gemeinsam? Was für ein Einklang herrscht zwischen Christus und Belial?« (2 Kor 6,14 f.). Die Christen sind »Söhne des Lichts und Söhne des Tages« (1 Thess 5,5), und sie kämpfen mit den »Waffen des Lichts« (Röm 13,12).

In dieser Situation konnte der römische Gott- und Sonnenkaiser, dem es um die Festigung seiner (usurpierten) Macht ging, sich gegenüber den Verehrern der alten Gottheiten als Abbild Apollos und gegenüber den im Reich so zahlreich gewordenen Christen als Abbild der Lichtgestalt Christi verstehen und präsentieren. Tatsächlich hat Konstantin versucht, beides für sich zu beanspruchen und dadurch das Reich zu einen. Den Christen in seiner Umgebung, die froh waren, daß in seinem Herrschaftsgebiet die Verfolgungen aufgehört hatten, war natürlich alles daran gelegen, die Selbstinterpretation des Kaisers als Abbild und Stellvertreter Christi zu fördern, zu unterstützen und nach außen hin möglichst breit darzustellen.

So ist es auch situationsbedingt, daß Eusebius von Cäsarea, der erste Verfasser einer Kirchengeschichte, der auch ein »Leben Konstantins« geschrieben hat, lobhudelnd den Kaiser als Super-Christen, ja geradezu als Verkörperung der Lichtgestalt Christi »glänzend in strahlendem Lichtgewande« und »mit dem immer blühenden Diadem endlosen Lebens und mit der Unsterblichkeit seliger Ewigkeit geehrt« (Eusebius, Leben Konstantins, I, 2, in: BKV, Bd. 9, 5) beschrieben hat. Wenn er dabei die Menschlichkeit des Kaisers betont und in ihr den Unterschied zur römisch-heidnischen Kaiserverehrung sieht (wie dies bes. H. Dorries, Konstantin der Große, Stuttgart 1958, 146 ff., herausarbeitet, der insgesamt Konstantin als den ersten großen christlichen Kaiser beschreibt), kann er das ohne Schmälerung des göttlichen Kaiserglanzes tun, ist doch auch Christus zugleich wahrer Mensch und wahrer Gott. Der bekannte Historiker Jacob Burckhardt spricht in Bezug auf die *vita Constantini* davon, daß Konstantin das »Unglück« gehabt hat, »in die Hände des widerlichsten aller Lobredner« gefallen zu sein, der sein Bild durch und durch verfälscht hat (J. Burckhardt, Ges. Werke, Bd. I [Die Zeit Constantins des Großen], Darmstadt 1955 [Nachdruck von 1880], 239). Dies wird man zwar heute (unter Berücksichtigung der Redegattung der *vita Constantini*) nicht mehr in dieser verurteilenden Weise formulieren. Dennoch gilt Burkhardts Urteil über Konstantin: Fallen die Entstellungen weg, in denen Eusebius die Gestalt Konstantins gezeichnet hat, so bleibt »ein politischer Rechner übrig, der alle vorhandenen physischen Kräfte und geistigen Mächte mit Besonnenheit zu dem einen Zwecke benützt, sich und seine Herrschaft zu behaupten, ohne sich irgendwo ganz hinzugeben« (Burckhardt 240).

»Pontifex Maximus« und »Episcopos ton ektos«: Zur Doppeldeutigkeit der religiösen Überzeugung Konstantins

Die Frage, ob Konstantin aus Überzeugung Christ war oder nur aus politischer Opportunität, ist viel diskutiert worden. Wichtiger noch aber ist die Frage, was Konstantin unter christlichem Gottesglauben *verstanden* hat. Verschiedentlich wird darauf hingewiesen, daß er in seiner Verehrung der Licht- und Sonnengottheit, in der sich auch sein Vater bewegte, schon zum Monotheismus vorgedrungen sei, als dessen reinste Form er dann das Christentum betrachtet habe (so z.B. A. Franzen, Kleine Kirchengeschichte, Freiburg-Basel-Wien 11. Aufl. 1983, 66). Doch ist dies wirklich ein möglicher Weg, um zum Wesen des christlichen Glaubens vorzustoßen? Hat nicht auch schon der ägyptische Pharao Amenophis IV., der sich später Echnaton nannte, beinahe anderthalb Jahrtausende vor Christus versucht, die Licht- und Sonnengottheit Aton zum alleinigen Gott zu erheben und dadurch sich selbst als dem einzigen Vermittler der einzigen Gottheit einen unerhörten Rang zu geben und in dieser göttlichen Mächtigkeit »die verschiedenen Völker der ägyptischen Großmacht des Neuen Reiches religiös anzusprechen und zu binden« (Heiler, Religionen, 111)? Führt von einem solchen Monotheismus, der aufgebaut ist nach dem Motto: *ein* Gott, *ein* göttlicher Herrscher, *ein* Reich, wirklich der Weg zur Erfahrung Gottes im Antlitz des Gekreuzigten? Sind nicht das Licht und der göttliche Glanz, die nach Paulus auf diesem Antlitz aufleuchten (vgl. 2 Kor 4,6), aus einer völlig anderen Lichtquelle gespeist? Der Monotheismus des Sonnenkultes ist eher die höchste Steigerung und Sublimierung der Verehrung des Gottes der Verfolger, nicht aber die Hinwendung zum Gott der Verfolgten.

Hätte Konstantin auch nur eine Ahnung vom Aufleuchten der Gottherrlichkeit auf dem Antlitz der Gekreuzigten, Verfolgten und Ohnmächtigen gehabt, hätte er niemals, auch nur eine Sekunde, dem Gedanken Raum geben können, die blutige und mörderische Politik der spätantiken römischen Kaiser, wie er sie ungebrochen bis an sein Lebensende weiterführte, auch als Ausfluß der in ihm wirkenden Macht des Christengottes interpretieren zu können (und auf diese Weise Heiden *und* Christen an sich zu binden). Wie sehr seine Gestalt durch das Pathos des todgewaltigen Kämpfers und Kriegers geprägt war, zeigt schon die legendenhafte Erzählung vom Anfang seines Wirkens: Kaiser Galerius, an dessen Hof Konstantin aufwuchs, hatte aus Gründen seines Machterhalts dem Heranwachsenden den sicheren Tod bereiten wollen, indem er ihn mit Barbaren und wilden Tieren kämpfen ließ; »allein der furchtlose Held siegte über Barbarenfürsten und Löwen und legte sie dem neuen Oberkaiser vor die Füße« (Burckhardt 241). Im Amphitheater in Trier hat dann Konstantin selbst die von ihm gefangenen germanischen Herzöge den wilden Tieren vorgeworfen.

Konstantin regierte allem Anschein nach skrupellos mit der von ihm usurpierten Tötungsgewalt; Im Jahre 310 ließ er den Mitkaiser Maximinian töten; erst drei Jahre zuvor hatte er dessen Tochter Fausta geheiratet, um dadurch den Augustustitel verliehen zu bekommen. Sein Rivale Maxentius, der Bruder seiner Frau, fiel in der Schlacht an der Milvischen Brücke, die der Kaiser nach der Deutung des Eusebius im Namen des Christengottes führte. Zwei Jahre später ließ er den Eintagekaiser Bassian hinrichten, der kurz zuvor eine seiner Schwestern geheiratet hatte. Sein anderer Schwager, Licinius, der ihm die Herrschaft streitig machte, ergab sich ihm, nachdem Konstantin versprochen hatte, ihm das Leben zu lassen; dennoch befahl Konstantin 324 seine Hinrichtung. Er ließ auch dessen Sohn, seinen jungen Neffen Licinianus, töten. Historisch nicht ganz gesichert (von antikonstantinischen Geschichtsschreibern überliefert), aber doch wahrscheinlich ist, daß er auch seinen eigenen Sohn Crispus und seine Frau Fausta hat umbringen lassen. Möglicherweise beunruhigten gerade diese Familienmorde auf dem Sterbebett sein Gewissen, denn nach einem Bericht des Papstes Zosimus ließ sich der Kaiser kurz vor seinem Tod aufgrund der Zusicherung taufen, daß durch dieses Sakrament auch die schlimmsten Verbrechen vergeben und ausgelöscht werden würden.

Dabei hat er jedoch seine Methode, die politische Macht durch eine skrupellose Ausübung der ihm gegebenen Tötungsgewalt zu erhalten, nicht wirklich geändert: In seinem Testament befahl er seinen Söhnen, seine Brüder, ihre Onkel, zu töten, was diese dann auch ausführten (Belege zu dieser Politik des Machterhaltes durch Töten bei Hornus, 194 f.). Auch gegenüber den Würdenträgern in seinem Reich ist Konstantin der todgewaltige Herrscher, der wie Zeus bzw. Jupiter oft plötzlich und unerwartet seine Blitze vom Himmel herab auf die Menschen schleudert. Ganz plötzlich konnte man bei ihm in Ungnade fallen und dem Henker übergeben werden. Ein Gottkaiser kann und muß töten; eben in dieser seiner *vis vitae necisque* besteht seine Göttlichkeit. Darum wäre es falsch, Konstantin an heutigen ethischen Maßstäben zu messen und ihn als verbrecherischen Gewaltherrscher, als »Mörder«, zu beurteilen. Ein Gottkaiser mordet nicht; er tötet kraft göttlicher Vollmacht und jeder dieser Tötungsakte dient als eine Art Opfertötung direkt oder indirekt der Erhaltung und Festigung seiner Macht und damit des Gemeinwohls.

Freilich ist es absurd zu fragen, ob ein solcher spätantiker Gottkaiser aus Überzeugung Christ war. Viele sicher belegte Fakten zeigen hinlänglich, daß Konstantin zwar entsprechend dem im Jahre 313 erlassenen Mailänder Toleranzprogramm (das auch sein späterer Rivale Licinius unterschrieb) dem Christentum volle Gleichberechtigung gegenüber den heidnischen Kulten einräumte, letztere aber keineswegs aufheben wollte, sondern eben von *beiden* Religionsformen her seine göttliche Legitimierung zu beziehen suchte. Ganz deutlich zeigt dies die Tatsache, daß er einerseits den heidnischen Titel des *Pontifex Maximus* beibehielt, also als oberster Opferpriester in der Verehrung der alten Götter fungierte, sich andererseits aber als *episkopos ton ektos* bezeichnete, also den mit Weihen verbundenen kirchlichen Bischofstitel für sich beanspruchte. Aus dem Zusammenhang, in dem diese Selbstbezeichnung des Kaisers (in der *vita Constantini*) überliefert ist, ergibt sich, daß er damit nicht nur eine Kompetenz gegen-

362

über äußerlichen Bereichen der Kirche oder gegenüber den noch heidnischen Bewohnern des Reiches artikulierte, sondern seine göttliche Berufung insgesamt, seine göttliche Herrschermacht über Christen wie Heiden, hier eben in christlichen Kategorien zum Ausdruck zu bringen suchte (vgl. J. Straub, Kaiser Konstantin als *episkopos ton ektos*, in: ders., Regeneratio Imperii, Darmstadt 1972, 119-133). In einigen seiner Lobreden bezeichnet Eusebius den Kaiser als »Priester« *(hierophantes)*, wobei er offensichtlich – wahrscheinlich in Anlehnung an alttestamentliche Vorbilder (z.B. Melchisedech) – die religionsgeschichtliche Vorstellung vom Priesterkönigtum übernimmt und Konstantin damit zum Hüter auch des christlichen Glaubens macht (vgl. G. Schöllgen, Artikel »Hoherpriester«; in: E. Dassmann [Hg.], Reallexikon für Antike und Christentum, Faszikel 121 [Stuttgart 1992, vorgesehen für Bd. XVI], Sp. 4-58; hier Sp. 53). Tatsächlich hat der Kaiser ja auch kirchliche Konzile einberufen und dabei den Vorsitz geführt, »als handle es sich um eine Sitzung des römischen Senats« (Hornus 197).

Dabei zeigt die schon beschriebene Gestaltung des Konstantinbogens in Rom, die seinen Sieg an der Milvischen Brücke aus dem Jahre 312 verewigen sollte, daß es nicht möglich ist, angesichts dieses Ereignisses von einer »Bekehrung« Konstantins zum Christentum zu sprechen. Zwar scheint die Erzählung von einer Himmelserscheinung in der Nacht vor der Schlacht historisch zu sein, da man nachweisen konnte, daß eine außergewöhnliche Sternkonstellation um den 10. Oktober 312 stattfand und von der Via Flaminia aus, wo Konstantin sich aufhielt, zu sehen war (vgl. Hornus 193). Doch die Symbole auf dem Konstantinsbogen zeigen, daß es eben Sonne, Mond und Sterne waren, die dem Kaiser den Sieg verkündeten, und lediglich die (wahrscheinlich bewußt vage gehaltene) Inschrift *instinctu divinitatis* läßt offen, ob nicht *neben* der altbekannten und auf dem Relief dargestellten Lichtgottheit Apollo auch Christus als das in die Welt gekommene Gotteslicht mit dieser divinitas zu verstehen ist (was Eusebius als einzige Möglichkeit breit ausführt).

Manchmal wird als Hinweis auf die Bekehrung Konstantins vor der Schlacht an der Milvischen Brücke darauf hingewiesen, daß er nicht, wie seine heidnischen Vorgänger, den Sieg durch ein Dankopfer an Jupiter auf dem Kapitol gefeiert habe (vgl. Kötting 133). Dabei steht es aber fest, daß jedenfalls ein prunkvoller Triumphzug, eine *pompa*, stattgefunden hat, auf dem sich der siegesmächtige Kaiser als Gottesgestalt feiern ließ. Er trug den Ornat Jupiters, ja er färbte sogar sein Gesicht mit Mennige ein, »um in seiner roten Hautfarbe dem archaischen Kultbild auf dem Kapitol bis ins letzte zu gleichen« (F. Altheim, Konstantins Triumph von

312; in: Zeitschrift für Religions- und Geistesgeschichte 9 [1957], 221-231; hier: 223). In dem lateinischen Panegyricus aus dem Jahre 313, der diesen Triumphzug beschreibt, ist die Rede von dem »Gott, ... Weltschöpfer und Herr, [der] mit dem gleichen Blitz bald traurige, bald frohe Botschaft schickt« (Altheim 223). Das ist natürlich in erster Linie der Blitze schleudernde Zeus bzw. Jupiter, den der Kaiser auch durch seine Maskerade eindeutig darstellt. Doch wie sollte er auch äußerlich, durch entsprechende Verkleidung, den bildlosen Christengott abbilden? Hier mußte eben Jupiter, der oberste Gott, für Gottheit überhaupt stehen und ihm sein Gewand leihen. Der Ausdruck »Weltenschöpfer und Herr« läßt ja dann auch in diesem Gewand Jupiters ebenso an den Christengott denken. Hinzu kommt, daß Jahwe verschiedentlich auch (etwa auf dem Berg Sinai) in Blitz und Donner erscheint. So bleibt grundsätzlich auch hier die beabsichtigte Doppeldeutigkeit erhalten.

Im Bild dieser Blitze schleudernden Gottheit wird bei dem Triumphzug der Kaiser gefeiert, der seine Feinde und seine Schutzbefohlenen mit den gleichen Geschossen scheidet, die gleicherweise vernichten und schützen (vgl. Altheim ebd.). Kennzeichnend für die Religionspolitik Konstantins ist, daß nirgendwo in dem Panegyricus der Name Jupiters ausdrücklich erwähnt wird, so daß auch eine christliche Interpretation grundsätzlich offen bleibt. Vielleicht hat er aus eben diesem Grunde bei seinem »pompösen« Umzug den üblichen Gang zum Kapitol auch tatsächlich unterlassen. Altheim freilich hält dies für unmöglich und setzt diesen konstitutiven Teil des Umzugs als historisch voraus. Tatsache ist aber, daß er in dem Panegyricus nicht erwähnt wird: Es soll also jedenfalls in der schriftlichen Überlieferung von dem Triumphzug sowohl eine christliche wie eine heidnische – in jedem Fall aber eine religiös triumphalistische – Interpretation seines Sieges möglich sein.

Auch bei der Übertragung der römischen Feiertagsordnung auf den ersten Wochentag als dem Christus-Gedächtnistag der Christen ist diese Doppeldeutigkeit sichtbar: Der nunmehr arbeitsfreie Tag wird »Tag der Sonne« genannt, wobei sowohl Christus wie Apollo-Jupiter unter dem Bild der Sonne gesehen werden konnten; die Truppen hatten an diesem Tag ein ebenso doppeldeutiges Gebet an die Lichtgottheit zu sprechen (vgl. Kötting 138). Noch in Tod und Bestattung des Kaisers in der neu von ihm erbauten und nach seinem Namen benannten Residenzstadt kommt diese Doppeldeutigkeit zum Ausdruck: Einerseits läßt er sich in der Mitte der Apostelgedenksteine der Zwölf-Apostel-Basilika zu Konstantinopel bestatten – er wird heute noch in der Ostkirche als der »Apostelgleiche« verehrt –, andererseits strömt nach Bekanntwerden seines Todes das Volk an seiner von ihm zu Lebzeiten errichteten Kolossalstatue zusammen, die ihn unter dem Bild Apollos zeigt, und feiert seine Aufnahme in den antiken Götterhimmel (vgl. Kötting 134-136).

Auch mit der Errichtung repräsentativer religiöser Bauwerke für die Christen steht Konstantin in vorchristlich-heidnischer Tradition. Vormals war es das Kennzeichen der Christen gewesen, daß sie keine Tempel hatten; jetzt, da sich auch von *ihrem* Gott die göttliche Herrschermacht des Kaisers ableitet, muß dieser Gott auch in repräsentativen Bauwerken verehrt und dargestellt werden. Dasselbe zeigte sich in der Einstufung des christlichen Klerus. War es nach der Kirchenordnung des Hippolyt für einen Christen unmöglich, ein höherer Staatsbeamter zu werden, so wird jetzt der Klerus den heidnischen Priestern gleichgestellt, die ja alle im Staatsdienst standen, und insbesondere die Bischöfe wurden in die höheren Ränge der staatlichen Beamten eingereiht, dienten sie doch durch die Pflege ihrer Religion – ebenso wie die heidnischen Priester – dem Erhalt der göttlichen Kaisermacht und des Reiches.

Ein grausam deutliches Licht auf das Verständnis christlichen Glaubens durch Konstantin wirft das 320 erlassene Gesetz, im Gedenken an den Tod Christi die Kreuzigung als Todesstrafe zu verbieten, statt dessen aber die Aufrührer und Schwerverbrecher zu pfählen, sie also bei lebendigem Leibe bis zum Eintritt ihres Todes auf zugespitzte Pfähle zu spießen, - als ob der Glanz des Gottes Jesu als des Gottes der Verfolgten und Gequälten nicht ebenso deutlich auf dem Antlitz eines Gepfählten wie auf dem Antlitz des Gekreuzigten aufleuchten könnte. Konstantin hat auch weder die Kindesaussetzung noch die blutigen Gladiatorenspiele endgültig abgeschafft. Eine Ahnung vom wirklichen Wesen christlichen Denkens und Fühlens kann man vielleicht in der Anordnung sehen, die zu den Bergwerken Verurteilten nicht mehr im Gesicht zu brandmarken, um das »Abbild der himmlischen Schönheit« (Kötting 138), wie jedes Menschenantlitz es darstellt, nicht zu verletzen (wobei man freilich diese »Abbilder der himmlischen Schönheit« weiterhin in der Hölle dieser Arbeitsstätten zu Tode geschunden hat).

Vom frühchristlichen Gewaltverzicht zu Ketzerkriegen und Inquisition

Erstaunlich ist, daß sich der frühchristliche reale Gewaltverzicht, also die Vermeidung jeglichen Blutvergießens, auch in der neuen Situation noch eine relativ lange Zeit durchhält; hier zeigt sich, aus welch tiefen Quellen er gespeist war. Freilich ist jetzt in dieser Frage das Verhältnis zwischen Kirchenleitung und praktizierenden Christen umgekehrt wie vorher: Die

Kirchenordnung des Hippolyt zeigt zwar (wie Tertullian) die grundsätzliche Tendenz, Christsein und Soldatendienst für unvereinbar zu erklären, gestattet es aber einem Soldaten, der Christ wird, in seinem Stand zu verbleiben, wenn er dabei jegliches Blutvergießen vermeiden kann. Die Kirchenversammlung von Arles aus dem Jahre 314 (also zwei Jahre nach dem Sieg Konstantins an der Milvischen Brücke) zeigt die umgekehrte Tendenz, nämlich den Kaiser nicht dadurch zu brüskieren, daß Soldaten, die Christen werden, ihre Waffen niederlegen. Wer dies *in pace*, d.h. in Friedenszeiten, tut, wo kein Blutvergießen ansteht (und jetzt ja auch im Heer kein heidnischer Kult mehr vollzogen wird), wird sogar mit der Exkommunikation bedroht. Allerdings wird aus dieser Regelung auch deutlich, daß ein christlicher Soldat *in bello*, also dort, wo Blutvergießen unvermeidlich ist, immer noch das Heer verlassen kann.

Denen, die früher nach ihrer Christwerdung (hauptsächlich als Offiziere) das Heer verlassen hatten, bietet Konstantin die Rückkehr in den Soldatendienst an, er zwingt sie aber nicht dazu, sondern gewährt ihnen sogar eine angemessene Pension, wenn sie weiter dem Heeresdienst fern bleiben wollen. Erst um die Mitte des 4. Jahrhunderts, also schon nach Konstantins Tod, rechnet man kirchlicherseits mit der Möglichkeit, daß ein christlicher Soldat oder eine christliche Magistratsperson Menschenblut vergießt, setzt dafür jedoch – paradoxerweise – eine Kirchenbuße fest. Basilius der Große unterscheidet dann schon ausdrücklich zwischen einem Mord und der Tötung in einem Krieg, bei dem es für den Glauben zu kämpfen gilt. Trotzdem gibt er noch zu bedenken, ob einer, der auf solche Weise Blut vergossen hat, nicht doch wenigstens drei Jahre lang der Kommunion fernbleiben sollte. Erst um die Wende zum 5. Jahrhundert fallen diese Bedenken weg, und die Christen gelten jetzt im Gegenteil als die einzigen Personen, die zum Soldaten- und Beamtenstand geeignet sind. Dadurch haben sich die frühchristlichen Verhältnisse (vgl. Kap. 5.12) endgültig umgekehrt (vgl. zu dieser Entwicklung Rordorf 121-124).

Die eigentliche Frage in diesem Phänomen des Einbruchs der Gewalt in die frühe Kirche ist nicht die nach der christlichen Überzeugung Konstantins. Dieser ist ein spätantiker römischer Soldatenkaiser, dem das Göttliche als Tötungsgewalt, über die er verfügte, erscheinen mußte. Sollte die Überlieferung stimmen, daß er auf dem Sterbebett, nach seiner Taufe, sich geweigert habe, noch einmal den Purpur (als Ausdruck dieser seiner kaiserlichen Tötungsgewalt) anzulegen, dann wäre dies ein erster wirklicher Ausdruck seiner Bekehrung zum Christsein (vgl. Franzen 68). Doch es geht nicht so sehr um die Person Konstantins. Entscheidend ist vielmehr die Frage, wie es möglich war, daß Christen, denen der Gewaltverzicht durch die Offenbarung des Gottes Jesu als der absolut gewaltlosen Gottheit – also vom Ursprung ihres Glaubens her – in die Seele geschrieben war, diesen ihren Gott einem römischen Soldatenkaiser zur göttlichen Legitimation seiner Macht zur Verfügung stellen konnten. Sie, die vorher lieber den Martertod erduldeten, als Weihrauchkörner vor das Kaiserbild zu streuen und einen Becher Wein vor es hinzuschütten, lieferten jetzt die Substanz ihres Christseins, die Kraft ihrer Erfahrung Gottes im gekreuzigten Jesus, an die Kaisermacht aus.

Dieser Vorgang war nur möglich aufgrund der dargestellten beiden Widersprüche, die von Anfang an den christlichen Gewaltverzicht begleiteten: die unkritische Anerkennung staatlicher Tötungsmacht als von Gott eingesetzt (vgl. Kap. 5.13) und die Interpretation der eigenen Spiritualität in gewaltverhafteten, kriegerischen Sprachbildern (vgl. Kap. 5.14). Diese beiden Wände aus dem Lebensfeld der Gewaltfaszination konnte die vom Jesusereignis angestoßene Kugel menschlichen Denkens und Fühlens im ersten Anlauf nicht überwinden. In der Konstantinischen Rück-Wende zur religiösen – und nunmehr christlichen – Legitimierung staatlicher Tötungsmacht drückt sich vor allem aus, daß die Profanisierung dieser Macht durch die Passionserzählung (vgl. Kap. 4.22 Abschn. »Jesus vor Pilatus«) von den frühen Christen noch nicht rezipiert werden konnte. »Ein Staat, dessen Wohlergehen nicht vom Wohlwollen der überirdischen Mächte abhängig war, lag außerhalb der antiken Vorstellungsmöglichkeiten« (Kötting 130). Hier wie in der symbolisch-militaristischen Interpretation der eigenen Spiritualität wird deutlich, daß an einem letzten Punkt, an ihren äußersten Rändern, die Gewaltfaszination nicht wirklich überwunden war. Sobald dann die staatliche Macht, und sei es auch nur die eines usurpatorischen Soldatenkaisers, zu einer christlichen Interpretation ihrer selbst einlädt, bricht der praktizierte Gewaltverzicht zusammen, und die christliche Offenbarung des gewaltlosen Gottes, des Gottes der Verfolgten, wird wiederum von der jahrmillionenalten Gewaltfaszination zugeschüttet, und an ihre Stelle tritt erneut, anfangs auch kaum humanisiert, der Gott der Verfolger.

Der immer schon soldatisch harte Kampf gegen Laster und Dämonen verbündet sich dann mit den Feldzügen der staatlichen Macht und schlägt um in Gewalt gegen konkrete Menschen, in denen man die Laster und Dämonen verkörpert sieht. Schon der Krieg Konstantins gegen Maxentius, ferner der Krieg des Licinius gegen Maximinus Daja und später der Feldzug Konstantins gegen Licinius werden von den Christen als Religionskriege interpretiert, bei denen sich in der Schlacht zeigen soll, wer stärker und todgewaltiger ist: der Christengott oder die alten Götter.

Konstantin selbst freilich interpretiert seine Siege als göttliche Begnadung von *beiden* Seiten. Er kämpft *instinctu divinitatis*, auf Antrieb sowohl der apollinischen wie der christlichen Lichtgottheit. Deshalb konnte es auch zu seinen Lebzeiten noch nicht zu Ausschreitungen der Christen gegen die Verehrer der alten Götter kommen. Doch schon seine Söhne Konstantius und Konstans werden von dem Christen Firmicus Maternus dazu aufgerufen, das Heidentum mit Feuer und Schwert auszurotten (vgl. Harnack 45). Zwar konnten solche Aufrufe in der Spätantike noch nicht in staatliche Praxis umgesetzt werden, weil die römischen Adeligen fest im Heidentum verwurzelt waren und die Kaiser auf diese Oberschicht des Reiches vor allem in ihrem praktischen Vorgehen (mehr noch als in der Gesetzgebung) Rücksicht nehmen mußten.

Dennoch kam es schon am Ende des 4. Jahrhunderts besonders in Alexandrien mit gesetzlicher Billigung zu Zerstörungen großer Tempel (z.B. des Sarapis-Tempels in Alexandrien 391) und – häufig damit verbunden – zu progromartigen Ausschreitungen gegen Anhänger der alten Götterverehrung; bald wurde auch die Teilnahme an Opfern für die Götter mit Verbannung, Vermögenskonfiskation und schließlich mit der Hinrichtung bestraft oder zumindest bedroht (vgl. Kötting 156 f.). Als dann zu Beginn des Mittelalters das »Heilige Römische Reich« vollkommen auf christlicher Grundlage stand, ereigneten sich in den Kreuzzügen und Albigenserkriegen jene staatlich-kirchlich sanktionierten Vernichtungsfeldzüge gegen Andersgläubige, bei denen ganze Städte entvölkert und weite Landstriche verwüstet wurden (besonders in Südfrankreich). Bei der Eroberung Jerusalems im Jahre 1099 ebenso wie bei der Eroberung von in Ketzerhand befindlichen Städten Südfrankreichs wurden die von Origenes allegorisch als Kampf gegen Laster und Dämonen interpretierten Kriege Josuas aus dem Alten Testament wieder blutige Wirklichkeit: Man mordete alles menschliche Leben, auch wehrlose Frauen, Kinder und Greise. Aus diesen Ketzerfeldzügen ging dann die Inquisition hervor, mit deren Hilfe die Kirche eine religiöse Terrorherrschaft über das Denken und Leben der Menschen aufrichtete: Die Kugel menschlichen Lebens und Denkens war wieder ganz – und mit noch größerem Schwung – in die Talsohle der jahrmillionenalten Gewaltfaszination zurückgerollt.

Die Wirklichkeit ist freilich differenzierter als das Bild: Die »Kugel« ist nicht einheitlich. Ein Novatian und seine rigorosen Anhänger, die einen Menschen, der sich aus Sorge um seine Familie und aus Angst vor einer grausamen Hinrichtung in Opferlisten eintragen ließ, als »fahnenflüchtig« gewordenen »Soldaten Christi« für immer aus ihrer Gemeinschaft ausgeschlossen und dem Gericht Gottes überantworteten, waren schon Jahrhunderte vorher erneut der Gewaltfaszination erlegen. Umgekehrt hatte schon im 2. Jahrhundert Marcion erkannt, daß die Gewaltlosigkeit Gottes zum Kern des christlichen Glaubens gehört, wenngleich er dieser seiner – richtigen – Überzeugung auf untaugliche Weise Ausdruck zu geben suchte: nämlich durch einfache Streichung aller gewaltverhafteten Textstellen aus den biblischen Schriften. Doch auch die Männer und besonders die Frauen, die in der Zeit der reich und mächtig werdenden Kirche in großer Zahl in die Armut und Einsamkeit eines asketischen Lebens gingen, wehrten sich gegen die Vermengung von pompöser staatlicher Tötungsmacht mit christlichem Denken und Fühlen. In den Armutsbewegungen des Mittelalters hat sich diese Kritik fortgesetzt. In ihnen und später in der Menschenrechtsbewegung, auch in der lateinamerikanischen Befreiungstheologie, soweit sie wirklich gewaltfrei denkt, sowie in entsprechenden Zügen der feministischen Theologie, der Friedenstheologie und in ähnlichen theologischen Denkansätzen ist der in Jesus erschienene gewaltlose Gott, der Gott der Verfolgten und Entrechteten, der Liebe ist, bis heute lebendig geblieben. Er ist auch die einzige Hoffnung für eine mögliche Zukunft der Menschheit.

5.2 Frucht eines blutigen Opfers oder Epiphanie der gewaltlosen Gottheit: christlich-sakramentale Lebensgestaltung

5.21 »Tempel und Altäre haben wir nicht«: Die frühen Christen als »Atheisten«

Die frühen Christen galten bei ihren Zeitgenossen im Römerreich als Atheisten. Dieser Vorwurf ist breit belegt (vgl. N. Brox, Zum Vorwurf des Atheismus gegen die alte Kirche, in: Trierer Theologische Zeitschrift Jg. 75 [1966], 274-282). Er charakterisiert ebenso wie der (in Kap. 5.12 beschriebene) grundsätzliche Gewaltverzicht im frühen Christentum das Neue der in Jesus aufstrahlenden Gotteserfahrung.

Derselbe Vorwurf wurde auch gegen jene griechischen Philosophen und Dichter erhoben, die, wie oben (in Kap. 2.43) dargestellt, analog zu Jain, Buddha, Zarathustra, Konfuzius und Laotse in je unterschiedlicher Intensität und Stärke aufgrund ihres denkerischen Bemühens die Verhaftetheit des Menschen in der Faszination der Tötungsgewalt erkannten und aufzubrechen suchten. Ausdrücklich wird von den früchristlichen Schriftstellern Justin, Athenagoras, Klemens von Alexandrien und Origenes, die sich als Philosophen zum Christentum bekehrt hatten, das Schicksal und der Tod Jesu in Beziehung gesetzt zum Wirken und zum Prozeß des Sokrates. Sokrates und der leidende Gerechte aus dem zweiten Buch der *Politeia*, der aufgrund seiner Verurteilung der Gewalt gegeißelt, gefoltert und am Ende gepfählt wird, werden in eine Reihe gestellt mit dem leidenden Gottesknecht aus den Liedern des Propheten Jesaja und mit dem Schicksal des Gerechten aus dem Buch der Weisheit, dem die Machthaber wegen seiner Andersartigkeit des Lebens und Glaubens auflauern und den sie, weil er ihnen unbequem ist und ihnen im Weg steht, zu einem grausamen und ehrlosen Tod verurteilen (Weish 2,12-20). Sokrates und der Gerechte bei Platon sind ebenso wie die alttestamentlichen Gestalten Vorläufer und Vorbilder des Lebensschicksals, das sich in Jesus erfüllt und Gott in neuer Weise erscheinen läßt (vgl. E. Benz, Christus und Sokrates in der alten Kirche, in: Zeitschr. für die Neutestamentliche Wissenschaft und die Kunde der älteren Kirche 43 [1950/51], 195-224). Klemens deutet das *daimonion* des Sokrates, das ihn trotz Todesdrohung zu seinem Wirken treibt, als einen Engel und als vergleichbar mit dem Geist Jahwes, der in den Propheten wirkt und sie zu ihrem Handeln bewegt (vgl. Klemens v. Alexandrien, Teppiche, V, 14, in: BKV, Bd. 19, 129).

Wie gegen Sokrates so lautet jetzt auch der Vorwurf gegen die frühen Christen, sie seien *atheoi* und des Verbrechens der *asebeia*, der Mißachtung der heimischen staatstragenden Götter und ihres Kults, schuldig. »Der ›gottlose‹ Sokrates wird hier ein Vorläufer der wegen ihrer ›Gottlosigkeit‹ verfolgten Christen« (Brox 276). Dabei sind die frühchristlichen Schriftsteller von der stoischen Philosophie geprägt. Ihr Denken kreist weniger um das Neue und Andersartige der bei Platon-Sokrates vorgedachten und in Jesus erfahrenen Gotteswirklichkeit, sondern vielmehr um die ethische Haltung und Gesinnung, die ihrer Meinung nach Christus und Sokrates miteinander verbindet und Philosophen und Christen gemeinsam von den Zeitgenossen abhebt. So war etwa das sokratische Motiv der Furchtlosigkeit gegenüber dem Tode maßgebend für Justin, sich mit der Lehre der Christen, wo er dasselbe Motiv wiederfand, zu befassen (vgl. Benz 200). Und der Märtyrer Apollonius bemerkt in der Prozeßverhandlung gegen ihn nur beiläufig, daß Christus uns »auf menschenliebende Weise« *(philanthropos)* gelehrt hat, »wer der Gott des Alls« ist, führt dann aber – analog zu den Tugend- und Lasterkatalogen in den Paulusbriefen – breit aus, welch hohe Tugenden

Jesus in sich selbst verwirklicht und den Menschen vor Augen gestellt hat (unter anderem auch »die Schmerzen mit Gewalt zu vertreiben«, und »den Tod zu verachten«: R. Knopf, Augewählte Märtyrerakten, neubearb. v. G. Krüger, in: Sammlung ausgewählter kirchen- und dogmengeschichtlicher Quellenschriften, N.F., Bd. 3, Tübingen 4. Aufl. 1965, Nr. 7: Akten des Apollonius 36 u. 37, 33 f.).

Aus einer menschheitsgeschichtlichen Perspektive betrachtet sind jedoch nicht diese – auch bei den Kriegshelden aller Zeiten und Völker zu beobachtenden – »Tugenden« das Entscheidende an der »Gottlosigkeit« des Sokrates und der frühen Christen, sondern die Tatsache, daß die Gotteserfahrung, aus der heraus sie lebten, so *neu* und *andersartig* war, daß sie dem Zeitgenossen eben als »Gottlosigkeit« erscheinen mußte. Hier bestätigt sich die Beobachtung Girards, daß die in den Mythen und Kulten der Religionsgeschichte verehrten Gottheiten – gerade auch die staatstragenden Götter der antiken Polis – die kollektive Tötungsgewalt verkörpern, die von den Machthabern des Staatsgebildes ausgeübt wird. Eine Gottheit, die (wie das *daimonion* des Sokrates) als Streben nach Wahrheit und Wahrheitsvermittlung im Menschen wirkt und die im gemeinsamen Mahl und im philosophischen Gespräch in den Symposien aufleuchtet (vgl. oben Kap. 2.43), muß in der Tradition einer gewaltverhafteten und von Gewaltfaszination geprägten, jahrmillionenalten Religiosität ebenso als »Gottlosigkeit« erscheinen wie das Bekenntnis von Menschen, ihnen würde Gott im verfolgten, gekreuzigten und ausgelieferten Mitmenschen begegnen.

Noch heute wird ja ein solches Gottesverständnis bisweilen als bloßer »Humanismus« diskreditiert und von der »eigentlichen« (d.h. gewaltverhafteten) Gottesverehrung abgegrenzt. Die gewaltlose Gottheit, die sich gegenüber der Gewalt dadurch zur Erscheinung bringt, daß sie sich von ihr vertreiben läßt, steht auch heute noch nicht hoch im Kurs. Gegenüber den Blitze schleudernden, zu ewiger Höllenqual verdammenden und die Hingabe des Lebens als Opfer fordernden Gottheiten erscheint ein Gott, der im Zueinander der Menschen bei Mahl und Gespräch erfahren wird, blaß und nichtssagend. Menschen, die sich auf ihn berufen und aus seiner Offenbarung heraus zu leben suchen, erscheinen als nicht wirklich »religiös«, sondern letztlich auch heute noch als »atheistisch«, wenn auch »atheistisch-humanistisch«. Doch was Camus einen »Humanismus ohne Gott« nennt und in seinen Romanen (z.B. »Die Pest«) gestaltet, ist nur ein Humanismus ohne den Gott der Verfolger; in Wahrheit ist dieser Humanismus eine von tiefer mystischer Erfahrung geprägte Religion des Gottes der Verfolgten und Ausgelieferten.

Schon gegenüber den frühen Christen wurde der Vorwurf des Atheismus daran festgemacht, daß diese nicht den üblichen Kult der Gottesverehrung vollzogen. Der stereotype Vorwurf gegen sie lautete, daß sie keine Tempel, keine Altäre, keine Priester und Götterbilder haben und verehren. Wie Brox (ebd. 280) herausarbeitet, darf dieser Vorwurf keinesfalls so verstanden werden, als hätten die frühen Christen lediglich eine heidnische »Idolatrie«, eine Verehrung von heiligen Bildern und Skulpturen, abgelehnt. Wenn auch Origenes (in der Mitte des dritten Jahrhunderts) in seiner Erwiderung auf diesen Vorwurf gegenüber dem Christentumskritiker Caecilius den Komplex schon in dieser Weise einengt (und dabei Wesentliches verdeckt; vgl. Brox ebd.), ist doch der ursprüngliche Vorwurf wesentlich grundsätzlicherer Natur: Es geht um das Fehlen von Elementen, die nicht nur damals, sondern immer, weitgehend auch noch heute, als für eine konkrete Religion und Religionsausübung charakteristisch und notwendig erscheinen: öffentliche Kultgebäude mit ihren Altären, auf denen Opfer dargebracht werden, heilige Bilder und Skulpturen und eine professionelle, den Kult vollziehende Priesterschaft, die das Heilige verwaltet.

Gewiß ist die Polemik der antiken Götterverehrer gegen die Christen übertrieben, wenn etwa Marcus Minucius Felix in seinem Werk *Octavius* den Christentumskritiker Caecilius im Zuge einer Schmährede gegen die Christen sagen läßt: »Tempel verachten sie, als ob es Gräber wären, vor Götterbildern speien sie aus, verlachen die heiligen Opfer; selbst bemitleidenswert, schauen sie – darf man das überhaupt erwähnen? – mitleidig auf unsere Priester herab; selbst halbnackt, verachten sie Ämter und Würden« (M. Minucius Felix, Octavius. Lateinisch-Deutsch, hg. u. übers. v. B. Kytzler, München 1965, 69). Dennoch scheint es sich beim Fehlen dieser religionsgeschichtlich üblichen Elemente nicht bloß darum zu handeln, daß das Christentum eben in dieser seiner frühen Phase Elemente dieser Art *noch* nicht entsprechend ausgeprägt hat, sondern um eine rational gar nicht genau durchdachte, sondern unmittelbar-emotionale Ablehnung dieser Elemente. Alle diese Elemente kreisen ja um das Opfer, das auf dem Altar, im heiligen Tempelbezirk, vor dem Bild des Kultgottes und von einer dazu hierarchisch bevollmächtigten Priesterschaft dargebracht wird, und um die Tötungsgewalt, die im Opfervorgang das Heilige konstituiert. Die emotional geprägte Ablehnung dieser Elemente ist deshalb ein ähnlich unmittelbarer Reflex auf die in Jesus geschehene Offenbarung des gewaltlos liebenden Gottes wie der oben (in Kap. 5.12) beschriebene grundsätzliche Gewaltverzicht im Urchristentum.

Es geht bei dieser Ablehnung der für eine am Opfer orientierten Religiosität konstitutiven Elemente keineswegs auch nur, wie ebenfalls Brox herausstellt (vgl. bes. 280 ff.), um die Ablehnung der heidnischen *Inhalte* dieser Elemente, sondern der Elemente als solcher. Dies ergibt sich schon aus der Tatsache, daß die Christen auf den Vorwurf nicht in *der* Weise antworten, daß sie auf ähnliche und entsprechende Elemente in ihrer eigenen Religonsausübung hinweisen, sondern das Fehlen dieser Elemente schlichtweg bestätigen: »Glaubt ihr etwa, wir müßten das, was wir verehren, verbergen, weil wir keine Tempel und Altäre haben?« (Minucius Felix ebd. 176 f.). Sie sagen nicht: Wir sind eine erst im Entstehen begriffene Religion und haben solche Dinge *noch* nicht, sondern bringen zum Ausdruck, daß diese Elemente nicht zu ihnen und ihrer Religiosität gehören. Das wird auch durch die Beobachtung bestätigt, daß der Vorwurf des Atheismus gegen die Christen in dem Maße zurücktrat, als – seit etwa 200 (zuerst im Osten des Reiches) – die Kirche einen von Priestern opferähnlich ausgestalteten Gottesdienst in öffentlichen Kultgebäuden entwickelte.

Der Weg, der zu dieser Entwicklung führt, zeigt beispielhaft jenes zu Eingang dieses 5. Kapitels beschriebene Trägheitsmoment, das die Kugel des menschlichen Denkens und Fühlens, obwohl angestoßen von der neuen Gottesoffenbarung in Jesus, wieder in die alten, von Gewalt und Opfer geprägten Bahnen zurückrollen läßt. Basis und Umkehrpunkt ist die oben (in Kap. 4.32) beschriebene, verstreut in den Texten des Neuen Testamentes sich findende Interpretation des Todes Jesu als Opfer. In den Abschiedsbriefen des unter Kaiser Trajan (98-117) hingerichteten Märtyrerbischofs Ignatius von Antiochien erscheint die im Martyrium gipfelnde christliche Existenz als Opferexistenz, die sich in Kult und Leben mit dem Opfer Christi vereint. In der *Didache*, der sogenannten »Zwölf-Apostel-Lehre«, einer Gemeindeschrift aus dem frühen zweiten Jahrhundert, wird der Opferbegriff dann erstmals ausdrücklich auf die Eucharistie angewandt, und am Ende des zweiten Jahrhunderts, bei Irenäus von Lyon, ist die Interpretation der Eucharistie als einer Opferfeier voll entfaltet (vgl. H. Moll, Die Lehre von der Eucharistie als Opfer, Köln-Bonn 1975, bes. 79-178). Entsprechend dieser Interpretation wird seit Beginn des dritten Jahrhunderts (z.B. bei Tertullian) der Vorsteher der Eucharistiefeier als *hiereus* bzw. als *sacerdos*, d.h. als Opferpriester, bezeichnet. In Anlehnung an alttestamentliche Texte, wonach den opfernden Priestern Zehnte und Abgaben zustehen und ihre Aufgaben hierarchisch geordnet sind, erfolgt dann eine Professionalisierung und hierarchische Abstufung der im Dienst der Gemeinde Tätigen zu Bischöfen, Priestern und Diakonen (vgl. Schöllgen 37-47).

Auch die Christen haben nun wieder Opferaltäre, Gotteshäuser, opferkultische Feiern und opfernde Priester. Der Vorwurf, sie seien Atheisten, ist gegenstandslos geworden. Dabei ist es wichtig zu sehen, daß diese Entfaltung des opferkultischen Elements in der frühen Kirche parallel läuft zu der oben (bes. in Kap. 5.14) beschriebenen, kontinuierlich sich steigernden Entwicklung militärisch-kriegerischer Sprachbilder für die christliche Spiritualität. Eine Opferspiritualität, und sei sie noch so vergeistigt – nach den Kirchenvätern ist die Eucharistie (entsprechend Ps 50,14) nur ein »Opfer des Lobes« und des Dankes (vgl. Moll 164 f.) –, ist, wie verborgen und unterschwellig auch immer, eine Spiritualität, die Gott gewalthaft denkt und also von Gewalt fasziniert ist. Wie eng aufgrund dieser zunehmenden Kampf-, Kriegs- und Opferspiritualität die Verklammerung mit der heidnisch-gewalthaften, »pompösen« Religiosität wurde, zeigt besonders die Übernahme des *pontifex*-Titels zuerst als Bezeichnung Jesu bei Tertullian und in den lateinischen Bibelübersetzungen (Vetus Latina und Vulgata) und seit dem späten vierten Jahrhundert – also nach der konstantinischen (Rück-)Wende - als »gängigen Terminus für den Bischof« (Schöllgen 49): Jesus und der christliche Bischof wurden *pontifex* genannt, obwohl sich noch zur selben Zeit (bis in die 2. Hälfte des 4. Jahrhunderts hinein) die römischen Kaiser als *pontifices maximi* im heidnischen Sinne bezeichneten.

Von daher kommt jenes Gewichtige und Gravitätische in die kirchlich-kultischen Handlungen und Amtsträger hinein, wie es zwar das Kennzeichen der altbundlichen »Herrlichkeit« (kabod, abgeleitet von *kbd*, »schwer sein«) ist, aber dem ursprünglichen Wesen der biblischen Gotteserfahrung als des Gottes der Verfolgten, Ohnmächtigen und Ausgelieferten diametral widerspricht. So weist etwa Paulus im Ersten Brief an die Thessalonicher ausdrücklich darauf hin, daß er und seine Mitarbeiter keine *doxa*, keine »Herrlichkeit«, keine »Ehre«, gesucht haben, »weder bei euch noch bei anderen« (1 Thess 2,6), und im Zweiten Korintherbrief schreibt er, daß *wir alle* »mit enthülltem Angesicht« die – neue und anders geartete – »doxa des Herrn« widerspiegeln (2 Kor 3,18), sofern wir eben alle sterbliche Menschen sind. Dagegen heißt es in einem Dekret des Konzils von Trient, daß die Kleriker (im *Unterschied* zu den Laien und als ihr Vorbild) ihr Leben und ihr gesamtes Tun so einrichten sollen, »daß sie in Kleidung, Gebärde, Gang, Sprache und in allem Übrigen stets gewichtig *(grave),* besonnen und voller Religion *(religione plenum)* erscheinen« (nach H. Mühlen, Entsakralisierung, Paderborn 1971, 351). So zeigt sich im Selbstverständnis des mittelalterlichen Amtspriestertums in grotesker Zuspitzung die schon im dritten Jahrhundert beginnende und im Zeitalter

Konstantins zu Ende geführte Rückbiegung der jesuanischen Gottesoffenbarung in den Horizont des Gewalthaften: *gravitas,* imponierende Schwere und Gewichtigkeit, ist das Kennzeichen des Opferpriesters? d des Herrschers, dessen also, der – kultisch oder profan – über Tötungsgewalt verfügt.

Diese Spiritualität greift auf heilsgeschichtlich schon überwundene Phasen des biblischen Heilsdramas, wie sie sich verstärkt im Alten Testament finden, zurück. Der Paderborner Systematiker Heribert Mühlen schreibt dazu: »Das Alte Testament ist menschlicher, welthafter, es kommt dem Verlangen des Menschen, das Ansehnliche, Gewichtige, Erhabene, Imponierende zu verehren... mehr entgegen als dieses ärgerliche Kreuz, dem man ehrlicherweise ja nun wirklich nicht viel ›Herrlichkeit‹ abgewinnen kann, und als jene unerhörte Botschaft, daß *jeder* Mensch, auch der unsympathische, auch der Feind, die Herrlichkeit Gottes in sich tragen... soll. Ist das nicht wirklich zuviel verlangt? Baut man sich dann nicht lieber einen Altar und läßt auf diesem durch besonders ›heilige‹ Männer das Opfer darbringen, wenn es nunmehr auch nicht mehr das ... Opfer des Alten, sondern das ganz neue Opfer des Neuen Bundes ist?« (Mühlen 350). Erst diese Entwicklung machte es möglich, daß ein römischer Gottkaiser sich dem jungen Christentum zuwandte und seine Herrschaft auch von diesem her religiös zu legitimieren suchte. Damit war die Rückkehr in die alten, gewaltverhafteten Bahnen religiösen Denkens und Fühlens dann endgültig entschieden.

5.22 Versammlung und gemeinsames Mahl als frühchristliche »Sakralerfahrung« (Heribert Mühlen)

»Sakralerfahrung« als (unterschiedliche) Gottes- und Sinnerfahrung (mysterion)

Sofern *sacrum* generell das Göttlich-Heilige meint (nicht notwendig bloß das im *sacri-ficium* hergestellte Heilige), ist es möglich, mit Mühlen die neue und andere Gotteserfahrung, wie die Christen sie im gekreuzigten Jesus machen, als »Sakralerfahrung« zu bezeichnen. In diesem Sinne ist es auch richtig, daß man bei den ersten Christen nicht von einer »Sakralfeindlichkeit« sprechen kann (Mühlen 276). Ihre ursprüngliche Ablehnung der Tempel und Altäre ist nicht »Sakralfeindlichkeit«, sondern Ausdruck ihrer neuen und *andersgearteten* »Sakralerfahrung«, die keiner Tempel und keiner Altäre bedarf.

Natürlich versuchten die ersten Christen auch, dieser ihrer *neuen* Gotteserfahrung, der Erfahrung der »Gottherrlichkeit« (*tes doxes tou theou*) auf dem Antlitz Christi (2 Kor 4,6), in ihrem Leben einen sinnlichen Ausdruck zu geben und sie je neu im Leben zu vergegenwärtigen. Dies ist für den Menschen als leibliches Wesen notwendig, weil es anders das im Symbolgeschehen Erfahrene nicht in sein Leben integrieren und sein Leben aus ihm gestalten kann. Nur in der Gestaltung sinnenhafter Gebräuche und Gesten kann ein Lebewesen, das nicht mehr aus angeborenen Instikten, sondern aus geschichtlich-gesellschaftlich vermittelten Werterfahrungen heraus lebt, in seiner Welt bestehen. Was Mühlen »Sakralerfahrung« nennt, ist gleichbedeutend mit dem, was anthropologisch *Sinn erfahren* heißt, eine Erfahrung, ohne die kein Mensch leben kann, sondern psychisch und auch physisch erkrankt und verkümmert, wenn sie ihm fehlt. Dies hat besonders die sogenannte *Logotherapie* Viktor E. Frankls deutlich gemacht, die den Menschen dadurch psychisch heilt und stabilisiert, daß sie ihm je individuell den Weg und die Einsicht zu solchen möglichen Sinnerfahrungen erschließt (vgl. Joseph B. Fabry, Das Ringen um Sinn, Freiburg i.Br. 1978).

In der Zeit und Umwelt, in der das Christentum entstanden ist, nannte man solche Erfahrungen, die einen göttlichen Glanz, einen tragenden Lebenssinn vermittelten, *mysteria*. In dieser weiten Bedeutung des Wortes können darunter sehr wohl, wie besonders Odo Casel herausgearbeitet hat (vgl. ders., Das Christliche Kultmysterium, Regensburg 3. Aufl. 1948), sowohl die Erfahrungen der antiken Gottesverehrer in den Mysterienkulten als auch die der frühen Christen in Eucharistie und Taufe verstanden werden. Wie H.-J. Klauck (ders., Herrenmahl und hellenistischer Kult, Münster 1982, 14 f.) aufzeigt, ist es dem amerikanischen Forscher E. R. Goodenough auch gelungen, eine Brücke von den antiken Mysterienkulten zum werdenden Christentum zu schlagen. Er wies nämlich nach, daß es im Umkreis des hellenistischen Judentums (Philo von Alexandrien) eine Mysteriengemeinschaft nach griechischem Muster gab, die sich am Freitagabend in der Synagoge traf und das endzeitliche Messiasmahl bei Fisch, Brot und Wein vorwegnahm, wobei sie der Überzeugung war, auf geheimnisvolle Weise in diesem Essen den kommenden Messias gegenwärtig zu haben und ihn als Speise in sich aufzunehmen.

Trotz des gemeinsamen Begriffs sind aber die *mysteria* der Christen in *dem* Sinne charakteristisch von denen der antiken Gottesverehrer verschieden, als deren Gotteserfahrung von der ihren verschieden ist. Wenn etwa nach A. Loisy (vgl. ders., Les mystères païens et le mystère chrétien, Paris 2. Aufl. 1930; vgl. Klauck 9) im thrakischen Dionysoskult der Gott als die übersteigende Dimension von Vitalität und rauschhafter Lebensfreude in der Gestalt eines Stiers getötet und den Gläubigen als Speise gereicht wurde, dann vergegenwärtigte sich für diese antiken Gottesverehrer in diesen Feiern Gott als ekstatische Lebenskraft, und sein Fleisch essend identifizierten sie sich mit ihm und seiner Kraft. In den Eleusinischen Mysterien erscheint die Gottheit als Demeter zusammen mit ihrer Tochter Kore als übersteigende Dimension der in der Natur wirkenden Wachstumskräfte, die das Getreide hervorbringen, und der Mensch vergegenwärtigt und feiert diese Gotteserfahrung. Näher zu den christlichen *mysteria* des »Brotbrechens in den Häusern« (vgl. Apg 2,46) und der späteren Eucharistie stehen dagegen das oben genannte endzeitliche Messiasmahl in der Synagoge und das platonische Symposion, wo das Göttlich-Gute in der Einheit von zugewandtem weisheitlichem Gespräch und köstlichem Mahl erfahren wurde.

Die Erfahrung des Gottes Jesu im gemeinsamen Mahl

Für die Christen geht die Symbolik des Mahls auf den irdischen Jesus zurück. Es gehört zu den wenigen sicheren Ergebnissen der historisch-kritischen Jesusforschung, daß neben Heilungen und Gleichniserzählungen auch die gemeinschaftliche Mahlfeier zu den Elementen der Verkündigung Jesu vom schon anbrechenden Gottesreich gehörte (vgl. Schneider 148). Wie die Gleichnisse Metaphern für das schon im Leben der Menschen anbrechende Gottesreich sind und in seinen Heilungen sich keimhaft schon die neue Gottesnähe verwirklicht (vgl. Lk 11,20: »Wenn ich aber durch den Finger Gottes die Dämonen austreibe, ist das Reich Gottes schon zu euch gekommen«), so nimmt er in mit unterschiedlichsten Menschen aus dem Volk Israel gefeierten Gastmählern das »himmlische Hochzeitsmahl« ansatzhaft schon vorweg, das die Propheten als Bild für das verheißene Gottesreich geprägt haben (vgl. Jes 25,6-8: Das Festmahl auf dem Berg Zion). »Reich Gottes« ist dabei die Übersetzung von hebräisch *malkut Jahwe*. Dieses Wort bedeutet nicht ein regional abzugrenzendes »Reich«, sondern beinhaltet das neue »Königsein«, das heilende und rettende Nahekommen Gottes zu den Menschen. Im Festmahl, das er den Menschen bereitet, wendet er sich ihnen zu und »wischt die Tränen ab von jedem Gesicht« (Jes 25,8). So sieht schon der irdische Jesus im gemeinschaftlichen Essen und Trinken, in der Stillung des Hungers und Durstes in Zugewandtheit zum anderen Menschen, eine Gotteserfahrung: Es leuchtet der Ich-bin-da-Gott von Ägypten her auf, der sich den Menschen zuwendet und ihnen tröstend nahe ist; und tief im Hintergrund der Geschichte, in der Vorzeit des Menschseins, wird die ihr Kind nährende

Mutter sichtbar und darin die älteste Offenbarung des Gottes, der Liebe
ist (vgl. oben Kap. 1.32).

Eine besondere Verdichtung erfährt dieses zeichenhafte Mahl in jener
Feier, bei der Jesus weiß und seine Jünger ahnen, daß es die letzte im
irdischen Leben Jesu sein wird. Am Horizont dieses Abschiedsmahles
stehen Verwerfung und Tod des Meisters. Für die Jünger gibt es noch als
letzten Ausweg den bewaffneten Widerstand; Petrus wird auf Getsemane
das Schwert ziehen. Doch Jesus weiß, daß dies für ihn kein Ausweg ist. Er
läßt sich nicht mit seiner Erfahrung Gottes als des gewaltlos liebenden *Abba*
vereinbaren; würde er diesen Weg gehen, gäbe er sein innerstes Selbst,
seine Personmitte, preis. So steht, in welcher Gestalt auch immer, der Tod
vor ihm. Doch das große Wunder dieser Mahlfeier besteht darin, daß Jesus
und die mit ihm Feiernden auch noch in *dieser* Situation die Nähe ihres
Gottes, des rettenden Ich-bin-da-Gottes von Ägypten her, erfahren. Auch
und gerade angesichts des drohenden Todes ist diese tröstende und rettende
Gottesmacht in der Symbolhandlung »da«; ja ihrem Zeugnis nach jetzt in
besonderer – die neutestamentliche Gotteserfahrung charakterisierender –
Dichte. Darum bestimmen nicht Frustration und Resignation, auch nicht
Haß und ohnmächtige Wut auf die Gegner, sondern Hoffnung und intensive
Zuwendung zum anderen das gemeinsame Mahl.

Dies gilt vor allem für Jesus. Wie oben beschrieben (Kap. 4.32, Abschn.
»Zwei unterschiedliche Abendmahlstraditionen«) beinhaltet das bei allen
drei Synoptikern im Rahmen des Abschiedsmahls überlieferte Wort
»Amen, ich sage euch: Ich werde nicht mehr von der Frucht des Weinstocks trinken bis zu dem Tag, an dem ich von neuem davon trinke im
Reiche Gottes« (Mk 14,25 par) die vielleicht älteste, jedenfalls aber nicht-
sakrifizielle Interpretation des religiösen Gehalts dieser Mahlfeier: Zwar
steht der Tod bevor, doch das Anbrechen des Gottesreiches, wie es in
diesen und den vorausgegangenen Mahlfeiern mit Jesus schon ansatzhaft
erfahrbar wurde, läßt sich durch die Tötungsgewalt und Tötungswut der
Menschen nicht aufhalten. Es wird kommen, und niemand, ob tot oder
lebendig, wird davon ausgeschlossen sein. In dieser Überzeugung geht
Jesus in den Tod. Sie trägt ihn noch in der äußersten Verlassenheit und
im äußersten Schmerz. Sein Sterben ist die vertrauensvolle Anheimgabe
seines Lebens an den *Abba*-Gott, dessen Nähe Reich Gottes, himmlisches
Hochzeitsmahl unzerstörbares Leben, bewirkt. So interpretiert Lukas den
bei Markus überlieferten unartikulierten Todesschrei (Lk 23,46: »Vater,
in deine Hände lege ich meinen Geist«) und christlicher Glaube wäre
sinnlos, würde diese seine (an Ps 31,6 angelehnte) Interpretation nicht
dem Geschehen entsprechen.

Dieses Vertrauen und diese Hoffnung erwuchsen aus der »Sakralerfahrung« (Mühlen), wie sie das symbolisch-sakramentale Mahl, besonders das Abschiedsmahl, vermittelt. Sie besteht darin, daß Menschen in der Zuwendung, die sie einander geben, die Nähe des Ich-bin-da-Gottes von Ägypten her erfahren. In vielen seiner Gleichnisse, besonders in den Gleichnissen vom *Barmherzigen Vater* (Lk 15,11-32) und vom *Barmherzigen Samariter* (Lk 10,30-35), hat Jesus dieser seiner Erfahrung und Überzeugung einen intensiven literarischen Ausdruck gegeben. Wenn Menschen beim gemeinsamen Mahl einander Nahrung reichen, liegt darin die Urform menschlicher, d.h. sakramentaler Zuwendung. Es ist die Zuwendung, die ganz am Anfang des menschlichen Lebens steht und in der jeder Mensch, prägend für sein Leben, erstmals den *Abba*-Gott erfährt, der ihn in dieser Begegnung zum menschlichen Dasein ruft. Die Mama-Amme, die sich dem kleinen, hilflosen, hungrigen und (in der Geburt) ausgesetzten Wesen zuwendet, es wärmend in die Arme nimmt und ihm köstliche Nahrung zu trinken gibt, ist die Urform des »Barmherzigen Vaters« und des »Barmherzigen Samariters«. In ihm, in ihr, begegnet dem für Symbolwahrnehmung offenen Lebewesen eine das gegenständlich Gegebene, das Biologisch-Funktionale, übersteigende, es umgreifende und unterfangende Dimension: Gott als *Abba*, »Papa-Mama«; und in der zugewandt gegebenen Nahrung gibt dieser Gott selbst sich dem Kind zur Speise, haucht ihm seinen Atem ein und hebt es zu göttlichem Sein und Leben empor. Nur wo dies wenigstens in Ansätzen geschieht, kann, wie die im Extremfall tödliche Krankheit des Hospitalismus zeigt, ein Menschenkind leben. Von der Struktur her wird diese sakramentale, den Menschen als solchen erschaffende göttlich-menschliche Urkorrespondenz des Daseins wiederholt im gemeinsamen Mahl. Wo ich dem anderen Brot reiche und Wein in seinen Becher einschenke, drücke ich aus: »Ich will, daß du lebst« – und zwar in jener Lebensfülle, die, wie der Wein es anzeigt, das Biologische übersteigt und auf jene »*Ekstasen* der Zeitlichkeit« hinweist, die nach Martin Heidegger das Dasein des Menschen prägen (vgl. Martin Heidegger, Sein und Zeit, Tübingen 12. Aufl. 1972, 329). Solche Zuwendung läßt den biblischen Gott da sein. (Diese Interpretation des Gebe-Gestus im gemeinsamen Mahl verdanke ich dem ehemaligen katholischen Studentenpfarrer in Aachen, *Ewald Jansen*. Er gestaltete unter diesem Gesichtspunkt mit den Studentinnen und Studenten Eucharistiefeiern als wirkliche Mahlfeiern, die – ich nahm öfters daran teil – spürbar Sinnerfahrung vermittelten.)

Jesu Abschiedsmahl und die Fortführung der Mahlpraxis mit dem Auferstandenen

In besonders dichter Weise geschieht dies, wenn der Mensch, der das Brot reicht und den Wein in den Becher schenkt, durch seine Endlichkeit und Sterblichkeit, durch Leid und Tod, gekennzeichnet ist. Ist dieses Geben und Schenken erkennbar sein letztes irdisches Tun, dann gibt er sich vollständig in den Gestus hinein; in diesem erscheint er ganz als er selbst, dieser Gestus ist sein Wesen, seine Person; in ihm gibt er sich den Seinen als Vermächtnis. Dies ist der Sinn der Brotworte, wie sie Markus (parallel Matthäus) wohl in ihrer ursprünglichen Form widergibt: »Nehmt, das ist mein Leib« (Mk 14,22). Denn »Leib« ist die deutsche Übersetzung von griechisch *soma*, und diesem wiederum liegt das aramäische Wort *guph* oder *bisra* zugrunde, welches »Person« oder »Ich« bedeutet (vgl. F. Porsch, Viele Stimmen – ein Glaube. Anfänge, Entfaltung und Grundzüge neutestamentlicher Theologie, Kevelaer-Stuttgart 1982, 80). »Nehmt, das bin ich« ist deshalb – ob von Jesus selbst gesagt oder von frühen Erzählern so gedeutet – die älteste, ursprünglichste und adäquateste Interpretation des Gebe-Gestus Jesu. Zugewandt Brot und Wein geben – selbst an Menschen, die ihn noch in derselben Nacht verraten, nicht mehr verstehen und im Sterben allein lassen werden –, dieses Geben *ist* Jesus und in ihm erscheint in voller Klarheit der alte *El-Schaddai*, der »gewaltige Gott«, als gewaltfreie Liebe: als *Abba*.

In dieser Offenbarung als *Abba* im Brot und Wein reichenden Jesus schließt dieser Gott einen neuen, zweiten Bund mit den Menschen. Im ersten Bund, den er mit Mose geschlossen hatte, erschien er seinen Verehrern als der (immer noch todgewaltige) rettende und befreiende »Ich bin da« *(Jahwe)* seines Volkes, jetzt geht er auf als der gewaltlos liebende *Abba* eines jeden Menschen.

So wie Mose, als er den Alten Bund schloß, das Volk mit dem Blut der geopferten Stiere besprengte, so reicht der todgeweihte Jesus, den Neuen Bund schließend, den Seinen Brot und Wein. Da für den gläubigen Juden der Zeit Jesu bei der Schließung eines wichtigen Vertrags, insbesondere bei einer Vereinbarung zwischen Gott und Mensch, das Blut des Opfertieres fließen muß – vgl. Hebr 9,22: »Fast alles wird nach dem Gesetz mit Blut gereinigt, und ohne daß Blut vergossen wird, gibt es keine Vergebung« –, muß für ihn auch dieser Neue Bund mit Blut besiegelt werden. Erst unter diesem sehr abgeleiteten und zeitbedingten Aspekt wird die Tatsache des *blutigen* Todes Jesu zur Deutung des Geschehens herangezogen und seine Gebe-Geste als Selbsthingabe- und Opfergeste interpre-

380

tiert, die das blutige Sterben vorwegnimmt, darin Gott versöhnt und den Neuen Bund besiegelt. So sind (wie schon oben bei der Erörterung der Sühne- und Opfermotive in den Abendmahlstraditionen aufgezeigt: vgl. S. 315 f.) die Deute-Worte, die den von Jesus den Seinen eingeschenkten Wein als »Bundesblut« bezeichnen (Mk 14,24 par Mt), nur eine jüdisch-alttestamentliche Verstärkung und symbolische Verdichtung der Interpretation von Jesu Gebe-Geste im Abschiedsmahl als der Stiftung eines neuen Gottesbundes. Die Tradition, aus der Paulus und Lukas schöpfen, formuliert dies weniger drastisch. Hier ist nicht »Bundesblut« im Becher, sondern es wird nur auf den Hintergrund des blutigen Todes Jesu hingewiesen: »Dieser Becher ist der Neue Bund (,der) durch mein Blut (besiegelt wird)« (1 Kor 11,25 par Lk 22,20; Übersetzung nach J. Schmid, Synopse. Regensburg 4. Aufl. 1964, 177).

Entscheidend sind nicht Blut und Opfer, sondern das Aufleuchten des *Abba*-Gottes, der gewaltlose Liebe ist, in der Versammlung und Mahlgemeinschaft der Jünger. Dieser Gott trägt Jesus durch den Kreuzestod hindurch und erweckt ihn jenseits der Todesgrenze zu einem neuen und andersgearteten Leben, das immer neu in diesem Gestus des Gebens von Zuwendung und Nahrung erfahren wird. In vielen neutestamentlichen Texten wird erzählt, daß es bei gemeinsamen Mahlfeiern zur Erfahrung des auferstandenen Jesus gekommen ist (z.B. Lk 24,36-53; ähnlich Joh 21,12 f., außerdem ist überall, wo Jesus in der Versammlung der Jünger erscheint, z.B. Joh 20,24-29, an eine Mahlgemeinschaft zu denken). Dabei wird auf drastische Weise die Vorstellung abgewiesen, Jesus erscheine bei diesen Mahlfeiern als eine Art Totengeist, der von den Versammelten beschworen wird: Der in die Mahlfeier hinein Auferstandene fordert dazu auf, ihn anzufassen und ißt vor ihren Augen (Lk 24,36-43; Joh 20,27).

Charakteristisch für die christliche Sinn- und Gotteserfahrung im Geben und Nehmen des gemeinsamen Mahls nach Jesu Tod ist dabei, daß der auferstandene und Gott zur Erscheinung bringende Jesus an seinen Leidensspuren erkannt wird: »Seht meine Hände und Füße: Ich bin es« (Lk 24,39), und auch dem »ungläubigen Thomas« zeigt er seine durchbohrten Hände und seine vom Lanzenstich aufgerissene Seite, damit er an ihn, den Auferstandenen, glaube (Joh 20,27); »er ist und bleibt der Gekreuzigte« (Kessler, Sucht den Lebenden, 135). In dieser Einbeziehung *auch* der Leid- und Kontingenzerfahrung liegt ein wesentlicher Unterschied etwa gegenüber der Sinn- und Sakralerfahrung im platonischen Symposion. In diesem wird das gemeinsame Mahl von Flötenspielerinnen und vom philosophischen Gespräch begleitet. Im Weingenuß, im Höhenflug der Gedanken und im Wohlklang vorgetragener Verse überwindet der Feiernde seine leiblich-irdische Begrenztheit und Sterblichkeit und schwingt sich auf zu göttlichem Sein und Leben, wie es das Reich der Ideen, die Urheimat des Menschen, beinhaltet.

Anders im christlichen Mahl: Hier gehören irdisch-menschliche Begrenztheit, Endlichkeit und Sterblichkeit, konstitutiv zur Feier. Das ausgesetzte, hungernde und frierende Kind erfährt am stärksten den Gott, der Liebe ist, in der stillenden Mutter. In der Not des ägyptischen Frondienstes schrien die versklavten Menschen zum Gott ihrer Väter und erfuhren sein rettendes und befreiendes Da-Sein. Inmitten des Elends des von den Römern besetzten und ausgebeuteten Israel, das Volk zerrissen in einander bekämpfende religiöse Gruppen, die auf je verschiedene Weise einen Weg aus der Gottesferne suchten, feiert Jesus vorwegnehmend das himmlische Hochzeitsmahl und darin den Anbruch des Gottesreiches. In der Nacht, da er verraten, mißverstanden und ausgeliefert wurde, hält er weiter an dieser symbolisch-sakramentalen Mahlfeier fest und gestaltet sie im Umkreis des Pascha-Festes zum Abschiedsmahl. Die Dunkelheiten, Verrat und drohender Tod, werden dabei nicht verdrängt, sondern offen auf den Tisch gelegt. Gerade so, in der Annahme dieser irdischen Begrenztheit und Dunkelheit, leuchtet in der Geste, in der er den Seinen das Brot und den Wein reicht, am stärksten der *Abba* auf und spendet die unzerstörbare Hoffnung auf Überwindung des Todes und aller Dunkelheit.

5.23 Frühchristliche »Sakralerfahrung« (H. Mühlen) im Engagement einer unbegrenzten Versöhnung und Mitmenschlichkeit

Geisterfahrung als Entgrenzung der Liebe

Ein anderes *mysterion* war für den frühen Christen das, was in heutiger theologischer Sprache »Geisterfahrung« genannt wird. Meistens stellt man sich darunter Phänomene vor, die, wie Zukunftsvorhersagen und Reden in unbekannten Sprachen (vgl. Apg 2,1-13), an die Parapsychologie heranreichen. Dabei bedeutet griechisch *pneuma*, hebräisch *ruach*, einfach »Wind«, »Atem«, und übertragen »innere seelische Bewegtheit«, »Motivation«. Was ist unter dem *pneuma hagion*, dem heiligen (und heilenden) Wind und Gottesatem, der in der Jordantaufe auf Jesus herabkam und vom lebendigen Gekreuzigten auf alle Menschen, ob Juden oder Heiden, ausströmt, konkret zu verstehen?

Zur Zeit Jesu gab es noch keine Menschenrechtsbewegung. Das politische Leben war geprägt von der Willkür der Mächtigen und Todgewaltigen.

382

Wer die hohen, von Rom auferlegten Steuern nicht mehr bezahlen konnte, wanderte in die Schuldsklaverei; schlimmstenfalls wurde er in römischen Bergwerken, als Bergwerkssklave gebrandmarkt, zu Tode geschunden. Es gab kein staatliches soziales Netz, das bei Krankheit oder sonstigem Unglück den einzelnen auffing, und keine öffentliche ärztliche Versorgung. Krankheit und Armut galten als Strafe Gottes für einen sündigen Lebenswandel. Durch diese Ideologie schützten sich die Menschen vor dem Anspruch, vor der *power of love*, die vom Notleidenden und Hilfsbedürftigen ausgeht. Der Kranke und Arme war dadurch zusätzlich zu seiner leiblichen und materiellen Not auch noch sozial geächtet. Nur die Einbindung in Sippe und Familie bzw. in eine berufliche oder religiöse Gruppe gab einen gewissen Schutz und konnte den einzelnen wenigstens eine Zeitlang auffangen. So waren z.B. in Jerusalem zur Zeit Jesu die Angehörigen eines bestimmten Handwerks (nach Art der mittelalterlichen Zünfte) eng miteinander verbunden und halfen sich gegenseitig aus (vgl. J. Jeremias, Jerusalem zur Zeit Jesu, Göttingen 3. Aufl. 1969, 22). Ähnliche gegenseitige Hilfe leisteten sich gewiß auch die Angehörigen religiöser Gruppen, also etwa die Essener, die Pharisäer oder Sadduzäer. Die Verpflichtung zur Hilfeleistung in Not beschränkte sich so auf das Mitglied der eigenen Gruppe. Dies ist der Hintergrund der Frage des Gesetzeslehrers »Wer ist mein Nächster?«, auf die Jesus mit dem Gleichnis vom *Barmherzigen Samariter* antwortet, wobei er die Eingrenzung der Nächstenliebe auf Mitglieder der eigenen Volksgruppe von Grund auf sprengt (vgl. Lk 10,25-37 par).

Die Beschränkung des Sozialverhaltens auf die Gruppe, der ich angehöre, ist ein biologisch verankertes Verhalten. Der Mensch entwickelt sich stammesgeschichtlich aus in Gruppen zusammenlebenden Wesen. Bei diesen herrscht gegenüber gruppenfremden Lebewesen, die sich im Lebensbereich der Gruppe aufhalten, eine sogenannte »Ausstoßreaktion«: Färbt man einer Henne auf dem Hühnerhof ihren Kamm mit grüner Farbe und macht sie dadurch zu einem für die anderen fremden Wesen, wird sie aus der Gruppe vertrieben oder sogar totgehackt. Gerade auch für die stammesgeschichtlich dem Menschen am nächsten stehenden Lebewesen, die Schimpansen, gilt diese Reaktion. Jane Goodall mußte schmerzlich beobachten, wie ein an Kinderlähmung erkrankter älterer Schimpanse aufgrund seines durch die Krankheit bewirkten befremdlichen Verhaltens und Aussehens – er konnte sich nur mit den Armen, das Hinterteil nachschleifend, fortbewegen – von den anderen Gruppenmitgliedern zuerst gemieden und dann auch angegriffen wurde; möglicherweise wäre er getötet worden, wenn sich nicht Goodall und ihr Mann schützend vor ihn

gestellt hätten (Goodall 277-283). Sicher hat der beim Menschen besonders in Not- und Streßsituationen zu beobachtende Fremdenhaß hier eine
biologische Wurzel. Andererseits zeigt aber die bei allen Völkern anzu-
treffende Einrichtung der Gastfreundschaft, daß der Mensch grundsätzlich
dazu in der Lage ist, das sozial Unsinnige des fremdenfeindlichen Verhaltens einzusehen: Jeder kann ja einmal in die Situation kommen, als
Fremder in einem anderen Land zu weilen. Die Gastfreundschaft kehrt
deshalb das evolutiv ererbte Verhalten geradezu um und fordert dazu auf,
dem Fremden mit besonderer Freundlichkeit und Zuvorkommenheit zu
begegnen.

Zur Zeit Jesu lebte das Volk Israel seit Jahrhunderten unter Fremdherrschaft und wurde zuletzt unter den Römern auf brutale Weise ausgebeutet.
In dieser Identitätskrise und unter dem Druck dieser Ausbeutung zerfiel
das Volk in viele einzelne Gruppen, besonders religiös-politischer Art
(Essener, Sadduzäer, Pharisäer, Zeloten, Samariter), die sich gegenseitig
von den religiösen Verheißungen des Volkes Israel ausschlossen und allen
nicht zur eigenen Gruppe Gehörigen den Untergang im Zorngericht Jahwes voraussagten. Gleichgestimmte seelische Bewegtheit und religiöse
Begeisterung gab es nur innerhalb der einzelnen Gruppen. Es fehlte ein
»Wind« und »Atem«, der die Gruppen hätte zusammenbinden und auch
die nicht zu solchen Gruppen Gehörigen mit hätte umfassen und Israel
entsprechend seiner Geschichte als das *eine* Heilsvolk Jahwes hätte darstellen können.

Ein solches die Gruppenschranken überwindendes *pneuma*, eine innere
Bewegtheit, die jeden und jede in Israel als Adressaten der göttlichen
Verheißung erkennt und liebt, erschien im Wirken Johannes des Täufers.
Er, der vorher wahrscheinlich der dualistisch denkenden Gruppe der Essener nahegestanden hat, unterscheidet jetzt nicht mehr zwischen »Söhnen
des Lichts«, denen die Verheißungen galten, und den »Söhnen der Finsternis«, die dem Untergang geweiht waren. Nein, unterschiedslos *allen*
in Israel verkündet er das nahe bevorstehende Zorngericht Jahwes. Mit
prophetischem Eifer wendet er sich gegen die religiöse Selbstgewißheit
der einzelnen religiösen Gruppen: »Als Johannes sah, daß viele Pharisäer
und Sadduzäer zur Taufe kamen, sagte er zu ihnen: Ihr Schlangenbrut,
wer hat euch denn gelehrt, daß ihr dem kommenden Gericht entrinnen
könnt? Bringt Frucht hervor, die eure Umkehr zeigt, und meint nicht, ihr
könntet sagen: Wir haben ja Abraham zum Vater. Denn ich sage euch:
Gott kann aus diesen Steinen Kinder Abrahams machen« (Mt 3,7-9). Die
von ihm gepredigte Umkehr und das Zeichen dieser Umkehr, die Taufe
im Jordan, standen allen in Israel offen: »Ganz Judäa und alle Einwohner

Jerusalems zogen zu ihm hinaus; sie bekannten ihre Sünden und ließen sich im Jordan von ihm taufen« (Mk 1,5). Ausdrücklich wird erzählt, daß dazu auch Menschen gehörten, die aufgrund ihrer beruflichen Zusammenarbeit mit den das Volk unterdrückenden Fremdherrschern allen Gruppen als ausgestoßen und religiös deklassiert galten: nämlich Zöllner und Soldaten des römischen Vasallenkönigs Herodes. Auch sie zogen mehr oder weniger ratlos, aber vertrauensvoll zu ihm hinaus und fragten ihn, was sie denn tun sollten (vgl. Lk 3,10-14); und der sonst so strenge Bußprediger forderte von ihnen gar nicht, daß sie ihren Beruf aufgaben, sondern nur, daß sie sich innerhalb ihres beruflichen Wirkens so menschlich wie möglich verhielten, dann würden auch sie im Zorngericht Jahwes bestehen und das Reich Gottes erben.

Dies ist ein neuer, von der Besinnung auf das Wesen Jahwes, des rettenden Ich-bin-da-Gottes von Ägypten her, ausgehender Wind und Atem, ein neues *pneuma*, das mit ihm in Israel zu wehen beginnt. Auch Jesus wird von diesem *pneuma* erfaßt und gibt dem Ausdruck, indem er sich von Johannes im Jordan taufen läßt. Während jedoch bei Johannes das Zorngericht Jahwes im Mittelpunkt steht, kreist Jesu Predigt um das *nach* dem Zorngericht kommende Gottesreich, das himmlische Hochzeitsmahl, bei dem Gott alle Tränen von den Gesichtern der Menschen abtrocknen wird: »Die Zeit ist erfüllt, das Reich Gottes ist im Anbrechen. Kehrt um und glaubt an die frohe Botschaft«, so faßt Markus die Verkündigung Jesu zusammen (Mk 1,15). Mehr noch als Johannes wendet sich Jesus den »Sündern und Zöllnern«, den von den religiösen Gruppen Abgeschriebenen und Verlorengegebenen in Israel zu und lädt gerade sie zu den Mahlfeiern, die zeichenhaft das Anbrechen des Gottesreiches, des himmlischen Hochzeitsmahls, zum Ausdruck bringen. Daran entzündet sich die Feindschaft der religiösen Eliten gegen Jesus: »Dieser Fresser und Säufer, dieser Freund der Zöllner und Sünder!« (Mt 11,19). »Er gibt sich mit Sündern ab und ißt sogar mit ihnen« (Lk 15,2). Sein Tun wurde als Verschleuderung und Veruntreuung der heiligsten Verheißungen Israels, wie Jesus es im Gleichnis vom »*Ungetreuen*« *Verwalter* (Lk 16,1-7) erzählt, gebrandmarkt (zur Deutung des Gleichnisses vgl. Baudler, Jesus, 217-230). Vereinzelt wird sogar erzählt, daß das *pneuma*, die innere Bewegtheit Jesu, über die Grenzen Israels hinausgreift und auch Heiden in seine heilende Wirkung einbezieht (vgl. Lk 7,1-10 par die Erzählung von der Heilung des Dieners des römischen Hauptmanns von Kafarnaum und Mk 7,24-30 die Heilung der Tochter einer Syrophönizierin). Doch letzteres sind Ausnahmen. Von seinem überkommenen religiösen Selbst-

*In der Gewaltlosigkeit, im just für die Menschen,
fallen die Gruppen = Rassen u alle = Grenzen!*

verständnis her weiß sich der Prophet und Rabbi Jesus »nur gesandt zu den verlorenen Schafen des Hauses Israel« (Mt 15,24), die er wie der gute Hirte aus der Verlorenheit und Zerstreutheit um sich sammelt (vgl. Mt 9,36 sowie das Gleichnis vom verlorenen Schaf Mt 18,12 f. par Lk).

Die Ausweitung des jesuanischen *pneumas* über die Grenzen Israels hinaus auf alle Menschen ist erst ein Ergebnis der im Sterben Jesu aufleuchtenden Erfahrung des gewaltlos liebenden Gottes. Wenn der Ich-bin-da-Gott von Ägypten her – mit unwiderstehlicher Dichte und Intensität – auf dem Antlitz eines Menschen aufleuchtet, der, von den Priestern und Ratsmitgliedern aus dem Heilsvolk Israel verstoßen und an die heidnische Unheilsmacht der Römer ausgeliefert, den Fluchtod am Kreuzesgalgen stirbt, kann dieser Gott nicht mehr nur der Gott des Volkes Israel sein. Darum wird schon im Markusevangelium das Messiasgeheimnis von einem *Heiden* – dem römischen Hauptmann, der das Hinrichtungskommando befehligte – enthüllt und der Gekreuzigte als Gottessohn bekannt. Das aber bedeutet, daß das *pneuma*, der in Jesus und durch Jesus wirkende, alle Gruppenegoismen überwindende, heilende und tröstende Gottesatem, auch schon den heidnischen Soldaten erfaßt hat. Denn: »Keiner kann sagen: Jesus ist der Herr *(kyrios)*, wenn er nicht aus dem heiligen Geist *(en pneumati hagio)* redet« (1 Kor 12,3).

Dies nämlich, und nichts anderes, bedeutet die spezifisch christliche »Geisterfahrung«, das Erfaßtwerden und Hineingetauchtsein in den Gottesatem Jesu: den neuen und anderen Gottesglanz zu erkennen auf dem Antlitz des Gekreuzigten – eines jeden Gekreuzigten, eines jeden Menschen, ja eines jeden Lebewesens, das in irgendeiner Weise mir ausgeliefert und mir anvertraut ist. Dies wirklich sehen, realisieren und fühlen zu können, bedeutet ein neues inneres Bewegtsein, eine neue Dynamik, die alle Bereiche menschlichen Seins und Lebens (vom Körperlichen über das Seelische bis hin zum Geistigen) erfaßt: eine Neuschöpfung des Menschen. Denn es ist Gott (als die zuerst in der Personbegegnung aufleuchtende umgreifende Dimension des endlich-konkreten Seins und Lebens), der das menschliche Fühlen, Denken und Sein aus der anscheinend oft blinden Dynamik biologischen Lebens herausruft. Im Unterschied zur jahrmillionenalten Religions- und Menschheitsgeschichte (und parallel zu den Einsichten der achsenzeitlichen Dichter und Denker) ist Gott hier nicht die übersteigende Dimension des Großen und Mächtigen, des Gewitters, der Sturmflut, der Stiergewalt oder des todgewaltigen Herrschers, sondern umgekehrt die Ausstrahlung des Kleinen und Ohnmächtigen.

Biblische Beispiele: Der Fremde von Emmaus (Lk 24,13-35) und Jesu Henker (Mk 15,34-37) als Orte der Erfahrung Gottes als Liebe

Jeder Fremde, der mir auf dem Weg begegnet, kann dem Christen zum Ort einer Erscheinung Jesu und seines Gottes werden. Beispielhaft ist dies gestaltet in der von Lukas überlieferten Erzählung von der Begegnung mit dem auferstandenen Jesus auf dem Weg nach Emmaus (Lk 24,13-35): Ein völlig Fremder stößt zu den beiden Jüngern, die – enttäuscht und frustriert über das schmähliche Ende Jesu – dabei sind, Jerusalem zu verlassen. Sie reden über Jesu Geschick, und als der fremde und bisher stumme Wegbegleiter sich in das Gespräch mischt und sie nach dem Hintergrund ihrer Reden fragt, bleiben sie befremdet und traurig stehen, und es sieht zunächst so aus, als würde die Fremdheit des Wegbegleiters zu einer Art »Wegstoß-Reaktion« führen und Kommunikation verhindern: »Bist du so fremd in Jerusalem, daß du als einziger nicht weißt, was in diesen Tagen dort geschehen ist?« (Lk 24,18). Doch indem sie sich auf ein Gespräch mit dem so Fremden einlassen und mit ihm über den möglichen Sinn des Geschehens sprechen, »brannte« schon ihr Herz in der Brust, so, als wäre Jesus lebendig bei ihnen. Als dann am Abend der Fremde mit ihnen in die Herberge tritt, sich mit ihnen zu Tisch setzt, das Brot nimmt, nach jüdischer Sitte wie Jesus bei den Mahlfeiern ein Dankgebet darüber spricht, dann das Brot teilt und ihnen hinreicht, »gingen ihnen die Augen auf, und sie erkannten ihn; dann sahen sie ihn nicht mehr« (Lk 24,31). Im Augenblick, da der Fremde ihnen Brot reicht, also den Gebe-Gestus Jesu ihnen gegenüber vollzieht, erkennen sie den über den Tod hinaus lebendigen Jesus aus Nazareth in ihm. Da ist ihre Trauer und Resignation verflogen, und »noch in derselben Stunde brachen sie auf und kehrten nach Jerusalem zurück, und sie fanden die Elf und die anderen Jünger versammelt« (Lk 24,33). Die Erscheinung Jesu und seines Gottes in der Fremde und im Fremden führt sie zurück zu Versammlung und Gemeinde.

Möglicherweise ist in den ältesten, uns nicht schriftlich erhaltenen Erzählungen vom Sterben Jesu dieses Aufleuchten des *Abba*-Gottes in der äußersten Entfremdung sogar noch von der Situation des Todes Jesu am Galgen erzählt worden. In allen vier Evangelien wird nämlich eine merkwürdige Episode überliefert, die unmittelbar vor Jesu Tod spielt, bei Markus (und ihm folgend Matthäus) gleichsam den Todesschrei auslöst, den Lukas als Anheimgabe des Lebens an den *Abba* interpretiert: Als Jesus in größter Todesnot war und ihr in den Anfangsworten des 22. Psalms Ausdruck gab (vgl. Mk 15,34: *Eloi, eloi, lama sabachthani,...* »Mein Gott, mein Gott, warum hast du mich verlassen?«), glaubten »einige,... die das hörten« *(tines ... akousantes),* Jesus rufe nach Elija und einer von ihnen »lief hin, füllte einen Schwamm mit ›Essig‹, steckte ihn auf ein Rohr und ›gab (ihn) ihm zu trinken‹ (Ps 69,22), indem er sprach: Laßt, wir wollen sehen, ob Elias kommt, ihn herabzunehmen« (Mk 15,35 f.; Übersetzung nach J. Schmid, Synopse, 195 f.). Bei aller Grausamkeit und Brutalität, mit der die Römer gegen Aufrührer vorgingen, ist es doch undenkbar – und es wird auch nirgendwo erwähnt – daß man Gekreuzigte zusätzlich noch dadurch quälte, daß man ihnen in ihrem furchtbaren Todesdurst Essig zu trinken gegeben hätte. Man wollte ja nicht den Einzelnen quälen, sondern in der wilden und grausamen Tötungsart die Tötungsmacht Roms möglichst schreckensvoll zur Erscheinung bringen. Vielmehr ist umgekehrt gerade aus dem jüdischen Raum bekannt, daß man den zum Kreuzestod Verurteilten üblicherweise einen starken, mit Myrrhe (oder Weihrauch) vermischten Wein als Betäubungsgetränk zu trinken gab (vgl. H. L. Strack/P. Billerbeck, Kommentar zum Neuen Testament aus Talmud und Midrasch, Bd. I, München 3. Aufl. 1961, 1037 f.). Tatsächlich erzählt Markus, daß man Jesus vor seiner Kreuzigung einen solchen Wein anbot, er ihn aber dort nicht trinken wollte (Mk 15,23).

Schon an dieser Stelle verändert Matthäus den ihm vorliegenden Markustext so, daß sich hier ein alttestamentliches Schrift-Zitat erfüllt. In Psalm 69, dem Hilferuf eines unschuldig Verfolgten, heißt es nämlich:

> *»Umsonst habe ich auf Mitleid gewartet,*
> *auf einen Tröster, doch ich habe keinen gefunden.*
> *Sie gaben mir Gift zu essen,*
> *für den Durst reichten sie mir Essig.«*
>
> (Ps 69,21 f.)

Was ursprünglich bei aller Grausamkeit der Hinrichtungsart noch eine menschliche Geste war, wird in Anlehnung an diesen Psalm als eine zusätzliche Quälerei erzählt: »Sie gaben ihm Wein zu trinken, der mit Galle vermischt war« (Mt 27,34).

Vollends dringt diese Fehlinterpretation – schon bei Markus – in der Sterbeszene durch. Das Natürlichste ist es, anzunehmen, daß einer der *akousantes,* der Dabeistehenden, angesichts des Verlassenheitsrufs Jesu in der Todesnot einen Funken von Mitgefühl in sich spürte und dem Sterbenden nun doch noch den Betäubungswein reichte, dessen Annahme dieser vorher verweigert hatte. Man muß nicht, wie Karl Herbst (dessen Intuition ich im ganzen hier folge: vgl. ders., Der wirkliche Jesus, Olten-

Freiburg i.Br. 1988, 219), in diesem »Dabeistehenden« einen der bis zuletzt verbliebenen Freunde Jesu, gar die Maria aus Magdala, sehen, um dieser Szene einen tiefen Sinn zu entnehmen. Es genügt, daß *irgendeiner*, wahrscheinlich sogar einer der Henker, Jesus zur Linderung seiner Todesnot den mit Myrrhe vermischten Wein (oder auch den Sauerwein [*oxos*], mit dem die Soldaten selbst ihren Durst stillten) zu trinken gab. Nicht *wer* dem Dürstenden in seiner Not zu trinken gibt, ist wichtig, sondern *daß* dieser Gebe- und Zuwendungs-Gestus gerade auch noch in der äußersten Unheils- und Notsituation, in dieser physischen, psychischen und ethischen Grenzsituation menschlichen Daseins, geschieht. In ihm geht die *doxa* des *Abba*-Gottes auf, die Jesus in dem Wein, der ihm gereicht wird, in sich hineinsaugt und der er im Todesschrei sein Leben anheimgibt. Anders als Psalm 69 es vom ungerecht Verfolgten sagt, hat Jesus in seiner Todesnot einen Tröster gefunden, der ihm schmerzlindernden Wein zu trinken gab, ihm dadurch, wenngleich vielleicht einer seiner Henker, in dieser Geste den *Abba*-Gott, von dem er sich verlassen glaubte, vergegenwärtigte und ihn so zum Sterbenkönnen befreite.

So umfaßt der über Johannes den Täufer und Jesus in die Welt einströmende Gottesatem ununterscheidbar alle Menschen, Heimatlose und Fremde, ja er verbindet noch das Opfer mit seinem Henker. Er schmilzt alle überhaupt denkbaren Grenzen zwischen den Menschen ein. Auch zeigt sich hier die unlösbare Verbindung von Geisterfahrung und Gotteserfahrung im gemeinsamen Mahl.

Geisterfahrung und religiöse Urszene

Als Atem, der Liebe und Zuwendung ist, führt der Gottesatem Jesu zurück in die oben (Kap. 1.32) im Dunkel der Vorzeit gesuchte religiöse Urszene, aus der Menschsein entsteht. Er läßt das falsche, aus einer Angstprojektion entstandene Gottesbild, das sich im Tötungs-Imponierverhalten des Mannes (d.h. im Opfern) aufrichtet und das jahrmillionenlang die wahre Quelle göttlich-menschlichen Seins zugedeckt und verdunkelt hat, wie Nebel im Sonnenlicht zerrinnen. Wie schon im gemeinsamen Mahl der Jüngerinnen und Jünger, so taucht auch hier das Verhältnis von Mutter und Kind als die Urform dieser Quelle göttlich-menschlichen Seins und Lebens auf: *pneuma hagion*, Menschsein von Grund auf heilender Gottesatem, ist die Dynamik des Erkennens, das dort zwischen Mutter und Kind spielt, wo aufgrund eines symbolischen Wahrnehmungsvermögens der andere als Person, als Du und damit als göttliche Verheißung, aufleuchtet. Wo ein Lebewesen – evolutionsgeschichtlich zuerst wohl in der Mutter-Kind-Beziehung – diesen Anspruch vernehmen kann und sich ihm öffnet, wird aus der Mutter gleichzeitig menschliche Mutter und »Gott Mutter« (bzw. »-Vater«) und aus dem Jungen wird ein menschliches Kind und als solches gleichzeitig »Gott Sohn« (bzw. »-Tochter«), sofern in jeder menschlichen Begegnung eine göttliche Verheißung aufscheint.

Der christlich-trinitarische Gott ist nicht der Gott, der im Tötungsimponierverhalten, d.h. in der Opfertötung, seine erste nachahmende Verehrung findet, sondern er ist die als gewaltlose Liebe aufleuchtende Gottheit, der der Mensch in der personal zugewandten Pflege, als religiös gekennzeichnet in der Pflege über den Tod hinaus, der Bestattung, dient. Dieser wahre Ursprung göttlich-menschlichen Seins wird durch den Gottesatem Jesu freigelegt und von ihm her wird der Mensch neu geschaffen und geboren. Aus diesem wahren Gottesatem geboren zu werden, bedeutet, wie Paulus nicht müde wird zu schreiben, ein neuer Mensch zu werden und anfanghaft schon himmlisches Leben in sich zu tragen. Jüdisch gesprochen heißt dieses neue Leben *malkut Jahwe*, Gottesreich als tröstend-befreiende neue Nähe Gottes, so daß diese Neugeburt aus dem *pneuma hagion* identisch ist mit dem anfanghaften Eingehen in das Gottesreich. Sie ist nicht dessen Bedingung und Voraussetzung, die ich als Mensch zu erfüllen hätte, sondern sie ist dieses Eingehen selbst (vgl. Joh 3,3: »Amen, amen, ich sage dir: Wenn jemand nicht von neuem geboren wird, kann er das Reich Gottes nicht sehen«).

So ist die »Geisterfahrung« des frühen Christen etwas sehr Konkretes. Sie ist dort gegeben, wo Menschen die sie tragende Lebensdynamik nicht mehr aus der überschaubaren Gruppe beziehen, der sie angehören, sondern sie aus der Begegnung mit jedem beliebigen Menschen immer neu gewinnen können. Es kommt dabei nur darauf an, daß die sich begegnenden Menschen in dieser Begegnung sich in ihrer Endlichkeit einander öffnen: dem anderen sagen, daß sie hungrig sind, durstig oder krank oder im Gefängnis (welcher Art auch immer), so daß der Gesprächspartner persönlich und situationsgerecht auf ihn zugehen kann. Dann ist es vollkommen gleichgültig, von welcher Herkunft, von welchem sozialem Stand, welcher Hautfarbe, auch welch religiöser oder politischer Überzeugung der Mensch ist, dem ich begegne. Immer – sofern er sich mir in seiner Endlichkeit öffnet – begegnet mir ja dann im anderen der lebendige, von den Toten auferweckte Gekreuzigte, auf dessen Antlitz die *doxa*, der Glanz des gewaltlos liebenden Gottes, aufleuchtet.

Wo Menschen von dieser Dynamik erfaßt sind und stammelnd versuchen, der neuen Erfahrung im Sprechen und Verhalten Ausdruck zu geben, hat das *pneuma hagion* sie erfaßt und zu Christen gemacht. In ihrem stammelnden, im Verstehenshorizont der gewaltverhafteten Welt weitgehend unverständlichen Reden und in ihrem zukunftsweisenden Handeln liegt die Prophetie und Glossolalie, das Reden in Zungen, das in der Urgemeinde als äußerer Ausdruck der erfolgten Geistbegabung galt (vgl. Apg 19,6). Zu bekennen »Herr *(kyrios)* ist Jesus« (1 Kor 12,3), also aus innerer Überzeugung heraus zu sagen, dieser von den Repräsentanten seines Volkes verworfene, an die Besatzungstruppen ausgelieferte und von der römischen Gottkaisermacht zum Fluchtod am Kreuzesgalgen verurteilte Mensch sei Gottes Sohn, Abglanz seines Wesens und also sinngebender Orientierungspunkt des Lebens, ist – nicht nur – für die Menschen im Römerreich ein verrücktes, ärgerlich-sinnloses, subversives Gerede, das die Macht der staatstragenden Gottheiten leugnet und dadurch die Gemeinschaft bedroht; zu alt und mächtig sind eben noch die Denk-, Empfindungs- und Verhaltensfelder der jahrmillionenalten Gewaltfaszination. Daß es dennoch Menschen gibt, die so denken, reden und handeln, ist ein immer neues Wunder, in dem mir der Gekreuzigte von Golgotha lebendig begegnet.

Dabei können offenbar *alle Menschen*, aus welchem geschichtlichen Lebensraum und aus welcher religiösen Tradition sie auch kommen, dieses Stammeln vom Ausgelieferten als dem, der in Wahrheit Gott zur Erscheinung bringt, als in ihrer »Muttersprache« gesprochene Rede verstehen (vgl. Apg 2,8 die Reaktion auf die Pfingstpredigt des Petrus: »Wieso kann sie jeder von uns in seiner Muttersprache hören?«). Die Muttersprache, die Ursprache zwischen Mutter und Kind, die Sprache, in der Gott als die unterfangende und umgreifende Dimension des Mitlebewesens zu mir spricht, ist zugleich die Universalsprache des Menschengeschlechts. Christliche Gotteserfahrung befreit zu solcher Universalität. Sie überwindet alle Begrenzungen.

Zur Problematik des Wortes »Sakralerfahrung«

Grundsätzlich ist es zwar möglich, von christlichen »Sakral«-, d.h. Gotteserfahrungen zu sprechen, da ja der christliche Gott wirklich das Heilige *(sacrum)* – hier im Sinne des Heilenden – für den Menschen ist, aber es gilt, sich dabei bewußt zu machen, daß »Sakralerfahrung« dabei dann nicht im Gegensatz steht zu »profanen« Erfahrungen. Die entgrenzende Wirkung der christlichen Geisterfahrung überwindet auch die Grenzen zwischen »sakral« und »profan«. »Sakral« ist ja ursprünglich der mit Steinen abgegrenzte Opferbezirk. Der Raum, in dem Gott in Gestalt der Tötungsgewalt, die das Opfer zerstört, aufgeht, muß peinlich genau abgegrenzt sein vom übrigen Lebensraum, damit der Bazillus der Gewalt nicht dorthin überspringt, vielmehr der im sakralen Raum erzeugte Schauder Rivalität und Gewalt aus dem profanen Lebensraum vertreibt. Die im sakralen Raum sich aufrichtende Tötungsgewalt ist nur so lange Heilmittel gegen die profane Rivalität und Gewalttätigkeit, als sie abgegrenzt im sakralen Bereich *bleibt* und *von dort aus*, durch Priester vermittelt, in den profanen Raum hinüberwirkt. Andernfalls wäre dieses Heilmittel gewöhnliches Gift (wie ja zumeist Heilmittel genau dosierte Gifte sind: griech. *pharmakon* bedeutet sowohl »Heilmittel« wie auch »Gift«). Geht jedoch Gott im Anspruch des ausgelieferten Mitlebewesens auf, kann dies nur inmitten des Raums profanen Lebens geschehen. Der christliche Gott ist »Gott in Welt« (so der Titel der von J. B. Metz u.a. herausgegebenen zweibändigen Rahner-Festschrift zu dessen 60. Geburtstag, Freiburg-Basel-Wien 1964), Transzendenz in Immanenz. Er kann und darf nicht vom sogenannten »profanen« Leben abgegrenzt werden. Das ganze Leben ist für den Christen »geheiligt«, weil in ihm immer neu und von immer neuen Aspekten her der Anspruch Gottes als Anspruch der Liebe aufgehen kann. Es gibt für den Christen kein *pro-fanum*, keinen vor und außerhalb des Heiligen liegenden Bezirk im Leben zwischen Menschen. Ich kann nur den je neu im Leben aufgehenden Gott durch Segensgesten und -worte bezeichnen, um ihn im Moment seines Erscheinens besser sichtbar zu machen.

Sofern deshalb zum Wort »sakral« komplementär das Wort »profan« gehört, ist die Rede von christlichen »Sakralerfahrungen« problematisch. Das Wort bleibt deshalb hier auch stets in Anführungszeichen gesetzt, sofern es sich auf die christliche Gotteserfahrung bezieht. Es soll auf diese Weise Erfahrungen bezeichnen, die, weil sie Gott (wenn auch auf neue Weise) beinhalten, für das stehen, was sonst in der Religionsgeschichte »Sakralerfahrung« genannt wird. Besonders die christliche Geisterfahrung als Erfahrung der Entgrenzung sinnstiftender menschlicher Lebensdynamik überwindet jedoch im Grunde die religionsgeschichtliche, vom profanen Leben abgegrenzte Sakralerfahrung.

Neben der Erfahrung des *Abba*-Gottes in der Mahlgemeinschaft der Jüngerinnen und Jünger ist die Geisterfahrung die zweite Gotteserfahrung des frühen Christen. Sie berührt sich eng mit der Erkenntnis, die in der oben (Kap. 2) beschriebenen Achsenzeit in ganz verschiedenen Teilen der Welt aufgebrochen ist. Das buddhistische Wohlwollen und die Liebe zu allen lebenden Wesen, wie das oben (S. 122) zitierte »buddhistische Vaterunser« sie verinnerlicht, das *Yen*, die Menschenfreundlichkeit des Konfuzius, das gewaltlos-kleine und doch so unendlich wirkmächtige *Tao* Laotses (das in seiner unendlichen Güte gleichermaßen die Guten wie die Nichtguten umfaßt), das *Agathon*, das Gewaltlos-Gute bei Platon-Sokrates, und die *Chesed*, die Liebe und das Erbarmen, das die Schriftpropheten als den Jahwe-Willen verkünden, sind Metaphern und Wortfelder, die in dieselbe Richtung weisen wie die beschriebene frühchristliche Geisterfahrung. Nur ist es dort eine Erkenntnis, die durch konzentriertes (letztlich nur im Rückzug aus der Welt mögliches) Nachdenken gewonnen wird, hier aber eine lebendige, in der Begegnung mit Jesus vom Leben her sich aufdrängende Erfahrung.

Geisterfahrung, Geisttaufe und Wassertaufe

Wie die Mahlgemeinschaften mit Jesus – von den prophetisch-zeichenhaften Gastmählern in Galiläa über das Abschiedsmahl in Jerusalem bis hin zum nachösterlichen Brotbrechen in den Häusern (als einem Essen und Trinken mit dem auferstandenen Jesus) – die Urform des Sakraments der Eucharistie bilden, so bildet die hier beschriebene »Geisterfahrung« die Urform der Taufe. Entscheidend für diese ist nicht das Untertauchen in oder das Übergießen mit Wasser, sondern das Erfaßtwerden vom neuen Gottesatem, das Hineintauchen in das beschriebene *pneuma hagion*. Diese Geisttaufe ist das, was den Christen zum Christen macht. Die Exegeten sind (in sonst sehr seltener Einhelligkeit) davon überzeugt, daß der irdische Jesus nicht wie Johannes der Täufer mit Wasser getauft hat (vgl. G. Barth, Die Taufe in frühchristlicher Zeit, Neukirchen-Vluyn 1981, 60-72). Programmatisch heißt es ja auch gleich zu Anfang des ältesten Evangeliums, Johannes habe »nur mit Wasser getauft, er [Jesus] aber wird euch mit dem Heiligen Geist (*pneumati hagio*) taufen« (Mk 1,8). Auch und gerade der lebendige Gekreuzigte setzt diese Geisttaufe fort. Am Anfang der Apostelgeschichte, in der Lukas die Anfänge des nachösterlichen Christseins zu beschreiben versucht, heißt es: »Johannes hat mit Wasser getauft, ihr aber werdet schon in wenigen Tagen mit dem Heiligen Geist getauft« (Apg 1,5).

Dabei weist Lukas auf das Pfingstereignis hin, das ja prägend am Anfang des von Ostern her begründeten Christseins steht. Die dort aufbrechende Rede der Jesus-Jünger vom Gekreuzigten als dem vom Tode auferweckten Messias muß den zum Pentekoste-Fest versammelten Juden und Proselyten als unsinniges Gestammel erscheinen, als Gestammel von Menschen, die schon am Morgen betrunken sind (vgl. Apg 2,15). Andererseits aber trifft sie diese Rede »mitten ins Herz« (vgl. Apg 2,37); sie berührt den tiefsten Grund ihrer Seele, der begründet wird durch die Ursprache zwi-

*was ist entscheidend;
„Juden und Heiden"
oder „diese Rede mitten ins Herz"?*

schen Mutter und Kind: Jeder, woher immer er kommt, versteht diese Rede in seiner »Muttersprache« (vgl. Apg 2,8). Sie sind ratlos und wissen nicht, was sie tun sollen (vgl. Apg 2,37).

In dieser Situation fordert Petrus sie auf, sich im Namen des Messias Jesus in Wasser untertauchen zu lassen, so wie Johannes Jesus im Jordan taufte. Er weiß, daß von diesem Wirken des Bußpredigers Johannes her der neue, befreiende Gottesatem in die Welt eingedrungen ist und sich dann in Jesu Wirken und besonders in seinem Tod verdichtet und in der Erfahrung des lebendigen Gekreuzigten zum pfingstlichen Gottessturm gesteigert hat. Wenn deshalb der Mensch im Gestus der Wassertaufe an den Ursprungsort der Geistsendung zurückgeht, kann er gewiß sein, das neue Leben in sich zu haben: ein Leben, das aus dem Gefühls-, Denk- und Lebenshorizont der Gewaltverhaftetheit befreit und eingetaucht ist in den Gottesatem gewaltloser Liebe: »Kehrt um, und jeder von euch lasse sich auf den Namen Jesu Christi taufen zur Vergebung seiner Sünden; dann werdet ihr die Gabe des Heiligen Geistes empfangen« (Apg 2,38). So formuliert Raymund Schwager eine tiefe, in der Theologie viel zu wenig beachtete Einsicht, wenn er die Wassertaufe als ein Gebet um die Geisttaufe darstellt (vgl. ders., Wassertaufe, ein Gebet um die Geisttaufe?; in: Zeitschrift für Katholische Theologie 100 [1978], 36-61). Der Wasserritus ist das »Urgebet« (ebd. 61), mit dem die Christen um die zur neuen Lebensform befreiende Geisttaufe bitten oder auch für diese danken, wenn sie schon vorher spontan erfolgte, Menschen also, ähnlich wie Paulus vor Damaskus, ohne eigenes Zutun vom Gottesatem Jesu erfaßt.

Deutlich ist aus den neutestamentlichen Texten zu ersehen, daß sich die Geisttaufe nicht notwendig zusammen und in einem mit der Wassertaufe ereignen muß, sondern sowohl sich schon vorher als auch erst beträchtliche Zeit nachher ereignen kann: In der Apostelgeschichte wird erzählt, wie (der noch ganz im Judentum befangene) Petrus und seine jüdischen Begleiter voller Staunen sehen, daß auf seine von Jesus erzählenden Worte hin der heidnische Hauptmann Kornelius und seine Familienangehörigen ebenso wie sie selber aus innerer Überzeugung das Bekenntnis zu Jesus stammeln und Gott als gewaltlose Liebe preisen konnten. Daraus ersahen sie, daß auch auf diese Heiden der heilende Gottesatem Jesu herabgekommen war und es also sinnlos wäre, ihnen, die schon die Geisttaufe empfangen hatten (weil sie sagen konnten: »Herr ist Jesus«), die Wassertaufe als Aufnahmeritual in die Christengemeinde zu verweigern, wenngleich sie Heiden waren (vgl. Apg 10,44-48). Andererseits wird von der Stadt Samaria erzählt, daß dort Philippus die Menschen auf den Namen Jesus, d.h. auf sein Leben und Geschick hin taufte, der Geist aber erst auf sie herabkam, als Petrus und Johannes dorthin kamen und ihnen die Hände auflegten (vgl. Apg 8,12-17). Die Geisttaufe ist neben der eucharistischen Mahlfeier die neue »Sakralerfahrung« (Mühlen) des frühen Christen. Um sie bittet oder für sie dankt er in der Wassertaufe.

5.24 Das leere Grab und die Auferstehungsräume Jesu: Zum »conditorischen« (an der Begegnungs- und Bestattungsreligiosität orientierten) Charakter der christlichen »Sakralerfahrungen«

Zur Ambivalenz der Bestattungsreligiosität: Die Ausgrenzung des Todes

Der religionsgeschichtlich erste rituelle Ausdruck einer in der zwischenmenschlichen Beziehung wahrgenommenen »Sakralerfahrung« ist, wie eingangs dargestellt (vgl. Kap. 1.32 und 1.33), wahrscheinlich die Bestattung. Sie ist in ihrem ursprünglichen Charakter fürsorgende Zuwendung zum geliebten Menschen über dessen Tod hinaus. Die (in Kap. 5.22 und 5.23) gegebene Beschreibung der beiden grundlegenden christlichen »Sakralerfahrungen«, die sich mit »Eucharistie« und »(Geist-)Taufe« bezeichnen lassen, gestalten auf je verschiedene Weise die in solcher Zuwendung mögliche Gotteserfahrung: Wenn beim »Brotbrechen in den Häusern« (vgl. Apg 2,46) die Menschen einander Brot und Wein reichten und wenn sie die »Gottherrlichkeit«, die ihnen auf dem Antlitz des gekreuzigten Jesus aufgegangen war (vgl. 2 Kor 4,6), auf dem Antlitz eines jeden ihnen begegnenden Mitmenschen suchten und von diesem Gotteswind erfaßt, ihre familiären, völkischen und religiösen Grenzen des Zusammenlebens und des füreinander Eintretens überwanden, ging ihnen der *Abba*-Gott Jesu als Anspruch jener gewaltfreien Liebe auf, die (wahrscheinlich zuerst in der Mutter-Kind-Beziehung) den Menschen erschaffen und zur Bestattung als dem ersten – *als solches* erkennbaren – religiösen Verhalten geführt hat.

Von daher müßte man eigentlich annehmen, daß im Christentum ähnlich wie in der ägyptischen Religion das Bestattungsritual in exzessiver Weise ausgestaltet wäre. Das ist jedoch nicht der Fall. Zwar gehört die Bestattung zu den wichtigsten »Service-Leistungen«, die man auch in einer religiös indifferenten Gesellschaft von den Kirchen erwartet (und die in Anspruch nehmen zu können, man nicht selten sogar Kirchensteuer zahlt), doch anders als Taufe und Eheschließung, die ähnlich wie Sterben und Tod als Lebenswende verstanden und in einem religiösen Ritus begangen werden wollen, ist die Bestattung vom Theologischen her gesehen kein »Sakrament«, also keine liturgische Gestaltung der christlichen Gotteserfahrung. Wie ist das zu erklären?

Seit vor etwa 1,7 Millionen Jahren der Mensch dazu überging, das Töten des großen Tieres und des Mitmenschen in sein Imponierverhalten einzubauen, also seine Ranghöhe durch die Größe der ihm zur Verfügung stehenden Tötungs- und Verletzungsgewalt zu definieren, wird das Sterben auf neue Weise erfahren. Es ist (wie schon oben in Kapitel 1.32 in der Beschreibung der Bestattung als einer religiösen Urszene ausgeführt) nicht mehr das natürliche Ende eines kreatürlichen Lebens, das befreiende Sich-Anheimgeben an die das individuelle Wesen umgreifende Macht des Lebens, vergleichbar dem Einschlafen am Ende eines ereignisreichen und ermüdenden Tages. Nein, Sterben ist jetzt das Überwältigt-Werden vom Tod; es bedeutet, zum hilflosen Opfer zu werden, an dem eine anonyme Macht seine Tötungsgewalt ausagiert. Der Sterbende wird von einem, der über (wenn auch vielleicht noch so geringe) Tötungsmacht verfügt, zu einem hilflosen Opfer fremder Tötungsgewalt. Sein Rang, sein Status drohen zu einem Nichts abzugleiten. Alle Verhältnisse drohen sich zu ändern, ein gähnendes dunkles Loch tut sich auf und das Chaos droht das Leben zu überfluten. Beim Tode eines Königs drohen stets Unruhen auszubrechen, Rivalen versuchen, die Gewalt an sich zu reißen, und die staatliche Ordnung droht im Chaos unterzugehen. Diese »bösartigen Gewalten« (Girard, Das Heilige, 374), diese Chaosmächte, gilt es zu bannen und am Ausbruch zu hindern.

Seit der Mensch das Töten religiös überhöht hat und das Sterben dadurch für ihn zum Getötetwerden wurde, ist jedes von ihm ausgeführte Bestattungsritual ambivalent. Es ist nicht mehr nur fürsorgende Pflege des geliebten Menschen über den Tod hinaus, sondern immer gleichzeitig auch eine Beschwörung der Chaosgewalten, die mit dem von außen einbrechenden, unverfügbaren, nicht vom Menschen inszenierten Tod das Leben als Ganzes bedrohen. Deshalb dringen, wie oben beschrieben (vgl. Kap. 1.32), die Opferriten auch in die Bestattung ein. »Indem der Tod zur Tötung, der Teilnehmer zum Tötenden wird, ist der Tod selbst zum Werk des eigenen Willens geworden, machbar, wiederholbar und eben darum überwindbar...« (Burkert, Homo, 62 f.). Die eingebrochene anonyme und unverfügbare Tötungsmacht wird durch das rituelle Handeln eingekreist, begrenzt, durch die Ausübung der eigenen Opfer- und Tötungsgewalt überdeckt und dadurch entschärft.

Überall in der Religionsgeschichte kamen diese Riten dort zu ihrer stärksten Ausprägung, wo der todgewaltige Mann, der Herrscher, selbst vom Tode ereilt wurde. Hier war ja der Einbruch der unverfügbaren

Chaosmacht, die Bedrohung der durch Tötungsgewalt aufgerichteten hierarchischen Ordnung, am größten. Hunderten von Menschen wurden beim Tod eines Aztekenherrschers die Herzen aus der Brust gerissen, und im alten Sumer wie auch in Ägypten wurde vereinzelt dem verstorbenen Herrscher der gesamte Hofstaat mit in die Gruft gegeben (vgl. die Beschreibung dieser Opferphänomene in Kap. 1.23; dazu Burkert, Homo, 60-69). Mag es sich hier auch um Exzesse handeln, so zeigen diese doch die grundsätzlich ambivalente Struktur und Tendenz der faktisch in der Religions- und Menschheitsgeschichte geübten Bestattungsriten. Immer geht es in ihnen darum, einerseits dem Verstorbenen über seinen Tod hinaus Liebe und Zuwendung zu geben und den Dialog mit der vom Tod nicht zerstörbaren übersteigenden Dimension seiner äußeren Erscheinung aufrecht zu erhalten; andererseits aber verfolgt die Bestattung gleichzeitig auch das Ziel, den schrecklichen Einbruch der anoymen Tötungsgewalt aufzufangen und einzudämmen; einerseits gilt es, dem Verstorbenen ein angenehmes Leben über den Tod hinaus zu sichern, andererseits aber ihn (als den Ort des Einbruchs von Chaosmächten) auszugrenzen, im Grab abzuschließen und sich, die Überlebenden, auf diese Weise vor ihm zu schützen.

Dieser Sicherung sowohl der Überlebenden vor den im Tod einbrechenden Chaosgewalten als auch der todesjenseitigen Existenz des Verstorbenen dienen neben den Ritualen auch die oft mächtigen Grabbauten, die Dolmen und Steingräber der Megalitkultur, die Nekropolen und aufragenden Pyramiden, die tief eingehauenen Felsgräber und die ummauerten Friedhöfe. Der Bezirk des Todes wird ab- und ausgegrenzt: Schwere Stein- und Marmorplatten verschließen die Grüfte, mächtige Felsen werden vor die Eingänge der Grabeshöhlen gewälzt, die Eingänge zu den königlichen Schacht- und Pyramidengräbern Ägyptens waren – wohl auch aus Angst vor Grabräubern – ein streng gehütetes Staatsgeheimnis. Überall macht die – wenn auch noch so zufällige – Berührung eines Toten kultisch unrein (vgl. Num 19,12 f..17-20).

Auch die besonders in Ägypten geübte Praxis der Einbalsamierung des Leichnams war keineswegs *nur* eine Pflege des Toten. Man mußte ja, um sie auszuführen, gewaltsam seinen Leib öffnen, die Gedärme herausnehmen und fremde Stoffe einfüllen. Dann wurde der Körper mit harzgetränkten Leinenbinden zu einem festen Paket umwickelt und eingeschnürt, was an die schon bei altsteinzeitlichen Bestattungen mitunter festgestellte Praxis erinnert, den Toten im Grab zu fesseln. Gefesselt ist freilich nicht eigentlich der Tote, sondern in ihm der in das Leben eingebrochene Tod, den es einzugrenzen und unschädlich zu machen gilt. Riesige Kosten und

Mühen werden unternommen, um durch wohlriechende Kräuter und Salben den Verwesungsgeruch zu überdecken und den eingebrochenen Tod auch in dieser seiner Erscheinungsform zu verdrängen. Nach dem Johannesevangelium wird der Leichnam Jesu zusammen mit einer Mischung aus hundert Pfund Myrrhe und Aloe in Leinenbinden eingewickelt (Joh 19,39).

Wo das tödliche Chaos eindringt, muß es durch gesteigerte Ordnung ausgegrenzt und gebannt werden. Nirgendwo wird deshalb Unordnung und Verwüstung als so unerträglich, so grauenhaft empfunden wie am Grab. Ein Grab unbefugt zu öffnen, um es vielleicht zu bestehlen, ist nicht bloß Diebstahl, sondern »Schändung«: Zerstörung der durch die Hinterbliebenen gefügten Aura des Toten, seiner Grabesruhe und seines Friedens. Die grauenhafte, weil unverfügt in das Leben eingebrochene Gewalt des Todes, die durch das vollzogene Begräbnis schon befriedet war, wird erneut aufgewühlt und noch stärker in seinem Grauen erfahren. Der Tote wird durch solches Tun daran gehindert, auch seinerseits den Schreckensbereich des Todes zu verlassen und in eine andere, nicht vom Tod bedrohte Welt einzugehen: in einer Himmmelfahrt aufzusteigen zu den ewig glänzenden Sternen und von dort, aus einem riesigen, unüberbrückbaren Abstand, aus sicherer Entfernung, den Menschen zu leuchten. Das aufgebrochene und in Unordnung geratene Grab verhindert, daß, wie im Mythos von Isis und Osiris erzählt, die Liebe der Hinterbliebenen die durch den Tod auseindergebrochenen, zerstückelten und überall verstreuten Kräfte und Wesenselemente des Toten wieder sammelt, und dadurch dem Toten ein neues und anderes Leben ermöglicht, er vom Tode auferweckt wird.

Zur ägyptischen Bestattungskultur: Das reich ausgestattete, geordnete Grab als Voraussetzung für Auferstehung und Himmelfahrt

Die letztgenannten Vorstellungen stammen aus der ägyptischen Mythologie. In letzter Zeit sind von verschiedener Seite enge Berührungspunkte zwischen der ägyptischen und der frühen christlichen Religion festgestellt worden (vgl. E. Drewermann, Dein Name ist wie der Geschmack des Lebens. Tiefenpsychologische Deutung der Kindheitsgeschichte nach dem Lukasevangelium, Freiburg i. Br. 1986; ders., »Ich steige hinab in die Barke der Sonne«. Alt-Ägyptische Meditationen zu Tod und Auferstehung in bezug auf Joh 20/21, Olten-Freiburg i.Br. 4. Aufl. 1991; sowie: M. Görg, Glaube, Mythos und Geschichte. Die Bilder des christlichen Credo und ihre Wurzeln im alten Ägypten, Düsseldorf 1992). Insbesondere für den Bereich der Vorstellungen vom todesjenseitigen Leben des

Menschen ist eine solche Beeinflußung mehr als wahrscheinlich. Dies ergibt sich sowohl aus der inhaltlichen Übereinstimmung, wie sie Drewermann (ders., Barke, 74-154) und Görg (ders. 126-158) herausarbeiten, als auch aus den feststellbaren geschichtlichen Zusammenhängen. Denn gerade jene späten Schriften des Alten Testamentes, das (nur griechisch überlieferte) Zweite Buch der Makkabäer und das Buch der Weisheit, in denen der neutestamentliche Auferstehungsglaube vorgebildet ist, weisen deutliche Bezüge nach Ägypten auf: Das Zweite Makkabäer-Buch ist für in Ägypten lebende Diaspora-Juden geschrieben, und das Buch der Weisheit entstand wahrscheinlich in Alexandria, wo sich ägyptische und hellenistische Kultur vereinten.

Auch in Ägypten war man überzeugt von einer neuen Lebendigkeit des Menschen jenseits des Todes. Insbesondere der Pharao (als Inbegriff des gottbegnadeten, ja göttlichen Menschen) erfuhr in seinem todesjenseitigen Leben eine Erhöhung ins Göttliche.In der Sonnenbarke durfte er zum Himmel auffahren und wurde mit Osiris und der Götterwelt vereint. Gewiß schließt sich an solche Vorstellungen die Rede von der todesjenseitigen Verherrlichung der Gerechten im Buch der Weisheit an: »Deshalb werden sie aus der Hand des Herrn das Reich der Herrlichkeit empfangen und die Krone der Schönheit« (Weish 5,16); auch in der Hoffnung der Martyrer auf ein todesjenseitig neu ihnen von Gott geschenktes Leben (vgl. die hoffnungsvollen Reden der in 2 Makk 7 zu Tode gefolterten Brüder und ihrer Mutter) klingen Motive des altägyptischen Auferstehungsglaubens an. Es ist auch wichtig, die tiefe und tröstende Symbolik dieser mythischen Vorstellungen für heutige Menschen neu zum Sprechen zu bringen und ihnen auf diese Weise einen Zugang auch zu den biblischen Texten zu erschließen (gut durchgeführt zum Beispiel bei Drewermann, Barke, 74-154).

Doch auch in einer Sprache, welche die gleichen Symbole verwendet, kann Unterschiedliches ausgesagt werden. Die Treue und Achtung sowohl gegenüber der fremden wie gegenüber der eigenen Überlieferung verlangt danach, diese Unterschiede nicht einzuebnen, sondern sie herauszustellen und zueinander in Dialog zu setzen. Durch die vielen Zitate aus dem Alten Testament weisen die neutestamentlichen Schriftsteller unüberhörbar darauf hin, daß sie *selbst* sich bei aller Übernahme von Bildern aus der ägyptischen Vorstellungswelt doch in der Tradition der hebräischen Bibel beheimatet fühlen und von dieser her auch das Sterben und den Tod zu denken versuchen. Dabei ist es kennzeichnend für diese (auch noch im Islam wirksame) Tradition, daß in ihr der Tod – zumindest der normale Tod des sterblichen Menschen – *nicht* mit einem mythischen Schrecken behaftet ist, der durch breit entfaltete, genau zu beachtende Bestattungs-riten und mächtige Grabbauten aufgefangen werden müßte. Während etwa für das zwischenmenschliche Verhalten, für die Zubereitung der Speisen, für die Darbringung der Opfer, für die Ausgestaltung des heiligen Zeltes und des Tempels und für viele andere Dinge genaueste Anweisungen gegeben werden (vgl. dazu im ganzen das Buch Levitikus), fehlen solche Anweisungen für die Bestattung. Der Tod, es sei denn der »Fluchtod« am Galgen oder der jäh in das Leben einbrechende frühe Tod eines Menschen, beinhaltet in der hebräischen Bibel keinen Schrecken:»Er [Abraham] starb in gesegnetem Alter, betagt und lebenssatt und ward zu seinem Geschlecht versammelt« (Gen 25,8). Sterben heißt »zu den Seinen versammelt wer-den« (vgl. Gen 49,29). Der Tote wird nach der jeweils üblichen Landes-sitte begraben (so z.B. Jakob in Ägypten auch durch Einbalsamierung: vgl Gen 50,1-3), aber dies geschieht ohne Übernahme der jeweiligen Ideologie. Eine eigene Ideologie des Sterbens und der Bestattung hat Israel nicht entwickelt.

Ähnliches gilt auch für den Hinayana-Buddhismus. Dies hängt sicher damit zusammen, daß in diesen Religionen Gott von seinem genuinen Ansatz her nicht als Tötungsgewalt erfahren wird. Während der Buddhis-mus Gott als Tötungsgewalt in der Meditation hinter sich läßt und in seiner ursprünglichen Form ohne eine Gottesvorstellung auskommmt, lernt der Mensch im Prozeß des biblischen Heilsdramas, daß Gott in stärkster Dichte und in seinem eigentlichen Wesen auf dem Antlitz des Hilfsbe-dürftigen und Unterdrückten, des Opfers und des Ohnmächtigen, aufgeht; und er »weiß« deshalb in einer ganz tiefen, vielleicht reflexiv für ihn nicht mehr erfaßbaren Schicht seines Bewußtseins, daß gerade der Sterbende als Ohnmächtiger und Ausgelieferter von diesem Gott umgriffen und getragen ist. Der Tod verliert deshalb in dieser Erfahrung seinen mythi-schen Schrecken; er ist kein Gott. Die sieben Brüder, die im Makkabäer-Buch in der Todesfolter zerstückelt werden, bangen nicht um die Integrität ihres Leichnams. Aus Nichts hat ja Gott sie kunstvoll im Leib ihrer Mutter geschaffen, »Atem und Leben wird er euch in seinem Erbarmen wieder-geben« (2 Makk 7,23).

Gerade aber die Integrität des mumifizierten Leichnams zusammen mit der geordneten Ausstattung des Grabes war im alten Ägypten die Vor-raussetzung für Auferweckung und Himmelfahrt jenseits der Todesgren-ze. Eine ägyptische Geschichte erzählt, daß aufgrund eines Rechtsspruchs in der Unterwelt einem ungerechten Reichen sein voll ausgestattetes Grab weggenommen und einem kümmerlich bestatteten, doch gerechten Armen zugesprochen wurde. Dadurch ist dem Armen im Unterschied zum Reichen die Möglichkeit erschlossen, todesjenseitig in das Reich des Göttlichen erhoben zu werden. Doch auch in diesem Sieg des Ethischen bleibt die Grabausstattung noch die Grundlage des jenseitigen Heils für den Toten (vgl. S. Morenz, Ägyptische Religion, Stuttgart 1960, 220). Besonders wichtig war die Integrität des Leichnams und seine richtige, geordnete Lage im Grab. Ein alter Ritualspruch, der später in die Pyramidentexte einging, nennt die Vorraussetzung für Auferstehung und Himmelfahrt: »Dir ist dein Kopf an deine Knochen geknüpft, dir sind deine Knochen an deinen Kopf geknüpft« (Morenz 209).

Auferstehung durch den lebendigen Gott: Das leere Grab

Die urchristliche Erzählung vom todesjenseitigen Geschick Jesu übernimmt zwar die tröstlichen ägyptischen Bilder von Auferweckung und Himmelfahrt, setzt sich aber in der Geschichte vom leeren Grab kontrapunktisch von der mit diesen Bildern verbundenen Bestattungsideologie ab. Freilich hat das – in judenchristlichem Milieu entstandene und für Judenchristen geschriebene – Matthäusevangelium diese Bezüge nicht mehr verstanden; es hat deshalb aus dem »leeren« Grab ein *objektives Argument* für die Auferstehung Jesu vom Tode gemacht (vgl. Mt 27,62-66 sowie 28,11-15; wenngleich auch in diesem Evangelium dieses Argument nicht wirklich zur Geltung gebracht wird). Dennoch dreht sich seither bis heute die Diskussion zum leeren Grab um die völlig unsachgemäße Frage, ob es wirklich »leer« war und es, dies vorrausgesetzt, ein Beweis (oder doch ein Argument oder Hinweiszeichen) für die tatsächliche Auferstehung Jesu von den Toten sein könne.

Dabei ist schon im ältesten Evangelium, in dem des Markus, das leere Grab als Ort des Schreckens und des Entsetzens gezeichnet. Das metaphysische Grauen, das vom weggewälzten Verschlußstein, also der gewaltsam geöffneten Grabeshöhle, von deren Offenheit und »Leere«, ausgeht, ist so groß, daß der Engel, der im Grab erscheint und die Auferstehung des Gekreuzigten verkündet, es nicht wegnehmen kann: »Da verließen sie das Grab und flohen; denn Schrecken und Entsetzen hatte sie gepackt. Und sie sagten niemand etwas davon; denn sie fürchteten sich« (Mk 16,8). Matthäus versucht den Schrecken wegzunehmen, indem er eine natürliche Ursache, ein Erdbeben, für den weggewälzten Stein erzählt und die Engelserscheinung an diesem Naturereignis festmacht. Dennoch verlassen auch hier noch die Frauen in »Eile das Grab voll Furcht«, nun aber auch voll »großer Freude«, und sie liefen »zu seinen Jüngern, um ihnen die Botschaft zu verkünden« (Mt 28,8). Bei Lukas, der schon den

Todesschrei Jesu als vertrauensvolle Anheimgabe des Sohnes an den Vater interpretiert hat (Lk 23,46), ist der Schrecken des offenen und leeren Grabes am stärksten reduziert. Er erwähnt nur beiläufig: »und sie fanden den Stein vom Grabe weggewältzt« (Lk 24,2). Der ganze Akzent ruht auf der Engelsbotschaft, die aus der leeren Grabeshöhle spricht; sie wird hier von »zwei Männern in leuchtendem Gewand« (Lk 24,4) verkündet. Dennoch geraten auch hier die Frauen in Furcht. Deutlicher aber als bei Markus und Matthäus ist hier die Engelsbotschaft des leeren Grabes artikuliert. Sie schickt die Frauen vom Grabe weg:»Was sucht ihr den Lebenden bei den Toten?«. Die Engel erinnern sie daran, daß Jesus ja seine Auferstehung von den Toten vorrausgesagt hat und er deshalb nicht im Grab gefunden werden kann (vgl. Lk 24,5-12).

Am deutlichsten, mit einer geradezu kontrapunktischen Symbolik, setzt sich das Johannesevangelium von der oben beschriebenen religionsgeschichtlichen Bestattungsideologie, wie sie ihre stärkste Ausprägung in Ägypten gefunden hat, ab. Drewermann spricht davon, daß »Anschauungsweise und Sprachwelt« des Johannesevangeliums »Stelle für Stelle in das ägyptische Alexandria hinüberweist« (Drewermann, Barke, 97). Tatsächlich ist der Einfluß des jüdisch-hellenistischen Philosophen Philo, der von etwa 25 v. Chr. bis 40 n. Chr. in Alexandrien wirkte, auf das Johannesevangelium unbestritten (vgl. R. Schnackenburg, Das Johannesevangelium, Teil I, Freiburg-Basel-Wien 2. Aufl. 1967, 107 f.). Dies bedeutet jedoch, daß die im ägyptischen Alexandrien vorliegenden Bilder und Redeformen vom Leben jenseits des Todes (vgl. Joh 11,25: »Wer an mich glaubt, wird leben, auch wenn er stirbt«), von Auferstehung und Erhöhung in den Bereich des Göttlichen, vom todesjenseitigen »Aufstieg zum Vater«, zwar übernommen, dabei aber – was besonders Drewermann zu wenig herausgearbeitet – in einen völlig neuen, ja gegensätzlichen Kontext gestellt werden.

Zunächst wird in Anlehnung an ein Schriftzitat (Ps 34,21: »Er behütet all seine Glieder, nicht eines von ihnen wird zerbrochen«; vgl. auch Ex 12,46) erzählt, daß Jesus nicht wie seinen Mitgekreuzigten die Beine zerschlagen werden (um wegen des Paschafestes einen schnelleren Tod herbeizuführen), so daß sein relativ integrer Leichnam mit einer Mischung aus Myrrhe und Aloe und wohlriechenden Salben mit Leinenbinden umwickelt und im Garten eines reichen Mannes in einem vornehmen Grab bestattet werden kann (vgl. Joh 19,38-42). Dann aber, unmittelbar anschließend, wird diese beruhigende, nach allgemein religionsgeschichtlicher und besonders ägyptischer Auffassung den Toten friedlich in das andere Leben hinübergeleitende Ordnung der Bestattung im Felsengrab eines Gartens wie durch einen

Paukenschlag jäh zerstört: Noch in der Dunkelheit kommt eine einsame und trauernde Frau, Maria von Magdala, zum Grab und sieht, daß der Verschlußstein vom Grab weggenommen ist. Ohne in das Grab hineinzusehen, läuft sie »schnell« zu Petrus und dem Jünger, »den Jesus liebte«, und erzählt ihnen, daß man Jesu Grab geöffnet habe. Die beiden Jünger vollführen daraufhin einen »Wettlauf« zum Grab (wobei sich wahrscheinlich frühchristliche Rangstreitigkeiten zwischen dem Amtsträger und dem Träger des Charismas widerspiegeln). Petrus geht als erster in das Grab hinein, »und er sieht die Leinenbinden liegend und das Schweißtuch, das auf seinem Kopf war, nicht mit den Leinenbinden liegend, sondern getrennt zusammengewickelt an einem (eigenen) Ort« (Joh 20,6 f.; wörtliche Übersetzung nach dem *Münchener Neuen Testament*).

Zur Erklärung dieser schwierigen Stelle wiederholt man stereotyp – noch in der modernen historisch-kritischen Exegese – einen Einfall des berühmten altkirchlichen Kanzelpredigers aus dem 4. Jahrhundert, Johannes Chrysostomus, wonach der Fund und die genau beschriebene Anordnung der Binden den Gedanken an einen Leichenraub abwehren sollen: »Hätten Räuber oder andere Leute den Toten nicht mitsamt den Leinentüchern weggetragen?« (Schnackenburg, Teil III, 367; ebenso Bultmann 528). Dabei zeigt schon ein flüchtiger Blick etwa in C. W. Cerams *Götter, Gräber und Gelehrte* (Stuttgart 4. Aufl. 1950, 174), daß Grabräuber als erstes in großer Hast die Binden aufreißen, weil sich zumeist am Körper (etwa als Halsumhang) die wertvollen Amulette und goldenen Schmuckstücke finden, auf die sie es abgesehen haben, während sie die geschändete Leiche als nutzlosen Ballast liegenlassen. »Wir rissen das Gold ab, das wir an der erhabenen Mumie dieses Gottes fanden, und ihre Amulette und Schmuckstücke, die an ihrem Halse waren, und die Hülle, in der sie ruhte«, so berichteten ägyptische Grabräuber in einem Prozeß, dessen Protokoll man gefunden hat (Ceram, ebd.).

Die Erzählung von den »daliegenden« Leinenbinden assoziiert also umgekehrt ganz bewußt und ausdrücklich die Umstände eines Einbruchs und einer Grabschändung. Besonders schreckenerregend ist dabei die Beobachtung, daß die Stelle, wo eigentlich der Kopf liegen sollte (markiert durch das zusammengewickelte Schweißtuch), nicht mit der Lage der Leinenbinden, in die der Körper eingewickelt war, übereinstimmmte, also der Eindruck entsteht, als wäre der Kopf vom Körper getrennt und dadurch – nach ägyptischer Anschauung (vgl. den auf S. 401 zitierten Ritualspruch) – ein todesjenseitiges Leben des Getöteten unmöglich gemacht. Jedenfalls ist das »Haus« des Toten, seine Aura und seine Integrität, aufgebrochen und zerstört. Das Chaos ist eingebrochen und hat den Toten nochmals in seine Strudel hineingerissen. Im Chaos kann der Tote nicht leben; er kann nicht in den Bereich des Göttlichen aufsteigen. Man hat seine todesjenseitige Existenz vernichtet oder zumindest aufs äußerste in Frage gestellt.

Das Überraschende an der Erzählung, das, worauf sie hinzielt und was sie dem Hörer seiner Zeit sagen will und sagen konnte, war die urchristliche Erfahrung, daß Jesus *trotz* dieser Furcht und Entsetzen erregenden Szenerie seines Grabes zu einem neuen Leben und zu Gott, seinem Vater, gefunden hat. Der Jünger, »den Jesus liebte«, glaubt sofort (vgl. Joh 20,8). Von Petrus wird nichts erzählt. Maria von Magdala aber durchläuft einen schmerzlichen Lernprozeß. Nach der (wahrscheinlich eingeschobenen; vgl. Schnackenburg, Teil III, 357) Geschichte von den beiden Jüngern am Grab wird von ihr weiter erzählt: Weinend beugt sie sich in die Grabkammer und sieht »zwei Engel in weißen Gewändern sitzen, den einen dort, wo der Kopf, den anderen dort, wo die Füße des Leichnams Jesu gelegen hatten« (Joh 20,12). Die leuchtenden Engel markieren also die geordnete Lage des Leichnams, wie sie eigentlich sein müßte, nun aber zerbrochen ist. Wo eigentlich Dämonen und Chaosmächte das Bild der Szene bestimmen, erscheinen den Frauen im Grabe Jesu leuchtende Engel. Während bei den Synoptikern diese Engel unter Hinweis auf die Auferstehung Jesu die Frauen vom Grab wegschicken zu den Jüngern, führen sie hier zur Erfahrung des auferstandenen Jesus hin, und dieser selbst schickt die Frauen zu den Jüngern. Maria sieht dabei Jesus in eben dem Moment, da sie sich vom Grabe *abwendet* und sich vom draußen stehenden »Gärtner« ansprechen läßt. Indem dieser Gärtner die weinende und um den Leichnam ihres geliebten Toten gebrachte Frau tröstend mit ihrem Namen anredet, sieht diese Jesus, ihren *Rabbuni*, ihren »Meister«, lebendig vor sich. Dieser sagt zu ihr: »Halte mich nicht fest; denn ich bin noch nicht zum Vater hinaufgegangen« (Joh 20,17). Die Sorge um den Leichnam und um das integre Grab hält Jesus fest. In dieser Sorge wendet sich Maria Jesus als einem Toten zu. Sie hält ihn in seinem Totsein fest und verhindert so, daß er zu *seinem* Gott, dem Gott der jüdisch-christlichen Tradition, aufsteigt. Denn im Unterschied zu den ägyptischen und anderen religionsgeschichtlichen Gottheiten ist *dieser* Gott von seinem Wesen her »nicht ein Gott der Toten, sondern der Lebenden« (Mt 22,32), er ist, wie die Schriften fast stereotyp wiederholen, der »lebendige Gott« (vgl. Jos 3,10; 1 Sam 17,26; 2 Kön 19,4; Ps 42,3; Ps 84,3; Jer 10,10; Hos 2,1 u.ö.).

Dies ist der Skopus, die Sinnrichtung aller Erzählungen des Neuen Testaments vom offenen und leeren, in Andeutungen sogar vom verwüsteten und geschändeten Grab Jesu: Die Menschen, die Jesus, die auch noch im

Kreuzestod erhalten gebliebene, ja in neuer Dichte aufstrahlende unterfangende und übergreifende Dimension seiner Gestalt – seine Person –, im Grabe suchen, sich ihr in Form einer Leichenpflege zuwenden wollen, werden vom Grab weggeschickt. Hans Kessler hat im Titel seines Buches über die Auferstehung Jesu das Wesentliche getroffen: »Sucht den Lebenden nicht bei den Toten!« »Er ist nicht hier« (Kessler, Sucht den Lebenden; vgl. Lk 24,5 f.). Er *war* nie hier. Schon als der Gekreuzigte, ja schon als der an Pilatus ausgelieferte und von ihm verspottete Ohnmachtskönig begann er (in eschatologischer Dichte), die wahre Gottherrlichkeit auf dieser Erde widerzuspiegeln und wurde so zu dem zum Vater als dem lebendigen Gott Erhöhten, d.h. zum Auferstandenen. Ägyptische Könige hat man neu einbalsamiert und mumifiziert, sie in andere, neue Gräber verlegt, wenn ihr erstes Grab aufgebrochen und in Unordnung versetzt worden war (vgl. Ceram 176). Die Jüngerinnen und Jünger, die das geöffnete und leere Grab Jesu finden, tun das nicht. Zwar will Maria zuerst, als sie den Gärtner sieht, das Grab wieder restaurieren (vgl. Joh 20,15: »... wenn du ihn weggebracht hast, sag mir, wohin du ihn gelegt hast. Dann will ich ihn holen«), doch als ihr Jesus als Lebendiger im Gärtner aufgegangen ist und zu ihr gesprochen hat, will sie das nicht mehr. Das Grab bleibt, wie es ist: aufgebrochen und leer. In keiner der Erzählungen wird es restauriert.

Das wahre Wesen der Bestattung: Erfahrungsräume schaffen für eine lebendige Begegnung mit der Person des Verstorbenen

Wo bleibt also im Christentum die Religiosität der Bestattung, jene religiöse Verhaltensform, die, wie oben beschrieben, aus der religiösen Urerfahrung der Personbegegnung entspringt und als solche der religiösen Verhaltensform des Opfers noch vorausliegt (vgl. oben Kap. 1.32)? Ist diese Religiosität nicht bei den alten Ägyptern stärker ausgeprägt? An dieser Stelle wird deutlich: Die Pflege des Leichnams, in der frühen Altsteinzeit vielleicht das Abtrennen, Konservieren und Aufstellen des Kopfes (als des Körperteils, von dem am stärksten eine übersteigende Dimension ausstrahlt, vgl. oben S. 95 f.), ist nur vordergründig und in einem naiven, das frühe Stadium des Menschen widerspiegelnden Sinn die geeignete und passende Antwort auf die Wahrnehmung des Göttlichen im Antlitz des mir begegnenden Mitlebewesens. Soweit unsere Bestattungsfunde zurückreichen, ist dieses Verhalten ja auch schon überdeckt vom Tötungsimponiergehabe, vom Opfer und von einer religiösen Kultivierung des Todes als Schrecken. Bei Schädelbestattungen finden sich häufig Spuren einer gewaltsamen Ritualtötung (vgl. oben S. 97); in späterer Zeit liegt oft der Leichnam gefesselt im Grab.

Bestattung ist Pflege des Mitlebewesens, wie es mir in seiner das gegenständlich Gegebene übersteigenden Dimension aufging, über den Tod hinaus. Doch dies als Pflege der nach dem Tod funktionslos gewordenen Körperteile zu vollziehen, hat immer schon etwas zuerst vielleicht Naives und dann auch Gewaltsames an sich. Solche Pflege sucht das, was an dem mir begegnenden Mitlebewesen das gegenständlich Gegebene übersteigt, umgreift und unterfängt, gewaltsam an dieses gegenständlich Gegebene zu binden, nimmt es also nicht in seiner Spontaneität und Transzendenz wahr. Sie sucht die übersteigende Dimension des Verstorbenen, also das, was seine Person ausmacht, in das Gegenständliche hineinzuzwingen und es dadurch – mehr noch vielleicht als früher während seines Lebens – verfügbar zu machen. Das Grab eines verstorbenen Lebenspartners zu pflegen, ist leichter, als im Leben mit ihm zurechtzukommen.

Was ist demgegenüber die wahre – dem transzendenten Charakter der übersteigenden Dimension entsprechende – Pflege über den Tod hinaus? Worin besteht die wahre Bestattungskultur, die adäquate Antwort auf die Erfahrung Gottes im Mitlebewesen angesichts dessen Tod? Die Engel schicken die Frauen vom Grabe weg. Hier können sie den gekreuzigten Jesus und seine todtranszendierende Lebendigkeit, wie sie ihnen gerade in seinem Prozeß und in seiner Hinrichtung aufging, nicht finden und pflegen. Die Engel schicken die Frauen aber auch nicht einfach nur fort. Sie geben ihnen vielmehr ein neues und anderes Ziel, weisen einen anderen Ort aus für ihre Suche nach jenem Jesus, dem sie sich über den Tod hinaus pflegend zuwenden wollen.

Übereinstimmend werden in allen Erzählungen die Frauen zu den *Jüngern* geschickt, zu jenen verzweifelten und orientierungslos gewordenen Männern, denen Jesus durch seine Gewaltlosigkeit in Verhaftung, Prozeß und Hinrichtung fremd geworden war. Auch noch in seinem sogenannten »Verrat« spricht ja Petrus als Sprecher der Zwölf, wenn er sagt: »Ich kenne diesen Menschen nicht« (Mk 14,71) – diesen Menschen, der sich aus dem Heilsvolk Israel an die Unheilsmacht der Römer und an den Fluchtod am Galgen ausliefern ließ, ohne zusammen mit seinen Getreuen bis zum letzten Blutstropfen für seine Wahrheit und seine wahre Zugehörigkeit zum Gottesvolk zu kämpfen. Ehrlicherweise sollten wir uns eingestehen, daß auch wir selbst, nach einem zweitausendjährigen, von diesem Jesus angestoßenen Lernprozeß, ihn und sein Reich, in dem die Anhänger nicht für ihren Führer kämpfen, noch sehr wenig kennen; auch wir sind noch gar nicht zuhause in einem solchen Denken und Fühlen.

Zu diesen Männern werden die Frauen von den Engeln geschickt. Ihnen sollen sie klarmachen, daß Jesus lebt und daß er eingegangen ist in den Bereich des Göttlichen. Die Schwierigkeit dieser Aufgabe zeigt sich in einer Notiz bei Lukas, wonach denen, die dies hörten, diese Worte als »leeres Geschwätz« erschienen und sie ihnen nicht glaubten (Lk 24,11). Dennoch ist es nicht bloß dem didaktischen Geschick dieser Frauen zu verdanken, daß es schließlich doch zur Gründung christlicher Gemeinden kam. Christlicher Glaube kann niemals allein auf dem Hören einer Botschaft gründen, und sei diese noch so historisch und logisch überzeugend aufbereitet und didaktisch geschickt vermittelt. Das Hören ist zwar notwendig (vgl. Röm 10,14: »Wie sollen sie an den glauben, von dem sie nichts gehört haben?«), aber es schafft nur die Voraussetzung, daß der Angesprochene *selbst* Erfahrungen der Art machen kann, wie sie ihm in der Botschaft erzählt werden. So sagt ja auch schon der Engel, der die Frauen vom Grab weg zu den Jüngern nach Galiläa schickt: »Dort werdet ihr ihn sehen« (Mk 16,7). Das Wort »ihr« meint dabei auch die Männer, zu denen sie geschickt werden, allen voran Petrus. Auch ein Paulus, der letzte der im Ersten Korintherbrief aufgeführten urchristlichen Glaubenszeugen (vgl. 1 Kor 15,3-8), wäre niemals zum Glauben gekommen, wenn ihm nicht erstmals vor Damaskus und auch später immer wieder die »Gottherrlichkeit« aufgegangen wäre auf dem Antlitz des Gekreuzigten (vgl. 2 Kor 4,6). Niemand, weder damals noch heute, kann wirklich glauben, ohne selbst von dieser Erfahrung berührt worden zu sein.

Worin also besteht die Pflege der Frauen, die sie Jesus über seinen Tod hinaus zuwenden? Gemäß der Weisung der im leeren Grab erschienenen Engel besteht sie darin, daß sie den blinden und ungläubigen Männern und den anderen Anhängerinnen und Anhängern Jesu davon erzählen, wie Jesus in Prozeß und Hinrichtung eine ihn unterfangende und übergreifende Dimension ausstrahlte, die ihn, als er mit einem lauten Todesschrei starb, als lebendigen Gottessohn erscheinen ließ; sie besteht in der Vermittlung der todtranszendierenden Lebendigkeit Jesu, in der sich Gott als gewaltfreie Liebe offenbart und die in Jahrmillionen der Gewaltfaszination aufgebauten Schrecken des Todes hinwegnimmt, so daß es keiner rituellen Leichenpflege und keines verschlossenen Grabes mehr bedarf. Indem sie von Jesus erzählen und an ihn erinnern, schaffen sie einen Raum, wo denen, die hören (und auch denen, die erzählen), Jesus in eben dieser seiner erzählten Lebendigkeit je neu aufgehen und erscheinen kann. *Bestatten im wahren und eigentlichen Sinne heißt, Erfahrungsräume schaffen, in denen die den Verstorbenen schon im Leben unterfangende und übergreifende Dimen-*

sion, d.h. er als Person, auf neue Weise aufgehen und lebendig zur Erscheinung kommen kann. Die Betonung liegt dabei auf dem Wort »kann«. Die Lebensräume, wie die frühen Christinnen und Christen sie für den gekreuzigten und lebendig geglaubten Jesus schaffen, können diesen nicht herbeizwingen, ihn nicht beschwören oder gar erst lebendig machen. Sie laden nur den Lebendigen ein, zu kommen und den Seinen neu als lebendige Person erfahrbar zu werden.

Am einfachsten zu veranschaulichen ist diese Pflege der lebendigen Person des Verstorbenen bei einem Künstler. Wo immer auf der Welt Menschen zusammenkommen und mit ihren Musikinstrumenten eine Sinfonie von Mozart spielen und hören, ob in anspruchsloser Weise in häuslichen Räumen oder im großen Konzertsaal, immer entstehen dadurch Räume, in denen Wolfgang Amadeus Mozart »in Person«, in seiner Art zu leben, zu fühlen und zu denken (in dem, was immer schon durch ihn hindurch-tönte), je neu lebendig werden und dem Spieler oder auch nur dem Hörer begegnen kann. Es ist dies kein Zwang: Auch die Töne einer in höchster Virtuosität gespielten Sinfonie können vom Hörer, vielleicht sogar vom Virtuosen selbst, nur in ihrer technischen Qualität, der Reinheit ihrer Klangfarbe, der Feinheit ihrer Abstufung, der Adäquatheit ihres Tempos usw., vernommen werden, ohne daß sich ihm das jeweilige Musikstück in seinem Wesen erschließt: als Klangkörper, der den längst verstorbenen Komponisten lebendig aufgehen und begegnen läßt. Vielleicht bin ich auch beim Hören noch so sehr mit meinen Alltagsproblemen beschäftigt, daß die Töne nur als mehr oder weniger angenehme Geräuschfolge an mir vorüberrauschen. Die Chance, in einem Musikstück dem Komponisten lebendig zu begegnen, ist auch dort ungleich größer, wo die Töne aktuell im Raum neu erzeugt werden und zu klingen beginnen, als wenn ich das Stück von einer Platte höre, sei diese noch so kunstvoll aufgenommen und durch eine noch so technisch perfekte Apparatur wiedergegeben.

In irgendeiner Form ist jeder Mensch »Künstler«. Wenn er auch keine Kompositionen, Gedichte, Dramen, Gemälde oder Skulpturen schafft, in denen er seine Art zu sein, zu fühlen, zu denken, Mensch und Welt zu erfahren, ausdrückt, so gibt es doch auch für den noch so einfachen Menschen Gesten, Handlungen, Redewendungen, Lieblingstätigkeiten und Lebensvollzüge, in denen er ganz bei sich selber ist, er von einem größeren, ihn umgreifenden Sein und Leben erfaßt ist und diese ihn umgreifende und übersteigende Dimension seines »gegenständlichen« Seins durch ihn hindurch tönt und in der Welt vernehmbar wird. Wenn ein Mensch gestorben ist, dann treten bei seinen hinterbliebenen Freunden und Angehörigen solche »Räume«, in denen der Verstorbene ganz als er selbst wirkte und in Erscheinung trat, erst voll in das Bewußtsein; solche Räume nach seinem Tode aufzusuchen, sie erinnernd nachzugestalten und in ihnen der Person des Verstorbenen auf neue Weise lebendig zu begegnen, ist die genuin christliche Form der Bestattung als einer Zuwendung und Pflege über den Tod hinaus.

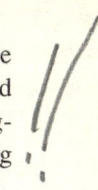

Die Auferstehungsräume Jesu

In seinem Buch *Auferstanden für uns* (Mainz 1969) beschreibt Altfrid Kassing in einfühlsamer Weise die für Jesus spezifischen Auferstehungsräume (zusammenfassend 147-174), jene Räume, die den getöteten Jesus weder in einem Felsengrab einsperren, noch die ihn unterfangende und übergreifende Dimension seines Lebens, Wirkens und Sterbens gegenständlich verfügbar machen.

Da ist als erstes der Raum der *Versammlung* der Jüngerinnen und Jünger. Dort, wo Menschen zusammenkommen, um sich an Jesus zu erinnern und sich auf die von ihm vorgelebte Art und Weise einander zuzuwenden, in seiner Art miteinander Brot zu brechen und den Becher mit Wein zu teilen, ist ein möglicher Raum der Erscheinung Jesu. Dabei kann Jesus weder durch okkulte noch durch rituelle Praktiken zum lebendigen Erscheinen innerhalb dieses Raumes gezwungen werden. Immer wird erzählt, daß er, wenn er kommt, plötzlich und unverfügbar im Raum steht. Wenn und wo er erscheint, wird die Versammlung zum Leib Christi (vgl. 1 Kor 12). Der einzelne ist in diesem Raum wie in einem Mutterleib geborgen. Der Raum solcher Versammlungen erscheint am Anfang der Erzählungen als in sich geschlossen. Johannes erzählt in seiner reichen Bildersprache von Türen, die aus Angst verschlossen sind (vgl. Joh 20,19). Wenn jedoch Jesus in diesen Räumen erscheint, nimmt er die Angst von ihnen weg, erfüllt die ängstlichen Menschen mit Frieden und beauftragt sie, hinauszugehen in alle Welt (Mt 28,19; Joh 20,22). Er führt die in ihre Angst Eingeschlossenen auf den »Berg«, er befreit ihren eng umgrenzten Horizont, weitet ihr Denken und Fühlen bis an die Grenzen der Erde, richtet es auf die gesamte Menschheit (vgl. Apg 1,8).

Der zweite Erscheinungsraum des über den Tod hinaus lebendigen Jesus steht kontrapunktisch zum ersten. Führte der erste von der Geschlossenheit der Versammelten hinaus in die Weite der Welt, so ist der zweite Erscheinungsraum eben diese unbegrenzte und unübersehbare *Welt,* und der dort erscheinende Jesus macht den zunächst fremden Raum und den dort begegnenden fremden Menschen zum Vertrauten und zur Heimat. Der Mensch, den Maria aus Magdala, vom offenen und in Unordnung geratenen Grab sich abwendend, vor sich sieht, ist zunächst ein unbekannter Mann. »Sie meinte, es sei der Gärtner« (Joh 20,15). Doch nachdem sie mit ihm gesprochen, ihm ihr Leid geklagt und ihn um Hilfe gebeten hat, spricht der Fremde sie bei ihrem Namen an, d.h. in der Mitte ihrer Person, und indem sie sich so ansprechen läßt und sich nun auch innerlich dem Sprechenden zuwendet (vgl. V. 15), »weiß« sie, daß es Jesus ist, der ihr gegenübersteht, und sie vernimmt den Auftrag der Grabesengel aus seinem Mund. Ähnlich steht (im Nachtragskapitel zum Johannesevangelium: 21,1-14) im Morgengrauen ein fremder Mensch am Ufer und fragt die zurückkehrenden Fischer, ob sie etwas zu essen haben. Doch sie haben nichts, ihr Fischfang war in dieser Nacht erfolglos. Der Fremde aber hat ein Kohlenfeuer am Boden und darauf Fisch und Brot. Und er sagt zu ihnen: »Kommt her und eßt«, und er »nahm das Brot und gab es ihnen, ebenso den Fisch«. Da »wagte keiner von den Jüngern ihn zu fragen: Wer bist du? Denn sie wußten, daß es der Herr war« (V. 12 f.). Die Geste, in der ein Fremder ihnen, den übernächtigten, durchfrorenen und erfolglosen Fischern, Brot und gerösteten Fisch reicht, ist ihnen vertraut. Jesus und sein Gott geht ihnen in ihr auf, und sie sind zuhause bei ihm: in der Versammlung des Abendmahls, da er ihnen Brot und Wein reichte. In den heute überlieferten Text ist noch eine andere, ursprünglich unabhängige Geschichte von einem wunderbaren Fischfang eingearbeitet, die sich aber »recht sperrig im jetzigen Text ausnimmt« (Schnackenburg, Teil III, 410-413; hier 411) und deshalb besser als eigene Geschichte gelesen und aus der Erscheinungserzählung herausgenommen wird.

In der schon oben (S. 387 f.) erzählten Geschichte vom Gang nach Emmaus ist es der fremde Wegbegleiter, mit dem sich die Jünger unterwegs in ein Gespräch über Jesus einlassen, in dem ihnen abends in der Herberge, als er mit ihnen bei Tisch sitzt, das Brot bricht und es ihnen gibt, Jesus aufgeht. In diesen Erzählungen ist kontrapunktisch zu den erstgenannten ausgedrückt, daß nicht bloß die Versammlung der Gläubigen, der Zugehörigen, der Gemeinde, sondern jeder Ort der Erde, jede Begegnung mit Menschen, welcher Art auch immer, zum Ort der Erscheinung Jesu und seines Gottes werden kann. Die Erscheinung Jesu erfolgt hier »nicht in Situationen, in denen man von vornherein darauf eingestellt ist. Und ferner begegnet er nicht als jemand, der in eine Situation plötzlich und fremdartig einbricht. Es geschieht keine eindrucksmächtige Epiphanie. Der Auferstandene erscheint auch nicht als ›Verklärter‹. Im Gegenteil, es werden Begegnungen erzählt, die man als ganz gewöhnliche hinnimmt. Der Auferstandene erscheint als eine der Situation in ganz unauffälliger Weise zugehörige Gestalt, als irgend jemand, der ›da steht‹ oder hinzu-

*Er erscheint nicht nur im menschlichen,
erscheinend im Numinosen an den heiligen, wieder-
im göttlichen Alltag*

kommt. Er ist, ganz einfach gesagt, einer aus der Situation« (Kassing 167). *//*
Wie anders auch sollte der Gott, der gewaltlose Liebe ist, im Menschenleben erscheinen?

Es ist unmittelbar deutlich, daß diese beiden Erscheinungsräume Jesu den
oben beschriebenen christlichen »Sakralerfahrungen« (vgl. Kap. 5.22 u.
5.23) entsprechen. Die Erscheinung im Raum der Versammlung entspricht
der Eucharistieerfahrung, dem Aufleuchten des Gottes Jesu beim Brotbrechen in den Häusern und beim zugewandten, Menschen untereinander
versöhnenden Gespräch innerhalb der Gruppe, der sie zugehören. Der
zweite Erscheinungsraum entspricht der urchristlichen Geisterfahrung. In
ihr gewinnen Menschen die sie tragende Lebensdynamik nicht mehr nur
aus der vorgegebenen Gruppe, in die sie durch Sippe, Stamm, Volk oder
Religionszugehörigkeit eingebunden sind, sondern dieser Lebenssinn
wächst ihnen zu, *kann* ihnen zuwachsen, aus der Begegnung *mit jedem
beliebigen Menschen*, möglicherweise sogar aus dem Funken eines Mitleids, das auch noch der Henker gegenüber seinem Opfer verspürt (vgl.
oben die Interpretation zu Mk 15,36, S. 387 ff.). Jeder Mensch, von dem
ich mich ansprechen lasse und dem ich mich ohne Angst vor meiner
Endlichkeit und Begrenztheit öffne, oder der mir sich auf solche Weise
öffnet, kann zum Ort der Erscheinung des Gottes Jesu werden, so daß ich
überall, in jeder Fremde und Ausgesetztheit dieser Welt, Heimat erfahren
kann: Angesprochensein in meiner Personmitte und Empfang einer Nahrung, die sich durch den jesuanischen Gebe-Gestus, in dem sie mir gereicht wird, zur göttlichen Speise, zum Himmelsbrot, zum internalisierten,
mich tragenden Lebenssinn, verwandelt.

Räume zu schaffen, zu gestalten und aufzusuchen, in denen der Verstorbene in der ihm eigenen Art, in je ihm eigenen spezifischen Gesten und
Haltungen, d.h. in seiner Person, je neu aufgehen, erscheinen und wirksam
werden kann, ist das Wesen einer christlichen Bestattungskultur. Wenn
also die frühen Christen zusammenkommen, sich tröstend und versöhnend
einander zuwenden, gemeinsam das Brot in den Häusern brechen und sich
an Jesus erinnern und wenn sie sich dem Gottesatem öffnen, der sie über
die eigene Gruppe, der sie zugehören, über die jüdische Synagoge wie
über die christliche Gemeinde, hinausführt »in alle Welt«, um auch im
Fremden Jesus und seinen Gott zu erfahren, vollziehen sie damit das, was
in der Erzählung vom Ostermorgen die Frauen ursprünglich am Grab Jesu
vollziehen wollten: Sie wenden sich der Person Jesu pflegend und fürsorgend über seinen Tod hinaus zu, schaffen dem Verstorbenen Räume, in
denen er nicht wie in einer Grabkammer eingeschlossen ist, ausgegrenzt
von den Lebenden, sondern in denen er, wenn er und die Stunde es will,

je neu in seiner ihm eigenen Lebendigkeit erscheinen, zu den Seinen sprechen und bei ihnen sein kann. Die urchristlichen »Sakralerfahrungen« und die aus ihnen erwachsenden christlichen Grundsakramente Eucharistie und (Geist-)Taufe sind deshalb nicht Elemente einer Opfer-, sondern einer Begegnungs- und Bestattungsreligiosität.

Im Lateinischen gibt es drei Worte für »Bestatten«: *sepelire, humare* und *condere*. Während *sepelire* eher das Ausgrenzen und Einschließen im Grab assoziiert (*sepultus* heißt »verschlossen«) und *humare*, von *humus*, »Erde«, abgeleitet, einfach das Begraben in der Erde ausdrückt, hat *condere* einen wesentlich weiteren Sinn. Abgeleitet von *con-dare*, wörtlich »zusammen-geben«, hat es die Grundbedeutung »zusammenfügen«, »anlegen«, »gründen«, »erbauen«, »stiften«, bedeutet dann aber auch »erfassen«, »verwahren«, »aufheben«, »bergen«, »in Sicherheit bringen«, freilich auch »einsperren« (*in carcerem*). Es gibt verschiedene Möglichkeiten, wie von diesen Grundbedeutungen her dem Wort dann auch die Bedeutung »bestatten« sprachgeschichtlich zugewachsen ist. Denkbar ist unmittelbar die Anwendung der Grundbedeutung »zusammenfügen« auf die Gebeine des Leichnams: *corpora defunctorum in lapide sarcophago [condere]*, »die Körper der Verstorbenen in den steinernen Sarkophag legen«, schreibt Vergil (vgl. den Artikel *con-do* in: K. E. Georges, Ausführliches Lateinisch-Deutsch Handwörterbuch, Bd. I, Hannover-Leipzig 9. Aufl. 1913, 1425-1429, hier 1428), aber auch die Bedeutungen »verwahren«, »aufheben«, »bergen« (bis hin vielleicht zu »ausgrenzen«, »einsperren«) können den Bestattungsvorgang assoziieren. Jedenfalls aber hat *condere* Bedeutungsfelder, die gut das ausdrücken, was christliche Begegnungs- und Bestattungsreligiosität beinhaltet: Menschen gründen, erbauen, schaffen und stiften in ihrem Leben Räume, in denen der begegnende Mensch – im Leben wie jenseits der Todesgrenze – in seiner Eigenart je neu aufgehen und erfahren werden kann: Lebensräume, Handlungen, Haltungen und Denkweisen, in denen er sich bevorzugt bewegt, die charakteristisch für ihn sind, in denen man ihn ganz bei sich selber finden kann. Indem Menschen einander solche »Räume« öffnen, auf entsprechende Gesten, Worte und Haltungen achten, erschließt sich – möglicherweise – ein Raum transzendenter Geborgenheit für die Begegnung mit dem anderen Menschen. Auf den Verstorbenen bezogen, birgt dieses »conditorische« Wirken der unterfangenden und umgreifenden Dimension der Gestalt des Verstorbenen, d.h. seine Person, in das eigene Leben ein, wendet sich ihr pflegend und fürsorgend zu.

Christlicher Kult und christlicher Gottesdienst haben also von ihrem Ursprung her nicht einen sakrifiziellen, sondern einen in diesem Sinne *con-*

ditorischen, aus der Begegnungs- und Bestattungsreligiosität erfließenden Charakter. Sie vollziehen eine »Bestattung« Jesu, aber nicht, indem sie ihn aus dem Leben ausgrenzen und in ein Felsengrab einschließen, sondern indem sie umgekehrt inmitten des Lebens von Christinnen und Christen Räume schaffen und aufsuchen, in denen ihnen Jesus in der ihm eigenen Gestalt, in den ihm eigenen Gesten, in der ihm eigenen inneren und äußeren Haltung, zusammengefaßt: in seiner lebendigen Personalität, je neu aufgehen und begegnen kann.

Dies wurde hier für die beiden Grundsakramente Eucharistie und Taufe aufgezeigt. Wie grundlegend für die neuere, mit dem II. Vatikanischen Konzil einsetzende Theologie der französische Dominikaner Yves Congar aufgezeigt hat, bilden diese beiden Sakramente immer schon die *sacramenta maiora* oder *sacramenta principalia*, in denen sich die Kirche als Raum des die Zeiten hindurch fortlebenden Messias Jesus gründet und ausprägt (vgl. Y. Congar, Die Idee der sacramenta maiora, in: Concilium 4 [1968] 9-15). Die übrigen Sakramente sind auch in der katholischen Theologie keineswegs diesen beiden Grundsakramenten gleichgestellt. Sie sind vielmehr zu verstehen als verschiedenartige und verschieden gewichtige Ausfaltung dieser beiden Grundsakramente und bleiben diesen von ihrer Struktur her zugeordnet (vgl. dazu Schneider 51-53). So gehört z.B. die Firmung eindeutig und die Priesterweihe schwerpunktmäßig in den Bereich der Geisterfahrung. Diese entfaltet sich in der Firmung als Übergang zum Mündigwerden des jungen Erwachsenen. Firmung ist die Geisttaufe, um welche die Eltern des neugeborenen Kindes in der Wassertaufe gebetet haben (vgl. oben Kap. 5.23). »Priesterweihe« ist eine kirchliche Beauftragung und Segnung von Menschen, die in besonderer Weise ihr berufliches Wirken in den Dienst der Geisterfahrung stellen. Andererseits weisen das versöhnende Gespräch (Buße), die Erfahrung der *Abba*-Geborgenheit auch an konstitutiven Grenzen des Lebens (Krankensalbung) und die Gründung einer Hausgemeinschaft, in der gemeinsam das Brot gebrochen wird (Ehe), schwerpunktmäßig auf die Eucharistieerfahrung zurück (vgl. G. Baudler, Korrelationsdidaktik: Leben durch Glauben erschließen, Paderborn 1984, 199-258). Deshalb gilt auch für die anderen in der Kirche praktizierten Sakramente der aufgezeigte conditorische, nicht-sakrifizielle Charakter.

Ausblick auf die Kirchen- und Liturgiegeschichte: Von der (konstantini-schen) Opferreligiosität zurück zur Religiosität der Personbegegnung und »Bestattung«

Es ist ein weiter Weg, der von den zwei beschriebenen urchristlichen »Sakral«-, d.h. Gottes- und Sinnerfahrungen, zu den umfangreichen und komplizierten kirchlichen Riten führt, deren Entwicklung im 13. Jahrhundert zum Abschluß kam und die, wenn auch in veränderter Form, grundsätzlich bis heute die gottesdienstlichen Handlungen der christlichen Kirchen prägen. Es ist hier nicht möglich, diesen vielfach verschlungenen, oft auch auf Abwege führenden geschichtlichen Entwicklungen nachzugehen (ein Abriß der Liturgiegeschichte von den Anfängen bis heute findet sich in: A.-G. Martimort u.a. [Hg.], Handbuch der Liturgiewissenschaft, Bd. 1, Freiburg-Basel-Wien 1963, 36-59).

Unter dem Aspekt der Begegnungs- und Bestattungs- bzw. der Opferreligiosität betrachtet, stechen in dieser Entwicklung zwei gegensätzliche Phänomene hervor: In den ersten drei Jahrhunderten gab es noch keine allgemein verbindlichen, so und nicht anders zu praktizierenden Gebetsformeln und Rituale. »Die Gebete wurden aus dem Stegreif gesprochen« (B. Botte, in: Martimort u.a. [Hg.], 38). Dies ist jedoch nicht als noch unentwickelter und zuwenig ausgereifter Zustand zu verstehen. Er gehört vielmehr zum Spezifischen der beschriebenen christlichen »Sakralerfahrungen«. Denn wenn diese sich inmitten des Lebens von Christinnen und Christen – in der zwischenmenschlichen Begegnung, sei es in der versammelten Gemeinde oder in der Fremde der Welt – ereignen, bedarf es zur segnenden und danksagenden Kennzeichnung dieser Erfahrungen als christlicher Gottesoffenbarungen notwendig der freien, spontanen Rede und Handlung. Daß dies von den frühen Christen auch tatsächlich so gesehen wurde, zeigt die dem Kirchenvater Hippolyt zugeschriebene römische Kirchenordnung (um das Jahr 215), die zwar Gebete für Eucharistiefeier und Weihen enthält, worin der Verfasser jedoch ausdrücklich bemerkt, daß die Benutzer der Vorlage »in keiner Weise« (*nullo modo*) gehalten sind, dieselben Worte nachzusprechen (vgl. Hippolyt, Traditio apostolica 9, Textrekonstruktion nach Botte/Gerhards, 28).

Welch himmelweiter Gegensatz besteht zwischen dieser Haltung und dem zweiten Phänomen: nämlich der ängstlichen Einhaltung vorgeschriebener Gebetsformeln und ritueller Vollzüge, wie sie seit dem frühen Mittelalter festzustellen ist!

Religionsgeschichtlich ist klar, daß ein ausgeprägtes, so und nicht anders zu vollziehendes, ängstlich genau wiederholtes Ritual ein spezifisches

Kennzeichen der *Opferreligiosität* in allen Religionen ist. In ihnen wird ja das Heilige als Tötungsgewalt rituell gestaltet und dargestellt, und wie bei einem Atomreaktor peinlich darauf zu achten ist, daß keine Ausstrahlung der Radioaktivität in die Umwelt erfolgt, so muß auch in der Handhabung des Heiligen, das als kollektive Tötungsgewalt Frieden und Versöhnung stiftet, peinlich genau darauf geachtet werden, daß diese Gewalt innerhalb der Schranken des Sakralen verbleibt und nicht in den profanen Bereich überspringt und dort Aufruhr, Mord, Totschlag und alle Ekzesse menschlicher Gewalttätigkeiten wie eine Seuche ausbrechen.

In der Ausgestaltung der beschriebenen frühchristlichen »Sakralerfahrungen« zu fest geprägten, peinlich genau einzuhaltenden gottesdienstlichen Riten ist deshalb ein Verständnis dieses »Sakralen« als eines Opfers vorausgesetzt. Tatsächlich wird noch heute in der Liturgiewissenschaft die Gestaltung christlicher »Sakralerfahrung« als *actio*, als »Tun«, verstanden, und ähnlich wie im Römerreich (vgl. oben Kap. 1.14) ist das eigentliche Tun des Menschen das *sacrum facere* im *sacrificium*: das Tun des Heiligen, das Opfer: »Die Eucharistie ist die ›actio‹ schlechthin: Hoc facite in meam commemorationem [»Tut dies zu meinem Gedächtnis«]; sie ist ein Opfer, d.h. die größte Tat, deren ein Mensch fähig ist« (Martimort, Kap. Grundbegriffe, in: ders. u.a. [Hg.], 9). Die heute gebräuchliche christliche Liturgie hat sich aus der als Opfer mißverstandenen Eucharistie-Erfahrung heraus entwickelt.

Noch in der 1990 von dem Innsbrucker Dogmatiker Lothar Lies verfaßten *Sakramententheologie* (Graz-Wien-Kön 1990) findet sich eine eindeutig am Opfergedanken orientierte Interpretation der Eucharistie und, davon abgeleitet, dann auch der übrigen Sakramente (vgl. ebd. 122-125). Dies ist umso erstaunlicher, als er eine »personale Sicht« (so der Untertitel des Buches) der Sakramente entwickeln will und auch überzeugend von einer Analyse der zwischenmenschlichen Begegnung ausgeht. Indem er aber die Ergebnisse dieser Analyse Zug um Zug (fast in einer Art Allegorese) unmittelbar auf die Beziehung des Menschen zu Gott überträgt, Gott also nicht als eine durch Symbolerfahrung vermittelte und auf diese Weise *erfahrbare* Wirkmacht einführt, bleibt Gott dabei das groß-gewaltige Gegenüber, wie es religionsgeschichtlich aus der Opferreligiosität entsteht. Diesem groß-gewaltigen Gott kann der Mensch nur in einer sakrifiziellen Ganzhingabe begegnen, so wie – nach dieser den Opfergedanken spekulativ entfaltenden Theologie – Gott selbst innertrinitarisch (im Verhältnis von Vater und Sohn) »Hingabe« ist und sich dann auch heilsökonomisch in überreicher Gnade an den Menschen »hingibt«, um ihn zu retten. So vollziehen sich in den Sakramenten Hingabe und Opfer, die dann auch nur im Ernst eines feierlichen, genau festgelegten Ritus gestaltet werden können.

Botte (ders., Von den Anfängen bis zum Konzil von Trient, in: Martimort u.a. [Hg,], Kap. 3, 1, 38) nennt als »entscheidendes Datum« für die Entwicklung festgeprägter, am Opfergeschehen orientierter liturgischer Formen das Edikt von Mailand im Jahre 313, also den Zeitpunkt, da Kaiser Konstantin das Christentum staatsfähig machte. Er übersieht dabei die oben (in Kap. 5.21) skizzierten, schon im dritten Jahrhundert (parallel zur fortschreitenden Formulierung der christlichen Spiritualität in kriegerisch-kämpferischen Sprachbildern) wirksamen opferkultischen Sakralisierungstendenzen. Dennoch dürfte er Recht haben, wenn er schreibt, daß »die Zeit großer liturgischer Schöpfungen« – worunter er die Ausformung der zuerst weitgehend spontanen gottesdienstlichen Gebete und Vollzüge zu festgeformten Riten versteht – »zwischen der Mitte des 4. Jh. bis um 650 oder bis an das Ende des 7. Jh.« anzusetzen sei (ebd. 39), in der Zeit also, in der das Christentum Staatsreligion wird, d.h. die staatliche, kollektive Tötungsgewalt religiös sanktionieren und legitimieren muß. Es ist klar, daß dies nur möglich ist, indem die im Neuen Testament schon angelegten Elemente einer Deutung des Todes Jesu sowie seines Abschiedsmahls und der darauf aufbauenden Eucharistie als eines versöhnenden und Frieden stiftenden Opfers, d.h. analog zur vorausgehenden Religionsgeschichte, interpretiert und in gottesdienstlichen Riten ausgestaltet wird. Dementsprechend geschah diese Ausgestaltung nach Botte unter dem Einfluß alttestamentlicher Kultvorschriften und heidnischer Riten (vgl. ebd. 44-46).

Blickt man aus der Perspektive einer Jahrmillionen zurückreichenden Religions- und Menschheitsgeschichte auf diese Entwicklung, muß man sie ebenso wie die allgemeine kirchengeschichtliche Wende im Zeitalter Konstantins als Rück-Wende in den menschheitsgeschichtlichen Horizont der Gewaltfaszination verstehen. Was sich in der Religionsgeschichte der Altsteinzeit prägend für Jahrmillionen ereignete, nämlich die Überlagerung der (ursprünglicheren) Begegnungs- und Bestattungsreligiosität durch Opferriten und Opferideologien (genauer ausgeführt in: Baudler, Gott, 66-83), wiederholt sich hier in verkleinertem Maßstab: Angst und Gewalt überdecken Spontaneität und Liebe. So wird die durch die konstantinische (Rück-)Wende angestoßene Entwicklung der Liturgie dem Spezifischen der im biblischen Heilsdrama sich ereignenden Offenbarung Gottes als gewaltloser Liebe nicht gerecht. Doch es gehört eben zum Wesen dieses Gottes, daß er sich durch Gewalt vertreiben läßt. Deshalb kann die Menschheitsgeschichte, auch die Kirchen- und Liturgiegeschich-

416

te, nicht geradlinig voranschreiten, sondern muß sich in Form eines Mäandermusters bewegen. Freilich können wir das Erdreich im Flußtal lockern, damit das von Jahwe und Jesus her strömende Wasser des Lebens sich in nicht allzuweiten Schleifen nach rückwärts bewegen muß, sondern leichter den Weg nach vorne, in das Meer des neuen Lebens und der neuen Welt, in die *malkut Jahwe*, finden kann.

Wie in dem Märchen »Jorinde und Joringel« Joringel durch den Zauberspruch der Hexe aus seiner Versteinerung erlöst und wieder zum lebendigen Menschen wird, so könnten die christlichen Kirchen in neuer Weise lebendig und aus ihrer Versteinerung befreit werden, wenn sie sich von der Opferreligiosität verabschieden und die ältere (von der Opferreligiosität nur verdeckte) *Begegnungs- und Bestattungsreligiosität* als ihr Proprium erkennen und gestalten würden. Man startet gegenwärtig millionenschwere Projekte für eine Neuevangelisierung Europas, um die heutige Glaubens- und Traditionskrise zu überwinden. Doch solche mit den Mitteln moderner Werbung arbeitende Programme stehen wiederum im Horizont gewaltverhafteten Fühlens und Denkens; sie suchen ja, auf welch subtile Weise auch immer, den modernen Menschen zur Übernahme eines schon fertigen, ihm vorgeschriebenen Glaubenssystems zu bewegen (orientiert am neuen »Weltkatechismus«). Von daher müssen sie scheitern, weil sie dem Wesen dessen, was sie vermitteln wollen, selbst nicht entsprechen: Einen Gott, der spontan-lebendige, gewaltlose Liebe ist, kann ich nicht und brauche ich nicht durch Werbekampagnen oder durch ausgefeilte pastorale und religionspädagogische Strategien »vermitteln«. Ich muß ihm nur Raum geben, zu erscheinen und in seinem Erscheinen erkannt und gefeiert zu werden. Viel wäre schon geholfen, würde man nur in fett gedruckten Lettern als Vorbemerkung vor alle christlichen Rituale und Rubrikenbücher den schon erwähnten Grundsatz der frühen römischen Kirchenordnung schreiben: *Nullo modo necessarium est ut proferat eadem verba, quae praediximus* – »Auf keine Weise ist es nötig, daß er [der Benutzer der Vorlage] dieselben Worte hervorbringt, die wir vorgeschrieben haben« (Hippolyt, Traditio apostolica 9, ebd.). Es ist dies zwar kein Zauberspruch, aber er könnte dennoch – in einem ersten Schritt – die Versteinerung lösen.

Sowohl der *Jahwe* von Ägypten her als auch der *Abba* Jesu ist ein Gott der rettenden Begegnung und fürsorgenden Zuneigung. In ihm tritt der Gott, der als die unterfangende und umgreifende Dimension des Mitlebewesens den Menschen ins Dasein rief, aus dem Dunkel der Vorzeit hervor, um neu seinen Geschöpfen nahe zu sein als ihr Gott und alle Tränen abzuwischen von ihren Augen (vgl. Offb 21,4). »Kult« und Verehrung dieses Gottes sind weder an öffentliche Kultgebäude noch an eine beamtete Priesterschaft noch an starre und festgeformte Gebete und Riten gebunden, sondern können frei als Segnung und Feier des inmitten des Lebens erfahrenen Gottes erstehen. Das neue Jerusalem hat keinen Tempel (vgl. Offb 21,22). Ein Gott, der gewaltfreie Liebe ist, muß nicht wie ein durch Tötungsgewalt charakterisierter Gott ängstlich in sakrale Räume eingegrenzt und durch besonders legitimierte und von profanen Menschen unterschiedene Personen vermittelt werden. Als der »lebendige Gott«, der er ist, will er immer neu inmitten des Lebens erscheinen und spontan dort gefeiert werden. Der Stern des wahren Gottesglanzes führte die Weisen aus dem Morgenland – Buddha, Konfuzius und Laotse – weg von den Tempeln und Opferaltären ihrer Völker und blieb stehen über dem Haus, in dem die Mutter mit ihrem Kind wohnte. Der »Ort, wo das Kind war« (Mt 2,9), ist der neue heilige Bezirk und Raum. Er bedarf keiner sakralen Weihen, Tabus und kultischer Vermittlungen. Aus der Mutter und dem Kind spricht der Heilige Gott ohne Vermittlung, und er kann spontan verehrt werden, wo immer er erscheint: »Da fielen sie nieder und huldigten ihm« (Mt 2,11).

Ausblick: Neuorientierung des Denkens

Heilsgeschichte ereignet sich in Weltgeschichte und *für* die Weltgeschichte. Sie ist nur Heilsgeschichte, sofern sie heilend auf die einzelnen Menschen und auf die Menschheitsgeschichte einwirkt. In ihr erscheint der ursprüngliche gewaltlose Gott, der Liebe ist, indem er sich von der in der Menschheitsgeschichte wirksamen (und mythisch-vorachsenzeitlich als göttlich verehrten) Verletzungs- und Tötungsgewalt vertreiben läßt. Noch heute sind alle unsere Lebensbereiche – von den individuellen zwischenmenschlichen Beziehungen über Kindergarten und Schule, Wissenschaft und Kunst, Wirtschaft und Arbeitswelt, Freizeitverhalten und Hochleistungssport, Politik und Verkehr bis hin zur Religionsausübung – in jeweils unterschiedlichem Ausmaß (die öffentlichen Bereiche stärker als die privaten) – von Strukturen geprägt, die in der Verehrung dieser Gewalt gründen (ausgeführt bei Baudler, Gott, 84-96). So stehen neben den (in Kap. 5) beschriebenen kirchlichen insgesamt auch die weltlichen Strukturen des Lebens dem Aufgehen des Gottes der jüdisch-christlichen Heilsgeschichte entgegen.

Der bekannte französische Philosoph Emmanuel Lévinas macht darauf aufmerksam, daß auch unser *Denken* von diesen gewalthaften Strukturen geprägt ist: »Fast jede Kausalität ist in diesem Sinne gewalttätig« (E. Lévinas, Difficile liberté, Paris 2. Aufl. 1976, 20). In der Tat können wir die Ereignisse und Abläufe der Welt fast nicht anders sehen, als daß wir annehmen, jede Wirklichkeit sei durch eine bestimmte, hierfür notwendige Ursache erzeugt. Kant bezeichnet deshalb die Kausalität als »bloße Gedankenform« oder »Kategorie«. Man könnte – über Kant hinausgehend – auch von einer »eingefleischten« Denk- und Wahrnehmungsgewohnheit sprechen. Sie erwächst aus dem Bewußtsein, daß am Anfang allen (auch des göttlichen) Seins und Lebens ein Tun, ein Machen, ein *facere* steht. Dieses Bewußtsein aber ist ein Element der Opferreligiosität und Opfermentalität. Nach ihr entsteht ja das Göttlich-Heilige aus der Opfertötung. Diese aber ist ein *sacrificium* (aus *sacrum facere*), eine Bewirkung und Erzeugung des Heiligen. Wenn also schon das Göttlich-Heilige, wo es erscheint, eine Ursache (im Sinne eines verursachenden Tuns und Handelns) hat, nämlich die Opfertötung, muß alles, was mir in der Welt

419

begegnet, eine entsprechende Ursache haben (die es zu suchen und nach meinen Bedürfnissen zu manipulieren gilt).

Zwar sucht aristotelisch-christliches Denken Gott als die *causa prima*, die Erst-Ursache, den unbewegten Beweger, zu denken, aber es bedarf immer eines »geistigen Klimmzugs«, sich dabei klar zu machen, daß diese Erstursache *nicht* als das erste Glied der die Welt hervorbringenden und in Gang haltenden Ursache-Wirkungs-Ketten gedacht werden darf, weil sie sonst unweigerlich selbst einer Ursache bedürfte. Wenn Gott als Erst-Ursache also nicht in die Ursache-Wirkungsketten der Welt und des Lebens hinein verflochten ist, sondern das Umgreifende (und selbst nicht mehr Umgreif- und Erfaßbare) der Welt und des in ihr wirksamen Seins und Lebens bildet, warum (und in welchem anderen Sinne des Wortes) muß er dann überhaupt »Ursache« dieser Welt sein? Verfällt diese Kennzeichnung nicht immer noch der aus der Opfer- und Gewaltmentalität stammenden »Gedankenform« (d.h. einer Art Denk-Zwang)? Ein Gott, der gewaltfreie Liebe ist, wird ja niemals in das andere seiner selbst eingreifen, um dort irgendwie geartete Wirkungen zu erzeugen. Er wird auch nicht in einem willkürlichen Machtakt dieses andere seiner selbst schaffend hervorbringen, so wie der Opferpriester durch die »actio schlechthin« (Martimort 8), religionsgeschichtlich durch den in den Hals des Opfertieres fahrenden Todesstoß – das Göttlich-Heilige hervorbringt (vgl. oben Kap. 1.13) und wie nach den meisten Schöpfungs- und Gründungsmythen am Anfang der Welt oder der Stadt eine Gewalttat steht (vgl. z.B. den mehrfach herangezogenen Mythos von der Erschaffung der Welt aus der Opfertötung des Urmenschen *Purusha*, bes. Kap. 2.11).

Er wird vielmehr, wie das in der Exilszeit leidende Israel es dichtet, als lebendige Geistigkeit, als Wind und Worthauch (*ruach*, Gen 1,2; vgl. Ps 33,6), über dem finsteren Abgrund des Nichtseins »schweben« (von hebr. *rachaf,* »[sich] hin- und herbewegen«, »[vibrierend] schweben«, in Dtn 32,11 in übertragenem Sinne »schützend seine Flügel ausbreiten«) und durch dieses sein lebendiges und sprechendes Da-sein (»*Jahwe*«) Welt, Leben und Menschsein aus diesem Abgrund hervorrufen (vgl. Gen 1,1-2,4a). Das Erschaffen durch Jahwe ist im hebräischen Text der Bibel durch ein ausschließlich dafür verwendetes Wort (*bara*, »erschaffen [durch Jahwe]«) bewußt vom menschlich-werkzeuglichen Tun und Machen, das als Ursache eine bestimmte Wirkung hervorbringt, unterschieden (vgl. K.-H. Bernhardt, Art. *bara*, Abschn. III u. IV, in: Botterweck/Ringgren [Hg.], Bd. I, Sp. 774-777). Vielleicht entsteht vieles, möglicherweise das meiste (das wirklich Seinshaltige), in der Natur und besonders im Menschenleben nicht in einem präzisen Ursache-Wirkungsgeschehen, sondern spielerisch-zufällig (nicht notwendig) aufgrund von Da-sein und Nahesein.

Ähnlich könnte man zeigen (und wurde oben S. 395 f. z.T. schon dargestellt), wie das Erleben der Zeit und damit verbunden des Alterns und des Sterbens durch die Opfer- und Gewaltmentalität geprägt (und verzerrt) ist. Die Erneuerung der Welt und des Lebens durch die achsenzeitliche und biblische Hinwendung zur gewaltlosen Gottheit steht deshalb nicht vor der – unlösbaren – Aufgabe, schlagartig alle geschichtlich gewachsenen Strukturen zu verändern (was wiederum nur gewaltsam möglich wäre); das Offenwerden für diesen Gott wird vielmehr zuerst unser *Erleben,* unser *Denken* und *Fühlen,* verändern und uns dadurch die Welt und das Leben in neuer Weise sehen lassen. Es geht auch nicht darum, Struktur durch Nicht-Struktur oder »Anti-Struktur« zu ersetzen bzw. das richtige Gleichgewicht zwischen beidem zu finden (vgl. V. Turner, Das Ritual. Struktur und Anti-Struktur, Frankfurt-New York 2. Aufl. 1989, bes. 130-158). Es geht darum, eine ältere gewaltfreie, durch liebende Personbegegnung geprägte, aber durch Gewalt verschüttete und überdeckte Struktur wieder aufzudecken, sie neu wirksam werden zu lassen und dadurch die Gewaltstrukturen mehr und mehr überflüssig zu machen.

Infolge der modernen Verkehrs- und Kommunikationsmittel wächst die Menschheit unaufhaltsam zusammen und erfährt sich als in einem einzigen Boot sitzend und gefährlichen Wellen und Stürmen ausgesetzt. Das aus dem Opfer- und Sündenbockmechanismus entspringende, am Tötungsimponiergehabe orientierte Leben und Denken funktioniert nur innerhalb überschaubarer, relativ in sich abgeschlossener Gesellschaften. Die Krisensituation, die sich in der heutigen multikulturellen Gesellschaft abzeichnet – die wachsende Ausbeutung und Zerstörung der Lebensbedingungen auf unserem Planeten, Überbevölkerung, Armut und Verelendung des weitaus überwiegenden Teils der Menschheit, weltweit sich organisierende Kriminalität, Rückfall in nationalistisches und religiös-fundamentalistisches Rivalisieren mit entsprechenden blutigen Kriegen – kann nicht mehr durch ein Super-Tötungsimponiergehabe in Schach gehalten und bewältigt werden. Die beiden letzten Weltkriege können ja als solche »Super-Tötungsimponierveranstaltungen«, die eine neue Weltordnung begründen wollten, verstanden werden. Das Ergebnis freilich war – neben einem schrecklichen Meer von Blut und Tränen –, daß sich in der Nachkriegszeit zwei Supermachtblöcke, mit mehrfach globaler Vernichtungskraft bewaffnet, rivalisierend und einander bedrohend, gegenüberstanden und alle spontanen politischen Entwicklungen lähmten.

Nun ist diese Struktur der Welt zerfallen und die entstandene »Entdiffe-
renzierung« (Girard), die gegenwärtige strukturelle Krise, kann nicht noch
einmal durch das Aufrichten neuer Tötungsgewalten bewältigt werden.
Ein neues Denken, neue – gewaltfreie – Orientierungsmuster sind gefragt.
Das Verhalten der Zugvögel bietet dafür ein hilfreiches Bild: Wenn im
Herbst Kälte und Hunger drohen und eine sogenannte »Wanderunruhe«
über sie kommt, sammeln sie sich spontan, von niemandem angeführt,
nur von der gemeinsamen Bedrohung und inneren Unruhe getrieben, zu
großen Verbänden, schwingen sich in große Höhen empor und einer,
vielleicht der, bei dem die Wanderunruhe am größten ist, zieht, von
Sonnenlicht und Erdmagnetfeldern geführt, in Richtung Süden; und die
anderen folgen in bestimmter, kraftsparender Formation. Wird der erste
müde, schert er zur Seite aus, schließt sich weiter hinten an, und ohne
Rang- und Machtkämpfe auszufechten, setzt sich der nächste Vogel an
die Spitze des Zuges, bestimmt Wanderrichtung und Tempo, bis auch er
müde wird und wiederum dem nächsten Platz macht. Nur so, in gewalt-
freiem Spiel den Kräften sich anvertrauend, die auf sie und in ihnen
wirken, können sie ihr Ziel erreichen und überleben.

Kranichflug hebt die Struktur auf.
Wechsel der Führung!
Kein Oben und Unten!
Jeder wechselnd für das ganze antwortlich

Literatur

Albert, K., Griechische Religion und platonische Philosophie, Hamburg 1980

Altheim, F., Konstantins Triumph von 312, in: Zeitschrift für Religions- und Geistesgeschichte 9 (1957), 221-231

Arens, E., Dramatische Erlösungslehre aus der Perspektive einer theologischen Handlungstheorie, in: Niewiadomski, J./Palaver, G. (Hg.), Dramatische Erlösungslehre. Ein Symposion, Innsbruck-Wien 1992, 165-177

Aristoteles. Politik; übers. v. E. Rolfes (Philosophische Bibliothek, Bd. 7), Hamburg 1990

Asscher-Pinkhof, C., Sternkinder, Berlin 1961

Bader, G., Symbolik des Todes Jesu, Tübingen 1988

Balthasar, H. U. v., Was dürfen wir hoffen?, Einsiedeln-Trier 2. Aufl. 1989

Barth, G., Die Taufe in frühchristlicher Zeit, Neukirchen-Vluyn 1981

Baudler, G., Erlösung vom Stiergott. Christliche Gotteserfahrung im Dialog mit Mythen und Religionen, München 1989

Baudler, G., Gott und Frau. Die Geschichte von Gewalt, Sexualität und Religion, München 1991

Baudler, G., Jesus im Spiegel seiner Gleichnisse, Stuttgart- München 2. Aufl. 1988

Baudler, G., Korrelationsdidaktik: Leben durch Glauben erschließen, Paderborn 1984

Becker, G., Die Ursymbole in den Religionen, Graz-Wien-Köln 1987

Behm, J., Artikel *thyo, thysia, thysiasterion*, in: Kittel, G. (Hg.), Theologisches Wörterbuch zum Neuen Testament, Bd. 3, Stuttgart 2. Aufl. 1950, 180-190

Benseler, G. E./Rieckher, J. (Hg.), Griechisch-Deutsches Schul-Wörterbuch, Leipzig 5. Aufl. 1875

Benz, E. Christus und Sokrates in der alten Kirche, in: Zeitschrift für die Neutestamentliche Wissenschaft und die Kunde der älteren Kirche 43 (1950/51), 195-224

Berger, P. L., Zur Dialektik von Religion und Gesellschaft. Elemente einer soziologischen Theorie, Frankfurt a.M. 1973 (Originalausgabe: The Sacred Canopy, 1967)

Bergman, J./Lang, B., Artikel *sabach, sebach*; in: Botterweck, G. J./Ringgren, H. (Hg.), Theologisches Wörterbuch zum Alten Testament, Bd. II, Stuttgart u.a. 1977, Sp. 509-531

Bernhardt, K.-H., Artikel *bara*, Abschn. III u. IV, in: Botterweck, G. J./Ringgren, H. (Hg.), Theologisches Wörterbuch zum Alten Testament, Bd. I, Stuttgart u.a. 1973, Sp. 774-777

Bibliothek der Kirchenväter. Eine Auswahl patristischer Werke in deutscher Übersetzung, hg. v. O. Bardenhewer u.a. – I. Reihe: 61 Bde. u. 2 Register-Bde.; II. Reihe: 20 Bde., Kempten-München 2. Aufl. 1911-1938 (abgek. BKV)

Biser, E., Der Zeuge. Eine Paulus-Befragung, Graz-Wien-Köln 1981

Biser, E., Die Frage nach Ostern: Umsonst gestorben?, in: Salzburger Nachrichten vom 25. 3. 1989, 41

Blank, J., Der Jesus des Evangeliums. Entwürfe zur biblischen Christologie, München 1981

Bloch, E., Atheismus im Christentum. Gesamtausgabe, Bd. 14, Frankfurt a.M. 1968

Bloch, E., Das Prinzip Hoffnung, Bd. 3, Frankfurt a.M. 11-15. Tsd. 1968

Botte, B., Von den Anfängen bis zum Konzil von Trient, in: Martimort, A.-G. (Hg.), Handbuch der Liturgiewissenschaft, Kap. 3, § 1, Freiburg-Basel-Wien 1963, 37-46

Botterweck, G./Ringgren, H./Fabry, H.-J. (Hg.), Theologisches Wörterbuch zum Alten Testament, Bd. I f., Stuttgart u.a. 1973 ff.

Braune, W./Helm, K., Althochdeutsches Lesebuch, Tübingen 1958

Brox, N., Kirchengeschichte des Altertums, Düsseldorf 1983

Brox, N., Zum Vorwurf des Atheismus gegen die alte Kirche, in: Trierer Theologische Zeitschrift 75 (1966), 274-282

Büchsel, F., Artikel *didomi* etc., in: Kittel, G. (Hg.), Theologisches Wörterbuch zum Neuen Testament, Bd. 2, Stuttgart 2. Aufl. 1950, 168-175

Buggle, F., Denn sie wissen nicht, was sie glauben. Oder warum man redlicherweise nicht mehr Christ sein kann, Hamburg 1992

Bultmann, R., Das Evangelium des Johannes, Göttingen 10. (19.) Aufl. 1968

Burckhardt, J., Die Zeit Constantins des Großen. (Ges. Werke, Bd. 1), Darmstadt 1955 (Nachdruck der Aufl. letzter Hand, 2. Aufl. v. 1880)

Burkert, W., Anthropologie des religiösen Opfers. Die Sakralisierung der Gewalt, München 1983

Burkert, W., Homo Necans. Interpretationen altgriechischer Opferriten und Mythen, Berlin-New York 1972

Burkert, W., The Problem of Ritual Killing, in: Hamerton-Kelly, G. (Hg.), Violent Origins, Stanford 1987, 156-188

Burkert, W., Wilder Ursprung. Opferritual und Mythos bei den Griechen, Berlin 1991

Casel, O., Das Christliche Kultmysterium, Regensburg 3. Aufl. 1948

Ceram, C. W., Götter, Gräber und Gelehrte, Stuttgart 4. Aufl. 1950

Chèng Té-K'un, Archaeology in China, Bd. II, Shang (China) 1960

Ching, J., Artikel Konfuzius, in: König, F./Waldenfels, H., (Hg.), Lexikon der Religionen, Freiburg i.Br. 1987, 352

Ching, J., Konfuzianismus und Christentum, Mainz 1989

Congar, Y., Die Idee der sacramenta maiora, in: Concilium 4 (1968), 9-15

Daum, W. (Hg.), Märchen aus dem Jemen, Köln 1983

Daum, W., A Pre-Islamic Rite in South Arabia, in: Journal of the Royal Asiatic Society, Heft 1/1987, 5-13

Daum, W., Ursemitische Religion, Stuttgart 1985

Davies, N., Opfertod und Menschenopfer. Glaube, Liebe und Verzweiflung in der Geschichte der Menschheit, Düsseldorf-Wien 1981

Der kleine Pauly. Lexikon der Antike auf der Grundlage von Pauly's Realenzyclopädie der classischen Altertumswissenschaft, Bd. 2, Stuttgart 1927

De Waal, F., Wilde Diplomaten. Versöhnungs- und Entspannungspolitik bei Affen und Menschen, München-Wien 1991

Diels, H., Die Fragmente der Vorsokratiker. Griechisch-Deutsch, hg. v. W. Kranz, Bd. 1, Berlin 6. Aufl. 1951

Dorries, H., Konstantin der Große, Stuttgart 1958

Drewermann, E., Abrahams Opfer. Genesis 22,1-19 in tiefenpsychologischer Sicht, in: Bibel und Kirche 41 (1986), 113-124

Drewermann, E., Dein Name ist wie der Geschmack des Lebens. Tiefenpsychologische Deutung der Kindheitsgeschichte nach dem Lukasevangelium, Freiburg i.Br. 1986

Drewermann, E., »Ich steige hinab in die Barke der Sonne«. Alt-Ägyptische Meditation zu Tod und Auferstehung in bezug auf Joh 20/21, Olten-Freiburg i.Br. 4. Aufl. 1991

Drewermann, E., Strukturen des Bösen, Bd. 2, Paderborn 4. Aufl. 1983

Eibl-Eibesfeldt, I., Grundriß der vergleichenden Verhaltensforschung, München-Zürich 7. überarb. und erw. Aufl. 1987

Eibl-Eibesfeldt, I., Krieg und Frieden aus der Sicht der Verhaltensforschung, München 1975

Eicher, P. (Hg.), Neues Handbuch theologischer Grundbegriffe, Bde. 1-4, München 1984-1985

Eichhorn, W., Die Religionen Chinas, Stuttgart 1973

Eliade, M., Geschichte der religiösen Ideen, Bd. I, Freiburg- Basel-Wien 1978

Fabry, H.-J/Weinfeld, M., Artikel *mincha,* in: Botterweck, G. J./Ringgren, H./Fabry, H.-J. (Hg.), Theologisches Wörterbuch zum Alten Testament, Bd. IV, Stuttgart u.a. 1984, Sp. 987-1001

Fabry, J. B., Das Ringen um Sinn, Freiburg i.Br. 1978

Feneberg, R., Abba-Vater, in: J. Wallmann u.a. (Hg.), Kirche und Israel. Sechs Bibelarbeiten und Vorträge vor der Landessynode der Evangelischen Kirche von Kurhessen-Waldeck, Kassel 1989, 41-52

Floß, J., »Ich bin mein Name«. Die Identität von Gottes Ich und Gottes Namen nach Ex 3,14, in: Groß, W./Irsigler, H./Seidel, Th. (Hg.), Text, Methode und Grammatik. W. Richter zum 65. Geburtstag, St. Ottilien 1991, 67-80

Franzen, A., Kleine Kirchengeschichte, Freiburg i. Br.-Basel-Wien 11. Aufl. 1983

Frazer, J. G., Der goldene Zweig, London 3. Aufl. 1911

Georges, E., Ausführliches Lateinisch-Deutsches Handwörterbuch, Bd. I, Hannover-Leipzig 9. Aufl. 1913

Gese, H., Ezechiel 20,25 f. und die Erstgeburtsopfer, in: Donner, H. (Hg.), Beiträge zur Alttestamentlichen Theologie. Festschrift für W. Zimmerli, Göttingen 1977, 140-151

Girard, R., A Theatre of Envy. W. Shakespeare, New York-Oxford 1991

Girard, R., Das Ende der Gewalt. Analyse des Menschheitsverhängnisses, Freiburg-Basel-Wien 1983 (Originalausgabe: Des choses cachées depuis la fondation du monde, Paris 1978)

Girard, R., Das Heilige und die Gewalt, Zürich 1987 (Originalausgabe: La Violence et le sacré, Paris 1972)

Girard, R., Der Sündenbock, Zürich 1988 (Originalausgabe: Le Bouc émmissaire, Paris 1982)

Girard, R., Generataive Scapegoating (mit Diskussionsbeitrag), in: Hamerton-Kelly, G. (Hg.), Violent Origins, Stanford 1987, 106-145

Girard, R., Hiob. Ein Weg aus der Gewalt, Zürich 1990, (Originalausgabe: La Route antique des hommes pervers, Paris 1985)

Girard, R., Is there Antisemitism in the gospels? Noch unveröffentlichter Vortrag, gehalten auf dem Symposion »Literature and the Sacred« in Chapel Hill, North Carolina (USA) am 24. April 1993

Gonda, J., Die Religionen Indiens. Bd. I: Veda und älterer Hinduismus, Stuttgart u.a. 1960

Goodall, J., Wilde Schimpansen, Hamburg 1971

Görg, M., Artikel Jahwe, in: Görg. M./Lang, B. (Hg.), Neues Bibel-Lexikon, Faszikel 7 (Herrenmahl – Jesus Christus), Zürich 1992, Sp. 260-266

Görg, M., Glaube, Mythos und Geschichte. Die Bilder des christlichen Credo und ihre Wurzeln im alten Ägypten, Düsseldorf 1992

Görg, M./Lang, B. (Hg.), Neues Bibel-Lexikon, Zürich 1988 ff.

Greshake, G., Der Wandel der Erlösungsvorstellungen in der Theologiegeschichte, in: L. Scheffczyk (Hg.), Erlösung und Emanzipation, Freiburg i.Br. 1973, 69-101

Greshake, G., Himmel – Hölle – Fegefeuer im Verständnis heutiger Theologie, in: ders. (Hg.), Ungewisses Jenseits?, Düsseldorf 1986, 72-94

Grimm, J. u. W., Deutsches Wörterbuch, Leipzig 1889

Grzimek, G., Tierleben, Bd. 10: Säugetiere I, Jubiläumsausgabe, München 1979

Haag, H., Abschied vom Teufel, Einsiedeln 1969

Hamerton-Kelly, G. (Hg.), Violent Origins, Stanford 1987

Hamerton-Kelly, R., Die »Menschenmenge« und die Poetik des Sündenbocks im Markusevangelium, in: Niewiadomski, J./Palaver, W. (Hg.), Dramatische Erlösungslehre. Ein Symposion, Innsbruck-Wien 1992, 49-67

Harnack, A. v., Militia Christi. Die christliche Religion und der Soldatenstand in den ersten drei Jahrhunderten, Tübingen 1905; Nachdruck Darmstadt 1963

Hassler, P., Menschenopfer bei den Azteken? Eine quellen- und ideologiekritische Studie, Bern 1992

Heidegger, M., Sein und Zeit, Tübingen 12. Aufl. 1972

Heidegger, M., Vom Wesen der Wahrheit, in: ders., Wegmarken, Frankfurt a.M. 2. erw. Aufl. 1978

Heiler, F., Die Frau in den Religionen der Menschheit, Berlin-New York 2. Aufl. 1977

Heiler, F., Die Religionen der Menschheit, Stuttgart 4. Aufl. 1982

Hellmann, M., Judit – eine Frau im Spannungsfeld von Autonomie und göttlicher Führung, Frankfurt a.M. u.a. 1992

Hentschke, R., Die Stellung der vorexilischen Schriftpropheten zum Kultus, Berlin 1957

Herbig, J., Die Magie der Bilder und Zeichen, in: Bild der Wissenschaft 22 (1985), 108-120

Herbst, K., Der wirkliche Jesus, Olten-Freiburg i.Br. 1988

Hilberath, B. J./Schneider, Th., Artikel Opfer, in: Eicher, P. (Hg.), Neues Handbuch theologischer Grundbegriffe, Bd. 3, München 1985, 287-298

Hinkelammert, F. J., Der Glaube Abrahams und der Ödipus des Westens. Opfermythen im christlichen Abendland, Münster 1989

Hippolyt, La Tradition apostolique de Saint Hippolyte. Botte, B./Gerhards, A. (Hg.), Münster 5. Aufl. 1989 [zitiert als: Traditio apostolica]

Hobbes, Th., Vom Bürger I. (Elemente der Philosophie III), hg. v. G. Gawlick, Hamburg; Nachdr. d. 2. Aufl. 1977

Hocart, A. M., Kings and Councillors, Chicago 1970

Hocart, A. M., Social Origins, London 1954

Hocart, A. M., The Life giving Myth, London 1952

Hoffmann, N., Sühne. Zur Theologie der Stellvertretung, Einsiedeln 1981

Hornus, J.-M., Politische Entscheidung in der alten Kirche, München 1963 (Originalausgabe: Evangile et Labarum)

Jansen, M., Die Indus-Zivilisation. Wiederentdeckung einer frühen Hochkultur, Köln 1986

Jaspers, K., Die großen Philosophen, München- Zürich 5. Aufl. 1989

Jaspers, K., Einführung in die Philosophie, München-Zürich 30. Aufl. 1992 (1. Aufl. 1950)

Jaspers, K., Vom Ursprung und Ziel der Geschichte, München-Zürich 9. Aufl. 1988

Jensen, Ad. E., Die getötete Gottheit. Weltbilder einer frühen Kultur, Stuttgart 1966

Jensen, P. J., Die griechische Religion, in: J. P. Asmussen/J. Laessøe/C. Colpe (Hg.), Handbuch der Religionsgeschichte, Bd. 3, Göttingen 1975, 135-217

Jeremias, J., Jerusalem zur Zeit Jesu, Göttingen 3. Aufl. 1969

Jung, C. G., Psychologie und Religion. (C. G. Jung-Taschenbuchausgabe in 11 Bänden, hg. von L. Jung), München 1991

Kaiser, O., Den Erstgeborenen deiner Söhne sollst du mir geben. Erwägungen zum Kinderopfer im Alten Testament, in: ders. (Hg.), Denkender Glaube. Festschrift für Carl Heinz Ratschow, Berlin-New York 1976, 24-48

Kant, I., Kritik der praktischen Vernunft, in: ders., Werke in sechs Bänden, hg. v. W. Weischedel, Bd. IV, Darmstadt 1956, 103- 302

Kant, I., Der Streit der Fakultäten, in: ders., ebd., Bd. VI, Darmstadt 1964, 261-393

Kassing, A., Auferstanden für uns, Mainz 1969

Katalog zur Ausstellung »5 Miljoen Jaar menselijk Avontuur« in Brüssel vom 14. 9. bis 30. 12. 1990

Katechismus der Katholischen Kirche, München u.a. 1993

Kellermann, D., Artikel *ola*, in: Fabry, H. J. – Ringgren, H. (Hg.), Theologisches Wörterbuch zum Alten Testament, Bd. VI, Stuttgart u.a. 1989, Sp. 105-124

Kerényi, K., Die Mythologie der Griechen, Bd. 1, München 8. Aufl. 1985

Kessler, H., Die theologische Bedeutung des Todes Jesu, Düsseldorf 1970

Kessler, H., Sucht den Lebenden nicht bei den Toten. Die Auferstehung Jesu Christi in biblischer, fundamentaltheologischer und systematischer Sicht, Düsseldorf 1985

Kierkegaard, S., Furcht und Zittern, in: Werke, hg. von L. Richter, Bd. 3, Frankfurt a.M. 1984

Kilian, R., Isaaks Opferung, Stuttgart 1970

Kittel, G. (Hg.), Theologisches Wörterbuch zum Neuen Testament; fortges. v. G. Friedrich, Stuttgart 1933 ff. [Neudruck 2. Aufl. 1949 ff.]

Klauck, H.-J., Herrenmahl und hellenistischer Kult, Münster 1982

Kleist, H. von, Prinz Friedrich von Homburg. Ein Schauspiel, Stuttgart 1966

Knopf, R., Ausgewählte Märtyrerakten, neubearb. v. G. Krüger u. mit einem Nachtrag versehen v. G. Ruhbach, in: Sammlung ausgewählter kirchen- und dogmengeschichtlicher Quellenschriften, N.F., Bd. 3, Tübingen 4. Aufl. 1965

König, F./Waldenfels, H., Lexikon der Religionen, Freiburg i.Br. 1987

Kötting, B., Kap. Kirche und Staat, in: Ökumenische Kirchengeschichte, hg. v. R. Kottje/B. Moeller, Bd. 1: Alte Kirche und Ostkirche, Mainz-München 1970, 129-164

Kottje, R./Moeller, B. (Hg.), Ökumenische Kirchengeschichte, Bd. I-III, Mainz-München 1970-1974

Kungfutse (Konfuzius), Gespräche. Lun Yü, hg. v. R. Wilhelm, München 50.-52. Tsd. 1990

Laotse, Tao-te-king, übers. u. mit einem Kommentar vers. v. R. Wilhelm, erw. Neuausg. Köln 1991

Lascaris, A., Die Einmaligkeit Jesu; in: Niewiadomski, J./Palaver, G. (Hg.), Dramatische Erlösungslehre. Ein Symposion, Innsbruck- Wien 1992, 213-226

Leeuw, G. van der, Phänomenologie der Religion, 3, Aufl. Tübingen 1970

Lehmann, K., Auferweckt am dritten Tag nach der Schrift, Freiburg 1968

Lerch, B., Isaaks Opferung – christlich gedeutet. Eine auslegungsgeschichtliche Untersuchung, Tübingen 1950

Lévinas, E., Difficile liberté, Paris 2. Aufl. 1976

Lies, L., Sakramententheologie. Eine personale Sicht, Graz-Wien- Köln 1990

Lohfink, N. (Hg.), Gewalt und Gewaltlosigkeit im Alten Testament, Freiburg-Basel-Wien 1983

Lohfink, N., »Gewalt« als Thema alttestamentlicher Forschung, in: ebd., 15-50

Lohfink, N., Altes Testament – Die Entlarvung der Gewalt, in: ders./Pesch, R., (Hg.), Weltgestaltung und Gewaltlosigkeit, Düsseldorf 1978, 45-61

Loisy, A., Les mystères paiens et le mystère chrétien, Paris 2. Aufl. 1930

Macheiner, A., Das Opfer des Himmelssohnes, in: Theologisches, hg. v. J. Bökmann. (Beilage der »Offerten-Zeitung für die katholische Geistlichkeit Deutschlands«), 1986, Nr. 198, 7310-7319; Übersetzung v. F. Rückert

Malek, R., Artikel Chinesische Religiosität, in: König, F./Waldenfels, H., Lexikon der Religionen, Freiburg i.Br. 1987, 562-565

Mann, Th., Gesammelte Werke in zwölf Bänden, Bd. 4, Frankfurt a.M. 1960

Martimort, A.-G. (Hg.), Handbuch der Liturgiewissenschaft, Bd. 1, Freiburg i.Br.-Basel-Wien 1963

Martimort, A.-G., Kap. Grundbegriffe, in: ders., ebd. 3-15

McKenzie, J. L., The Sacrifice of Isaac, in: Scripture 9 (1957), 79-84

Menke, K.-H., Stellvertretung. Schlüsselbegriff christlichen Lebens und theologische Grundkategorie, Einsiedeln-Freiburg i.Br. 1991

Mertens, H. A., Handbuch der Bibelkunde, Düsseldorf 2. neu bearb. Aufl. 1984

Minucius Felix, Octavius. Lateinisch-Deutsch, hg. u. übers. v. B. Kytzler, München 1965

Moll, H., Die Lehre von der Eucharistie als Opfer, Köln-Bonn 1975

Moltmann, J., Der gekreuzigte Gott, München 1972

Morenz, S., Ägyptische Religion, Stuttgart 1960

Moser, T., Gottesvergiftung, Frankfurt a.M. 1980

Mühlen, H., Entsakralisierung, Paderborn 1971

Müller-Karpe, H., Handbuch der Vorgeschichte, 1. Band: Altsteinzeit, München 1966

Münchener Neues Testament. Studienübersetzung, hg. v. Vorsitzenden des Collegium Biblicum München e.V. J. Hainz, Düsseldorf 2. Aufl. 1989

Niewiadomski, J./Palaver, G. (Hg.), Dramatische Erlösungslehre. Ein Symposion, Innsbruck-Wien 1992

Nocke, F. J., Eschatologie, Düsseldorf 1982

North, R., Lohfinks Empfehlung für Girard, in: Niewiadomski, J./Palaver, W. (Hg.), Dramatische Erlösungslehre. Ein Symposium, Innsbruck-Wien 1992, 85-95

Noth, M./Wolff, H. W., Biblischer Kommentar AT, Bd. XIV/1, Neukirchen-Vluyn 2. Aufl. 1965

Nougier, L.-R., Die Welt der Höhlenmenschen, Zürich- München 1989 (Originalausgabe: Premiers éveils de l'homme, Paris 1984)

Origenes, In Lib. Iesu Nave Homilia, in: Die griechischen christlichen Schriftsteller der ersten drei Jahrhunderte [GCS], hg. v. der Kirchenväter-Commission der Preußischen Akademie der Wissenschaften, Bd. 30: Origenes, Bd. 7, Teil 2, Leipzig 1921, 286-463

Origenes, In Numeros Homilia, in: GCS, ebd., 1-285

Otto, Walter F., Die Götter Griechenlands, Frankfurt a.M. 5. Aufl. 1961

Platon. Sämtliche Werke, in der Übersetzung von F. Schleiermacher, hg. v. E. Grassi, Bd. 1 [u.a. Apologie u. Euthyphron], Hamburg 146-150 Tsd. 1979; Bd. 3 [u.a. Politeia], Hamburg 141-145 Tsd. 1978

Porsch, F., Viele Stimmen – ein Glaube. Anfänge, Entfaltung und Grundzüge neutestamentlicher Theologie, Kevelaer-Stuttgart 1982

Rad, G. v., Das erste Buch Mose/Genesis. (ATD Teilbd. 2/4), Göttingen 9. überarb. Aufl. 1972

Rahner, K./Vorgrimler, H., (Hg.) Kleines Konzilskompendium. Alle Konstitutionen, Dekrete und Erklärungen des Zweiten Vaticanums in der bischöflich genehmigten Übersetzung, Freiburg-Basel-Wien 16. Aufl. 1982

Ratzinger, J., Einführung in das Christentum, München 1968

Rendtorff, R., Studien zur Geschichte des Opfers im alten Israel, Neukirchen-Vluyn 1967

Roloff, J., Anfänge der soteriologischen Deutung des Todes Jesu (Mk X.45 und Lk XXII.27), in: New Testament Studies 19 (1972/73), 38-64

Rombach, H., Leben des Geistes, Freiburg i.Br.-Basel-Wien 1977

Rordorf, W., Tertullians Beurteilung des Soldatenstandes, in: Mohrmann, Th. u.a. (Hg.), Vigilae Christianae, Bd. 23, Amsterdam 1969, 105-141

Rose, H. J., Griechische Mythologie, München 6. Aufl. 1982

Rost, L., Studien zum Opfer im Alten Israel, Stuttgart u.a. 1981

Saint-Exupéry, A. de, Der kleine Prinz. Mit Zeichnungen des Verfassers, Düsseldorf 47. Aufl. 1993

Sand, A., Das Evangelium nach Matthäus. (Regensburger Neues Testament), Regensburg 1986

Schebesta, P., Die Pygmäen-Völker, 2. Buch, Teil II/1, Brüssel 1948

Schenke, H.-M./Fischer, K.-M., Einleitung in die Schriften des Neuen Testaments, Bd. 2: Die Evangelien und die anderen neutestamentlichen Schriften, Berlin 1979

Schillebeeckx, E., Jesus. Die Geschichte von einem Lebenden, Freiburg i.Br. 1975

Schlatter, G., Mythos. Streifzüge durch Tradition und Gegenwart, München 1989

Schlier, H., Jesus und Pilatus, in: ders., Die Zeit der Kirche. Exegetische Aufsätze und Vorträge, Freiburg-Basel-Wien 4. Aufl. 1966

Schmid, J., Synopse (der drei ersten Evangelien), Regensburg 4. Aufl. 1964

Schmidt, W. H., Einführung in das Alte Testament, Berlin-New York 1979

Schnackenburg, R., Das Johannesevangelium, I. Teil: Einleitung und Kommentar zu Kap. 1-4, Freiburg-Basel-Wien 2. durchges. Aufl. 1967

Schnackenburg, R., Das Johannesevangelium, III. Teil: Kommentar zu Kap. 13-21, Freiburg-Basel-Wien 2. durchges. Aufl. 1976

Schneider, Th., Zeichen der Nähe Gottes. Grundriß der Sakramententheologie, Mainz 1979

Schöllgen, G., Artikel »Hoherpriester«, in: E. Dassmann (Hg.), Reallexikon für Antike und Christentum, Bd. XVI, Stuttgart 1993, Sp. 4-58

Schumann, H. W., Der historische Buddha, Köln 1982

Schüngel-Straumann, H., Gottesbild und Kultkritik vorexilischer Propheten, Stuttgart 1972

Schürmann, H., Jesu ureigener Tod, Freiburg 2. Aufl. 1976

Schüssler Fiorenza, E., Zu ihrem Gedächtnis… Eine feministisch- theologische Rekonstruktion der christlichen Ursprünge, München- Mainz 1988 (Originalausgabe: In Memory of Her. A Feminist Theological Reconstruction of Christian Origins, 1983)

Schwager, R., Der wunderbare Tausch. Zur Geschichte und Deutung der Erlösungslehre, München 1986

Schwager, R., Jesus im Heilsdrama. Entwurf einer biblischen Erlösungslehre, Innsbruck-Wien 1990

Schwager, R., Rückblick auf das Symposion, in: Niewiadomski, J./Palaver, W. (Hg.), Dramatische Erlösungslehre. Ein Symposion, Innsbruck-Wien 1992, 339-384

Schwager, R., Wassertaufe, ein Gebet um die Geisttaufe?, in: Zeitschrift für Katholische Theologie 100 (1978), 36-61

Schweizer, E., Das Evangelium nach Markus, Göttingen 4. (14.) Aufl. 1975

Sheldrake, R., Das Gedächtnis der Natur, Bern-München 2. Aufl. 1990 (Originalausgabe: The Presence of the Post, 1988)

Smith, J. Z., The Domestication of Sacrifice, in: Hamerton-Kelly, G. (Hg.), Violent Origins, Stanford 1987, 191-235

Söderblom, N. (Hg), Tiele-Söderbloms Kompendium der Religionsgeschichte, Berlin-Schöneberg 6. Aufl. 1931

Spiegel, E., Gewaltverzicht. Grundlagen einer biblischen Friedenstheologie, Kassel 1987

Spiegel, E., Gründungsmord oder Wiederherstellungsmord? Sozio-theologische Anmerkungen zum Stellenwert des Opfers bei René Girard, in: Niewiadomski, J./Palaver, G. (Hg.), Dramatische Erlösungslehre. Ein Symposion, Innsbruck-Wien 1992, 283-306

Stauffer, E., Christus und die Cäsaren, Hamburg 4. Aufl. 1952

Steck, O. H., Ist Gott grausam? Über Isaaks Opferung aus der Sicht des Alten Testamentes, in: Böhme, W. (Hg.), Ist Gott grausam?, Stuttgart 1977, 75-95

Stier, F., Das Neue Testament. Aus dem Nachlaß hg. v. E. Beck/G. Miller/E. Sitarz, München-Düsseldorf 1989

Stoebe, H.-J., Artikel *chesed*, »Güte«, in: Jenni, E./Westermann, C. (Hg.), Theologisches Wörterbuch zum Alten Testament, Bd. I, München-Zürich 1971, 600-621

Strack, H. L./Billerbeck, P., Das Evangelium nach Matthäus. (Kommentar zum Neuen Testament aus Talmud und Midrasch, Bd. I), München 3. Aufl. 1961

Straub, J., Regeneratio Imperii, Darmstadt 1972

Tacitus, Annalen. Lateinisch-Deutsch, übers. u. hg. v. C. Hoffmann, München 1954

Thiel, J. F., Religionsethnologie, Berlin 1984

Tschuggnall, P., Das Abraham-Opfer als Glaubensparadox, Frankfurt a. M. u.a. 1990

Turner, V., Das Ritual. Struktur und Anti-Struktur, Frankfurt-New York 2. Aufl. 1989

Vielhauer, Ph., Erwägungen zur Christologie des Markusevangeliums, in: ders., Aufsätze zum Neuen Testament, München 1965, 199-214

Vogel, Ch., Vom Töten zum Mord. Das wirkliche Böse in der Evolutionsgeschichte, München-Wien 1989

Vorgrimler, H., Hoffnung auf Vollendung, Freiburg i.Br. 1980

Vorländer, K., Geschichte der Philosophie, Bd. I: Philosophie des Altertums, Hamburg 4. Aufl. 1967

Westermann, C., Genesis. 2. Teilband: Genesis 12-36, Neukirchen-Vluyn 1981

Widengren, G., Die Religionen Irans, Stuttgart 1965

Willi-Plein, I., Opfer und Kult im alttestamentlichen Israel, Stuttgart 1993

Williams, J. G., The Bible, Violence and the Sacred. Liberation from the Myth of Sancioned Violence, San Francisco 1991

Wilms, F.-E., Freude vor Gott. Kult und Fest in Israel, Regensburg 1981

Würthwein, E., Amos 5,21-27, in: Theologische Literaturzeitung 72 (1947), 143-152

Zenger, E., Das Buch Judit. (Jüdische Schriften aus hellenistisch-römischer Zeit, Bd. I/6), Gütersloh 1981, 427-534

Zenger, E., Ist die Bibel unmenschlich? Gott und die tödlichen Netze der Gewalt, in: Publik-Forum Nr. 8 vom 1. Mai 1992, 18 f.

Zimmerli, W., 1. Mose 12-25: Abraham, Zürich 1976